U0781391

蘇州圖書館 編著

蘇州圖書館藏

善本題跋

國家圖書館出版社

前　言

蘇州圖書館收藏有二千二百餘部二萬二千餘册善本書，有題跋者達二百三十餘部，其中不少爲名家手書題跋，不僅有重要文獻價值，還有較高的書法藝術價值。這些題跋有些已經發表過，但大多數尚未公開，在已經發表過的題跋中，由於各種原因，尚有文字錯訛、遺漏等與原書不符之處，因此很有必要對這些善本題跋進行系統整理和刊布。

爲了深度挖掘館藏資源、更好地發揮善本題跋的學術價值，在館領導的大力支持下，從二〇一四年開始，本館啓動了"館藏善本題跋整理"項目，并於該年底，獲得江蘇省圖書館學會課題立項。經過古籍部同仁兩年多的不懈努力，該課題終於圓滿完成。

本書收録了蘇州圖書館所藏有手書題跋（包括題詩、觀款和過録題跋）的善本二百一十部，大體依《中國古籍善本書目》分類編次，近人著作及題跋，雖超出《中國古籍善本書目》的收録範圍，本書仍予收録，以存文獻。出於鑒定版本之需，各書題跋之前，均冠以原書書影一幀，一般采自卷端或其他有代表性之葉。各書分别著録書名卷數、著者、版本及批校題跋諸項，并附館藏索書號，以便讀者查閲。一書有多人題跋者，以其所在原書位置序次。題跋釋文後，附以題跋者的生平簡介。書名皆用標準繁體字。關於釋文内容，除明顯錯字徑改之外，其他儘量采用標準繁體字。部分异體字，因與標準字形相差較大而予以保留。通假字、避諱字酌情保留。

由於我們水平有限，錯訛之處在所難免，敬祈讀者不吝指正。

蘇州圖書館古籍部
二〇一六年十二月

目　録

經今文音義

唐國子博士兼太子中允贈齊州刺史吳縣開國男陸德明撰

宗明義章

尼 女持反仲尼取象尼丘山又音夷字作尼古夷字也援神契云蟲也 居 如字說文作凥同鄭玄云凥凥也王肅云閑居也孔國云靜而思道也 曾 則能反姓也 子 男子美稱也曾子孔弟子也名曑字子與也或作參音義別下皆同 侍 卑在尊者之側曰侍 子 孔子也古者稱師曰子 曰 語辭也从乙在乚家氣人將發語口上有氣曰字缺上也凡曰皆放此 先王 鄭玄云禹三王最先者五帝官天下三王禹始殷於殷配天故爲孝之始王謂文王也 有至德 鄭云至德孝悌也王云孝爲之至也 要 因反 道 鄭云要道禮樂也王云孝爲道之要 民用和睦 音目字林云亡六反 上下無

經　部

易類 / 書類 / 禮類 / 春秋類 / 四書類 / 小學類

[易類]

易傳十卷附録一卷

唐李鼎祚撰，明沈士龍、胡震亨校；《附録》漢鄭玄注，明胡震亨輯補。明刻《秘册彙函》本。佚名過録清朱彝尊跋。索書號：〇〇〇三—〇〇一。

釋文：

唐著作郎資州李鼎祚集子夏以來《易》説三十二家，又引張氏倫、朱氏仰之、蔡氏景君三家注及《乾鑿度》，合三十六家，題曰《周易集解》，自序稱一十卷，斯爲完書。晁氏《志》惜其失七卷，蓋誤信《新唐書・藝文志》目録也。或以其書宗康成、排輔嗣，然繹其序有云“王氏略例，得失相參，仍附經末”，是未嘗全排輔嗣，讀者未之察爾。由唐以岃《易》義多軼不傳，藉此猶存百一，宜西亭宗正獲之亟以開雕，近則流播者多，海鹽胡氏、常熟毛氏皆有刊本矣。《唐史》論經學，《易》有蔡廣成，《詩》有施士丐，《禮》有袁彝、仲子陵、韋彤、韋茝，《春秋》有啖助、趙匡、陸淳，《論語》有强蒙，獨未及鼎祚，惟《宋史・禮志》追贈贊皇子，而元四明《袁桷集》謂資州有鼎祚讀書臺，今未審故迹尚存焉否也。秀水朱彝尊。

按：

此跋亦見《曝書亭集》。朱彝尊（一六二九—一七〇九），字錫鬯，號竹垞，清浙江秀水（今嘉興）人。康熙十八年（一六七九）舉博學弘詞科，除檢討，二十二年（一六八三）入直南書房。曾參與《明史》編纂，詩與王士禛齊名，詞與陳維崧并稱，是浙西詞派的創始者。

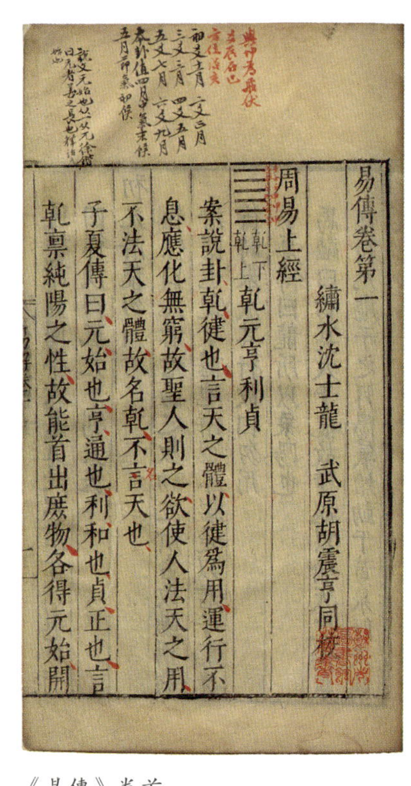

易傳卷第一
繡水沈士龍　武原胡震亨同校
周易上經
☰☰ 乾下乾上 乾元亨利貞
案說卦乾健也言天之體以健爲用運行不
息應化無窮故聖人則之欲使人法天之用
不法天之體故名乾不言天也
子夏傳曰元始也亨通也利和也貞正也言
乾稟純陽之性故能首出庶物各得元始開

《易傳》卷首

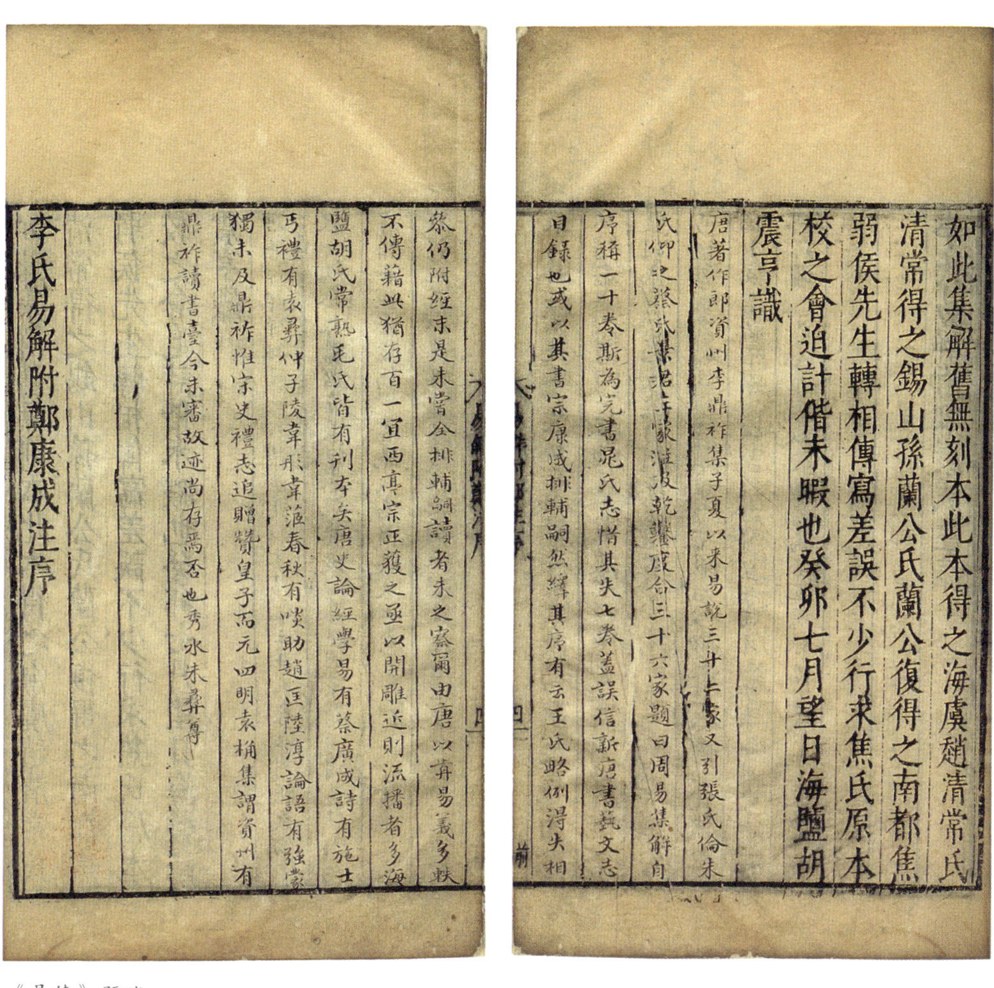

如此集解舊無刻本此本得之海虞趙清常氏清常得之錫山孫蘭公氏蘭公復得之南都焦弱侯先生轉相傳寫差誤不少行求焦氏原本校之會追討偕未暇也癸卯七月望日海鹽胡震亨識

唐著作郎資州李鼎祚集子夏以來易說三十二家又引張氏倫朱氏仰之蔡氏景君沈驎士四家並乾鑿度合三十六家題曰周易集解自序稱一十卷斯為完書晁氏志惜其失七卷蓋誤信新唐書藝文志目錄也或以其書宗康成排輔嗣然繹其序有云王氏略例得失相參仍附經末是未嘗全排輔嗣讀者未之察爾由唐以前易義多軼不傳藉此猶存百一宜西亭宗正獲之亟以開雕近則流播者多海鹽胡氏常熟毛氏皆有刊本矣唐史論經學易有蔡廣成詩有施士丐禮有袁彝仲子陵韋彤韋茝春秋有啖助趙匡陸淳論語有強蒙獨未及鼎祚惟宋史禮志追贈皇子而元四明袁桷集謂資州有鼎祚讀書臺今未審故迹尚存焉否也秀水朱彝尊

李氏易解附鄭康成注序

《易傳》題跋

周易義海撮要十二卷

宋李衡撰。清康熙納蘭成德通志堂刻本。清丁晏跋。索書號：〇〇〇五—〇〇一。

釋文：

同治癸亥秋八月，余七十弧辰，繪《七旬學易圖》遍徵題詠。同宗竹舟名申、松生名丙昆弟皆錢唐茂才，家有八千卷樓，自武林寇陷，轉徙滬瀆，以此書寄余爲壽，卷首有“紅豆齋惠氏”圖記，知爲松厓先生藏本。其卷內點勘無多，有加圈者，有直抹勒帛者，并有細字眉評。至謂“程子不知《易》理，宋人全不知《易》”，蓋惠氏宗法漢《易》，輕詆宋儒，未免意見之偏。余老而學《易》，故訓兼綜漢氏，義理服膺伊川，不敢存門户之見也。時大兒壽昌官臺垣，方箸《讀易會通》，因以此書寄京以備采取。惠氏舊物歷百餘年，大儒手澤，深爲可重，爰貽兒輩永葆之。頤志齋老人丁晏記。

按：

丁晏（一七九四—一八七五），字儉卿，號柘堂。清江蘇山陽（今淮安）人。道光元年（一八二一）舉人，官至內閣中書。晚年主講麗正書院。精於漢學，撰著極富，有《頤志齋叢書》。

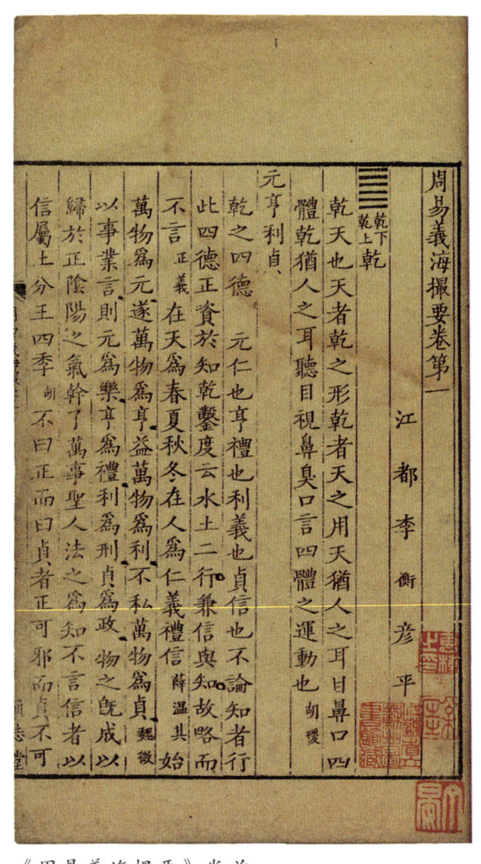
周易義海撮要卷第一　江都李衡彥平
☰乾下乾上 乾
乾天也天者乾之形乾者天之用天猶人之耳目鼻口四
體乾猶人之耳聽目視鼻臭口言四體之運動也 胡瑗
元亨利貞
乾之四德　元仁也亨禮也利義也貞信也不論知者行
此四德正資於知乾鑿度云水土二行兼信與知故略而
不言 正義 在天爲春夏秋冬在人爲仁義禮信 薛温其 始
萬物爲元遂萬物爲亨益萬物爲利不私萬物爲貞 魏徵 以
以事業言則元爲樂亨爲禮利爲刑貞爲政物之既成以
歸於正陰陽之氣斡了萬事聖人法之爲知不言信者以
信屬土分王四季 劉 不曰正而曰貞者正可邪而貞不可

《周易義海撮要》卷首

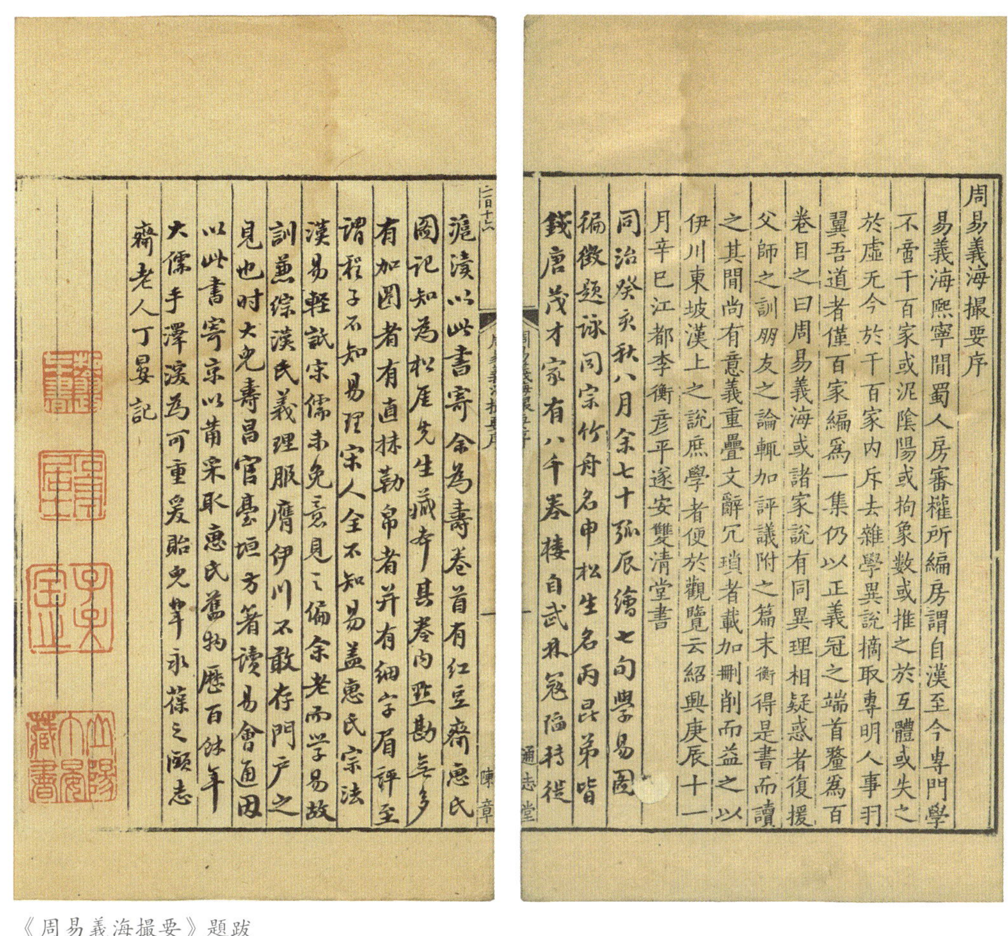

周易義海撮要序

易義海熙寧間蜀人房審權所編房謂自漢至今專門學不啻千百家或泥陰陽或拘象數或推之於互體或失之於虛无今於千百家内斥去雜學異說摘取專明人事羽翼吾道者僅百家編爲一集仍以正義冠之端首釐爲百卷目之曰周易義海或諸家說有同異理相疑惑者復援父師之訓朋友之論輒加評議附之篇末衡得是書而讀之其間尚有意義重疊文辭冗瑣者截加刪削而益之以伊川東坡漢上之說庶學者便於觀覽云紹興庚辰十一月辛巳江都李衡彥平遂安雙清堂書

同治癸亥秋八月余七十孤辰續七旬學易圖徧徵題詠同宗竹舟名申松生名丙昆弟皆錢唐茂才家有八千卷樓自武林寇陷特從滬瀆以此書寄余爲壽卷首有紅豆齋惠氏圖記知爲松崖先生藏本其卷内點勘無多有加圈者有直抹勒帛者并有細字眉評至謂程子不知易理宋人全不知易蓋惠氏宗法漢易輕詆宋儒未免意見之偏余老而學易故訓兼綜漢氏義理服膺伊川不敢存門户之見也时大兄壽昌官臺垣方箸讀易會通因以此書寄京以備采取惠氏舊物歷百餘年大儒手澤澂爲可重爰貽兄年永葆之頤志齋老人丁晏記

《周易義海撮要》題跋

惠棟之印

丁晏

[書類]

尚書釋天六卷

清盛百二撰。清乾隆三十九年（一七七四）壬城書院刻本。清敬翁跋。索書號：一七七一——一七五。

釋文：

此書於曆法可謂得其大概，微嫌傅會宋儒，略去二孔、康成之説，一病也。中多隱語，不肯直達通明，仍蹈陳、邵方士習氣，二病也。不載商高筭經，不取《丹元》《鬼料竅》，三病也。國初王寅旭、梅定九鈔刻諸種，尚多精深洞達之論，是書所采，未免去取失當，乃并《欽定八線表》似亦未寓目，四病也。去此數病，博采諸書，爲《尚書》傳義通證，勒成一編，垂之家塾，有志者願出一頭地也。戊申嘉平三日敬翁書。

應采諸書：

孔《傳》全、孔氏《正義》擇、《周髀筭經》《漢·律曆志》《晉·天文志》、歷代史志、《丹元子》《通典》《通志》《通考》《欽定數理精蘊》《八線表》、王寅旭諸種、梅氏諸種、張簡庵諸種、通志堂《尚書》各種、《清類天文分野之書》、蘇氏《書傳》、程大昌《禹貢論》、胡氏《錐指》《洪範正論》。

按：

敬翁，生平不詳。

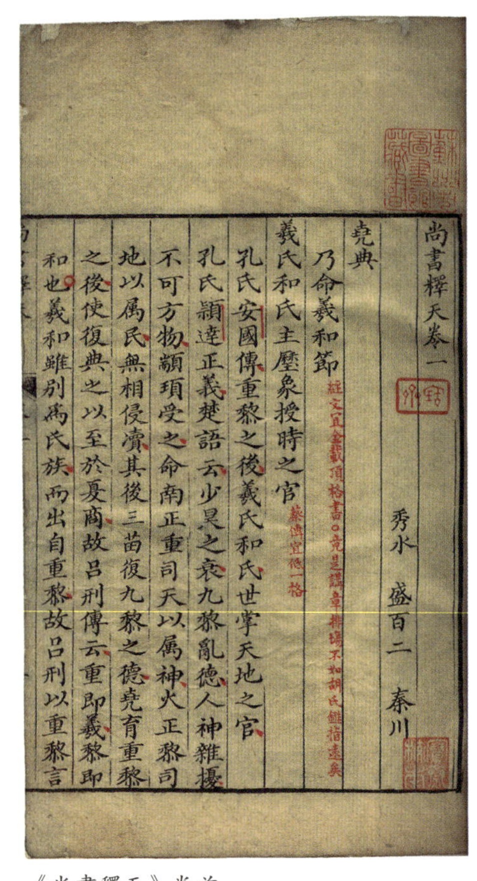
尚書釋天卷一

秀水 盛百二 秦川

堯典

乃命羲和節

羲氏和氏主曆象授時之官

孔氏安國傳重黎之後羲氏和氏世掌天地之官

孔氏穎達正義楚語云少昊之衰九黎亂德人神雜擾不可方物顓頊受之命南正重司天以屬神火正黎司地以屬民無相侵瀆其後三苗復九黎之德堯育重黎之後使復典之以至於夏商故呂刑傳云重即羲黎即和也羲和雖別爲氏族而出自重黎故呂刑以重黎言

《尚書釋天》卷首

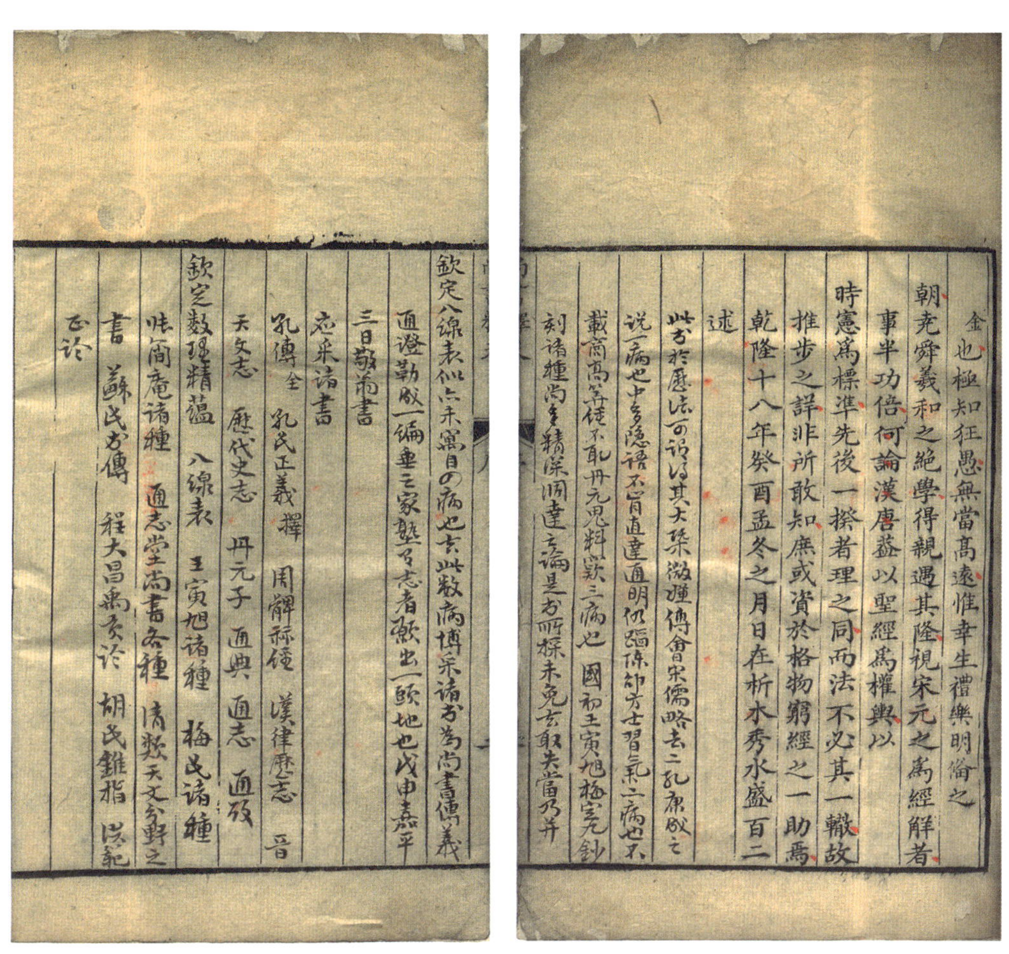

《尚書釋天》題跋

[禮類]

夏小正戴氏傳訓解四卷 考異一卷通論一卷

清王寶仁撰。清同治十三年（一八七四）王維驎刻本。清竅翁批校并跋。索書號：一九二九—一八五。

釋文：

余所見《大戴禮記》，爲孔顨軒補注本，《小正》一篇，核與各本，多不相同，亦不能執一本以訂衆本，惟有姑就所見者，命孫重申手鈔讀之而已。乙酉四月竅翁記。

按：

竅翁，生平不詳。

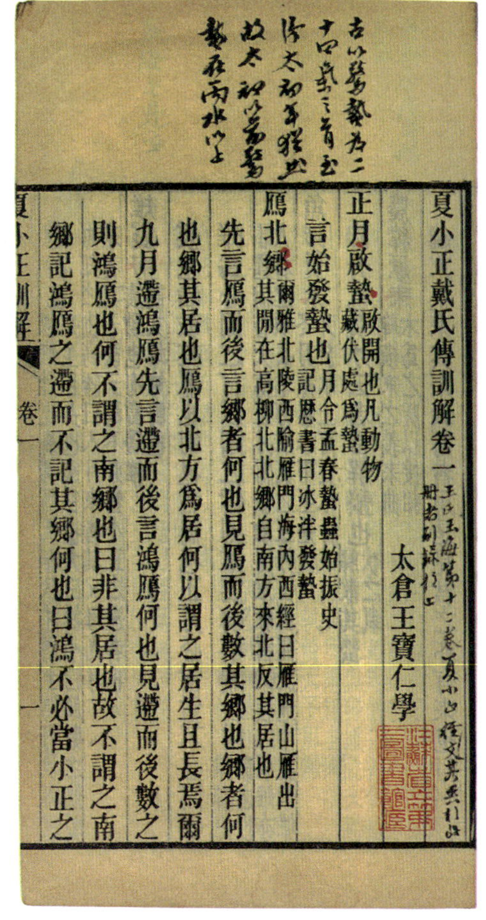
夏小正戴氏傳訓解卷一　太倉王寶仁學
正月啟蟄啟開也凡動物藏伏處爲蟄
言始發蟄也月令孟春蟄蟲始振史記歷書曰冰泮發蟄
鴈北鄉爾雅北陵西隃鴈門海內西經曰鴈門山鴈出其間在高柳北北鄉自南方來北反其居也
先言鴈而後言鄉者何也見鴈而後數其鄉也鄉者何
也鄉其居也鴈以北方爲居何以謂之居生且長焉爾
九月遰鴻鴈先言遰而後言鴻鴈何也見遰而後數之
則鴻鴈也何不謂之南鄉也曰非其居也故不謂之南
鄉記鴻鴈之遰而不記其鄉何也曰鴻不必當小正之
夏小正訓解　卷一　一

《夏小正戴氏傳訓解》卷首

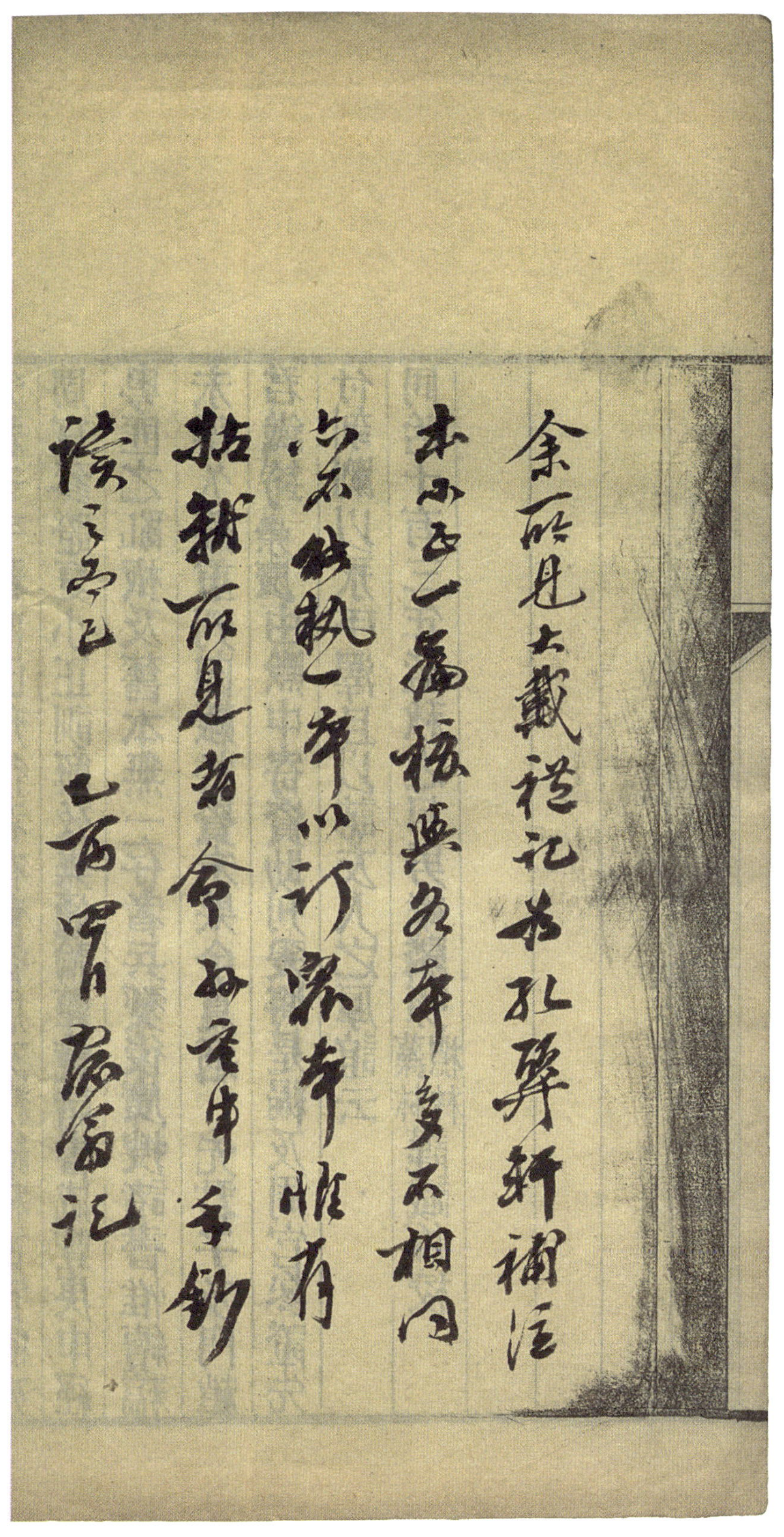

《夏小正戴氏傳訓解》題跋

［春秋類］

春秋集傳十三卷

清張士俊撰。清嘉慶十二年（一八〇七）葛祚增家抄本。清葛祚增跋。索書號：〇〇四九—〇〇六。

釋文：

《春秋集傳》十三卷，吾山張孝廉敬軒先生士俊所纂。先生著述甚富，歿後遺孤尚幼，散佚殆盡，僅存此書，因命兒輩録而藏之，欲以衍其一綫之傳云爾。時嘉慶丁卯相月香士葛祚增識。

按：

葛祚增，字香士，號林屋。清江蘇吴縣（今蘇州）洞庭西山人。好藏書，家有“澄波皓月樓”，藏書萬卷。

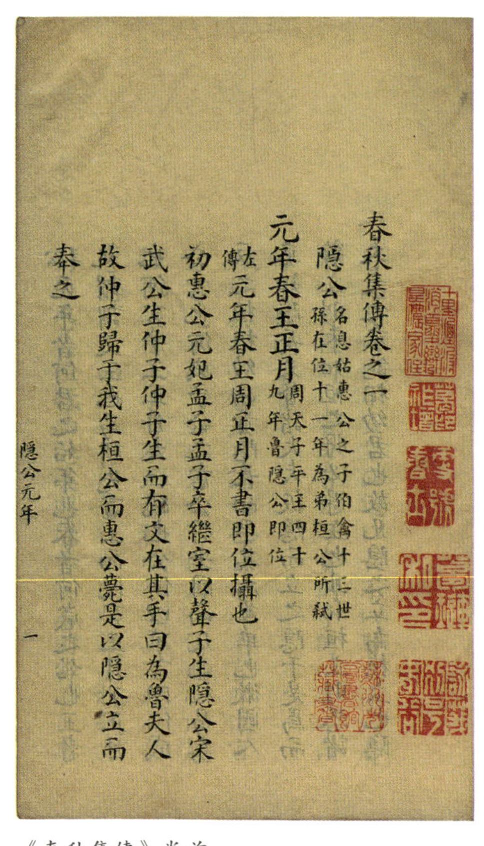
春秋集傳卷之一
隱公名息姑惠公之子伯禽十三世孫在位十一年為弟桓公所弒
元年春王正月周天子平王四十九年魯隱公即位
傳左元年春王周正月不書即位攝也
初惠公元妃孟子孟子卒繼室以聲子生隱公宋
武公生仲子仲子生而有文在其手曰為魯夫人
故仲子歸于我生桓公而惠公薨是以隱公立而
奉之
隱公元年　一

《春秋集傳》卷首

春秋集傳十三卷吾山張孝廉敬軒先生士俊所纂先生著述甚富殁後遺編尚幼散佚殆盡僅存此書因命兒輩録而藏之將以衍千一綫之傳云爾時嘉慶丁卯相月香士葛祚增識

[四書類]

孝經今文音義一卷論語音義一卷孟子音義二卷

唐陸德明撰。明末常熟毛氏汲古閣影抄宋蜀大字本。清毛扆跋。索書號：〇〇五〇—〇〇〇。

釋文：

余在京師得宋本《孟子音義》，發而讀之。其條目有《孟子篇叙》，注云“此趙氏述《孟子》七篇所以相次叙之意”，茫然不知所謂。書賈又挾北宋板《章句》求售，亦係蜀本大字，皆章丘李氏開先藏書也。卷末有《篇叙》之文，狂喜叫絶，令僮子影寫携歸，附於音釋之後，後人勿易視之也。虞山毛扆識。

按：

毛扆（一六四〇—一七一三），字斧季，號省庵，又號汲古後人。清江蘇常熟人。毛晉子。耽校讎，手校之書爲藏家所重。精小學，有名於時。撰有《汲古閣珍藏秘本書目》一卷，凡宋版、元本、明集，以及舊抄、精抄無不記載。

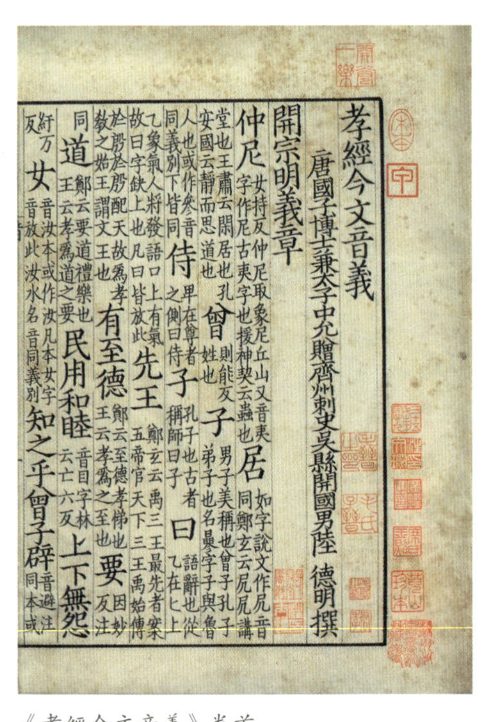

孝經今文音義
唐國子博士兼太子中允贈齊州刺史吳縣開國男陸德明撰
開宗明義章
仲尼女持反仲尼取象尼丘山又音夷字作尼古夷字也援神契云蟲也居如字說文作尻音同鄭玄云尻尻講堂也王肅云閑居也孔安國云靜而思道也曾則能反姓也子男子美稱也曾子孔子弟子也名參字子與魯人也或作參音同義別下皆同侍卑在尊者之側曰侍子孔子也古者稱師曰子曰語辭也從乙在匕上乙象氣人將發語口上有氣故曰字缺上也凡曰皆放此先王鄭玄云禹三王最先者案五帝官天下三王禹始傳於殷於殷配天故爲孝教之始王謂文王也有至德鄭云至德孝悌也王云孝爲之至也要因妙反注同道鄭云要道禮樂也王云孝爲道之要民用和睦音目字林云亡六反上下無怨紆万反女音汝本或作汝凡本女字音放此汝水名音同義別知之乎曾子辟音避注同本或

《孝經今文音義》卷首

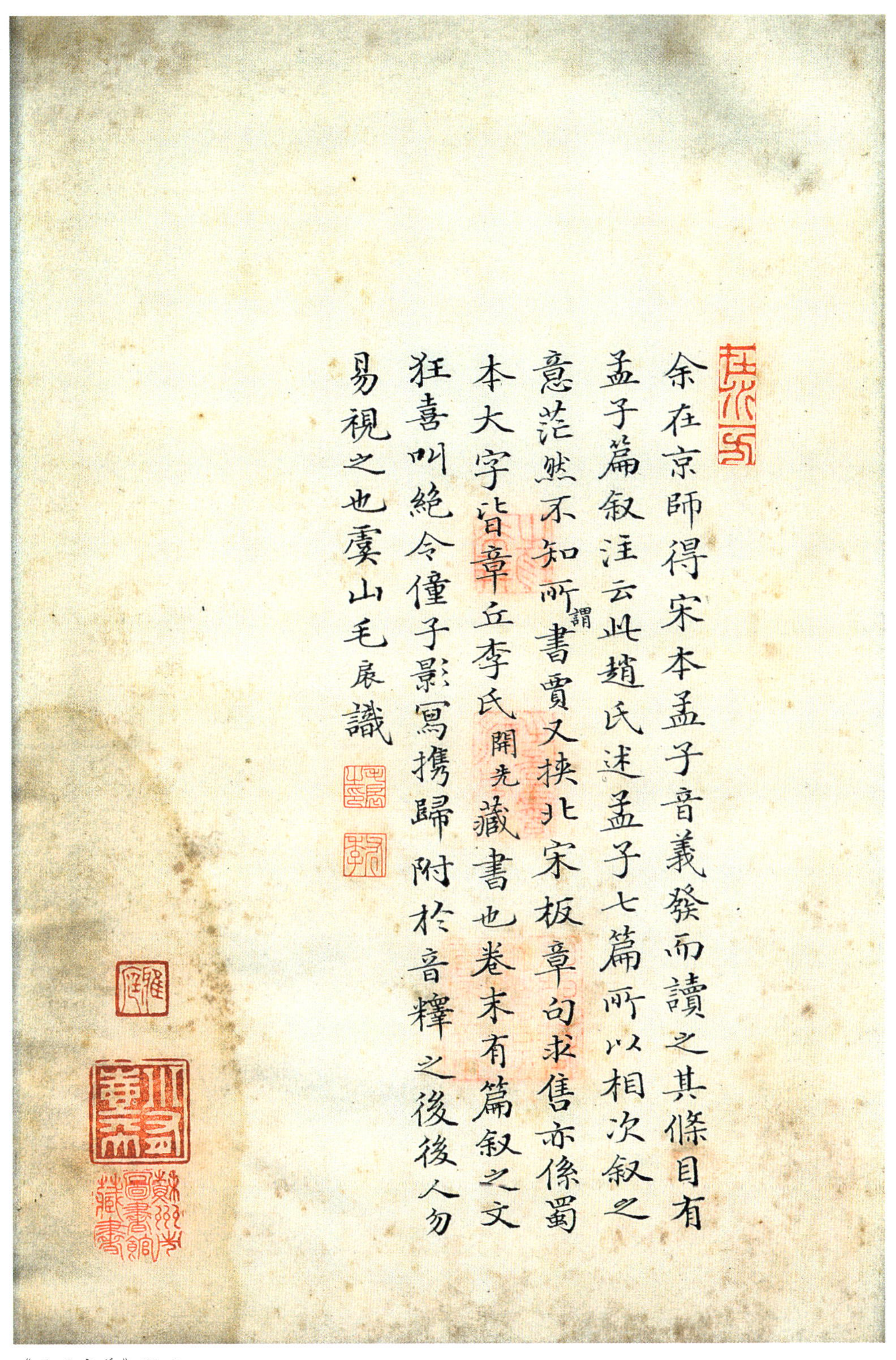

余在京師得宋本孟子音義發而讀之其條目有孟子篇敘注云此趙氏述孟子七篇所以相次敘之意茫然不知所謂書賈又挾北宋板章句求售亦係蜀本大字皆章丘李氏開先藏書也卷末有篇敘之文狂喜叫絕令僮子影寫携歸附於音釋之後後人勿易視之也虞山毛扆識

《孟子音義》題跋

四書人物考訂補四十卷

明薛應旂輯。明天啓七年（一六二七）刻本。民國大林山人跋。索書號：〇〇五一—〇〇六。

釋文：

此《人物考》爲明天啓版本，是鄉賢薛方山先生所撰著，見載邑乘。余於辛丑夏以式元八角在文學山房置之，與昔年在滬覓得《甲子會紀》同屬明版。當年在滬，晤其裔孫秉初君，曾見示同樣本也。又讀其湘板《方山先生全集》，二十四册之多，聞于庚寅之變俱散失云。大林山人藏。

按：

大林山人，生平不詳。

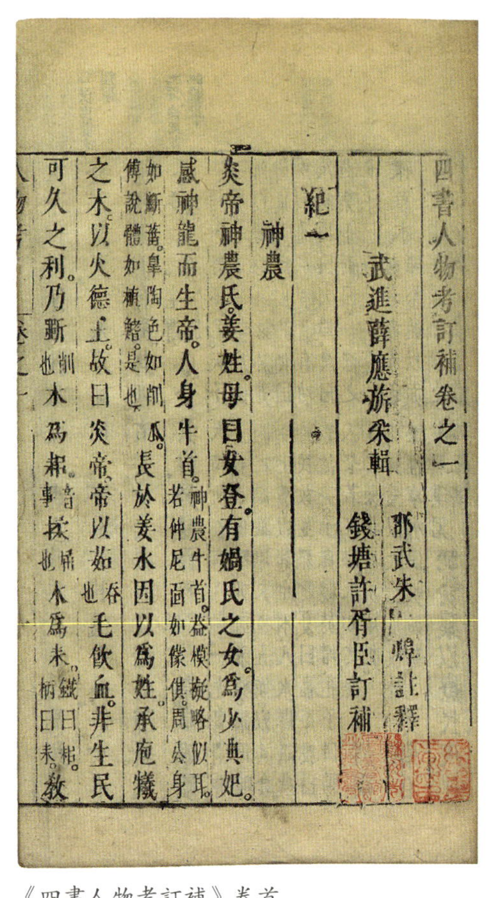

四書人物考訂補卷之一

武進薛應旂采輯　鄞武朱[illegible]焯註釋

錢塘許胥臣訂補

紀一

神農

炎帝神農氏。姜姓。母曰女登。有媧氏之女。爲少典妃。感神龍而生帝。人身牛首。神農牛首。益模擬略似耳。若仲尼面如倛。周公身如斷菑。皐陶色如削瓜。傳說體如植鰭。是也。長於姜水。因以爲姓。承庖犧之木。以火德王。故曰炎帝。帝以茹吞也毛飲血。非生民可久之利。乃斲削也木爲耜音事揉屈也木爲耒。鐵曰耜。柄曰耒。教

人物考　卷之一

《四書人物考訂補》卷首

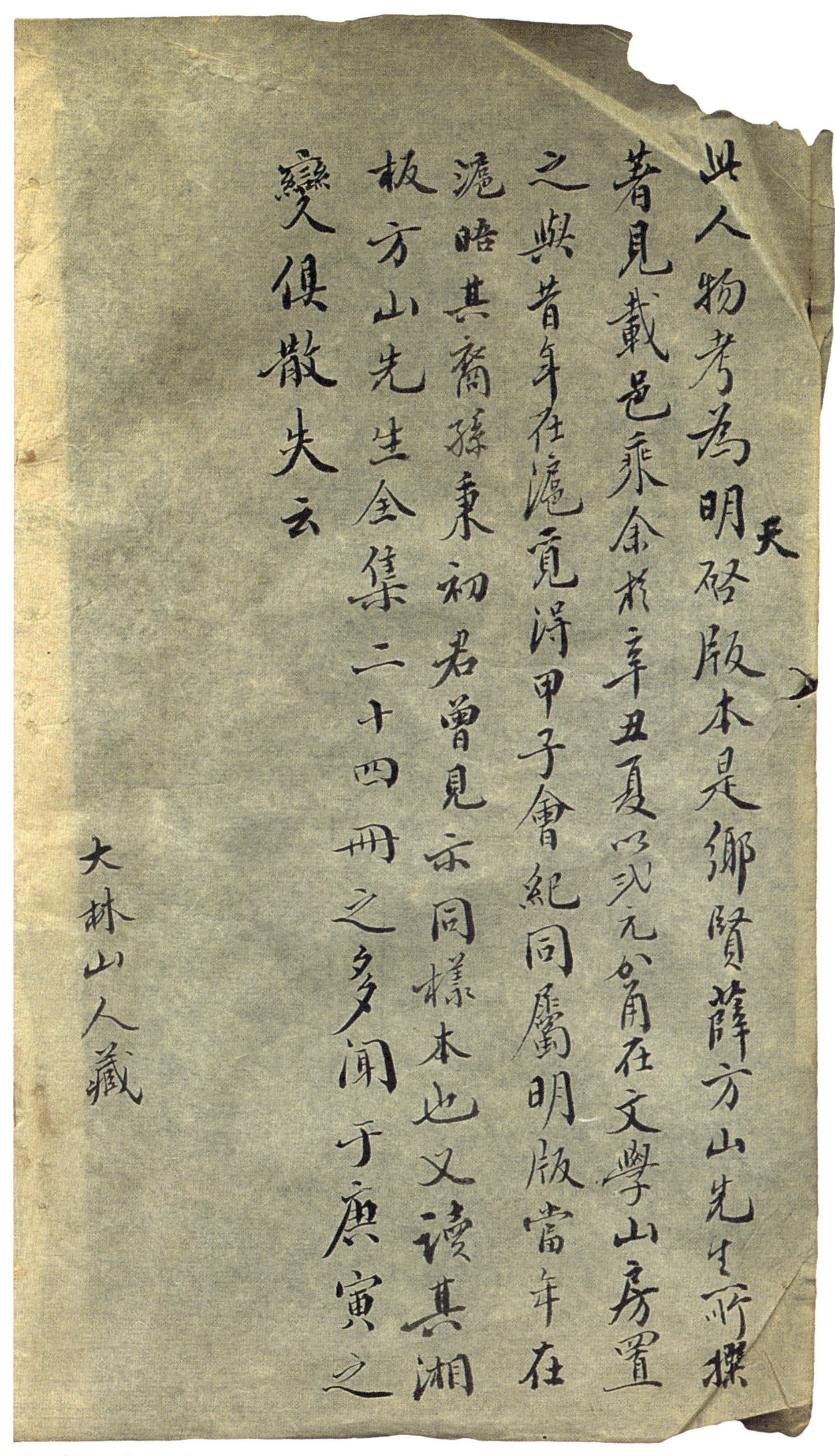

此人物考為明天啓版本是鄉賢薛方山先生所撰著見載邑乘余於辛丑夏以弍元八角在文學山房置之與昔年在滬覓得甲子會紀同屬明版當年在滬晤其裔孫秉初君曾見亦同樣本也又讀其湘板方山先生全集二十四冊之多聞于庚寅之變俱散失云

大林山人藏

《四書人物考訂補》題跋

荷珠録六卷

明張汝霖撰。明刻本。民國大林山人跋。索書號：〇〇五五—〇〇六。

釋文：

此《荷珠録》書面刊“山陰張汝霖著”，予以鈔壹元購於上海舊書店。見其裱裝已屬蟲蠹之跡，其後爲蟲蝕，則原本已然也。閲其用硃筆圈點爲一人，當年在制藝用功夫之文人，其於四書之鑽研，費一生心血，焚膏繼晷，專心一志，於聖賢流傳之精微，不肯輕輕放過，故於如此精裝之本，批鈎所不惜，其下筆之士，必胸中見地更高於著者也明矣。版似明季，而簡體字甚多。又屬研陽明學之學者也，是否改引人説如雙峰等，即知之。毘陵大林山人隨識。

必本倫常日用而習之，習之而一暴十寒，則易爲夜氣所勝，是以至聖詔人必時時習之，方能學到惟精惟一，體用都備。至是而窮居不損，大行不加，渾然天理，人不知而不愠，下學上達，有至樂存焉。民國十二年歲次癸亥小春既望，蘭陵素心過來青閣，喜購之歸而敬識之。

按：

大林山人，生平不詳。

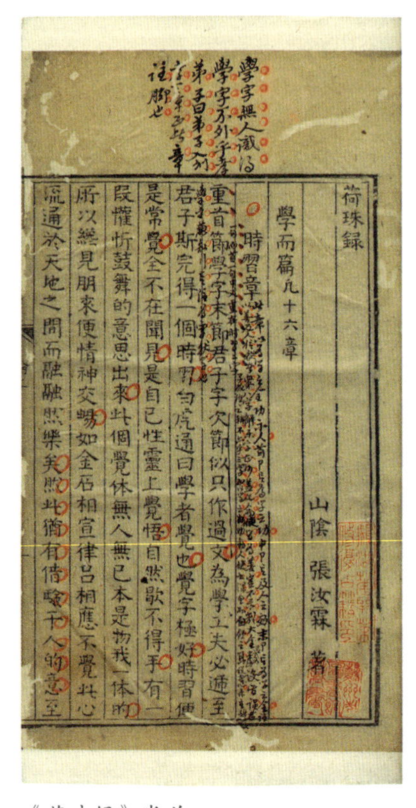
荷珠録

學而篇凡十六章

山陰 張汝霖 著

一時習章

重首節學字末節君子字次節似只作過文爲學工夫必通至

君子斯完得一個時習句虎通曰學者覺也覺字極好時習便

是常覺全不在聞見是自已性靈上覺悟自然歇不得手有一

段懽忻鼓舞的意思出來此個覺体無人無已本是物我一体的

所以繼見朋來便情神交暢如金石相宣律呂相應不覺此心

流通於天地之間而融融然樂矣然此猶有倚賴于人的意至

《荷珠録》卷首

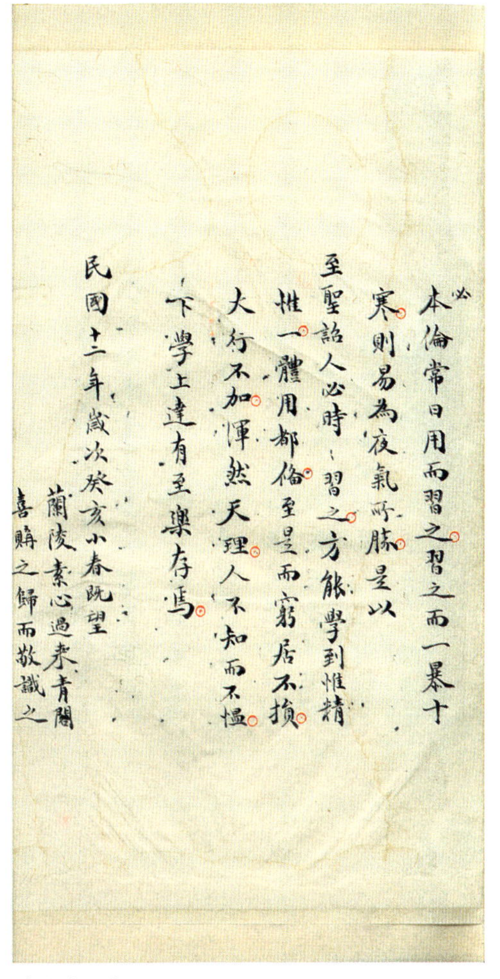

必本倫常日用而習之習之而一暴十寒則易為夜氣所勝是以至聖詔人必時時習之方能學到惟精惟一體用都備至是而窮居不損大行不加渾然天理人不知而不慍下學上達有至樂存焉

民國十二年歲次癸亥小春既望

蘭陵素心過來青閣喜購之歸而敬識之

《荷珠録》題跋

爲學綱目三卷首一卷

清錢保撰。清乾隆三十九年（一七七四）刻本。民國大林山人跋。索書號：〇八〇〇—〇九三。

釋文：

當年在書店僅請得此通州錢保子的《爲學綱目》三卷，首有序文也，寫明祇有此三卷。《総論》十六條，開門見山，根據朱文公教人“就本文上看取正意，不須立説，别生枝蔓”，乃其刊《爲學綱目》要旨。明以來士子爲制藝所局限，錢子獨自承当，是爲唐宋以前人超拔突然而起。凡人之明明悳者，先絶枝蔓。閲其全綱目，確有見地。立乎其大，是巨眼大手筆，求“誠、正、修、齊、治、平”之聖學不出乎此。予見而藏之，時時翻經以反身而繫於方寸，更目爲止至善之明珠焉。大林山人永芳手識。晉陵天叙堂藏。

按：

大林山人，生平不詳。

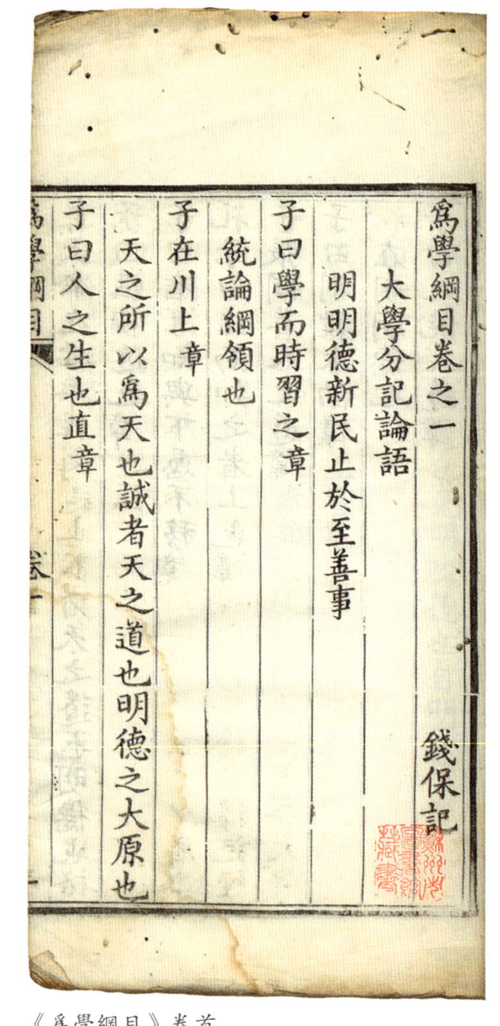
爲學綱目卷之一　錢保記
大學分記論語
明明德新民止於至善事
子曰學而時習之章
統論綱領也
子在川上章
天之所以爲天也誠者天之道也明德之大原也
子曰人之生也直章

《爲學綱目》卷首

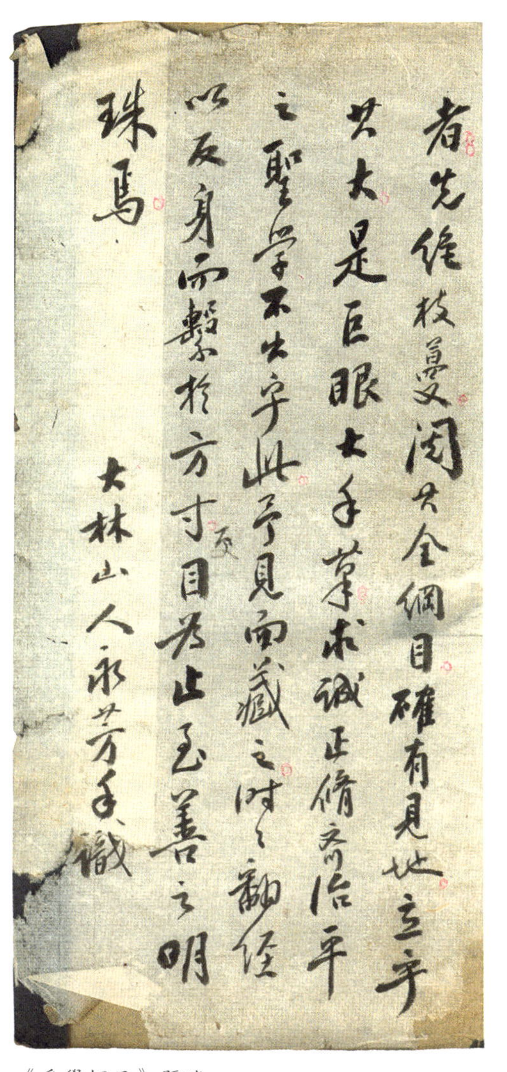

者先絕枝蔓闡其全綱目確有見地立身
其大是巨眼大手筆求識正修齊治平
之聖學不出乎此予見而藏之時時翻經
以反身而繫於方寸目為止至善之明
珠焉
大林山人永芳手識

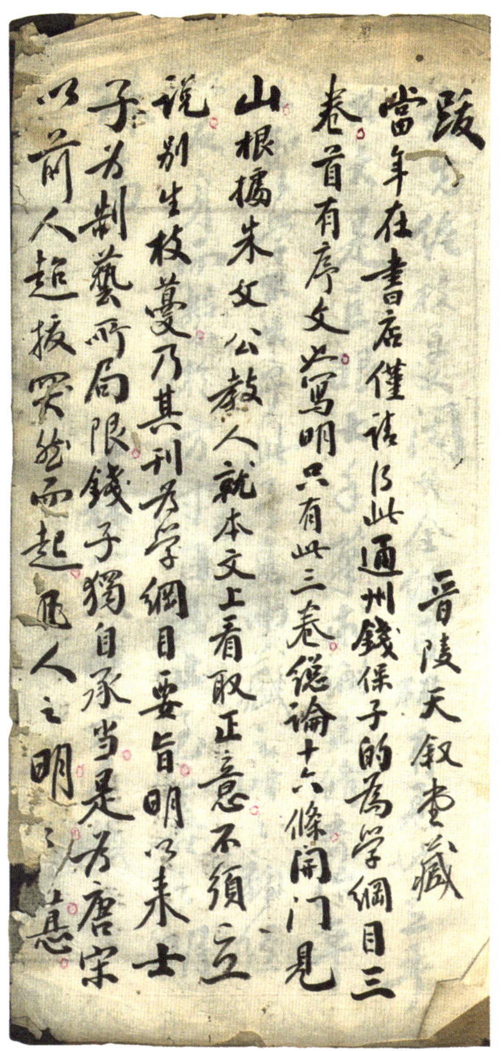

跋　晉陵天叙查藏
當年在書店僅語乃此通州錢保子的為學綱目三
卷首有序文亦寫明只有此三卷總論十六條開門見
山根據朱文公教人就本文上看取正意不須立
說別生枝蔓乃其刊為學綱目要旨明以來士
子為制藝所局限錢子獨自承當是為唐宋
以前人超拔卓然而起亂人之明之意

《爲學綱目》題跋

［小學類］

説文解字三十卷

漢許慎撰。清嘉慶十二年（一八〇七）額勒布藤花榭刻本。清江標跋。索書號：一八〇一——一七八。

釋文：

顔黄門曰："校定書籍，亦何容易？"旨哉言乎！《説文》一書，明葉末流屢刻《五音韻譜》，幾不知有始一終亥之目，毛氏特起，毅然刻之，可謂聖矣。然自持其藏本之多，五次剜改，面目盡失。至我乾嘉之朝，崇尚小學，於是收藏之家各有宋槧，互相鈔校，絶學大興。然孫刻所據，景鈔宋本也。係錢侗人鈔贈淵翁者，孫即據以上板。錢鈔本今存德化李木齋孝廉盛鐸家。汪郎亭先生説。額刻所據，元繙本也。其本皆推爲宋槧，今藏楊氏海源閣，余審定之。二家原本，聞見所及，故塙知之。其他偁爲真宋槧者，或存或亡，余皆未見，不敢妄議之也。今丁氏所刻，其據真宋本乎？不可知也。既曰仿宋本矣，何以必欲據汲古本而强改之？中有與王、周二家臧宋本，葉抄宋本，印校宋本不合者半，皆從毛氏意改之字。丁君豈不知段氏有《汲古閣説文訂》之書乎？濟南校藝之餘，取五硯樓原刊段訂，手校於下方，然專取王蘭泉、周漪塘二家藏宋本，葉石君抄宋本，蓋三本皆小字，雖有互異，其源則一也。袁壽階曰："段氏之意，欲人得一宋本。"余既不得見真宋槧，即就段本校正之，亦聊以解嘲耳。額氏舊臧元刻本，時在桉頭，擬再校於上方也。光緒十一年乙酉四月朔四日，江標記於大明湖畔。

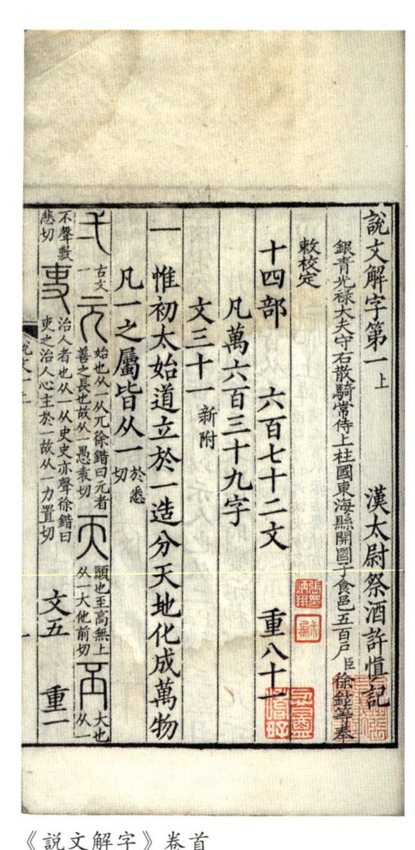
說文解字第一上　漢太尉祭酒許慎記
銀青光祿大夫守右散騎常侍上柱國東海縣開國子食邑五百戶臣徐鉉等奉
敕校定
十四部　六百七十二文　重八十一
凡萬六百三十九字
文三十一　新附
一　惟初太始道立於一造分天地化成萬物凡一之屬皆从一　於悉切
弌　古文一
元　始也从一从兀徐鍇曰元者善之長也故从一　愚袁切
天　顛也至高無上从一大　他前切
丕　大也从一不聲　敷悲切
吏　治人者也从一从史史亦聲徐鍇曰吏之治人心主於一故从一　力置切
文五　重一

《説文解字》卷首

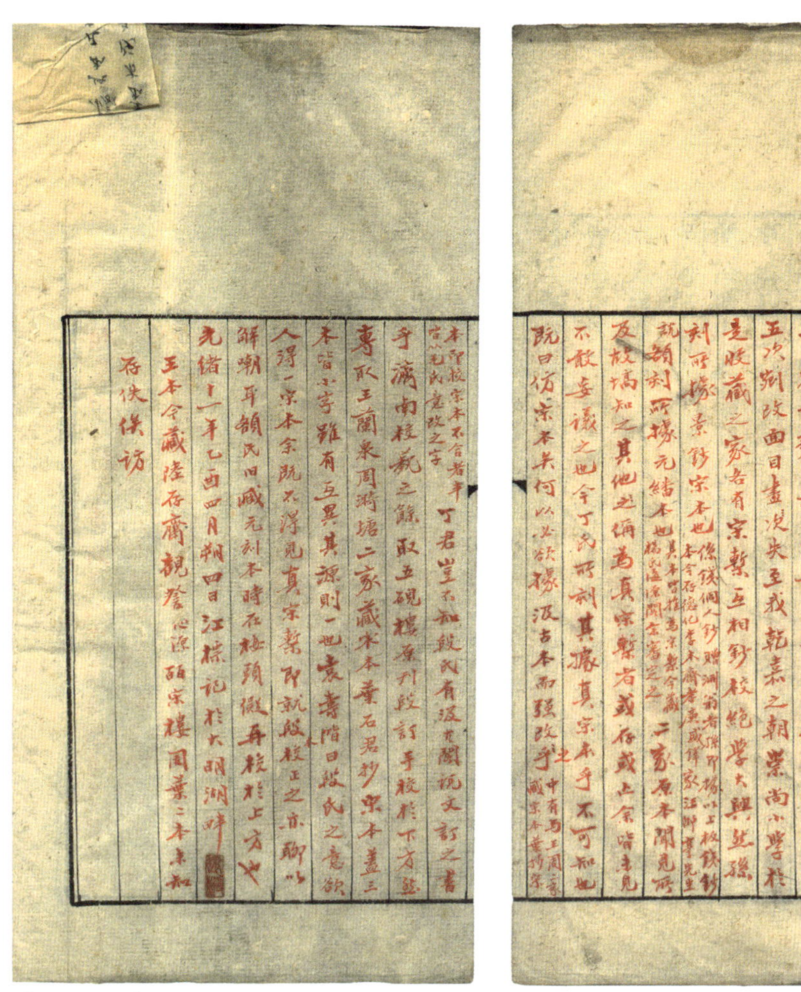

《説文解字》題跋

王本今藏陸存齋觀詧心源皕宋樓，周、葉二本未知存佚，俟訪。

按：

江標（一八六〇—一八九九），字建霞，號師鄦、萱圃、靈鶼閣主。清江蘇元和（今蘇州）人。光緒十五年（一八八九）進士。改庶吉士，授編修。二十年（一八九四），授湖南學政，主張維新變法。失敗後被革職，永不叙用。性嗜書，刻有《靈鶼閣叢書》。

説文統釋自序一卷音同義異辨一卷

清錢大昭撰注；《音同義異辨》清畢沅撰。清光緒八年（一八八二）刻《金峨山館叢書》本。民國鄭文焯批校并跋。索書號：〇〇六四—〇〇七。

釋文：

强梧大芒落之年娵月廿六日庚寅，大鶴山人讀於樵風別業，時年六十有二。

按：

鄭文焯（一八五六—一九一八），字俊臣，號小坡，又號叔問，别號瘦碧，別署冷紅詞客，自號大鶴山人。清奉天鐵嶺（今屬遼寧）人，隸漢軍正黄旗，後寓居蘇州。光緒舉人，官内閣中書。工詩詞，通音律，兼善書畫，通醫理，長於金石古器之鑒，而以詞人著稱於世。所著有《大鶴山房全集》。

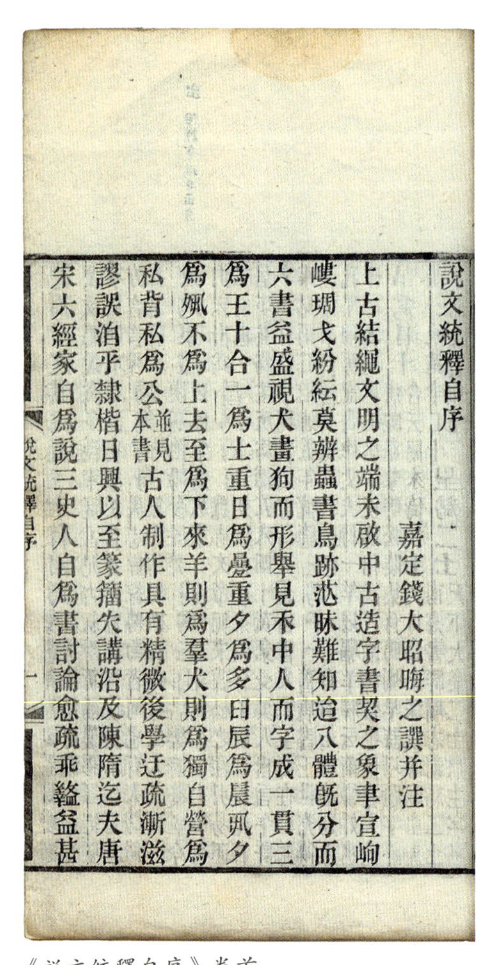
說文統釋自序
嘉定錢大昭晦之譔并注
上古結繩文明之端未啟中古造字書契之象聿宣岣
嶁瑚戈紛紜莫辨蟲書鳥跡沿昧難知迨八體既分而
六書益盛視犬畫狗而形舉見禾中人而字成一貫三
爲王十合一爲士重日爲疊重夕爲多臼辰爲晨丮夕
爲夙不爲上去至爲下來羊則爲羣犬則爲獨自營爲
私背私爲公並見本書古人制作具有精微後學迂疏漸滋
謬訛洎乎隸楷日興以至篆籀失講沿及陳隋迄夫唐
宋六經家自爲說三史人自爲書討論愈疏乖盭益甚
說文統釋自序 一

《説文統釋自序》卷首

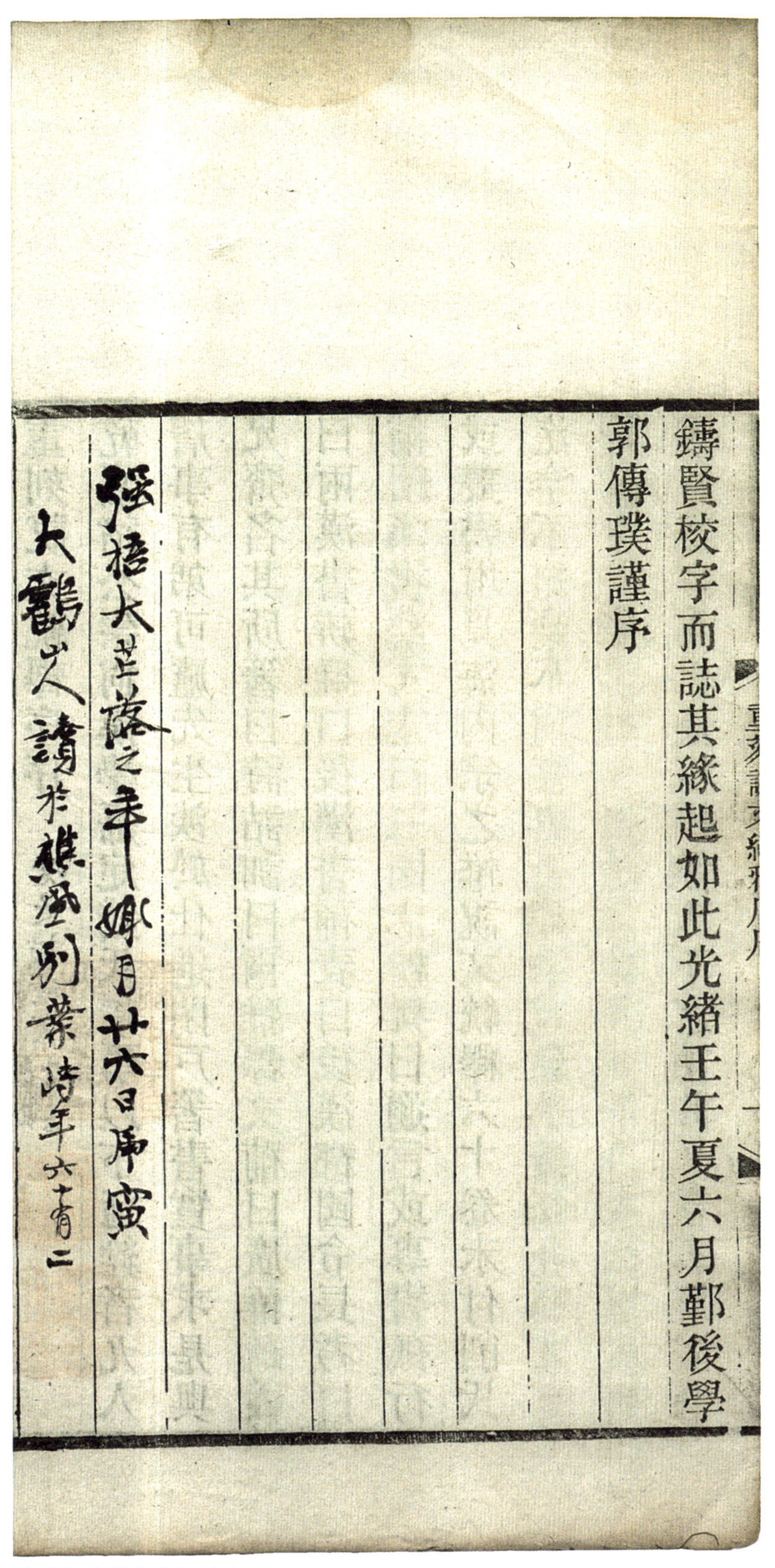

鑄賢校字而誌其緣起如此光緒壬午夏六月鄞後學
郭傳璞謹序

强梧大荒落之年姊月廿六日庚寅
大鶴山人讀於樵風別業 時年六十有二

《説文統釋自序》題跋

說文分類権失六卷

清錢大昭撰。民國十五年（一九二六）黃德祐抄本。民國劉之泗跋。索書號：一八〇二—一七八。

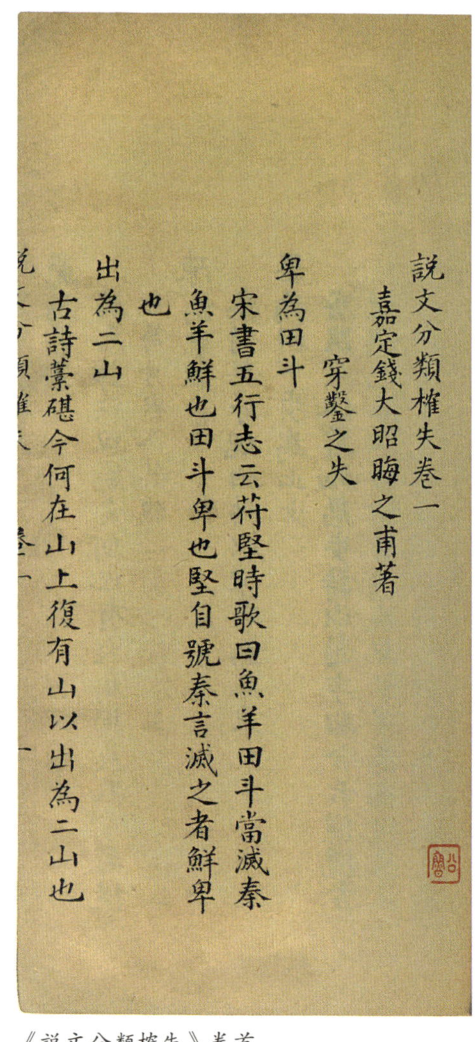

說文分類權失卷一
嘉定錢大昭晦之甫著
穿鑿之失
卑為田斗
宋書五行志云苻堅時歌曰魚羊田斗當滅秦
魚羊鮮也田斗卑也堅自號秦言滅之者鮮卑
也
出為二山
古詩藁碪今何在山上復有山以出為二山也

《說文分類権失》卷首

釋文：

此書抄本今藏余家，乙丑秋黃寅生師叔自婁江來，因乞其録副庋之云。丙寅四月十九夜手裝并識。貴池劉之泗。

按：

劉之泗（一九〇〇—一九三七），字公魯，號畏齋，一號寅白。安徽貴池（今池州）人，劉世珩子。家富藏書，亦好收藏秦漢古璽，著有《畏齋藏狝》，另有《魯庵藏譜》。

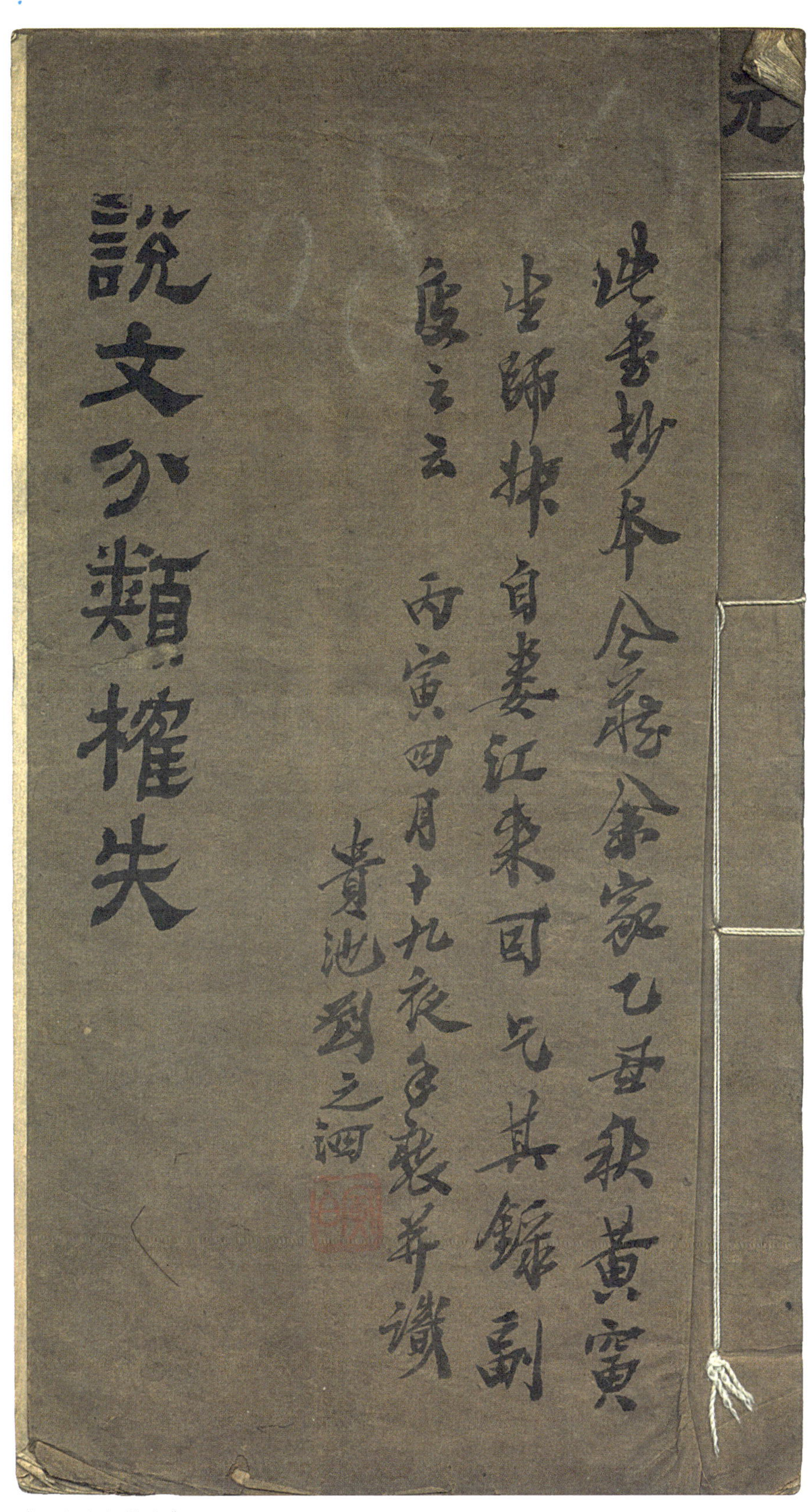
說文分類權失
此書抄本今藏余家乙丑秋黃賓
生師挾自婁江來因乞其錄副
庋之云　丙寅四月十九夜手裝并識
貴池劉之泗

《説文分類權失》題跋

説文辨疑一卷
附條記一卷

清顧廣圻撰。清抄本。清潘錫爵批校并跋。索書號：一九二五—一八五。

釋文：

右十五條，皆先生手書在散紙者，其中玉字一條已入《辨疑》，而不及《辨疑》中之詳盡。翡字亦列在目録，以是知爲《辨疑》未成之稿本。其八條但有按語，内七條俱係辨嚴氏《校議》。其神字一條辨小徐之誤，球字一條辨《説文》新校正之誤。《説文》新校正本者，孫伯淵觀察㝷宋小字十行本《説文》，議欲酌改而重刊行世。作此稿本，中引《校議》説爲多，球字一條，故先生以爲嚴孝廉。後《説文》即用宋本影刊，亦出自先生之意，新校正本上方載有先生手批云“照依宋本，不必改字，所有異同，附注而折衷之”之語，故新校正本世不復見也。按語耑列舊説，《辨疑》之例如是，今則直指何書，惟神字載《考異》附録語，玉字照《條記》原本。不云舊説，所以别於先生自定之例也。又燮字下六條亦爲先生手摘，欲爲辨論而未果者，今亦附録焉。吴縣後學潘錫爵識。

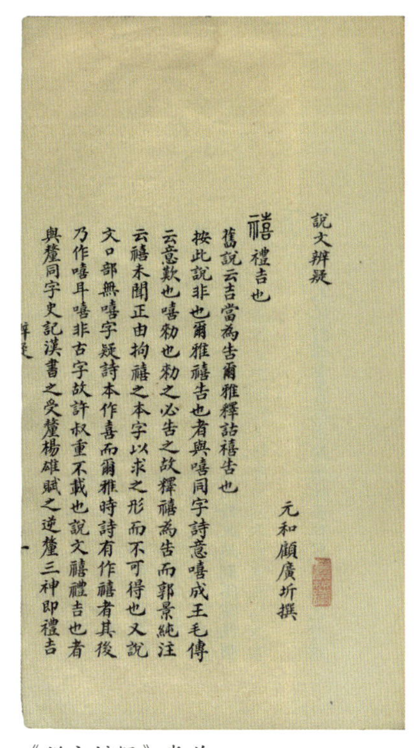
説文辨疑　　元和顧廣圻撰

禧　禮吉也

舊説云吉當爲告爾雅釋詁禧告也

按此説非也爾雅禧告也者與嘻同字詩意嘻成王毛傳云意歎也嘻勑也勑之必告之故釋禧爲告而郭景純注云禧未聞正由拘禧之本字以求之形而不可得也又説文口部無嘻字疑詩本作喜而爾雅時詩有作禧者其後乃作嘻耳嘻非古字故許叔重不載也説文禧禮吉也者與釐同字史記漢書之受釐楊雄賦之逆釐三神即禮吉

《説文辨疑》卷首

按：

潘錫爵，字鼎廷，一字㽞侯，又字梅孫。清江蘇吴縣（今蘇州）人。清咸豐四年（一八五四）歲貢生，授職訓導。長於經學，與修《蘇州府志》，馮桂芬頗敬禮之。著有《左傳古注》等。

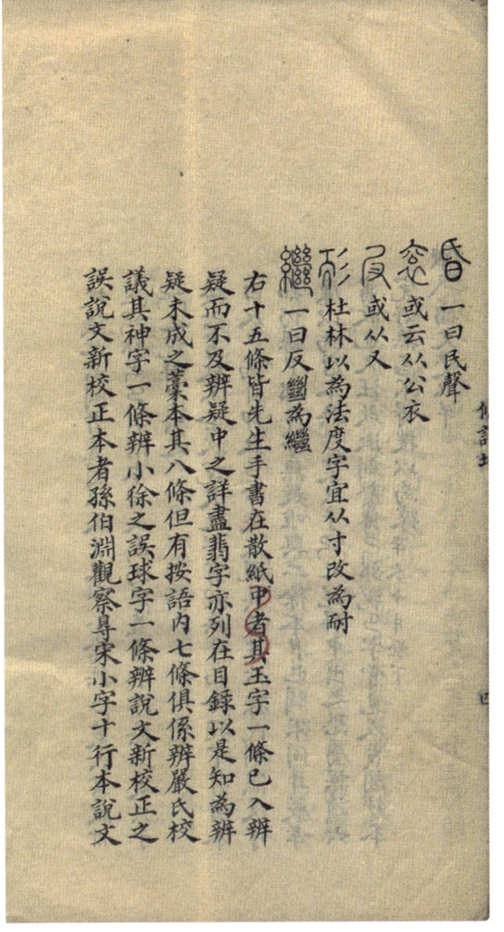
昏 一曰民聲
衮 或云从公衣
反 或从又
耏 杜林以為法度字宜从寸改為耐
繼 一曰反㡭為繼
右十五條皆先生手書在散紙中者其玉字一條已入辨疑而不及辨疑中之詳盡翡字亦列在目錄以是知為辨疑未成之藁本其八條但有按語內七條俱係辨嚴氏校議其神字一條辨小徐之誤球字一條辨說文新校正之誤說文新校正本者孫伯淵觀察得宋小字十行本說文

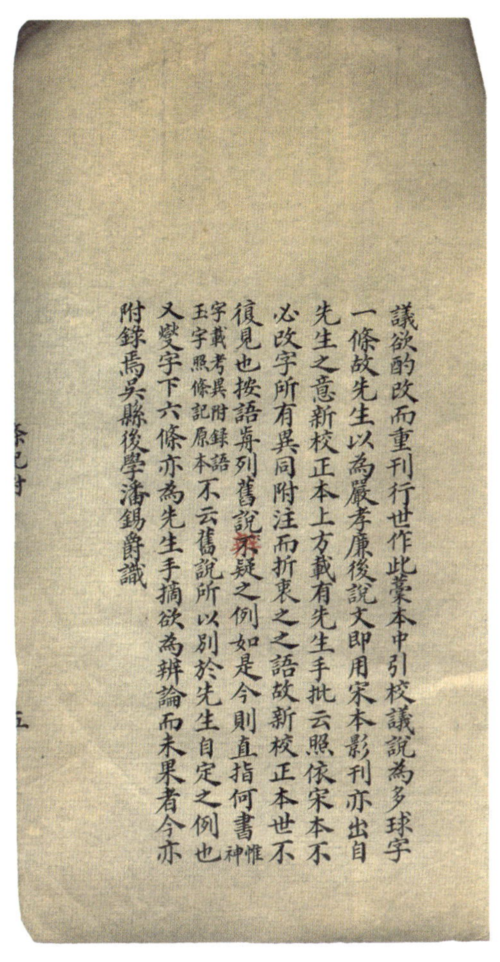
議欲酌改而重刊行世作此藁本中引校議說為多球字一條故先生以為嚴孝廉後說文即用宋本影刊亦出自先生之意新校正本上方載有先生手批云照依宋本不必改字所有異同附注而折衷之之語故新校正本世不復見也按語再列舊說辨疑之例如是今則直指何書惟神字載考異附錄語玉字照條記原本不云舊說所以別於先生自定之例也又燮字下六條亦為先生手摘欲為辨論而未果者今亦附錄焉吳縣後學潘錫爵識

《說文辨疑》題跋

説文逸字二卷附録一卷

清鄭珍撰；《附録》清鄭知同撰。清光緒王氏刻《天壤閣叢書》本。清張炳翔跋。索書號：一八六四——一八一。

釋文：

丁亥中冬，從許勉甫處假録，越兩旬鈔竟。因索還甚急，不暇細校也。病羊記。

南閣遺書，前人云已經二徐竄改，其佚乃時時見於他書，鄭君搜而輯之，所謂與其棄之，毋寧遇而存之也。但信古太深，至仞字韻後世所引皆爲許遺文，亦知唐人所引《説文》多出《字林》，《六書故》所引唐本尤不足信乎？近李君佐周撰《辨證》，駁正不少，頗精核，然矯枉過正者間有之。至鄭説之誤，李未及補正者尚多，略就管窺所及箋於眉間上方。嗟乎，知識有限，妄議犇修，僭妄之譏，知所不免，亦俟後人之議後人耳。景許書。

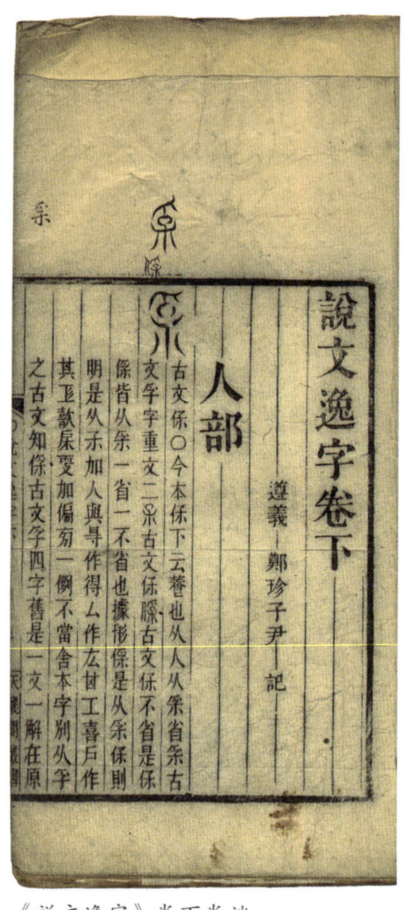

説文逸字卷下

遵義 鄭珍子尹 記

人部

《説文逸字》卷下卷端

按：

張炳翔，字叔鵬，號病羊。江蘇長洲（今蘇州）人。清光緒十九年（一八九三）舉人。擅醫，精於小學，輯有《許學叢書》。

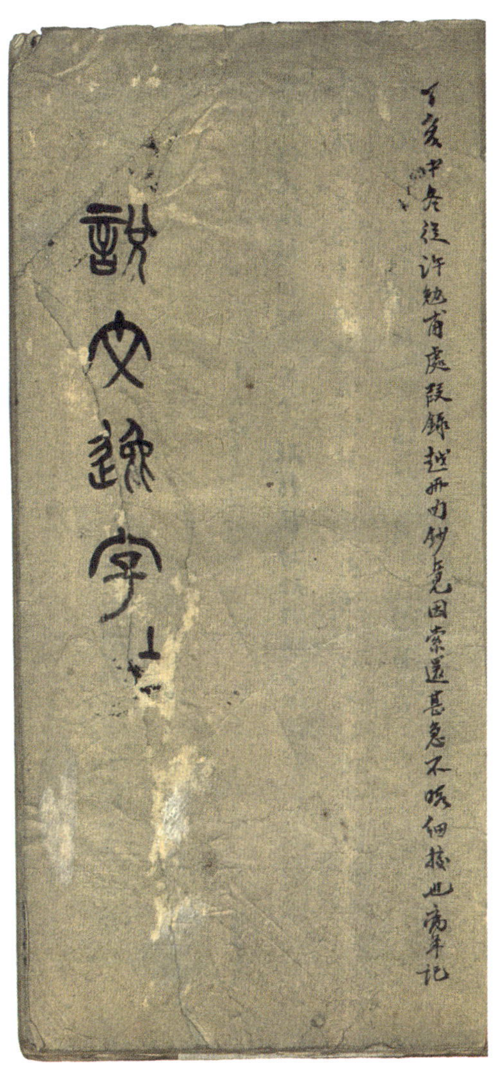

《說文逸字》題跋

説文集釋不分卷

漢許慎記，民國陶惟坻撰。稿本。民國陶惟坻跋。索書號：〇八〇八—〇九四。

釋文：

王益吾師任江蘇學政，行文各縣學生分治諸經，暨《説文》《文選》諸書。是册惟坻遵文草《説文集釋》，元和學生所應從事，蓋仿佛本曾文正《送江小帆視學湖北序》文意也。惟坻甫逾壯年，課徒暇晷，聊學爲之，僅成五十餘文。適吾師涖蘇府屬科試，先録一册以上，手書此評語于册。景范堂者，試院二堂也。匆匆四十餘季，苒歲承乏省立圖書館，今輯館刊，館員請以之羼入，藉就正嫥門家。惟坻不獲賡繼卒業，勉副吾師厚望，耿歉于褱，飢驅犇走，徒嘑負負已耳！民國十八年十二月，惟坻識于可園之博約堂。

按：

陶惟坻（一八五五—一九三〇），字小沚。江蘇元和貞豐里（今江蘇崑山周莊鎮）人。清光緒十四年（一八八八）舉人，官河南候補知縣。三十一年（一九〇五）回鄉創辦元江兩等小學堂。辛亥革命後，任江蘇省議會議員，入南社。民國十六年（一九二七）任江蘇省立蘇州圖書館館長，卒於任。著有《相城小志》《説文集釋》等。

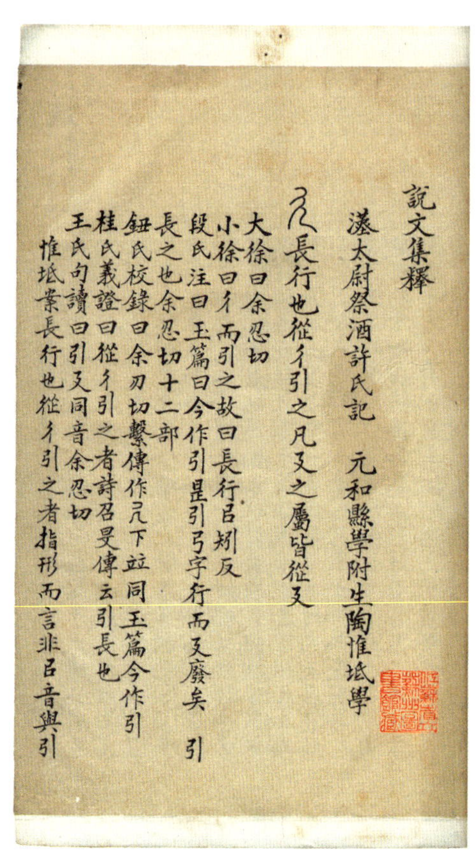
説文集釋
漢太尉祭酒許氏記　元和縣學附生陶惟坻學
廴長行也從彳引之凡廴之屬皆從廴
大徐曰余忍切
小徐曰彳而引之故曰長行吕矧反
段氏注曰玉篇曰今作引是引弓字行而廴廢矣　引
長之也余忍切十二部
鈕氏校錄曰余刃切繫傳作廴下竝同玉篇今作引
桂氏義證曰從彳引之者詩召旻傳云引長也
王氏句讀曰引廴同音余忍切
惟坻案長行也從彳引之者指形而言非吕音與引

《説文集釋》卷首

王益吾師任江蘇學政，行文各縣學生分治諸經暨說文文選諸書，是冊惟垿遵文以說文集釋元和學生所應從事，蓋仿佛本曾文正送江小帆視學湖北序文意也。惟垿甫踰壯年，課徒暇晷，聊學為之，僅成五十餘文。適吾師涖蘇府屬科試，先錄一冊以上，手書此評語于冊。景范堂者，試院二堂也。匆匆四十餘年，前歲承乏省立圖書館，今輯館刊，館員請以之羼入藉就正專門家。惟垿不獲賡繼卒業，勉副吾師厚望，耿耿歉于褱。飢驅奔走，徒嗁負負已耳。

民國十八年十二月惟垿識于可園之博約堂

《説文集釋》題跋

沈氏韻經五卷

南朝梁沈約撰，宋夏竦集古，吴棫補葉，明楊慎轉注，郭正域校。清初張純修重刻本。佚名跋。索書號：〇八〇九—〇九四。

釋文：

《浙江採集遺書總録》内丙集六書類四十一頁《韻經》五卷刊本：

右明華亭張之象輯，江夏郭正域序而重刊之。近時龍爲霖曰："郭正域《韻經》，采吴才老《韻補》、楊升菴《轉注》，餖飣成書，别無發明。又引夏竦、沈約之名于前，自稱家藏有約《四聲韻》本，蓋作僞以欺人耳。因卷首冠以《轉注古音》原序，遂有訛爲升菴本者。"今按：龍説是也，惟以張書爲郭書，則由郭序本不分曉，意若襲爲己有者然，故龍又有此誤云。

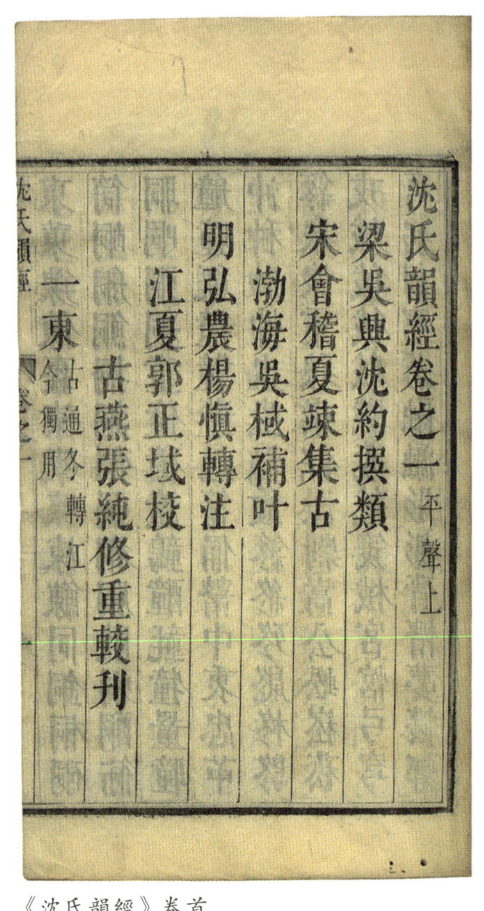
沈氏韻經卷之一　平聲上
梁吳興沈約撰類
宋會稽夏竦集古
渤海吳棫補叶
明弘農楊慎轉注
江夏郭正域校
古燕張純修重較刊
一東　古通冬轉江　今獨用
沈氏韻經　卷之一

《沈氏韻經》卷首

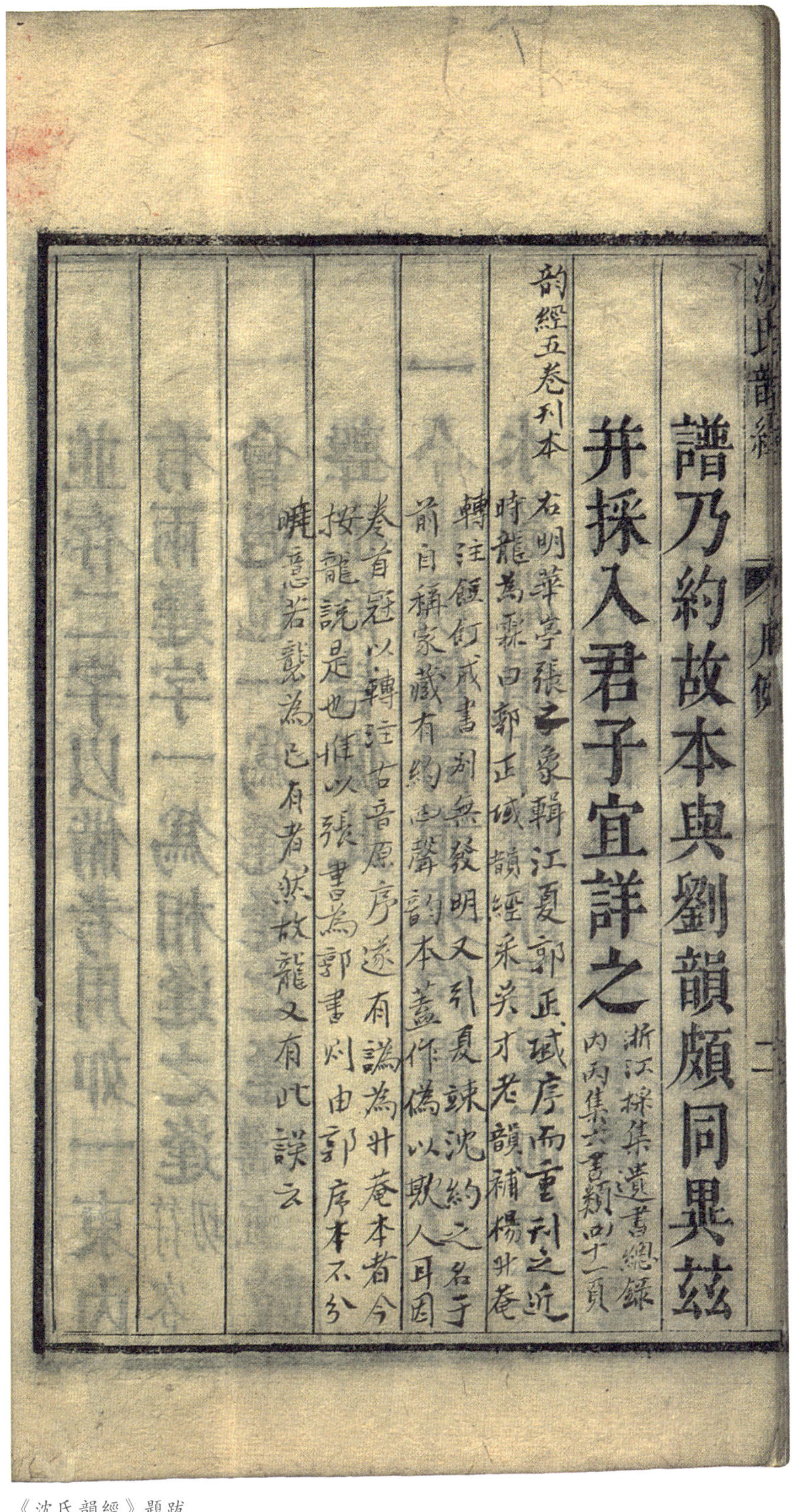
譜乃約故本與劉韻頗同異茲
并採入君子宜詳之

浙江採集遺書總錄内丙集六書類四十一頁

韵經五卷刊本

右明華亭張之象輯江夏郭正域序而重刊之近時龍為霖曰郭正域韻經采吳才老韻補楊升菴轉注餖飣成書剏無發明又引夏竦沈約之名于前自稱家藏有約四聲韻本蓋作偽以欺人耳因卷首冠以轉注古音原序遂有誤為升菴本者今按龍說是也惟以張書為郭書則由郭序本不分曉意若竟為己有者然故龍又有此誤云

《沈氏韻經》題跋

古今韻會舉要小補三十卷

明方日升撰，李維楨校。明萬曆周士顯建陽刻本。清自牧齋跋。索書號：〇〇六七—〇〇七。

釋文：

昔者錢竹汀氏極重此書，以謂博綜無涯涘，其跋語見《潛研堂文集》。然五百年流傳之古籍到今已稀，而屢經兵火於粤西盜賊之亂，江南故家所藏弆，今欲遇之更稀。而況此本摹印精朗，方幅齊整，裝訂若新，驀然得之，喜快何如。苟非冥索於日本國，則恐殊不易易也。自牧齋題記癸酉臈。

按：

自牧齋，不詳何人。

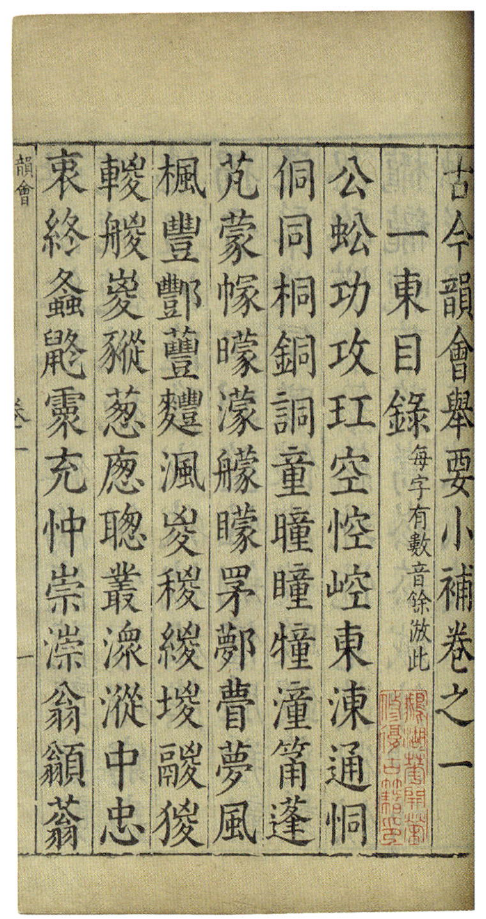

古今韻會舉要小補卷之一
一東目錄每字有數音餘倣此
公蚣功攻玒空倥崆東涷通恫
侗同桐銅詷童曈瞳橦潼筩蓬
芃蒙幪曚濛艨矇罞鄸瞢夢風
楓豐酆蘴[illegible]渢嵏稯緵堫鬷猣
[illegible]艐[illegible]豵葱[illegible]聰叢潨漎中忠
衷終螽[illegible][illegible]充忡崇漴翁[illegible]蓊
韻會　卷一　一

《古今韻會舉要小補》卷首

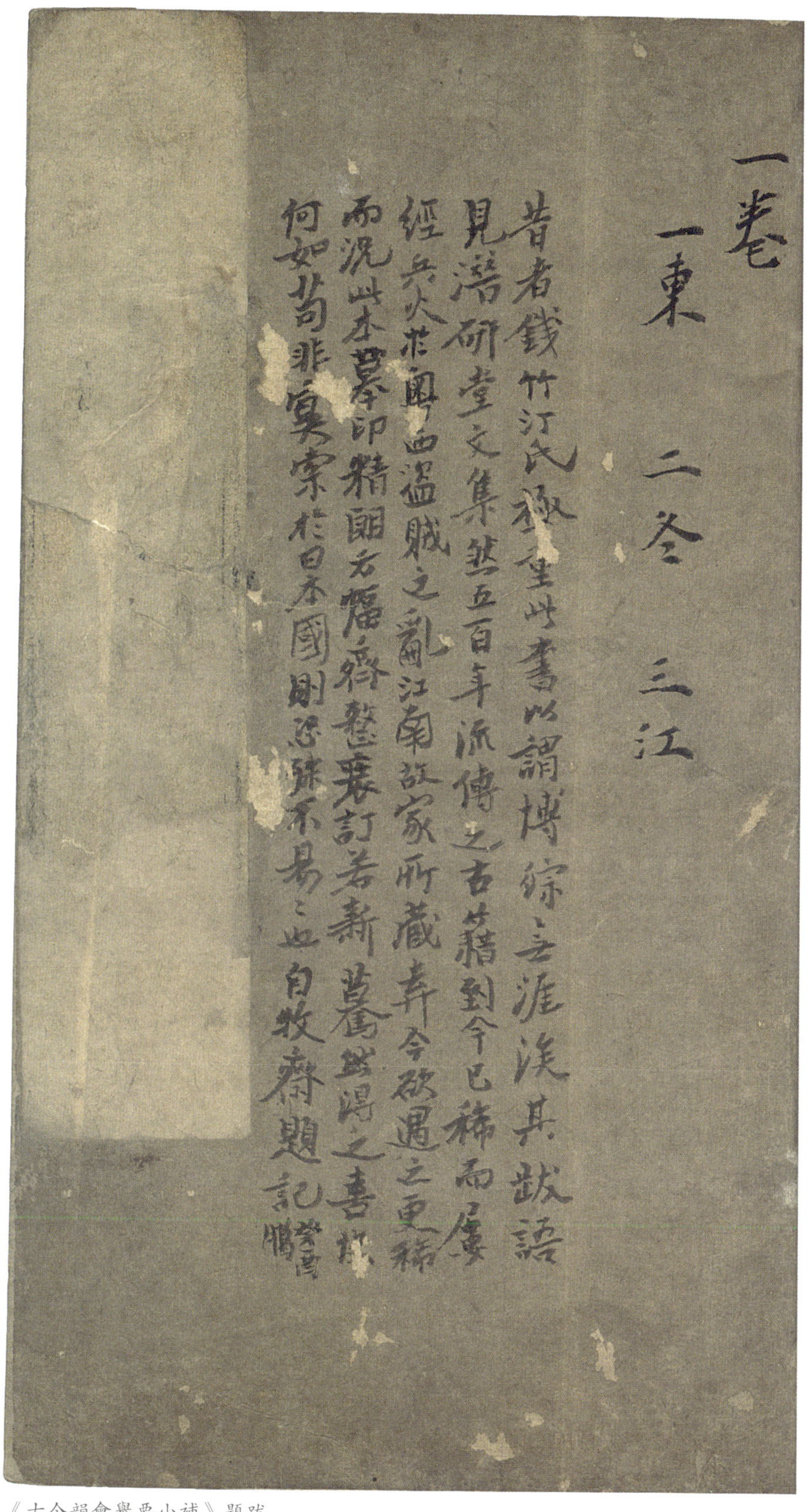
一卷

一東　二冬　三江

昔者錢竹汀氏極重此書以謂博綜無涯涘其跋語見潛研堂文集然五百年流傳之古籍到今已稀而屢經兵火於粵西盜賊之亂江南故家所藏弃今欲遇之更稀而況此本摹印精朗古雅齋整裝訂若新舊藏然渴之喜極何如苟非冥索於日本國則恐殊不易易也 白牧齋題記

《古今韻會舉要小補》題跋

詩韻輯略五卷

明潘恩撰。明隆慶刊本。清莫棠跋。索書號：〇〇六八一—〇〇八。

釋文：

童丱就外傅，即抱《詩韻》一編，顧以韻專屬諸詩，而書名繫焉，殆昉於此書矣。雖學塾備用之本，不見於著録，而亦數百年物也。光緒乙巳廣州所收。

《詩韻輯略》五卷，明上海笠江潘恩輯。前有潘自序，題“隆慶己巳”。入本朝，太倉吴偉業又序之。是書韻依陰氏，注多采之黄氏。惜其愛博而抉擇不精，訛誤冗俗，往往而有，又多刊去引用書名，大概不堪與宋元驂驔。第就今行本，猶爲彼善。余初稿實託始于此，後凡再易稿而成，則是書亦余篳路藍縷也。

明崇禎間有梁應圻者，取是書翻板行，不增損一字，更名《詩韻釋畧》，每卷首列“關中梁某訂”。入本朝，其子又翻板行世，漸尠有知此書出潘氏者。今坊行《韻》，大抵皆梁本也。

右見邵長蘅《古今韻畧》卷首。

按：

莫棠（一八六五—一九二九），字楚孫，一字楚生。貴州獨山人。官廣東韶州知府，民國後歸隱蘇州。藏書富足一時，家有“銅井山房”“文淵樓”等，藏宋元舊槧幾十種。精於版本目録之學，著有《文淵樓藏書目》《銅井文房書目後編》。

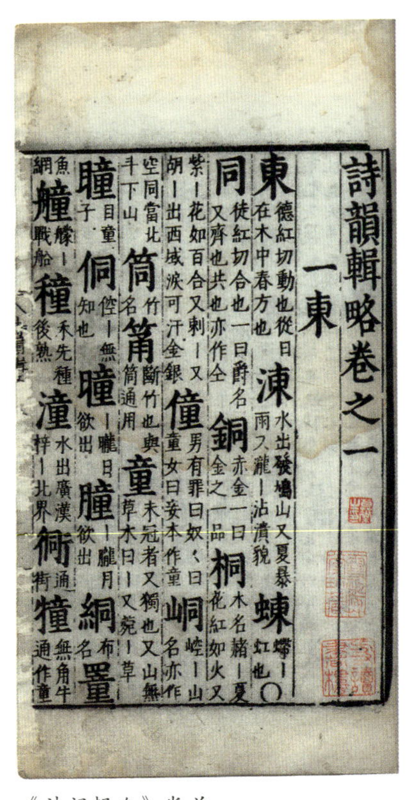

《詩韻輯略》卷首

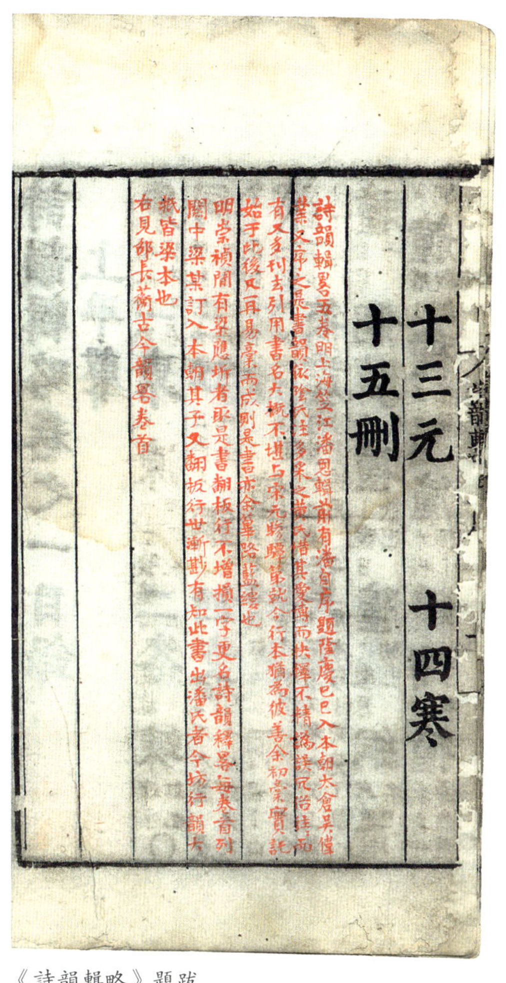
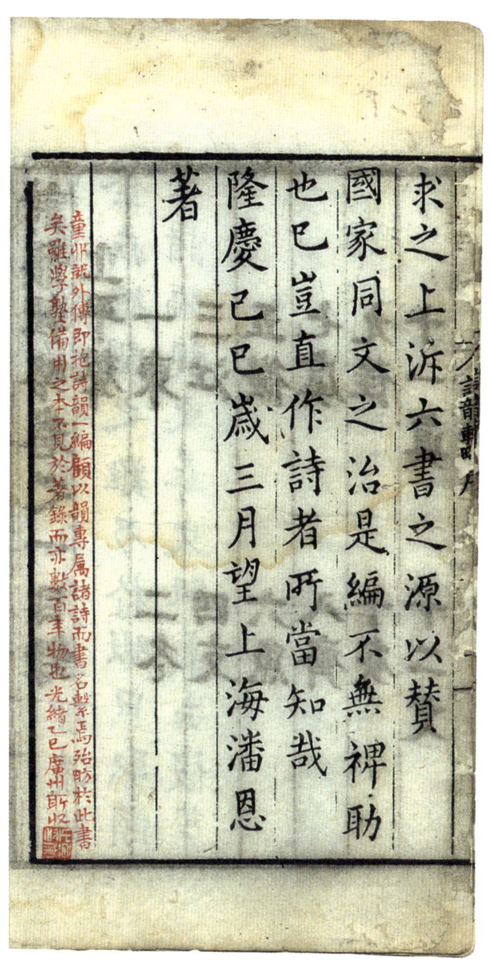

《詩韻輯略》題跋

方寸讀書樓

雪鴻草堂珍藏

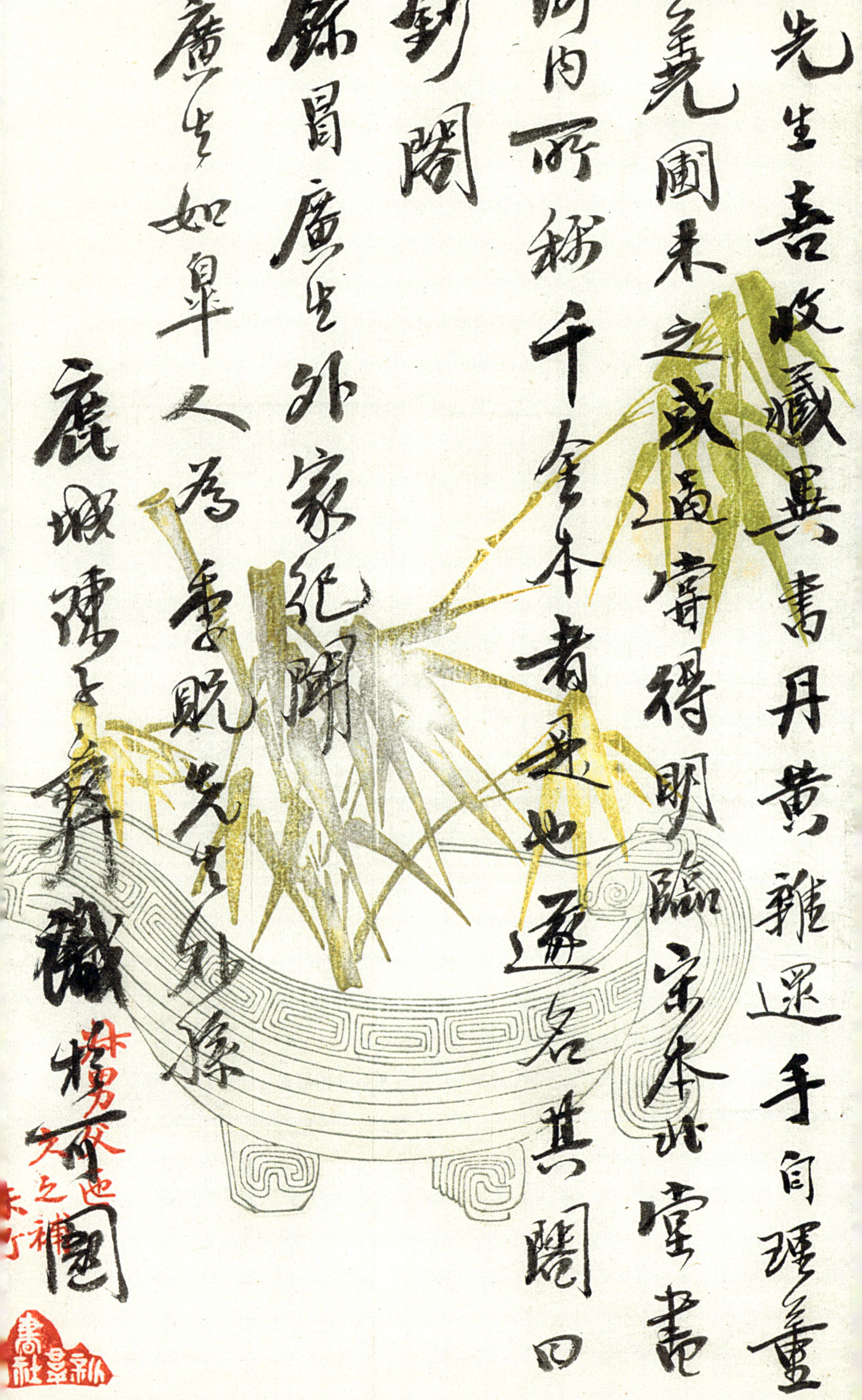
先生喜收藏異書丹黃雜還手自理董
光園未之或遺嘗得明臨宋本北堂書
內所稱千金本者是也遂名其閣曰
鈔閣
麻冒廣生外家紀聞
廣生如皋人為季貺先生甥孫
鹿城陳子彝識

史　部

紀傳類／紀事本末類／雜史類／詔令奏議類／傳記類／史抄類

時令類／地理類／職官類／政書類／目録類／金石類／史評類

漢書評林一百卷

明凌稚隆輯校。明萬曆九年（一五八一）凌稚隆刻明補修本。清汪昉跋，清蔣彬蔚跋并過録清張惠言跋。索書號：〇〇八一一〇一〇

釋文：

此係叔明所録茗柯先生評本，僅有朱圈點，且有疏漏處，而評語亦未全。嗣向楊聽臚同年假得茗柯先生手評原本，細加校正，補録黄圈點，并書原記於後。咸豐四年八月校畢。彬蔚識。

余以乾隆甲寅秋點閲是書，未幾南還，此書留京師，越七年嘉慶庚申，于役遼左，乃得竟之。《帝紀》十二卷及《列傳》第一至三十八，前所點也，爲朱黄别異；《表》《志》及《列傳·趙充國》以下，後所點也，惟朱圈點而已。義例亦不能畫一。六月廿五日竟，記之。惠言。

《漢書評林》一百卷，道光辛丑客吴興所得。甲辰客皖上，從陸建昆許借得張茗柯先生手批本，校閲一過。其逐句加點，則乙巳丙午客四明時所爲也。今年夏，從建昆許購得毛子晉初印本，因以此書移贈子良。咸豐甲寅七月十六日。叔明手記。

按：

蔣彬蔚（一八一七—一八七三），字頌芬，號子良。清江蘇吴縣（今蘇州）人。咸豐六年（一八五六）進士，歷充文淵閣

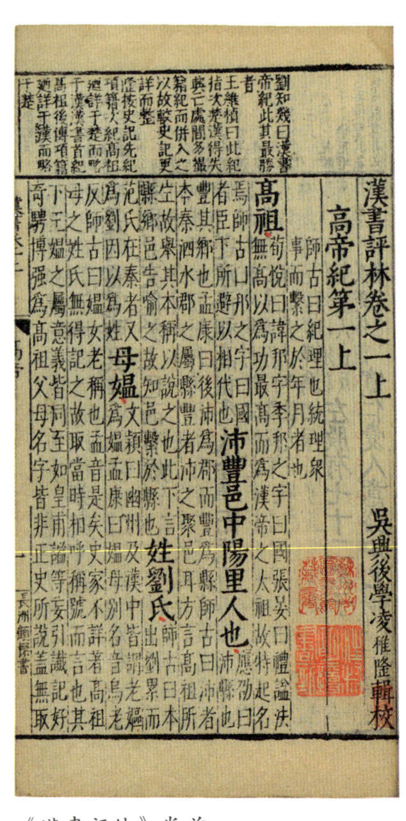
漢書評林卷之一上　吳興後學凌稚隆輯校
高帝紀第一上
高祖沛豐邑中陽里人也姓劉氏母媪

《漢書評林》卷首

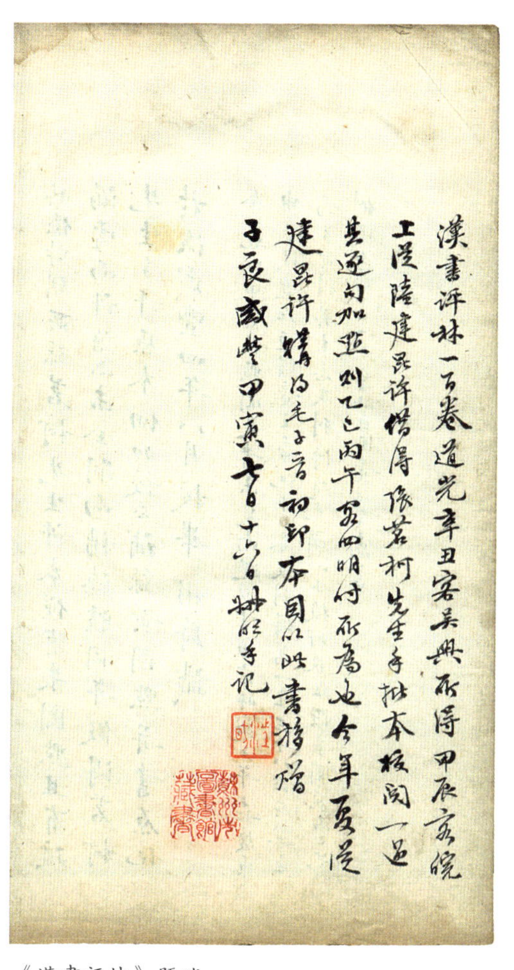
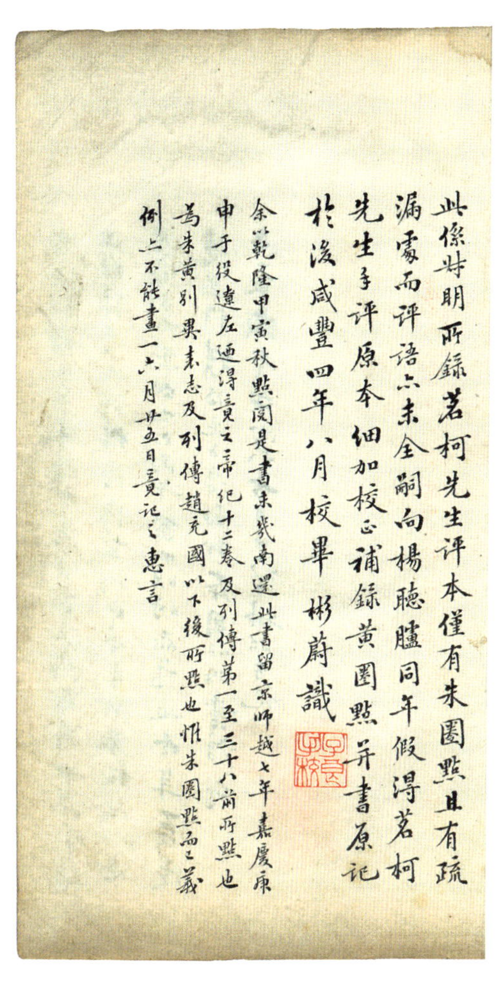

《漢書評林》題跋

校理、武英殿纂修官等。同治二年（一八七三），任湖廣道監察御史，改刑科給事中。張惠言（一七六一——一八〇二），原名一鳴，字皋文、皋聞，號茗柯。清江蘇武進（今常州）人。嘉慶四年（一七九九）進士。曾任翰林院編修。長於辭賦散文，爲揚州詞派始祖、陽湖派領袖。著有《茗柯文集》，編有《詞選》。汪昉（一七九九——一八七七），字叔明，或作菽民，别號菽翁。清江蘇陽湖（今常州）人。道光二十五年（一八四五）舉人。官至萊州同知。工詩，善書畫，有《夢衲庵集》。

三國志六十五卷

晉陳壽撰，南朝宋裴松之注。明崇禎毛氏汲古閣刻本。清元善跋并過録清李兆洛跋，清蔣彬蔚跋。索書號：〇〇八四一—〇一一。

釋文：

吴仲倫有圈點本，劉紘齋携以見示，因屬夏生煒如録之，凡硃筆圈識皆是也。紘齋亦自有加圈加評處，嫌其煩，故不録，擇其有裨于考訂者間録之。道光四年十一月九日燈下記。申耆。

道光十六年元善在南鄉蔣丹廷家謹録。

十八年五月廿二日又細校一次，是日天陰，午後微雨。

是書爲陸建昆藏本，評點極工，因以他書相易，又假仲倫先生手評本校其脱漏處。咸豐五年正月，彬蔚校畢并記，時在福州撫署。

按：

元善，生平不詳。李兆洛（一七六九—一八四一），字申耆，晚號養一老人。清江蘇陽湖（今常州）人。嘉慶十年（一八〇五）進士，選庶吉士，充武英殿協修，改鳳臺知縣，後主講於江陰書院。藏書逾五萬卷，皆手加丹鉛，校勘一過。著有《歷代地理志韻編今釋》《養一齋集》等。蔣彬蔚，見前《漢書評林》條。

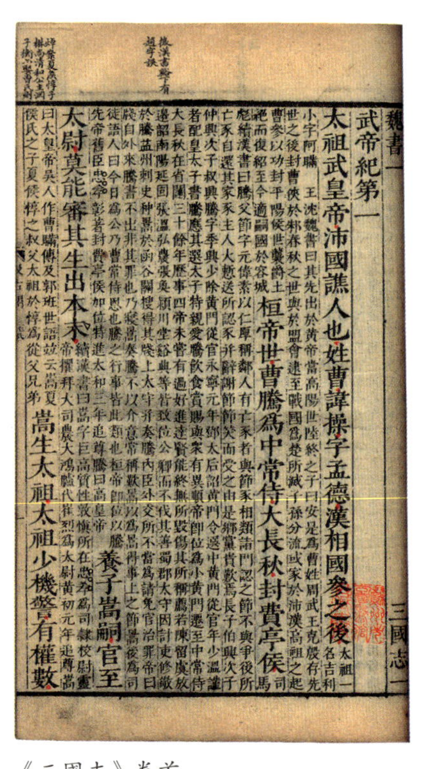

《三國志》卷首

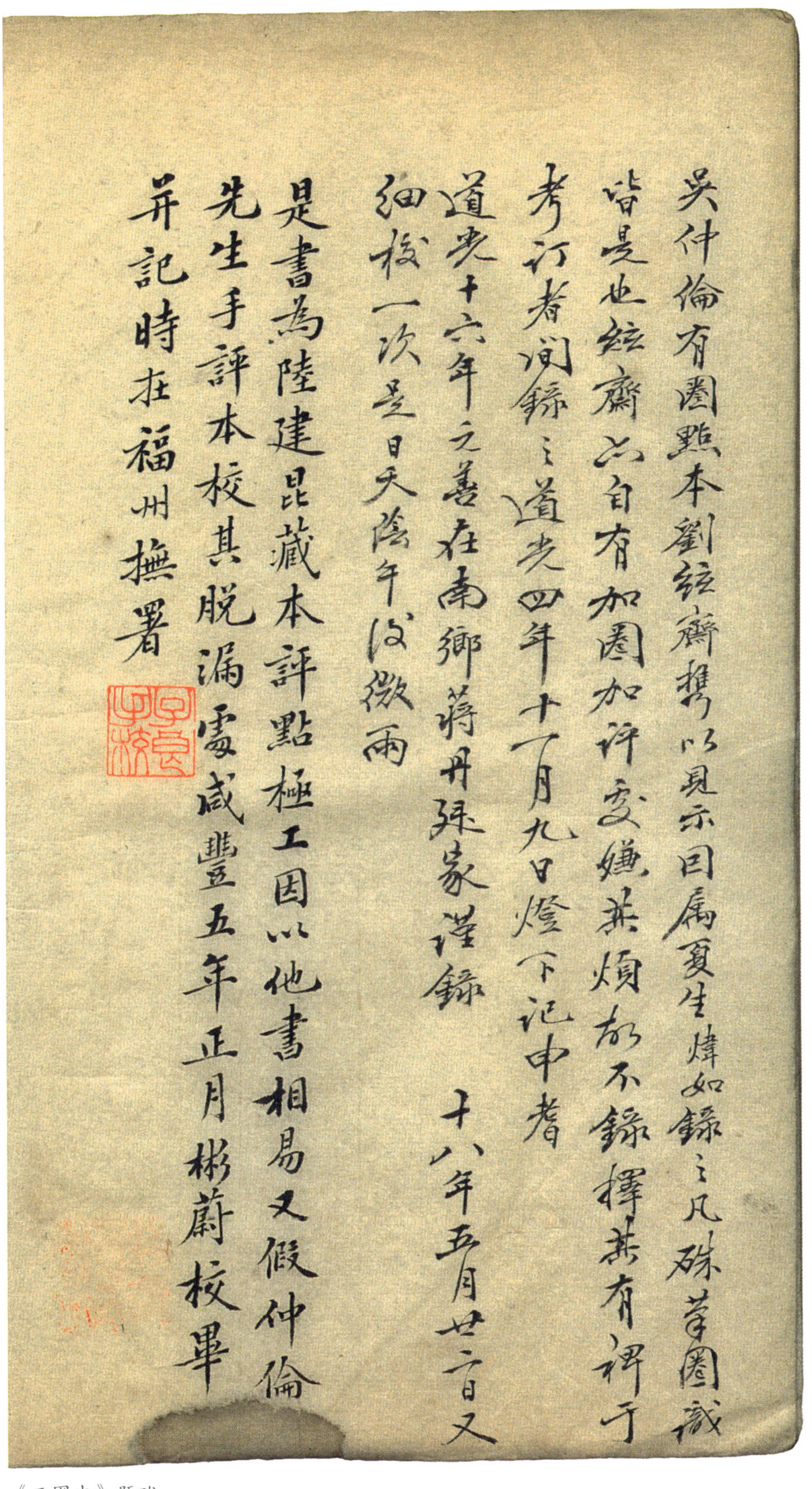

吳仲倫有圈點本劉綖齋攜以見示因屬夏生煒如錄之凡硃筆圈識皆是也綖齋亦自有加圈加評處嫌其煩故不錄擇其有裨于考訂者間錄之道光四年十月九日燈下記中耆

道光十六年元善在南鄉蔣丹林家謹錄　十八年五月廿二日又細校一次是日天陰午後微雨

是書為陸建昆藏本評點極工因以他書相易又假仲倫先生手評本校其脫漏處咸豐五年正月彬蔚校畢并記時在福州撫署

《三國志》題跋

南史八十卷

唐李延壽撰，明趙用賢、張一桂校正。明萬曆十六年（一五八八）至十九年（一五九一）刻崇禎十一年（一六三八）清順治十五年（一六五八）至十六年（一六五九）康熙三十九年（一七〇〇）遞修本。清常循跋。索書號：〇〇七八—〇一〇。

釋文：

《南北史識小録》各卷首標云：錢塘沈名蓀澗芳、秀水朱昆田文盎抄撮。其摘句，大書事實，細書分注。遇摘句語，以〇〇〇〇代之；于一傳後云以上某帝紀，或某人傳，繫于分注之末；序論則云以上序、以上論；其載文詞，則標篇名于分注首，如云宋公九錫文下節注，首標云同上。其書多删節補綴，蓋取便抄撮，不欲多費篇幅耳，今衹記其大端，以朱鈐別之。其有應補綴之姓名，俟別注抄出，其應標節目，亦仿此。正鈐爲摘句起訖，有零星正鈐，乃摘字合而成句者，旁鈐爲分注起訖。又《南史》扶桑國以下，原書本無摘句，非漏略也。乾隆四十六年冬至後一日，怡庭學人常循記。

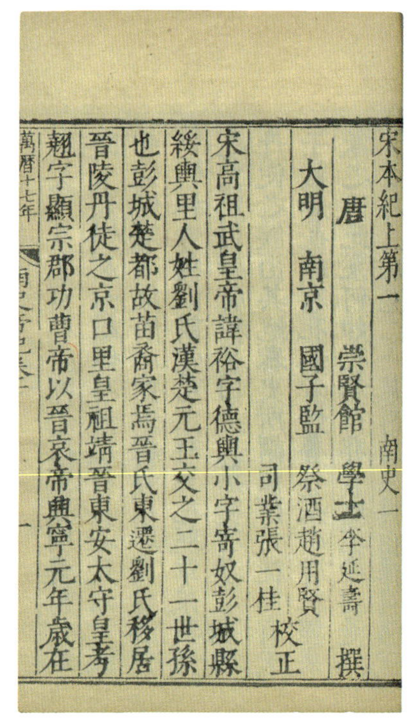
宋本紀上第一　南史一
唐　崇賢館學士李延壽撰
大明　南京國子監祭酒趙用賢
司業張一桂　校正
宋高祖武皇帝諱裕字德輿小字寄奴彭城縣
綏輿里人姓劉氏漢楚元王交之二十一世孫
也彭城楚都故苗裔家焉晉氏東遷劉氏移居
晉陵丹徒之京口里皇祖靖晉東安太守皇考
翹字顯宗郡功曹帝以晉哀帝興寧元年歲在
萬曆十七年

《南史》卷首

按：

常循，字箴傳，號怡庭。清江蘇山陽（今淮安）人。乾隆三十三年（一七六八）舉人。官國子監學正、國子監助教。時開四庫館，任分校之役，號稱博洽。性懇篤，好獎勵後進，士論多之。

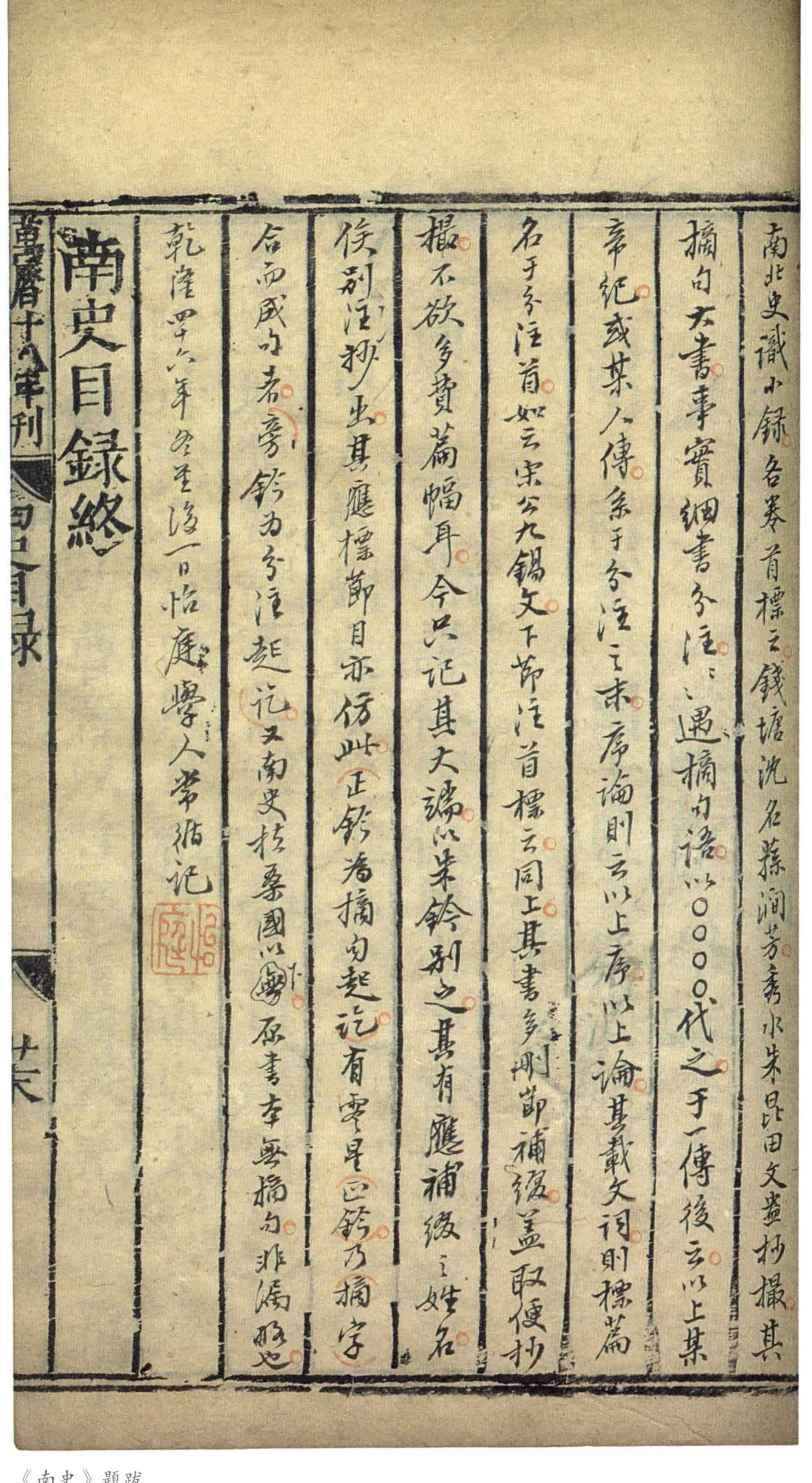

南北史識小録各卷首標云錢塘沈名蓀澗芳秀水朱昆田文盎抄撮其摘句大書事實細書分注，遇摘句語以〇〇〇〇代之，于一傳後云以上某帝紀或某人傳系于分注之末，序論則云以上序，以上論，其載文詞則標篇名于分注首，如云宋公九錫文，下節注首標云同上。其書多刪節補綴，蓋取便抄撮，不欲多費篇幅耳。今只記其大端，以朱鈐別之，其有應補綴之姓名俟別注抄出，其應標節目亦仿此。正鈐者摘句起訖，有零星正鈐乃摘字合而成句者，旁鈐爲分注起訖。又南史扶桑國以[illegible]原書本無摘句，非漏鈐也。

乾隆四十六年冬至後一日怡庭學人常循記

南史目録終

《南史》題跋

五代史七十四卷

宋歐陽修撰，徐無黨注，明楊慎評，鍾名臣訂。明末刻本。清蔣彬蔚批校并跋。索書號：〇〇七九—〇一〇。

釋文：

此子香録吴仲倫先生評本，道光辛丑春廉方所贈也。廉方有校正數條，均有籤記，爰取他本再加校勘。後數卷爲濕氣所蒸，於同治戊辰拓紙重裝，復細校一過。蔣彬蔚志。

己巳七月又校。

按：

蔣彬蔚，見前《漢書評林》條。

子良手校

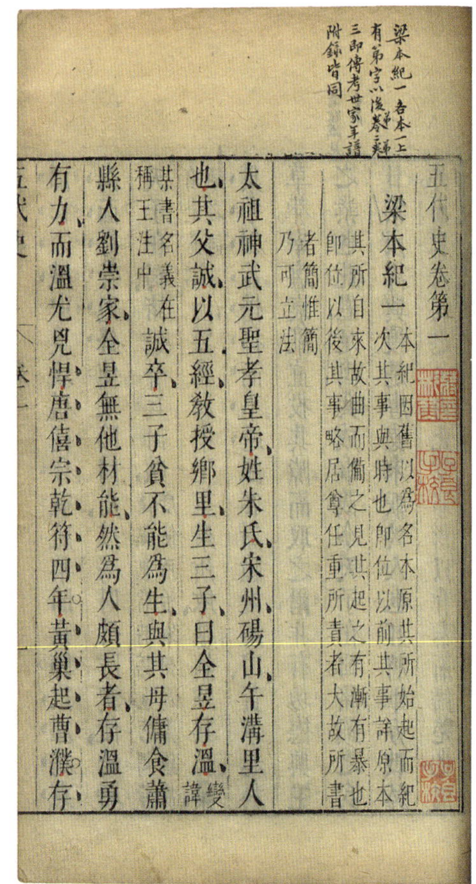
五代史卷第一
梁本紀一 本紀因舊以爲名本原其所始起而紀次其事與時也即位以前其事詳原本其所自來故曲而備之見其起之有漸有暴也即位以後其事略居尊任重所責者大故所書者簡惟簡乃可立法
太祖神武元聖孝皇帝，姓朱氏，宋州碭山午溝里人也。其父誠，以五經教授鄉里，生三子，曰全昱、存、溫。諱變其書名義在稱王注中
誠卒，三子貧不能爲生，與其母傭食蕭縣人劉崇家。全昱無他材能，然爲人頗長者。存、溫勇有力，而溫尤兇悍。唐僖宗乾符四年，黃巢起曹、濮，存

《五代史》卷首

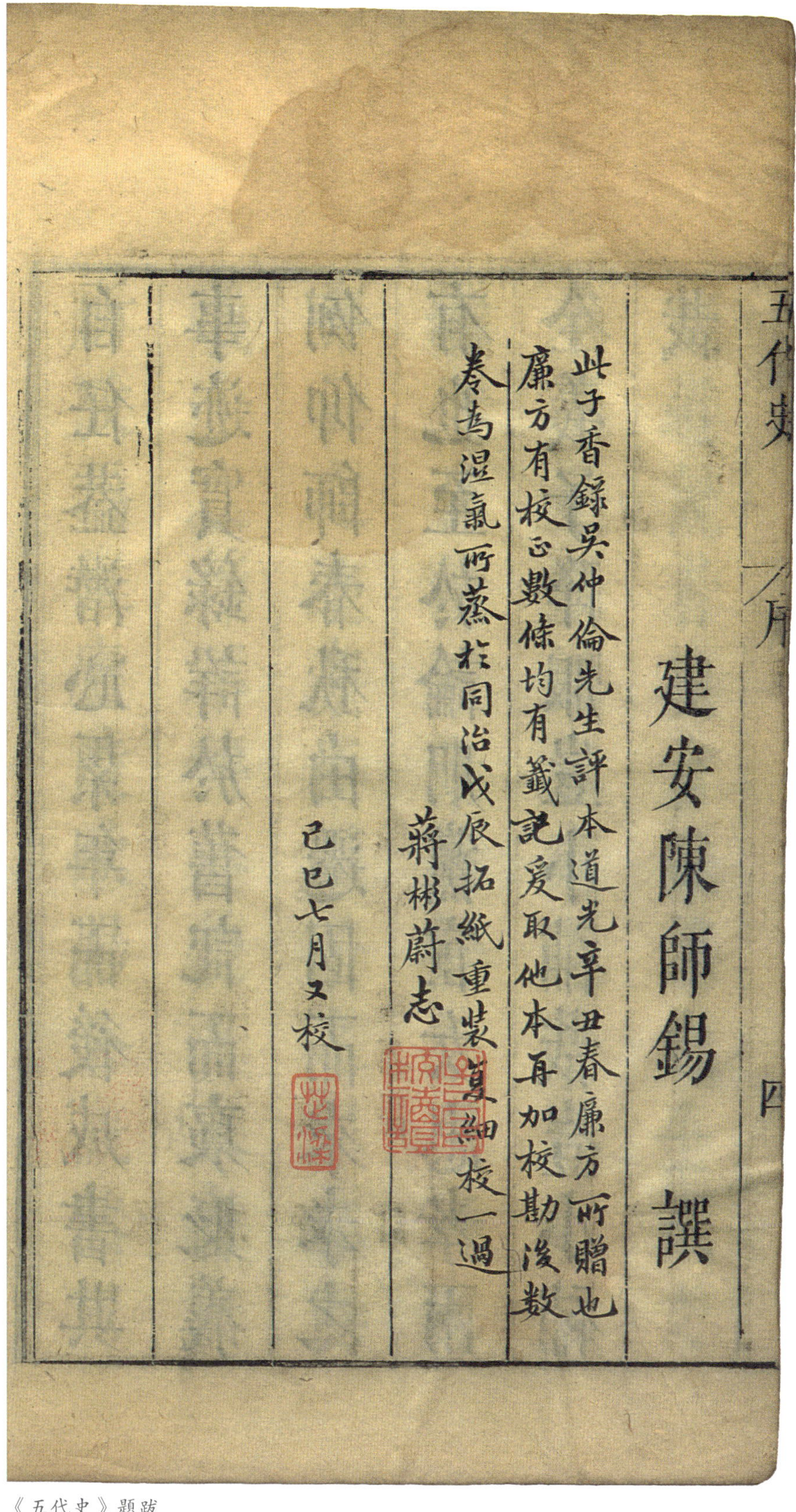
五代史　序　四

建安陳師錫　譔

此子香錄吳仲倫先生評本道光辛丑春廉方所贈也
廉方有校正數條均有籤記爰取他本再加校勘後數
卷為濕氣所蒸於同治戊辰拓紙重裝復細校一過
蔣彬蔚志
己巳七月又校

《五代史》題跋

［紀事本末類］

通鑑紀事本末八十卷

清谷應泰著。清順治十五年（一六五八）刻本。清沈寶謙跋。索書號：〇八三〇—〇九九。

釋文：

自宋建安袁機仲樞有《通鑑紀事本末》二百三十九卷，明北海馮琦又編《宋事本末》，高安陳邦瞻因而纂輯之，成《宋史紀事本末》一百九卷，竝編成《元史紀事本末》六卷。我朝豐潤谷應泰乃復彙萃明史，編《皇明紀事本末》八十卷。明代去今未遠，鑑於成憲，尤有所取焉。余家舊籍，庚申之變多毀於火。是書十六本并袁書六十本，共七十六本，重得諸光福雅宜山房；又宋十六本，得諸書錦坊、綠蔭堂書肆；元四本，得諸蔣樂亭德慶。或謂紀事本末之書，袁書最先出，亦最多，宋、元亦多有之，獨《皇明紀事本末》此書殊不易得，玆乃一一又重得之，亦幸事也。時同治二年正月，東吳平岐子誌於滬上滬城第一山。

按：

沈寶謙（一八一〇—一八八〇），字六皆，號濟之，又自號平岐子。清江蘇吳縣（今蘇州）人。監生。家有積書萬卷，手自校讎。尤善審金石文字，工篆刻。

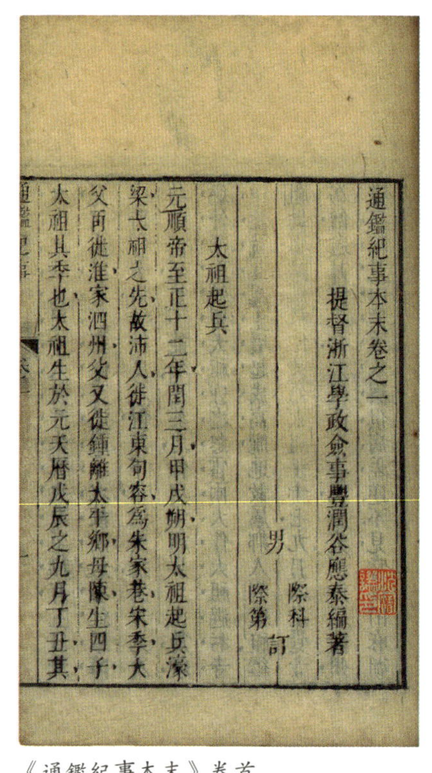
通鑑紀事本末卷之一
提督浙江學政僉事豐潤谷應泰編著
男 際科 際第 訂
太祖起兵
元順帝至正十二年閏三月甲戌朔，明太祖起兵濠梁。太祖之先，故沛人，徙江東句容，爲朱家巷。宋季，大父而徙淮，家泗州。父又徙鍾離太平鄉。母陳，生四子，太祖其季也。太祖生於元天曆戊辰之九月丁丑，其

《通鑑紀事本末》卷首

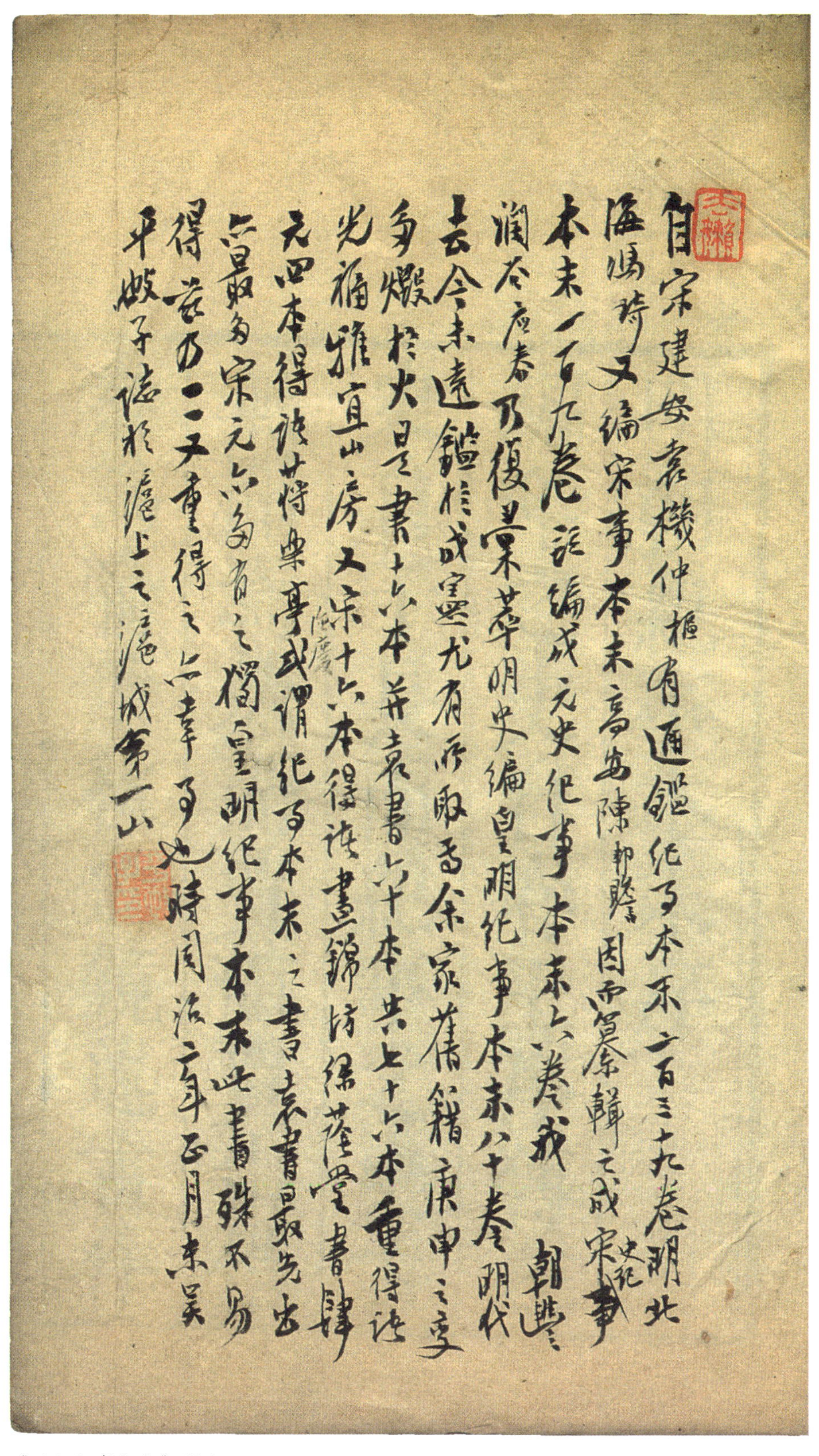

自宋建安袁機仲樞有通鑑紀事本末二百三十九卷明北
海馮琦又編宋事本末高安陳邦瞻因而纂輯之成宋史紀事
本末一百九卷證編成元史紀事本末六卷我 朝豐
潤谷應泰乃復纂明史編皇明紀事本末八十卷明代
去今未遠鑑於成憲尤有所取焉余家舊籍庚申之變
多燬於火是書十六本并袁書六十本共七十六本重得諸
光福雅宜山房又宋史十六本得諸畫錦坊綠蔭堂書肆
元四本得諸蔣樂亭或謂紀事本末之書袁書因最先出
亦當最多宋元亦多有之獨皇明紀事本末此書殊不易
得茲乃一一又重得之亦幸事也時同治二年正月朱吳
平敞子誌於滬上之滬城第一山

《通鑑紀事本末》題跋

元史紀事本末六卷

明陳邦瞻編，臧懋循補，徐申等校。明萬曆三十四年（一六〇六）刻本。清沈寶謙跋。索書號：〇一一一—〇一六。

释文：

嘗謂書之體例，至張溥等所刻爲之一變，蓋書有圈點批評，則讀書者必有拘於成見，其用心思不能獨開生面者，此亦讀書之一病也。適得《通鑑紀事本末》，與《宋史紀事本末》俱張溥本，又得《皇明紀事本末》，爲谷應泰本，并有圈點批評，而蔣樂亭茂才德慶復以此《元史紀事本末》歸余，而紀事本末之書始全，獨此一種未加點墨，爲能合古書體例，善讀書者其必有以知之。同治二年歲次癸亥甲子之月，東吳平岐子識。

按：

沈寶謙，見前《通鑑紀事本末》條。

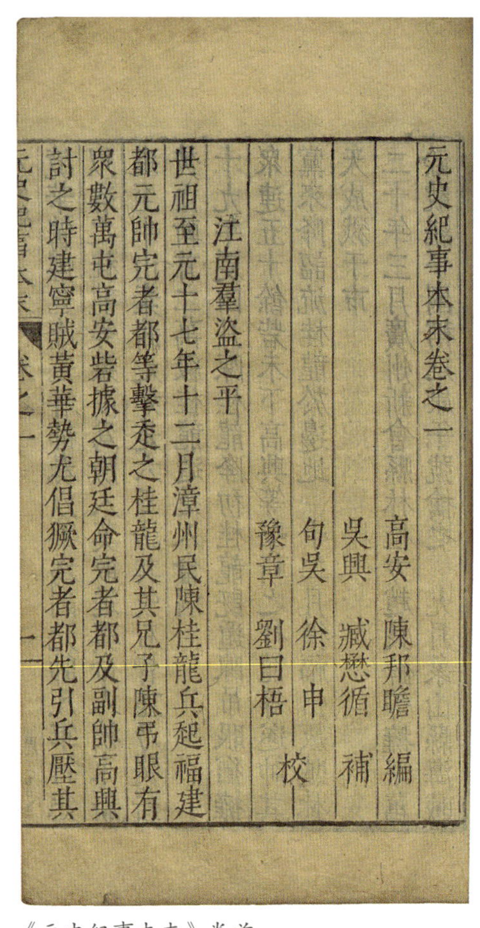

元史紀事本末卷之一

高安 陳邦瞻 編

吳興 臧懋循 補

句吳 徐申 校

豫章 劉曰梧

江南羣盜之平

世祖至元十七年十二月漳州民陳桂龍兵起福建都元帥完者都等擊走之桂龍及其兄子陳弔眼有衆數萬屯高安砦據之朝廷命完者都及副帥高興討之時建寧賊黃華勢尤倡猖完者都先引兵壓其

《元史紀事本末》卷首

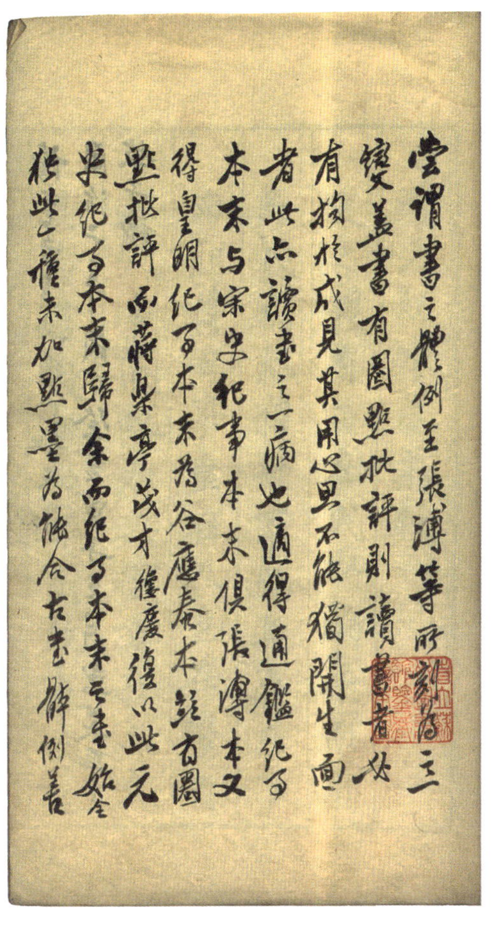
嘗謂書之體例至張溥等所刻三變蓋書有圖點批評則讀書者必有拘於成見其用心異不能獨闢生面者此亦讀書之一病也適得通鑑紀事本末与宋史紀事本末俱張溥本又得皇明紀事本末為谷應泰本雖有圖點批評而蔣泉亭茂才復以此元史紀事本末歸余而紀事本末之書始全然此一種未加點墨為能合古書體例善

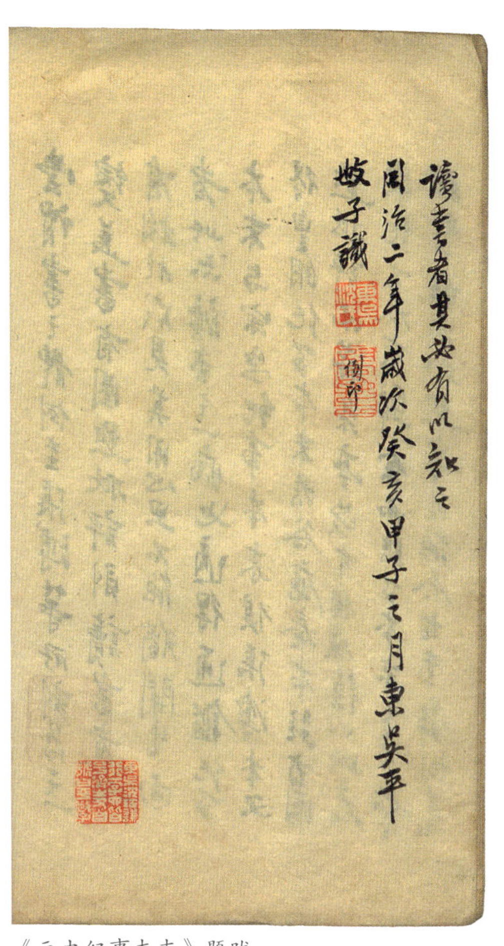
讀書者其必有以知之
同治二年歲次癸亥甲子之月東吳平岥子識

《元史紀事本末》題跋

［雜史類］

華陽國志十二卷附一卷

晉常璩撰。清嘉慶十九年（一八一四）題襟館刻本。民國章保世跋。索書號：○八三四——一○○。

釋文：

此廖氏題襟館本，印成後又經顧澗薲先生手校。顧寫原本曾藏會稽章氏，今年秋在友人光農聞處曾見之，極喜其考訂詳備。商之農聞，欲以他種善本相易，農聞不允，乃假歸，即將題襟館本手録一過。夫以我家舊藏之書，一經散失，即不能使其珠還合浦，其憾爲何如耶！録竟，爰記其顛末如此，要使後世子孫對於家藏卷帙，無論亂離貧困，均須力爲保存。語云“貧無鬻書留教子”，願世世識之。丁卯十二月初三日大雪夜，保世記。

此書校已三十七年，當時簿書凌雜，尚有餘暇及此，今則衰殘，精力不逮矣。筱甫二哥見而愛之，謂當什襲，敬以奉貽。筱哥烈士，但愧此非吴鈎耳。甲辰六月，保世記。

按余昔年校書極多，日寇侵京，兒輩無知，均以易升斗，間有善本，爲書賈賺去。此書爲五兒汝榮保存。佩又記。

按：

章保世（一八八六—？），字佩乙，號適廬。江蘇吴縣（今蘇州）人。收藏家。曾任北洋政府財政部泉幣司司長。

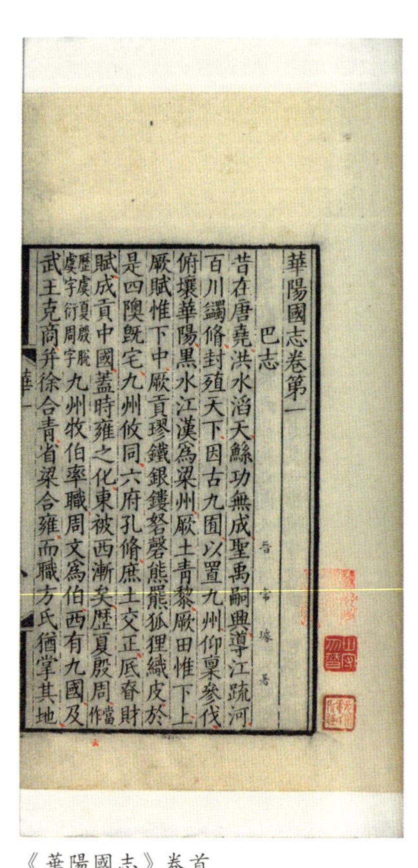

《華陽國志》卷首

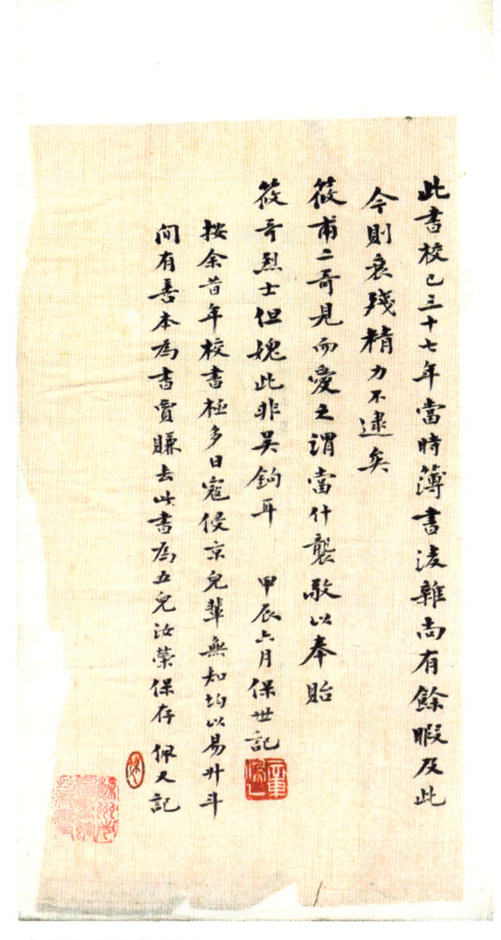

此書校已三十七年當時簿書淩雜尚有餘暇及此
今則衰殘精力不逮矣
筱甫二哥見而愛之謂當什襲敬以奉貽
筱哥烈士但媿此非吳鈔耳　甲辰六月保世記
按余昔年校書極多日寇侵京兒輩無知均以易升斗
間有善本爲書賈賺去此書爲五兄汝棻保存　佩又記

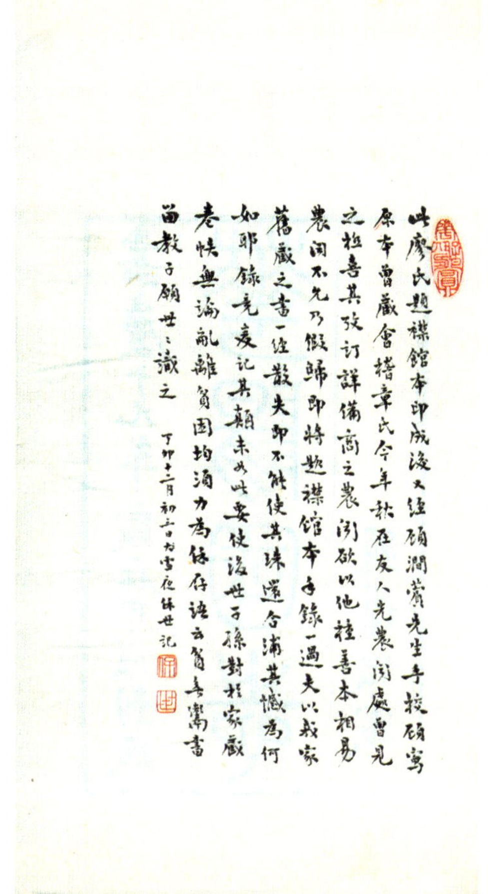

此廖氏題襟館本印成後又經顧澗薲先生手校顧寫
原本曾藏會稽章氏今年秋在友人先襄閣處曾見
之極善其攷訂詳備商之襄閣欲以他種善本相易
襄閣不允乃假歸即將題襟館本手錄一過夫以我家
舊藏之書一經散失即不能使其珠還合浦其慽爲何
如耶錄竟爰記其顛末如此要使後世子孫對於家藏
卷帙無論亂離貧困均須力爲保存諸公替吾寫書
留教子孫世世識之
丁卯十二月初三日雪夜保世記

《華陽國志》題跋

花好月圓人壽

庚申外史二卷

明權衡輯。明抄本。民國陳子清跋。索書號：〇一三六一〇一八。

釋文：

《庚申外史》二卷，明權衡撰。白皮紙，黑口直行格明，鈔本，計五十九葉，葉二十行，行二十字。衡字以制，號葛溪，吉安人。元末兵亂，避居彰德黃華山。明初歸江西，寓居臨川以終。明陳繼儒嘗刊入《寶顔堂秘笈》，佚脱訛舛，殆不可讀。是書皆元順帝即位以後二十六年治亂大綱，時順帝尚未追謚，以其爲庚申年生，故稱之曰"庚申帝"。又《元史》亦尚未修，故别名曰《庚申帝史外見聞録》。邵半巖懿辰《四庫簡明目録標注》載許周生玉井山館所藏舊鈔本如是。曰《庚申外史》者，簡稱也。他本書前别附一序，稱"洪武二年迪簡受命訪庚申帝外史事"云云，不著其姓，乃劉迪簡《庚申帝大事記序》，後人移綴此書耳。是本不載此序，已有特見。又海山仙館本所據較足，然與是書有出入處絶夥。有"建安楊氏舊藏"印、"獨山莫氏銅井文房書"印、"莫棠嶺外所考"印。封面有"楚生手書"題識，楚生爲子偲先生之姪。版本之學饒有家學，收藏亦多，則此本彌可寶貴矣。

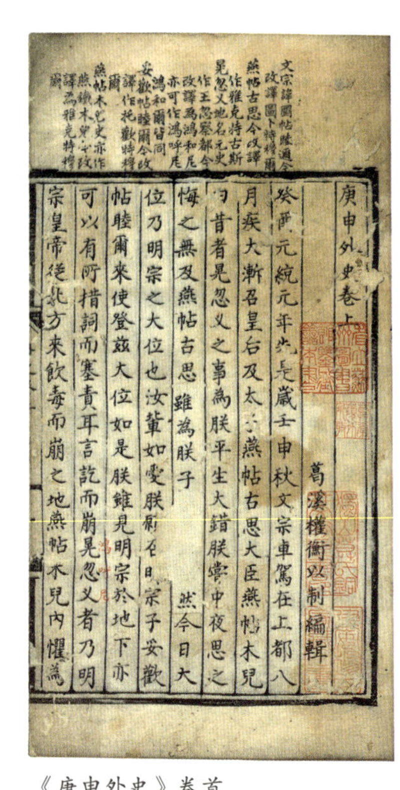
庚申外史卷上
葛溪權衡以制編輯
癸酉元統元年先是歲壬申秋文宗車駕在上都八
月疾大漸召皇后及太子燕帖古思大臣燕帖木兒
曰昔者晃忽叉之事爲朕平生大錯朕嘗中夜思之
悔之無及燕帖古思雖爲朕子 然今日大
位乃明宗之大位也汝輩如愛朕 宗子妥歡
帖睦爾來使登茲大位如是朕雖見明宗於地下亦
可以有所措詞而塞責耳言訖而崩晃忽叉者乃明
宗皇帝從北方來飲毒而崩之地燕帖木兒內懼焉

《庚申外史》卷首

按：

陳子清（一八九五—一九四六），原名晉，字子清，以字行，號俊實、白齋，别署支迦羅。江蘇吴縣（今蘇州）人。幼承家學，精書畫篆刻，曾任江蘇省立蘇州圖書館典藏部主任。題跋中"莫棠嶺外所考印"，"考"爲誤識，應爲"收"。

庚申外史二卷明權衡撰白皮紙黑口直行格明鈔本計五十九葉葉二十行行二十字衡字以制號葛溪吉安人元末兵亂避居彰德黄華山明初歸江西僑居臨川以終明陳繼儒嘗刊入寶顏堂秘笈佚脱訛舛殆不可讀是書皆元順帝即位以後三十六年治亂大綱時順帝尚未追謚以其爲庚申年生故稱之曰庚申帝又元史亦尚未修故别名曰庚申帝史外見聞錄邵半巖懿辰四庫簡明目錄標注載許周生玉井山館所藏舊鈔本如是曰庚申外史者亦簡稱也他本書前别增一序稱洪武二年迪簡受命訪庚申帝外史事云云不著其姓乃劉迪簡庚申帝大事記序後人移綴此書耳是本不載此序已有特見又海山仙館本所據較是然與是書有出入處絶夥有建安楊氏舊藏印獨山莫氏銅井文房書印莫棠嶺外所收印封面有楚生手書題識楚生爲子偲先生之姪版本之學饒有家學收藏亦多則此本殊可寶貴矣

莫棠嶺外所收

《庚申外史》題跋

先撥志始三卷

清文秉撰。清初抄本。清莫棠跋。索書號：〇一二九—〇一七。

釋文：

《先撥志始》三卷，題曰“天若遺民著”。據《四庫存目》知爲明文秉撰。秉字蓀苻，吴縣人。大學士震孟之子。然第二卷記蘇州民變，有邵輔忠貽書一鷺，急以文震孟、姚希孟入告之語，似不當直斥其名，豈以紀載之體述其原書，故不爲私諱歟？《庫目》本二卷，上卷起萬曆，訖天啓四年。下卷起天啓五年，至崇禎二年。此本雖多一卷，然所記亦未必有溢出者，殆傳寫分合之不同。或《江南通志》六卷本可較勝諸本也。書中記三案始末，視諸稗史爲詳實可喜。乙未嘉平既望吴下所收，立春重加莊補而記之。

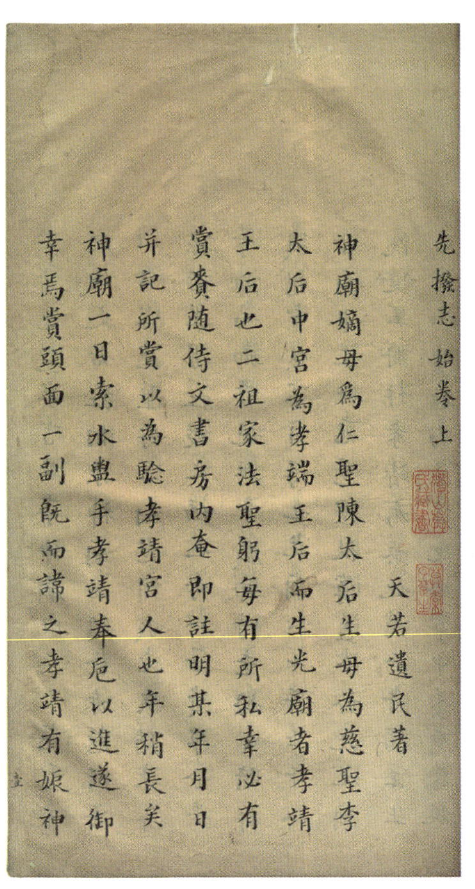
先撥志始卷上
天若遺民著
神廟嫡母為仁聖陳太后生母為慈聖李
太后中宮為孝端王后生光廟者孝靖
王后也二祖家法聖躬每有所私幸必有
賞賚隨侍文書房內奄即註明某年月日
并記所賞以為驗孝靖宮人也年稍長矣
神廟一日索水盥手孝靖奉卮以進遂御
幸焉賞頭面一副既而諱之孝靖有娠神

《先撥志始》卷首

按：

莫棠，見前《詩韻輯略》條。

先撥志始三卷題曰天若遺民著據四庫存目知為明文秉撰秉字蓀符吳縣人大學士震孟之子然第二卷記蘇州民變有邵輔忠貽書一鷺急以文震孟姚希孟入告之語似不當直斥其名豈以紀載之體述其原書故不為私諱歟庫目本二卷上卷起萬曆訖天啓四年下卷起天啓五年至崇禎二年七本雖多一卷然所記亦未必有溢出者殆傳寫多合之不同或江南通志六卷本可較勝諸本也書中記三案始末視諸稗史為詳實可喜

乙未嘉平既望吳下所收立春重加莊補而記之

吉林録存不分卷宣南隨筆不分卷時務不分卷

清顧肇熙輯。稿本。清顧肇熙跋，民國王謇跋。索書號：〇八九七—一四〇。

釋文：

此册寄吾弟，聊作床頭稿。倘示任運齋，絮談鄙老媪。蕢公偶見之，病其頗草草。一遇楊炎吉，極口必贊好。得失吾自知，著書亦忌早。聲色以化民，陳迹誓將掃。癸未五月十五日，銅井。

封面裏葉有公自題五古一首，蓋寄其弟作公牘範本者。前半爲書佐繕本，後半則緝庭先生自録本。改制乙亥冬，瓠盧檗耑。

按：

顧肇熙（一八四一—一九一〇），字皞民，號緝庭。清江蘇吴縣（今蘇州）人。同治三年（一八六四）舉人。官工部主事，後歷任吉林分巡道、陝西鳳邠鹽法道、按察使銜臺灣道、臺灣布政使等。晚居吴縣木瀆鎮，捐巨資辦學，開風氣之先。有親筆所書日記多種。王謇（一八八八—一九六八），原名蹇，字佩諍，號瓠盧，晚署瓠叟。蘇州吴縣（今蘇州）人。曾任《吴縣志》協纂、江蘇省立圖書館編目主任、蘇州振華女中副校長、章氏講習會講師。後任震旦大學、大同大學、東吴大學教授。中華人民共和國成立後任華東師範大學教授、上海文物保管委員會編纂。其潛心蘇州史志文獻的考訂研究，亦精於版本目録之學，爲近代著名藏書家。

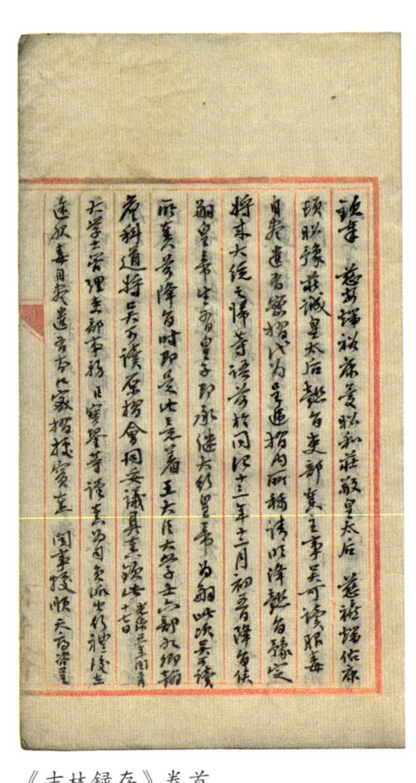

《吉林録存》卷首

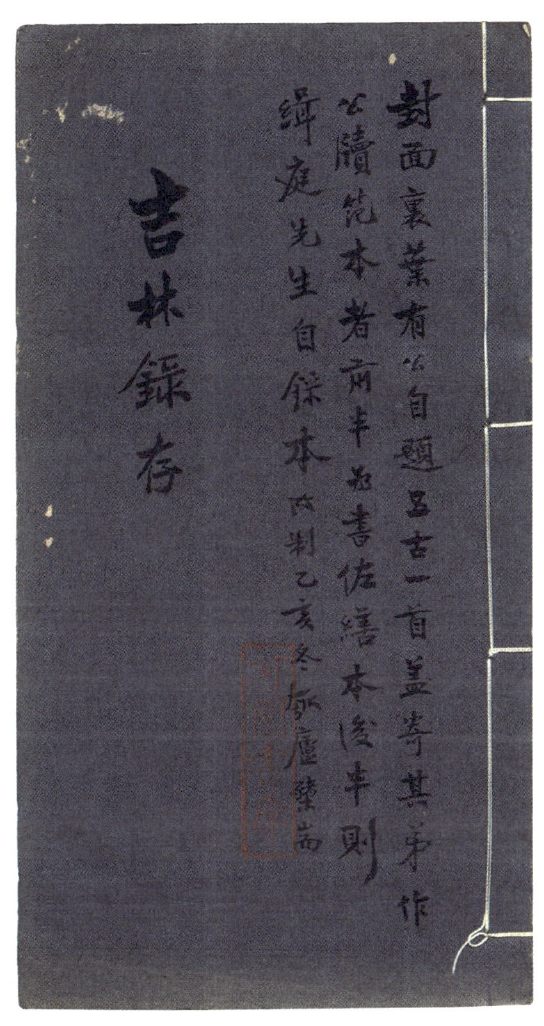
吉林錄存
封面裏葉有公自題五古一首蓋寄其弟作
公牘範本者前半爲書佐繕本後半則
緝庭先生自錄本改制乙亥冬欣廬

《吉林録存》題跋

[傳記類]

新刊古列女傳七卷續列女傳一卷

漢劉向撰。清道光五年（一八二五）阮福翻刻宋建安余氏勤有堂本。清顧大昌跋。索書號：一九五八—一八九。

釋文：

《列女傳》以阮氏刻本爲最，次則顧千里所校影宋本顧本無圖，今此本俗稱鮑氏本，圖中魯秋潔、楚於陵之金錠，趙娥讐人之摺扇，皆不合古，而宋明帝之裸婦人尤爲穢惡。惟畫法院體，絶似仇氏筆意，且其書顛末盧雅雨詳序之，聊備參考，亦無不可。光緒五年八月，棱伽山民識。

按：

顧大昌，字子長，號棱伽山民。清江蘇吴縣（今蘇州）人。善畫山水，純用古法。

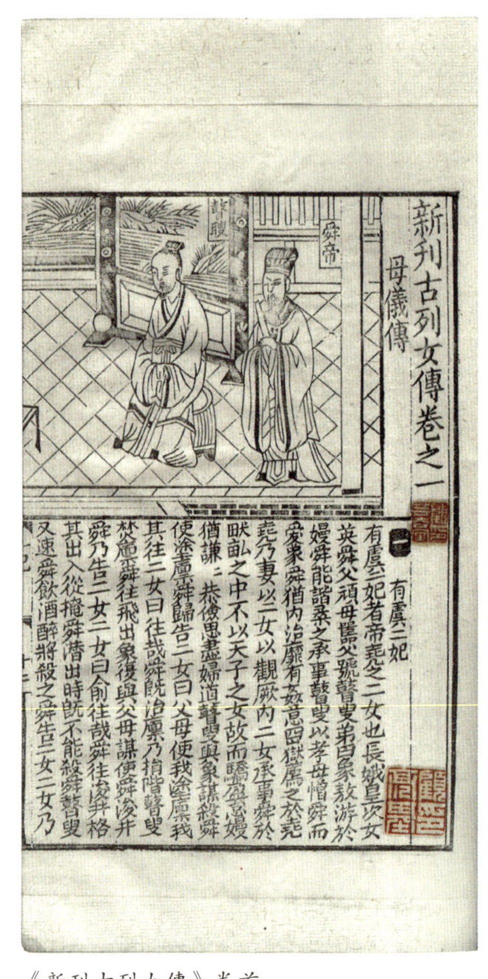

《新刊古列女傳》卷首

列女傳吕阮氏刻本爲最次則顧千里所校影宋本（顧本無圖）今此本俗稱鮑氏本圖中魯秋潔楚於陵之盒鍑趙娥讐人之搨扇皆不合古而宋明帝之裸婦人尤爲穢褻惟畫法院體絕佀仇氏筆意且其書頗末盧雅雨詳序之卿脩希攷亦無不可

光緒五年八月　楞伽山民識

《新刊古列女傳》題跋

宰相守令合宙二十四卷

明吴伯與撰。明崇禎刻本。清錢泰吉跋。索書號：〇一五一—〇一九。

釋文：

咸豐甲寅十月廿三日，蔣寅昉以此書及葉氏刻套版《文選》畀我，孫頤仁因録《四庫提要》於卷首。《四庫》目中尚有魏氏顯國《歷代相臣傳》一百六十八卷、《元相臣傳》十二卷，不知得見否。甘泉鄉人識於閑心靜居。

按：

錢泰吉（一七九一——一八六三），字輔宜，號警石。清浙江嘉興人。以廩貢生官海寧訓導。好藏書校書，爲清末著名藏書家。著有《曝書雜記》《甘泉鄉人詩文稿》等。

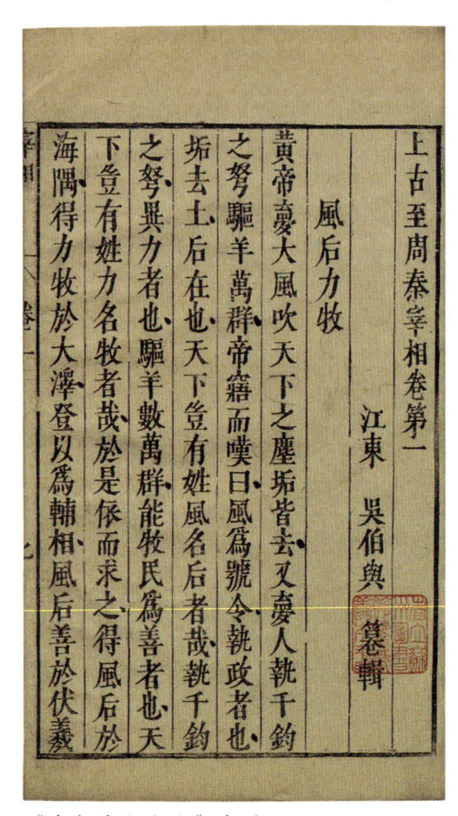

上古至周秦宰相卷第一

江東　吳伯與　纂輯

風后力牧

黃帝夢大風吹天下之塵垢皆去又夢人執千鈞之弩驅羊萬群帝寤而嘆曰風爲號令執政者也垢去土后在也天下豈有姓風名后者哉執千鈞之弩異力者也驅羊數萬群能牧民爲善者也天下豈有姓力名牧者哉於是依而求之得風后於海隅得力牧於大澤登以爲輔相風后善於伏羲

《宰相守令合宙》卷首

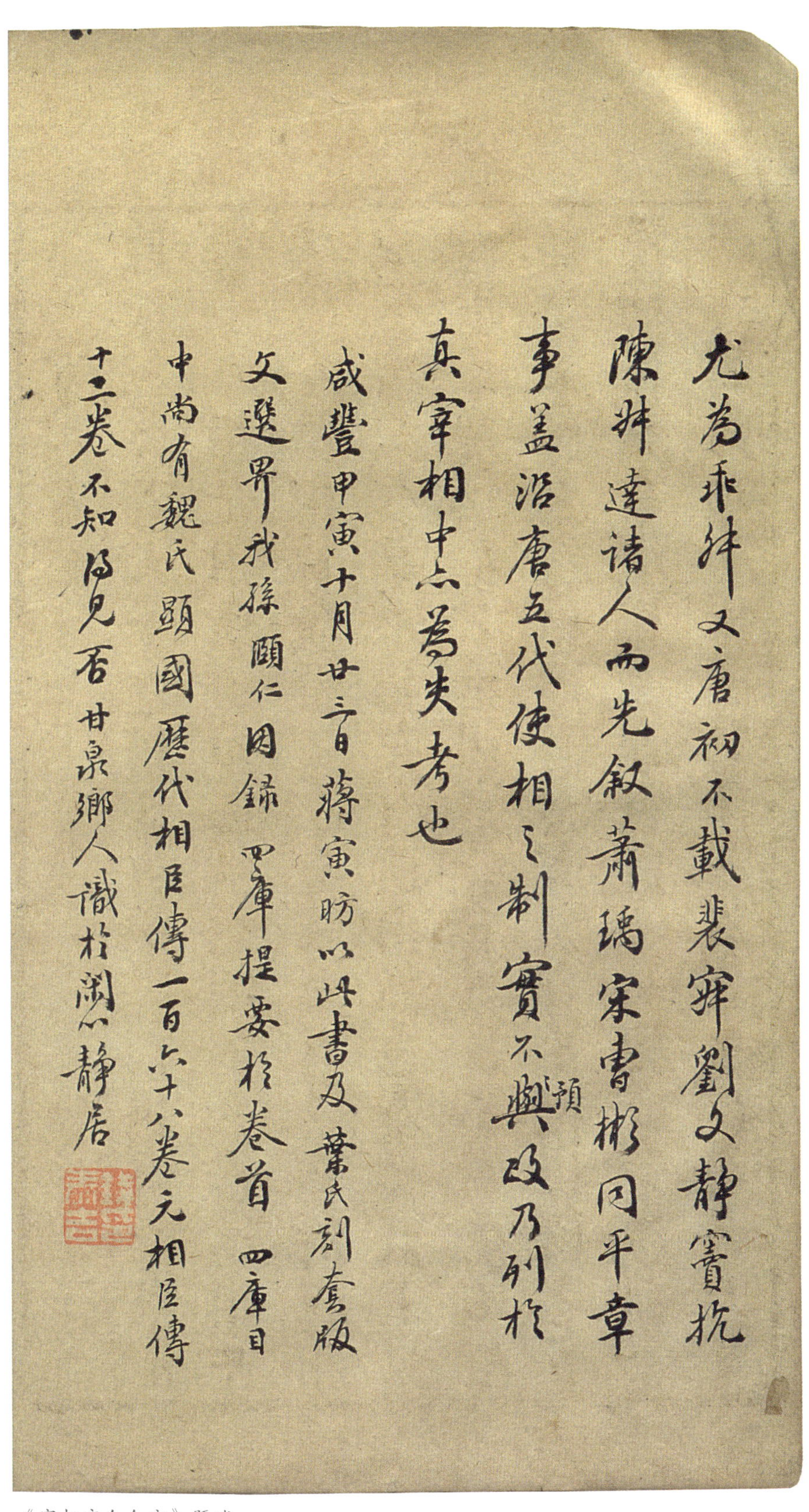

尤為乖舛又唐初不載裴寂劉文靜竇抗陳叔達諸人而先叙蕭瑀宋曹彬同平章事蓋沿唐五代使相之制實不與（預）政乃列於真宰相中亦為失考也

咸豐甲寅十月廿二日蔣寅昉以此書及葉氏刻套版文選畀我孫頤仁因錄四庫提要於卷首 四庫目中尚有魏氏顯國歷代相臣傳一百六十八卷元相臣傳十二卷不知尚見否 甘泉鄉人識於閑心靜居

《宰相守令合宙》題跋

蘇米志林三卷

明毛晉輯。明天啓五年（一六二五）毛氏緑君亭刻清文粹堂印本。清葉道芬跋。索書號：二一〇五—一九九。

釋文：

原册直題“甲寅小雪，銅鉢道人得之徐客”，不知銅鉢何許人也。己未秋，爲東湖張西山世講煥彩所有，後以奉其婦翁餘姚毛伯醇兄仰舒。前年冬，予以病杜門不出，憶昔年故鄉曾得此書，今已付劫火，知伯醇有此，乞借閲之，置桉頭者一年。去臘杪，伯醇自大名郡歸過我，知我别購不得，慨然相貽。予知其欲拙作八分書，適有佳紙，臨漢碑四種報之。同治丁卯上元後五日，道芬再書。

予得此書，伯醇得予八分屏四幅，皆大歡喜，作禮而去。廿二日又志。

同治丁卯年正月，餘姚毛伯醇仰舒見貽，吴縣葉仲布道芬珍藏。

按：

葉道芬（一八一九—一八六七）字君蘭，一字仲布，號香士，一説名蘭馨，字道芬。清江蘇吴縣（今蘇州）人。廷琯子。保升滿城縣令。工書畫。

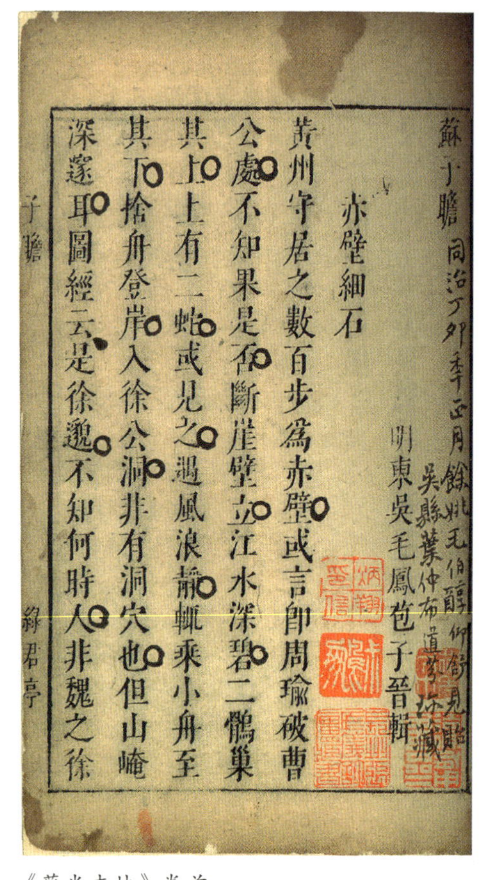
蘇子瞻 同治丁卯年正月餘姚毛伯醇仰舒見貽
吴縣葉仲布道芬珍藏
明東吳毛鳳苞子晉輯
赤壁細石
黃州守居之數百步爲赤壁。或言即周瑜破曹
公處。不知果是否。斷崖壁立。江水深碧。二鶻巢
其上。上有二蛇。或見之。遇風浪靜。輒乘小舟至
其下。捨舟登岸。入徐公洞。非有洞穴也。但山崦
深邃耳。圖經云。是徐邈。不知何時人。非魏之徐
子瞻 綠君亭

《蘇米志林》卷首

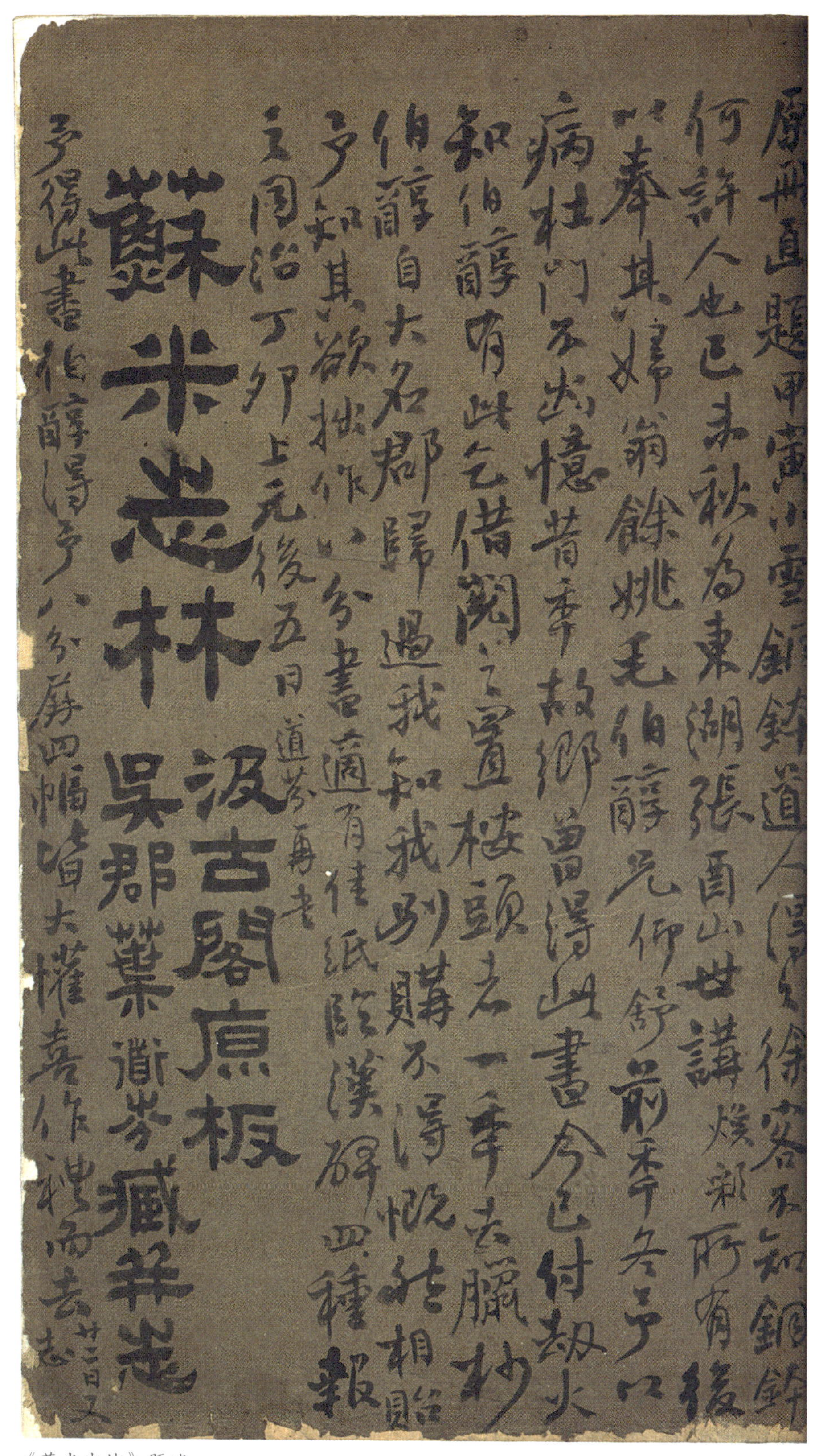

原冊面題甲寅小雪劉錄道人得之徐容不知劉錄何許人也己未秋為東湖張酉山世講煐刻所有後以奉其婦翁餘姚毛伯蕣兄仰鉥前年冬予以病杜門不出憶昔年故鄉曾得此書今已付劫火知伯蕣有此乞借閱之置案頭一年去臘抄伯蕣自大名郡歸過我知我別購不得慨然相贈予知其欲拙作八分書適有佳紙臨漢碑四種報之同治丁卯上元後五日道芬再書

蘇米志林 汲古閣原板 吳郡葉道芬藏并志

予得此書伯蕣得予八分屏四幅皆大權喜作禮而去廿二日又志

《蘇米志林》題跋

趙東潛逸史三傳不分卷

清趙士喆撰。清侯登岸抄本。清侯登岸跋。索書號：〇一六二一—〇二一。

釋文：

吾邑趙文潛先生有《逸史列傳》三篇，韓君草亭家藏舊本也。予聞而借讀之，歎其有才如此，不獲充南董之職，而徒以草莽載筆托諸數人，爲可悲也。然文之足傳，奚取其多？因抄而存之，以備東州野史。丁丑二月，穆止侯氏跋。

按：

侯登岸（？—一八六〇），字穆止，號瘦鶴，又號華樓山人。清山東掖縣人。嘉慶二十三年（一八一八）副貢，官冠縣教諭。著《掖乘》《鄭康成年譜》《海岱人物志》等。

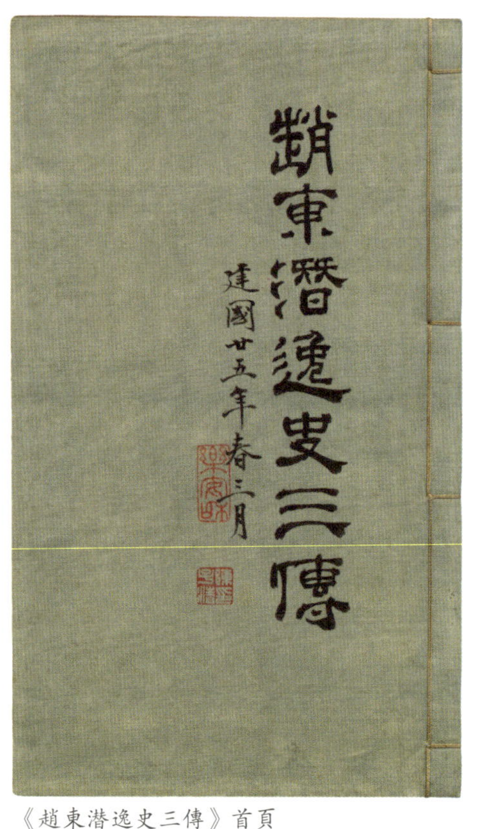

《趙東潛逸史三傳》首頁

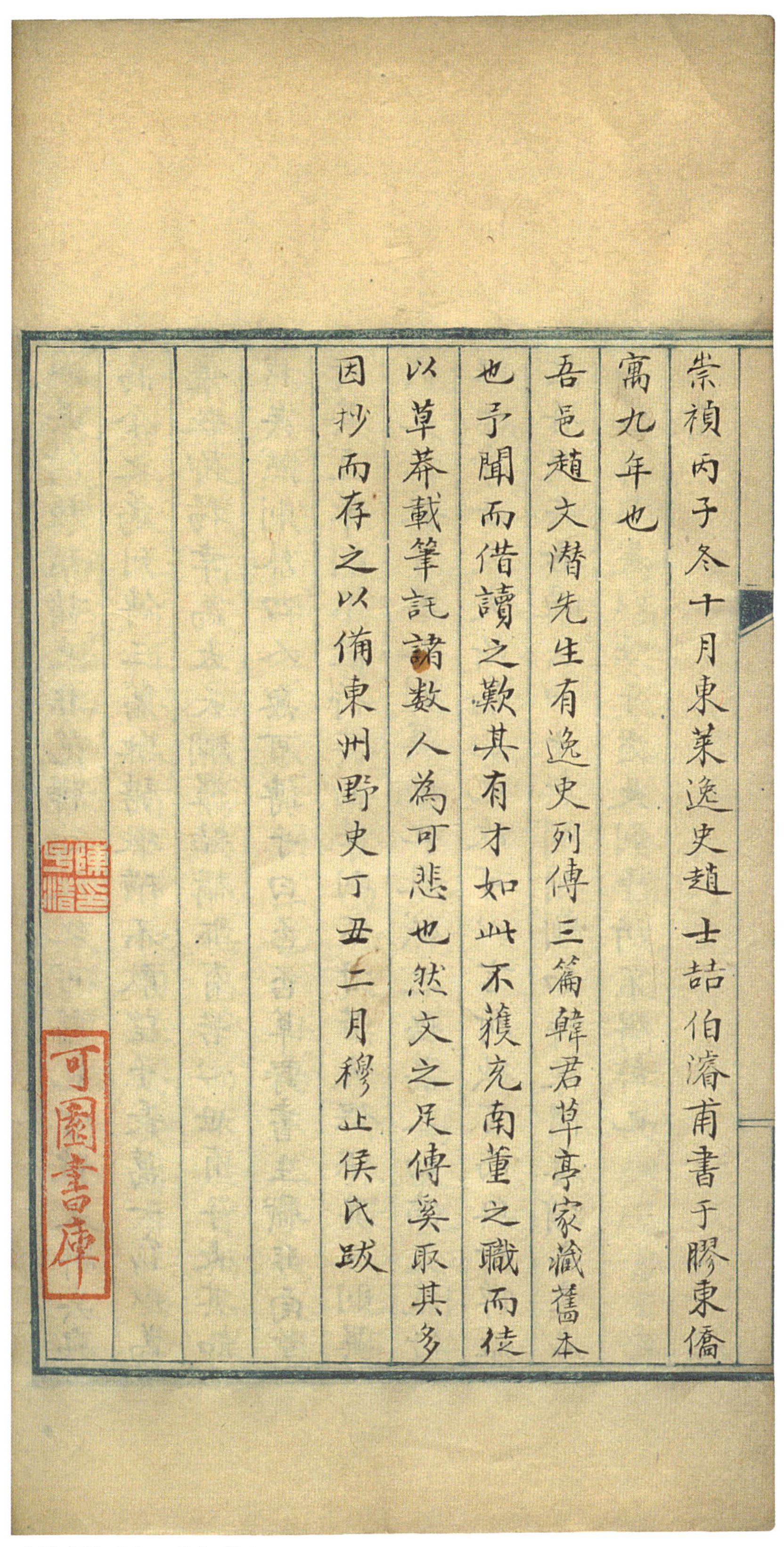

崇禎丙子冬十月東萊逸史趙　士喆伯濬甫書于膠東僑寓九年也

吾邑趙文潛先生有逸史列傳三篇韓君草亭家藏舊本也予聞而借讀之歎其有才如此不獲充南董之職而徒以草莽載筆託諸數人為可悲也然文之足傳奚取其多因抄而存之以備東州野史丁丑二月穆止侯氏跋

可園書庫

《趙東潛逸史三傳》題跋

米襄陽志林十三卷米襄陽遺集一卷海嶽名言一卷待訪録一卷研史一卷

明范明泰輯。明萬曆三十二年（一五九五）秀州范氏清宛堂刻本。清陳其榮跋并過録明董其昌跋。索書號：〇一六六—〇二一。

釋文：

米海嶽像贊石刻，董香光有重摩本，小米贊云："嚴君海嶽，戲自寫像，無住臨移，妙出心匠，形容浩然之氣，爲一時所敬仰。經綸之學，衆歎曾未得施，青史之名，超出古今之上。紹聖丙寅中秋前三日，子友仁贊。"文敏跋云："趙當世宰丹徒，得米虎兒刻石，石泐字漫，屬予重書。萬曆甲寅上巳後三日，董其昌識。"

葉廷琯云：按紹聖無丙寅，或疑是紹聖三年丙子之訛。亦非是，蓋紹興十六年之丙寅耳。考《建炎以來繫年要録》，紹興十五年乙丑十一月，米友仁充敷文閣待制，提舉祐神觀，奉朝請，十九年己巳四月擢直學士，二十一年辛未春正月二十八日卒。據此，則紹興丙寅小米正當充敷文閣待制時，其時海嶽殁已四十年，贊故有"學未得施"及"青史之名"等語。若紹聖丙子，海嶽時僅四十六歲，安得遽云此乎？聖字爲小米原誤，爲文敏後誤，今不可考。石應在鎮江，近年恐不免遭兵燹矣。同治壬申春三月十四日，因閲《吹網録》，有此一則，誌此備訪。荄庵漫士。

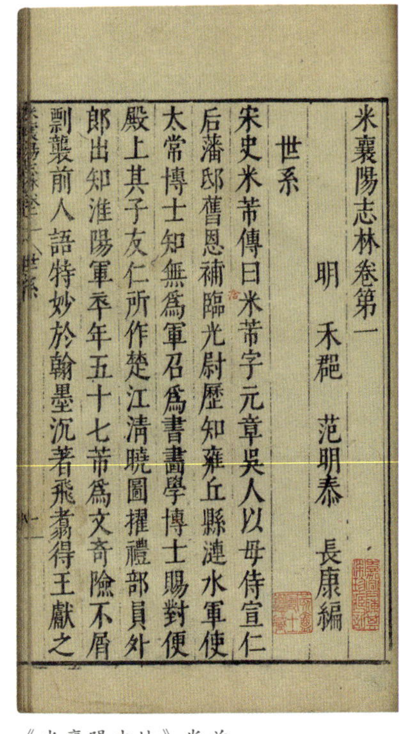
米襄陽志林卷第一
明 禾稆 范明泰 長康編
世系
宋史米芾傳曰米芾字元章吳人以母侍宣仁后藩邸舊恩補臨光尉歷知雍丘縣漣水軍使太常博士知無爲軍召爲書畫學博士賜對便殿上其子友仁所作楚江清曉圖擢禮部員外郎出知淮陽軍卒年五十七芾爲文奇險不屑剽襲前人語特妙於翰墨沉著飛翥得王獻之

《米襄陽志林》卷首

米海嶽像贊石刻董香光有重摹本小米贊云嚴君海岳威
自寫像無住臨移妙出心匠形容浩然之氣為一時之所敬仰
經綸之學衆歎曾未得施青史之名超出古今之上紹聖丙寅中秋
前三日子友仁贊 文敏跋云趙肖世宰丹徒得米虎兒刻石石泐字
漫滅予重書萬曆甲寅上巳後三日董其昌識

葉廷琯云按紹聖無丙寅或疑是紹聖三年丙子之誤余意是蓋紹興十六年之丙
寅耳考建炎以來繫年要錄紹興十五年乙丑十月米友仁充敷文閣待制
提舉祐神觀奉祠請十九年己巳四月權直學士二十一年辛未春正月二十六日
卒據此則紹興丙寅小米正當充敷文閣待制時其時海岳殁已四十年贊
故有學未得施及青史之名等語若紹聖丙子海岳時僅四十六歲安得遽
云此乎聖字為小米原誤為文敏後誤今不可考石應在鎮江近年恐不免
遭兵燹矣 同治壬申春三月十四日因閱此偶係有此刻誌此備訪 荄庵居士

《米襄陽志林》題跋

按：

陳其榮，字桂卿，號荄庵。清浙江嘉興人。同治六年（一八六七）舉人。參修《嘉興府志》，編有《清儀閣所藏古器物文》《遜志堂雜鈔》，又輯《檇李文繫》，未竟而卒。

餐芍花館日記不分卷樂天居日記不分卷抱一居士日記不分卷達絧繆齋日記不分卷

清周騰虎撰。稿本。清趙烈文校并跋。索書號：〇一七三—〇二二。

释文：

同治乙丑，弟趙烈文次定校讀記。

同治丁卯，趙烈文讀一過。

按：

趙烈文（一八三二—一八九三），字惠甫，號能靜。清江蘇陽湖（今常州）人。騰虎妻弟。監生。咸豐五年（一八五五）應邀赴南昌曾國藩幕。次年丁憂歸里。後移居蘇州木瀆。同治元年（一八六二）再入曾國藩幕，參與機要。官至磁州知府、易州知府。

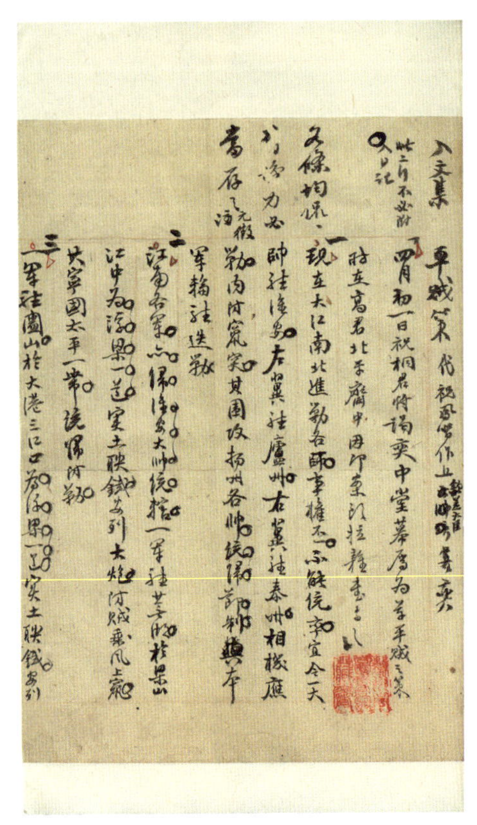

《餐芍花館日記》卷首

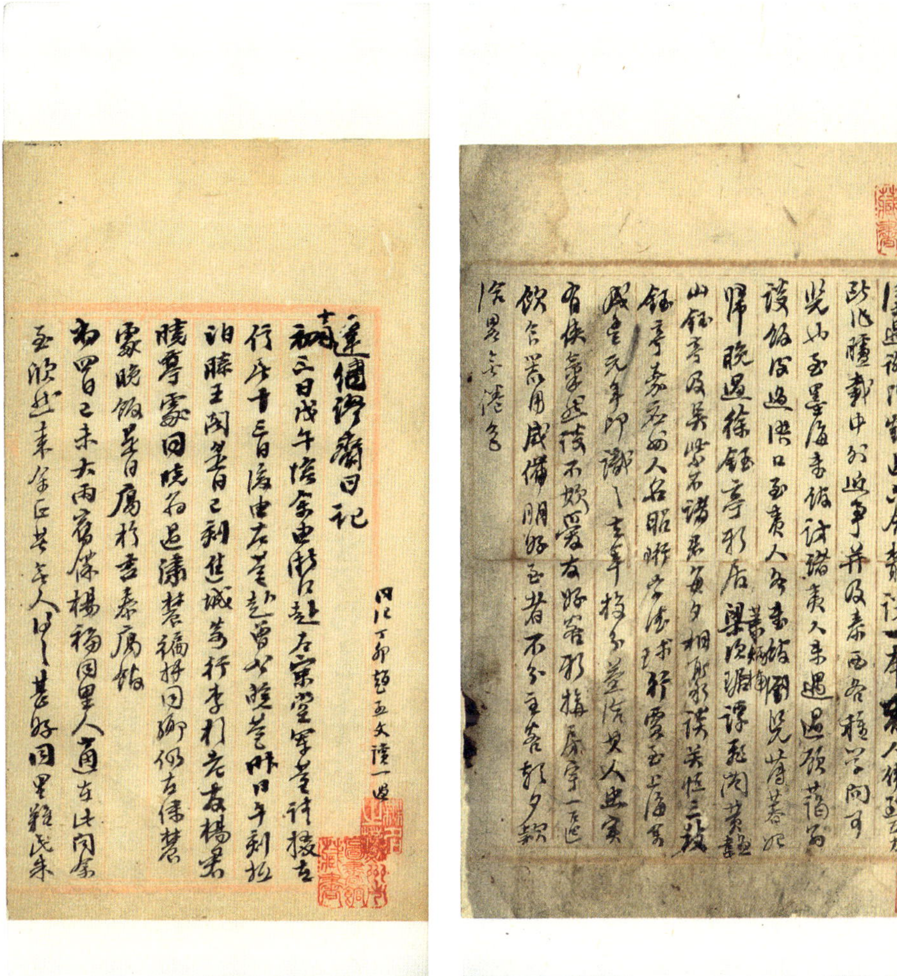

《達綢繆齋日記》題跋

入文集

平賊策　代祝石卿作上曾帥書

此二行不必附入日記

四月初一日，祝桐君將謁奕中堂幕府，為草平賊之策。附在葛君北亭艙中，因以案頭拉雜書之。

又條均係、於[illegible]力必書存之（元微）酒

一　現在大江南北進勦各師，事權不一，不能統率，宜令一大帥駐淮安，左翼駐盧州，右翼駐泰州，相機應勦，內防竄突。其圍攻揚州各帥，統歸節制，其本軍輪駐迭勦。

二　江南各軍，亦歸淮安大帥統轄。一軍駐[illegible]，於梁山江中為浮梁一道，實土[illegible]鐵，安列大炮，防賊乘風上竄。其寧國太平一帶，統歸防勦。

三　一軍駐圖山，於大港三江口為浮梁一道，實土[illegible]鐵，安列

緣督廬日記不分卷

清葉昌熾撰。稿本。民國王季烈跋。索書號：〇一七五—〇二二。

釋文：

此《緣督廬日記》四十三册，爲葉年丈手稿。丙寅十月，潘博山文學寄烈於津寓。丁卯，輯其中之詩稿付梓。庚午，又撮録成《日記抄》十六卷以付石印。而此手稿仍留篋衍，擬俟緣丈後裔或其外孫能讀書劬學則歸之，故於戊辰由津移遼，乙卯由遼移燕，皆挈以相隨，未嘗稍離。及癸未反里，御風南行，未携長物，此稿遂留燕臺。每聞故都風鶴，輒耿耿于心。適亡友蔣青嶔兄之肖胤吟秋文學長蘇州圖書館，以緣丈生前於梓邦文物最所關心，館址可園又爲緣丈總教存古舊地，則此稿寄入蘇州圖書館實最相宜。烈因思犬馬之年七十逾五，後生小子受新潮之教，遂棄國粹如弁髦，其于先代藏書非以易米，則束閣任其蟲蝕鼠嚙而已，吟秋所籌，洵爲善策，因令兒子守泰自燕將此稿航空寄蘇，交蘇州圖書館妥爲保存，使勿失墮，且使梓鄉後進咸得寓目，其於緣丈益深高山仰止之情，庶可慰緣丈於九原乎？因書數語於卷耑，使後人知我保存此稿之苦心云。丁亥立秋日，王季烈識。

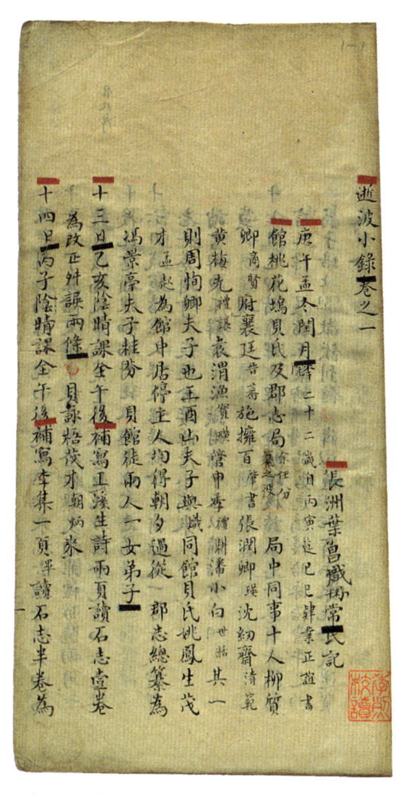
逝波小錄卷之一　長洲葉昌熾鞠常氏記

《緣督廬日記》卷端

此日記四十二册，又《昌平日記》一册，均爲菊裳年丈手稿。年丈易簀之際，遺命交之及門潘仲午表叔。乙丑春，仲丈作古，乃交汪星臺明經。丙寅夏，星臺又卒，始由仲丈從孫博山從汪氏索還，付烈謹藏。烈於是年秋冬之交，先輯其中之詩以編《奇觚廎詩集》五卷，梓以行世。而年丈舊友若吴鈍盦、王栩緣兩丈，章式之同年僉謂

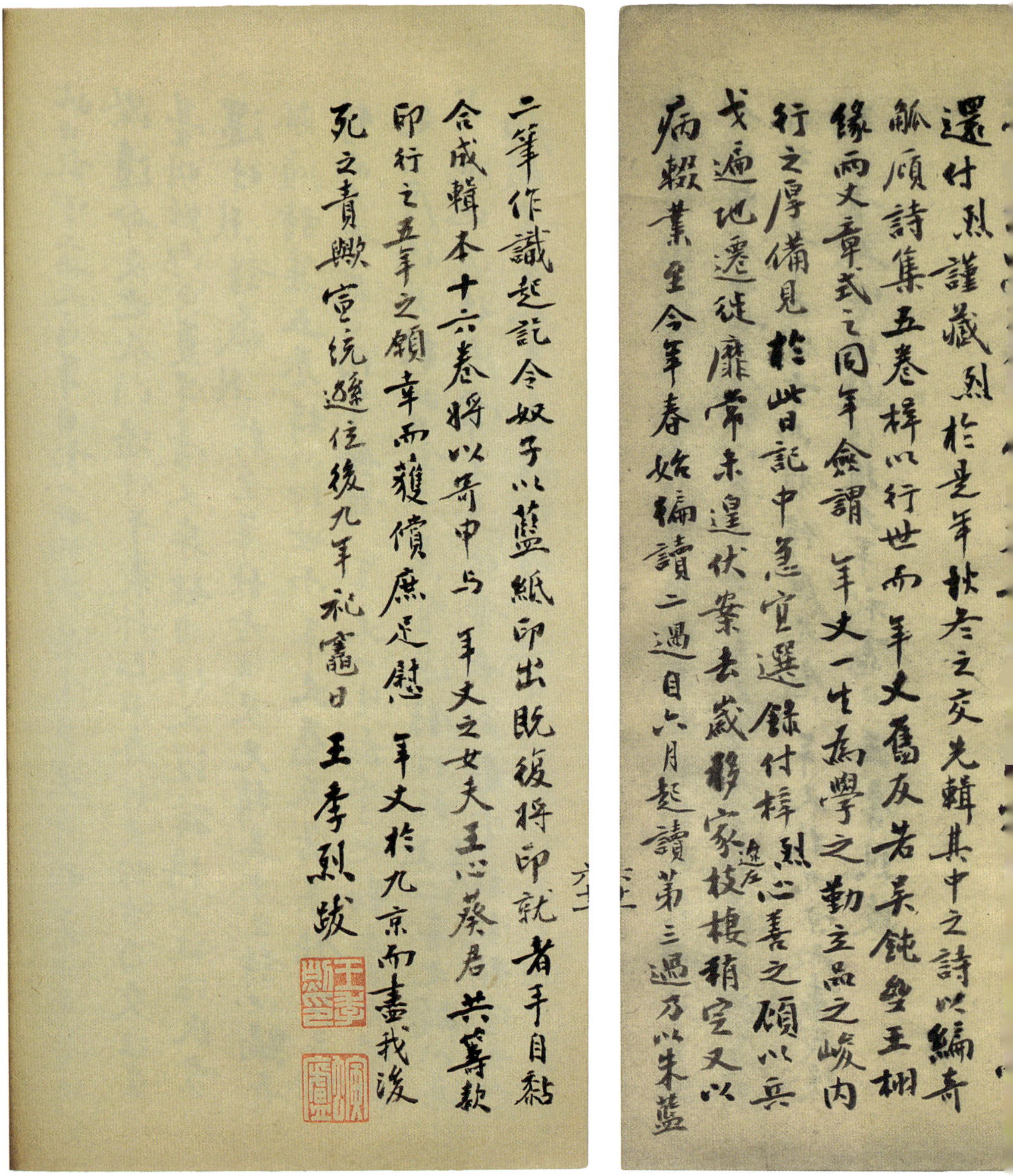

《緣督廬日記》題跋

年丈一生爲學之勤、立品之峻、内行之厚備見於此日記中，急宜選録付梓。烈心善之，顧以兵戈遍地，遷徙靡常，未遑伏案。去歲移家遼左，枝棲稍定，又以病輟業，至今年春始遍讀二過，自六月起讀第三過，乃以朱藍二筆作識起訖，令奴子以藍紙印出，既復將印就者手自黏合，成輯本十六卷，將以寄申，與年丈之女夫王心葵君共籌款印行之。五年之願，幸而獲償，庶足慰年丈於九京，

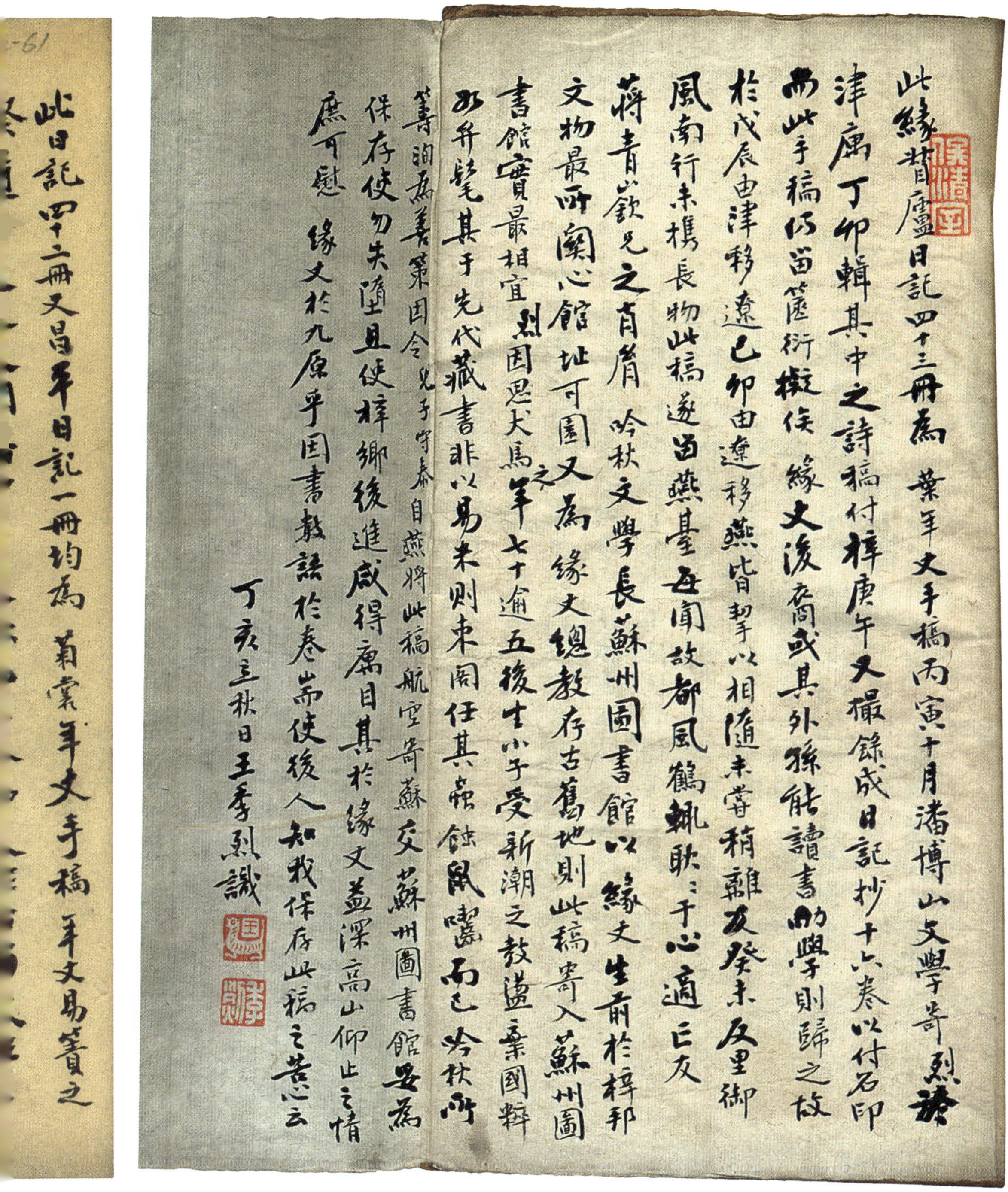
此日記四十三冊又昌平日記一冊均爲鞠裳年丈手稿 年丈易簀之

此緣督廬日記四十三冊爲葉年丈手稿丙寅十月潘博山丈學寄烈讀
津庽丁卯輯其中之詩稿付梓庚午又撮錄成日記抄十六卷以付石印
而此手稿仍留篋衍擬俟緣丈後裔或其外孫能讀書好學則歸之故
於戊辰由津移遼己卯由遼移燕皆挈以相隨未嘗稍離及癸未返里御
風南行未携長物此稿遂留燕臺每聞故都風鶴輒耿耿于心適已反
蔣青歆兄之首肯 吟秋文學長蘇州圖書館以緣丈生前於梓邦
文物最所關心館址可園又爲緣丈總教存古舊地則此稿寄入蘇州圖
書館寶最相宜烈因思犬馬之年七十逾五後生小子受新潮之教遺棄國粹
刄弁髦其于先代藏書非以易米則束閣任其蠹蝕鼠嚙而已吟秋所
籌洵爲善策因令兒子守泰自燕將此稿航空寄蘇交蘇州圖書館妥爲
保存使勿失墜且使梓鄉後進咸得縱目其於緣文益深高山仰止之情
庶可慰緣丈於九原乎因書數語於卷端使後人知我保存此稿之苦心云
丁亥立秋日王季烈識

而盡我後死之責歟！宣統遜位後九年祀竈日，王季烈跋。

按：

王季烈（一八九三—一九五二），字晉餘，號君九，又號螾廬。江蘇吴縣（今蘇州）人。清光緒三十年（一九〇四）進士。著有《螾廬曲談》《度曲要旨》等。

萬柳溪邊舊話一卷

元尤玘撰。清知不足齋抄本。清朱文藻批校。清莫棠跋。
索書號：〇一五〇—〇一九。

釋文：

此知不足齋鈔本以貽張燕昌者，乙未九月在吳下收。越日，又得《鮑氏叢書》所刊本，當與此同出一源，特槩本多朱文藻校語耳。

按：

莫棠，見前《詩韻集略》條。

知不足齋主人所貽

獨山莫氏藏書

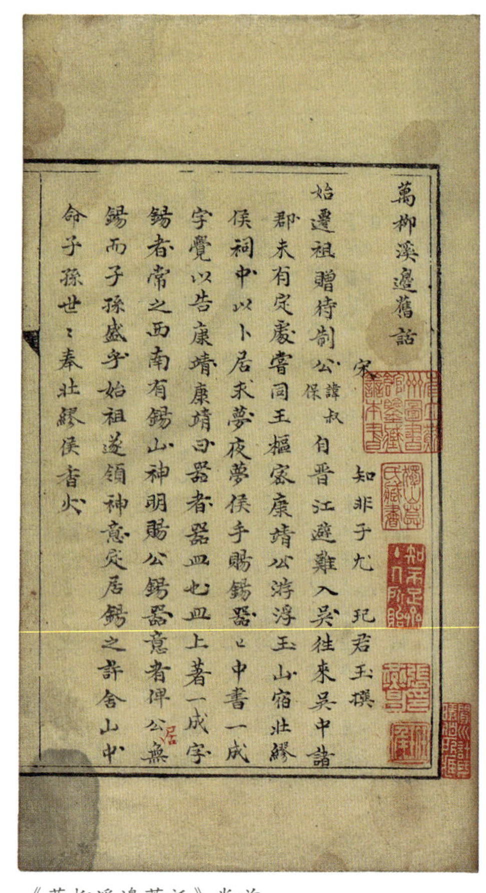

萬柳溪邊舊話
宋　知非子尤玘君玉撰
始遷祖贈待制公諱叔保自晋江避難入吳往來吳中諸
郡未有定處嘗同王樞密康靖公游浮玉山宿壯繆
侯祠中以卜居求夢夜夢侯手賜錫器二中書一成
字覺以告康靖康靖曰器者器皿也皿上著一成字
錫者常之西南有錫山神明賜公錫器意者俾公無居
錫而子孫盛乎始祖遂領神意定居錫之許舍山中
命子孫世世奉壯繆侯香火

《萬柳溪邊舊話》卷首

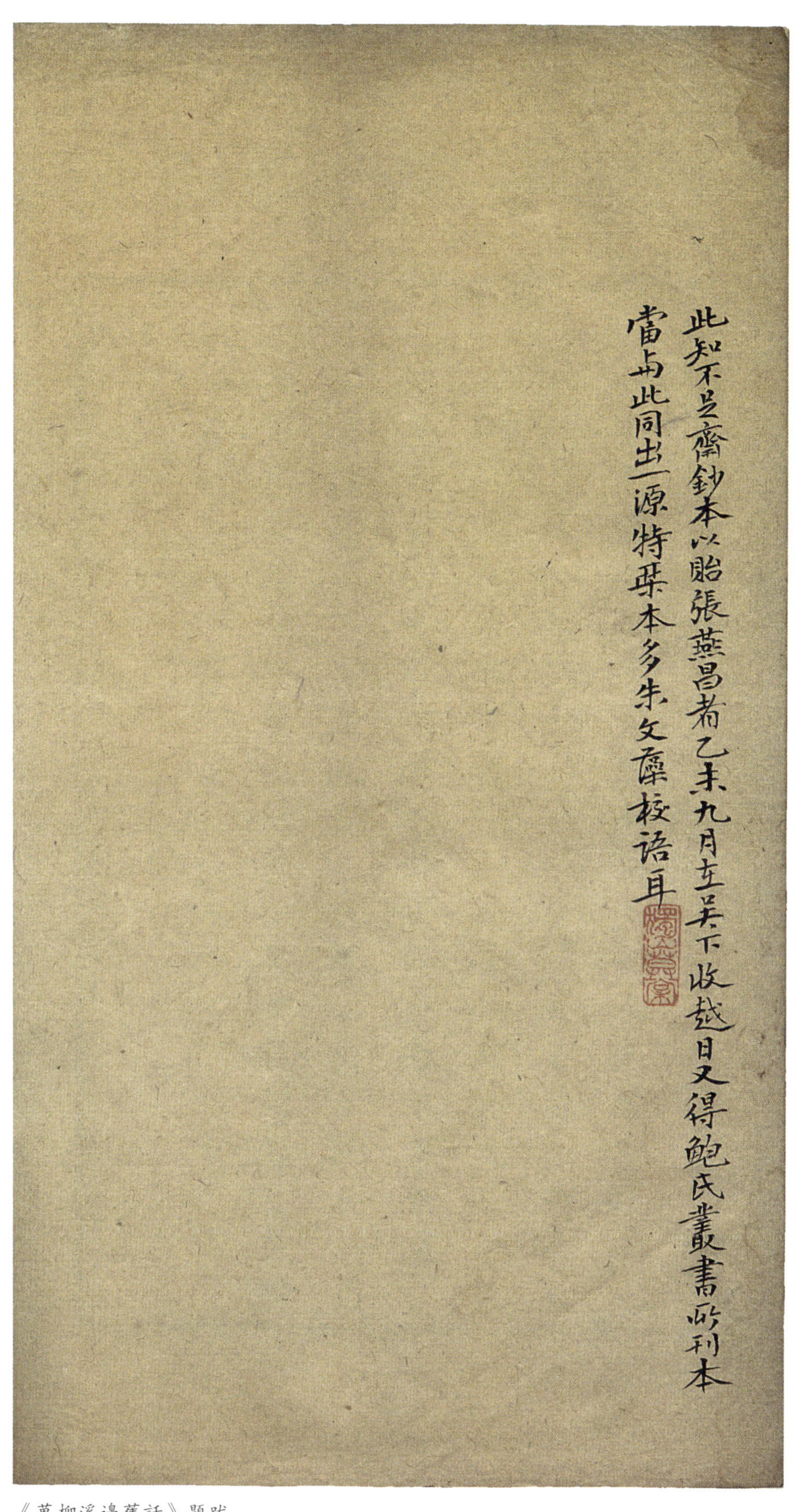
此知不足齋鈔本以貽張燕昌者乙未九月在吳下收越日又得鮑氏叢書所刊本
當與此同出一源特栞本多朱文藻校語耳

《萬柳溪邊舊話》題跋

[史抄類]

古今歷代標題注釋十九史略通考八卷

元曾先之編次，朝鲜余進通考。朝鲜刻本。蘇州圖書館跋。索書號：〇八七四——〇二。

釋文：

《古今歷代標題注釋十九史略通考》八卷，題“前進士廬陵曾先之編次，松塢門人鄱陽竹窩余進通考”。前七卷自太古迄宋末，乃曾所編，末一卷元代事迹，迄明有天下，附劉基《瑞麥頌》《西蜀頌》，不署曾名，乃余進所編。此書乃高麗刻本，紙版寬闊，藏書家都未見。

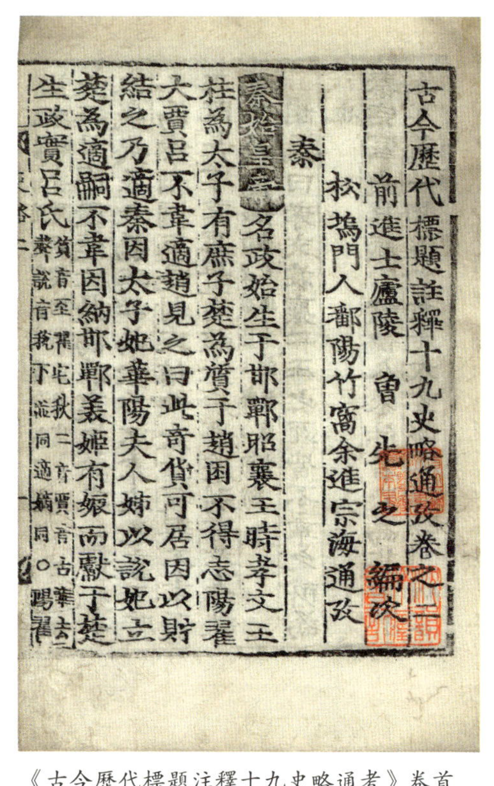
古今歷代標題註釋十九史略通攷卷之一
前進士廬陵 曾 先之 編次
松塢門人鄱陽竹窩余進宗海通攷
秦
秦始皇帝 名政始生于邯鄲昭襄王時孝文王
柱爲太子有庶子楚爲質于趙因不得志陽翟
大賈呂不韋適趙見之曰此奇貨可居因以財
結之乃適秦因太子妃華陽夫人姊以說妃立
楚爲適嗣不韋因納邯鄲美姬有娠而獻于楚
生政實呂氏

《古今歷代標題注釋十九史略通考》卷首

古今歷代標題註釋十九史略通攷八卷
題前進士廬陵曾先之編次松塢門
人鄱陽竹窩余進通考前七卷自
太古迄宋末乃曾所編末一卷元代
事迹迄明有天下附劉基瑞麦頌
西蜀頌不署曾名乃余進所編此書
乃高麗刻本紙版寬濶藏書家
都未見

《古今歷代標題注釋十九史略通考》題跋

史抄六種六卷

清佚名輯。清抄本。清潘志萬跋。索書號：一九七五—一九〇。

釋文：

甲午冬月二十又一日，志萬展讀一過。窗外雪花纚纚彌望，是日寒甚。

按：

潘志萬（一八四九—一八九九），字子侯，號碩庭，又號笏庵。清江蘇吴縣（今蘇州）人。介繁子。蘇州府歲貢生。字學顔、柳，多藏碑版，晚年所書，多金石氣。著有《金石補編》等。

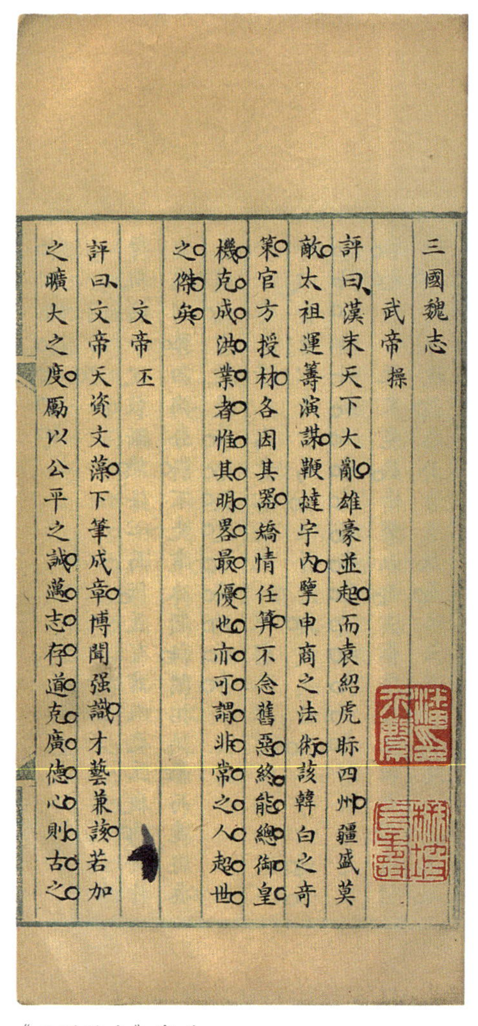
三國魏志
武帝 操
評曰漢末天下大亂雄豪並起而袁紹虎眎四州彊盛莫
敵太祖運籌演謀鞭撻宇內擥申商之法術該韓白之奇
策官方授材各因其器矯情任算不念舊惡終能總御皇
機克成洪業者惟其明畧最優也亦可謂非常之人超世
之傑矣
文帝 丕
評曰文帝天資文藻下筆成章博聞强識才藝兼該若加
之曠大之度勵以公平之誠邁志存道克廣德心則古之

《三國魏志》卷首

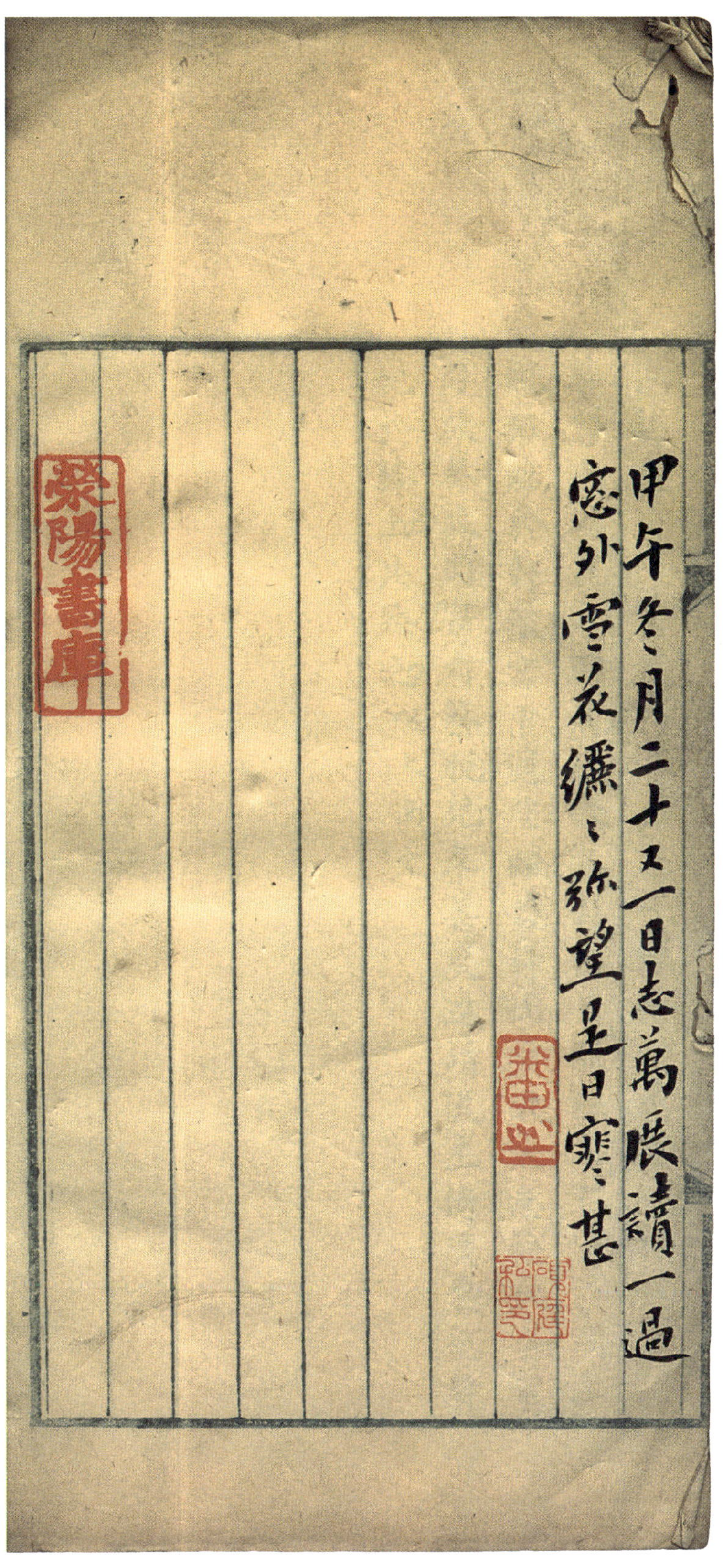
甲午冬月二十又一日志萬晨讀一過
窗外雪花纚纚彌望是日寒甚

滎陽書庫

《史抄六種》題跋

［時令類］

月令廣義二十四卷首一卷附録一卷

明馮應京輯，戴任增釋。明萬曆陳邦泰刻本。民國大林山人跋。索書號：〇二一五—〇三〇。

釋文：

丙戌端午節，予親贈花旗橘子，赴袁仲濂老居士住所覺園。既出，見舊書店陳有本書八册，爲有明萬曆間盱眙馮應京所著、秣陵陳邦泰所校梓。本書以《月令廣義》名，并叙政典、事文、名數、氣候、曆考、禮節、祀典、方物、衛生、宜忌、授時、占候、陰陽、雜記，洋洋灑灑，蔚爲大觀。首冠《天文》《地輿》《河洛圖》《六十四卦》《五運六氣》《十二支分野》《步天歌》《十二月卦日月纏會》《二十四氣七十二候圖》，靡不詳盡備至，所謂人倫日用之要。《孝經》云“用天之道，分地之利”，何等廣大，今日動輒以科學相炫，於天地間自然之道日趨日遠，劫火乃層出不窮，世界無百年太平。生今反古，《中庸》已警策迷妄，奈何災及其身，不稍省悟耶？予獲之珍若拱璧，以爲大有裨益，於農本立國之華夏，非淺鮮焉。乃記之。大林山民素心識。

考馮先生，字可大，爲糾彈税使九大罪而被逮，會星變，獲放。天啟間追謚恭節。著作甚多，有詩集及本書，并其他撰述。平日風骨凜凜，博通經史，尤注意民庶日用便覽，與一般支離悠謬之説不同。是書確爲明版，與吾所藏在蘇買得《甲子會紀》及《魏書》均是一色紙張也。

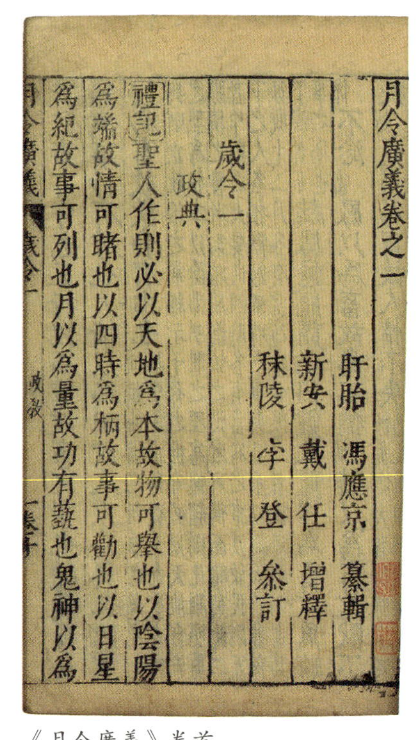
月令廣義卷之一
盱眙　馮應京　纂輯
新安　戴　任　增釋
秣陵　陳邦泰　叅訂
歲令一
政典
禮記聖人作則必以天地爲本故物可舉也以陰陽爲端故情可睹也以四時爲柄故事可勸也以日星爲紀故事可列也月以爲量故功有藝也鬼神以爲

《月令廣義》卷首

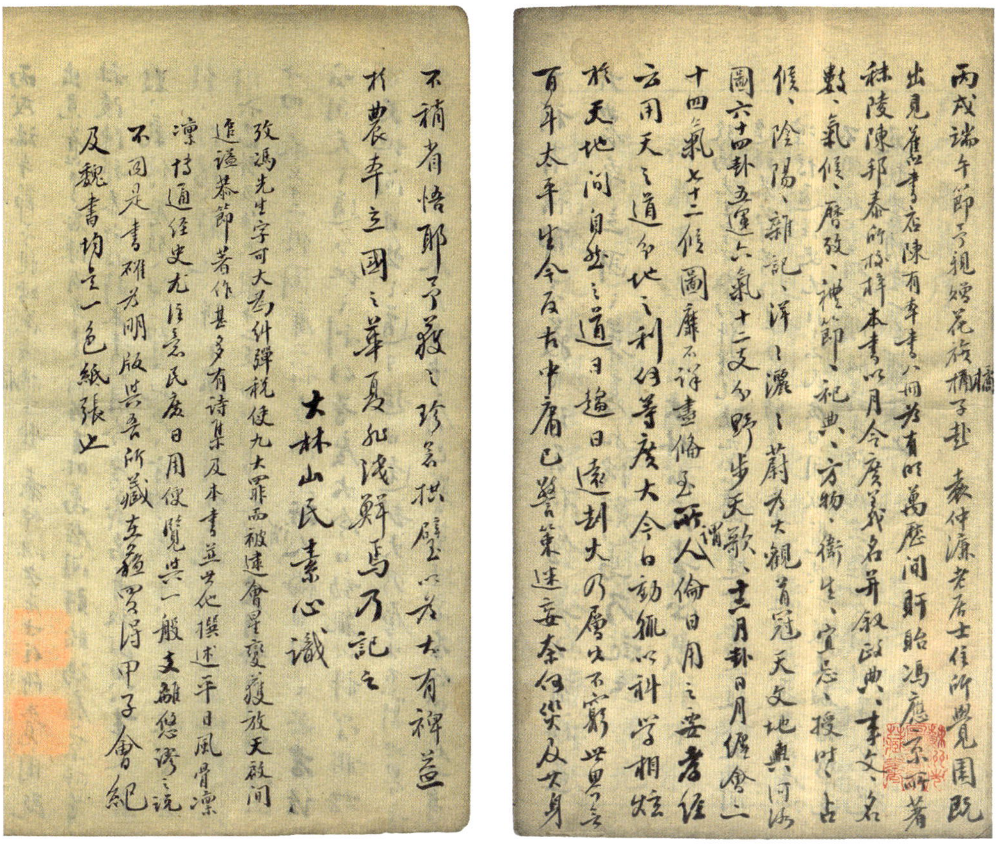

《月令廣義》題跋

按：

大林山人，生平不詳。

[地理類]

歷代輿地沿革險要圖六十九幅

清楊守敬、饒敦秩撰。清光緒五年（一八七九）饒氏兩色套印本。清鄭文焯跋。索書號：一九七八—一九〇。

釋文：

是編爲歷代輿圖之精要，饒氏雕版，流布未廣。曩聞星吾老友言之，大索有年，乃余吴閶書攤獲之，始一快攬。淵明《擬古》詩云："山河滿目中，平原獨茫茫。古時功名士，慷慨争此場。"誦之令人百感交集。鶴道人記於石芷西堪。

光緒十九年三月既望，高密鄭叔問校讀一過。

按：

鄭文焯，見前《説文統釋自序》條。

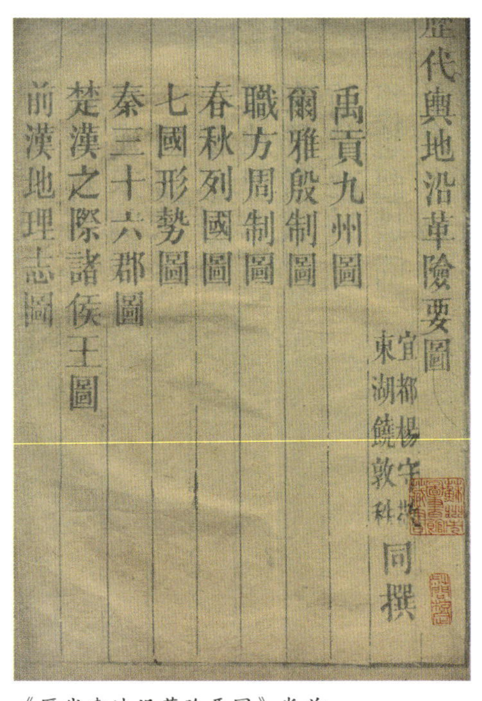
歷代輿地沿革險要圖
宜都楊守敬
東湖饒敦秩 同撰
禹貢九州圖
爾雅殷制圖
職方周制圖
春秋列國圖
七國形勢圖
秦三十六郡圖
楚漢之際諸侯王圖
前漢地理志圖

《歷代輿地沿革險要圖》卷首

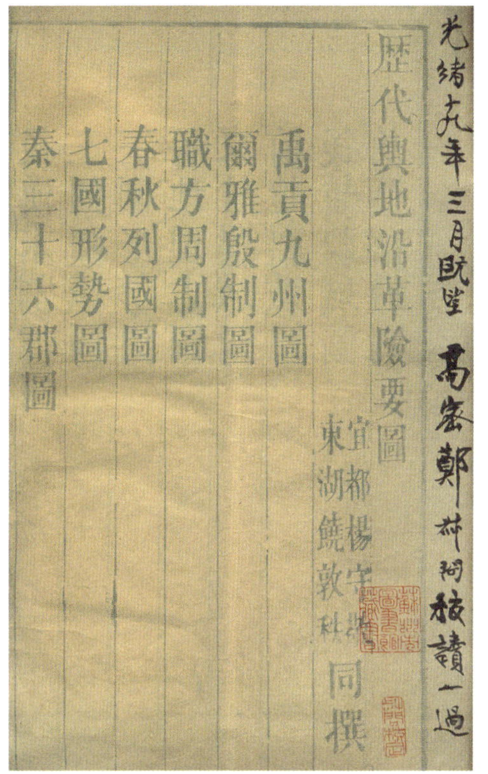

歷代輿地沿革險要圖

宜都楊守敬　東湖饒敦秩　同撰

禹貢九州圖

爾雅殷制圖

職方周制圖

春秋列國圖

七國形勢圖

秦三十六郡圖

光緒五年東湖饒氏開雕

《歷代輿地沿革險要圖》題跋

叔問校定

行水金鑑一百七十五卷首一卷

清傅澤洪撰。清雍正三年（一七二五）傅澤洪刻本。清屈軼跋。索書號：〇二四九一—〇三五。

釋文：

偶讀全謝山集《鄭芷畦窆石志》，芷畦平生著述尚有《行水金鑑》，爲河道傅君開雕盛行，顧罕知其出于芷畦也，并附載志中。嘉慶二十有一年九月。

按：

屈軼，字侃庭。清江蘇常熟人。廪貢生。署南匯訓導，改授兵馬副指揮。家藏書盈二萬卷，工古文辭。著有《享帚山房集》《永安耆獻編》等。

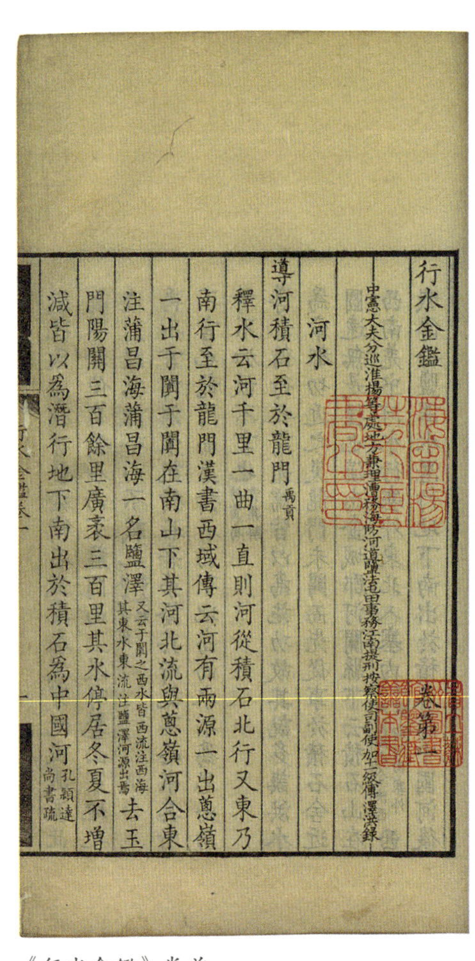

行水金鑑　卷第一

中憲大夫分巡淮揚等處地方兼理漕務海防河道駐紮淸江浦兼管屯田事務江南提刑按察使司副使加一級傅澤洪錄

河水

導河積石至於龍門 禹貢

釋水云河千里一曲一直則河從積石北行又東乃南行至於龍門漢書西域傳云河有兩源一出蔥嶺一出于闐于闐在南山下其河北流與蔥嶺河合東注蒲昌海蒲昌海一名鹽澤 又云于闐之西水皆西流注西海其東水東流注鹽澤河源出焉 去玉門陽關三百餘里廣袤三百里其水停居冬夏不增減皆以爲潛行地下南出於積石爲中國河 孔穎達尚書疏

《行水金鑑》卷首

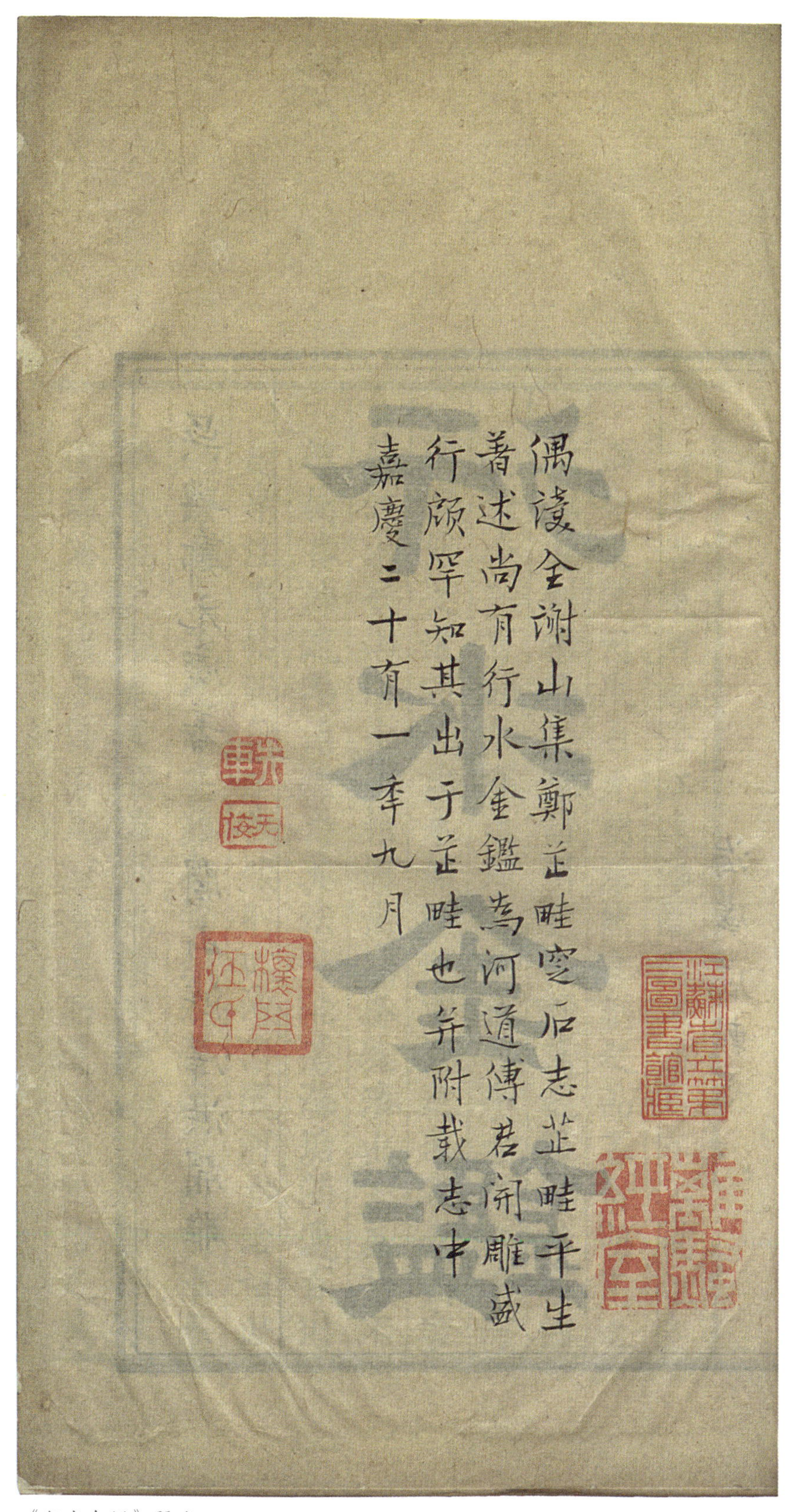

偶讀全謝山集鄭芷畦窆石志芷畦平生
著述尚有行水金鑑為河道傅君開雕盛
行頗罕知其出于芷畦也并附載志中
嘉慶二十有一年九月

《行水金鑑》題跋

穿山小識二卷補遺一卷

清邵廷烈輯。一九四九年徐鳳標抄本。徐鳳標跋。索書號：〇二三九一—〇三五。

釋文：

山不在高，高者不必視爲至奇，高不過於“五岳”，而“匡廬”“娥眉”“天台”“羅浮”“雁宕”皆以奇稱。若夫海隅僻壤，名不著於當世，而隱然負有名山資格者，其惟穿山乎？按盧鎮《琴川志》載：“明代弘治間，割三縣邊境，添設太倉州治，而穿山即隸屬焉。”高僅一十七丈，周圍二百五十步，背山形勢，亦頗嶙嶒。左有大石如梁，曰“臂灣洞”，行人穿其下，遂名穿山。舊時可通舟楫，故又名降飆山，當爲海中一小島耳。雖無層巒疊嶂之勢、深壑流泉之景，而巍然突出於平陸，足稱奇勝。曩年偕梁溪楊靜齋孝廉同游其地，賞覽不已，曾攝影以留紀念。自明以來，代有聞人。山之西有落霞浜，昔龔鈍庵築西疇草堂於此，撰《西疇八詠》詩，爲山色增光，今尚存龔廳。友人龔鳳岐好吟詠，擅繪事，兼操岐黃，淡泊爲懷，寧靜寡言，是一隱君子焉，其爲鈍庵後裔乎？餘如桑悅、趙樞生輩，皆隱居於此，人傑地靈，山於是乎有生色矣。樞生有題風景十有四處，曰“崩山磴”，循山左以登峰；曰“石佛龕”，在山南麓；曰“釣鼇臺”，旁真武廟，東之一鉅石爲平臺，然亦若虎阜之試劍石也；曰“天門頂”，仰望東海，下瞰洞門；曰“輾輿坡”，

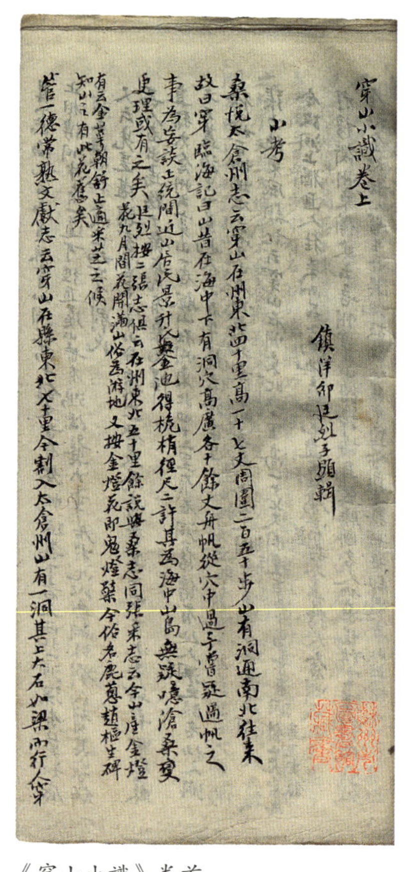
穿山小識卷上
鎮洋邵廷烈子頤輯
山考

《穿山小識》卷首

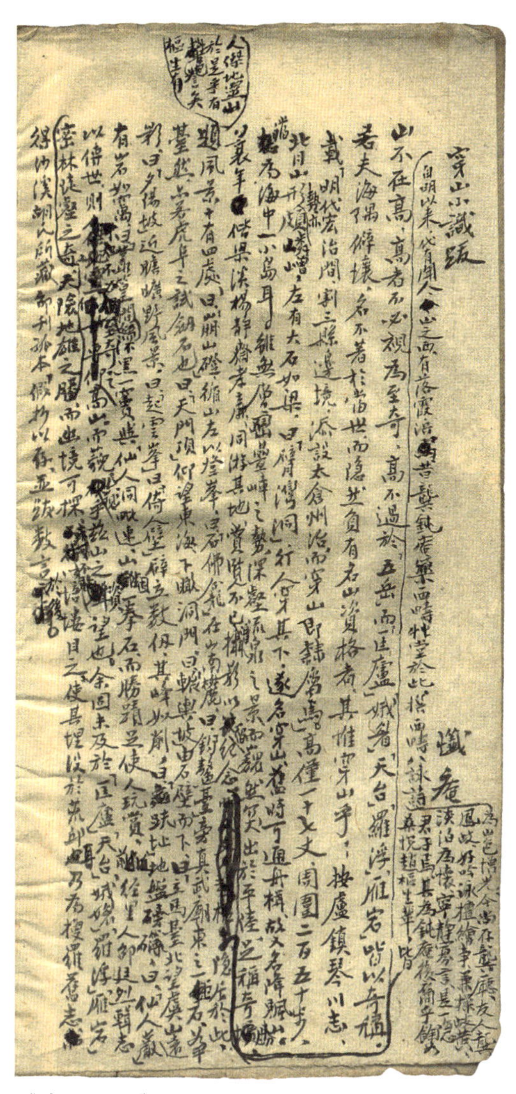

《穿山小識》題跋

由石壁而下；曰"立馬臺"，北望虞山遠影；曰"夕陽坡"，近瞻曠野風景；曰"起雲峰"；曰"倚人壁"，壁立數仞，其峰如削；曰"龜趺址"，地盤磅礴；曰"仙人岩"，有岩如窩；曰"叢篁澗"，深黑一竇，與"仙人洞"毗連。山固一拳石，而勝迹足使人玩賞。前經里人邵廷烈輯志以傳世，則不必仰至奇之高山，而藐視乎兹山之資望也。余固未及於"匡廬""天台""娥媚""羅浮""雁宕"天險地雄之勝、密林陡壑之奇，而幽境可探，不敢以培塿目之，使其埋没於荒邱耳。乃爲搜羅舊志，得沙溪胡氏所藏邵刊孤本，假抄以存，并跋數言於後。懺庵。

按：

徐鳳標，字翥青，號懺庵。江蘇常熟人。

【康熙】崑山縣志二十卷

清杭允佳、盛符升等纂修。清抄本。清顧惇量跋，民國王德森跋。索書號：〇二三三—〇三四。

釋文：

此書名曰《杭志》，舊名《董志》，亦名《盛志》，又名《葉志》。雍正初年，有人以紅格謄原本得重價售我家懷劬先生。未幾，誰何借去，久而不歸，未可問矣。欲求其次，購之有年，然他家珍藏，未敢動問也。乾隆戊辰小春，兩邑父母修志之舉謀既定矣，余亟命訪問此帙，知已越境。而湖州書賈辛上珍聞風而至，據云：“聞有義舉委曲購求以得者，如不見用，又將他適矣。”夫此書余向在友人案頭屢屢見之，不信其落賈人之手也。嗟乎！先賢之名不可泯，而於修志之役實有足助焉者。姑信賈人之言，請懷劬先生以重貲售之。十月廿一夜記。

此志稿爲康熙時崑邑令董公正位委盛、葉二公所編輯。董公去任，書未脱稿，葉公獨續成之，世故以“葉志”名之。然未登梨棗，抄本絶少。乾隆初，顧登修《崑新合志》時，始以重貲購得之，其可珍貴已如此。今再更兵燹，幾易滄桑，而復見於世，不尤重可寶哉！此書爲顧氏舊藏，道光中潘晚香先生借讀而手校之，改補極完備，後歸潘氏。今所流傳者，大抵潘氏所藏書也。甲寅正月上旬，崑山王德森識于吳門之市隱廬。

共二十卷，訂十册。友人託銷。

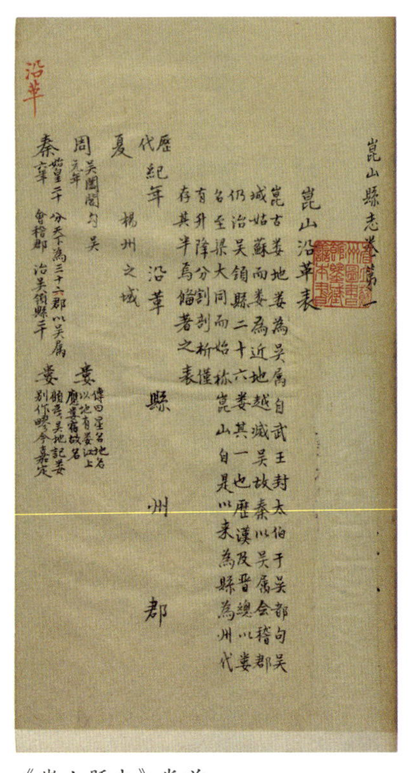
崑山縣志卷第一

崑山沿革表

《崑山縣志》卷首

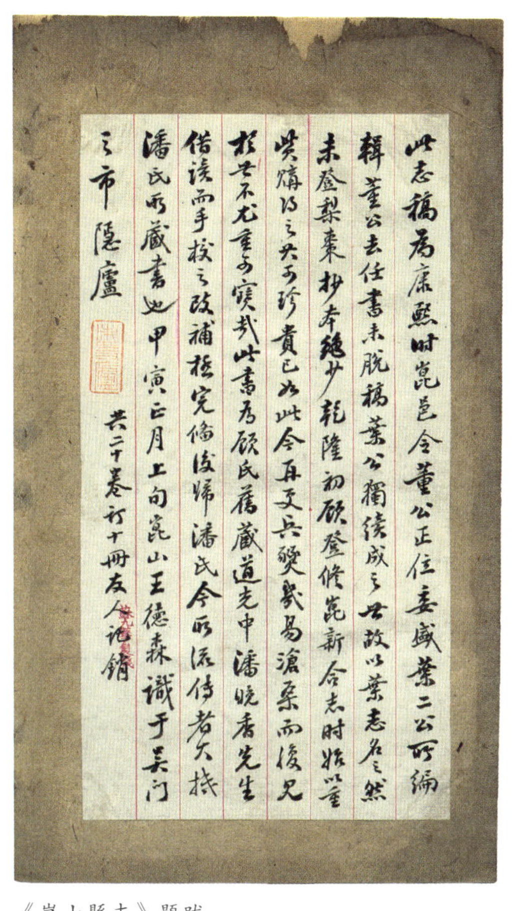

此志稿爲康熙時崑邑令董公正位妻盛葉二公所編輯，董公去任書未脱稿，葉公獨續成之，故以葉志名之。然未登梨棗，抄本絶少。乾隆初顧登修崑新合志時，據以[illegible][illegible]以之大爲珍貴。已如此，今再更兵燹，數易滄桑，而後見於世，不尤重乎？[illegible]哉！此書爲顧氏舊藏，道光中潘曉香先生借讀而手校之，改補極完備，後歸潘氏。今所流傳者，大抵潘氏所藏書也。甲寅正月上旬崑山王德森識于吳門之市隱廬

共二十卷，訂十冊，友人[illegible][illegible]

《崑山縣志》題跋

按：

顧惇量（一七一三—一七七八），字萬陶，號壽峰。清江蘇崑山人。乾隆十五年（一七五〇）舉優貢入成均，由官學教習授南匯訓導。所著詩文，雅馴有法，兼長書畫。王德森（一八五六—一九四三），字寶書，號玉堂，又號嚴士，晚號歲寒老人。江蘇崑山人。幼承庭訓，攻讀儒書，精於詩文，著有《歲寒文稿》《歲寒詩稿》《吴門新竹枝詞》等。亦精通醫學，爲人治病，每多良效，撰有《保赤要言》《市隱廬醫學雜著》。

【乾隆】吴郡甫里志二十四卷首一卷

清彭方周纂修，清顧時鴻、王立禮校輯。清乾隆三十年（一七六五）刻本。民國陳子彝跋。索書號：〇九二八一一〇八。

釋文：

《甫里志》有康熙、乾隆二本，乾隆本時一遇之，康熙本竟不可得，此乾隆本焉。甫里今稱甪直，在蘇郡東南，雖爲陸天隨舊隱之所，未嘗爲人稱述。自吴人顧頡剛訪得唐楊惠之塑應真像，爲文彰之，乃顯於世。即卷十五所稱保聖寺羅漢一十八尊，爲聖手楊惠之所摹，神光閃耀，形貌如生，真得塑手之三昧者是也。然唐人畫羅漢像皆據舊典，爲數十六，五代以降，乃有十八，此既唐塑，爲數非符，識者或以致疑。日本學者大邨西崖渡海來觀，考諸服飾，而知唐壕僅二，餘悉宋製，以爲祥符重建所增。其辭殆信。大邨過滬，得康熙志而歸，歎爲奇遇，而吴中人士惜之。今觀此本，詞句與大邨文中所引相同，則乾隆志固據舊志而成，此本亦足珍已。子彝識於可園書庫。

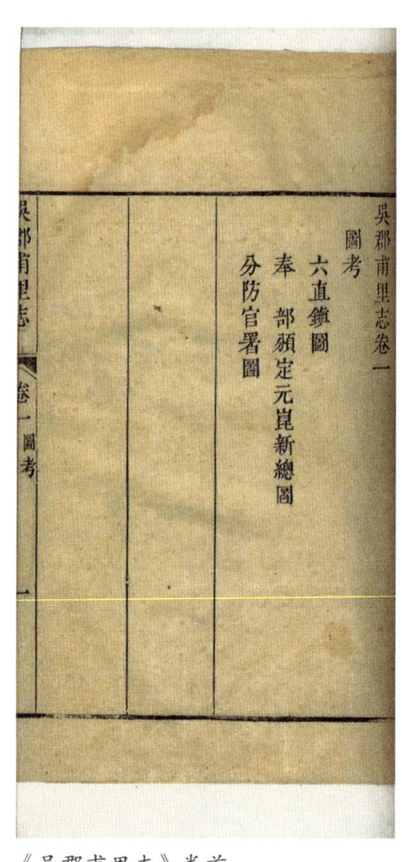

《吴郡甫里志》卷首

按：

陳子彝（一八九七—一九六七），名華鼎，號眉盦，以字行。江蘇崑山人。長於版本目録之學，曾任江蘇省立蘇州圖書館編纂主任、上海師範學院圖書館館長。著有《十進分類法》《漢字檢字法》《眉厂詩稿》等。

吴郡甫里志

卷廿三至廿四

甫里志有康熙、乾隆二本，乾隆本时一遇之，康熙本竟不可得。此乾隆本爲甫里今稱甪直，在蘇郡東南，雖爲陸天隨舊隱之所，未嘗爲人稱述。自吴人顧頡剛访得唐楊惠之塑應真像，爲文彰之，乃顯於世，即卷十五所稱保聖寺羅漢一十八尊，爲聖手楊惠之所摹，神光閃耀，形貌如生，真得塑手之三昧者是也。然唐人畫羅漢像，皆據舊典，爲數十六，五代以降乃有十八。此既唐塑，爲數不符，後者或以致疑。日本学者大村西崖復來觀考諸服飾，而知唐塑僅二，餘悉宋製，以爲祥符重建。所據其辭，殆信大村遂攜以康熙志而歸，終爲奇遇，而吴中人士惜之。今觀此本，詞句與大村文中所引相同，則乾隆志因據舊志而成，此本亦足珍已。子蔣跋於可園書庫

《吴郡甫里志》題跋

【道光】元和唯亭志二十卷首一卷末一卷

清沈藻采編輯。清道光二十八年（一八四八）沈藻采刻本。民國王謇跋。索書號：〇二三七—〇三五。

釋文：

《中國地方志綜録》載北平圖書館藏一部，采訪所得廑南翔王氏書目箸録。邑沈氏所居在廉讓之間厽，嘗斥六十金獲一部於吴市。是書六之五出華陽橋慕盧後人，并《韓氏沙河塘祠宇圖卷》《韓念喬遺象》册子，有鄉先輩陳碩甫經師、朱仲環晉人輩題識者。送館選閱，卷册直百卅金，帑絀未收藏。是卷殘本五册，則以賤直得之。猛憶來青閣有此志殘本，復以賤直收之。延津劍合，廑差楮兩番，而直則較沈氏廑十之一差彊耳。背治竟，志厥緣起如右。丙子孟冒，瓠廬。

按：

王謇，見前《吉林録存》條。

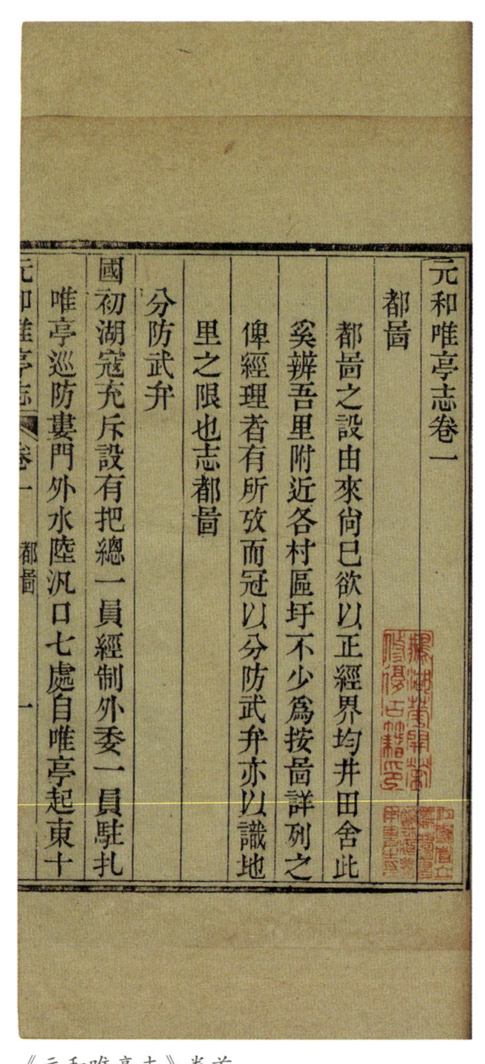

元和唯亭志卷一

都啚

都啚之設由來尚已欲以正經界均井田舍此奚辨吾里附近各村區圩不少爲按啚詳列之俾經理者有所攷而冠以分防武弁亦以識地里之限也志都啚

分防武弁

國初湖寇充斥設有把總一員經制外委一員駐扎唯亭巡防婁門外水陸汎口七處自唯亭起東十

元和唯亭志　卷一　都啚　一

《元和唯亭志》卷首

元和唯亭志二十卷

中國地方志綜錄載北平圖書館藏一部采訪所得塵南
翔王氏書目著錄是沈氏所居在康讓止閣曾斥六十金獲
一部於吴市是書六之五出華陽橋慕廬後人並韓氏沙
河塘祠宇圖卷韓念喬遺象冊子有郎先輩陳頋甫經師
朱仲環璽人輩題識者送館選閱卷冊直百卅金歸然未
收藏是卷殘本五冊則以賤直得之猛憶來青閣有此土
殘本復以賤直收之延津劍合塵居楮兩番耳而直
則輊沈氏塵十之一差彊耳背治竟志厥緣起如右
丙子孟春 [illegible]廬

《元和唯亭志》題跋

陳墓鎮志十六卷首一卷

清陳尚隆撰，清陳樹穀補輯。民國朱氏抄本。民國王志瑞跋。索書號：〇九二九—一〇八。

釋文：

卅五年冬季，視察本縣東南各校，托陳墓中心國民學校朱校長建三兄代覓志書，得陳氏父子《陳墓鎮志稿》鈔本，而建三兄囑其公子複鈔一過見貽，因以轉贈縣圖書館，亦吾邑文獻之一粟也，誌此并謝朱先生。王志瑞誌。卅六・四。

按：

王志瑞，字芝九，號菁廬。江蘇吴縣（今蘇州）人。中共黨員。一九四九年前夕任吴縣教育局局長。之後任蘇州市立中學校長，調任教育部第一司副司長。後入人民教育出版社任語文編輯。與葉聖陶、顧頡剛等善。

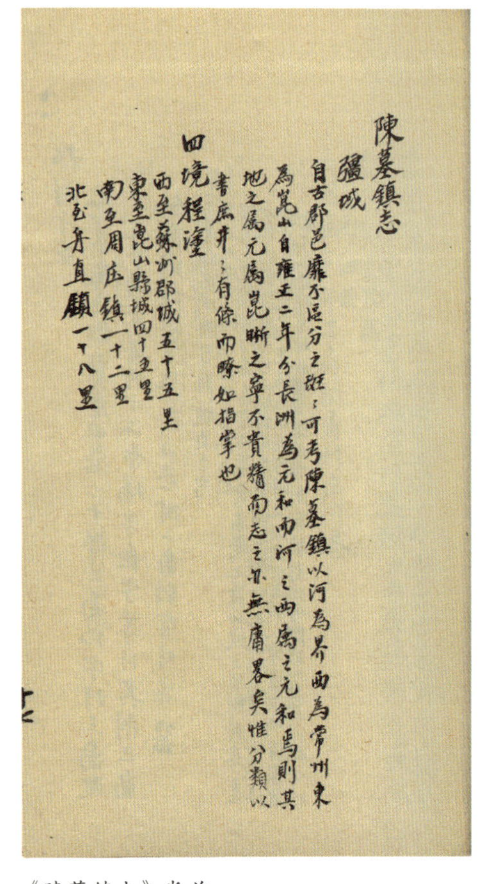

陳墓鎮志

疆域

自古郡邑靡不區分之斑斑可考陳墓鎮以河為界西為常州東為崑山自雍正二年分長洲為元和而河之西屬之元和焉則其地之屬元屬崑晰之寧不費猜而志之亦無庸畧矣惟分類以書庶井井有條而瞭如指掌也

四境程塗

西至蘇州郡城五十五里

東至崑山縣城四十五里

南至周庄鎮一十二里

北至甪直鎮一十八里

《陳墓鎮志》卷首

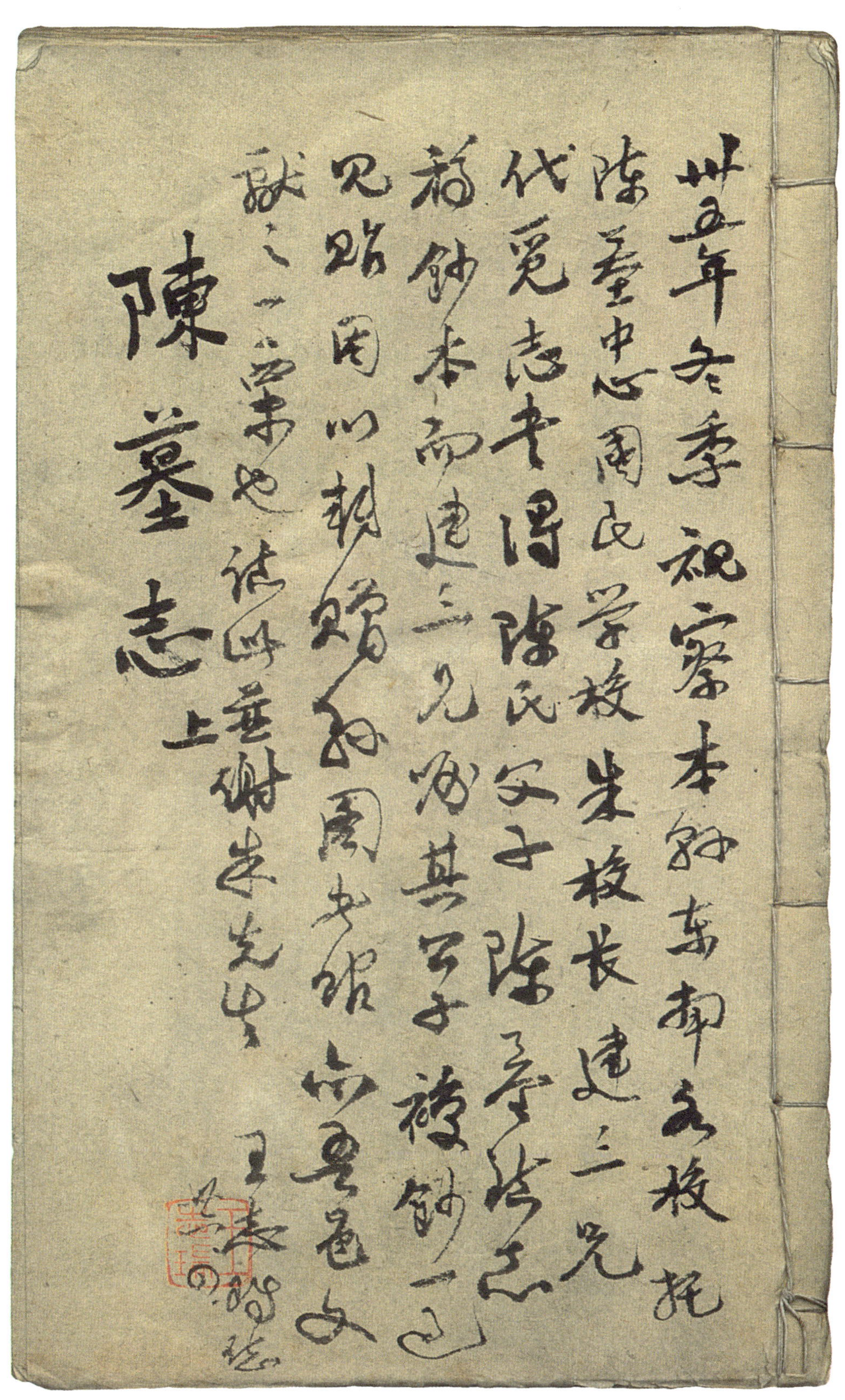

《陳墓鎮志》題跋

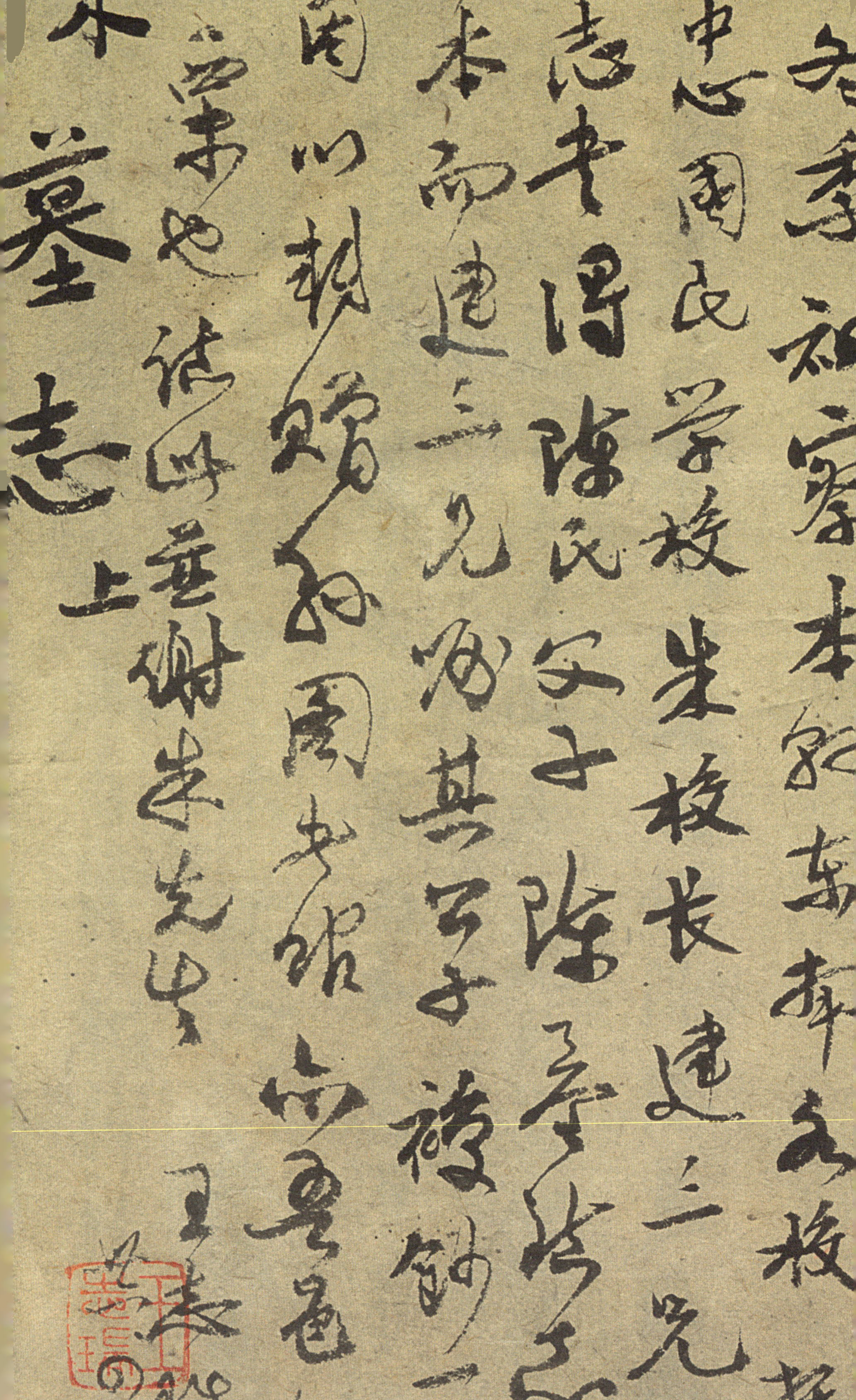

遊汴日記一卷遊楚日記一卷歸舟日記一卷遊都日記一卷遊閩日記一卷

清錢泳撰。清乾隆抄本。清潘奕雋、潘遵祁、秦瀛、吴翌鳳、秦緗武等跋。索書號：〇二五八—〇三六。

釋文：

近體宗王、孟，五古絶似蘇州。秦緗武識。

余愛讀渭南《遊蜀記》，今觀梅溪諸記，凡途中山川景物，恍在目前，絶似放翁手筆也。奕雋閲。

先大父與先生交三十餘年，蹤跡頗密，余幼時猶及見之。光緒三年丁丑八月，先生幼子叔□□兄出此見示，相見當日老輩風流，於今不可得矣，讀罷慨然。西圃潘遵祁敬識，旹年正七十。

梅溪錢子好金石文字，尤工隸書，其所爲詩，冲融駘宕，閒靚安雅，無急促叫囂之響，無佻巧纖靡之音。詩不必多，而可與言詩矣。嘉慶二年丁巳七月，秦瀛題。

邇來詩家林立，不以馳驟爲能，則以穠纖是尚，枝葉多而性靈轉隱矣。作者格律嚴整，吐納風雅，神味淵永，繹其意趣，在開元、大曆之間，洵當今一作手也。乙亥初夏，七十五叟吴翌鳳跋。

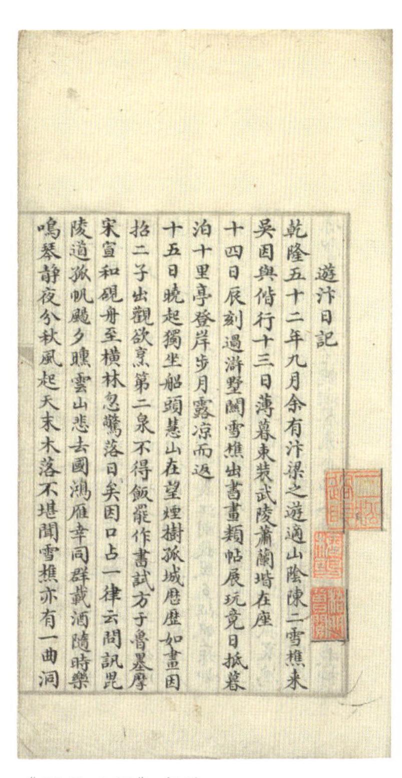

《遊汴日記》卷首

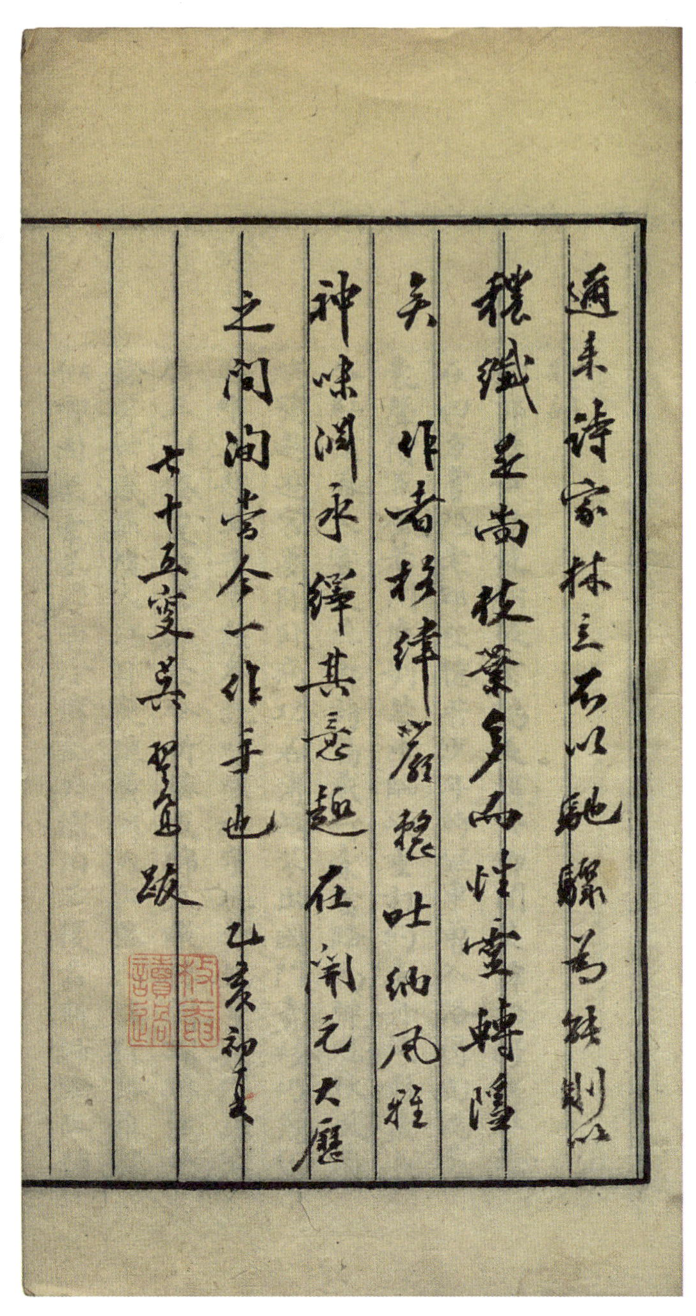

《遊汴日記》題跋

按：

秦緗武，字省吾。清江蘇金匱（今無錫）人。瀛子。工古文，得父傳。以國子生任江西知縣。潘奕雋，見前《説文解字》條。潘遵祁（一八〇八—一八九二），字覺夫，一字順之，號西圃、簡緣居士等。清江蘇吴縣（今蘇州）人。奕雋孫。道光二十五年（一八四五）進士，官翰林院庶吉士、編修、國史館協修，加侍讀銜。旋乞歸，隱居鄧尉，築香雪草堂。藏書萬餘卷，工畫花卉。著有《西圃集》。秦瀛（一七四三—一八二一），字凌

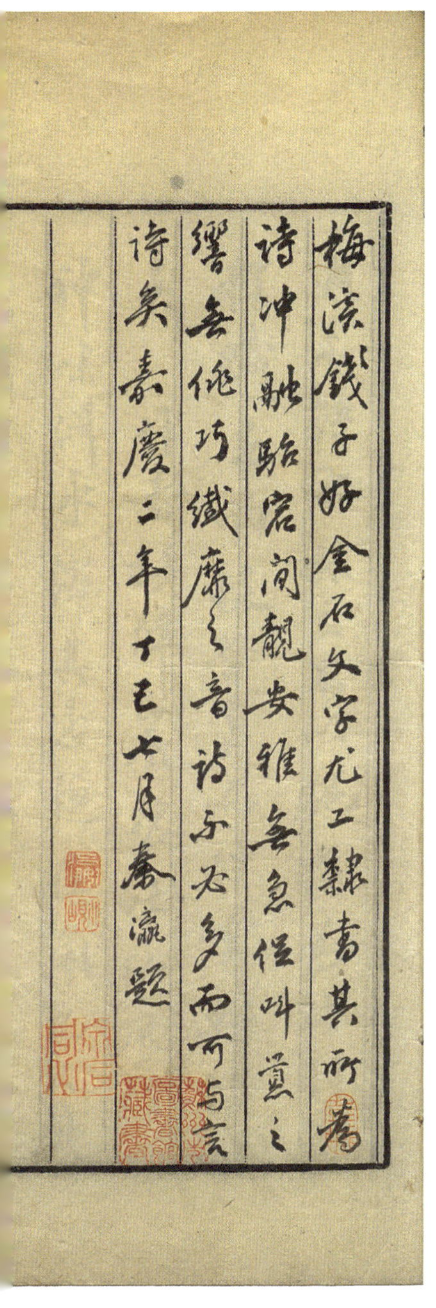

梅溪錢子好金石文字尤工隸書其所為詩沖融駘宕閒靚安雅無急促叫囂之響無佻巧纖靡之音詩不必多而可與言詩矣嘉慶二年丁巳七月秦瀛題

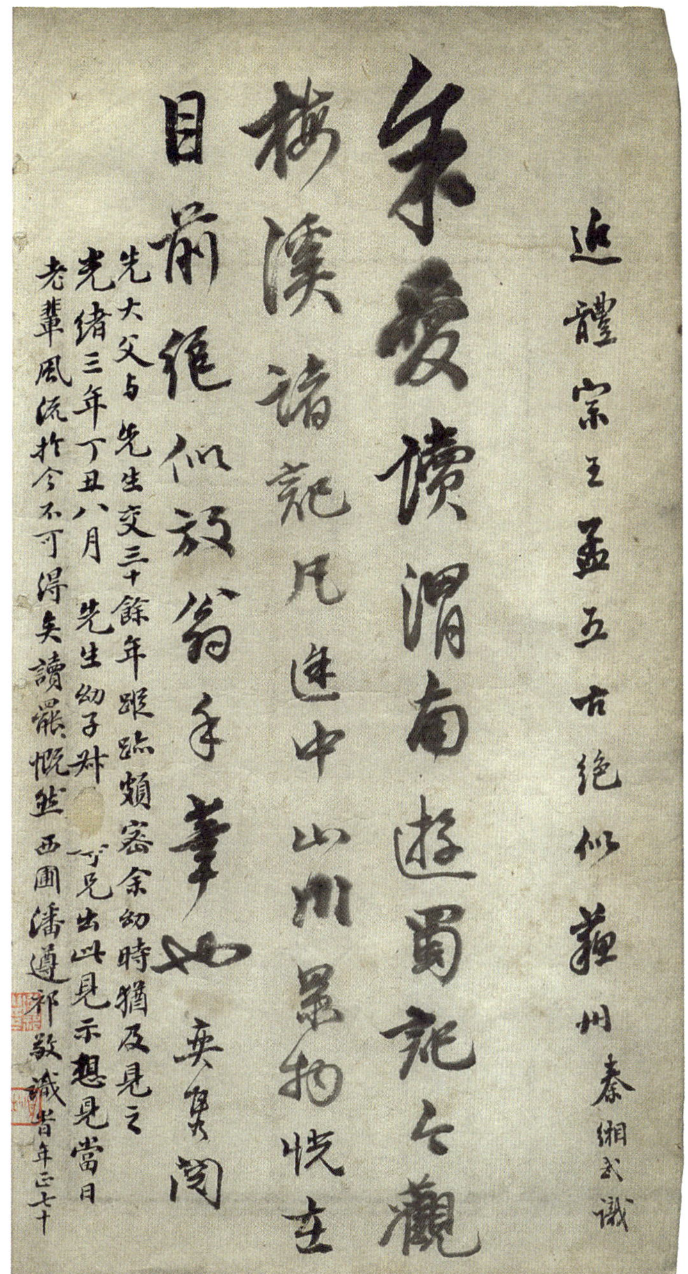

近體宗王孟五古絶似蘇州 秦緗武識

余愛讀渭南遊蜀詩今觀梅溪諸詩凡途中山川景物恍在目前絶似放翁手筆也 奕[illegible]閱

先大父與先生交三十餘年蹤跡頗密余幼時猶及見之光緒三年丁丑八月先生幼子竹丁兄出此見示想見當日老輩風流於今不可得矣讀罷慨然 西圃潘遵祁敬識 時年七十

滄，一字小峴，號遂庵。清江蘇金匱（今無錫）人。乾隆舉人。歷官浙江、湖南、廣東按察使，左都御史，順天府尹，刑部、兵部侍郎。工文章，體與姚鼐相近。吴翌鳳（一七四二—一八一九），字伊仲，號枚庵、古歡堂主人。祖籍休寧，僑居蘇州。諸生。篤好典籍，遇書輒抄，至成目疾。中歲入楚，主講瀏陽南臺書院。晚歲歸吴，著書奉母，題藏書處爲歸雲舫，一時文士皆從之游。著有《遜志堂雜鈔》等。

吴中舊事一卷

元陸友仁著。民國丁志偉抄本。民國丁志偉跋。索書號：〇九六二—一一〇。

釋文：

景鈔過雲樓藏居節寫本，元陸友仁著。

《吴中舊事》一卷二十三頁，序目一頁，每半頁十行，每行二十字。

吴中飛鴻館主人丁志偉鈔。

按：

丁志偉，生平不詳。

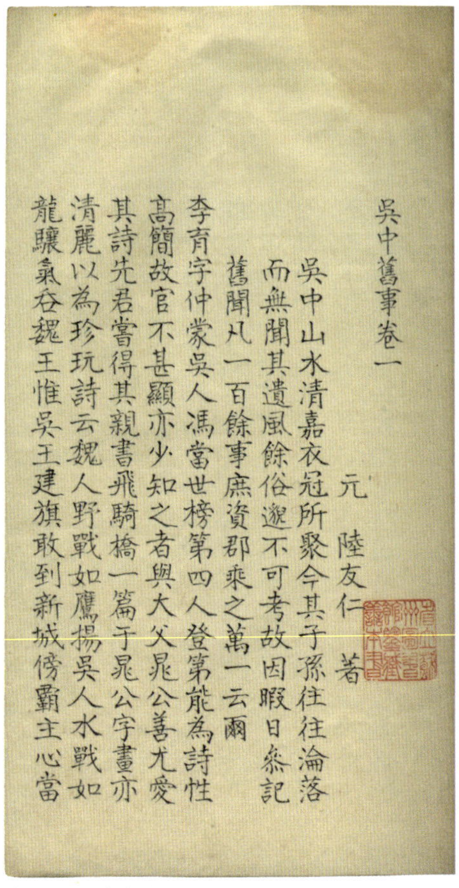

吳中舊事卷一

元　陸友仁　著

吳中山水清嘉衣冠所聚今其子孫往往淪落
而無聞其遺風餘俗邈不可考故因暇日叅記
舊聞凡一百餘事庶資郡乘之萬一云爾
李育字仲蒙吳人馮當世榜第四人登第能為詩性
高簡故官不甚顯亦少知之者與大父晁公善尤愛
其詩先君嘗得其親書飛騎橋一篇于晁公字畫亦
清麗以為珍玩詩云魏人野戰如鷹揚吳人水戰如
龍驤氣呑魏王惟吳王建旗敢到新城傍霸主心當

《吴中舊事》卷首

景鈔過雲樓藏居節寫本元陸友仁著
吴中舊事一卷二十三頁序目一頁每半頁十行每行二
十字
吴中飛鴻館主人丁志偉鈔
丁志偉

《吴中舊事》題跋

湖隱外史不分卷

明葉紹袁纂。清末葉振宗抄本。清宣統元年（一九〇九）葉振宗跋。索書號：〇九六五—一一〇。

釋文：

此《湖隱外史》一書，係我十世伯祖天寥公於有明鼎革後避居分湖時所作也。湖雖當江浙交界之區，地僻陲遠，風土清嘉。公先世有田莊在此，因而居焉。窮愁寂寞中，以著作自娛，取環湖數里內事有足資掌故者，著爲外史，即以“湖隱”名其書。爲類四十，類各有序。儷辭莊語，各極其致，而愴懷古今，褒揚節義，尤三致意焉。幽蘭《夢華》之遺，所南《心史》之作，豈徒侈桑梓而張家世哉！吾家藏有是書，傳之數世，不幸毁於庚申之亂。近假族人藏本，重爲録副。惜其中有因忌諱而闕者，又有爲鈔胥所訛者，世無别本，未能一一校勘。今國學保存會從吾家鈔本傳寫，以活字印行，其中訛奪尤多，且少兩類，猶不及吾家寫本完善，則更不敢臆補臆改矣。士君子生不逢時，蟄伏山林間，雖一邱一壑，視之猶嶽瀆之廣，郡國之遠也。搜奇而抉隱，誅奸而發潜，或酣恣嘲弄，或悱惻芬芳，使人愛玩其詞而不知其中含有無窮之悲惘，公之是書亦猶是耳。公此外所著有《甲行日注》，曾刊入《荆駝逸史》，以家藏本相較，其中稍涉忌諱者，概從删節。又《櫚塵集》及《内史》《野志》等書，皆求而弗獲，想久已付之劫灰矣。嗚呼！公運丁陽九，蒙難艱貞，著述沉埋，卒遇不諱之朝，稍稍流布，而書闕有間，未能

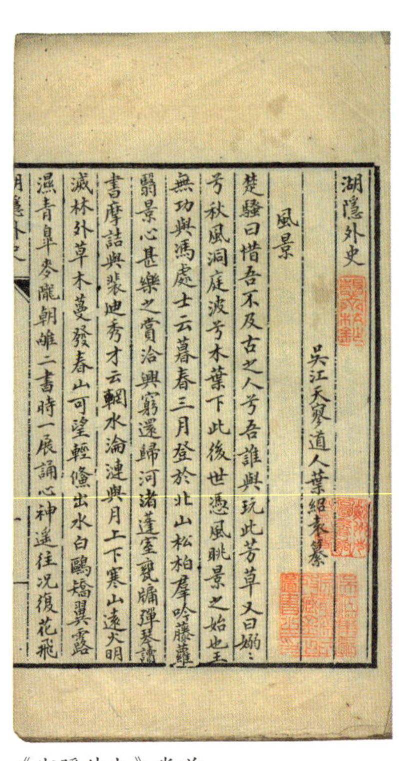

湖隱外史
吴江天寥道人葉紹袁纂
風景
楚騷曰惜吾不及古之人兮吾誰與玩此芳草又曰嫋嫋
兮秋風洞庭波兮木葉下此後世憑風眺景之始也王
無功與馮處士云暮春三月登於北山松柏羣吟藤蘿
翳景心甚樂之賞洽興窮還歸河渚蓬室甕牖彈琴讀
書摩詰與裴迪秀才云輞水淪漣與月上下寒山遠火明
滅林外草木蔓發春山可望輕儵出水白鷗矯翼露
濕青皐麥隴朝雊二書時一展誦心神遥往況復花飛

《湖隱外史》卷首

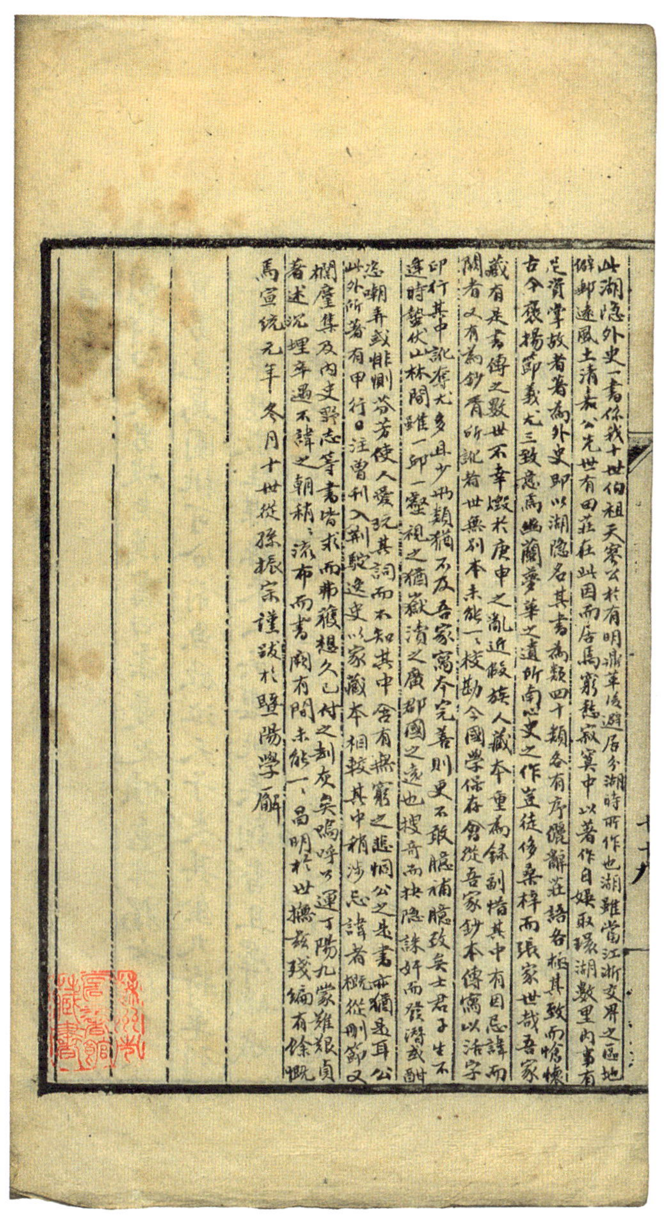

《湖隱外史》題跋

一一昌明於世，撫茲殘編，有餘慨焉。宣統元年冬月，十世從孫振宗謹跋於暨陽學廨。

按：

葉振宗（一八七四—？），原名慶元，字慤齋，號印濂。江蘇吴江人。附貢生。江蘇法政學堂畢業。歷任江蘇高等檢察廳檢察官、山東高等審判廳推事、天津地方法院推事。著有《慤齋讞牘》《慤齋詩文鈔》等。

樂圃遺迹不分卷

清朱暄等輯。清敦倫堂刻本。民國王謇跋。索書號：〇九五〇—一一〇。

釋文：

樂圃在景德寺南，宋朱伯原先生長文所居。伯原自有記，見所著《樂圃餘稿》及范、盧以下郡邑志乘，即今慕家花園前畢氏園第。高岡迤邐，古樹槎枒，巨峰洄池，猶有存者。清初慕中丞天顔居之，旋歸畢秋帆制軍，爲畢别墅。畢以虧國帑被議，僅籍没其正宅，即今汪氏耕蔭義莊，世號環秀山莊者也。而别墅則以託名宗祠義宅獲免。是圖爲朱氏譜外單行精本，其圖園林樹石均極古拙樸茂，皴擦筆灋遠在南宋院畫以前，其爲臨自北宋時圖卷原本無疑，雋品也！建國乙亥冬，吴下王謇跋於滄浪亭可園書庫。

按：

王謇，見前《吉林録存》條。

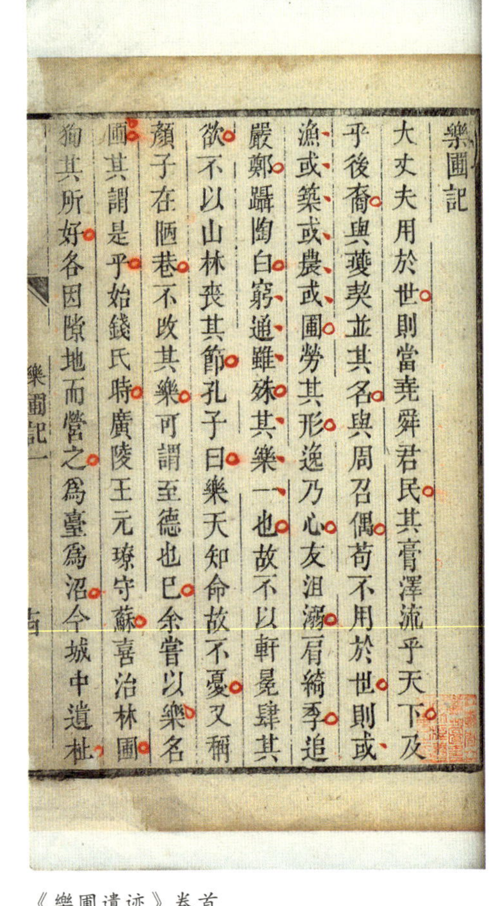

樂圃記

大丈夫用於世則當堯舜君民其膏澤流乎天下及乎後裔與蘷契並其名與周召偶苟不用於世則或漁或築或農或圃勞其形逸乃心友沮溺肩綺季追嚴鄭躡陶白窮通雖殊其樂一也故不以軒冕肆其欲不以山林喪其節孔子曰樂天知命故不憂又稱顏子在陋巷不改其樂可謂至德也已余嘗以樂名圃其謂是乎始錢氏時廣陵王元璙守蘇喜治林圃徇其所好各因隙地而營之爲臺爲沼今城中遺址

樂圃記一

《樂圃遺迹》卷首

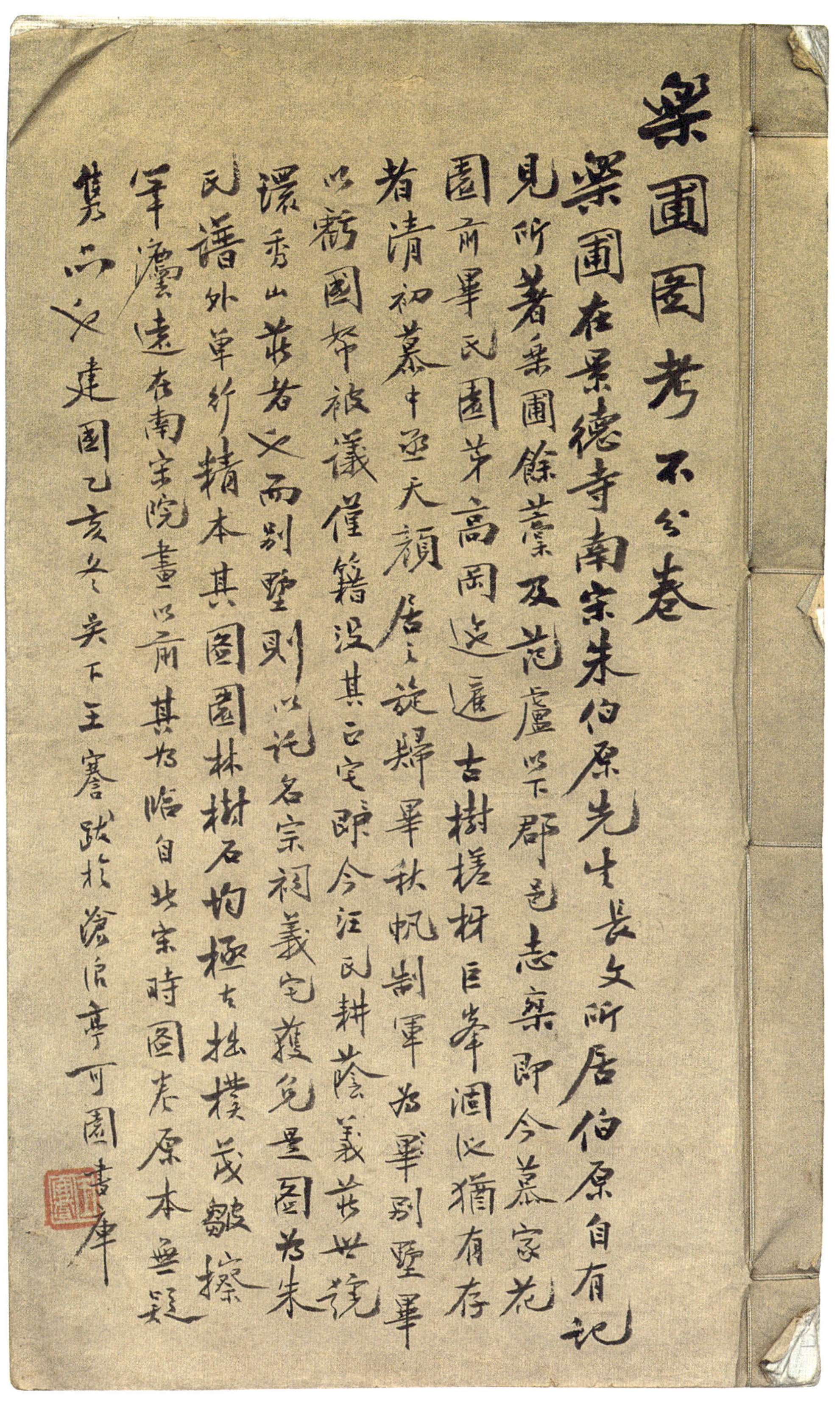

樂圃圖考 不分卷

樂圃在景德寺南宋朱伯原先生長文所居伯原自有記見所著樂圃餘藁及范盧以下郡邑志乘即今慕家花園前畢氏園第高岡迤邐古樹槎枒巨峯涸池猶有存者清初慕中丞天顏居之旋歸畢秋帆制軍為畢別墅畢以虧國帑被議僅籍沒其己宅即今汪氏耕蔭義莊世說還秀山莊者是也而別墅則以託名宗祠義宅獲免是圖為朱氏譜外單行精本其圖園林樹石均極古拙樸茂皺擦筆灋遠在南宋院畫以前其殆臨自北宋時圖者原本無疑集而之

建國乙亥冬吳下王謇跋於滄浪亭可園書庫

《樂圃遺迹》題跋

澗上草堂紀略一卷 附録一卷

清徐達源輯。清嘉慶十四年（一八〇九）徐氏孚遠堂刻本。清曹澐跋。索書號：一九六四—一八九。

釋文：

澐於同治丙寅歲得是集於寶晉齋書肆。澐修而藏之，越十載，時光緒丙子清和中澣，散步城西，在裝池家得瞻先生道貌，并諸名家題跋。澐伏讀之下，感慨彌己，而又讀先生遺囑，歷大劫而完善無損，然吉光片羽，罕而彌珍，今又有後裔保護之，未始非先生之靈氣所鍾也。是跋數語，以誌一時之慨云。吴縣後學曹澐跋。

按：

曹澐，字蕭賡。江蘇吴縣（今蘇州）人。諸生。

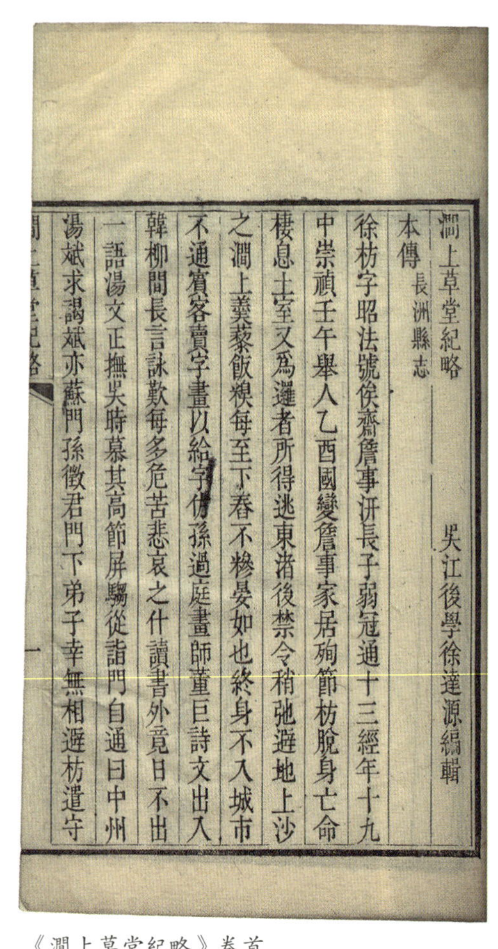

澗上草堂紀略　　吳江後學徐達源編輯

本傳 長洲縣志

徐枋字昭法號俟齋詹事汧長子弱冠通十三經年十九中崇禎壬午舉人乙酉國變詹事家居殉節枋脫身亡命棲息土室又爲邏者所得逃東渚後禁令稍弛避地上沙之澗上蓑藜飯粿每至下舂不糝晏如也終身不入城市不通賓客賣字畫以給字仿孫過庭畫師董巨詩文出入韓柳間長言詠歎每多危苦悲哀之什讀書外竟日不出一語湯文正撫吳時慕其高節屏騶從詣門自通曰中州湯斌求謁斌亦蘇門孫徵君門下弟子幸無相避枋遣守

澗上草堂紀略　一

《澗上草堂紀略》卷首

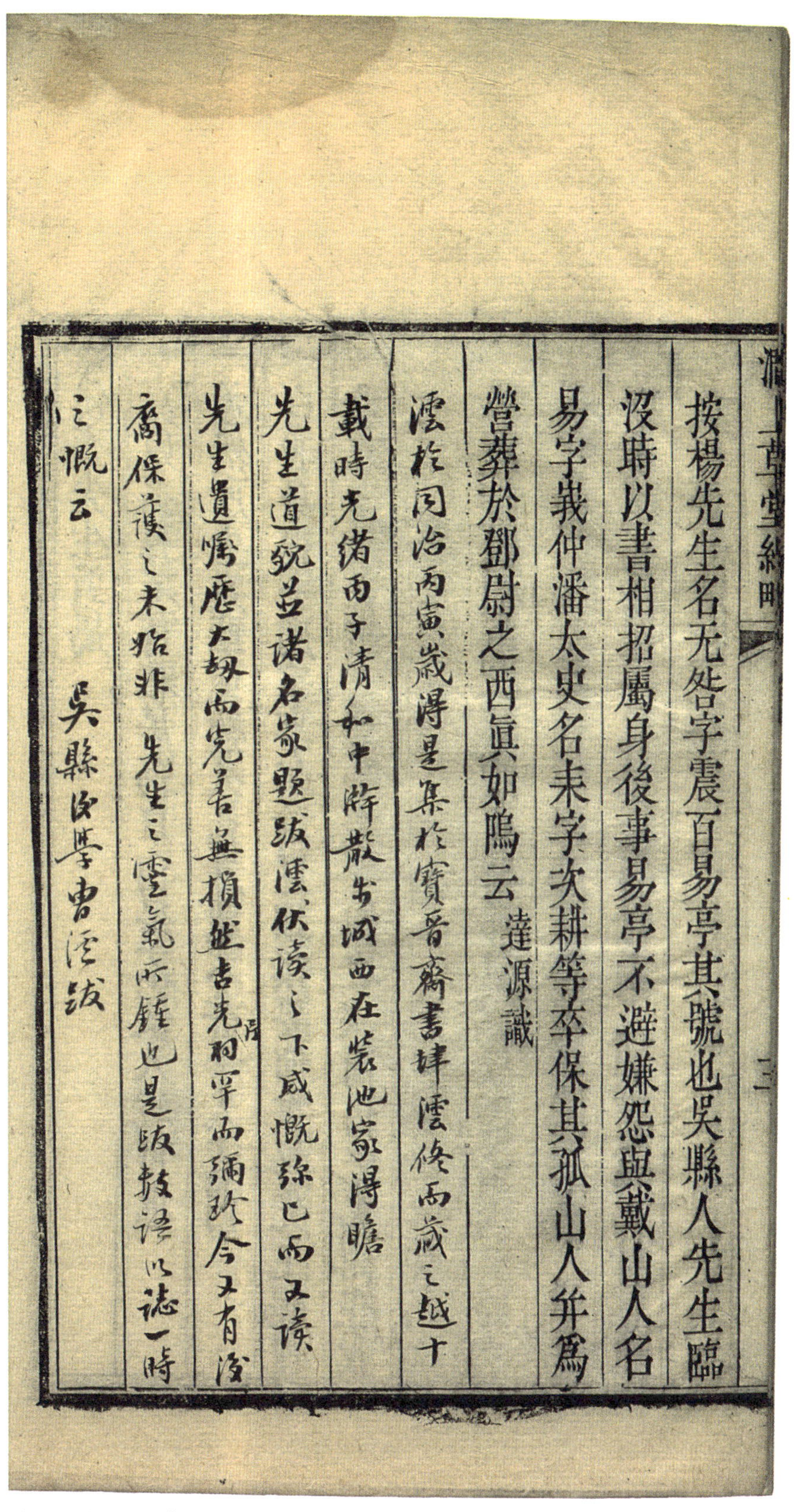
按楊先生名无咎字震百易亭其號也吳縣人先生臨
没時以書相招屬身後事易亭不避嫌怨與戴山人名
易字巽仲潘太史名耒字次耕等卒保其孤山人并爲
營葬於鄧尉之西眞如塢云　逹源識
澐於同治丙寅歲得是集於寶晉齋書肆澐倏而藏之越十
載時光緒丙子清和中浣散步城西在裝池家得瞻
先生道貌並諸名家題跋澐伏讀之下咸慨係之而又讀
先生遺屬歷大劫而完善無損並吉光相罕而彌珍今又有從
齋保護之未始非先生之靈氣所鍾也是跋數語以誌一時
之慨云　吳縣後學曹澐跋

《澗上草堂紀略》題跋

滄浪亭志六卷首一卷

清梁章鉅撰。清道光藏書閣刻本。民國王謇跋。索書號：〇九五六—一一〇。

釋文：

長樂梁茝林譔，長洲顧湘舟刊。庚申劫後，傳本絶尠。乙亥冬日與《元和唯亭志》同得於俞聞皋書賈許，與寒藏本相較，似更初印。瓠廬。

按：

王謇，見前《吉林録存》條。

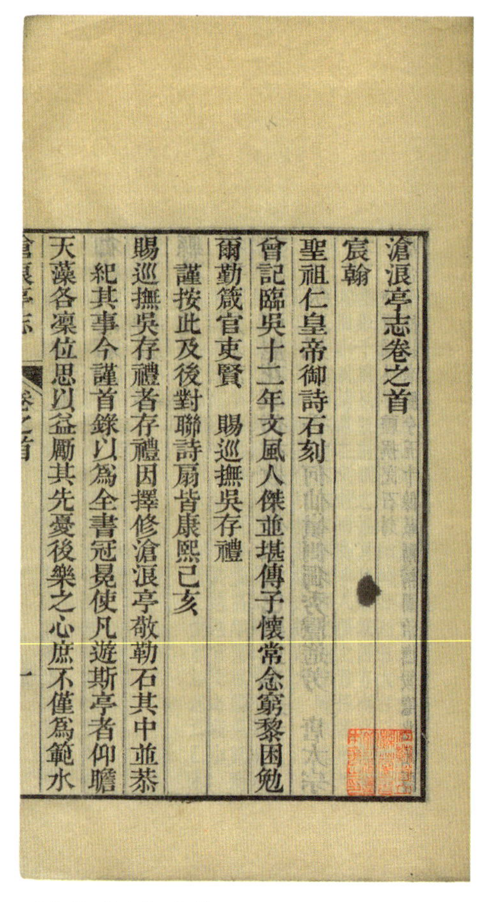

滄浪亭志卷之首

宸翰

聖祖仁皇帝御詩石刻

曾記臨吳十二年文風人傑並堪傳子懷常念窮黎困勉

爾勤箴官吏賢　賜巡撫吳存禮

謹按此及後對聯詩扇皆康熙己亥

賜巡撫吳存禮者存禮因擇修滄浪亭敬勒石其中並恭

紀其事今謹首錄以為全書冠冕使凡遊斯亭者仰瞻

天藻各凜位思以益勵其先憂後樂之心庶不僅為範水

滄浪亭志　卷之首　一

《滄浪亭志》卷首

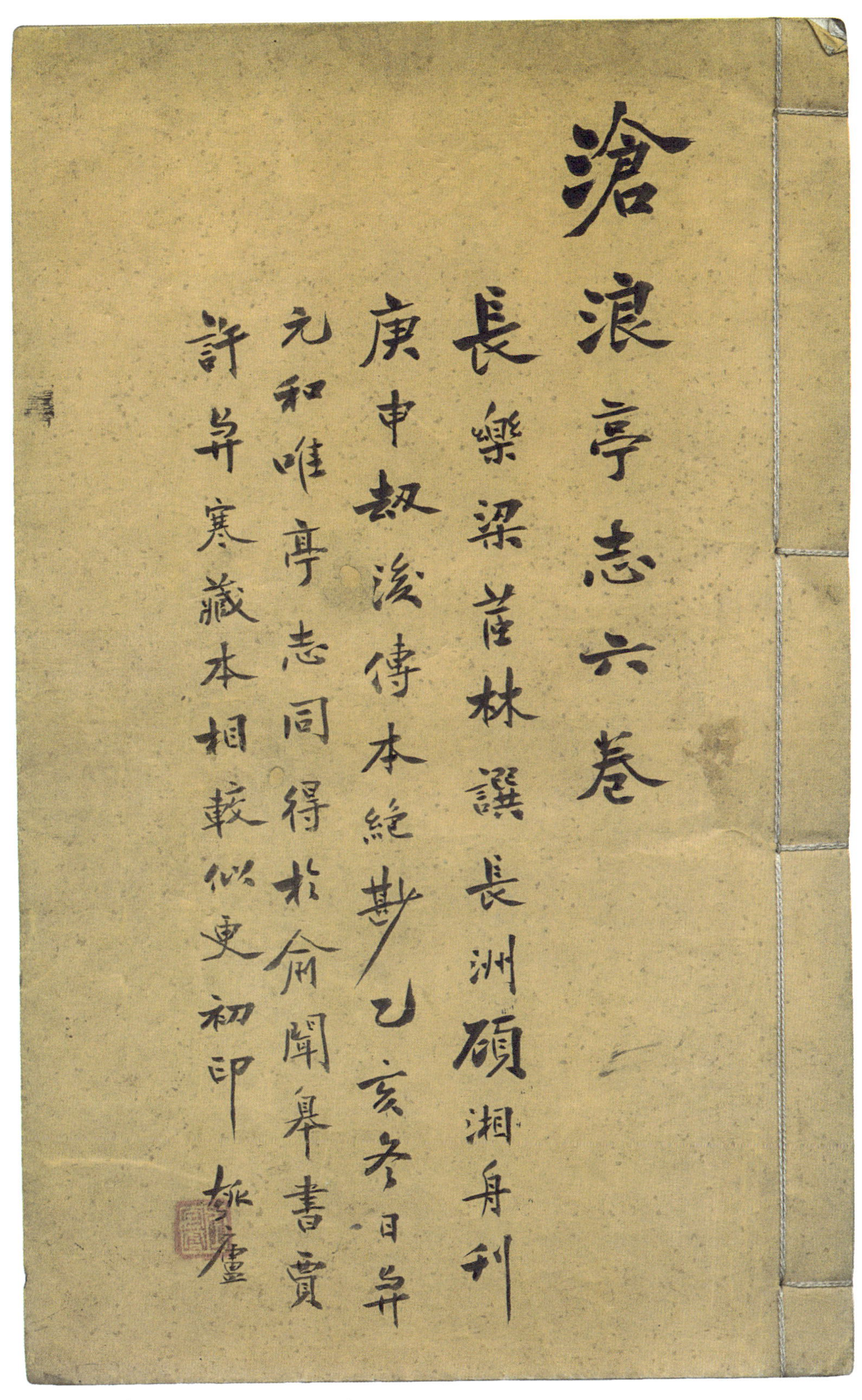

滄浪亭志六卷

長樂梁茝林撰長洲顧湘舟刊

庚申刼後傳本絶尠乙亥冬日與

元和唯亭志同得於俞閶皋書賈

許與寒藏本相較似更初印　瓠廬

《滄浪亭志》題跋

[職官類]

漢官譜不分卷

清董祐誠撰。清咸豐四年（一八五四）蔣彬蔚抄本。清蔣彬蔚跋。索書號：〇八七三—一〇一。

釋文：

董叔純妹倩出其尊人方立先生所著《漢官譜》見示，譜中備載西漢官制，旁徵博引，縷析條分，纖悉無遺，源流畢貫。先生學問淵深，即此可見一斑矣。惟偶有舛錯遺漏處，爰取班、范兩書及《漢舊儀》諸本可考證者，詳加校訂，録存副本，并仿宋劉貢父先生《漢官儀圖》、明倪鴻寶先生《百官鐸譜》爲之起例於左。時咸豐四年歲次甲寅秋九月，吴蔣彬蔚志。

按：

蔣彬蔚，見前《漢書評林》條。

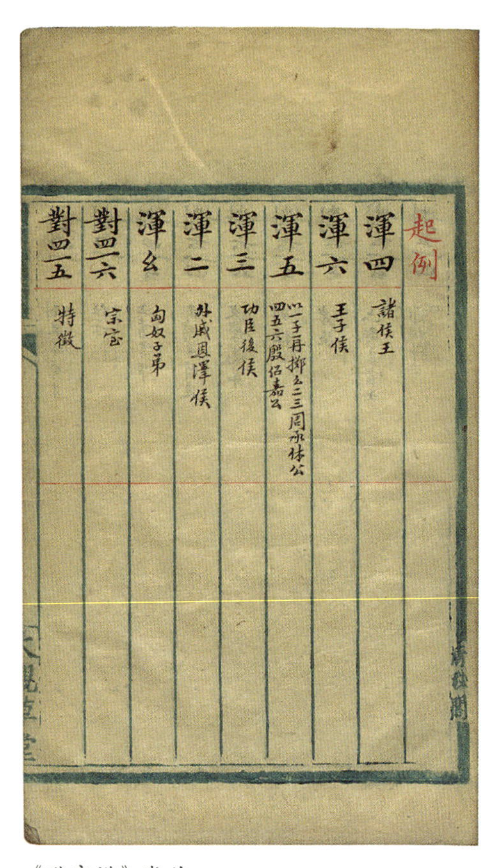

《漢官譜》卷首

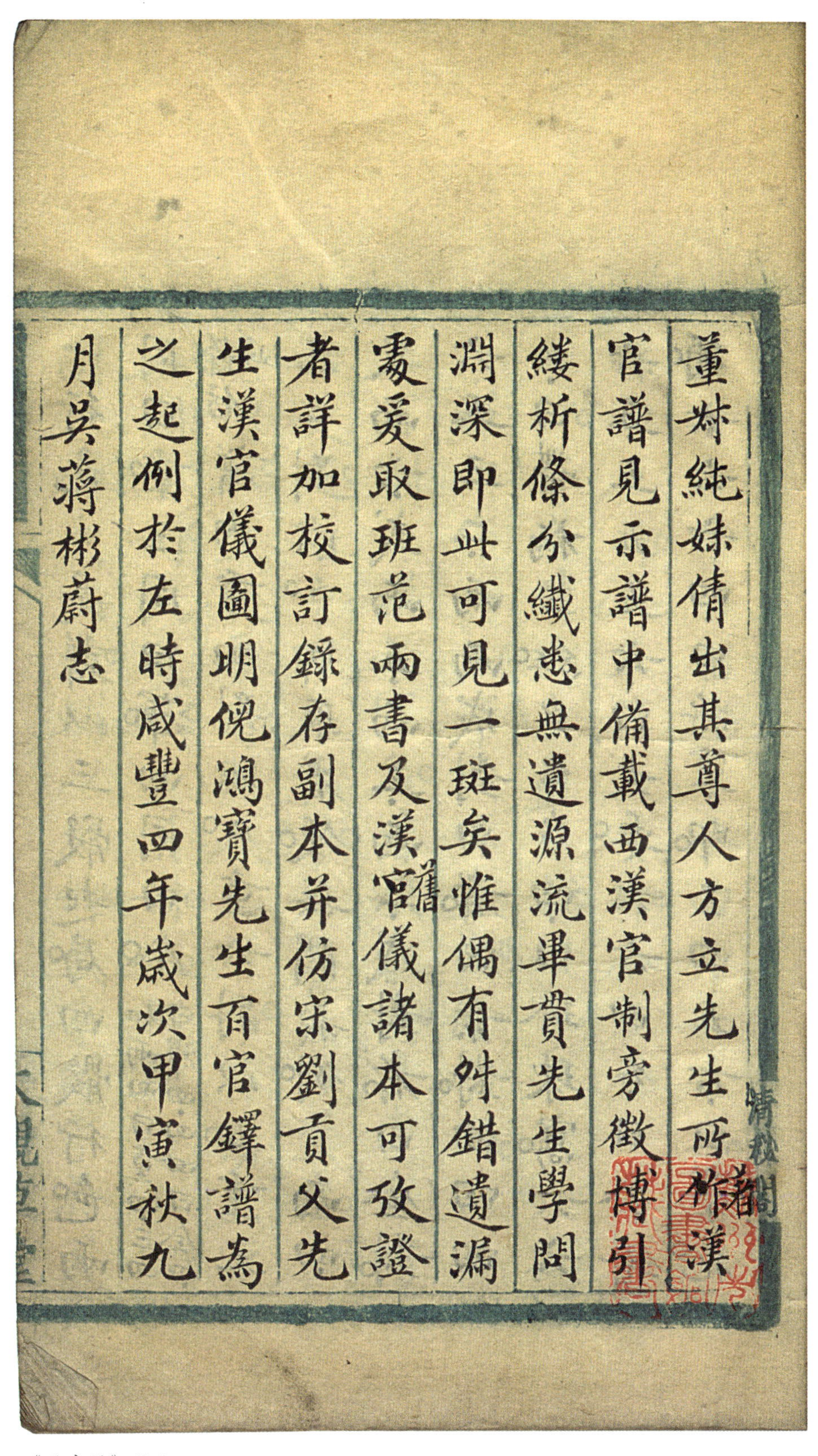

董材純妹倩出其尊人方立先生所著漢官譜見示譜中備載西漢官制旁徵博引縷析條分纖悉無遺源流畢貫先生學問淵深即此可見一斑矣惟偶有舛錯遺漏處爰取班范兩書及漢官舊儀諸本可攷證者詳加校訂錄存副本并仿宋劉貢父先生漢官儀圖明倪鴻寶先生百官鐸譜為之起例於左時咸豐四年歲次甲寅秋九月吳蔣彬蔚志

《漢官譜》題跋

[政書類]

文獻通考參補二十六卷

清葉濬發撰。清孫星衍抄本。民國葉德輝跋。索書號：〇一九五—〇二八。

釋文：

嘉善葉濬發著《文獻通考參補》，存十八上下、二十二下、二十五四卷，爲孫伯蘭兄藏本。據其尊人，相傳以爲孫伯淵觀察星衍手抄，持之以質之於吾。吾家舊藏明正統本宋丁度奉敕撰《武經總要》，後有孫氏硃筆跋，其迹與此一一相符。吾又藏其臨開皇本《蘭亭》，以此書中偶有楷書處證之，字之體態筆鋒無一不合，則此爲孫氏手抄毫無所疑。孫氏博極羣書，凡天文、五行、兵略、方技之書，無不抄寫校勘，終日手不釋卷，如此近世人新著，而勤勤爲之手抄，此亦足見其好學不倦矣。孫氏平津館藏書，多歸邑中袁太守芳瑛臥雪廬，二十年來，陸續散出長沙。吾見其書往往有孫氏題字，或一二校語，惜無長篇完册，不能搜聚補《平津館廉石居藏書記》之遺，徒摩挲手澤，令人深仰止之思。若此巨幅，信可寶矣。吾家東山一族，發源湖州，二十五代横山公以嘉善縣學生通籍，故以蘇人而知寶應縣事。此濬發卻非吾族，浙譜極多，無一成統緒，無一可依據，故此書未列吾族譜藝文志目也。惟丁巳夏六月廿日，後學葉德輝題記。

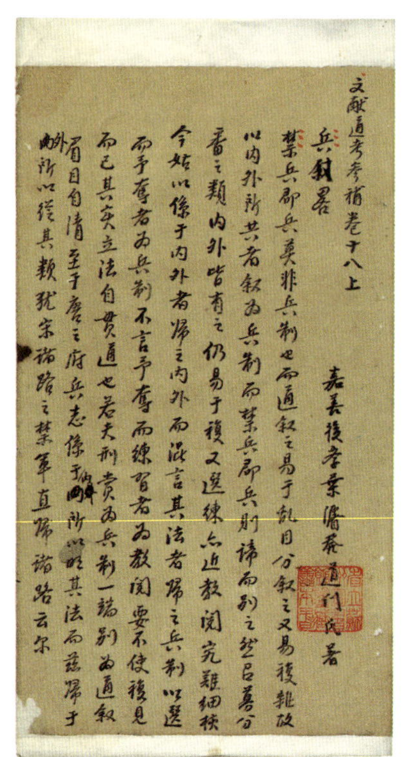
文獻通考參補卷十八上

嘉善後學葉濬發通判氏著

兵制畧

禁兵廂兵莫非兵制也而通叙之易于亂目分叙之又易複雜故以内外所共者叙為兵制而禁兵廂兵則諦而列之然若蕃分番之類内外皆有之仍易于複又選練亦近教閲究難細核今姑以係于内外者歸之内外而混言其法者歸之兵制以選而爭奪者為兵制不言爭奪而練習者為教閲要不使複見而已其實立法自貫通也若夫刑賞為兵制一端則為通叙眉目自清至于唐之府兵志係于内外所以明其法而兹歸于内外所以從其類猶宋諸路之禁軍直歸諸路云尔

《文獻通考參補》卷首

按：

葉德輝（一八六四—一九二七），字

嘉善葉潛發著文獻通考參補存十八上下二十二下二十五四卷爲孫伯蘭兄藏本據其尊人相傳以爲孫伯淵觀察星衍手抄持以質之於吾家舊藏明正統本宋丁度奉敕撰武經總要後有孫氏硃筆跋其蹟與此一一相符吾又藏其臨閩皇本蘭亭以此書中偶有楷書處證之字之體態筆鋒無一不合則此爲孫氏手抄毫無所疑孫氏博極羣書凡天文五行兵略方技之書無不抄寫校勘終日手不釋卷以此近世人新著而勤勤爲之手抄此亦足見其好學不倦矣孫氏平津館藏書多歸邑中袁太守芳瑛卧雪廬二十年來陸續散出長沙吾見其書往往有孫氏題字或一二校語惜無長篇完冊不能搜聚補平津館廉石居藏書記之遺往摩挲手澤令人深仰止止思若此巨幅信可寶矣吾家東山一族發源湖州二十五代橫山公以嘉善通縣學生通籍故以蘇人而知寶應縣事此潛發覺即非吾族浙譜極多無一成統緒無一可依據故此書未列吾族譜藝文志目也惟丁巳夏六月廿日後學葉德輝題記

《文獻通考參補》題跋

奐彬，一字漁水，號直山，一號郋園。湖南湘潭人，祖籍江蘇吴縣（今蘇州）。清光緒十八年（一八九二）進士，授吏部主事，不久辭官歸隱。爲著名藏書家，以刻書聞名，精於版本目録學。政治上趨於保守，維新變法時期反對新政，後支持袁世凱復辟，最終以"封建餘孽、豪紳領袖"之罪名被槍决。著有《書林清話》等。

[目録類]

南濠文跋四卷

明都穆撰。清乾隆抄本。清齊召南跋。索書號：一七三八一—一七〇。

釋文：

此本今歸暹雲樓，兹從主人借傳一副，鈔本與刻本異同實甚，疑此係初稿也。召南書。

按：

齊召南（一七〇三—一七六八），字次風，號瓊臺，晚號息園。清浙江天台（今浙江台州）人。雍正十一年（一七三三）舉博學弘詞，以副榜貢生被薦。乾隆廷試二等，改翰林院庶吉士，授檢討。次年參修《大清一統志》，十二年(一七四七)充《續文獻通考》副總裁。工書法，精於經史考證、輿地之學，著述甚多，有《前漢書考證》《後漢公卿表》《歷代帝王年表》《外藩書》《水道提綱》《溫州府志》《天台山志要》《寶綸堂集古録》《寶綸堂文鈔·詩鈔》等。

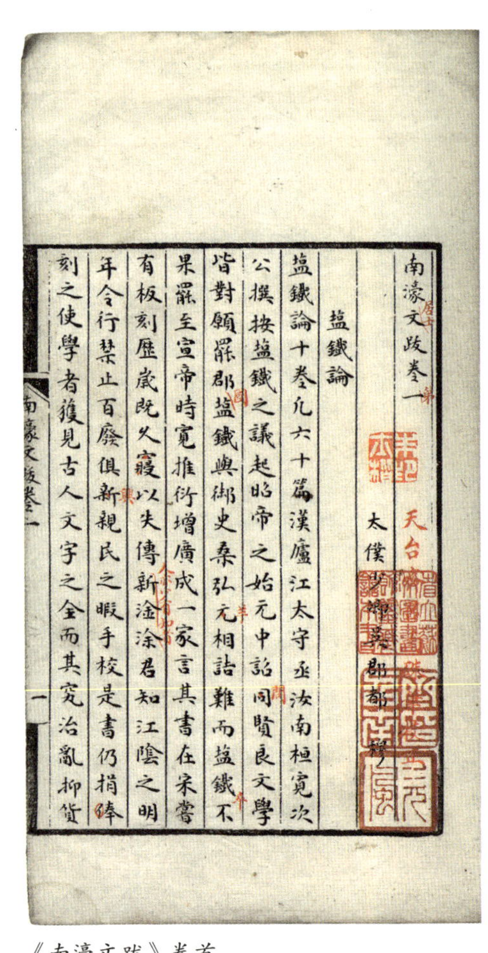

南濠文跋卷一

太僕少卿吳郡都穆

鹽鐵論

鹽鐵論十卷凡六十篇漢廬江太守丞汝南桓寬次公撰按鹽鐵之議起昭帝之始元中詔問賢良文學皆對願罷郡鹽鐵與御史桑弘元相詰難而鹽鐵不果罷至宣帝時寬推衍增廣成一家言其書在宋嘗有板刻歷歲既久寖以失傳新淦涂君知江陰之明年令行禁止百廢俱新親民之暇手校是書仍捐俸刻之使學者獲見古人文字之全而其究治亂抑貨

南濠文跋卷一　一

《南濠文跋》卷首

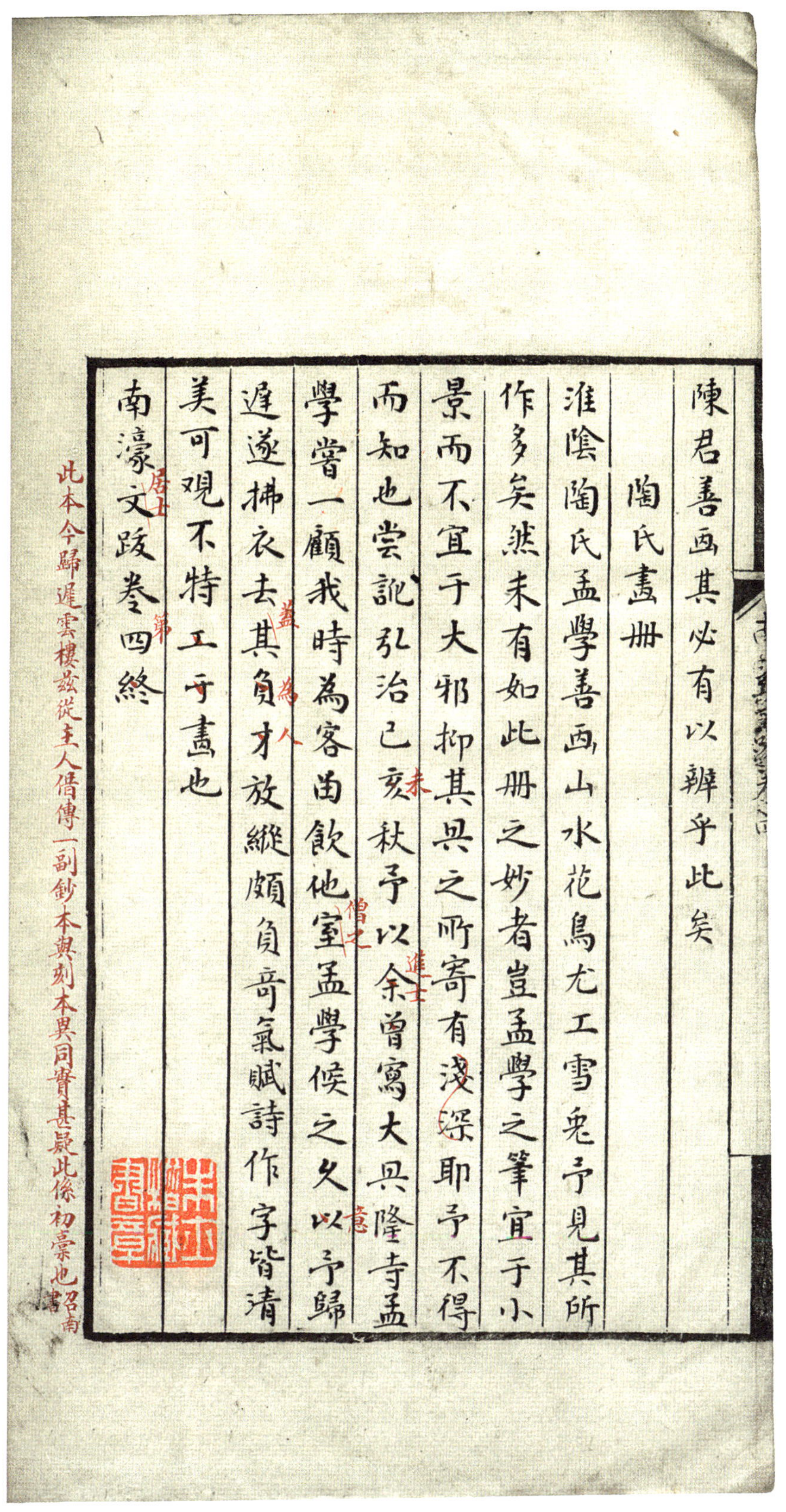
陳君善畫其必有以辨乎此矣

陶氏畫冊

淮陰陶氏孟學善畫山水花鳥尤工雪兎予見其所作多矣然未有如此冊之妙者豈孟學之筆宜于小景而不宜于大邪抑其興之所寄有淺深耶予不得而知也嘗記弘治己亥秋予以余曾寓大興隆寺孟學嘗一顧我時為客畄飲他室孟學候之久以予歸遅遂拂衣去其負才放縱頗負奇氣賦詩作字皆清美可觀不特工于畫也

南濠文跋卷四終

此本今歸遲雲樓茲從主人借傳一副鈔本與刻本異同實甚疑此係初稾也　召南書

《南濠文跋》題跋

書鈔閣題跋不分卷

清周星詒撰。稿本。清陳子彝跋。索書號：〇二八一一—〇三八。

釋文：

季貺先生喜收藏異書，丹黄雜遝，手自理董，抱經、蕘圃未之或過。嘗得明臨宋本《北堂書鈔》，海内所稱千金本者是也，遂名其閣曰“書鈔閣”。

録冒廣生《外家紀聞》。

廣生如臯人，爲季貺先生外孫。

鹿城陳子彝識於可園。

按：

陳子彝，見前《吴郡甫里志》條。

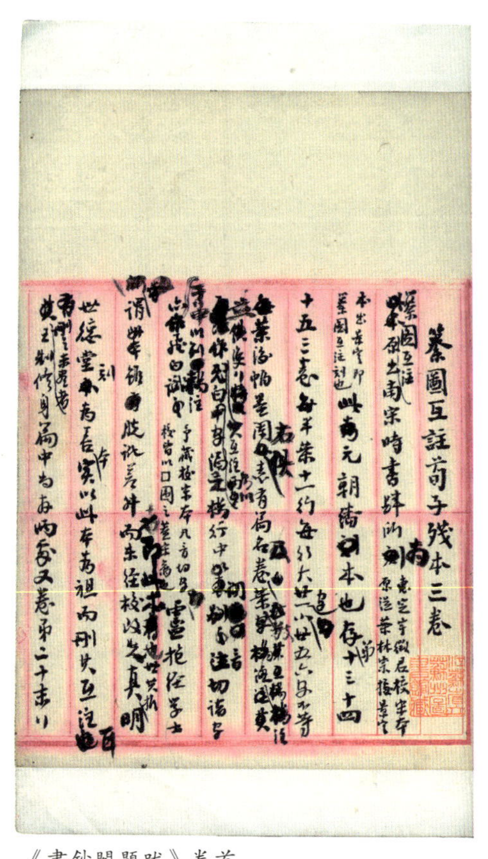

《書鈔閣題跋》卷首

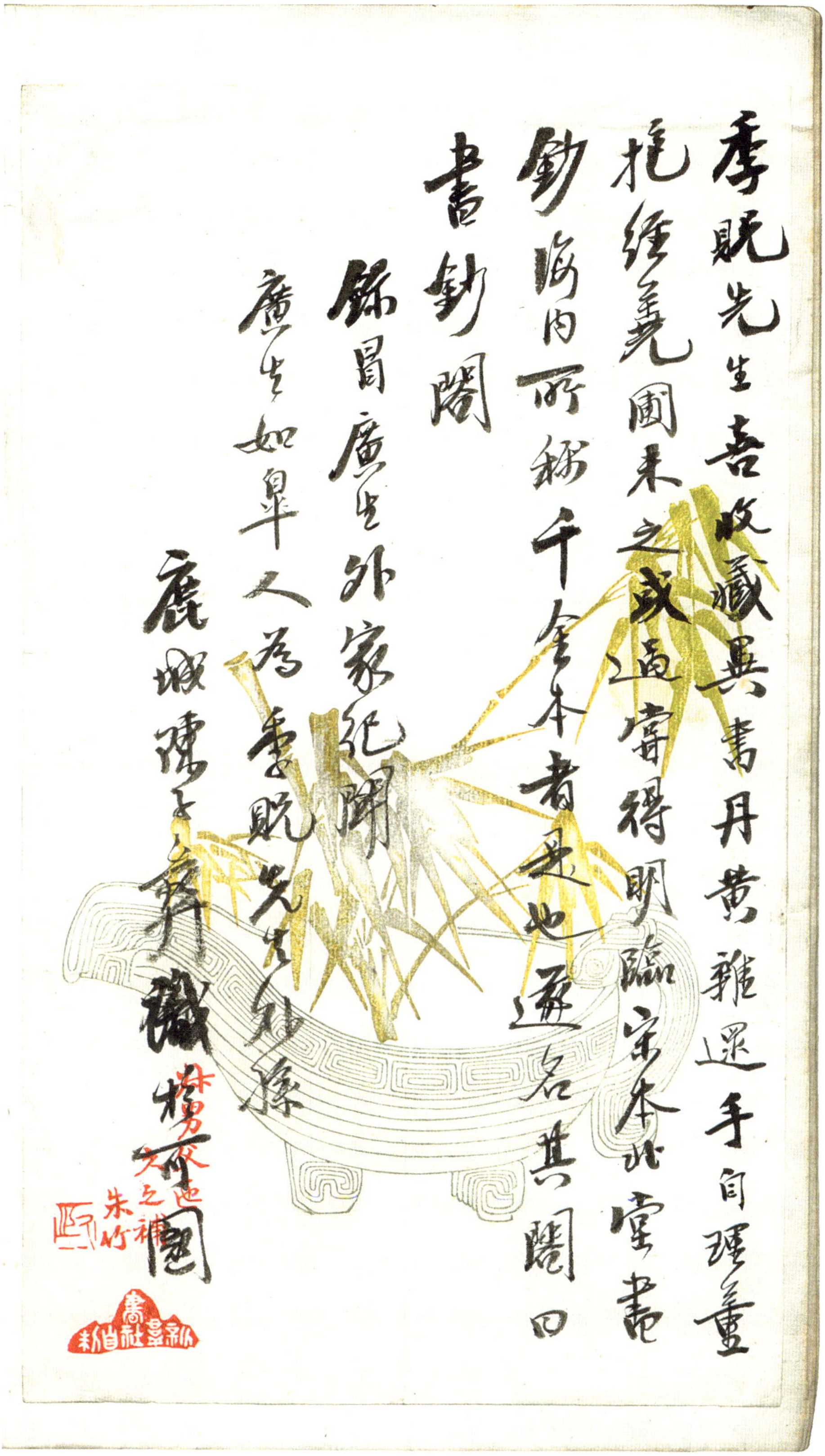
季貺先生喜收藏異書丹黄雜還手自理董
抱經義圃未之或遒嘗得明臨宋本北堂書
鈔海内所稀千金本者是也遂名其閣曰
書鈔閣
錄冒廣生外家紀聞
廣生如皐人為季貺先生外孫
鹿城陳子彝識

《書鈔閣題跋》題跋

［金石類］

石鼓文考證集存□種□□卷

清佚名輯。清借軒抄本。民國王謇跋。索書號：一〇〇九—一一四。

釋文：

《石鼓文考證集存》不分卷，原六册，今殘存五册，購自卧龍街彙寶齋，云其首册失之易君培基齋中。建國乙亥，瓠廬欒峕。

按：

王謇，見前《吉林録存》條。

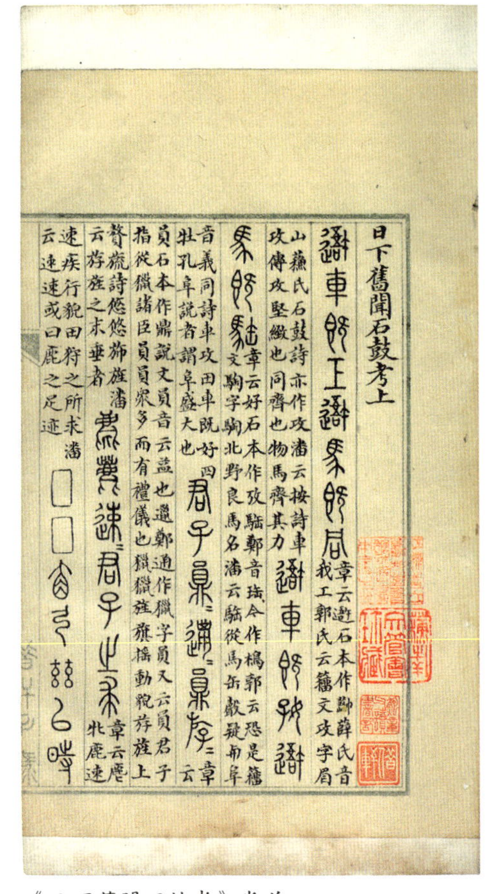

日下舊聞石鼓考上

《日下舊聞石鼓考》卷首

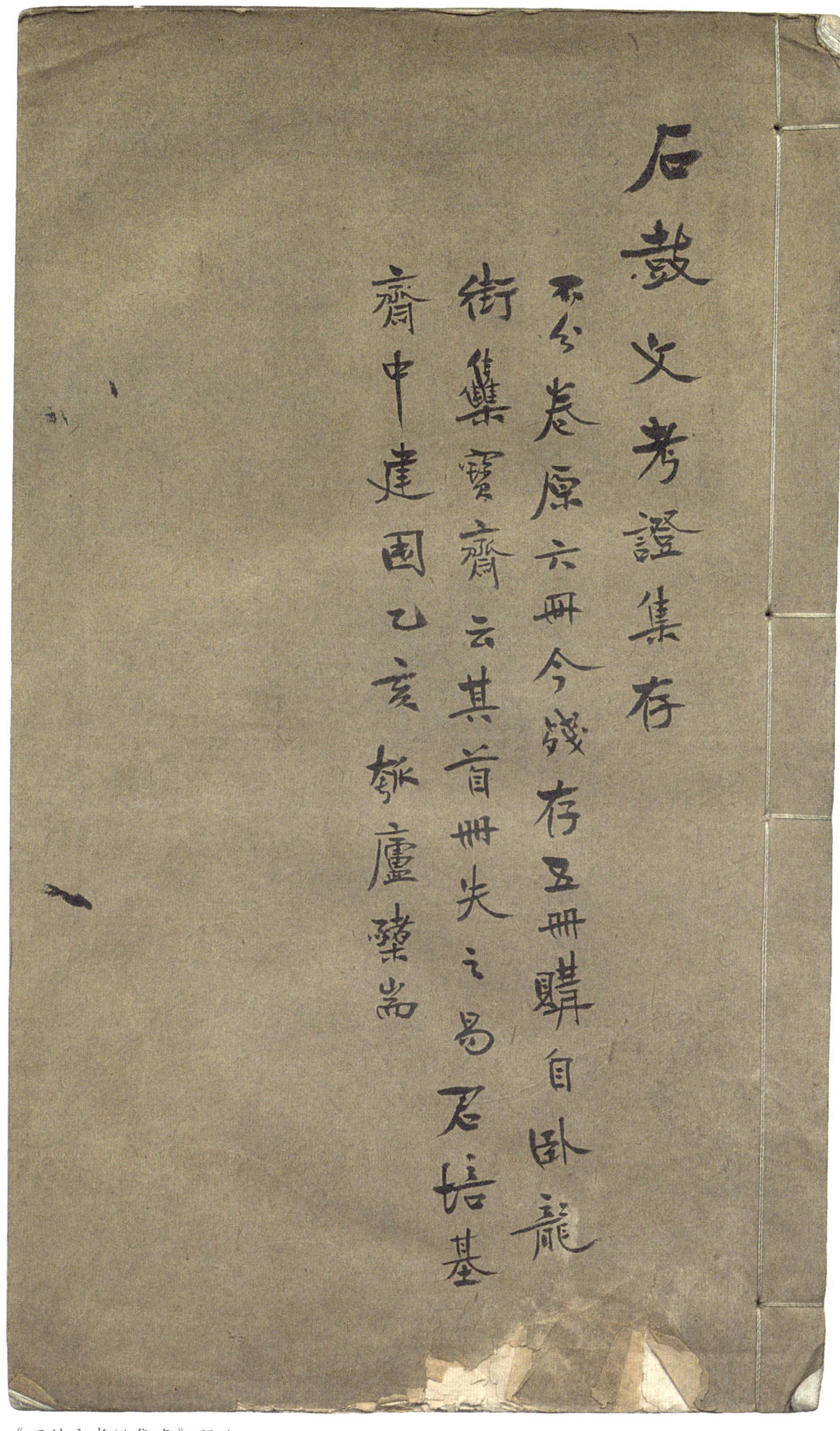
石鼓文考證集存
不分卷原六冊今殘存五冊購自臥龍
街集寶齋云其首冊失之易君培基
齋中建國乙亥椒廬藜嵒

《石鼓文考證集存》題跋

粵西得碑記不分卷

清楊翰撰。清光緒二年（一八七六）浯上息園刻本。清潘志萬批校并跋。索書號：〇二七二—〇三七。

釋文：

戊子五月，大人至道州，過浯溪，親訪窊尊銘及三吾銘，拓以寄示。

辛卯秋試，二場坐閏字號，見號壁一磚有字，文二曰“陶倉”，字體極古茂，憶及記于此。

乙酉十月望泊舟南橋，夜月皎絜，閱後記。

乙酉九月，述廎又讀一次并記。

癸未十月，往杉瀆橋拓亭泉井題字，并至元妙觀訪宋石柱題名竟日，歸後鐙下讀此，因記。笏菴。

丁亥二月，又閱一過。

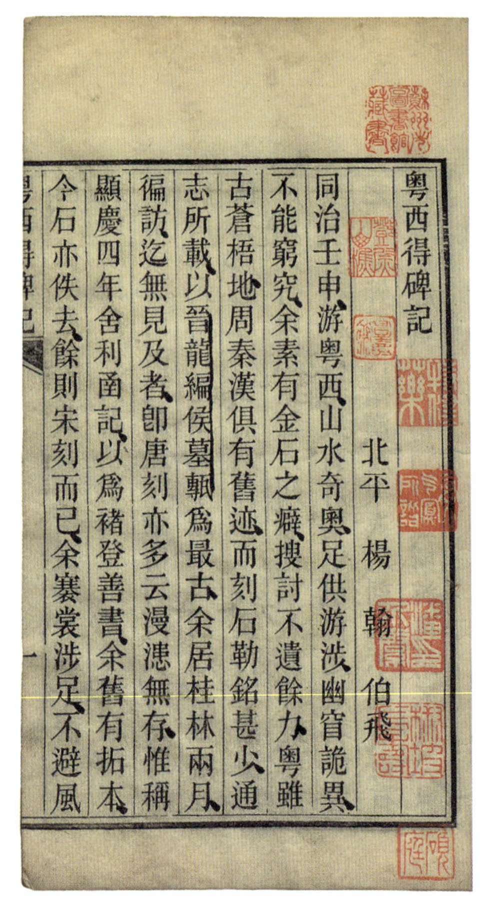
粵西得碑記

北平 楊翰 伯飛

同治壬申游粵西山水奇奧足供游涉幽窅詭異不能窮究余素有金石之癖搜討不遺餘力粵雖古蒼梧地周秦漢俱有舊迹而刻石勒銘甚少通志所載以晉龍編侯墓甎爲最古余居桂林兩月徧訪迄無見及者卽唐刻亦多云漫漶無存惟稱顯慶四年舍利函記以爲褚登善書余舊有拓本今石亦佚去餘則宋刻而已余褰裳涉足不避風

粵西得碑記 一

《粵西得碑記》卷首

按：

潘志萬，見前《史抄六種》條。

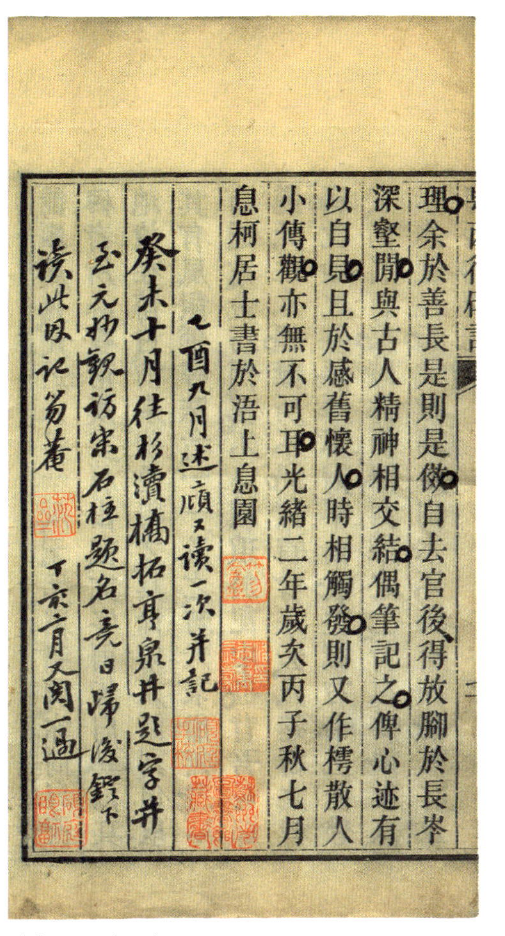
理。余於善長是則是傚。自去官後，得放脚於長岑深壑間，與古人精神相交結。偶筆記之，俾心迹有以自見，且於感舊懷人時相觸發，則又作欂散人小傳觀亦無不可耳。光緒二年歲次丙子秋七月息柯居士書於浯上息園

乙酉九月述順又讀一次并記

癸未十月往杉瀆橋拓寒泉井題字并玉元沙觀訪宋石柱題名，竟日歸後録下

讀此因記蒭蕘 丁亥二月又閱一過

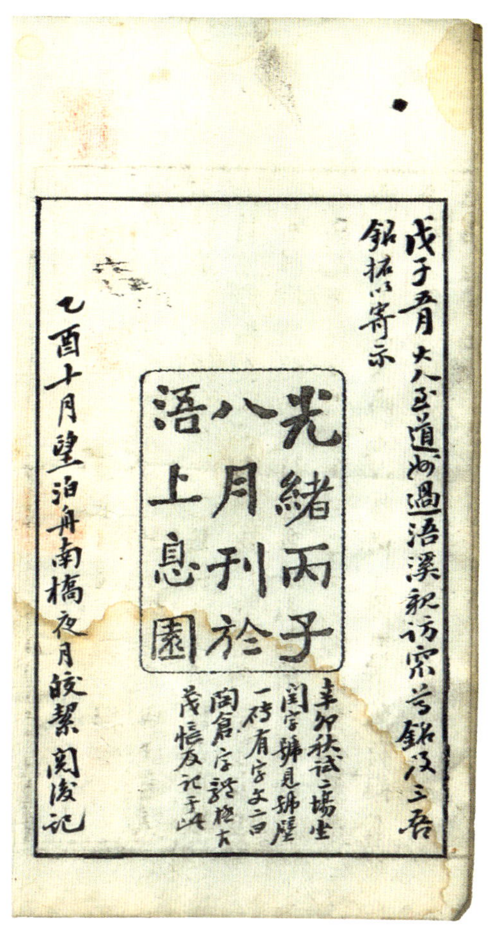
光緒丙子八月刊於浯上息園

乙酉十月望泊舟南橋夜月皎絜閱後記

《粵西得碑記》題跋

鞠鄰手拓金石不分卷

清胡钁拓。清拓本。清蔣確、沈唐跋。索書號：二〇〇二—一九一。

釋文：

庚午冬日，菊鄰自石門過滬，予得飽觀所拓金石，爰書數字于首，以誌翰墨緣云。蔣確。

此册爲胡君菊鄰手搨秘藏之本，故丐于石少芷諸君題識。今春與祉堂同游武林，元宵祉老邀西湖賞雪，山色溟濛，别有勝境。翌日菊老大患肺血，醫以補血養陰爲治，余力止之，易以清劑而瘥。知余酷嗜金石文字，即舉此見贈，書此志感。時丁亥正月，伯雲。

按：

蔣確（一八三八—一八七九），字叔堅，號石鶴。初名介，字于石。清江蘇華亭（今上海）人。諸生。工書畫篆刻。沈唐，字樹堂，號蓮舟。清浙江錢塘（今杭州）人。國子生。工畫山水。

《鞠鄰手拓金石》卷首

此冊爲胡君菊鄰手搨秘藏之本故丐于石少芷諸君題識今春與祕盦同游武林元宵祕老邀西湖賞雪山色溟濛别有勝境翌日菊老大患肺血醫以補血養陰爲治氣力止之易以清劑而瘥知氣酷嗜金石文字即舉此見贈書此志感時丁亥正月伯雲

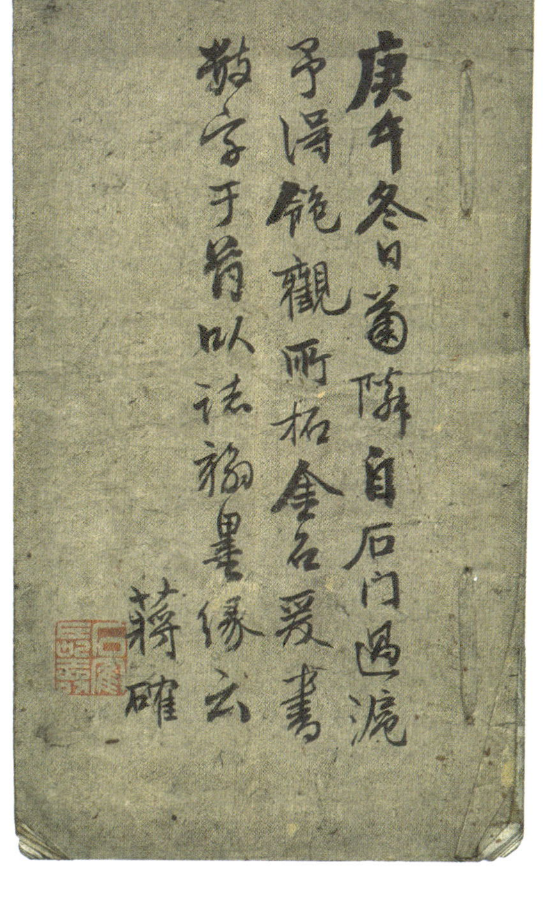
庚午冬日菊隣自石门過滬予得飽觀所拓金石爰書數字于背以誌翰墨緣云　蔣確

《鞠鄰手拓金石》題跋

石門胡氏匊鄰金石

集古印譜六卷

明王常編，明顧從德校。明萬曆三年（一五七五）顧氏芸閣刻本。衛東晨跋。索書號：W—二二。

釋文：

徐子晉《前塵夢影録》：吴門椎拓金石，向不解作全形。迨道光初年，浙禾馬傳巖能之。六舟得其傳授。陽湖李錦鴻亦善其技，乃得自六舟。是譜每册鈐有"傳""岩"二印，定爲馬氏所藏。瓦翁。

按：

衛東晨（一九〇八—二〇〇八），號瓦翁。生於江蘇蘇州，祖籍浙江蕭山。好金石，擅書法，小楷尤精。

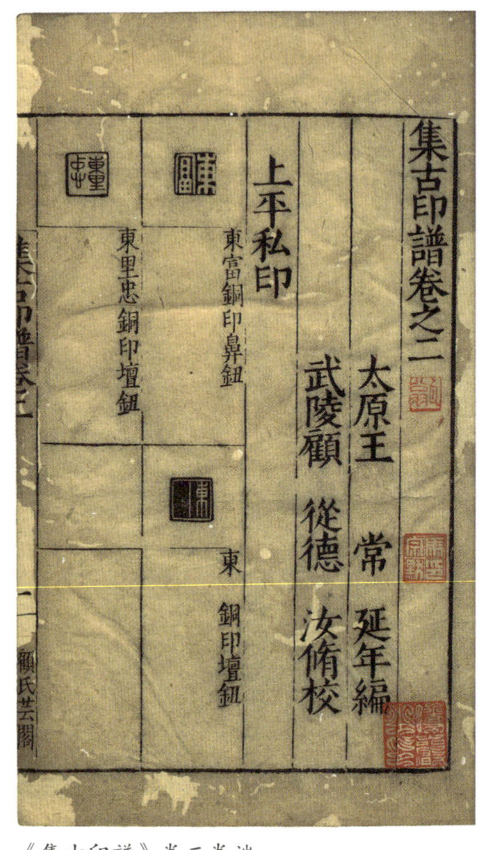

集古印譜卷之二
太原王　常　延年編
武陵顧　從德　汝脩校
上平私印
東富銅印鼻鈕
東里忠銅印壇鈕
東　銅印壇鈕
集古印譜卷之二
顧氏芸閣

《集古印譜》卷二卷端

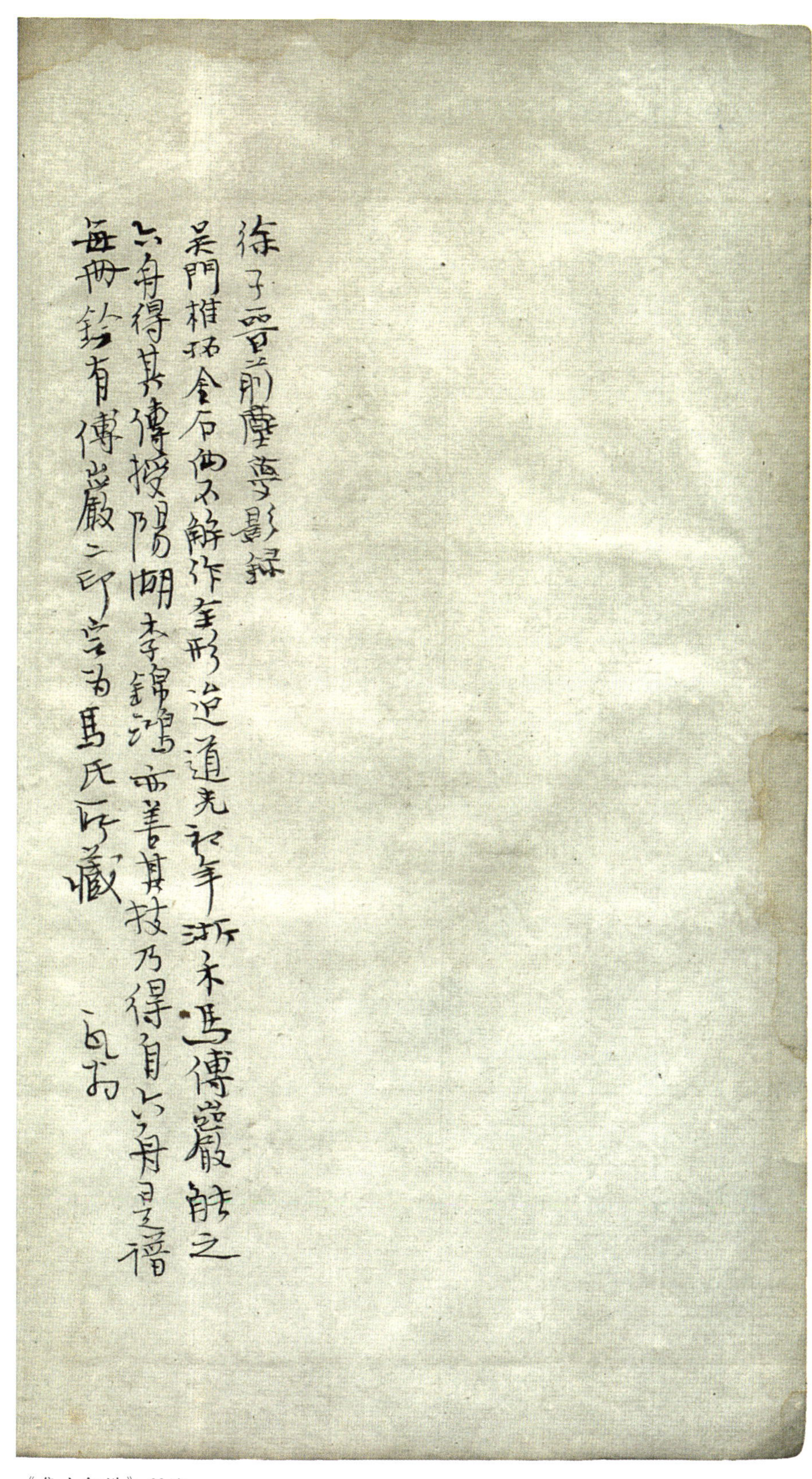

徐子晉前塵夢影録
吴門椎拓金石向不解作全形迨道光初年浙禾馬傳巖能之
六舟得其傳授陽湖李錦鴻亦善其技乃得自六舟是譜
每册鈐有傳巖二印定爲馬氏所藏
瓦翁

《集古印譜》題跋

承清館印譜一卷
續集一卷

明張灝輯。明刻鈐印本。衛東晨跋。索書號：W—十九。

釋文：

《承清館印譜》余所藏兩種，均爲每集三十頁，序跋鈐印次序不一。四十二頁本，常熟龐雲齋君謂“硃墨俱精，係希見本”，但序跋鈐印頗多雷同，衹張夷令自序刻明歲月耳。是册雖有缺佚，亦足珍重。辛卯春三月，瓦翁得并記。

按：

衛東晨，見前《集古印譜》條。

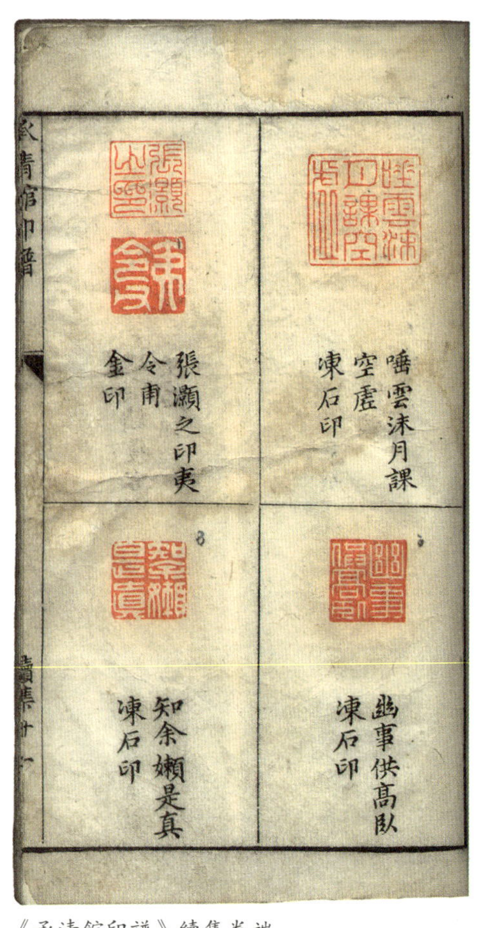

《承清館印譜》續集卷端

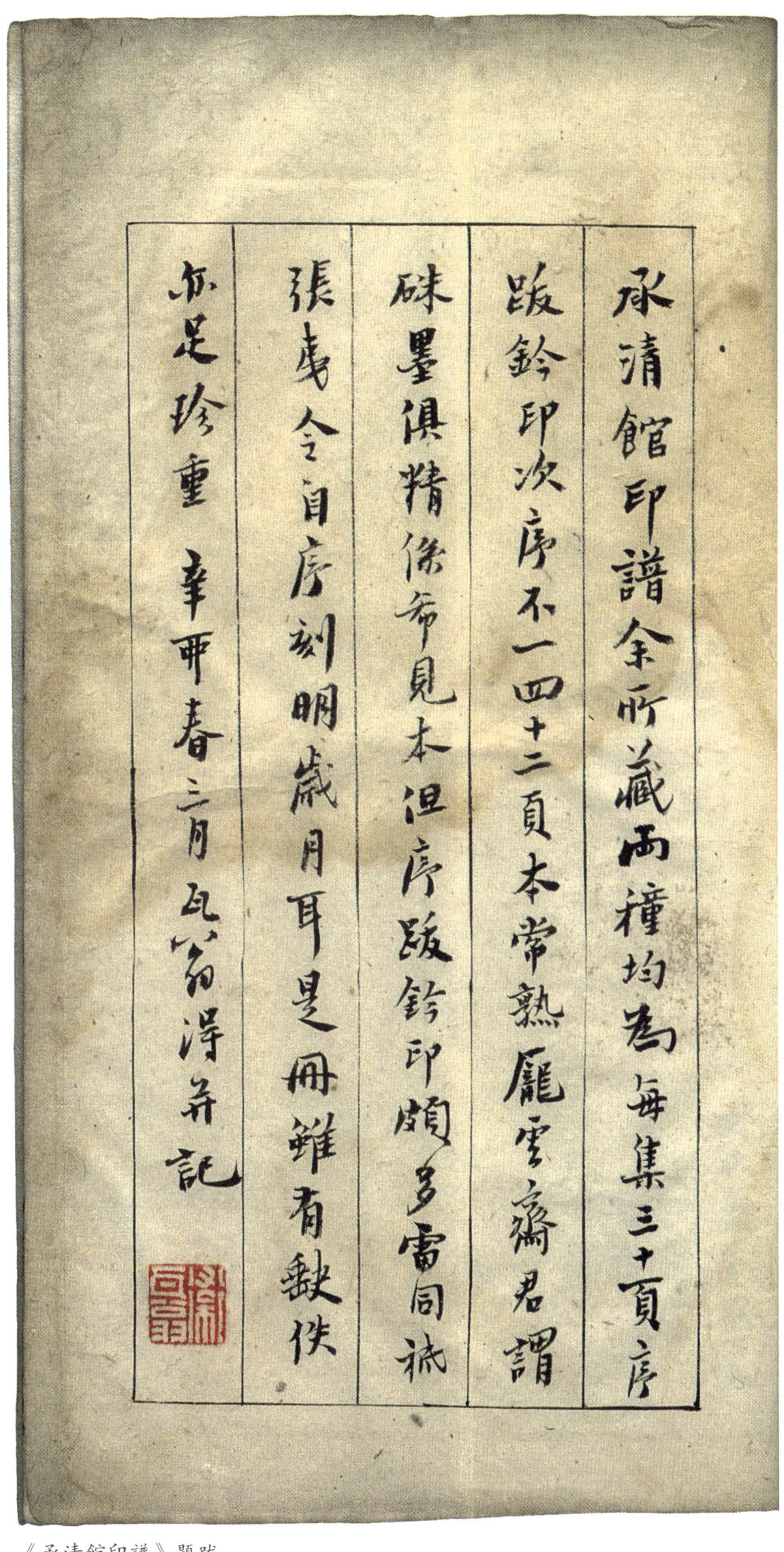
承清館印譜余所藏兩種均為每集三十頁序
跋鈐印次序不一四十二頁本常熟麗雲齋君謂
硃墨俱精係希見本但序跋鈐印頗多雷同祗
張夷令自序刻明歲月耳是冊雖有缺佚
亦足珍重　辛丑春三月瓦翁得并記

《承清館印譜》題跋

金一甫印選一卷金一甫印章論不分卷

明金光先摹。明萬曆四十年（一六一二）刻鈐印本。衛東晨跋。索書號：W—〇九。

釋文：

櫟下周亮工減齋《印人傳・書金一甫印譜前》謂：光先家擁多貲，乃多雅尚，究心篆籀之學，嘗謂刻印必先明筆法，而後論刀法，以鄒彥吉序語爲切中今日之病。一甫譜成歲壬子，減齋方落地，六十年後，重書譜前曰："余何由繼睹其全哉！"其服膺如是。甲申秋九月既望，瓦翁記於讀印看篆之齋，用漢玉日利印爲押。

按：

衛東晨，見前《集古印譜》條。

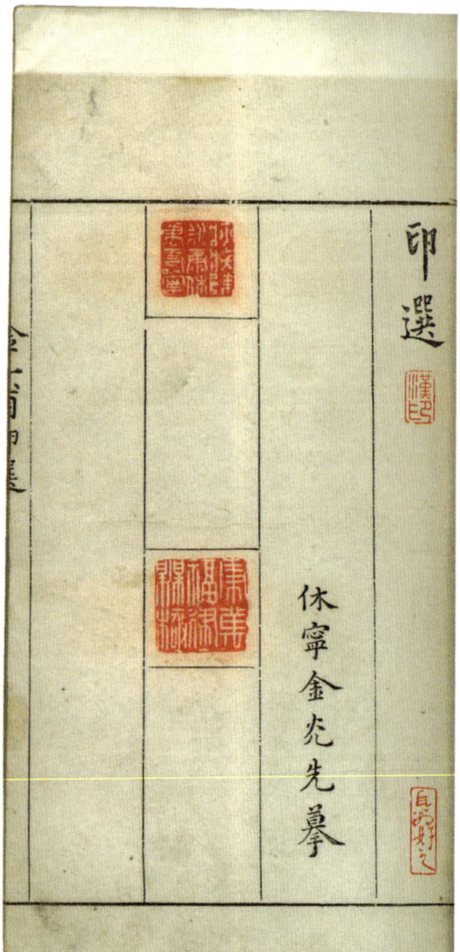

《金一甫印選》卷首

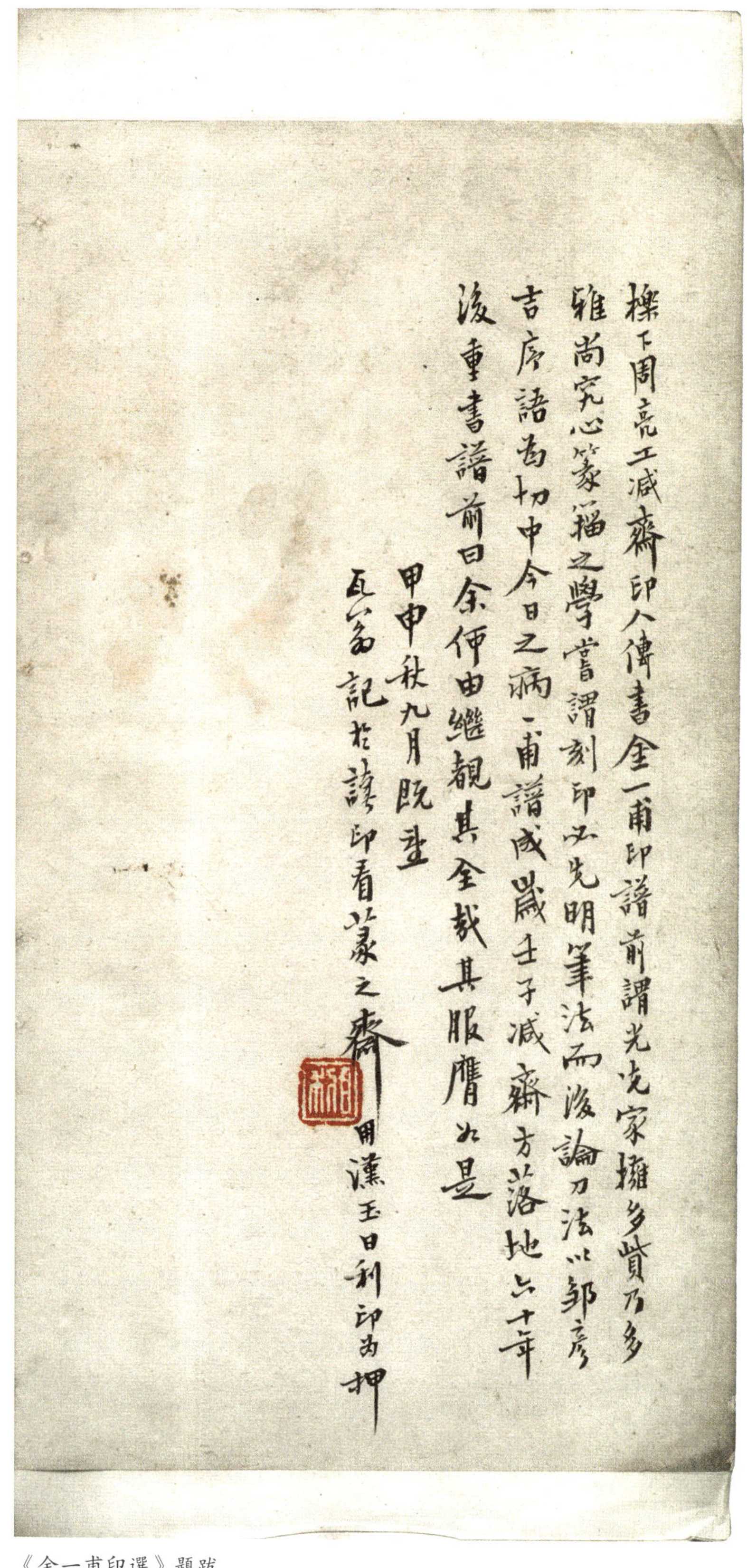

櫟下周亮工減齋印人傳書金一甫印譜前謂光先家擁多貲乃多雅尚究心篆籀之學嘗謂刻印必先明筆法而後論刀法以鄒彥吉序語爲切中今日之病一甫譜成歲壬子減齋方落地六十年後重書譜前曰余何由繼覩其全哉其服膺如是

甲申秋九月既望

瓦翁記於讀印看篆之齋

用瀟玉日利印爲押

《金一甫印選》題跋

印史五卷

明何通著。明天啟刻鈐印本。衛東晨跋。索書號：W—〇六。

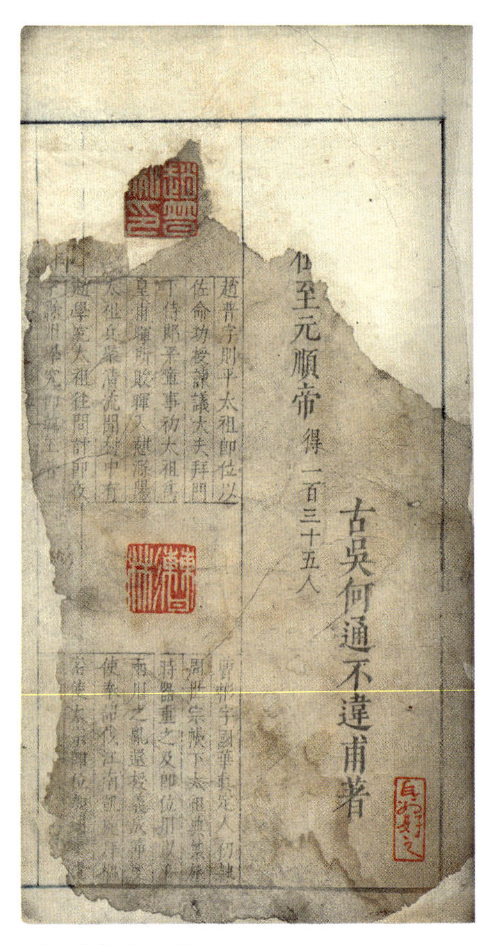
《印史》卷五卷端

釋文：

古吴何通不違甫著《印史》五卷。首卷陳元素古白、沈承君烈、朱修能簡、陳萬言居一、王開度亮、蘇嘯民宣序。自二卷至五卷歷朝名印。卷尾陳本以三通隱居士序，并不違自題。雲間馮承輝云有藍格、緑格兩種，藍格者人尤重之。是册於丁亥四月由虞山龐士龍先生之介，得自鐵琴銅劍樓瞿氏，時得識瞿氏旭初、鳳起昆季，與潘雲杰《秦漢印範》同歸，俱明刻本也。己丑七月，紫厂記於瓦篆樓。

按：

衛東晨，見前《集古印譜》條。

何通印史卷五殘本

古吳何通不違甫著印史五卷首卷陳元素古白沈承君烈朱脩能簡陳萬言居一王開度亮藴嘯民宣序自二卷至五卷歷朝名印卷尾陳本以三通隱居士序并不違自題雲間馮承輝云有藍格緑格兩種藍格者人尤重之是冊於丁亥四月由虞山龐士龍芝生之介得自鐵琴銅劍樓瞿氏時得識瞿氏旭初鳳起昆季與潘雲杰秦漢印統同歸俱明刻本也己丑七月峰子記於瓦冢樓

何不違印譜

姓苑印章二卷

明江萬全輯。明崇禎二年（一六二九）刻鈐印本。衛東晨跋。索書號：W—〇五。

釋文：

《印苑》下集，新安江昌符刻，崇禎二年己巳刊本。姜應甲序。慈谿張魯盦所藏《印譜簡目》卷三列爲名家刻印卷。瓦翁記，甲戌長夏年八十五矣。

按：

衛東晨，見前《集古印譜》條。

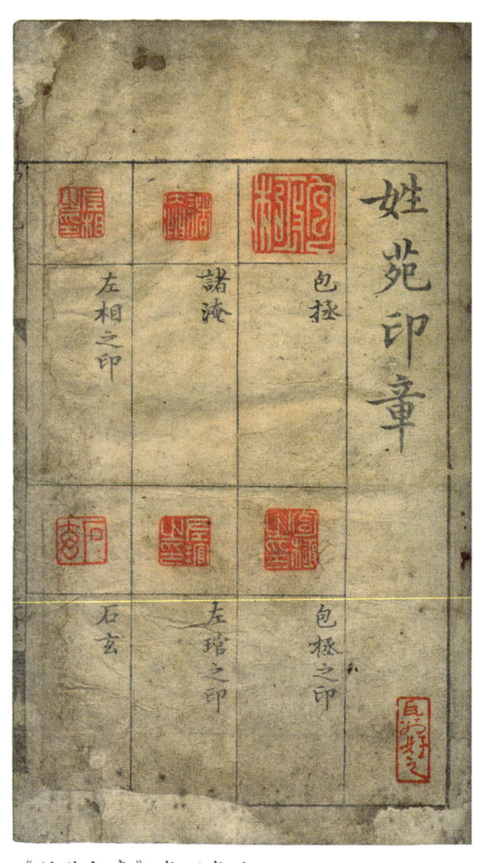

《姓苑印章》卷下卷端

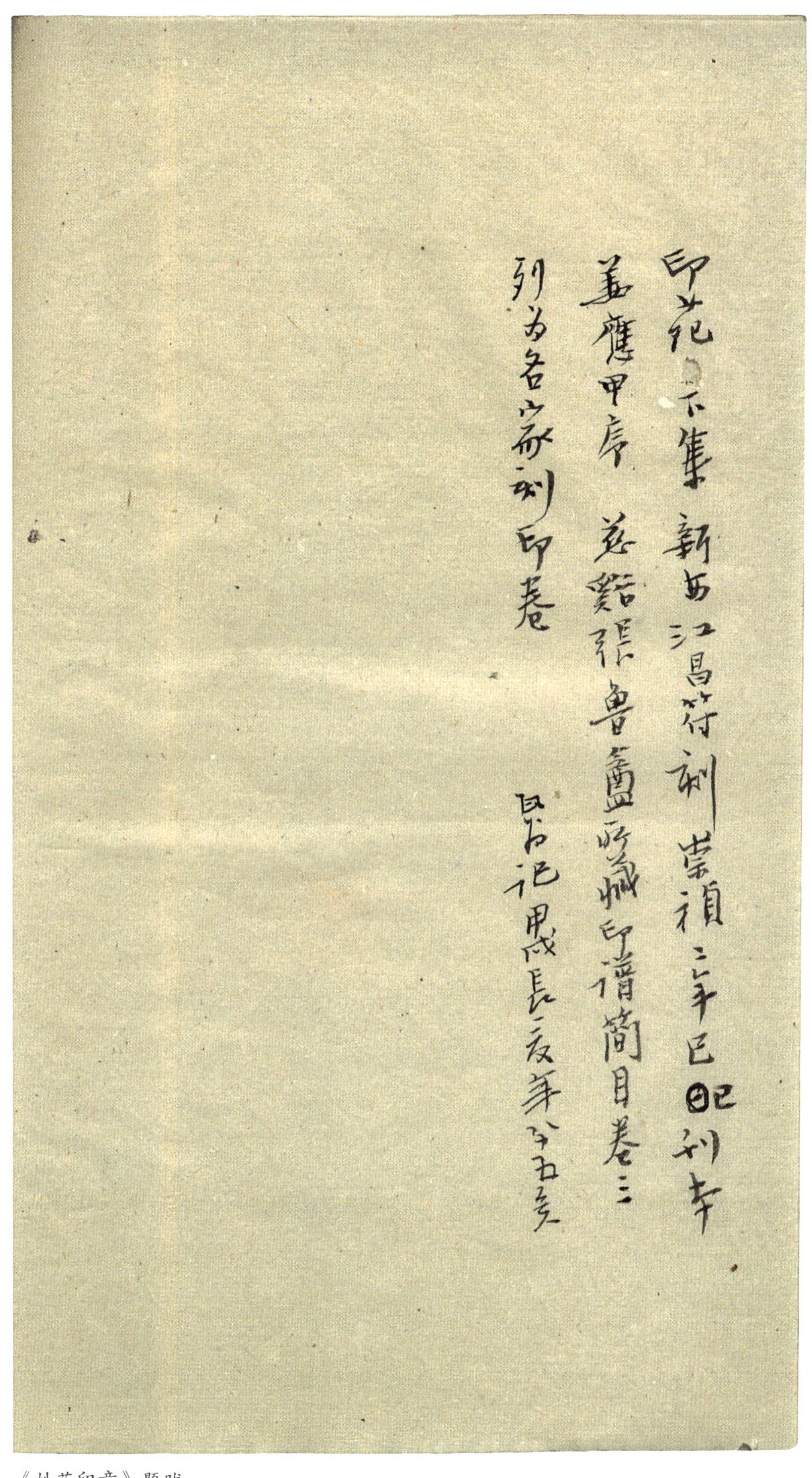

印苑下集　新安江昌符刻　崇禎二年己巳刊本

姜應甲序　並錄張魯盦所藏印譜簡目卷三

列為各家刻印卷

[illegible]記甲戌長至夜半子丑交

《姓苑印章》題跋

胡氏篆草一卷胡氏篆草二集一卷

清胡正言篆。明末蒂古堂、清十竹齋刻鈐印本。沙曼翁、衛東晨跋。索書號：W—〇八。

釋文：

東晨道兄珍藏。試趙悲盦製墨，吴缶廬刻硯。曼。

《胡氏篆草初集》刻于萬曆三十八年庚戌，爲蒂古堂集。顧夢游序。胡氏旹年二十七歲。瓦翁記，年九十。

《胡氏篆草二集》刻于康熙十二年癸丑，爲十竹齋集。孫于王序。胡氏時年九十歲。瓦翁記。

按：

沙曼翁（一九一六—二〇一一），原名古痕，祖姓愛新覺羅，號曼公、昧公等。江蘇鎮江人。著名書法篆刻家、金石學家。師從蕭退庵。衛東晨，見前《集古印譜》條。

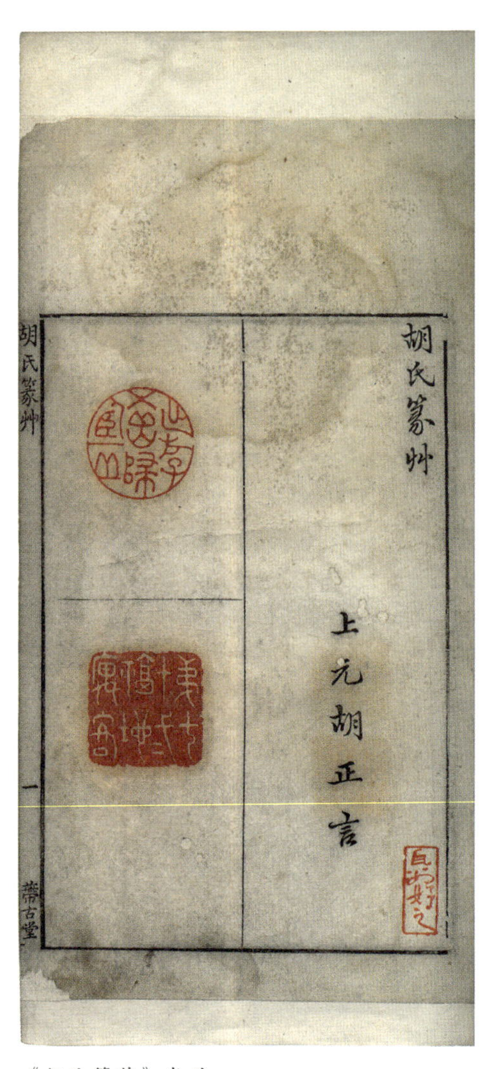

《胡氏篆草》卷首

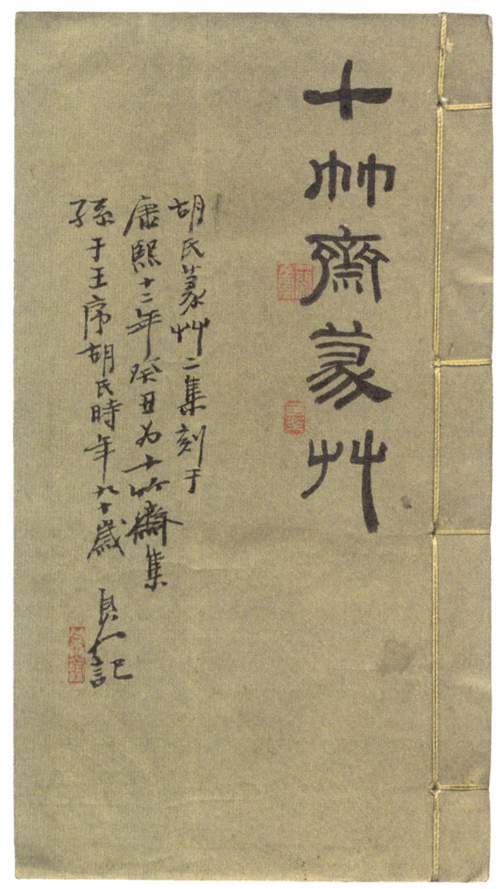
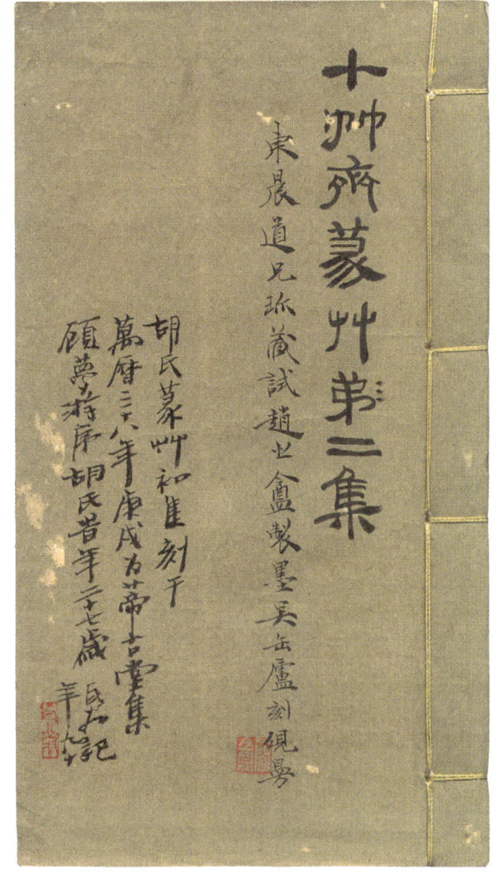

《胡氏篆草》題跋

印選□卷

明方用光輯。明刻朱印本。衛東晨跋。索書號：W—一五。

釋文：

《印選》木板朱刷本卷五殘册，崑山方用光元孚氏選摹。羅福頤《印譜考》定爲清季道光刻本，羅譜係録吴江翁叔均《印譜考畧》目録殘稿所識。今據日本横田実著《中國印譜解題》，則列爲萬曆三十一年刻本。甲戌穀雨，瓦翁記，年八十又五。

復經來青閣後人江澄波老友内爲評定。“文學山房”誤爲“來青閣”。瓦翁又記。

按：

衛東晨，見前《集古印譜》條。

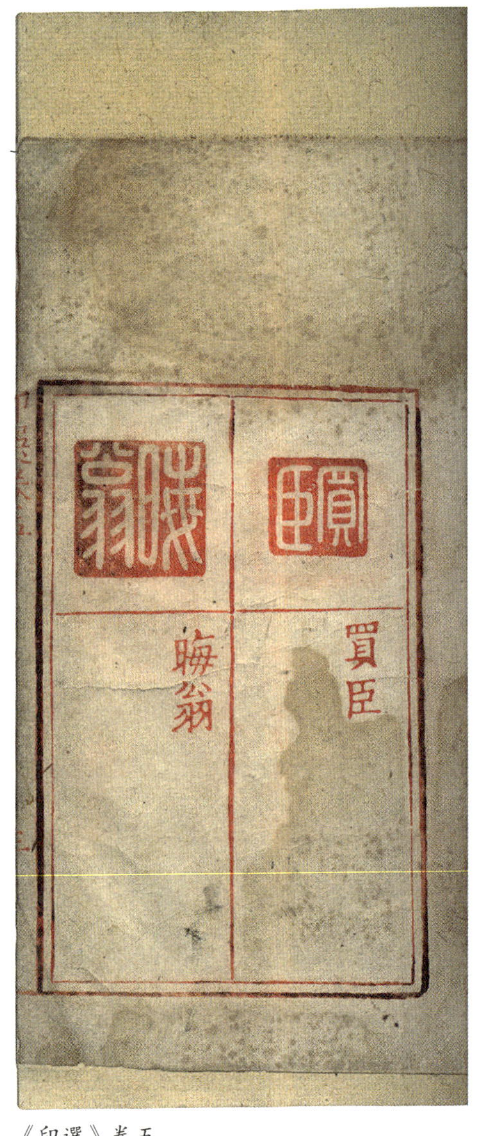

《印選》卷五

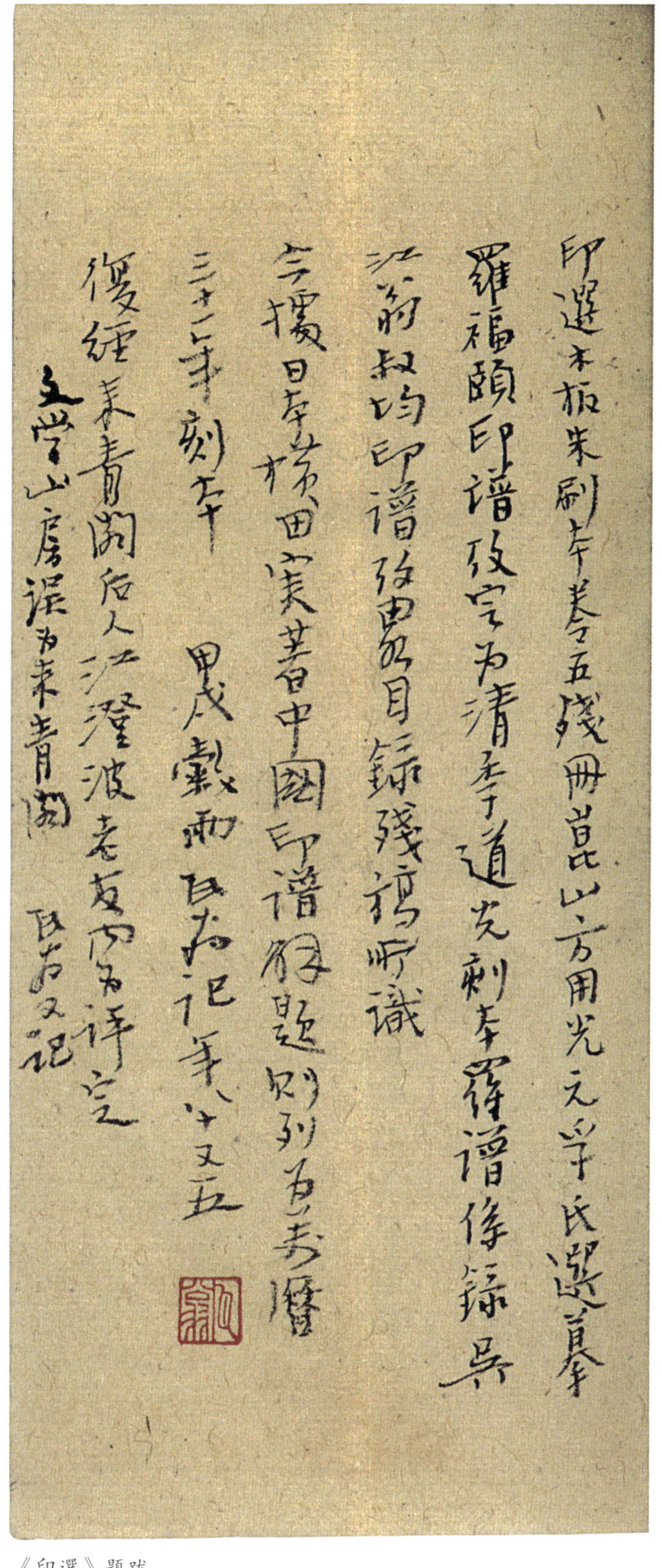

印選本板朱刷本卷五殘冊崑山方用光元寀氏選摹

羅福頤印譜考定為清季道光刻本羅譜係錄吳

江翁叔均印譜考略目錄殘稿所識

今據日本横田實著中國印譜解題則列為萬曆

三十二年刻本　甲戌歲初良友記時年八十又五

復經來青閣店人江澄波老友考為評定

文學山房誤為來青閣　良友又記

《印選》題跋

古銅印選不分卷

清郭承勳輯。清道光十年（一八三〇）郭氏寒香書屋刻鈐印本。清潘曾瑩跋。索書號：二〇〇四—一九一。

釋文：

曩在吴江周太史家，承示《嘯堂集古録》古印，筆法错參，變化精妙之至。今觀止亭《印選》，官私印俱極古勁有筆法，踵楊宗道刻板之後，又添印林一段佳話。有金石癖者，固先睹爲快也。謹誌數言，足徵眼福。潘曾瑩記。

按：

潘曾瑩（一八〇八—一八七八），字申甫，號星齋。清江蘇吴縣（今蘇州）人。世恩次子。道光二十一年（一八四一）進士。官翰林院庶吉士、編修，歷至禮部、户部左侍郎，兼管三部事務。學植深厚，尤長於史。家有小鷗波館，以收藏書畫著名。著作甚多，有《小鷗波館詩鈔》《小鷗波館畫識》等。

《古銅印選》卷首

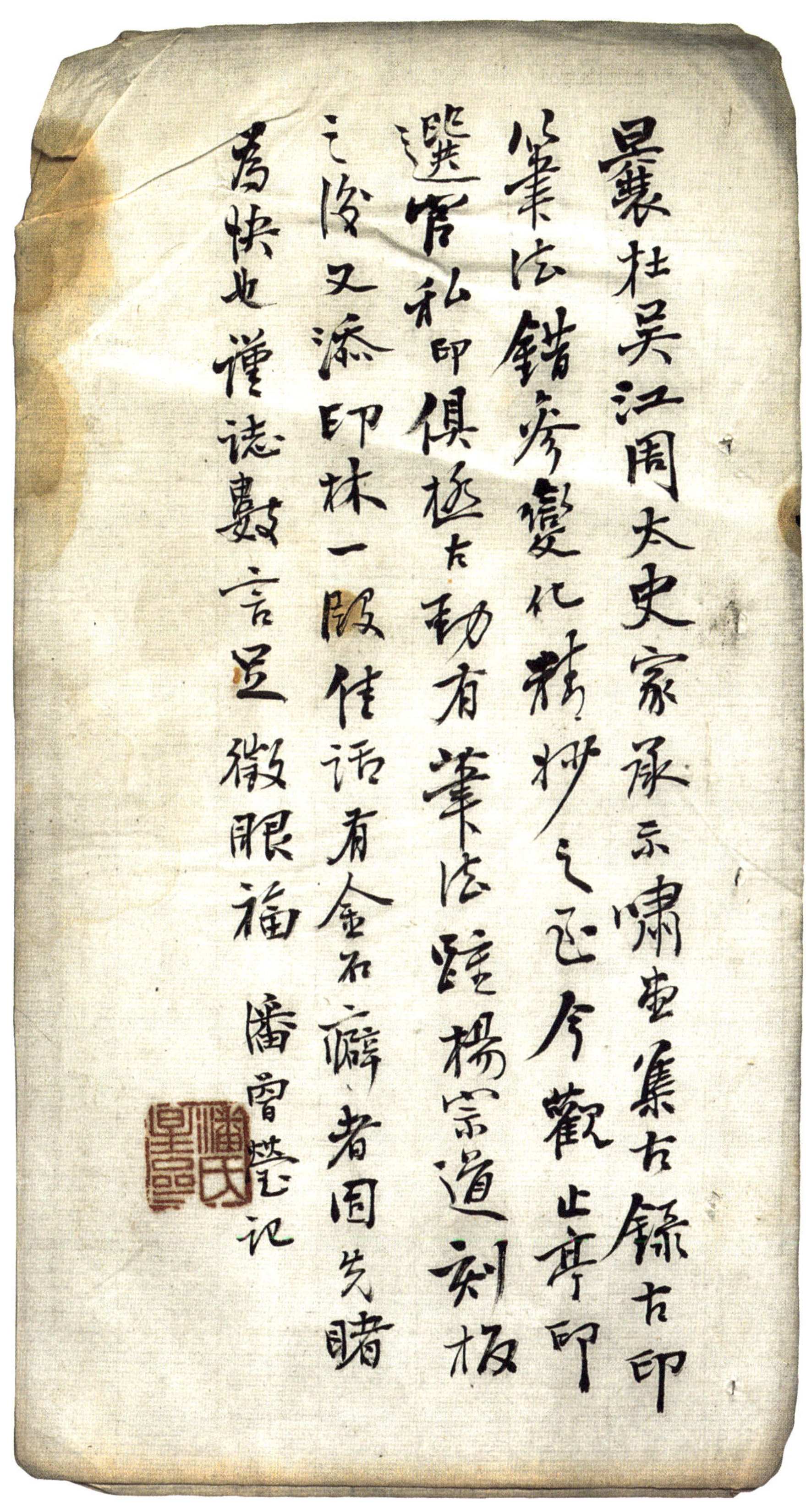
曩在吴江周太史家承示嘯堂集古録古印篆法錯綜變化精妙之至今觀止亭印選官私印俱極古勁有筆法經楊宗道刻板之後又添印林一段佳話有金石癖者固先睹爲快也謹誌數言足徵眼福 潘曾瑩記

《古銅印選》題跋

［史評類］

證道編摘略不分卷

明唐樞撰，明鮑士龍、湯軺摘編。明隆慶刻本。清陳其榮跋。索書號：〇一八八一一二五。

釋文：

唐樞，號一庵，歸安人，明嘉靖時官刑部主事。少學于湛若水，留心經世之畧，于九邊及越、蜀、黔、滇險阻阨塞，無不親歷，至老不衰。世宗朝，疏論李福連獄，破以六疑，被斥爲民。乃著書講學，監司守令爲創一庵書院于湖城焉。所著尚有《木鐘臺集》三十卷，國朝王表正輯其要者爲四卷刊行之，末附年譜。

光緒三年丁丑春三月二十三日燈下，嘉禾陳其榮識。

按：

陳其榮，見前《米襄陽志林》條。

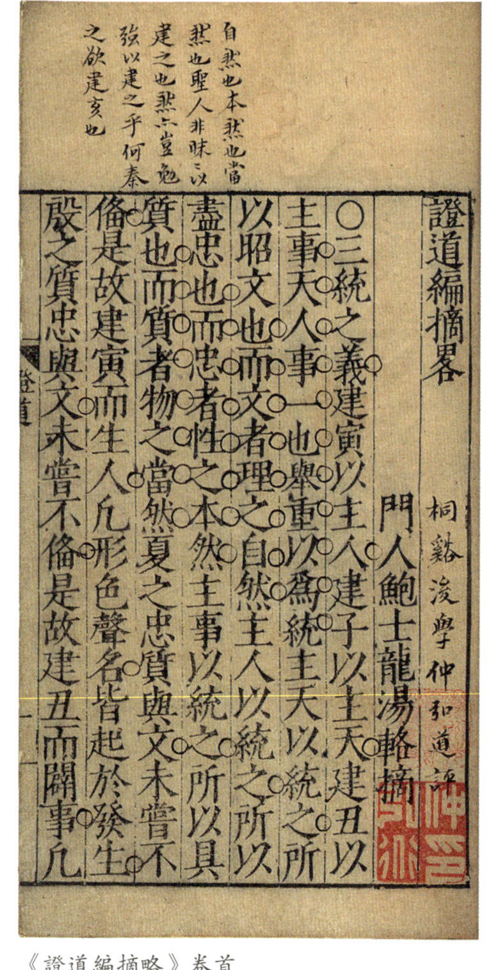
自然也本然也當然也聖人非昧昧以建之也然亦豈勉强以建之乎何秦之欲建亥也

證道編摘畧

桐谿後學仲弘道評

門人鮑士龍湯軺摘

○三統之義建寅以主人建子以主天建丑以主事天人事一也舉重以爲統主天以統之所以昭文也而文者理之自然主人以統之所以盡忠也而忠者性之本然主事以統之所以具質也而質者物之當然夏之忠質與文未嘗不備是故建寅而生人凡形色聲名皆起於發生殷之質忠與文未嘗不備是故建丑而闢事凡

《證道編摘略》卷首

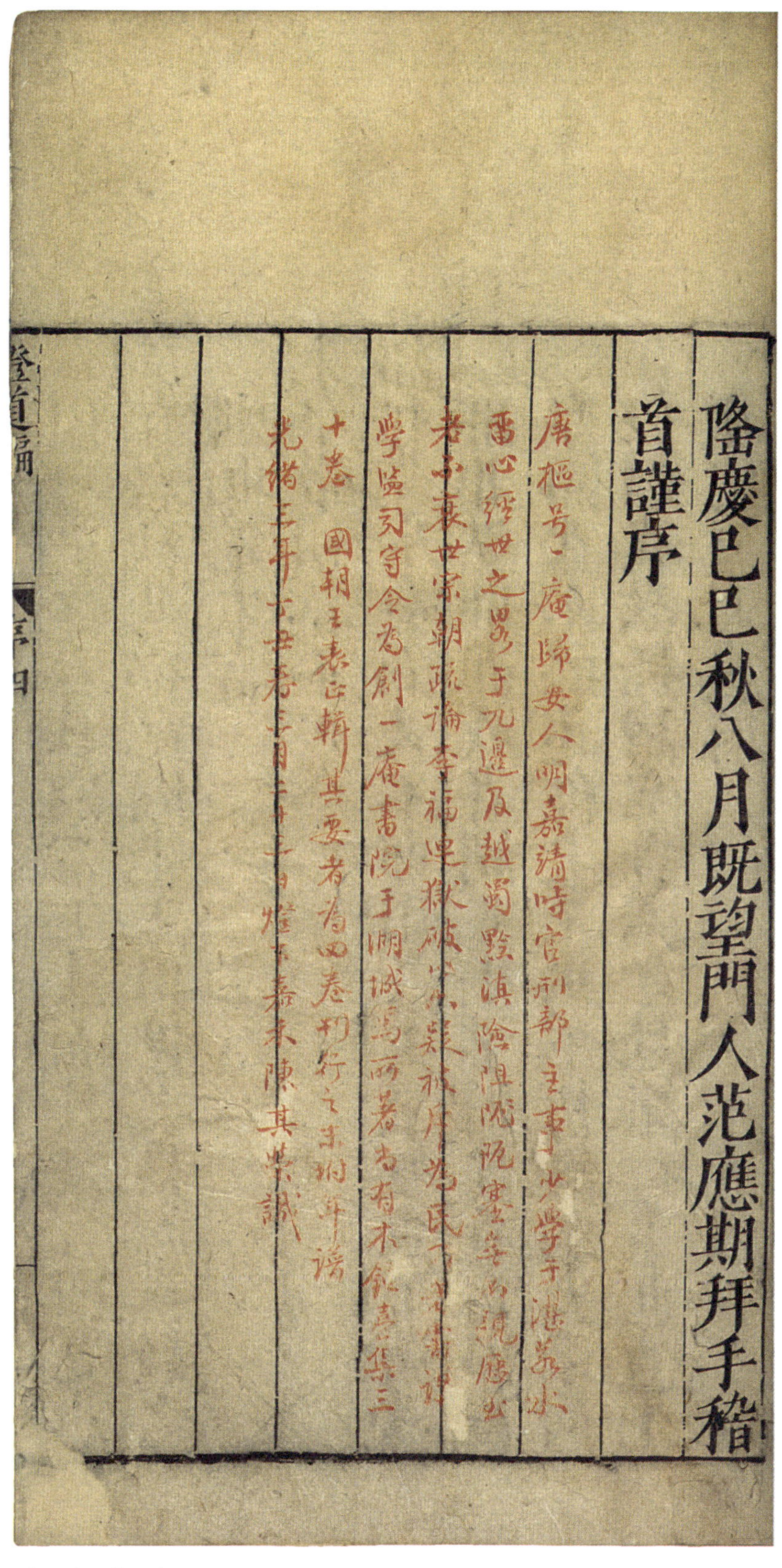
隆慶己巳秋八月既望門人范應期拜手稽首謹序

唐樞號一庵歸安人明嘉靖時官刑部主事少學于湛若水留心經世之略于九邊及越蜀黔滇險阻阨塞無不親歷也者不衷世宗朝疏論李福達獄破以疑被斥為民一生講學監司守令為創一庵書院于湖城焉所著書有木鐘臺集三十卷　國朝王表正輯其要者為四卷刊行之末附年譜
光緒三年十二月二十一日燈下嘉禾陳其榮識

《證道編摘略》題跋

歷代史論一編四卷

明張溥著。明崇禎刻本。清潘霨跋。索書號：〇一八六一—〇二五。

釋文：

乙巳仲春，張□□屬霨校□《三山游草》，以《史論》二册、《思補過𢇁詩》一册爲潤筆。如吾兩人交好，猶賴儀物周旋。吁！是足以見世情之所尚矣。煙杉潘霨識，時在延平試院。

按：

潘霨（一八二六—一八九四），字燕山，一作煙杉，後改偉如，號韡園，晚號心岸。清江蘇吴縣（今蘇州）人。纍官至貴州巡撫。精於醫術，歷官所至，恒以醫濟民，著有《韡園醫學六種》。

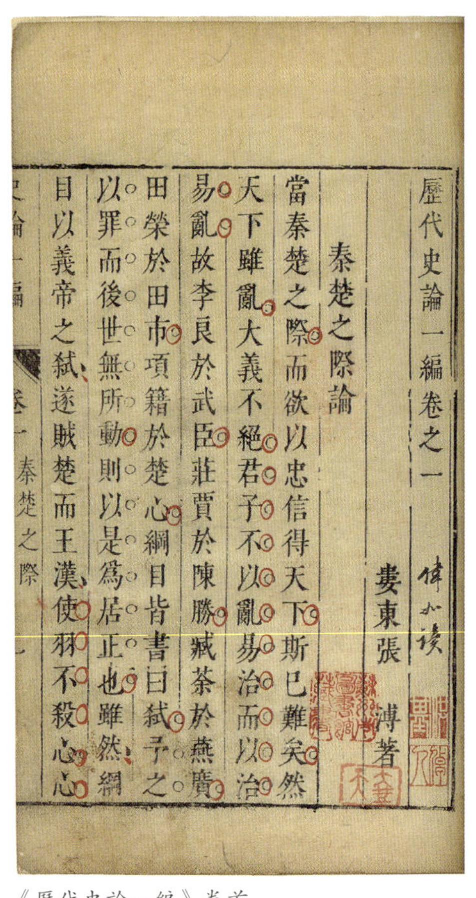
歷代史論一編卷之一　偉如讀

婁東張　溥著

秦楚之際論

當秦楚之際而欲以忠信得天下斯已難矣然天下雖亂大義不絕君子不以亂易治而以治易亂故李良於武臣莊賈於陳勝臧荼於燕廣田榮於田市項籍於楚心綱目皆書曰弒子之以罪而後世無所動則以是爲居正也雖然綱目以義帝之弒遂賊楚而王漢使羽不殺心心

史論一編　卷一　秦楚之際　一

《歷代史論一編》卷首

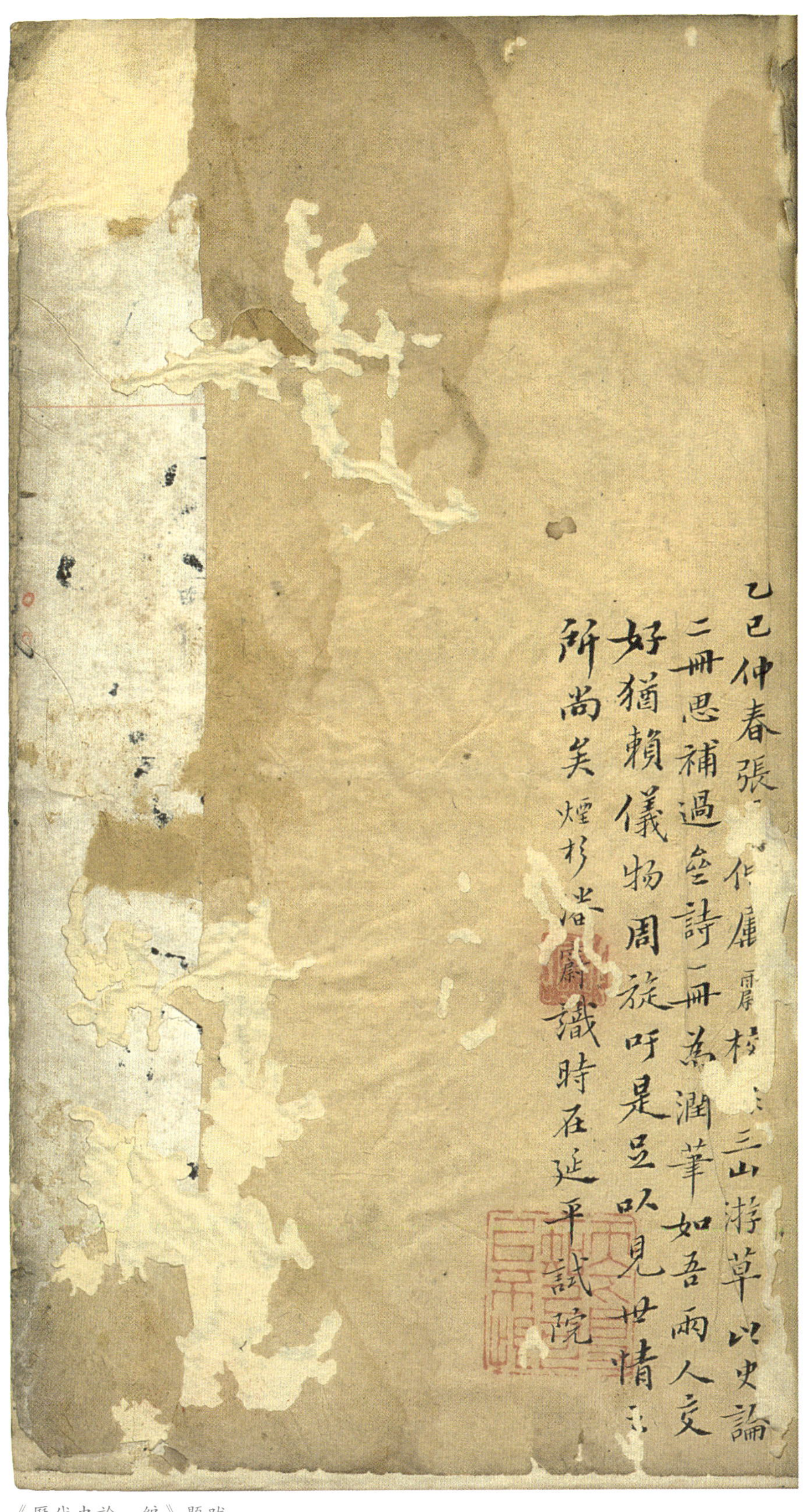

乙巳仲春張[illegible]作庵扉校[illegible]三山游草以史論二冊思補過齋詩一冊爲潤筆如吾兩人交好猶賴儀物周旋吁是足以見世情[illegible]所尚矣 煙杉[illegible]扉識時在延平試院

《歷代史論一編》題跋

讀鑑瑣言二卷

清葉廷琯撰。清咸豐勞敬典抄本。清勞格批校并跋。索書號：〇一九一—〇二六。

釋文：

咸豐己未除夕丙夜，仁和勞格校讀一過。庚申正月十一日，復力疾閲竟，間有管見，隨即批注，當以質之苕翁也。

己未十一月吳門葉苕生先生寄示，因屬族子典叔秀才景録此副。庚申正月中旬，依原本點對句讀畢。正月二十五日午後，第三次校竟。

按：

勞格（一八二〇—一八六四），字保艾，一字季言。清浙江仁和（今杭州）人。勞權弟。少從朱以升學，精校讎之學。横涉經史，縱覽漢唐，學問淵博，治學嚴謹。自題藏書室爲“丹鉛精舍”。著有《唐郎官石柱題名考》《讀書雜識》等。

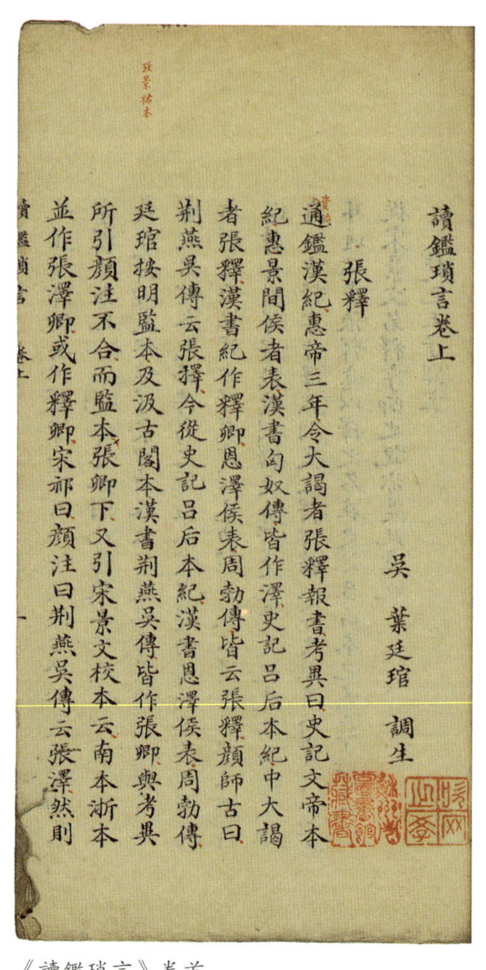

讀鑑瑣言卷上　　吳　葉廷琯　調生

張釋

通鑑漢紀惠帝三年令大謁者張釋報書考異曰史記文帝本紀惠景間侯者表漢書匈奴傳皆作澤史記呂后本紀中大謁者張釋漢書紀作釋卿恩澤侯表周勃傳皆云張釋顏師古曰荆燕吳傳云張擇今從史記呂后本紀漢書恩澤侯表周勃傳

廷琯按明監本及汲古閣本漢書荆燕吳傳皆作張卿與考異所引顏注不合而監本張卿下又引宋景文校本云南本浙本並作張澤卿或作釋卿宋祁曰顏注曰荆燕吳傳云張澤然則

讀鑑瑣言　卷上　一

《讀鑑瑣言》卷首

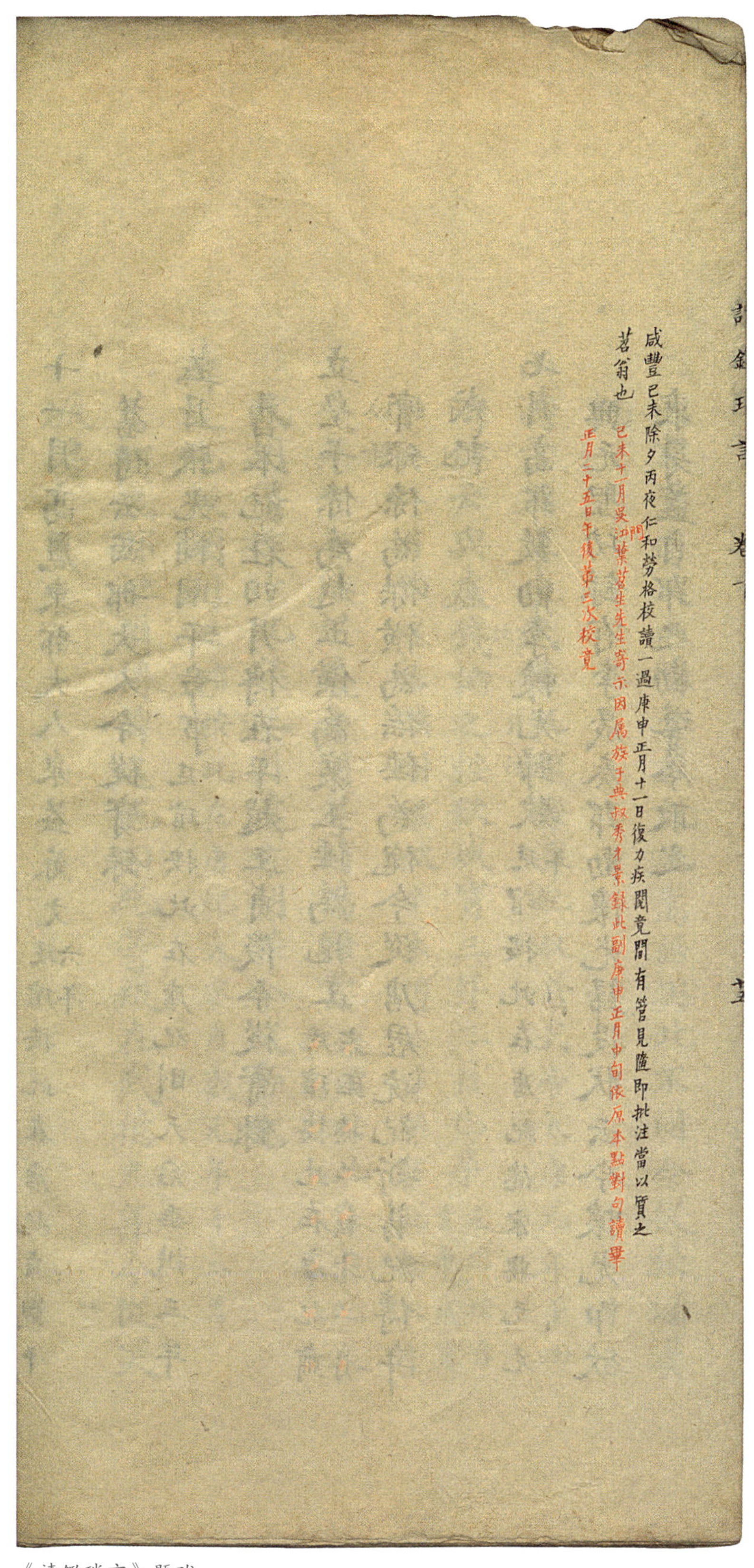
咸豐己未除夕丙夜仁和勞格校讀一過庚申正月十一日復力疾閱竟間有管見隨即批注當以質之茗翁也

己未十一月吳江葉茗生先生寄示因屬族子典叔秀才景録此副庚申正月中旬依原本點對句讀畢

正月二十五日午後第三次校竟

《讀鑑瑣言》題跋

逍遥游　齊物論　養生主
人間世　德充符　大宗師
應帝王　韓園評選讀過

讀南華者先熟內篇內篇熟則外篇雜篇如破竹數節之後可以迎刃而解矣南華經分明是道德經註疏發揮南華先須讀道德經大要識其立言宗

莊子因　上　內篇

子　部

儒家類／法家類／農家類／醫家類／術數類／藝術類／譜録類

／雜家類／類書類／釋家類／道家類

[儒家類]

新序十卷

漢劉向撰。明萬曆程榮刻《漢魏叢書》本。清吴景恩跋并過録清陳揆跋。索書號：〇二八四—〇三八。

釋文：

三月二十一日校至此卷，是日欲買舟返梅里，以事未能。

此本第四卷“宋就”一條“搆”字，注云“太上御名”，蓋就淳熙本翻刻者，比近時本誤字較少。陸敕先借錢氏宋刻，校於程榮本。余所見者，孫竹鄉臨于何允中本，比《羣書拾補》頗有異同，又此本大意與宋刻合，故不多録。甲戌立夏後五日，陳揆記。

子準本乃明正德年間正心書院所刻，比《漢魏叢書》本頗佳，今據以校勘。子準讀書最細，所藏大抵精審，身殁遺書盡散，可歎也。校畢誌此。吴景恩記。

道光七年三月二十二日夜校完。

按：

吴景恩，字心葵，清嘉道間人。祖籍江蘇江都（今揚州），後移籍常熟。好古力學，文詞浩瀚，尤善辯論。與陳揆爲友。陳揆（一七八〇—一八二五），字子準，清江蘇常熟人。著名藏書家，與張金吾齊名。有《稽瑞樓書目》。

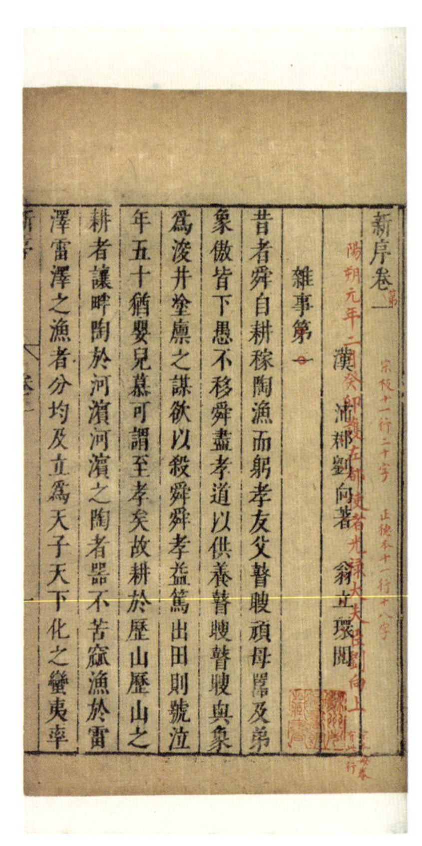
新序卷一
漢 沛郡劉向著 翁立環閱
雜事第一
昔者舜自耕稼陶漁而躬孝友父瞽瞍頑母嚚及弟
象傲皆下愚不移舜盡孝道以供養瞽瞍瞽瞍與象
爲浚井塗廩之謀欲以殺舜舜孝益篤出田則號泣
年五十猶嬰兒慕可謂至孝矣故耕於歷山歷山之
耕者讓畔陶於河濱河濱之陶者器不苦窳漁於雷
澤雷澤之漁者分均及立爲天子天下化之蠻夷率

《新序》卷首

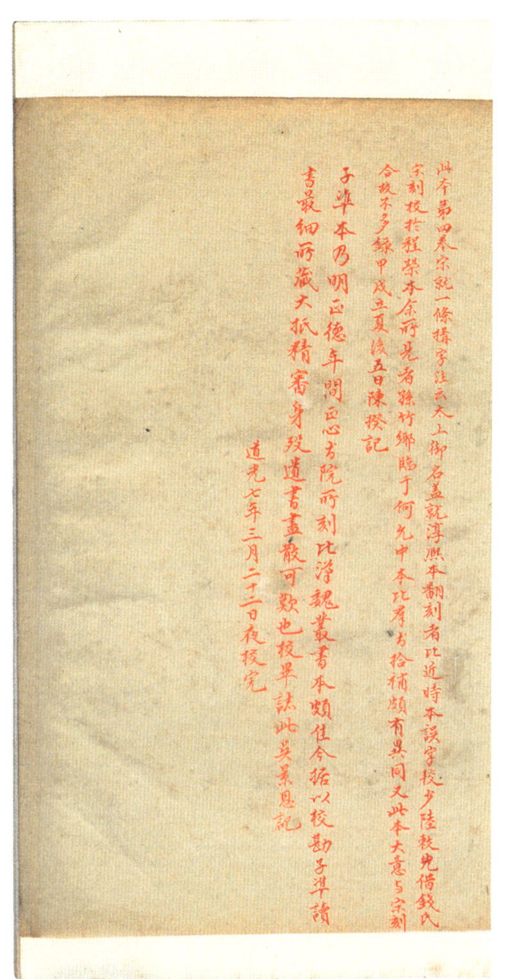
此本第四卷宋就一條擇字注云太上御名蓋就淳熙本翻刻者比近時本誤字較少陸敕先借錢氏宋刻校於程榮本余所見者孫竹鄉臨于何允中本比群書拾補頗有異同又此本大意与宋刻合故不多錄甲戌立夏後五日陳揆記

子準本乃明正德年間正心書院所刻比漢魏叢書本頗佳今据以校勘子準讀書最細所藏大抵精審身殁遺書盡散可歎也校畢誌此吳景恩記

道光七年三月二十二日夜校完

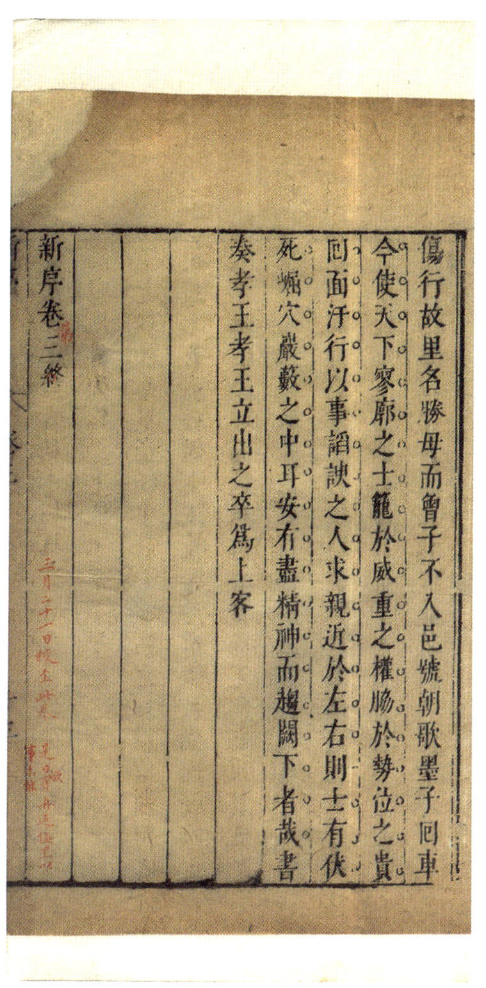
傷行故里名勝母而曾子不入邑號朝歌墨子回車今使天下寥廓之士籠於威重之權脅於勢位之貴回面汙行以事諂諛之人求親近於左右則士有伏死堀穴巖藪之中耳安有盡精神而趨闕下者哉書奏孝王孝王立出之卒爲上客

新序卷三終

三月二十一日校至此卷

《新序》題跋

羅峰家訓一卷訓蒙正則一卷

清姚德教撰。清康熙六十年（一七二一）蘇州府學刻雍正元年（一七二三）姚德教增補本。清顧文煥、顧錫畝跋。索書號：一八六五—一八二。

釋文：

茲籍搜悉訓教之方克罄，啓童蒙之性，誠哉勝乎諸小學。乾隆丙子孟冬望後五日跋。

姑蘇金閶硯齋顧錫畝載南氏敬藏於東白草堂。

按：

顧文煥、顧錫畝，生平不詳。

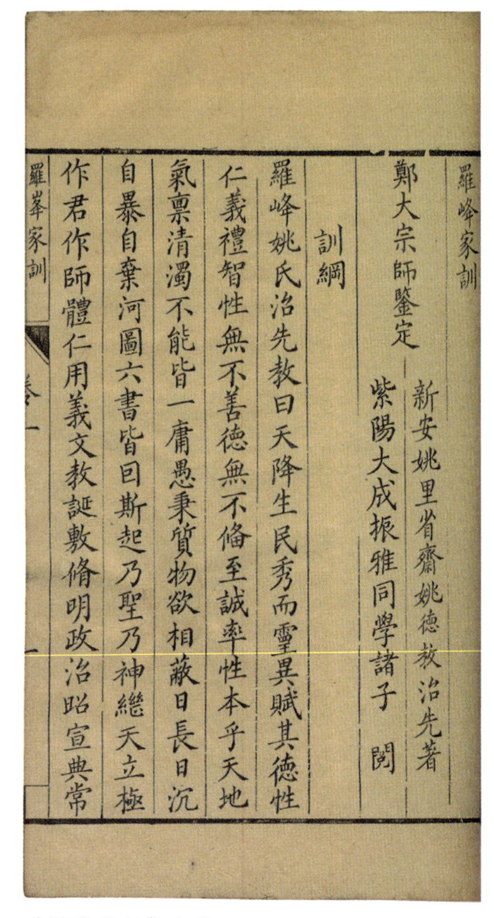

羅峰家訓

鄭大宗師鑒定　新安姚里省齋姚德教治先著

紫陽大成振雅同學諸子　閱

訓綱

羅峰姚氏治先教曰天降生民秀而靈異賦其德性仁義禮智性無不善德無不備至誠率性本乎天地氣禀清濁不能皆一庸愚秉質物欲相蔽日長日沉自暴自棄河圖六書皆曰斯起乃聖乃神繼天立極作君作師體仁用義文教誕敷脩明政治昭宣典常

羅峯家訓　卷一　一

《羅峰家訓》卷首

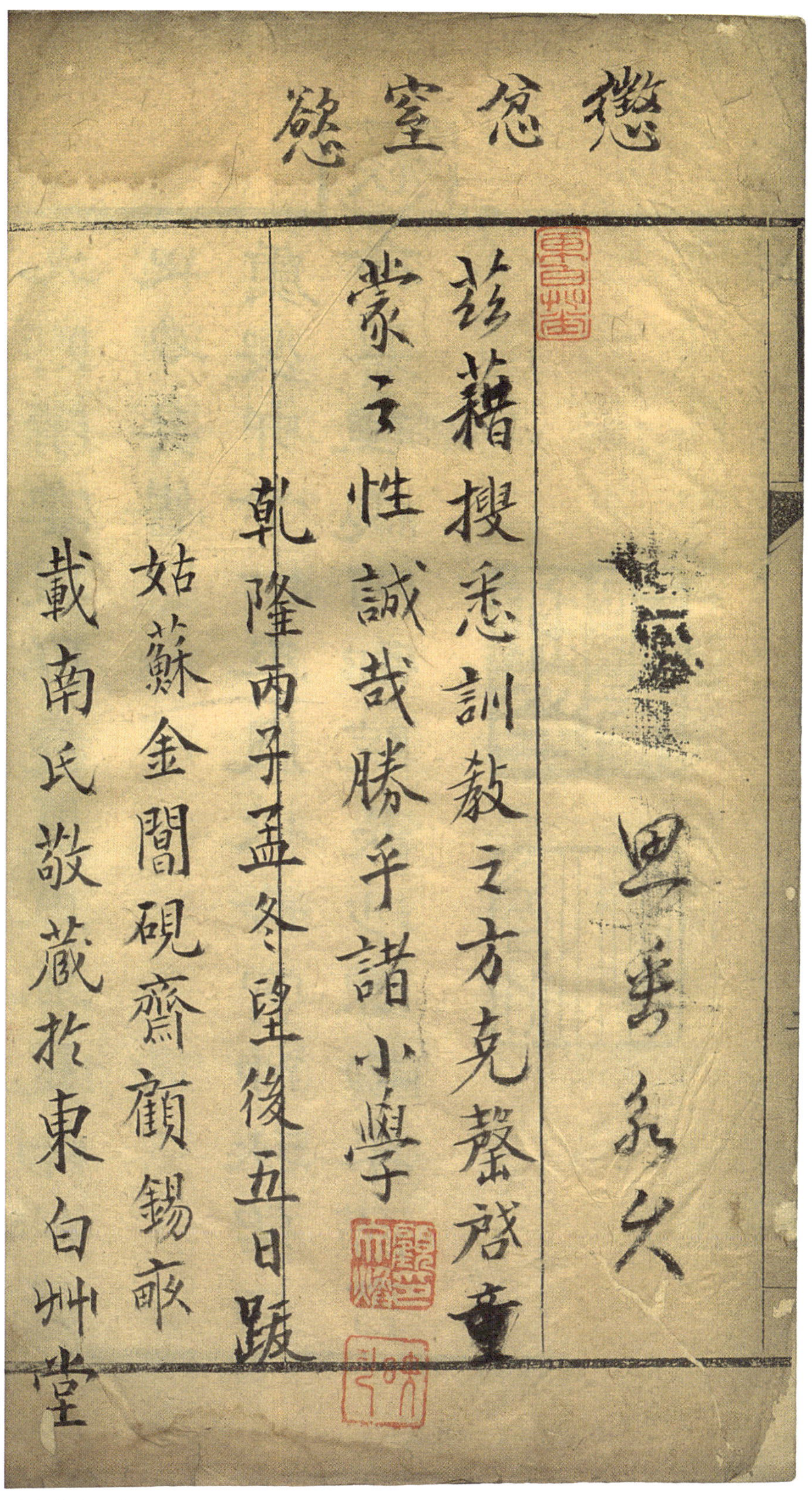
懲忿窒慾

茲藉搜悉訓教之方克馨啓童
蒙之性誠哉勝乎諸小學
乾隆丙子孟冬望後五日跋
姑蘇金閶硯齋顧錫麒
載南氏敬藏於東白艸堂

《羅峰家訓》題跋

［法家類］

管子治略窾言八卷

明凌登嘉輯評。明萬曆刻本。清黄國瑾跋，清宋鳳翔批并跋。索書號：〇三一九—〇四三。

釋文：

宋于庭校本《管子治略》八卷，校語已入《管子識誤》，特老輩手迹，可珍重耳。此本明凌登嘉妄以己意删訂，亦非善本。光緒十四年九月省親蘇州，書賈侯生持來求售，前有劉履清彦芬父考（收）得圖記，知爲泖生家藏，泖生亦學人也。貴筑黄國瑾記。

宋本後載張嵲巨山《讀管子》云：余讀《管子》，然後知莊生、鼂錯、董生之語時出于《管子》也，不獨此耳。凡《漢書》語之正馴者，率多本《管子》。《管子》，天下奇文也。所以著見于天下後世者，其徒其功烈哉。及讀《白心》上下、《内業》諸篇，則未嘗不廢書而歎，益知其功業所本，然後知世之知《管子》殘淺也。《管子》書多古字，如專作摶、忒作貣、宥作侑、況作兄、釋作澤，此類甚衆。《大匡》載召忽語曰："百歲之後，吾君下世，犯吾命而廢吾所立，奪吾糾也，雖得天下，吾不生也，兄與我齊國之政也。"而注乃以爲澤恩之命，甚陋，不可遍舉。書既雅奥難舉，而爲之注者，復繆于訓故，益使後人疑忽不能究知，世傳房元齡所注，恐非是。予求《管子》書久矣，紹興己未，乃從人借得之，伏而讀者累月，始頗窺其

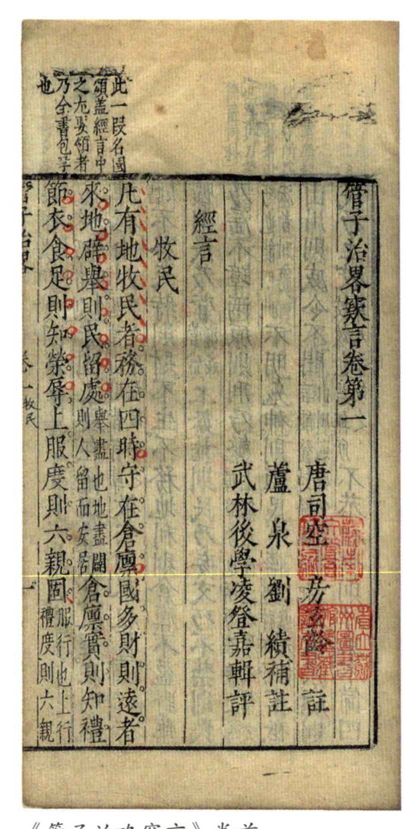

此一段名國頌蓋經言中之尤要領者乃全書包孕也

管子治畧窾言卷第一

唐司空房玄齡註

蘆泉劉績補註

武林後學凌登嘉輯評

經言

牧民

凡有地牧民者務在四時守在倉廩國多財則遠者來地辟舉則民留處（舉盡也地盡闢則人留而安居）倉廩實則知禮節衣食足則知榮辱上服度則六親固（服行也上行禮度則六親）

管子治畧　卷一　牧民　一

《管子治略窾言》卷首

義訓，然舛脱甚衆，其所未解尚十二三。及參以經史，頗爲改正訛謬，疑者表而發之，其所未解者置之，不敢以意穿鑿也。翔鳳按：此文極有識，故識之。

明刻《管子》以劉績本爲近古，有意改處，皆明言之。其後有趙用賢本，稍遜。嘉慶壬申歲，客南昌，于郡守張古餘丈處見影抄南宋初年本，以篋中所携無劉、趙兩家本可校，因于肆間購得此本，將影抄本校對一過，乃知王石渠、孫伯淵諸先生所據之宋本，皆從此本校出，故勝處特多。儻有力者借影抄本重雕，則盛事也。相月哉生霸，浮谿宋翔鳳識于南昌郡署。

嘗見石渠先生校《管子》既精博，歲甲申至廣州，頗與同歲生臨海洪君論《管子》，而余時出異同，遇有所得，書于眉端，非敢附王、洪兩家後，亦敝帚自珍意耳。道光五年十二月，翔鳳跋于沭昜學官之舍。

按：

黄國瑾（一八四九—一八九〇），字再同，彭年子。原籍湖南醴陵，移籍貴州貴筑（今貴陽）。清光緒二年（一八七六）進士。著有《漢書注校補》《訓真書屋詩存》等。宋翔鳳（一一七六—一八六〇），字于庭。清江蘇長洲（今蘇州）人。嘉慶五年（一八〇〇）舉人。官泰州學正、旌德訓導，攝湖南新寧縣，以州牧致仕。從莊述祖學，長于經文小學。詩詞雅俊可頌。《清史稿》有傳。

奧難尋而又為之注者復繆于訓詁，益使後人特忽不能究知。世傳房玄齡所注，並此五
子。求管子書久矣，紹興己未，乃從人借得之，伏而讀其書累月，始頗窺其藏。初讎校時
甚眾，至所未解者尚十二三，及參以經史，頗嘗改正訛謬，特其粗而甚易者，所未解者置
之，不敢以意穿鑿也。

翔鳳按：此文據自謙撰識之。

明刻管子以劉績本為近古，自意改竄者，又其後趙用賢本
猶遜。嘉慶壬申，藏家[illegible]寓于鄭守張古餘太守，見影抄南宋初
年本，以[illegible]中所據[illegible]劉績所家本，用[百校]于肆間購得此本，特影
抄本校畢一過，乃知王石渠、孫伯淵諸先生所據之宋本，實從此
本校出，特據家多，儘自力無借影抄本重雕則無由也。初月[illegible]
生霸，浮谿宋翔鳳書于南昌郡署。

嘗見石渠先生校管子尤精博，歲甲申至廣郡，頗與同歲生
臨海洪大令論管子，而余所出之亦自是有所得，于眉端，此附于王洪
兩家後出，故前自錄意耳。道光五年十二月翔鳳跋于瀛易
等官之舍。

《管子治略窾言》題跋

宋于庭校本管子治略八卷校語已入管子識誤特先輩手蹟可珍重耳此本明凌登嘉安以己意刪訂亦非善本光緒十四年九月省親蘇州書賈奚生持來求售前有江山劉履芬彥清父跋以圖記知為泖生家藏泖生亦學人也貴筑黃國瑾記

宋本後載張嵲巨山讀管子云余讀管子至[illegible]莊生最錯[illegible]生之語時云于管子止不獨此言凡讀其語之[illegible]則其事多本管子管子天下奇文也所以著見于天下後世者其徒之功與其及讀內心上下內業諸篇則未嘗不廢書而歎蓋知其功業所本後之知世之知管子者淺也管子書多古字如[illegible]作摶[illegible]作貳[illegible]作備[illegible]作[illegible]

［農家類］

區田五種輯五卷

清趙夢齡輯。清抄本。清葉道芬跋。索書號：一〇五九——一一七。

釋文：

予幼習聞潘功甫丈區田之效而未詳其説，迨成童，家君携以謁丈，廼折節進而教之。雖時得請業之益，然落落未暇及也。今年擬以縣令出山，僑居清苑姚朗山大令官齋。直隸制府文星岩先生適奉興治水利農田以紓南漕之命，商同方伯文六吉先生，將慎選平日究心經世之學、能任勞怨而諳悉北直輿地水道者，列名奏準委任。道芬菲材陋學，謬膺兹選，唯力矢公勤以補其拙。時因與舊交何少山名鎌同下榻朗山齋，因話及區田有補水利，即欣然出此書見貽。四十年習聞未解，一旦乃得豁然，如指諸掌，欣喜無量。同治元年壬戌七月，吴下葉道芬記。

“勤”字後叁行誤高一字，道芬附記。

《區田五種輯》卷首

按：

葉道芬，見前《蘇米志林》條。

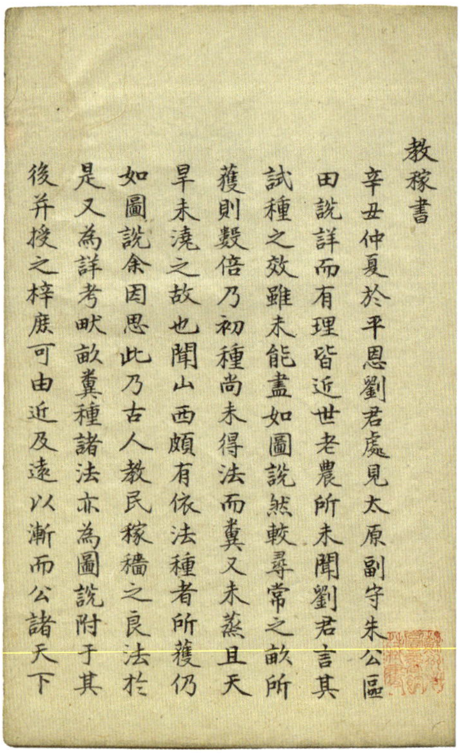

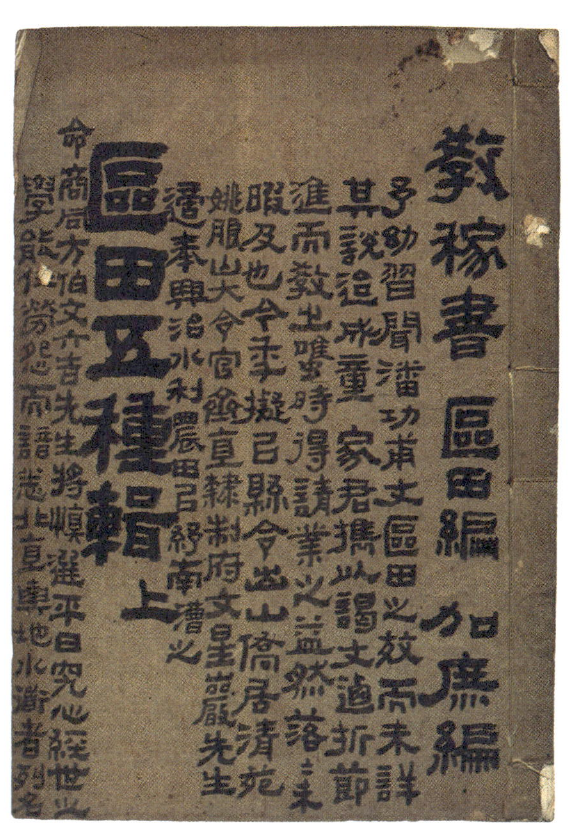

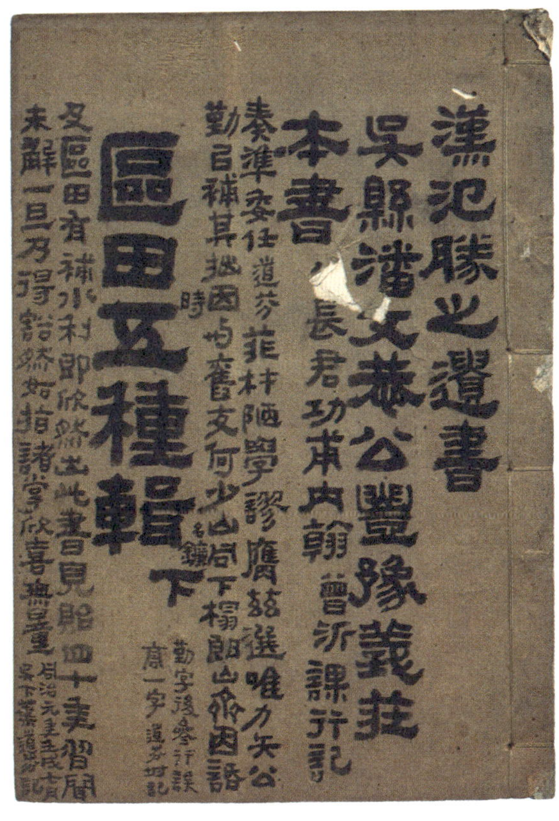

《區田五種輯》題跋

[醫家類]

類經三十二卷附翼四卷圖翼十一卷

明張介賓類注。明天啓四年（一六二四）刻本。清錢仁跋。

索書號：〇三三九—〇四五。

釋文：

三墳之一曰《内經》，所以窮天地陰陽五行變化之機，苟非上智，端緒叵測，無怪世俗之以經言淵奥而置之也。若夫景岳《類註》，乃合《靈》《素》兩經，錯綜參伍，神而化之，讀其所聚，而天地之情事見，玩其所分，而陰陽之病機顯，非大儒手筆，其孰能之？乃惑者猶曰多歧，吾未之信。天民先覺，示我周行，能竭我材，明有由從，俾業醫者中心悦而寤寐誠求，則見其參前倚衡，我三指有隔垣之照，彼二豎無膏肓之遯矣。錢仁讀。

按：

錢仁，生平不詳。

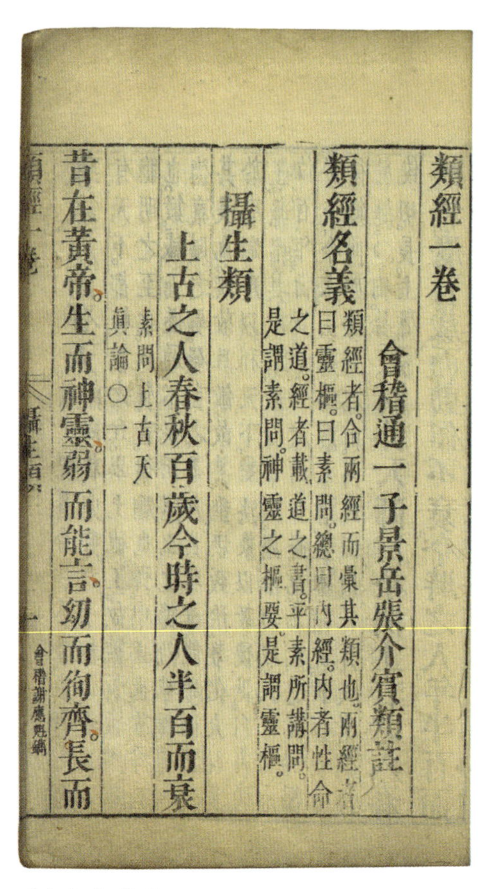

類經一卷

會稽通一子景岳張介賓類註

類經名義 類經者。合兩經而彙其類也。兩經者。曰靈樞。曰素問。總曰内經。内者性命之道。經者載道之書。平素所講問。是謂素問。神靈之樞要。是謂靈樞。

攝生類

上古之人春秋百歲今時之人半百而衰 素問上古天真論 一

昔在黃帝。生而神靈。弱而能言。幼而徇齊。長而

《類經》卷首

三墳之一曰內經，不以究天地陰陽五行變化之機，萬物
以資攝詮巨細，莫怪世俗之以經言淵奧而置之也。張
景岳類註，乃合靈素兩經錯綜集傳，神而化之，
讀者不累而天機之情可見，玩者不分而陰陽之摘釋
斯，此大儒手筆，吾孰能之。乃或者糈曰多歧，吾未之信。
天氏先覺示象，圖明於揭，泰村所以由博併業醫者中
亦悅而精麻沫求所見，吾集子傳鄉象三指而備垣
之無從，二豎無章旨之極遙矣。

錢仁讀

《類經》題跋

傷寒補天石不分卷

明戈維城著，清朱陶性校。清抄本。民國子然批校并跋。索書號：二一四八—二〇二。

釋文：

是書由先嚴所得，乃潘氏藏本也。蓋潘君玉荀本一博學通才，兼且酷好醫學。唯傷寒一科，究工愈深，將《傷寒統辨》删改數首，簡而明晰，柰未完璧，良可惜焉。榮于今夏披閲一過，瞭如指掌，亦殊心傾靡已。實補仲聖三百九十七法、一百一十三方之未備，斯可爲傷寒之寶鑑，學者之指南。榮即不殫其勞，一一校録，以臻完善，且不没潘君之一番苦心在前焉。爰爲之記。民國五年首夏，吴興子然謹識。

按：

子然，生平不詳。

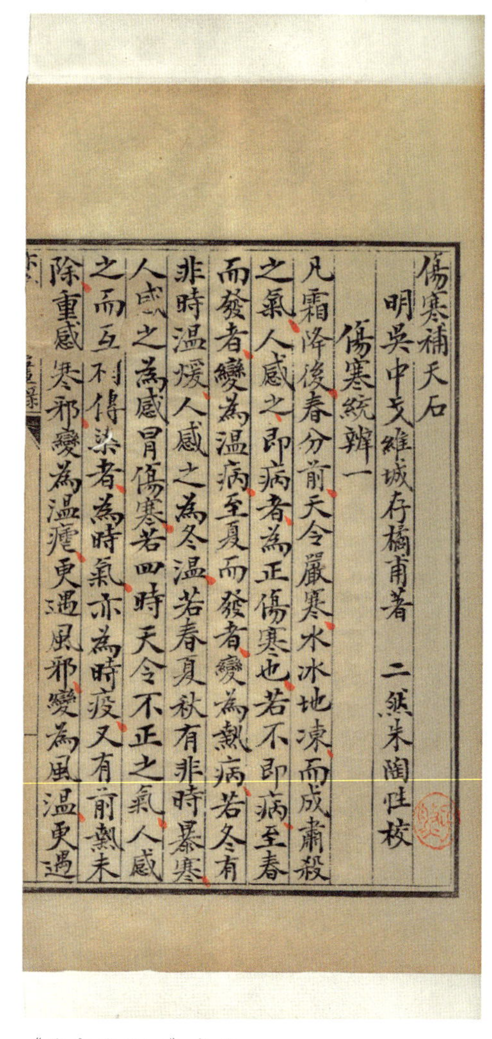

傷寒補天石
明吳中戈維城存橘甫著　二紙朱陶性校
傷寒統辨一
凡霜降後春分前天令嚴寒水冰地凍而成肅殺之氣人感之即病者為正傷寒也若不即病至春而發者變為溫病至夏而發者變為熱病若冬有非時溫煖人感之為冬溫若春夏秋有非時暴寒人感之為感冒傷寒若四時天令不正之氣人感之而互相傳染者為時氣亦為時疫又有前熱未除重感寒邪變為溫瘧更遇風邪變為風溫更遇

《傷寒補天石》卷首

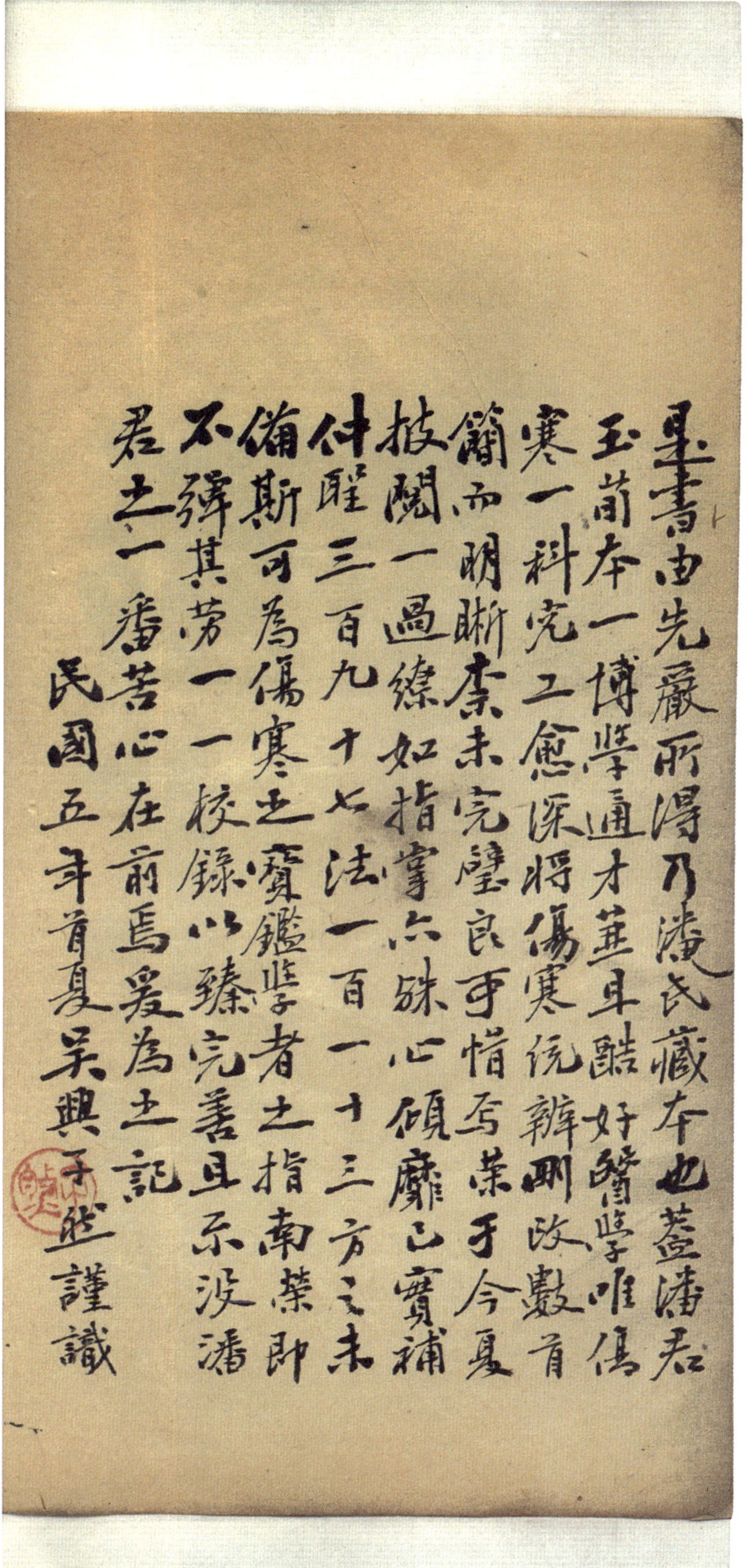
是書由先嚴所得乃潘氏藏本也蓋潘君玉前本一博學通才兼且酷好醫學唯偶寒一科究工愈深將傷寒統辨刪改數首簡而明晰奈未完璧良可惜焉棐于今夏披閱一過緣如指掌六味心傾靡已實補什醒三百九十七法一百一十三方之未備斯可為傷寒之寶鑑學者之指南棐即不揣其勞一一校錄以臻完善且不沒潘君之一番苦心在前焉爰為之記

民國五年首夏吳興子棐謹識

《傷寒補天石》題跋

傷寒論三注十六卷

清周揚俊輯。清乾隆四十五年（一七八〇）松心堂刻本。清韋光黻跋。索書號：二〇八五—一九七。

釋文：

辛巳歲下榻於白堤劉氏，篋中携此卷，課餘點次之。意有所觸，輒標其端，以醒閱者之目，非敢妄議前人也。時辛夷初花，梅萼盡開，齋中春色盎然。得摶九書，知其已出城矣。正月廿九日，在山居士書。

按：

韋光黻，字君繡，號洞虛、在山居士。江蘇長洲（今蘇州）人。諸生。顧元熙弟子。擅詩，工畫，能琴，兼通醫理。著有《蕊珠居集論》《在山草堂吟稿》等。

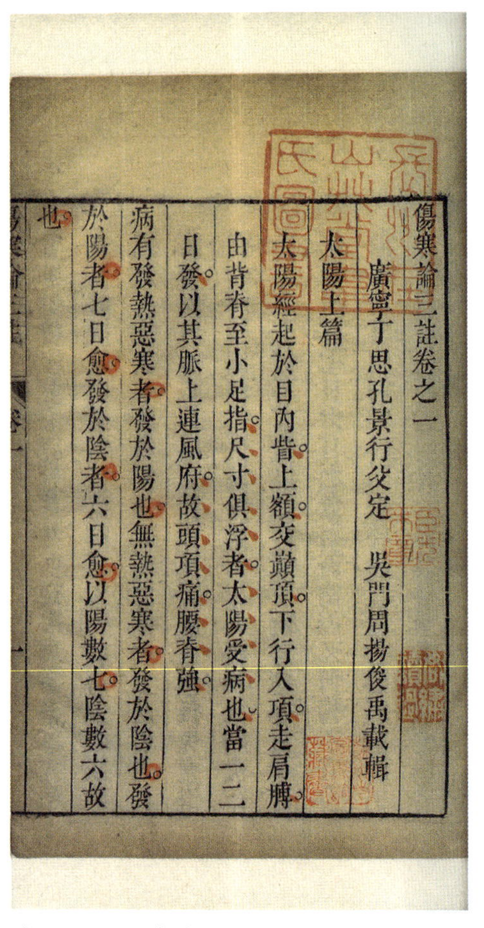

傷寒論三註卷之一

廣寧丁思孔景行父定　吳門周揚俊禹載輯

太陽上篇

太陽經起於目內眥上額交巔頂下行入項走肩髆由背脊至小足指尺寸俱浮者太陽受病也當一二日發以其脈上連風府故頭項痛腰脊強

病有發熱惡寒者發於陽也無熱惡寒者發於陰也發於陽者七日愈發於陰者六日愈以陽數七陰數六故也

《傷寒論三注》卷首

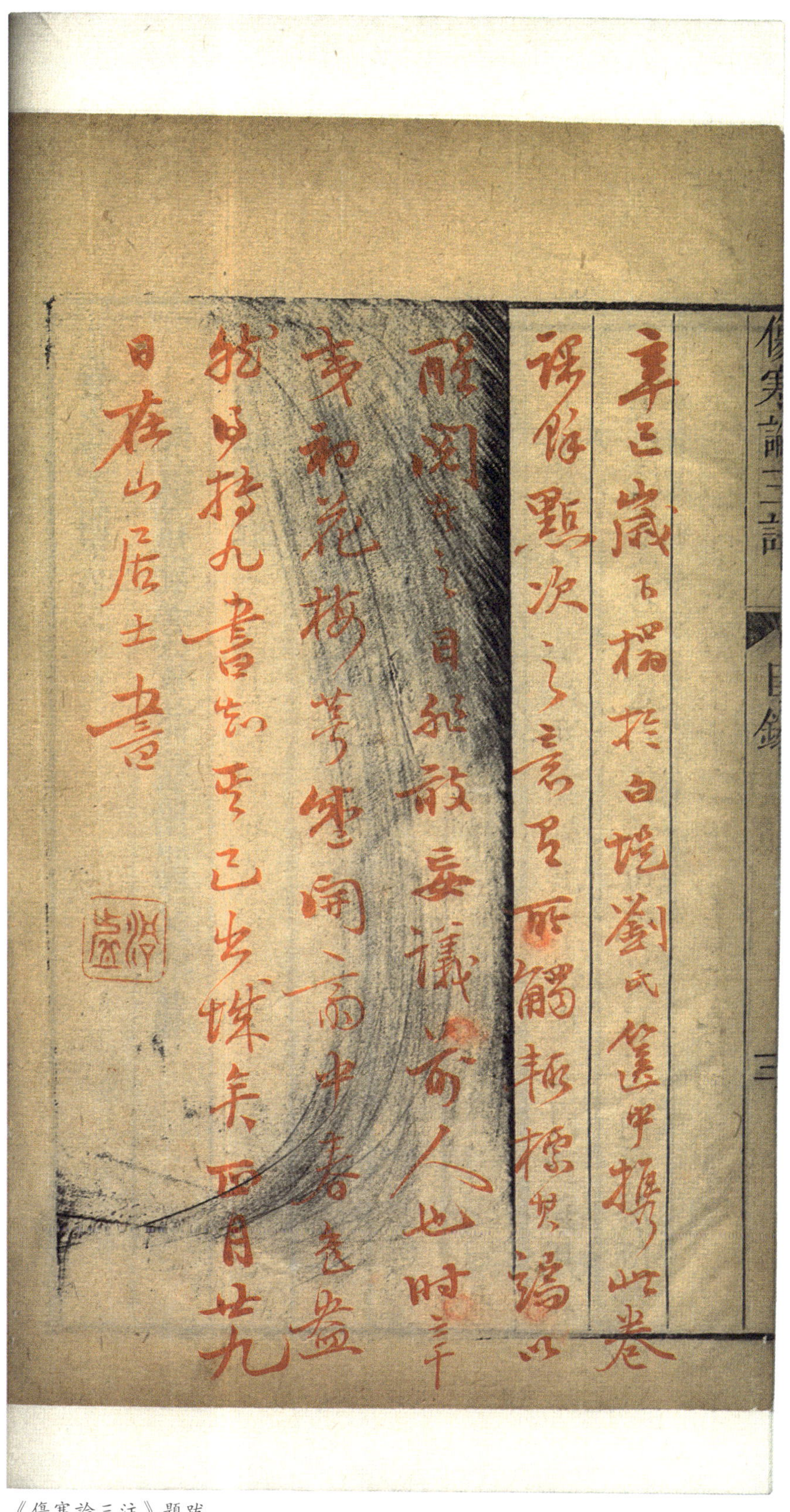

《傷寒論三注》題跋

本草述鈎元三十二卷

清楊時泰輯。清道光刻本。清徐康跋。索書號：一八二三—一七九。

釋文：

僕於去夏遭難，長物皆歸烏有，孑身出城，踉蹌至滬。幸居停劉松岩觀督相招入幕，始得定喘，痛定思痛。小病半年，兒輩相繼踵至，遂賣藥市上，往往應手即愈。大兵後有大疫，瘧痢并行，投溫補藥合機，與往時施治背謬，亦一變也。惟無力購醫書，而檢閱查方萬不可少。同事騶鷺丈憫之，慨假《景岳全書》及《成方切用》，方得涉獵舊業疏方，不至儉腹。今日又得郁東丈贈家刊《本草述》一種，與新購《元命苞》、倣宋《内經》《靈樞》同藏敝篋，不啻如貧兒暴富，因翦燈記之。辛酉二月杪，海鷗生。

按：

徐康（一八一四—？），字子晉，號窳叟。清江蘇長洲（今蘇州）人。工繪畫，精篆刻，善書法，兼通醫學。著有《前塵夢影録》等。

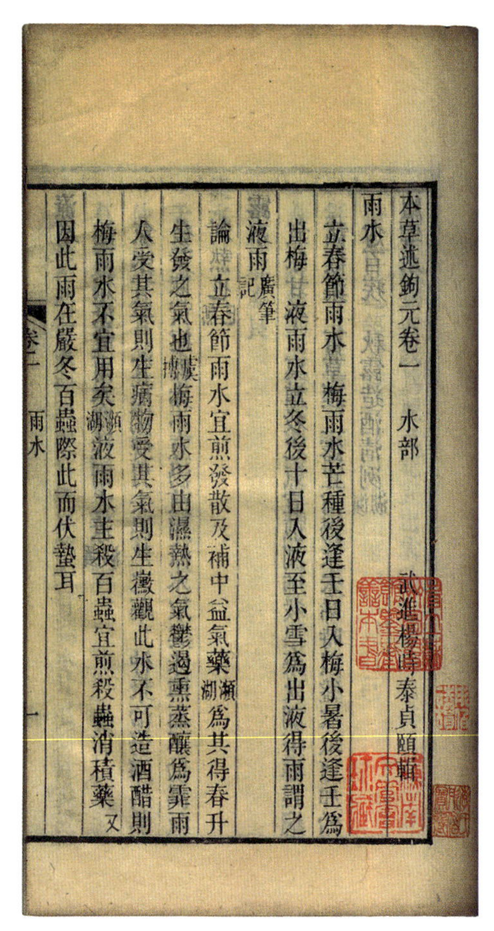
本草述鈎元卷一　水部
武進楊時泰貞頤輯
雨水
立春節雨水　梅雨水芒種後逢壬日入梅小暑後逢壬爲出梅　液雨水立冬後十日入液至小雪爲出液得雨謂之液雨廣筆記
論　立春節雨水宜煎發散及補中益氣藥瀕湖爲其得春升生發之氣也虞摶梅雨水多由濕熱之氣鬱遏熏蒸醸爲霏雨人受其氣則生病物受其氣則生黴觀此亦不可造酒醋則梅雨水不宜用矣瀕湖液雨水主殺百蟲宜煎殺蟲消積藥又因此雨在嚴冬百蟲際此而伏蟄耳
卷一　雨水　一

《本草述鈎元》卷首

僕於去夏遭難，長物皆歸烏有，身出城踉蹌至滬，奔居停劉松岩觀察相招入幕，始得定喘。痛定思痛，以痛半年，兒輩相繼殞亡，遂賣藥市上，往往應手即愈。大兵後有大疫，瘴病無人救治，補藥令執與往時施治，皆深忌，一變也。惟無力購醫書

而檢閱查方，第不可少。同事騶騭丈惆惆慨假景岳全書及成方切用，方同治稼藉葉跋方，不至儉腹。今日又得鄒東丈贈家刊本草述一種，上年購元命苞，做宋內經雲樞同藏敬篋，不啻如貧兒暴富，因為燈記之。辛丑二月栲海鷗生

《本草述鈎元》題跋

脉藥聯珠一卷

清龍柏編，潘霨增輯。清松茂室抄本。清潘霨跋。索書號：〇三四五—〇四五。

釋文：

《浮沉遲數四提綱兼脉主病歌》《奇經八脉主病用藥訣（刮痧急救各穴附）》《督任衝帶陽維陰維陽蹻陰蹻》。隨症體驗，治法簡明，不泥古方，不離古方，神而明之，存乎其人。有心濟世者，爲舟車必備之書，常宜省覽。

《脉藥聯珠》，韡園增輯。存四提綱中，尤當以"短""促""結""代"四字詳辨之。

按：

潘霨，見前《歷代史論》條。

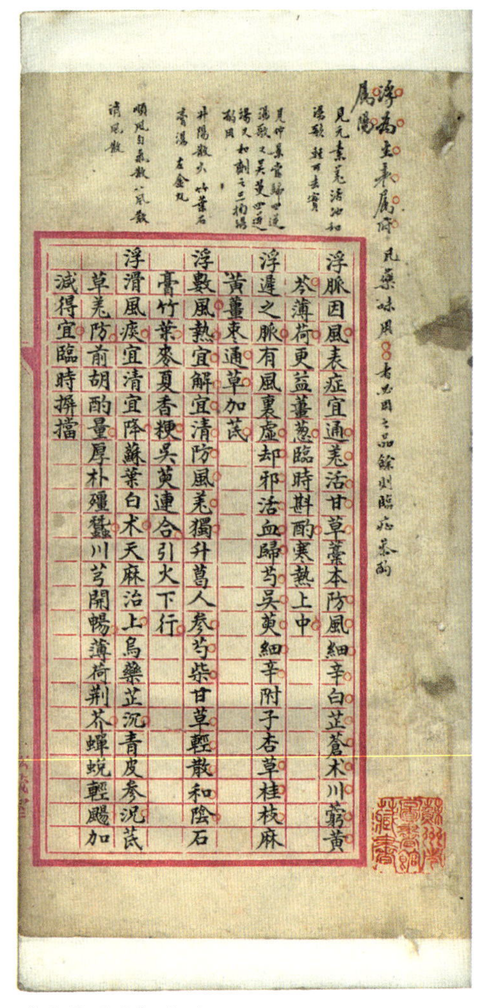
浮脈因風表症宜通羌活甘草藁本防風細辛白芷蒼术川藭黄
芩薄荷更益薑葱臨時斟酌寒熱上中
浮遲之脈有風裏虚却邪活血歸芎吴萸細辛附子杏草桂枝麻
黄薑棗通草加茋
浮數風熱宜解宜清防風羌獨升葛人參芎柴甘草輕散和陰石
膏竹葉麥夏香粳吴萸連合引火下行
浮滑風痰宜清宜降蘇葉白术天麻治上烏藥芷沉青皮參沉茋
草羌防前胡酌量厚朴殭蠶川芎開暢薄荷荊芥蟬蛻輕颺加
減得宜臨時摒擋

《脉藥聯珠》卷首

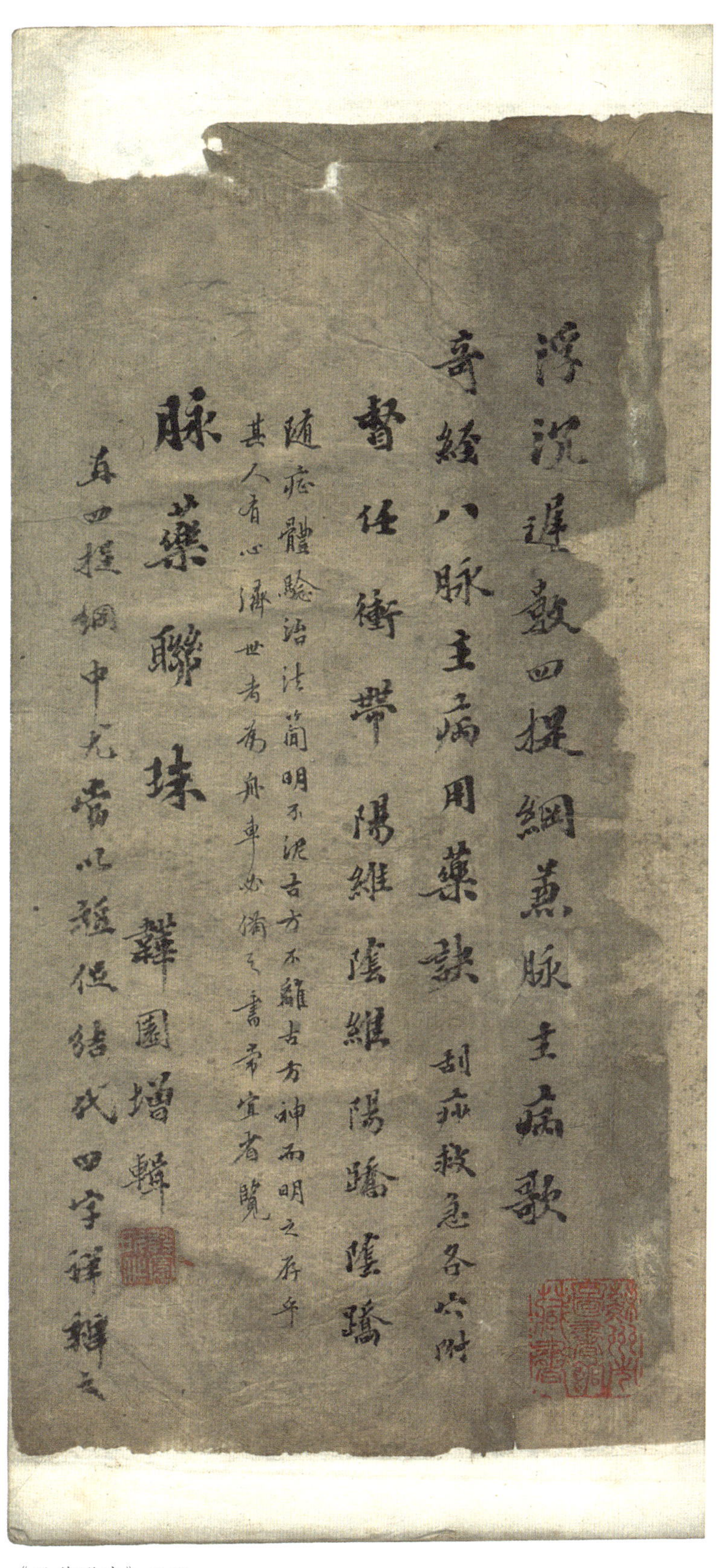

浮沉遲數四提綱兼脉主病歌

奇經八脉主病用藥訣　刮痧救急各穴附

督任衝帶陽維陰維陽蹻陰蹻

隨症體驗語法簡明不泥古方不離古方神而明之存乎

其人有心濟世者為舟車必備之書希宜者覽

脉藥聯珠

龔園增輯

真四提綱中无當以短促結代四字釋辨之

《脈藥聯珠》題跋

易盧孫三家醫案不分卷

明易大艮、盧復、孫一奎撰。清咸豐七年（一八五七）陸嵩抄本。清陸嵩跋。索書號：一〇八〇——二〇。

釋文：

丙辰歲暮，余從婦弟王子謙處借得《三家醫案》一本，三家者，撫州易氏大艮、錢塘盧氏不遠、新安孫氏一奎也。三者皆前明人。書係子謙尊人乙垣翁所録，盧案卷末有長評一篇，乃余太岳樸莊先生手筆，上方評語，當亦是樸老所綴。三家中，盧案最少，語亦不甚詳晰。易、孫兩家皆按脈論症，極有可取法處。易案未見刊本，孫案則懋兒購得一卷，錯見録中，因於易案全録之，而孫案則録其刊本所無者。始祀竈日，迄新正九日録畢。自遭寇亂，遷徙流离，倏經四載，筆墨盡廢，因懋兒學醫，得此書，爲之手録一通，蓋不勝感慨係之云。丁巳立春日，嵩書。

按：

陸嵩（一七九一——一八六〇），字希孫，號方山。清江蘇元和（今蘇州）人。貢生。道光中，官鎮江府學訓導。鴉片戰爭時，嘗組織鄉勇抗英。工詩，著有《意苕山館詩稿》。

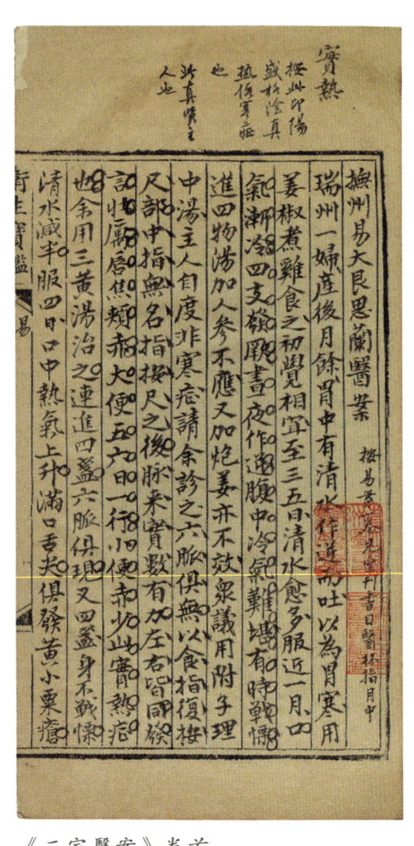

《三家醫案》卷首

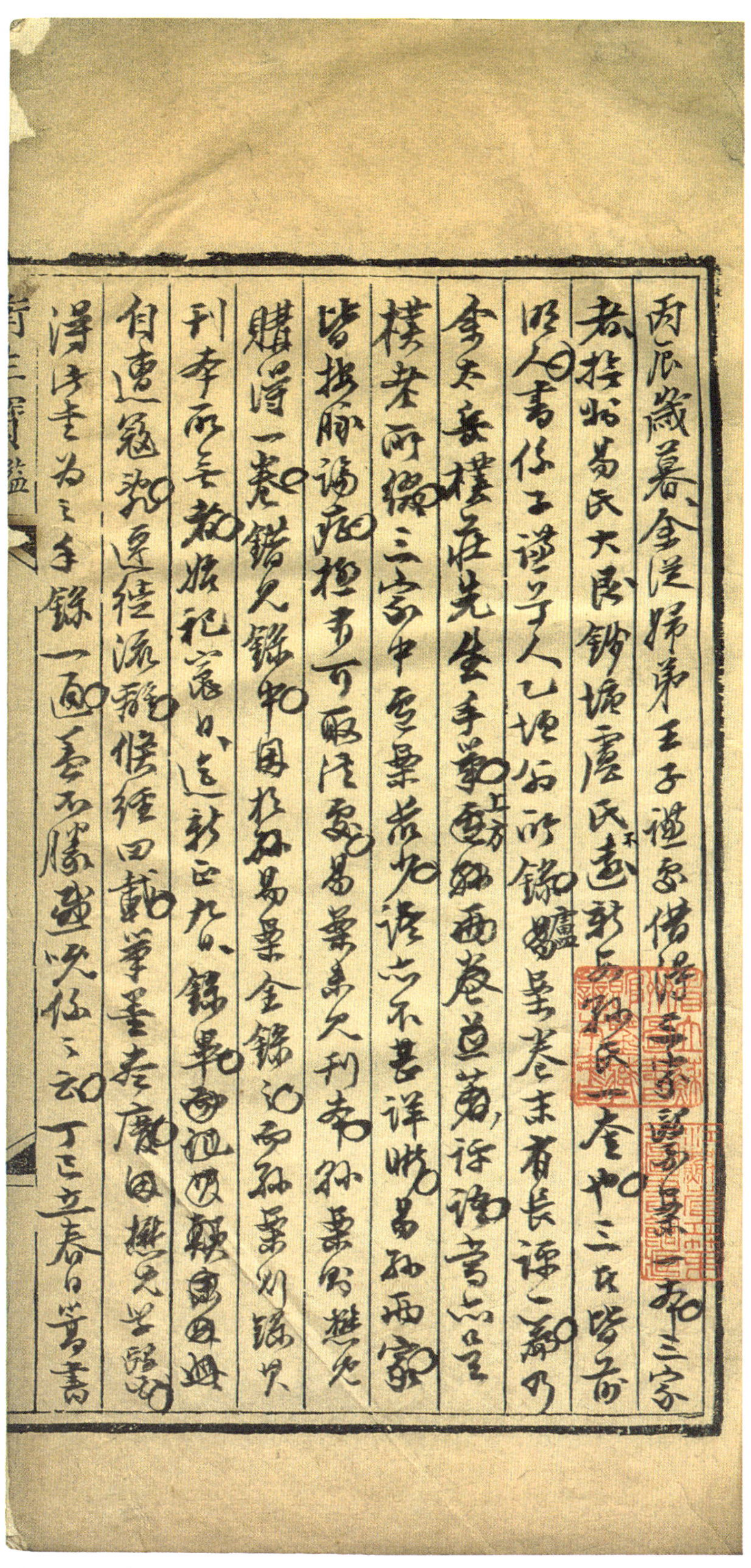

《三家醫案》題跋

里中醫案一卷

清李中梓撰。清初管鴻抄本。清管元龍補并跋。索書號：一〇七七一一二〇。

釋文：

此書係我曾祖于磐公手録，至今有五十餘年矣。其殘編猶存於古架之上，覽其前後，凋落不堪已成半廢。吾父見之曰："此士材李公家藏之《脉案》，因吾祖與李公舊交，故得此抄録以秘藏之，當須珍重。"噫！我曾祖手録之時，不知四世孫之續其全矣！吾續之後，不知復有何人重較耶？丙辰小春下浣，四世孫升菴續記。

按：

管元龍（一七一六——一七六六），字升庵，清江蘇吴縣（今蘇州）人。

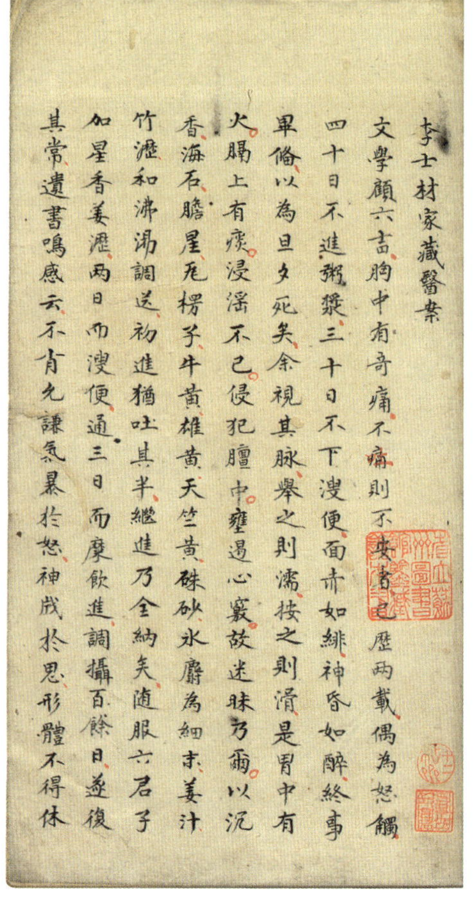

李士材家藏醫案
文學顧六吉胸中有奇痛不痛則不安者已歷兩載偶為怒觸
四十日不進粥漿三十日不下溲便面赤如緋神昏如醉終事
畢倫以為旦夕死矣余視其脉舉之則濡按之則滑是胃中有
火膈上有痰浸淫不已侵犯膻中壅遏心竅故迷昧乃爾以沉
香海石膽星瓜蔞子牛黄雄黄天竺黄硃砂冰麝為細末姜汁
竹瀝和沸湯調送初進猶吐其半繼進乃全納矣隨服六君子
加星香姜瀝兩日而溲便通三日而糜飲進調攝百餘日遂復
其常遺書鳴感云不肖允謙氣暴於怒神戕於思形體不得休

《里中醫案》卷首

此書係我
曾祖千磐公手録至今有五十餘年矣其殘編猶存於古架之上覽其前後凋落不堪已成半廢吾
父見之曰此士材李公家藏之脉案因吾祖與李公舊交故得此抄録以秘藏之當須珍重噫我
曾祖手録之時不知四世孫之續其全矣吾續之後不知復有何人重較耶

丙辰小春下浣四世孫井菴續記

《里中醫案》題跋

李士材家藏醫案

文學顧六吉胸中有奇痛，不痛則不安者，已歷兩載。偶為怒觸，四十日不進粥漿，三十日不下溲便，面赤如緋，神昏如醉，終事畢備，以為旦夕死矣。余視其脉，舉之則濡，按之則滑，是胃中有火，膈上有痰，浸淫不已，侵犯膻中，壅遏心竅，故迷昧乃爾。以沉香、海石、膽星、瓜蔞子、牛黃、雄黃、天竺黃、硃砂、冰、麝為細末，姜汁竹瀝和沸湯調送。初進猶吐其半，繼進乃全納矣。隨服六君子加星、香、姜、瀝，兩日而溲便通，三日而糜飲進，調攝百餘日遂復其常。遺書鳴感云：不肖允謙氣暴於怒，神戕於思，形體不得休

醫貫六卷

明趙獻可撰。清康熙刻本。清徐康批校并跋。索書號：〇三四七—〇四六。

釋文：

予初至海上，賣藥自給，苦篋中無書，偶得此卷於書肆，□窮日夕披覽，頗得其要領，嘗出手施治，亦頗效驗。蓋適當庚申紅羊刼後，民盡瘡痍，即瘧利暑症，無不從補益而愈，可見兵戈之後，與尋常民病迥異，因深咎洄翁立論之偏妮。予年老，不能深思元旨，僅爲一糊口之麤工，深有望於兒曹熟讀而深思之。時同治上元甲子，酌客書於還讀書樓，試雞毛筆。

按：《醫貫》爲趙養葵著，吕晚村評，晚村負天下重名，然頗折服養葵之學術。家洄溪翁著《醫貫砭》，掊擊不遺餘力。僕謂兩書皆是也。當明季政弊世衰，國運與人之患勞瘵相同，故薛、高、趙、張四家之學一時風靡，其著書立説，未免亦有偏處，然捄世苦心及有效驗處，自不可泯。至薛、葉、繆、徐生於國家中天景運之際，其一時疾病亦與當時迥別，所患與所治判若天壤，正不必以徐説爲是而以趙説爲非。僕學術甚淺，際此兵燹之後，民生疾病十有九虛，安得起趙先生而叩之治病哉！

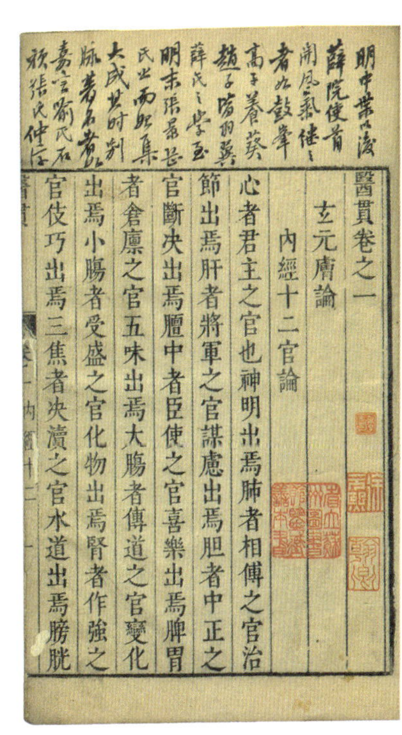
醫貫卷之一
玄元膚論
內經十二官論
心者君主之官也神明出焉肺者相傅之官治
節出焉肝者將軍之官謀慮出焉胆者中正之
官斷决出焉膻中者臣使之官喜樂出焉脾胃
者倉廩之官五味出焉大腸者傳道之官變化
出焉小腸者受盛之官化物出焉腎者作強之
官伎巧出焉三焦者决瀆之官水道出焉膀胱

《醫貫》卷首

醫雖小道，古人以良相擬之，意謂能精乎此，亦有起死回生之術，真可與

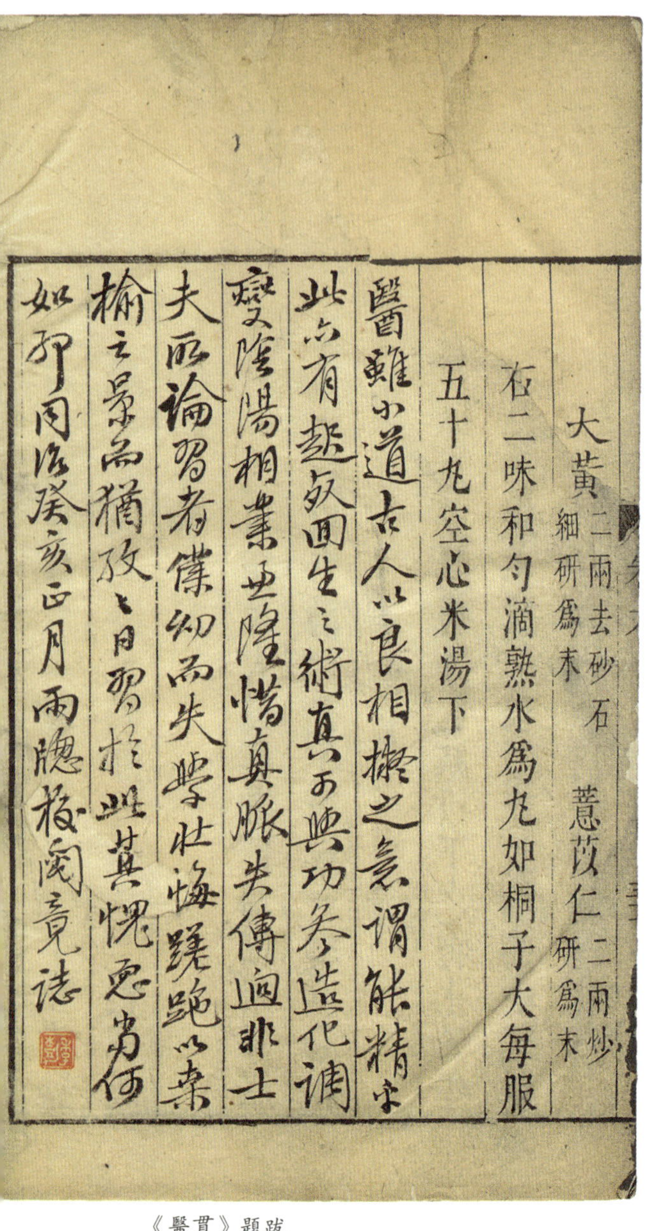

大黃二兩去砂石 細研爲末　薏苡仁二兩炒 研爲末

右二味和勻滴熟水爲丸如桐子大每服

五十九空心米湯下

醫雖小道，古人以良相擬之，意謂能精求此亦有起死回生之術，真可與功參造化、調燮陰陽，相業兼隆。惜真脈失傳，迴非士夫所論習者。僕幼而失學，壯悔蹉跎，以桑榆之景而猶孜孜日習於此，其愧恧當何如邪？同治癸亥正月，雨腮校閱竟誌

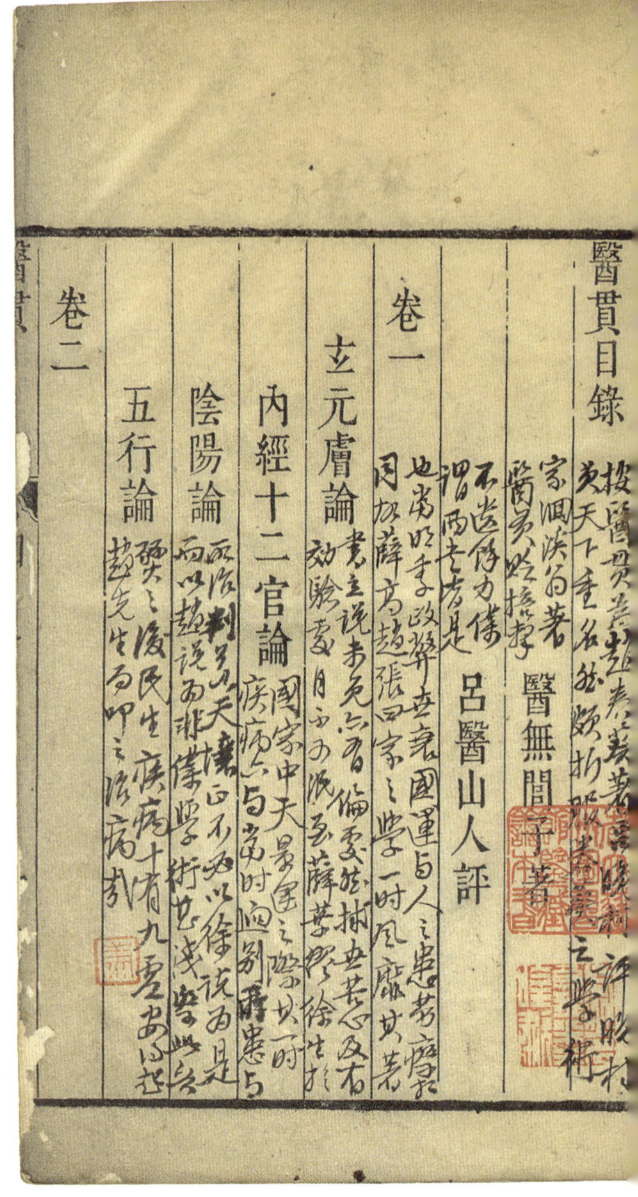

醫貫目錄

醫無閒子著

呂醫山人評

卷一

玄元膚論

內經十二官論

陰陽論

五行論

卷二

《醫貫》題跋

功參造化、調燮陰陽，相業兼隆。惜真脈失傳，迴非士夫所論習者。僕幼而失學，壯悔蹉跎，以桑榆之景而猶孜孜日習於此，其愧恧當何如邪？同治癸亥正月，雨腮校閱竟誌。

按：

徐康，見前《本草述鈎元》條。

予飄泊海上賣藥自給著述中年每借此書於書案
寢日夕披覽斷以其要飲食之宜隨症加減效驗甚著適當庚申
紅羊劫後民患瘧疾痢利暑症無不隨補並而全又見兵戈
之後與平常民病迥異用深察個中之論之論此予年
老不能深思元旨備為一冊之彙編之深合宜於此書題識為
深思之時因以上元甲子陽月書於曇溪書樓試雞毛筆

醫貫卷之一

玄元膚論

内經十二官論

心者君主之官也神明出焉肺者相傅之節出焉肝者將軍之官謀慮出焉胆者中官斷决出焉膻中者臣使之官喜樂出焉者倉廩之官五味出焉大腸者傳道之官出焉小腸者受盛之官化物出焉腎者作

溫疫論二卷

清吴有性著。清康熙四十八年(一七〇九)劉敞葆真堂刻本。清徐康、徐楨跋,民國李煒跋。索書號:一〇八六一一二〇。

釋文:

此吴又可《瘟疫論》原刻本,又得亡大姝楨過批松峰《瘟疫類編》,更足寶貴。大姝少孤,頗聰穎好學。庚申寇臽蘇城,時年政三十,遇寇不屈,被害,無子,而邀贈恤,因以悔兒承祧咨部。計姝所抄録書有十餘册,皆極工整,何致玉折。此册幸彤伯世棣于難前携出,今日重睹,不勝竹林之感。時光緒九年六月,揮汗誌于神明竟,徐康。

己未三月後學徐楨過批。

此本所批乃先奉直公及门邱士廉取劉松峰《瘟疫類編》鈔録。去年幼雲弟於市中得之以示,翻閲一過,見其條分縷晰,識見高超,我吴在大江以南此症尤多,岐黄家指南也,因照録一過。楨記。

彤伯墨筆覆校。

按:

徐康,見前《本草述鈎元》條。徐楨,(一八三一—一八六〇),字號不詳。江蘇長洲(今蘇州)人。徐康侄。李煒,字彤伯。民國時期蘇州名醫,受業於徐家。

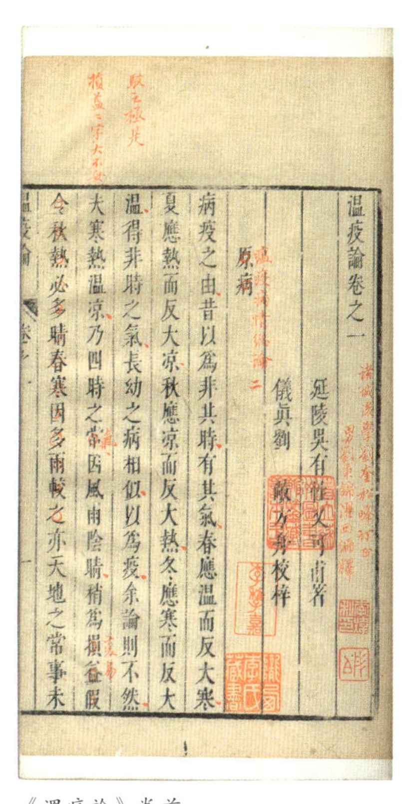

溫疫論卷之一
延陵吳有性又可甫著
儀真劉敞方舟校梓
原病
病疫之由昔以為非其時有其氣春應溫而反大寒夏應熱而反大涼秋應涼而反大熱冬應寒而反大溫得非時之氣長幼之病相似以為疫余論則不然夫寒熱溫涼乃四時之常因風雨陰晴稍為損益假令秋熱必多晴春寒因多雨較之亦天地之常事未

《溫疫論》卷首

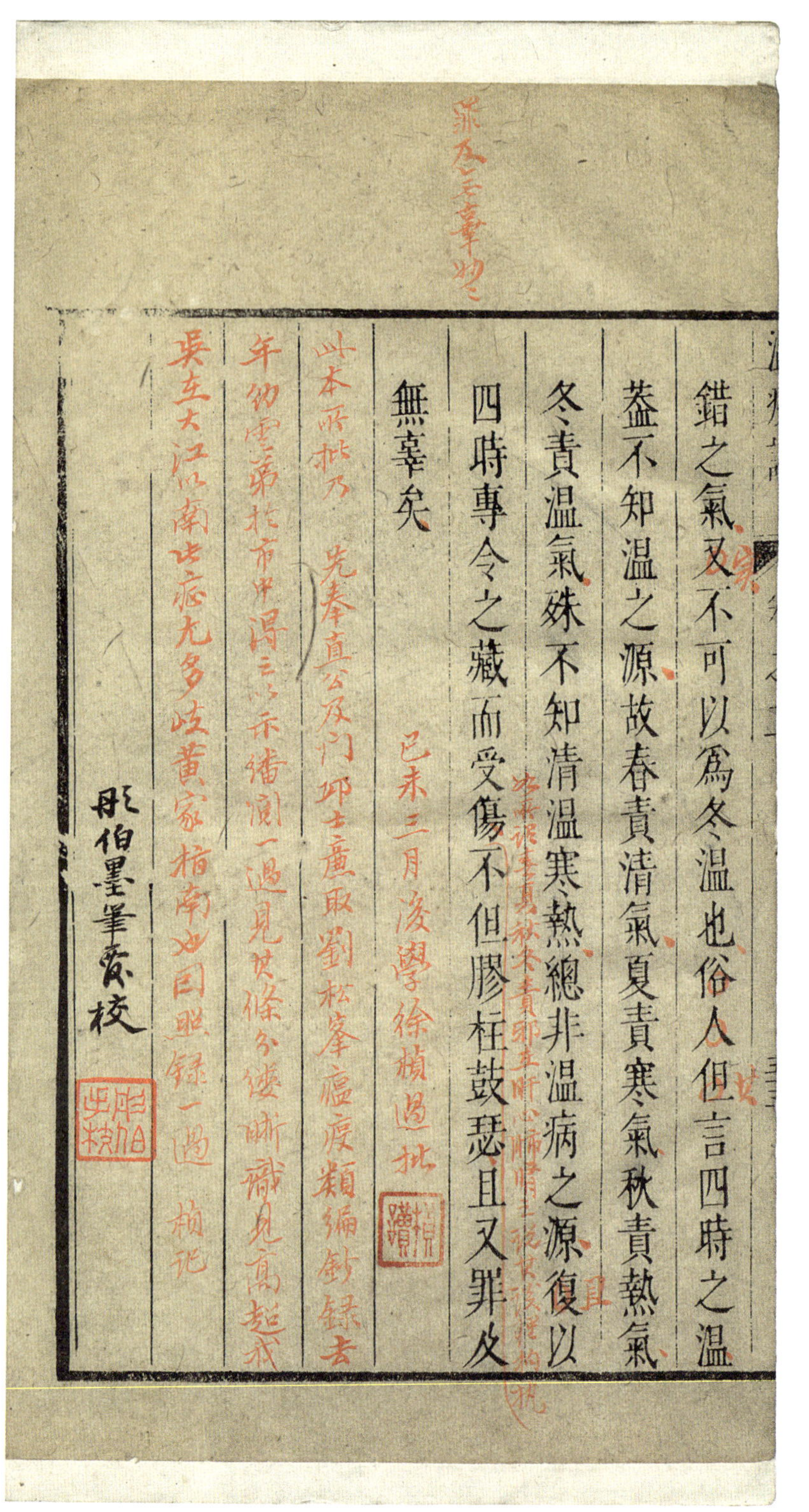

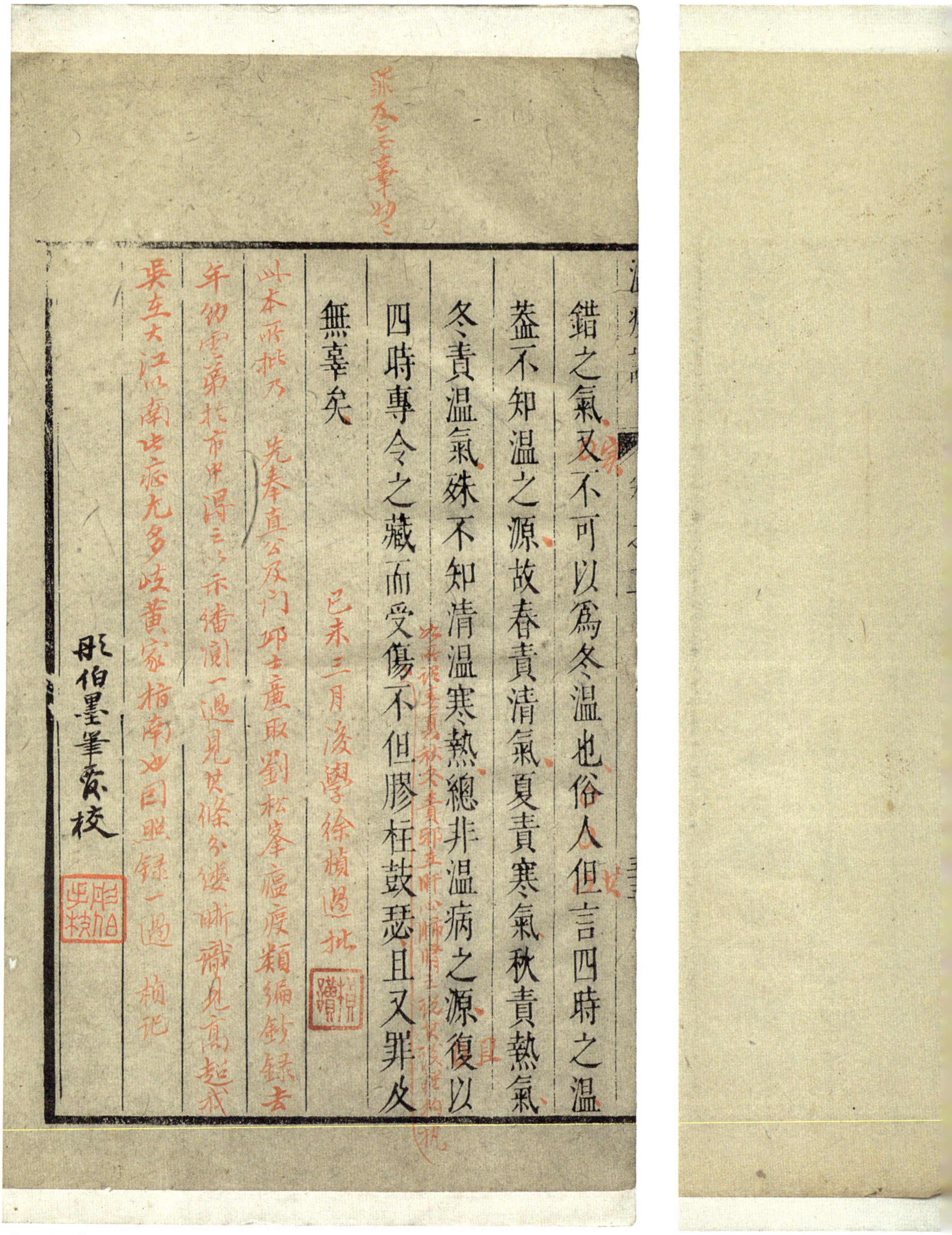

《溫疫論》題跋

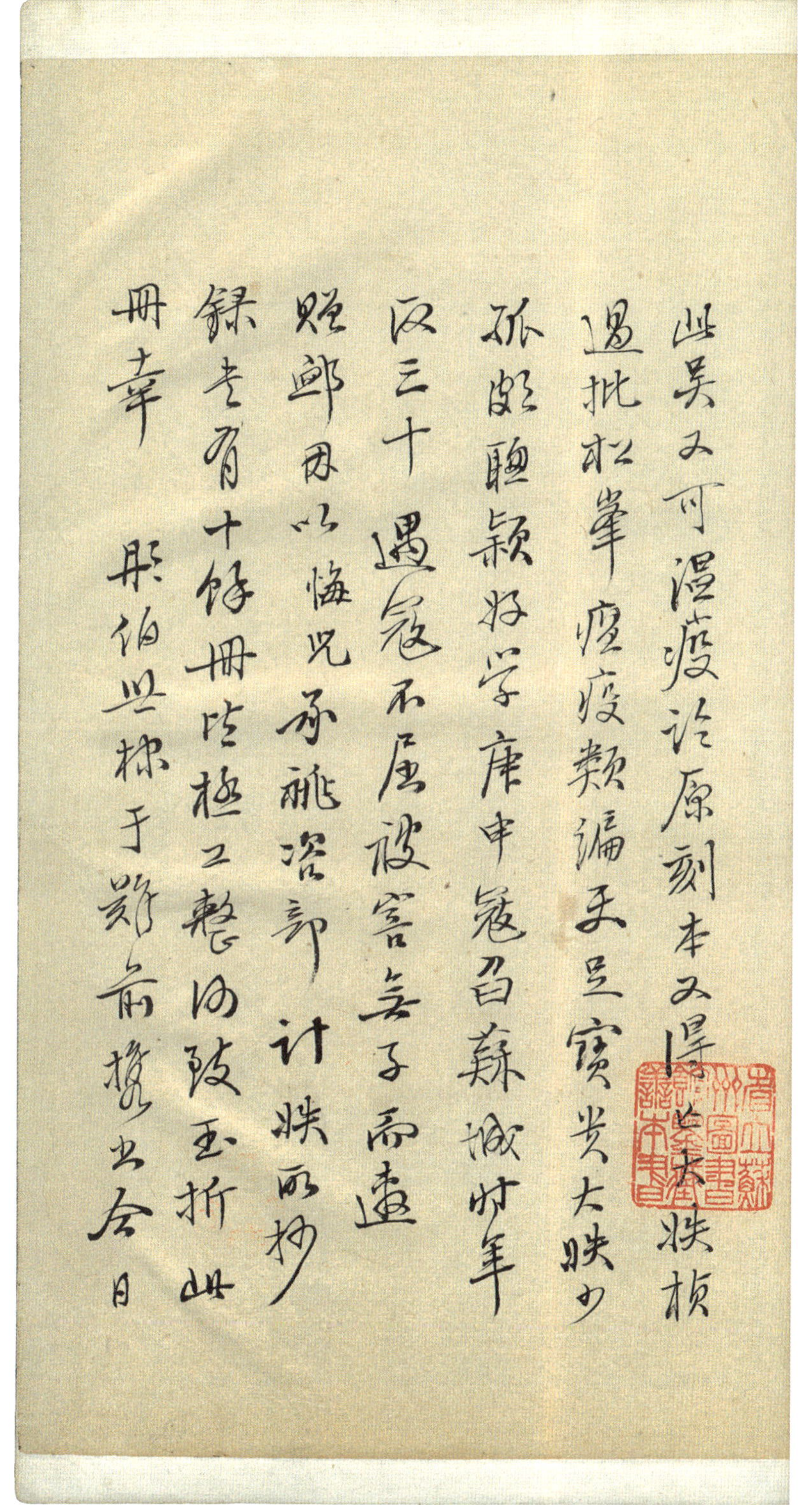

此吳又可溫疫論原刻本又得□大狀楨
過批松峯瘟疫類編是寶貴大缺少
孫蚊聽穎好學庚申歲召蘇城卅年
收三十遇寇不屈被害無子而遺
嗣郎因以姪兒承祧洛郎計狀所抄
錄者有十餘冊皆極工整何殊玉折此
冊幸 將伯與棣于鄧翁撿出合日

重觀不勝於林之感時光緒九年六
月揮汗誌于神明竟 徐康

溫疫論卷之一

延陵吳有性又可甫著

儀眞劉敞方舟校梓

男劉秉錦濯西編輯

瘟疫病情總論二

原病

病疫之由昔以爲非其時有其氣春應溫而反大寒夏應熱而反大涼秋應涼而反大熱冬應寒而反大溫得非時之氣長幼之病相似以爲疫余論則不然夫寒熱溫涼乃四時之常因風雨陰晴稍爲損益假令秋熱必多晴春寒因多雨較之亦天地之常

[seals]

溫熱朗照八卷

清繆遵義撰。清繆淞抄本。清徐錦、管禮耕跋。索書號：〇三五一—〇四六。

釋文：

此書乃吾吴繆松心先生著作，未曾刻過。繆氏秘爲家本，不肯示人。予於先生之後人稱莫逆交，□見是書，真濟人至寶也。徐澹菴識於簡端。

三吴地偏東南，又瀕于海，居溫帶之中，水日之氣相搏，故患病多溫熱。爿人書論治斯證者，無慮數十家，雖純駁不一，而各有心得。近世醫日多日雜，如昔人之用心者實尠能之。松心繆先生，乾隆旹吴中名醫也，嘗彙西昌喻氏以下各家論溫熱治法，反復參考而折其中，成《溫熱朗照》八卷，世無刊本。徐澹庵先生於其家見之，稱爲濟人真寶，此即徐題本也。姊夫李彤伯亦能醫，其學即傳諸徐氏。乙酉春，余方覓三龕碑不獲，彤伯有舊藏本，遂與相易而墨其後。元和管禮耕識于操敦齋。

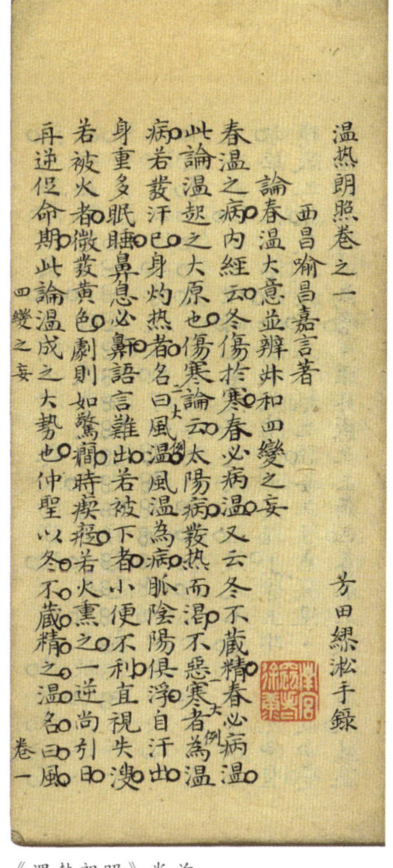
温热朗照卷之一　芳田繆淞手録
西昌喻昌嘉言著
論春温大意並辨并和四變之妄
春温之病。内經云。冬傷於寒。春必病温。又云冬不藏精。春必病温。
此論温起之大原也。傷寒論云。太陽病。發熱而渴。不惡寒者。為温
病。若發汗已。身灼熱者。名曰風温。風温為病。脉陰陽俱浮。自汗出。
身重多眠睡。鼻息必鼾。語言難出。若被下者。小便不利。直視失溲。
若被火者。微發黄色。劇則如驚癇。時瘈瘲。若火熏之。一逆尚引日。
再逆促命期。此論温成之大勢也。仲聖以冬不藏精之温。名曰風。

《溫熱朗照》卷首

按：

徐錦（？—一八二四），字奉直，一字炳南，號澹庵。清江蘇長洲（今江蘇蘇州）人。師從名醫顧雨田。輯有《奇病録》三卷，另有《千金方管見》，已佚。管禮耕（一八四八—一八八七），字申季，號操敦。清江蘇元和（今江蘇蘇州）人。歲貢生。好藏書校書，長于訓詁、目録之学。曾助馮桂芬校勘《説文段注考證》及《蘇州府志》。著有《操敦齋遺書》四卷。

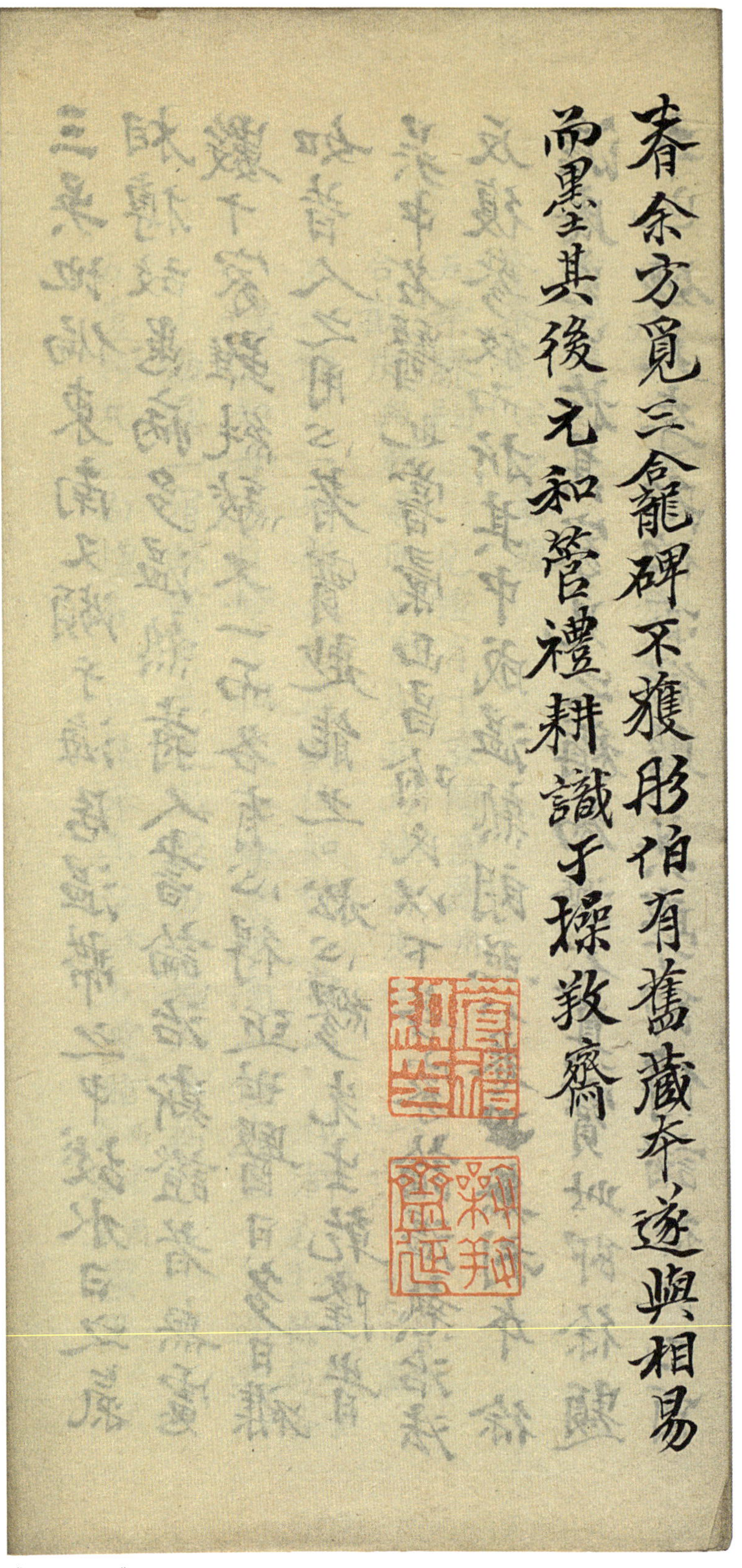

反復參攷而折其中成温熱朗照八卷世無刊本徐
澹庵先生於其家見之矜爲濟人真寶此即徐題
本也姊夫李彤伯亦能醫其學即傳諸徐氏乙酉
春余方覓三龕碑不獲彤伯有舊藏本遂與相易
而墨其後 元和管禮耕識于操敎齋

《温熱朗照》題跋

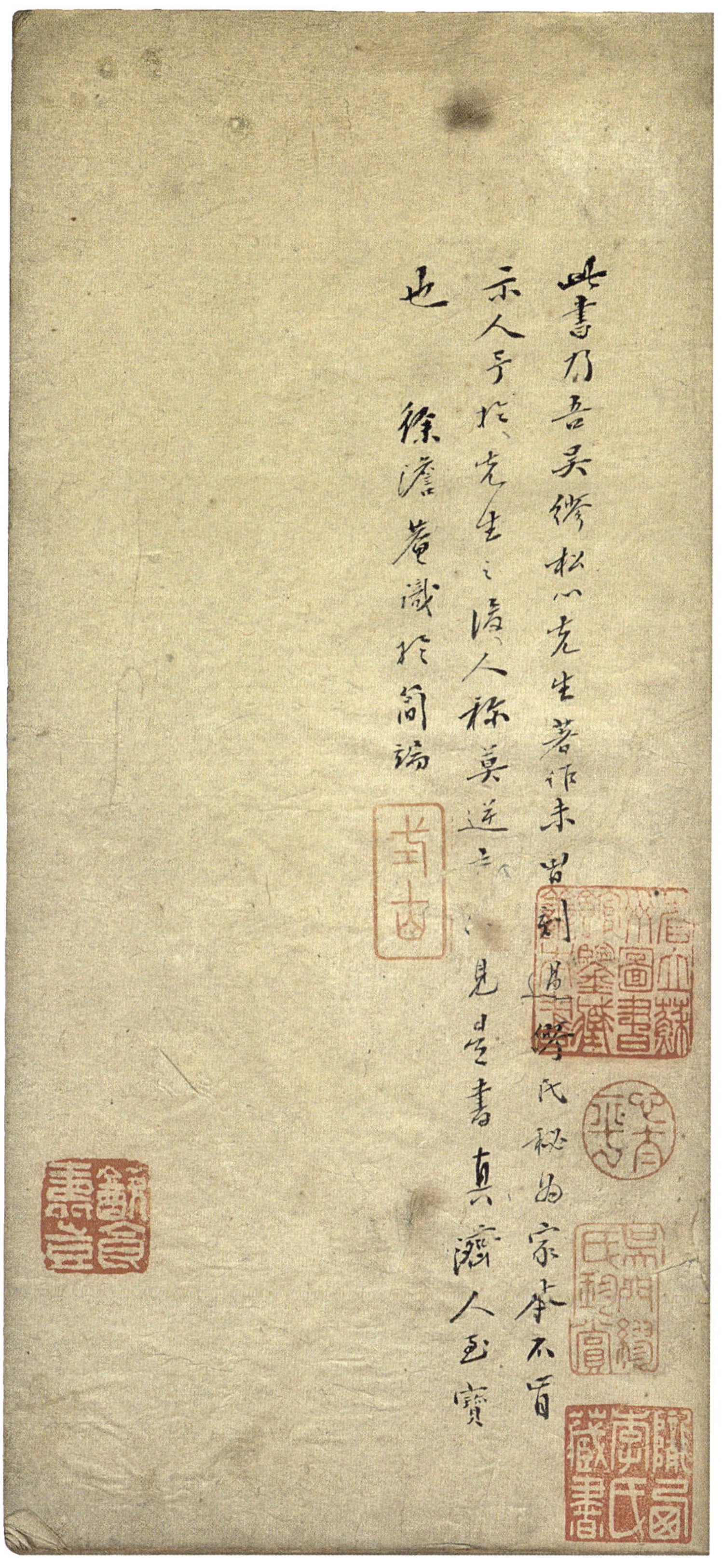
此書乃吾吳繆松心先生著作未曾刻昔繆氏秘為家本不肯示人予於先生之後人稱莫逆之見是書真濟人至寶也

徐澹菴識於簡端

三吳地偏東南又瀕于海居溫帶之中故水日之氣相摶故患病多溫熱前人書論治斯證者無慮數十家雖純駁不一而各有心得近世醫日多日襍

外科集腋八卷

清張景顔輯。清末刻本。民國張敬甫、顧恩湛跋。索書號：一八六〇—一八一。

释文：

此書原板久毁於火，海内藏書家亦絶不多見。余於戊子季春幸得此精抄本，欣喜之至，願後人其珍視之，勿輕棄爲囑。己未菊秋白雲山人手誌。時年七十九，書共八本。

七子山人顧允若於癸亥年秋季重價購得，後學之子，切勿輕視。蓋物以罕爲貴，舊書本貴之猶甚者矣，所謂一字值千金耳。允若誌。

按：

張敬甫，生平不詳。顧恩湛（一八八六—一九三七），字允若，號七子山人。江蘇吴江人。家世業醫，少隨父學，博覽醫籍，治病多驗。編著有《顧氏醫經讀本》等。

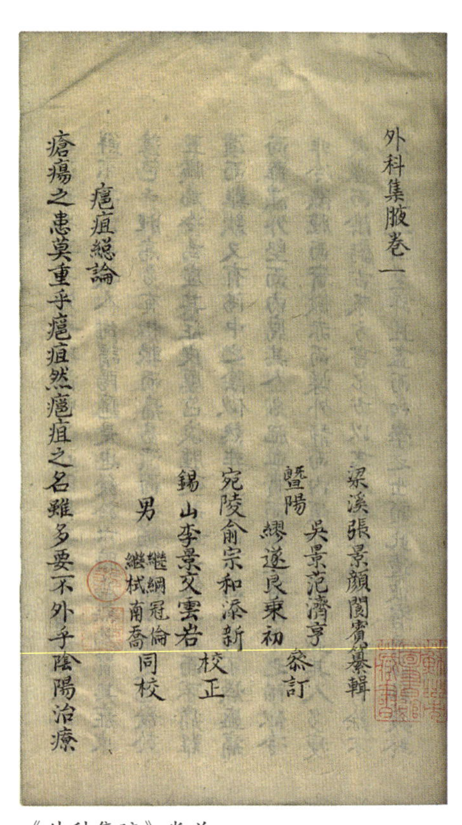

外科集腋卷一

梁溪張景顔閬賓氏纂輯

暨陽 吳景范濟亨 繆遂良東初 參訂

宛陵俞宗和添新

錫山李景文雲岩 校正

男 繼綱冠倫 繼棫南喬 同校

癰疽總論

瘡瘍之患莫重乎癰疽然癰疽之名雖多要不外乎陰陽治療

《外科集腋》卷首

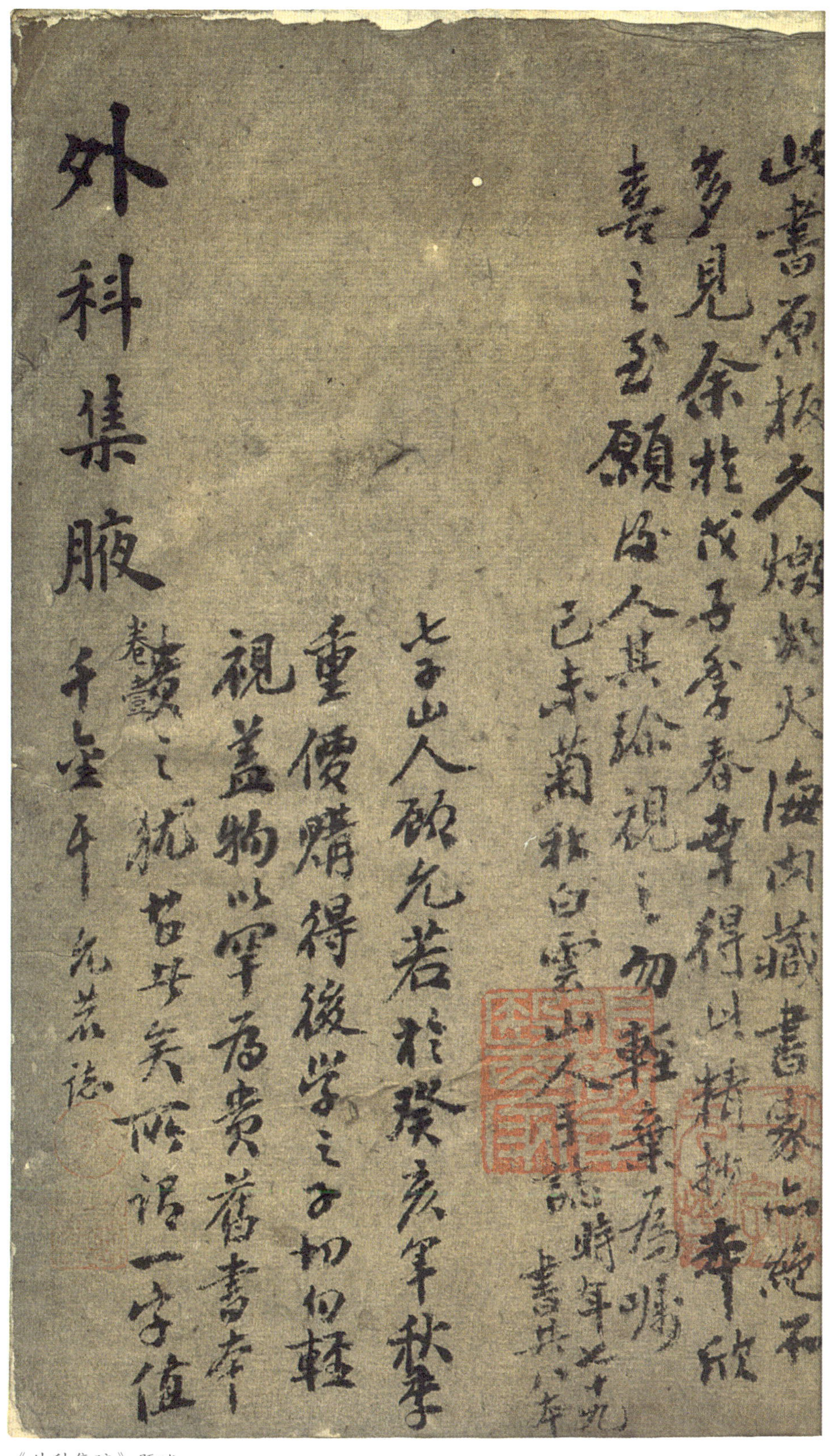

《外科集腋》題跋

［術數類］

大唐開元占經十六卷

唐瞿曇悉達撰。清抄本。民國陶惟坻跋。索書號：一二〇二——一二八。

釋文：

《四庫簡明書目》，子部術數類。

《開元占經》一百二十卷，唐開元中太史監瞿曇悉達奉敕撰。所言多占候之法，大抵術家之學，惟一百四、五卷所載《麟德》《九執》二曆，他書所不詳。又《隋志》緯書八十一篇，尚十存其七八，皆孫瑴《古微書》所未見，故其術可黜，而好古者終不廢其學也。

惟坻案：此抄本僅十六卷，八册，不及零數。檢十四卷《曆法》云：上元甲子距今麟德元年甲子，歲積二十六萬九千八百八十算外。上元甲子，距今開元甲寅，歲積二十六萬九千九百二十算外。又十五卷《算法》云：臣等謹案：《九執》曆法，梵天所造。是《麟德》《九執》已見此十四、五卷，即一百四、五卷歟？簡節原經，而存一百二十分中之十六云。

按：

陶惟坻，見前《説文集釋》條。

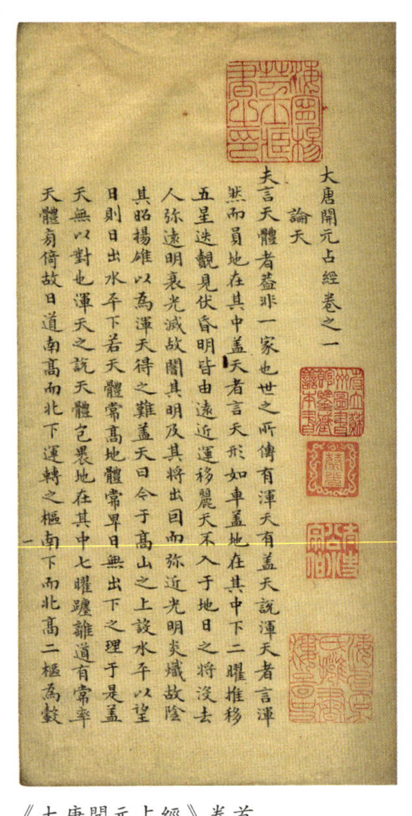

大唐開元占經卷之一
論天
夫言天體者蓋非一家也世之所傳有渾天有蓋天說渾天者言渾
然而員地在其中蓋天者言天形如車蓋地在其中下二曜推移
五星迭覿見伏昏明皆由遠近運移麗天不入于地日之將沒去
人弥遠明衰光減故闇其明及其將出因而弥近光明炎熾故陰
其昭揚雄以為渾天得之難蓋天曰令于高山之上設水平以望
日則日出水平下若天體常高地體常畀日無出下之理于是蓋
天無以對也渾天之說天體包裹地在其中七曜躔離道有常率
天體㫄倚故日道南高而北下運轉之樞南下而北高二樞為敹

《大唐開元占經》卷首

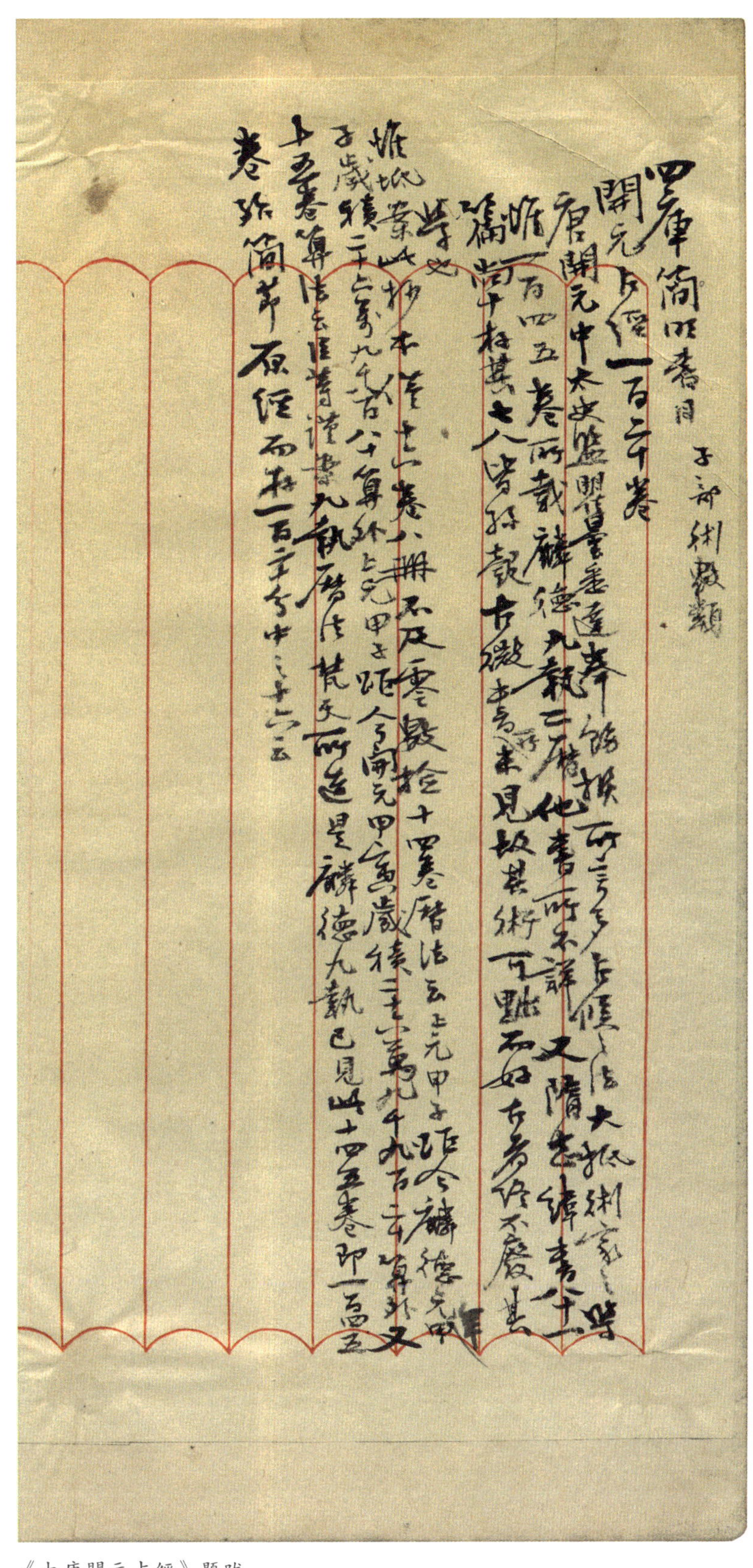

四庫簡明書目　子部術數類

開元占經一百二十卷

唐開元中太史監瞿曇悉達奉敕撰，所言多占候之法，大抵術家之言。其一百四五卷所載麟德、九執二曆，他書所不詳。又隋志緯書八十一篇，惟此書十存其七八，皆孫瑴古微書所未見，故其術可黜，而其書終不廢也。

館藏此抄本僅十卷八冊，不及零數。檢十四卷曆法云：上元甲子距今麟德元年甲子歲積二十六萬九千八百八十算外，上元甲子距今開元甲子歲積二十七萬九千九百六十算外。又十五卷算法云：臣謹譯九執曆法，梵天所造。是麟德、九執已見此十四五卷，即一百四五卷，殆簡本原經而存一百二十卷中之十四、十五。

《大唐開元占經》題跋

[藝術類]

庚子銷夏記八卷附閒者軒帖考不分卷

清孫承澤撰。清乾隆二十五年（一七六〇）至二十六年（一七六一）鮑廷博、鄭竺寫刻本。清魏錫曾跋，清陳壿過録清何焯跋。索書號：一一一七一一二三。

釋文：

據第八卷後跋語，知全書勘記皆出義門，其下有“葦汀”小印，則渡録之人也。何多勘正孫氏之誤，而亦有率易涉筆未及細審者，如顔家廟碑，宋初重立，遂謂翻刻，殊誤。丙子閏五月十九日，從祥使借觀，因記。

葦汀姓陳名壿，蘇州人，昨於秋露軒司馬處見其畫幅。此册卷一正有其名字小印，其字爲復初也。祥使又藏其手書《西畇寓目編》，則自署南湖花隱云。己卯十一月二日，錫曾記于鹽墩。

北海於翰墨未爲精鑒，而一時天府流落人間，及士大夫所藏，往往存焉，可以備考證，資談笑，此八卷固不可少也。大觀、太清樓帖今在華亭司農公文房，不閱此，亦安知當時得之之難如此。而其子孫不善守，爲可嘆息耶！康熙癸巳，何焯記。

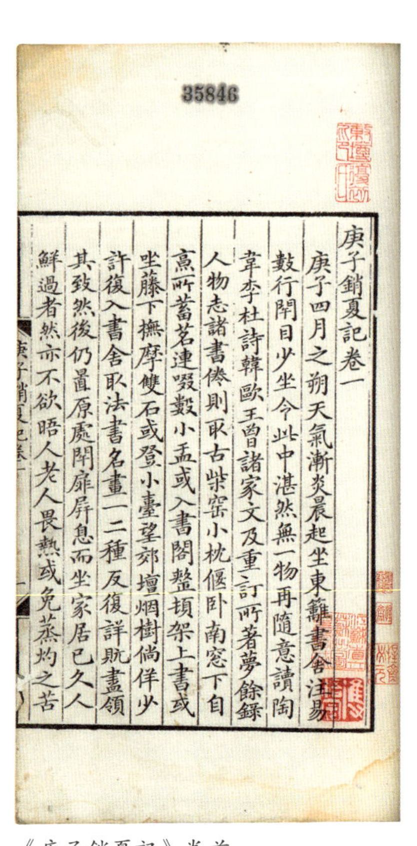
35846
庚子銷夏記卷一
庚子四月之朔天氣漸炎晨起坐東籬書舍注易數行閑目少坐令此中湛然無一物再隨意讀陶韋李杜詩韓歐王曾諸家文及重訂所著夢餘錄人物志諸書倦則取古柴窑小枕偃卧南窗下自烹所蓄茗連啜數小盃或入書閣整頓架上書或坐藤下撫摩雙石或登小臺望郊壇烟樹倘佯少許復入書舍取法書名畫一二種反復詳玩盡領其致然後仍置原處閉扉屏息而坐家居已久人鮮過者然亦不欲晤人老人畏熱或免蒸灼之苦

《庚子銷夏記》卷首

按：

魏錫曾（一八二八—一八八一），字稼孫，號鶴廬，又號印奴。清浙江仁和（今杭州）人。咸豐貢生，官至福建鹽場大使。自幼即嗜印成癖，論印極精辟，與

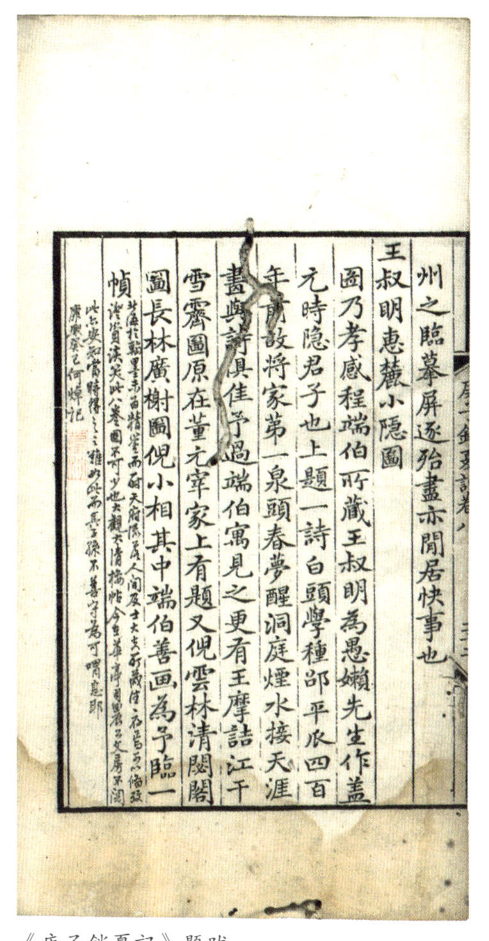

州之臨摹屏逐殆盡亦閒居快事也

王叔明惠麓小隱圖

圖乃孝感程端伯所藏王叔明為愚嬾先生作蓋元時隱君子也上題一詩白頭學種邵平瓜四百年前故將家第一泉頭春夢醒洞庭煙水接天涯畫與詩俱佳予過端伯寓見之更有王摩詰江干雪霽圖原在董元宰家上有題又倪雲林清閟閣圖長林廣樹圖倪小相其中端伯善画為予臨一幀

康熙癸巳何焯記

《庚子銷夏記》題跋

趙之謙交深。著有《書學緒聞》。陳墫字仲尊，又字古樠，號葦汀，别署白堤花隱。清江蘇吴縣（今蘇州）人。善山水，得翟大坤傳。潛心學古，布墨用筆，尤近董其昌。藏書甚富，與黄丕烈交往甚密。編有《西畇寓目編》等。何焯（一六六一—一七二二），字屺瞻，號茶仙。清江蘇長洲（今蘇州）人。康熙四十二年（一七〇三）進士。授編修，值南書房及武英殿編修。精於考訂，凡經傳子史、詩文雜記皆手自校正。著有《何義門集》《義門讀書記》等。

辛丑銷夏記五卷西畇寓目編四卷

清吴榮光撰。《西畇寓目編》清陳墫輯。清顧承、顧廷熙抄本。民國顧麟士跋。索書號：〇三五二—〇四六。

釋文：

《辛丑銷夏記》五卷，一之四爲先公手鈔，其第五卷爲先伯父辛侯先生手筆。又《西畇寓目編》四集，初編與四編先公鈔，二、三編伯父鈔。己未除夕檢此遺編，百拜敬記。麟士。

按：

顧麟士（一八六五—一九三〇），字鶴逸，號西津漁父。江蘇元和（今蘇州）人。顧文彬孫。工山水，精鑒別，爲過雲樓第三代主人。著有《過雲樓續書畫記》等。

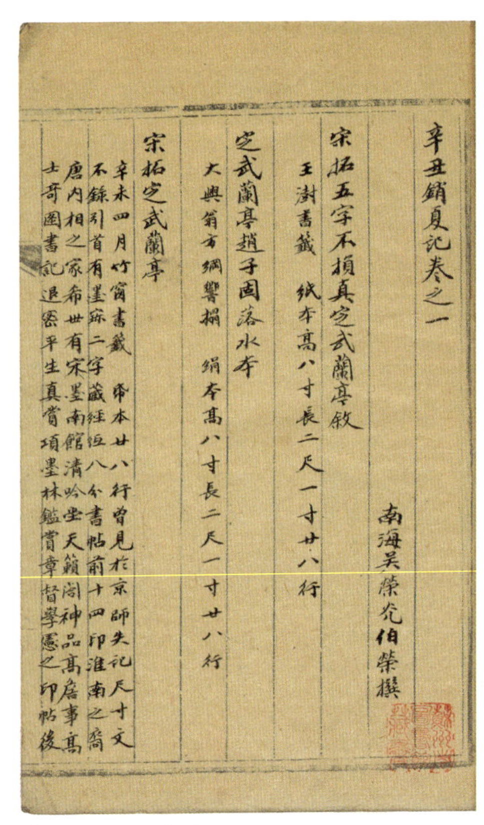
辛丑銷夏記卷之一　南海吳榮光伯榮撰
宋拓五字不損真定武蘭亭敘
王澍書籤　紙本高八寸長二尺一寸廿八行
定武蘭亭趙子固落水本
大興翁方綱署檢　絹本高八寸長二尺一寸廿八行
宋拓定武蘭亭
辛未四月竹窗書籤　帋本廿八行曾見於京師失記尺寸文
不錄引首有墨跡二字識經但八分書帖前十四印淮南之裔
唐內相之家希世有宋墨南館清吟堂天籟閣神品高居事高
士奇圖書記退密平生真賞項墨林鑑賞章督學憲之印帖後

《辛丑銷夏記》卷首

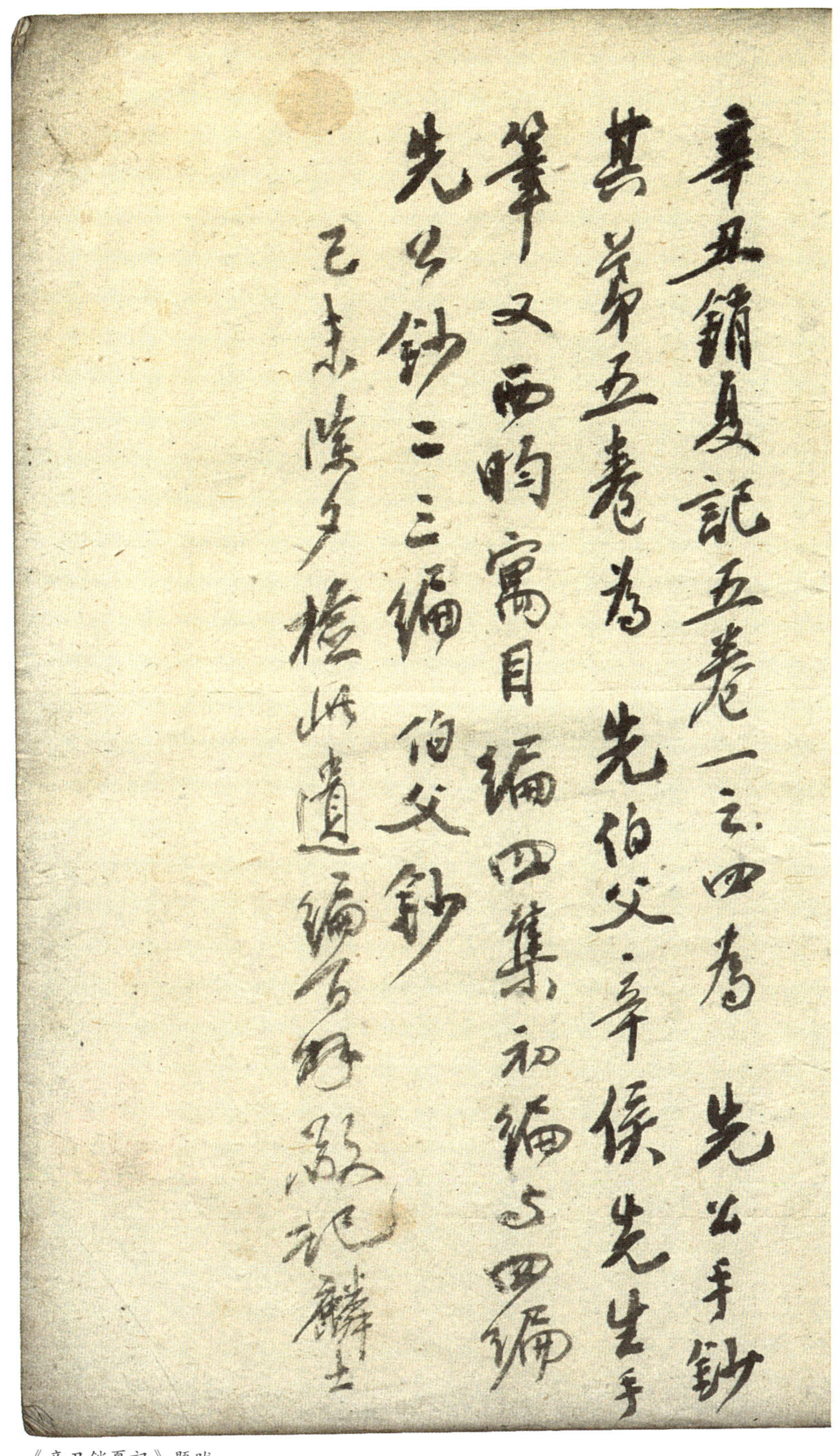
辛丑銷夏記五卷一之四為 先公手鈔
其第五卷為 先伯父・辛侯先生手
筆 又西昀寓目編四集初編至四編
先公鈔二三編 伯父鈔
己未除夕檢此遺編百感[illegible]記 麟士

《辛丑銷夏記》題跋

陳鵬年、沈德潛等七人墨迹一册

清陳鵬年、沈德潛等書。稿本。民國葉恭綽跋。索書號：一一二〇一一二三。

釋文：

此册于民國廿九年得于滬市，其時對吴中文物甚感興趣，故藏之遐菴。樾亭不知其事迹，當再考索。民國三十三年病中題，恭綽。

此册久藏篋中，近以藏物星散，因以佛教有關文物分贈各寺院，冀得久存。然各寺院多不能自保，沈吟無策，不得已转施各博物館、圖書館。此册遂送存蘇州滄浪亭圖書館，聊備地方梵刹考證。遐翁。

按：

葉恭綽（一八八一——一九六八），字裕甫、玉父等，號遐庵、遐翁。廣州番禺人，祖籍浙江餘姚。葉佩蘭孫。畢業於京師大學堂仕學館，後留學日本。民國時歷任北洋政府交通總長、廣州國民政府財政部長、南京國民政府鐵道部長、北京大學國學館館長。一九四九年後曾任中國畫院院長、中央文史研究館副館長。著名書畫家、收藏家。著有《遐庵詩稿》《遐庵清秘録》《遐庵談藝録》等，編有《全清詞鈔》等。

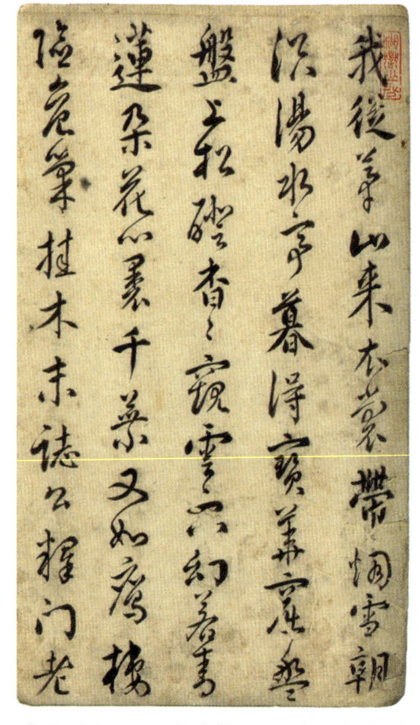

《陳鵬年、沈德潛等七人墨迹》卷首

此冊久藏篋中近以藏物星散因以佛教有關文物分贈各寺院冀得久存於各寺院多不能自保沈吟無策不得已轉施之博物館圖書館此冊遂送存蘇州滄浪亭圖書館卿爲地方梵剎考證 遯翁

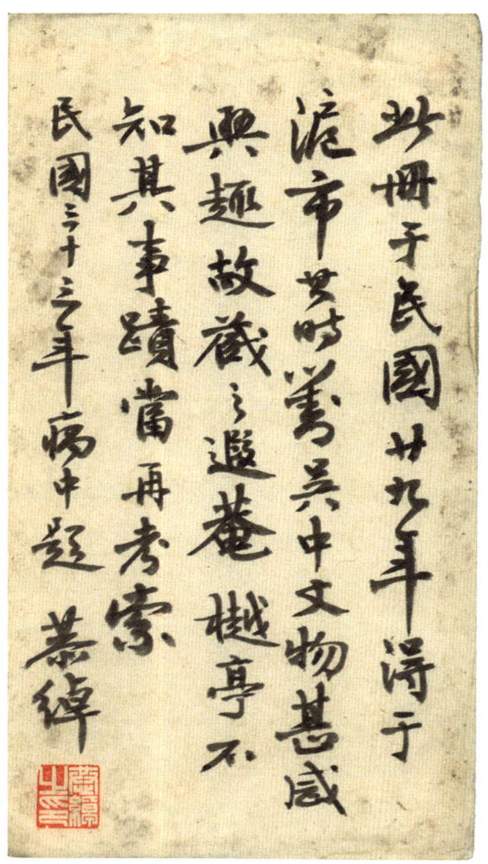

此冊于民國廿九年得于滬市其時篤吳中文物甚感興趣故藏之遯菴樾亭不知其事蹟當再考索

民國三十二年病中題 恭綽

《陳鵬年、沈德潛等七人墨迹》題跋

恭綽之印

研林鐵書一卷

清丁敬篆刻。清刻鈐印本。清徐康跋。索書號：〇二七八一〇三八。

釋文：

龍泓徵君學問該博，寄興篆刻，生平不多作，人品絶高，與冬心翁交最久。冬心自序，即其手書上板，用宋紙，程君房墨刷印。昔年曾購藏篋中，後為人豪敓去，未嘗重覯也。此册皆昔年杭人魏稼生手拓，甚精微，惜上半册爲沈均初舍人所購，衹賸其半。然觀其用筆，真前輩所謂銕書，筆筆正鋒，淛派開山之祖，烏知後來之流弊哉？詠之棣刻意篆學，出重貲相售，於此趨步，當有津逮矣。甲戌正月，徐康記。

按：

徐康，見前《本草述鈎元》條。

《研林鐵書》卷首

龍泓徵君學問該博寄興篆刻生平不多
作人品絕高与冬心翁交最久冬心自序印其
手書上板用宋紙程君房墨刷印昔年曾
購藏篋中後為人豪奪久之未嘗重覯也此冊
皆昔年杭人魏稼孫手拓甚精緻惜上半冊
為沈均初舍人所購祇賸其半然觀其用筆
真前輩所謂鐵書筆筆正鋒浙派開山之祖
焉當後來之徐楙式詠之隸刻之篆學出重
貲求售於此趨步豈足津逮矣 甲戌正月徐康記

《研林鐵書》題跋

馮秉忠手書千字文一册

清馮秉忠書。稿本。清王芑孫跋。索書號：一一三四——一二四。

釋文：

乾隆辛卯宣州學舍裝裱。長洲王氏淵雅堂藏。芑孫書記。

乾隆己亥五月廿六日補書首頁。長洲王芑孫。

按：

王芑孫（一七五五——一八一七），字念豐，號惕甫，一號鐵夫、楞伽山人等。清江蘇長洲（今蘇州）人。乾隆五十三年（一七八八）召試舉人，官華亭教諭。性簡傲，客遊公卿間，不屑從諛。以書名世，仿於劉墉，亦工詩古文。著有《金石碑版文例》《淵雅堂集》等。

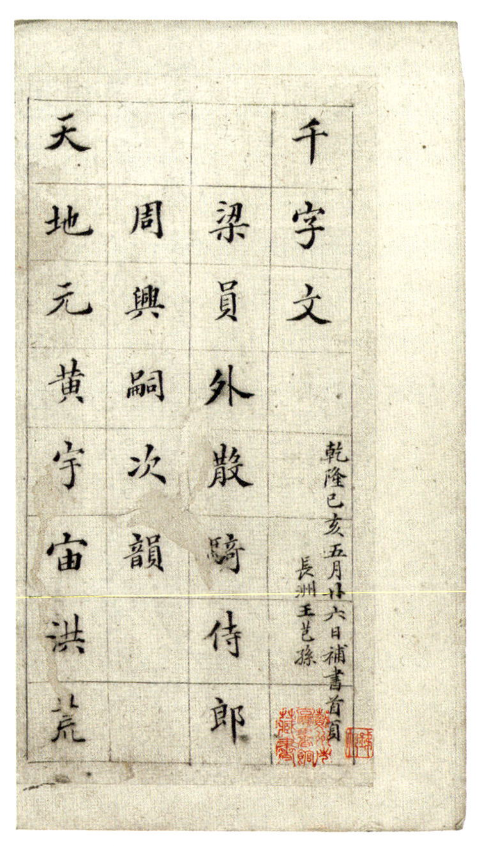

《千字文》卷首

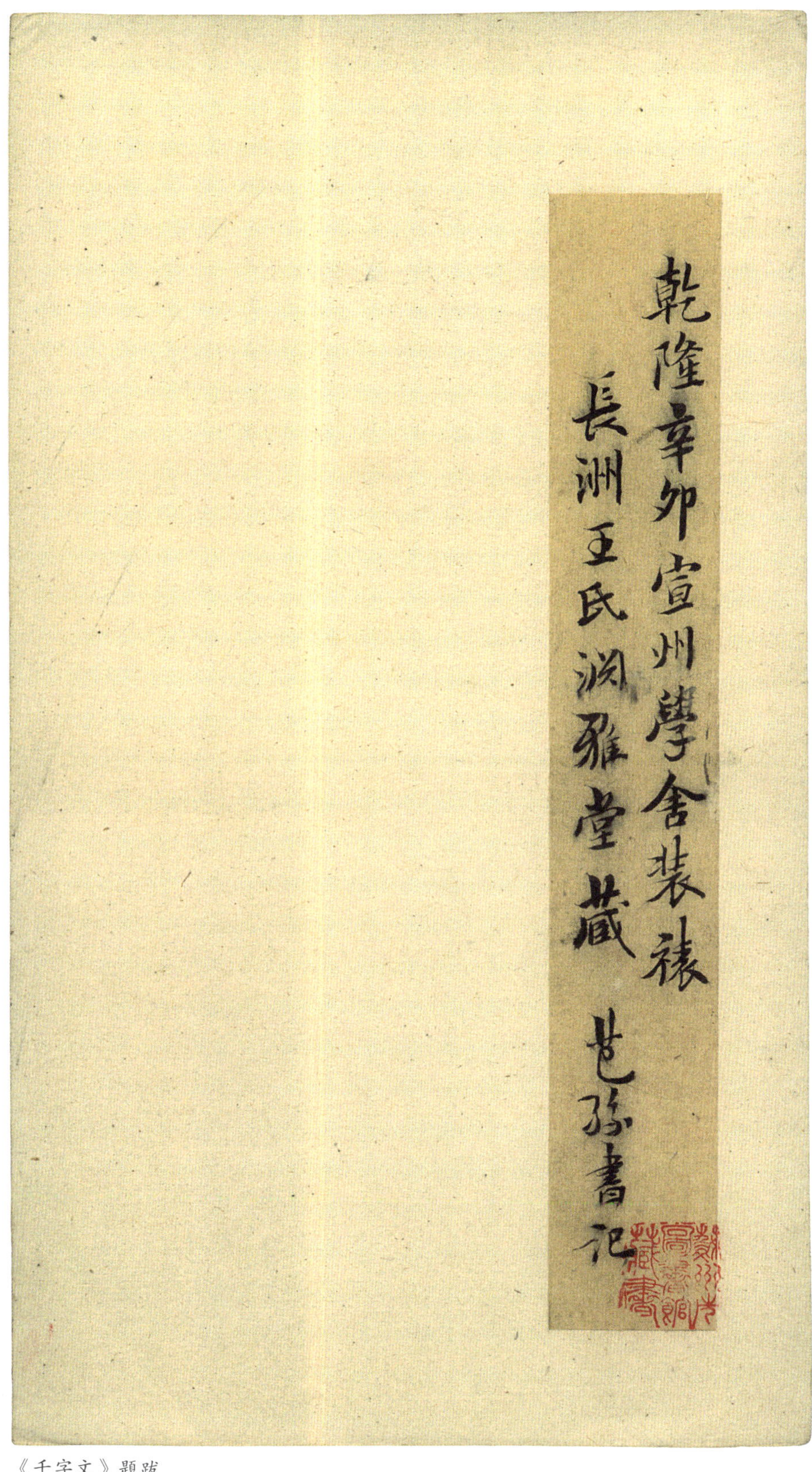

乾隆辛卯宣州學舍裝褫
長洲王氏涵雅堂藏
芑孫書記

《千字文》題跋

崇敔鈐墨迹詩草不分卷

清崇恩撰。稿本。民國章保世跋。索書號：一一二五—一二三。

釋文：

崇敔鈐書法東坡，頗具倜儻超逸之致。前年購得短屏，精神飽滿，絲豪不懈。此册係老年所書，已有頹唐之態。古人如明之石田、衡山，清之覃溪、山舟，愈老愈健者，非得天獨厚，真未易臻此焉。戊午二月之望，保世漫記。

按：

章保世，見前《華陽國志》條。

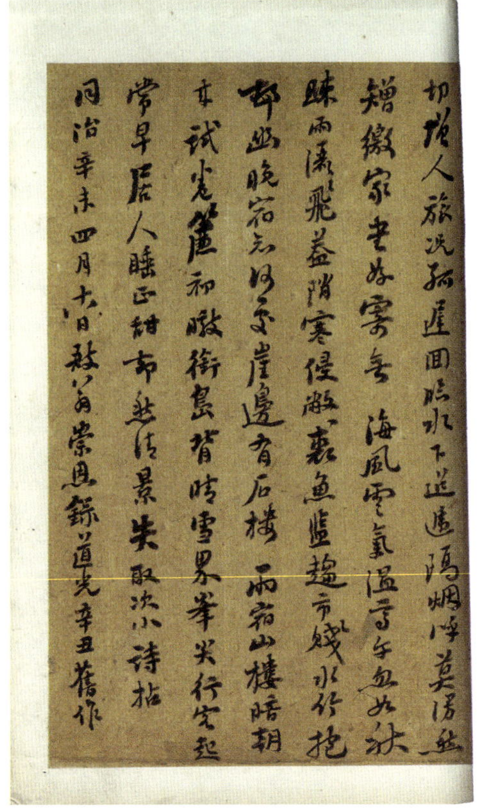

《崇敔鈐墨迹詩草》卷首

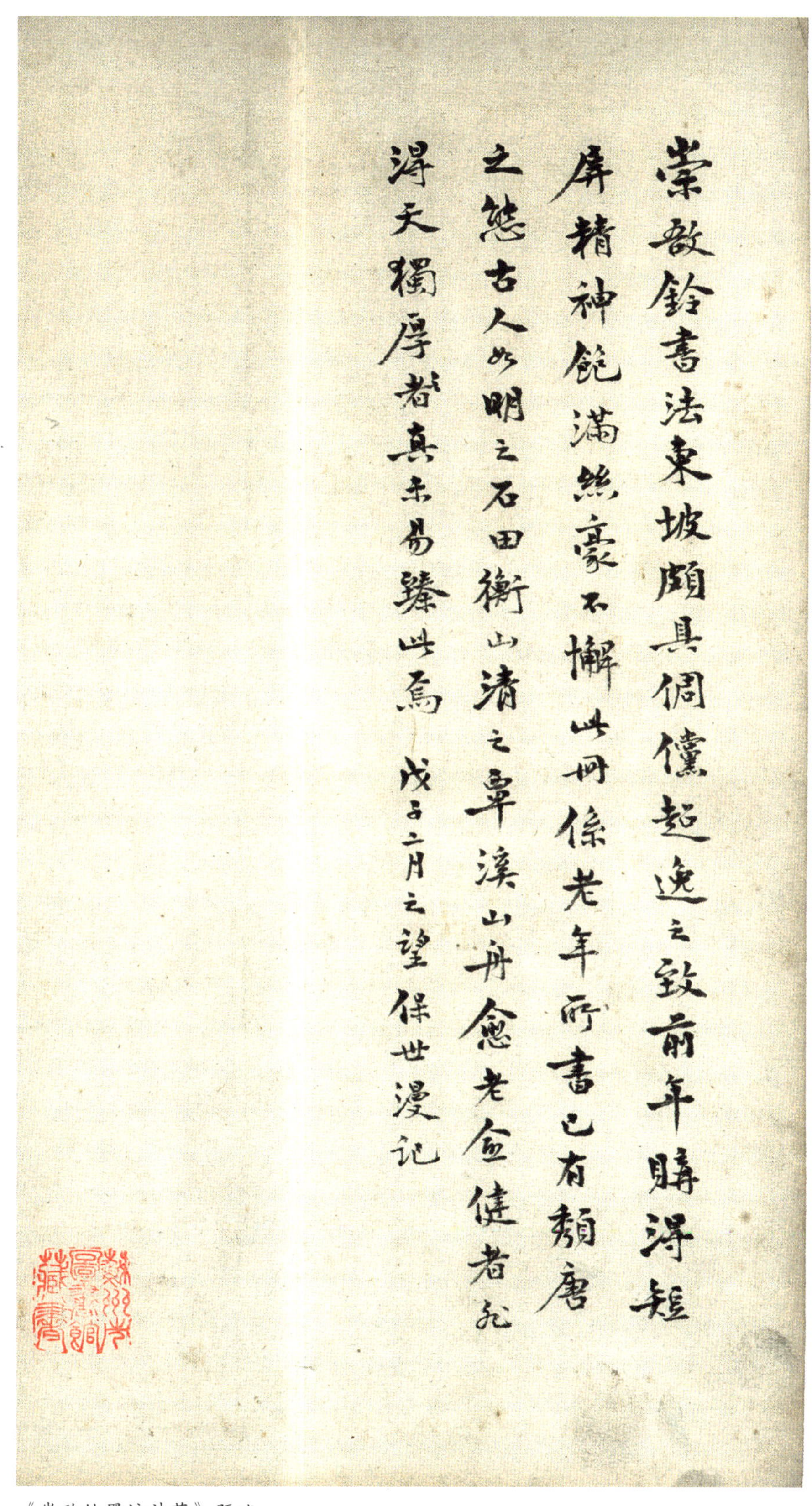

崇敬鈴書法東坡頗具倜儻超逸之致前年購得短屏精神飽滿絲豪不懈此冊係老年所書已有頹唐之態古人如明之石田衡山清之覃溪山舟愈老愈健者允得天獨厚者真不易臻此焉

戊子二月之望保世漫記

《崇敬鈴墨迹詩草》題跋

[譜録類]

程氏墨苑十四卷

明程大約撰。明萬曆滋蘭堂刻本。清芚翁跋。索書號：一一五六一一二五。

釋文：

此卷及方譜《鴻寶》一卷皆得自故友汪伯澂。程譜經方收毁，尤難尋。二卷中丁南羽、吴左干之遺筆俱在，雖殘亦可貴。

按：

芚翁，生平不詳。

《程氏墨苑》卷六

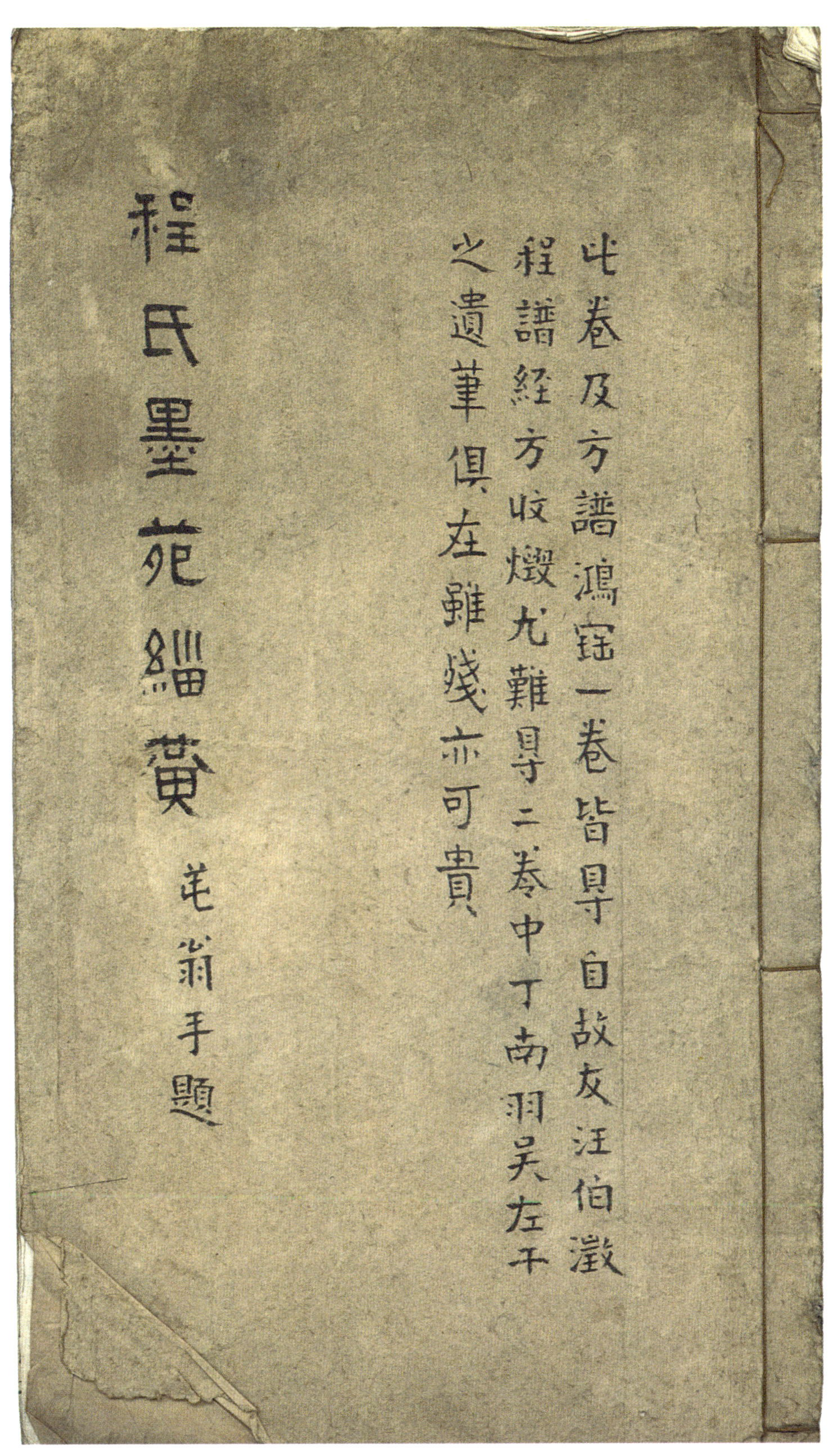

此卷及方譜鴻寶一卷皆昰自故友汪伯徵程譜經方收燬尤難昰二卷中丁南羽吳左千之遺筆俱在雖殘亦可貴

程氏墨苑緇黄

芼翁手題

《程氏墨苑》題跋

[雜家類]

淮南萬畢術不分卷

漢劉安纂。清咸豐馬釗抄本。清陳奐跋。索書號：○四○八—○四九。

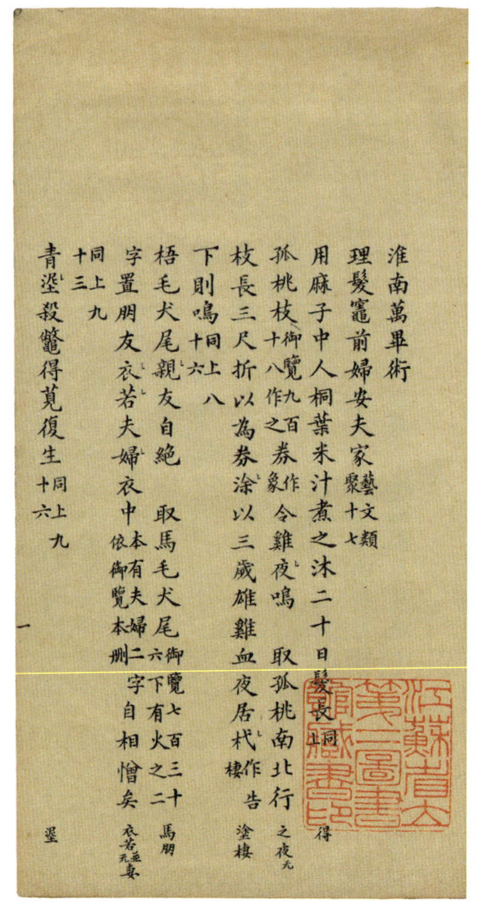

淮南萬畢術

理髮竈前婦安夫家 藝文類聚十七

用麻子中人桐葉米汁煮之沐二十日髮長 同上 得

孫桃枝 御覽九百十八作之 桊 作象 令雞夜鳴　取孫桃南北行 之夜无

枝長三尺折以為桊塗以三歲雄雞血夜居杙 作棲 告 塗棲

下則鳴 同上十六 八

梧毛犬尾親友自絕　取馬毛犬尾 御覽七百三十六下有火之二 馬朋

字置朋友衣若夫婦衣中 本有夫婦二 依御覽本刪 字自相憎矣 衣若並无妻

同上十三 九

青堊殺鼈得莧復生 同上十六 九 堊

一

《淮南萬畢術》卷首

釋文：

萬畢，人姓名，見《史記·龜策列傳》，蓋八公之輩，有《術》一卷，漢涿郡高誘注，見《淮南·外篇》。既倩馬君過録集本，復誌數語。陳奐，年七十二。

按：

陳奐（一七八六—一八六三），字碩甫，號師竹，晚號南園老人。清江蘇長洲（今蘇州）人。咸豐元年（一八五一）舉孝廉方正。先後師事江沅、段玉裁，高郵王念孫暨子引之、棲霞郝懿行等咸與締交。畢生殫精竭慮，專攻經學，於《毛詩》用力最勤。著有《毛詩傳疏》《毛詩説》《毛詩傳義類》《鄭氏箋考徵》等，另有《三百堂文集》。

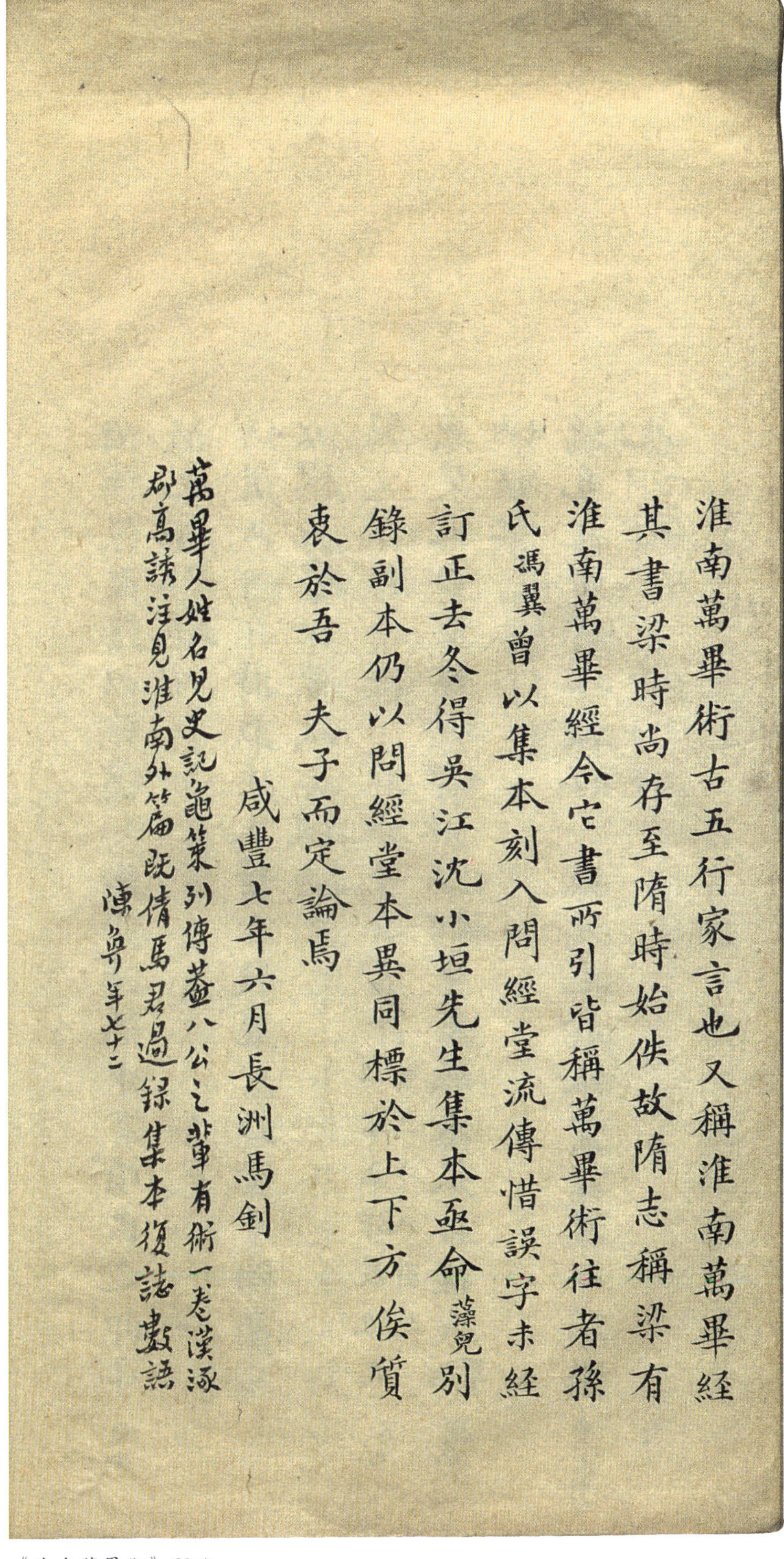

淮南萬畢術古五行家言也又稱淮南萬畢經其書梁時尚存至隋時始佚故隋志稱梁有淮南萬畢經今亡書所引皆稱萬畢術往者孫氏馮翼曾以集本刻入問經堂流傳惜誤字未經訂正去冬得吴江沈小垣先生集本亟命藻兒別錄副本仍以問經堂本異同標於上下方俟質衷於吾 夫子而定論焉

咸豐七年六月長洲馬釗

萬畢人姓名見史記龜策列傳蓋八公之輩有術一卷漢涿郡高誘注見淮南外篇既倩馬君過録集本復誌數語

陳奐年七十二

《淮南萬畢術》題跋

論衡三十卷

漢王充撰。明錢震瀧刻本。清陳鱣批校并跋。索書號：〇三六一—〇四六。

釋文：

程榮所刻《漢魏叢書·論衡》首列是叙，前半係沈雲楫作，後半乃虞淳熙作，後翻刻者想因缺葉誤并爲一篇，張冠李戴，牽瓜搭李，殊可發笑。中間又刪去一段，而末句脱"遺程"二字，尤不堪卒讀，坊本之草率如此。陳鱣記。

按：

陳鱣（一七五三—一八一七），字仲魚，號簡莊，又號河莊、新坡。清浙江海寧人。嘉慶三年（一七九八）舉人。精於文字訓詁及版本校勘之學，嘗從錢大昕、段玉裁等游處，質疑問難，所學日進。又雅號藏書，與黄丕烈、吴騫等結交甚密。晚年建講舍於紫薇山麓，一意撰述。撰有《經籍跋文》《松硯齋隨筆》等。

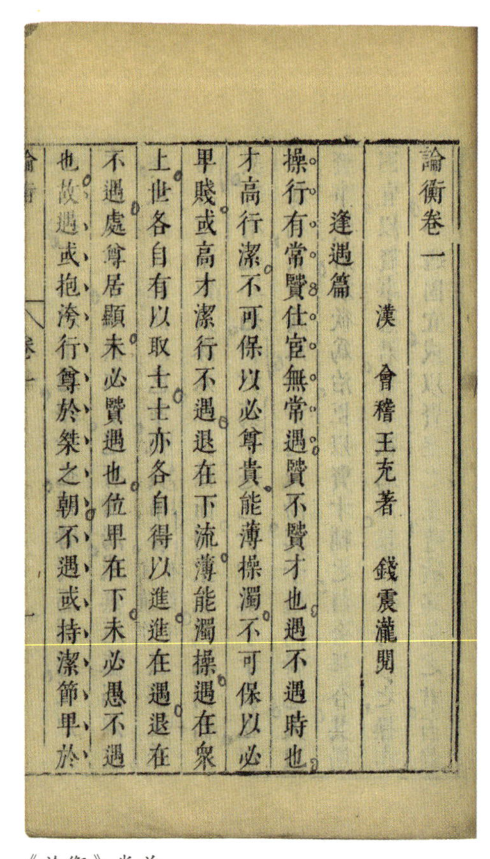

論衡卷一

漢　會稽王充著　錢震瀧閲

逢遇篇

操行有常賢仕宦無常遇賢不賢才也遇不遇時也才高行潔不可保以必尊貴能薄操濁不可保以必卑賤或高才潔行不遇退在下流薄能濁操遇在衆上世各自有以取士士亦各自得以進進在遇退在不遇處尊居顯未必賢遇也位卑在下未必愚不遇也故遇或抱洿行尊於桀之朝不遇或持潔節卑於

《論衡》卷首

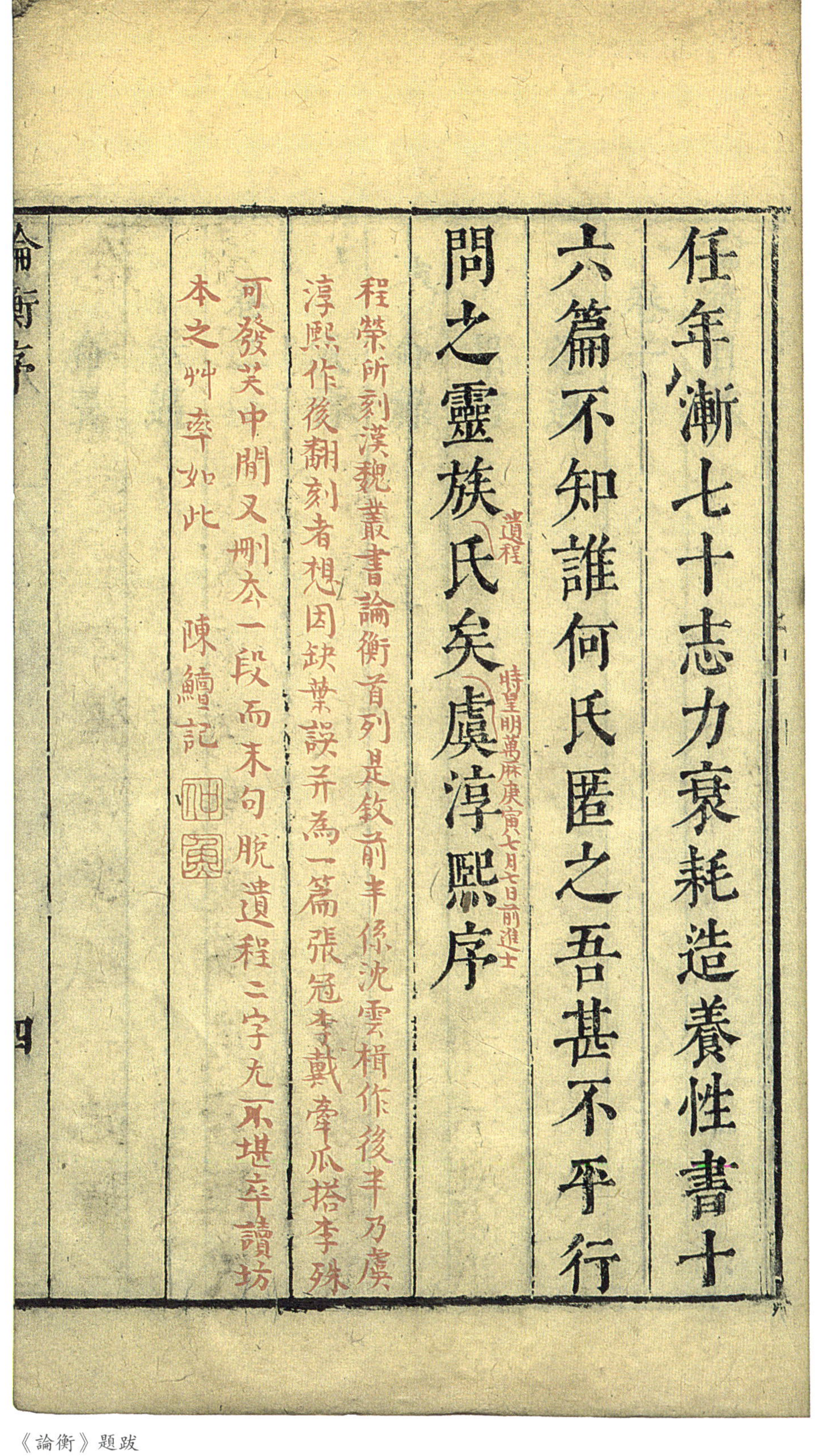

任年漸七十志力衰耗造養性書十六篇不知誰何氏匿之吾甚不平行問之靈族（遺程）氏矣（時皇明萬曆庚寅七月七日前進士）虞淳熙序

論衡序　四

程榮所刻漢魏叢書論衡首列是敘前半係沈雲楫作後半乃虞淳熙作後翻刻者想因缺葉誤并為一篇張冠李戴牽瓜搭李殊可發笑中閒又刪去一段而末句脫遺程二字尤不堪卒讀坊本之草率如此　陳鱣記

《論衡》題跋

岩下放言三卷
附拾遺一卷

宋葉夢得撰。清道光二十六年（一八四六）葉鍾等刻本。清葉廷琯批校并跋，清張炳翔過録清勞格批校。索書號：四八二—六五二。

釋文：

道光丙午四月，兒子道芬在都門見漢陽宗人潤臣中翰名澧家藏有此書舊鈔本，借携至臨洵官舍，令僮僕知書者録副郵寄來南，余用以覆校刻本，得以補正删改者數十處。如卷上第八則論猶字一段，當校刻時雖亦疑及不應獨釋豫字，然非見此本，斷不能補一字也。他日擬另爲札記附刊帙尾，庶可爲完書矣。惟卷首自序，漢陽本無之，則余昔所見鈔本差勝爾。是歲十月杪校畢謹記，廷琯。

今秋借沈匏廬太守所藏項氏刻《避暑録話》校正新刻百餘處，擬作札記附刊書後，與《岩下放言》正可并行也。

咸豐己未，用塘棲勞季言格校本覆校一過。

按：

葉廷琯（一七九二—一八六九），字紫陽，號調生、苕生，晚號蛻翁、十如老人。清江蘇吴縣（今蘇州）人。縣學生。道光五年（一八二五）貢成均。咸豐中避難上海，同治初舉孝廉方正，不就。家富藏書，以考訂經史爲樂。張炳翔，見前《説文逸字》條。勞格，見前《讀鑑瑣言》條。

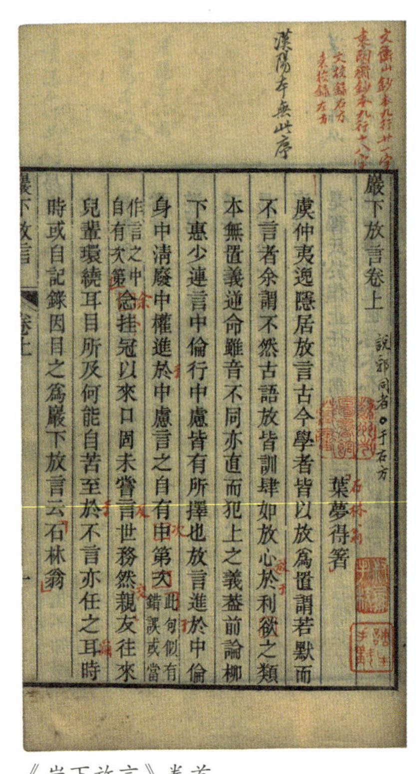

《岩下放言》卷首

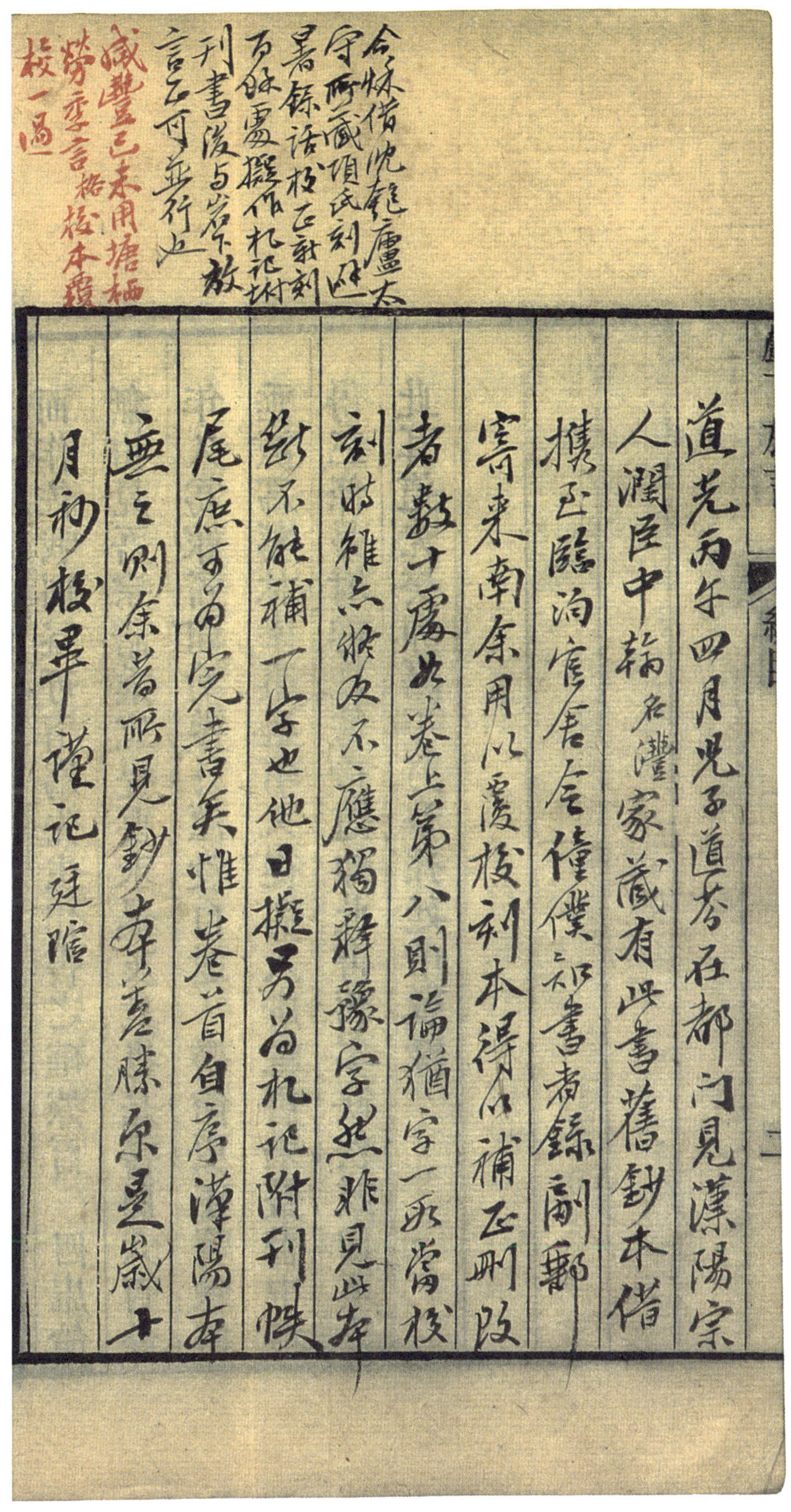

今秋借沈韻廬太守所藏項氏刻避暑錄話校正新刻百餘處擬作札記附刊書後与岩下放言正可並行也

咸豐己未用塘栖勞季言格校本覆校一過

道光丙午四月兒子道遠在都門見藻陽宗人潤臣中翰名瀠家藏有此書舊鈔本借携至臨洺官舍令僮僕知書者錄副郵寄來南余用以覆校刻本得以補正删改者數十處如卷上第八則論猶字一段當校刻時雖亦疑及不應獨辭豫字然非見此本斷不能補一字也他日擬另為札記附刊帙尾庶可為完書矣惟卷首自序潭陽本無之則余前所見鈔本差勝矣是歲十月初校畢謹記 廷琯

《岩下放言》題跋

岩下放言三卷
附拾遺一卷

宋葉夢得撰。清道光二十六年（一八四六）葉鍾等刻本。清葉廷琯批校并跋。索書號：四八二—六五二。

釋文：

今秋余從沈匏廬太守假得《避暑録話》明季項氏宛委堂刻本，校正新刻百餘條，方擬別録爲札記附刊本書之後，冬初，芬兒復從臨洵官所郵寄此書別本，蓋借漢陽宗人潤臣舍人所藏舊鈔本録出者，余用以校新刻本，亦得補正删改八十餘處。如卷上第八則論猶字一段，當校刻時雖亦疑及不應獨釋豫字，然非見此本，斷不能補一字也。其餘異文，亦有視刻本爲優者，暇時擬亦作札記附刊，庶幾此書與《避暑録話》皆得爲善本乎？記此爲左券，并過是帙寄芬兒閲之。道光丙午臘月三日，廷琯書。

按：

葉廷琯，見前《岩下放言》條。

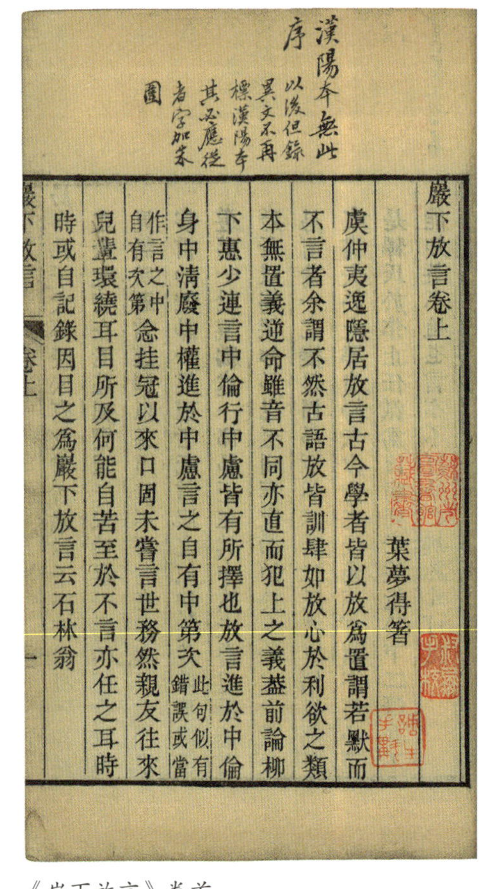

漢陽本無此序 以後但錄異文不再標漢陽本 其不應從者字加朱圈

巖下放言卷上

葉夢得箸

虞仲夷逸隱居放言古今學者皆以放爲置謂若默而不言者余謂不然古語放皆訓肆如放心於利欲之類本無置義逆命雖音不同亦直而犯上之義益前論柳下惠少連言中倫行中慮皆有所擇也放言進於中倫身中清廢中權進於中慮言之自有中第次此句似有錯誤或當作言之中自有次第念挂冠以來口固未嘗言世務然親友往來兒輩環繞耳目所及何能自苦至於不言亦任之耳時時或自記錄因目之爲巖下放言云石林翁

巖下放言 卷上 一

《岩下放言》卷首

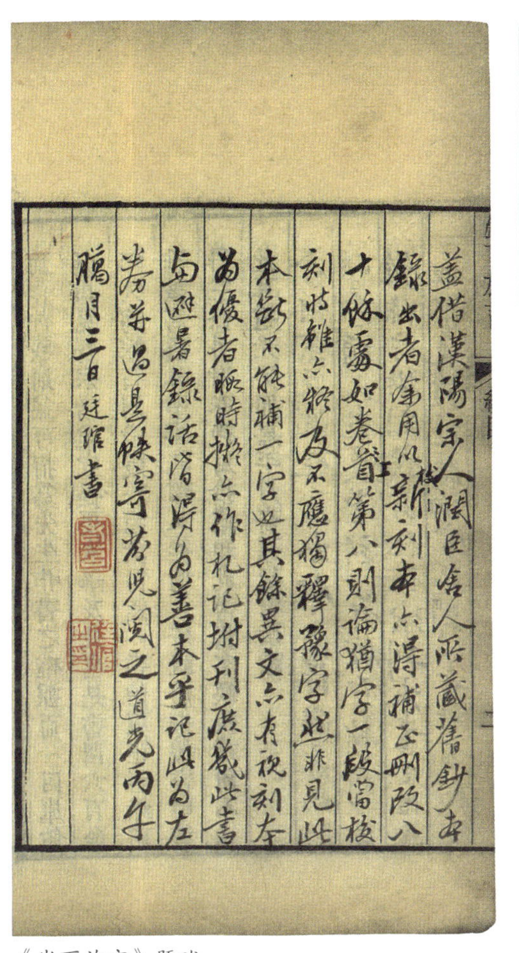

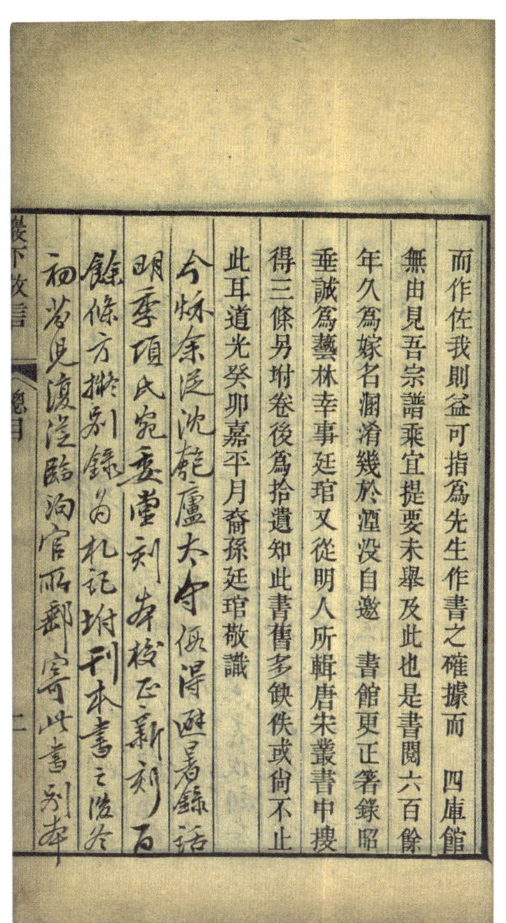

《岩下放言》題跋

猗覺寮雜記一卷

宋朱翌撰。清乾隆四十一年（一七七六）鮑廷博知不足齋抄本。清鮑廷博跋。索書號：一一六四—一二五。

釋文：

右録《猗覺寮雜記》一百五十三則。

朱翌字新仲，龍舒人，漢桐鄉嗇夫邑之後，政和間以太學生賜第，爲溧水簿。高宗南渡，祕書監中書舍人，與修《徽宗實録》。秦檜逐趙鼎，以爲鼎黨，謫居曲江，已而放歸。朝廷憫其飢寒，計貶所十四年，衣俸悉以予之。初流寓桐廬，愛蘆茨山水，遂家焉。謫歸後，卜居於鄞，所著《灊山集》四十四卷，今已失傳。右《雜記》二卷，蓋在曲江時所著。方流離遷徙，索手無書，而能紬繹經史，探索百氏，旁引曲證而折衷之，亦足以徵其腹笥富已。晚年自號“省事老人”，嘗作《信天緣堂記》云：“天生匹夫，一飯前定，多圖未必得，坐視未必失，世豈有一門困於無飯者乎？”其天懷放曠如此。此本卷末題云“康熙丙申六月借小山從汲古得本付鈔”，不知何人筆。予購自文瑞樓金氏，乾隆乙未以付梓人，逾年蕆事，甲子偶符，殆亦所謂前定者耶？丙申十月中浣二日，長塘鮑廷博識。

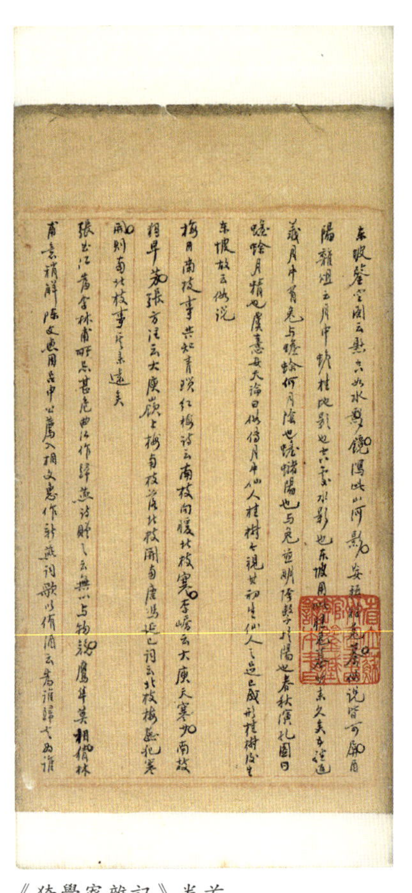

《猗覺寮雜記》卷首

按：

鮑廷博（一七二八—一八一四），字以文，號渌飲。清安徽歙縣長塘人，居杭

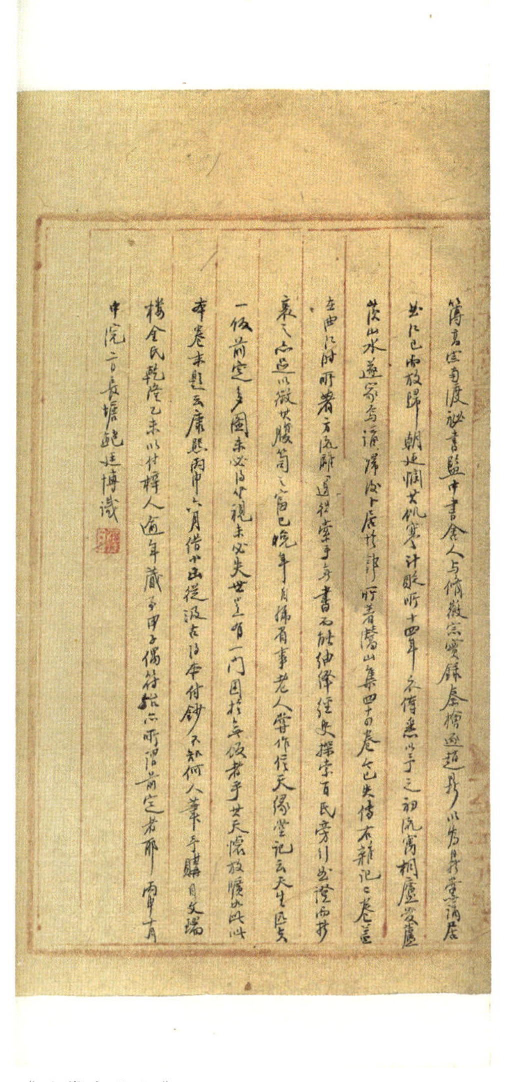

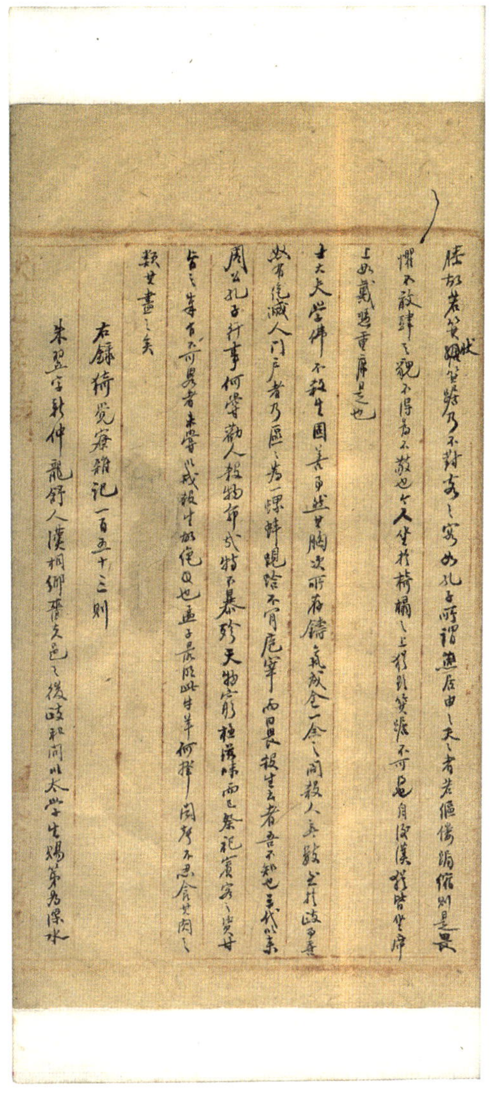

《猗覺寮雜記》題跋

州。博學多才，藏書甚富，藏書樓曰“知不足齋”，刊有《知不足齋叢書》，著有《花韻軒小稿》《詠物詩》等。

东坡鑒空閣云：懸空如水鏡。寫此山河影。安頤注兔蟾之說皆可刪耳

陽雜俎云：月中蟾桂，地影也；空處，水影也。东坡用此，桂兔蟾其来久矣。五經通

義：月中有兔與蟾蜍何？月陰也，蟾蜍陽也，與兔並明，陰繫於陽也。春秋演孔圖曰：

蟾蜍，月精也。虞喜安天論曰：俗傳月中仙人桂樹，今視其初生，仙人之足漸已成形，桂樹後生

东坡故云俗說

梅用南枝事。共知青瑣紅梅詩云：南枝向暖北枝寒。李嶠云：大庾天寒少。南枝

稍早芳。張方注云：大庾嶺上梅，南枝落，北枝開。唐馮延巳詞云：北枝梅蕊犯寒

開。則南北枝事其来遠矣

張曲江為李林甫所忌甚危，曲江作歸燕詩贈之云：無心與物競。鷹隼莫相猜。林

西溪叢語二卷

宋姚寬撰。清宣統二年（一九一〇）沈韻齋萬卷樓抄本。清沈韻齋跋并過録清趙箕、勞權跋。索書號：一一六六—一二五。

釋文：

此書上下二卷，明時刻本，乾隆壬午父執董浦先生乞余手録，云假於揚州馬秋玉家。越五年，余得明刻本，後又得澹生堂鈔本，與明刻迥異，因用朱筆注也。素門識，嘉慶改元七月二日。

道光癸卯季秋，向高氽荃借得此書嘉靖刻本，經鮑渌飲、趙素門兩先生以澹生堂鈔本校勘，時未蓄此本，用汲古閣刊本傳校一過。尋購得此帙，有鮑渌飲先生手補脱文兩則，似亦據澹生本，而未校竟也。因以焦校本復勘終卷，隨以汲古并校之。祁鈔次序不盡合，又多出四則，而少五則。此本脱謬亦未得盡正，汲古閣本與此本相同，頗多校正，弟脱去令威自序耳。咸豐丁巳八月二十六日，仁和勞權巽卿記于秋井草堂。

《直齋書録解題》載姚氏《殘語》一卷、《西溪居士集》五卷、《西溪樂府》一卷。直齋《殘語》解題云：又名《西溪叢話》，已版行。《通考》節去此語，遂不知即爲一書。俞氏并不及《殘語》，則又疏矣。唯解題《叢語》作《叢話》，恐係傳訛耳。九月朔一日鐙下記。

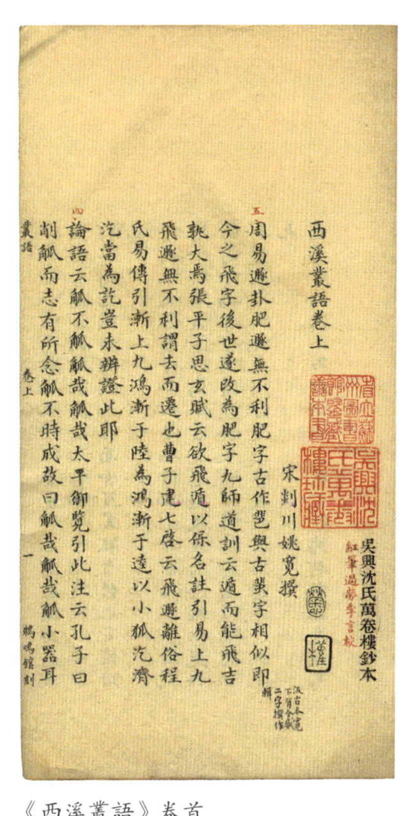

吳興沈氏萬卷樓鈔本
紅筆過勞季言校
西溪叢語卷上
宋剡川姚寬撰
周易遯卦肥遯無不利肥字古作巴與古蜚字相似即
今之飛字後世遂改為肥字九師道訓云遁而能飛吉
孰大焉張平子思玄賦云欲飛遁以保名註引易上九
飛遯無不利謂去而遷也曹子建七啓云飛遯離俗程
氏易傳引漸上九鴻漸于陸為鴻漸于逵以小狐汔濟
汔當為訖豈未辨證此耶
論語云觚不觚觚哉觚哉太平御覽引此注云孔子曰
削觚而志有所念觚不時成故曰觚哉觚哉觚小器耳
叢語　卷上　一

《西溪叢語》卷首

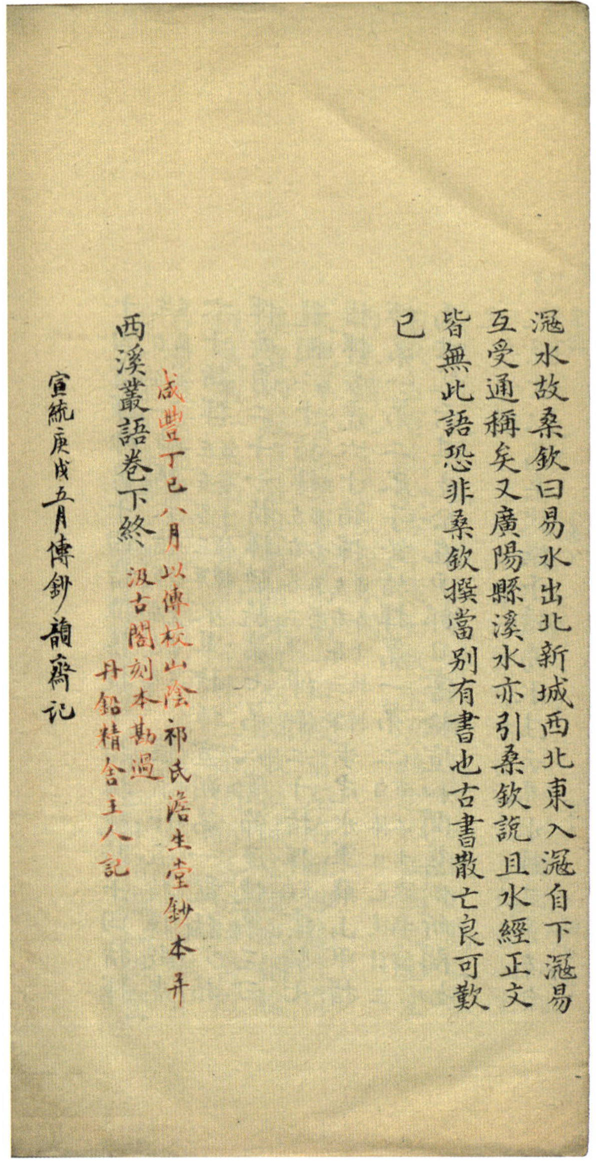

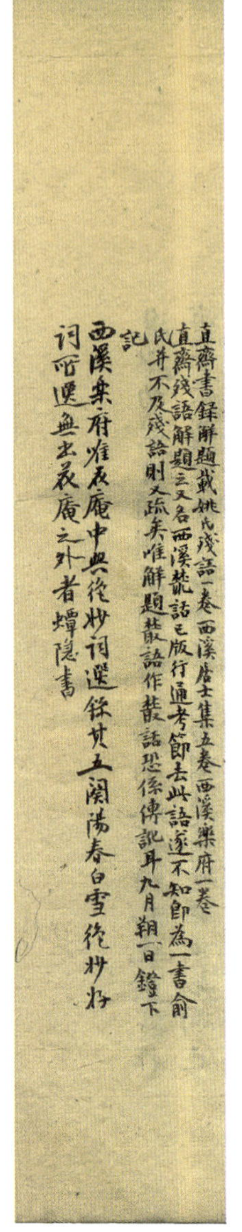

《西溪樂府》唯花庵《中興絶妙詞選》録其五闋，《陽春白雪絶妙好詞》所選無出花庵之外者。蟫隱書。

咸豐丁巳八月，以傳校山陰祁氏澹生堂鈔本，并汲古閣刻本勘過。丹鉛精舍主人記。

宣統庚戌五月傳鈔，韻齋記。

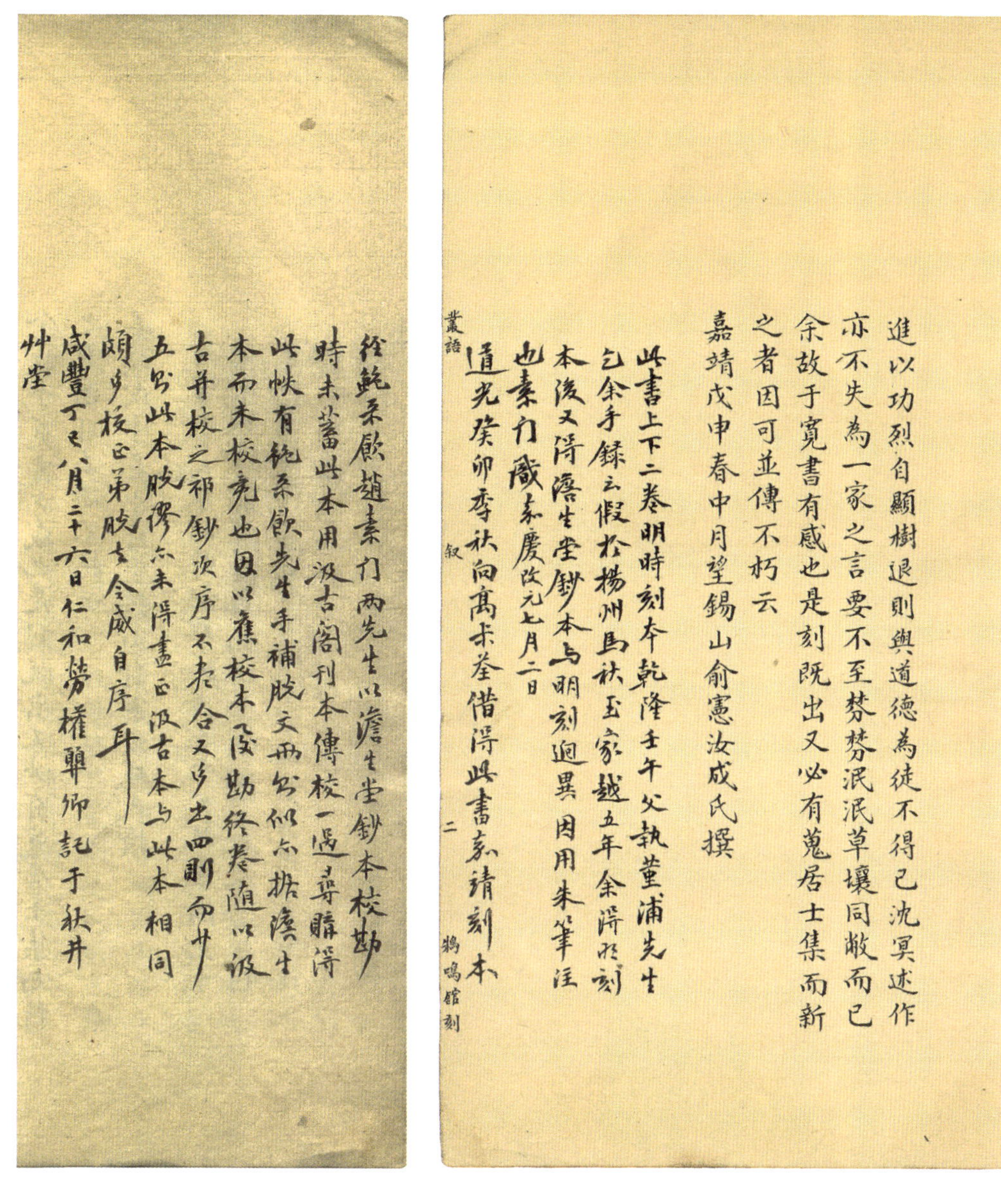

進以功烈自顯樹退則與道德為徒不得已沈冥述作
亦不失為一家之言要不至棼棼泯泯草壤同敝而已
余故于寛書有感也是刻既出又必有蒐居士集而新
之者因可並傳不朽云
嘉靖戊申春中月望錫山俞憲汝成氏撰

叢語 叙 二 鵝鳴館刻

此書上下二卷明時刻本乾隆壬午父執董浦先生
乞余手録之假於揚州馬秋玉家越五年余得於刻
本後又得澹生堂鈔本與明刻迥異因用朱筆注
也素门識嘉慶改元七月二日
道光癸卯季秋向高末崖借得此書嘉靖刻本

經鮑渌飲趙素门兩先生以澹生堂鈔本校勘
時未蓄此本用汲古閣刊本傳校一過茲購得
此帙有鮑渌飲先生手補脫文兩紙似亦據澹生
本而未校竟也因以舊校本悉勘終卷隨以汲
古并校之祁鈔次序不若合又多出四則而廿
五紙此本脫佚亦未得盡正汲古本與此本相同
頗多校正第脫去今咸自序耳
咸豐丁巳八月二十六日仁和勞權巽卿記于秋井
艸堂

按：

趙箕，字素門，號輯宁。清浙江錢塘（今杭州）人。之琛父。家有竹影庵、星鳳閣，藏書甚富。沈兆熊，號韻齋，清浙江吴興人。勞權，字巽卿，一字平甫，號蟫隱、丹鉛生。清浙江仁和（今杭州）人。諸生。與弟格以校書爲業，世稱善本。

容齋隨筆十六卷
續筆十六卷

宋洪邁撰。宋嘉定五年（一二一二）贛州郡齋刻本。民國繆荃孫跋。索書號：特二。

釋文：

右《容齋隨筆》《續筆》三十二卷。宋嘉定刊本。每半葉十行，行廿一字。高七寸二分，廣五寸五分。白口，口上有刻工姓名。題下四格，卷後書名空兩行，皆宋板例。日本鞠山文庫所藏，荆州田監督伏侯載以歸，以馬刻校之，止十三卷中落一行，《續筆》目録落一目及總目後“凡二百四十九則”一條。《續筆》卷十四尹文子條“蓋晉宋時細人所作”，“細”不作“衲”。卷十六計然意林條“如伊尹不以一衣與人，亦不取一衣於人”，“衣”不作“介”。今《意林》作“介”，後人以《孟子》改之。此爲至善。是書向以李瀚本、會通館活字本爲最善。馬本自序云：“向淂沁水李公不全本，又得友人殘本，彙而刻之。”乃其校訂并不甚謬，亦可見前輩用力之勤矣。學部圖書館止存二册，一《随筆》弟四卷，一《四筆》弟五卷，行款同，而有大德乙亥補板，中“貞元”“貞觀”“貞定”“貞惠”并作“正”，“桓公”作“威公”，“魏徵”作“魏證”，“殷武”作“商武”，“顓頊”作“顓帝”，“慎戒”作“謹戒”，“完顔亮”作“元顔亮”，至“匡”“朗”“勖”“樹”“玄”“弘”“讓”“殷”“徵”則缺筆，“慎”“貞”“桓”缺二畫，與他宋本不同。抬寫如先朝諱號提行，“上”字有提行有不提行，《二筆》

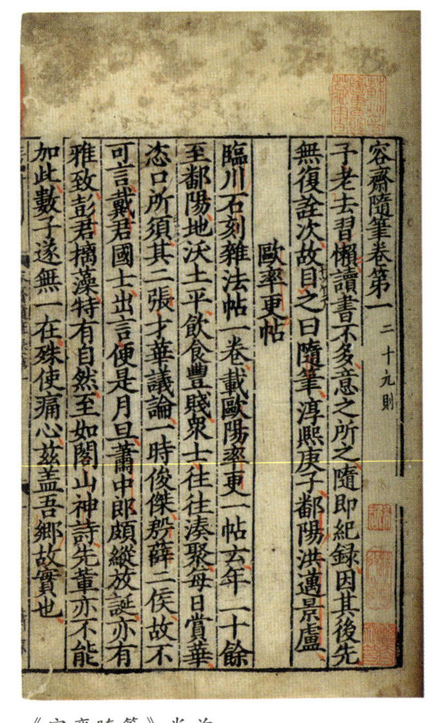
容齋隨筆卷第一　二十九則

子老去習懶讀書不多意之所之隨即紀録因其後先無復詮次故目之曰隨筆淳熙庚子鄱陽洪邁景盧

歐率更帖

臨川石刻雜法帖一卷載歐陽率更一帖云年二十餘至鄱陽地沃土平飲食豐賤衆士往往湊聚每日賞華恣口所須其二張才華議論一時俊傑殷薛二侯故不可言戴君國士出言便是月旦蕭中郎頗縱放誕亦有雅致彭君摛藻特有自然至如閣山神詩先輩亦不能加此數子遂無一在殊使痛心兹蓋吾鄉故實也

《容齋隨筆》卷首

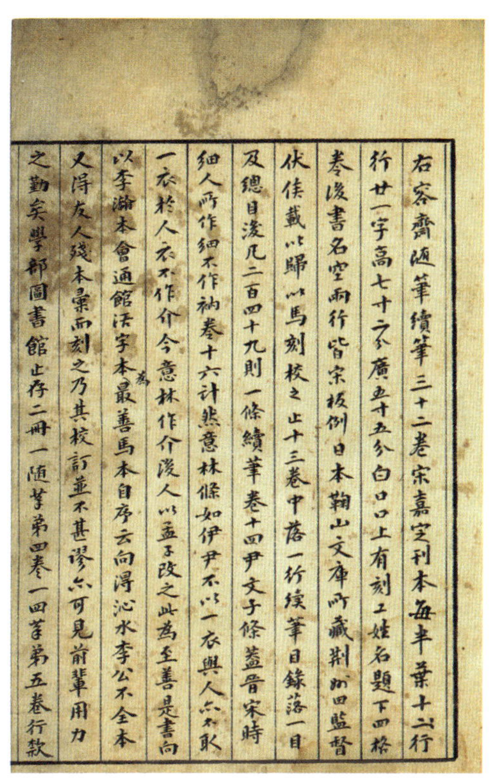

右容齋隨筆續筆三十二卷宋嘉定刊本每半葉十六行行廿一字高七寸六分廣五寸五分白口口上有刻工姓名題下四格卷後書名空兩行皆宋板例日本鞠山文庫所藏猶如田監督伏侯載以歸以馬刻校之止十三卷中落一行續筆目錄落一目及總目後凡二百四十九則一條續筆卷十四尹文子條蓋晉宋時細人所作細不作納卷十六計然意林條如伊尹不以一介與人亦不取一介於人介不作个今意林作个後人以孟子改之此為至善是書向以李瀚本會通館活字本最善為馬本自序云向得沁水李公不全本又得友人殘本彙而刻之乃其校訂並不甚謬亦可見前輩用力之勤矣學部圖書館止存二冊一隨筆弟四卷一四筆弟五卷行款

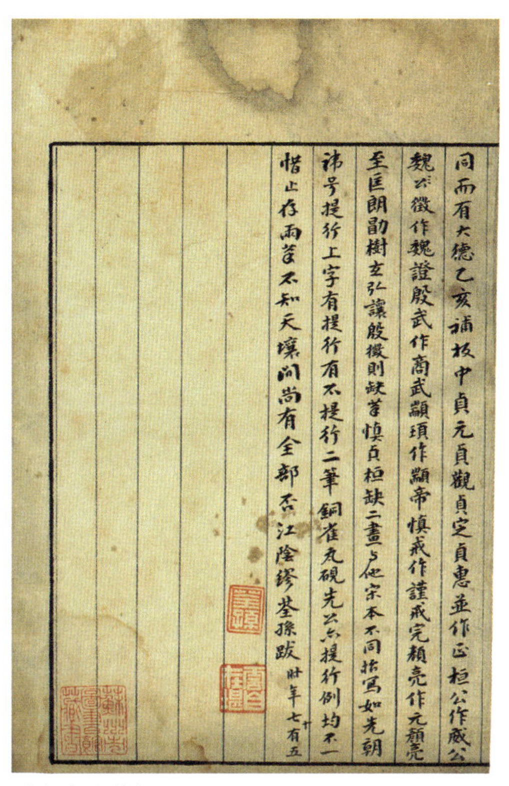

同而有大德乙亥補板中貞元貞觀貞定貞惠並作正桓公作威公魏公徵作魏證殷武作商武顓頊作顓帝慎戒作謹戒完顏亮作元顏亮至匡朗勖樹玄弘讓殷徵則缺筆慎貞桓缺二畫与他宋本不同抄寫如先朝祚号提行上字有提行有不提行二筆銅雀瓦硯先公亦提行例均不一惜止存兩筆不知天壤間尚有全部否江陰繆荃孫跋時年七十有五

《容齋隨筆》題跋

銅雀瓦硯"先公"亦提行，例均不一。惜止存兩筆，不知天壤间尚有全部否？江陰繆荃孫跋，時年七十有五。

按：

繆荃孫（一八四四—一九一九），字炎之，又字筱珊，晚號藝風老人。江蘇江陰人。幼承家學，習古文字、音韻、訓詁之學。清光緒二年（一八七六）進士，授翰林院編修。先後掌南菁書院、濼源書院、常州龍城書院。并籌建三江師範學堂、江南圖書館、京師圖書館。一九一四年任《清史》總纂。學問與藝術造詣頗高，著有《藝風堂藏書記》《藝風堂金石文字目》《藝風堂文集》等。

校邠廬抗議二卷

清馮桂芬撰。清抄本。清潘霨、林壽圖批校并跋。索書號：〇三〇三—〇四二。

釋文：

庚辰夏日，韡園重校一過。

同一援古準今，典碻似王深甯而以明𣈆勝，奥博似顧甯人而以精覈勝，通儒之學，濟變之才，魏默深弗逮也。壽圖才不適用，放廢於時，中丞公顧出是編，命爲讐校。病中展讀，頓起沉疴，若用以醫世，壽國壽民可知也。雖所定未盡可行，猶百世俟之矣。己卯小春，閩縣林壽圖識。

按：

潘霨，見前《歷代史論》條。林壽圖（一八〇九—一八八五），初名英奇，字恭三，又字穎叔，號黄鵠山人。清福建閩縣（今福州）人。道光二十五年（一八四五）進士。歷官工部主事、軍機章京、順天府尹、陝西布政使、山西布政使。晚年主講鰲峰書院。著有《春秋淺説》《閩學宗派考》《黄鵠山人詩鈔》等。

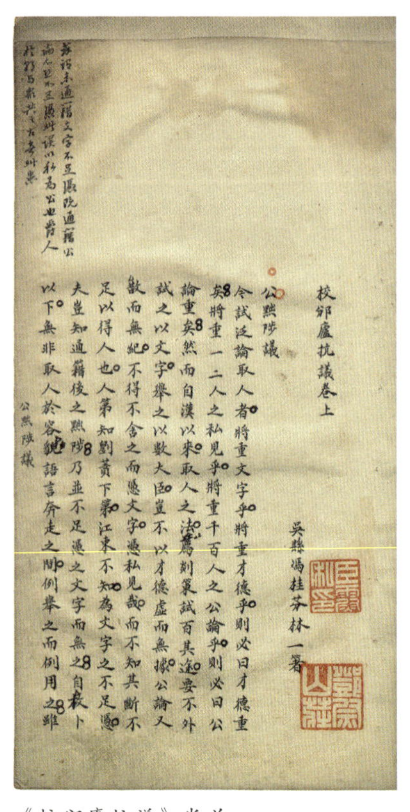

《校邠廬抗議》卷首

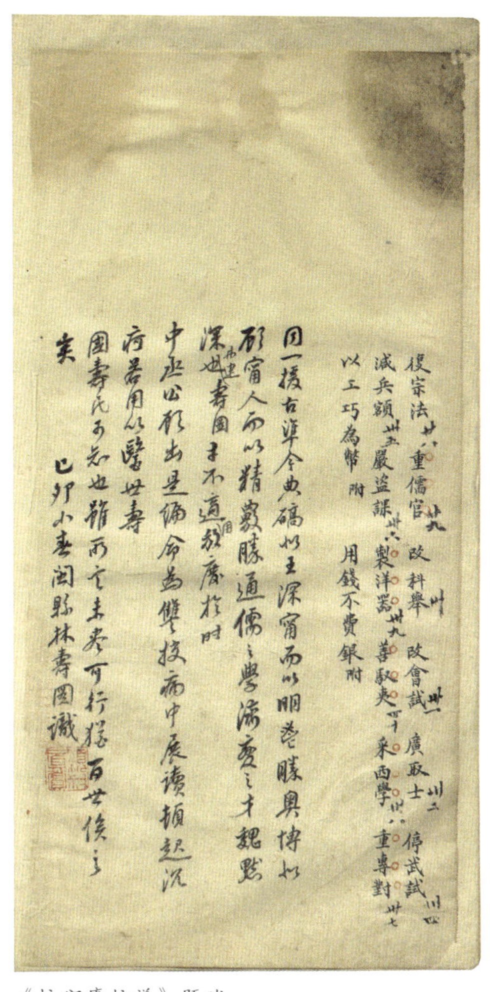

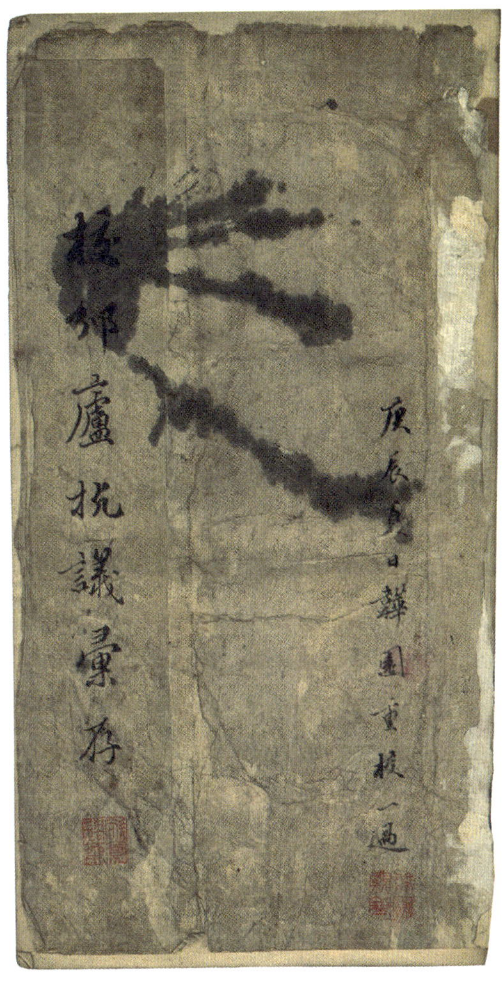

《校邠盧抗議》題跋

臣爵私印

日知録三十二卷

清顧炎武撰。清康熙三十四年（一六九五）潘耒遂初堂刻本。清馬焓批校并跋。索書號：一一七四——一二六。

釋文：

何義門先生看本。丁亥春正月始，元和馬焓度。

亭林與毛錦銜云：《日知録》成，其能閲之終卷者，子德之外，惟吾弟一人。《音學五書》成，其能閲之終卷者，惟既足一人。他年傳書之望，庶乎其不孤矣。但溫故知新，有日進而未已者更一觀之，又當與去年之本不同也。

照語古齋本，補庵度。丁亥正月始，四月成。

按：

馬焓，字葵圃，號補庵。清江蘇元和（今蘇州）人。乾隆間歲貢生。

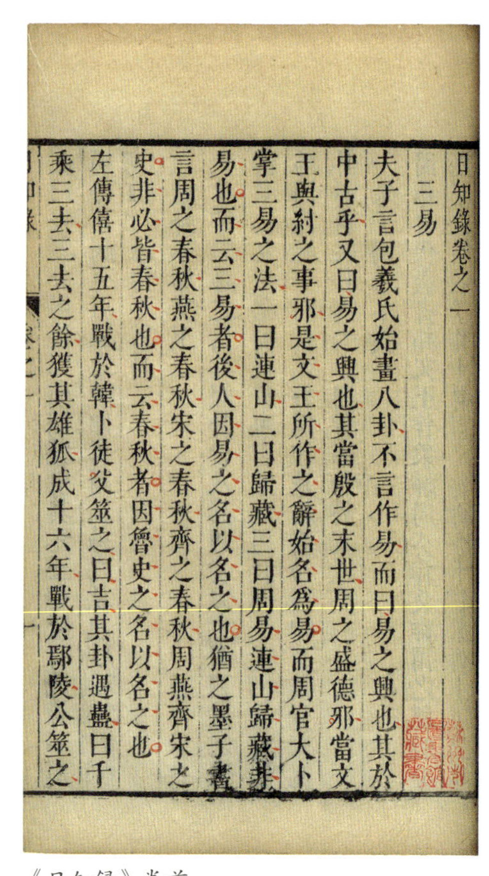
日知錄卷之一
三易
夫子言包羲氏始畫八卦不言作易而曰易之興也其於
中古乎又曰易之興也其當殷之末世周之盛德邪當文
王與紂之事邪是文王所作之辭始名爲易而周官大卜
掌三易之法一曰連山二曰歸藏三曰周易連山歸藏非
易也而云三易者後人因易之名以名之也猶之墨子書
言周之春秋燕之春秋宋之春秋齊之春秋周燕齊宋之
史非必皆春秋也而云春秋者因魯史之名以名之也
左傳僖十五年戰於韓卜徒父筮之曰吉其卦遇蠱曰千
乘三去三去之餘獲其雄狐成十六年戰於鄢陵公筮之

《日知録》卷首

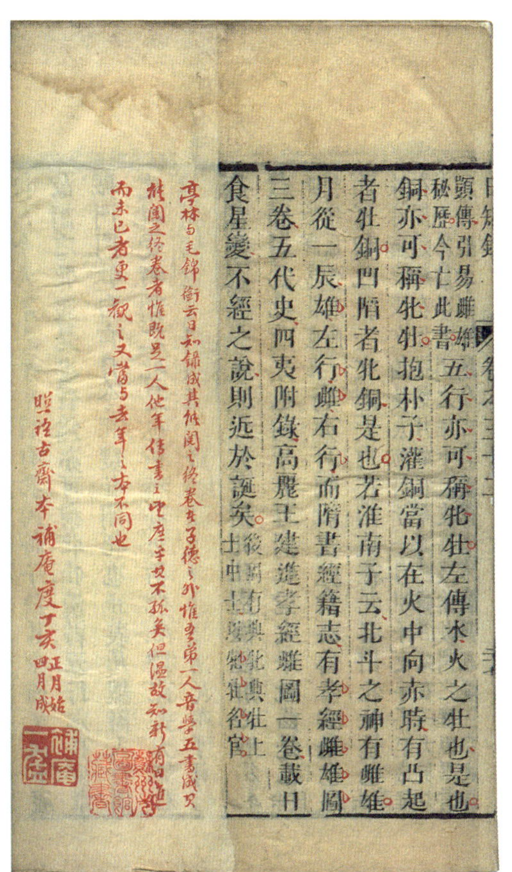

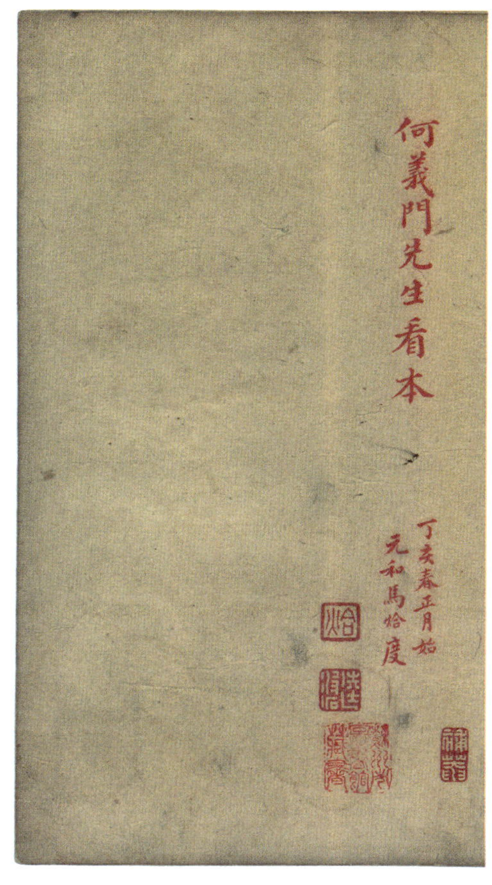

《日知録》題跋

補庵一盋

日知録三十二卷

清顧炎武撰。清乾隆經義齋刻本。清蔣彬蔚跋。索書號：〇三〇三—〇四二。

釋文：

此先府君手録沈氏評校本也。其時黄氏所刊《集釋》未出，故沈本甚秘，今取黄刻參校，所采沈評亦未備。其條例中固云“輒加删節，歸諸簡覈”，又云“既列其凡，不廣附麗者也”。至校正處，則黄刻尚有所略。道光己亥，先府君捐館蒙城，此書隨櫬歸里。途中霖雨，書簏被浸，遂損兩册，後遍訪藏書家，得所鈔沈本，重爲移録。卷六至卷八、卷廿三至卷廿五，皆彬蔚所補也。逮庚申之變，蘇城被陷，先人手澤百無一存，猶幸此書携入京師，得以無恙，然亦殘闕補綴，非復舊觀。展玩遺編，其疚心爲何極已。同治乙丑中秋，彬蔚謹識。

沈氏彤字冠雲，吴江人，乾隆初舉博學宏詞。

此書曾爲王樸臣孝廉借觀，故每册後有其圖記。

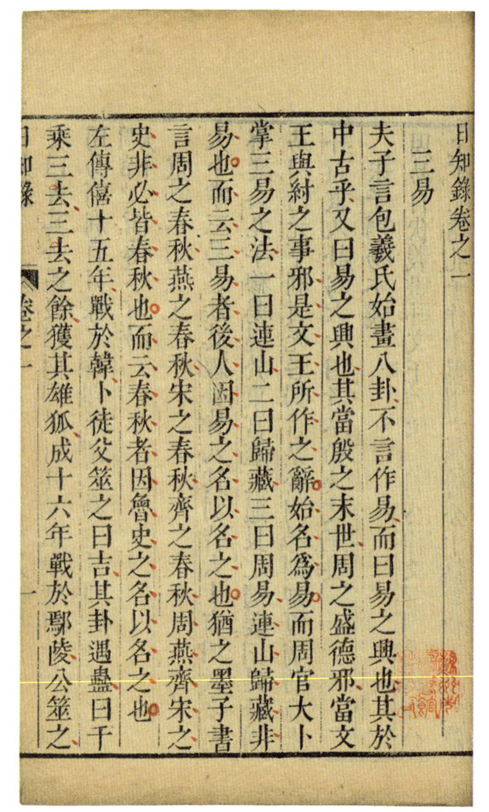
日知錄卷之一
三易
夫子言包羲氏始畫八卦不言作易而曰易之興也其於中古乎又曰易之興也其當殷之末世周之盛德邪當文王與紂之事邪是文王所作之辭始名爲易而周官大卜掌三易之法一曰連山二曰歸藏三曰周易連山歸藏非易也而云三易者後人因易之名以名之也猶之墨子書言周之春秋燕之春秋宋之春秋齊之春秋周燕齊宋之史非必皆春秋也而云春秋者因魯史之名以名之也
左傳僖十五年戰於韓卜徒父筮之曰吉其卦遇蠱曰千乘三去三去之餘獲其雄狐成十六年戰於鄢陵公筮之
日知錄　卷之一　一

《日知録》卷首

按：

蔣彬蔚，見前《三國志》條。

此先府君手録沈氏評校本也其時黃氏所刊集釋未出故沈本甚秘令取黃刻參校所采沈評亦未備其條例中固云輒加删節歸諸簡覈又云既刋其凡不廣附麗者也至校正處則黃刻尚有所略道光己亥 先府君捐館蒙城此書隨櫬歸里途中霖雨書簏被浸遂損兩冊後徧訪藏書家得所鈔沈本重爲迻録卷六至卷八卷廿三至卷廿五皆 彬蔚所補也逮庚申之變蘇城被陷 先人手澤百無一存猶幸此書攜入京師得以無恙然亦殘闕補綴非復舊觀展玩遺編其疚心爲何極已

同治乙丑中秋 彬蔚謹識

沈氏彤字冠雲吳江人乾隆初舉博學宏詞

此書曾爲王樸臣孝廉借觀故每冊後有其圖記

《日知録》題跋

續世説十二卷

宋孔平仲撰。清抄本。民國徐恕、王謇跋。索書號：一一八四—一二六。

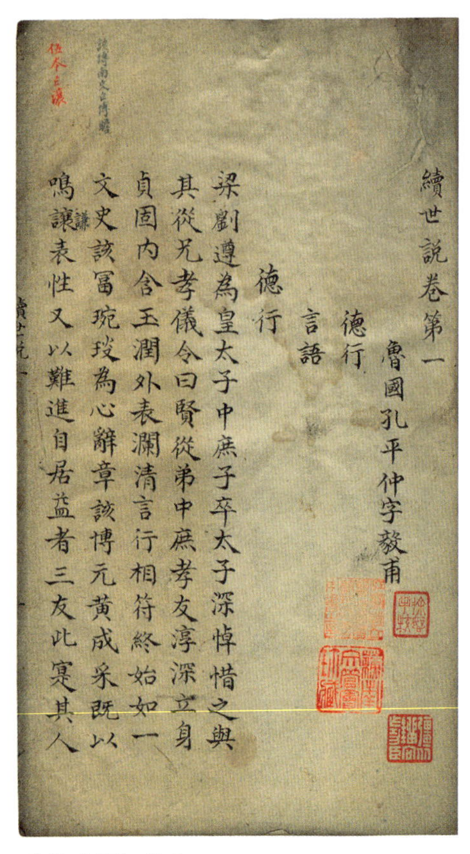
續世說卷第一
魯國孔平仲字毅甫
德行
言語
德行
梁劉遵為皇太子中庶子卒太子深悼惜之與其從兄孝儀令曰賢從弟中庶孝友淳深立身貞固內含玉潤外表瀾清言行相符終始如一文史該富琬琰為心辭章該博元黃成采既以鳴讓表性又以難進自居益者三友此寔其人

《續世説》卷首

釋文：

己未杪秋，以守山閣、粤雅堂兩本訂補訛奪，行篋無書，於卷中人地異同未能是正，故兩存之。鄂渚徐恕識于石保卝次。

徐恕，字行可，武昌人，曾教授舊都諸太學。富藏書，精鑒别。此校僅根據通行本，尚不足見其所長也。改制乙亥。瓠盧。

按：

徐恕（一八九〇—一九五九），字行可，小字六一，號强誃、疆簃。湖北武昌人。篤意經史，以購書、藏書爲樂，自名藏書樓爲“箕志堂”“藏棱齋”“知論物齋”等，藏書十余萬卷，多有勘校題記。精於金石、諸子、目録、志略等學，治學嚴謹。刊刻有《綴學堂叢稿》《爾雅正鳴評》等。王謇，見前《吉林録存》條。

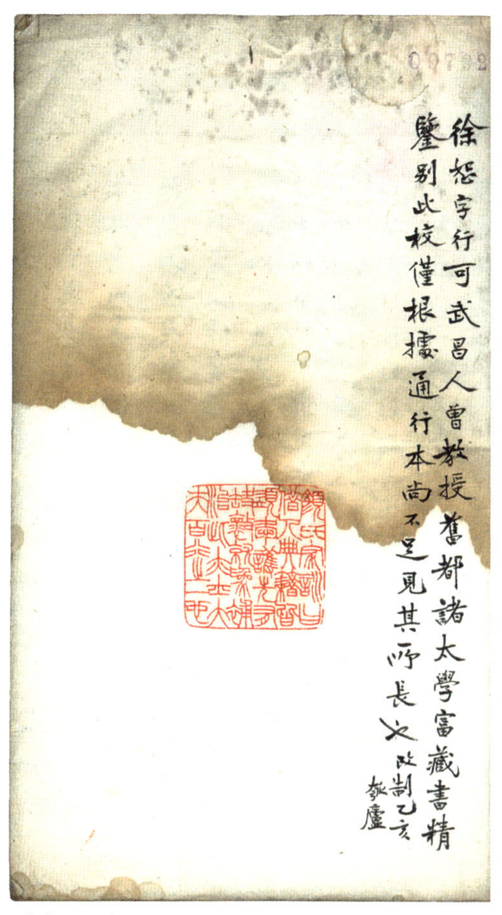

徐恕字行可，武昌人，曾教授舊都諸太學，富藏書，精鑒别。此校僅根據通行本，尚不足見其所長也。敏廬 跋制乙亥

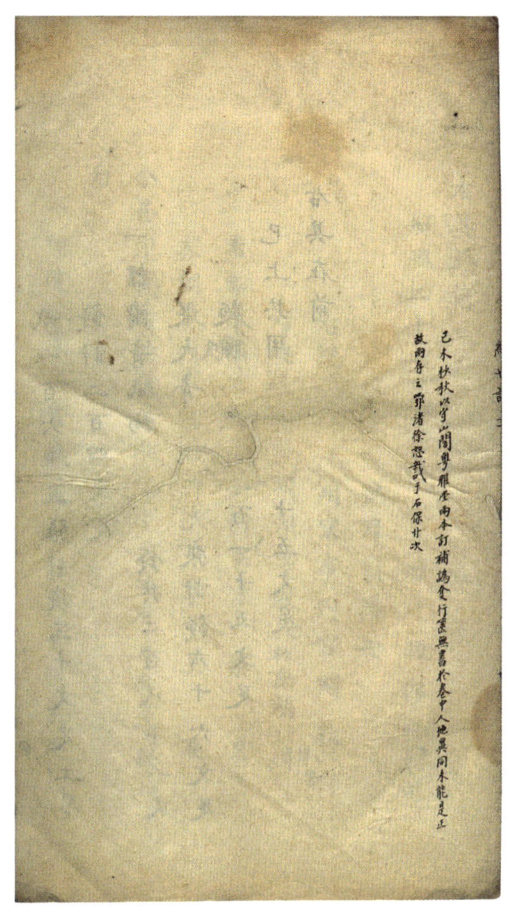

《續世説》題跋

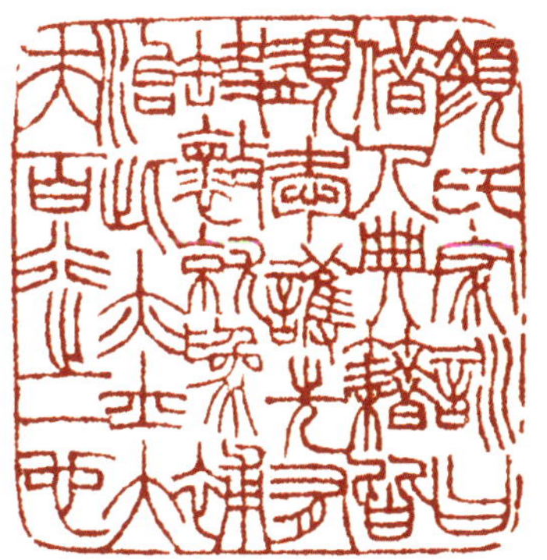

顔氏家訓曰借人典籍皆須愛護先有缺壞就爲補治此亦士大夫百行之一也

新增格古要論十三卷

明曹昭著。明黄正位刻本。清張溙東跋。索書號：〇三九六—〇四八。

釋文：

此書苦無善本相校，閒齋一閲，大爲扼腕。夫書欲必傳，須典則章程盡善方妙。此本不止魯魚之誤，僅多謭陋之學。余亦不揣鄙陋，以臆訂正之，庶幾使覽者了然，大方首肯矣。乾隆甲午孟夏既望，張溙東記。

內中惜無古今書籍考，俟予暇時當補之。

按：

張溙東，生平不詳。

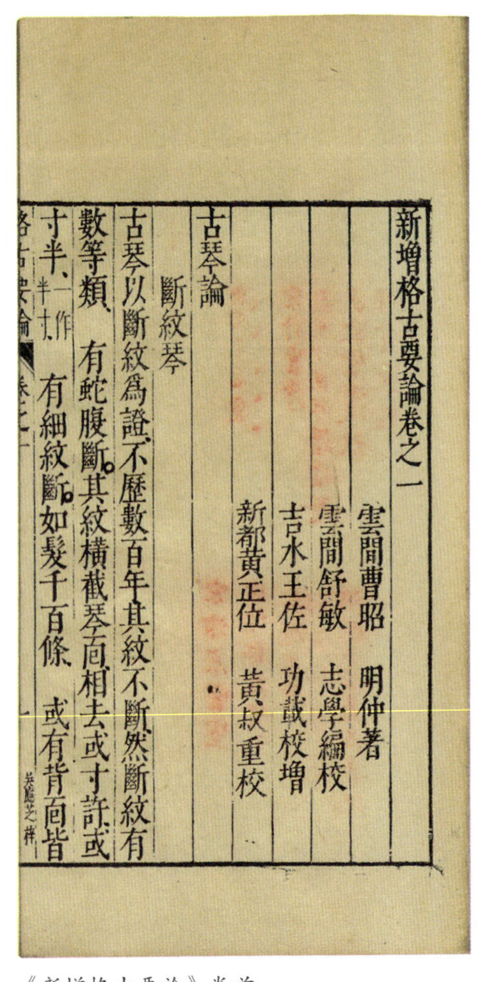

新增格古要論卷之一
雲間曹昭　明仲著
雲間舒敏　志學編校
吉水王佐　功載校增
新都黃正位　黃叔重校

古琴論
斷紋琴
古琴以斷紋爲證不歷數百年其紋不斷然斷紋有數等類有蛇腹斷其紋横截琴面相去或寸許或寸半（一作半寸）有細紋斷如髮千百條或有背面皆

《新增格古要論》卷首

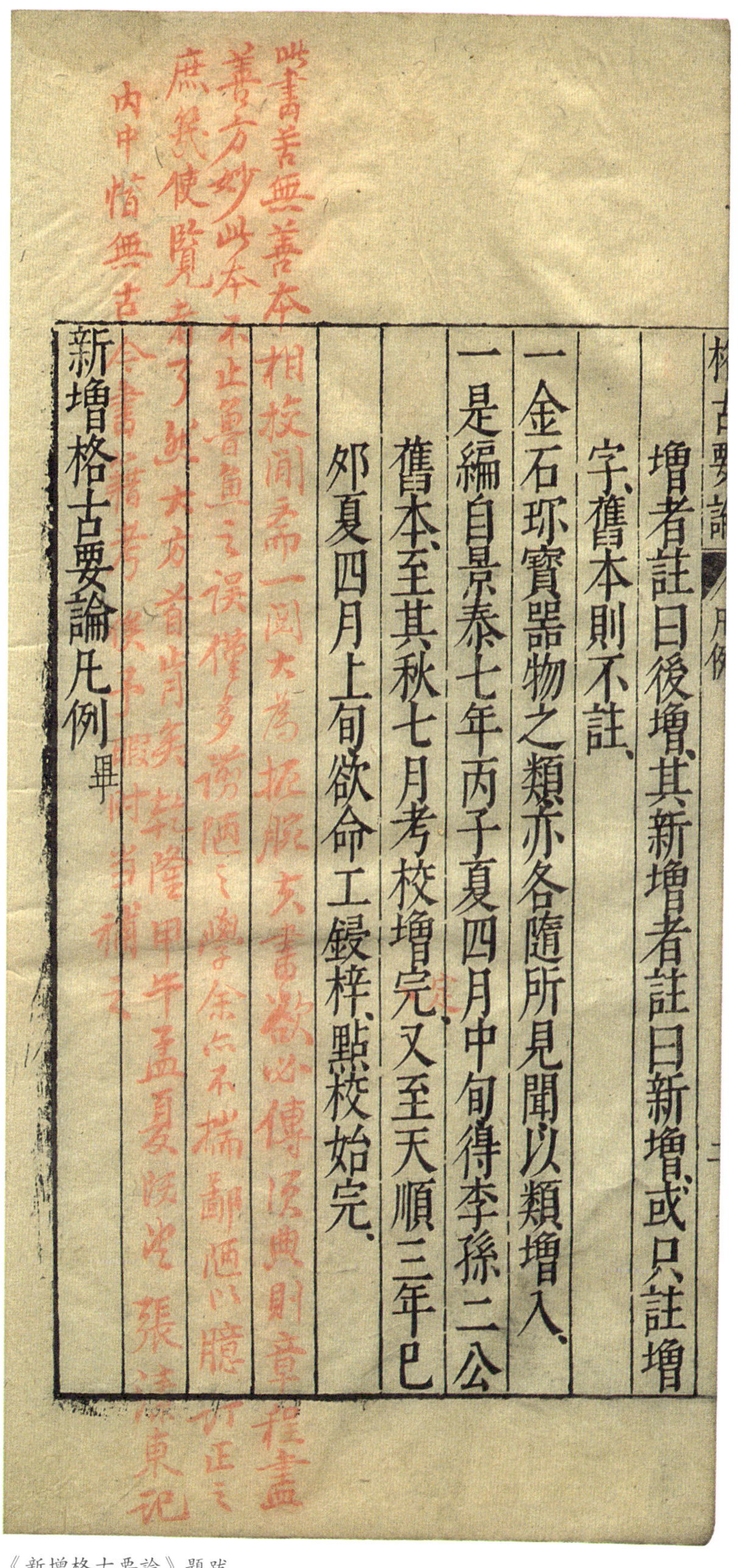

格古要論　凡例

增者註曰後增、其新增者註曰新增、或只註增字、舊本則不註、

一金石珎寶器物之類亦各隨所見聞以類增入、

一是編自景泰七年丙子夏四月中旬得李孫二公舊本、至其秋七月考校增完、又至天順三年巳卯夏四月上旬欲命工鋟梓、點校始完、

新增格古要論凡例　畢

此書若無善本相校間斋一圖大為拒眼矣書欲必傳須典則章程盡善方妙此本不止魯魚之誤俾多謬陋之學余亦不揣鄙陋以臆訂正之庶幾便覽者了然大方首肯矣　乾隆甲午孟夏浣溪　張[illegible]東記

内中惜無古今書籍考證聊予暇時当補之

《新增格古要論》題跋

雲溪友議十二卷

唐范攄撰。民國二年（一九一三）沈韻齋睹秘簃抄本。民國沈韻齋跋并過録清勞權批校及跋。索書號：一一四五—一二四。

釋文：

戍刻校畢。此帙頃在杭賈之，嘉禾沈雙湖吏部家書也。以商本校比，誤不勝改，間有是處所賢於商本者，唯每條標目尚存耳。蟫隱。

癸丑三月，借同郡陸氏皕宋樓藏本，倩過子景賢依原樣影録，計二旬録畢。韻齋記於睹秘簃。是日天雨傾盆，雷聲始作。

按：

勞權、沈韻齋，俱見前《西溪叢語》條。

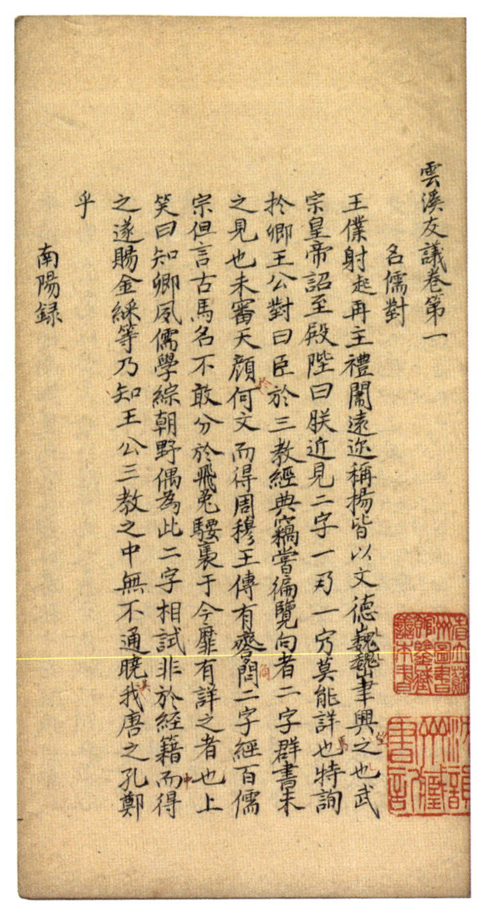

雲溪友議卷第一
名儒對
王僕射起再主禮闈遠迩稱揚皆以文德巍巍聿興之也武宗皇帝詔至殿陛曰朕近見二字一刃一穷莫能詳也特詢於卿王公對曰臣於三教經典竊嘗徧覽向者二字群書未之見也未審天顏何文而得周穆王傳有麥閜二字經百儒宗但言古馬名不敢分於飛兔騕褭于今靡有詳之者也上笑曰知卿夙儒學綜朝野偶為此二字相試非於經籍而得之遂賜金綵等乃知王公三教之中無不通曉我唐之孔鄭乎
南陽録

《雲溪友議》卷首

眉深淺入時無

張籍郎中詩（酬）曰

越女新粧出鏡心自知明豔（更沈）玉人吟齊紈未足人間貴一曲

菱歌敵（抵）萬金

朱公才學因張公一詩名流於海内矣

戊刻校畢此帙頃在杭買之嘉禾沈雙湖吏部家書也以商本

校比誤不勝改潤有是處所賢於商本者唯每條

標目尚存耳蟫隱

癸丑三月借同郡陸氏皕宋樓藏本倩過子景賢

依原樣影録計二旬録畢韻齋記於觀秘簃是

日天雨傾盆雷聲始作

雲溪友議卷十二終

《雲溪友議》題跋

停雲軒詩詞雜録不分卷

佚名撰。明抄本。民國王謇跋。索書號：〇四〇五—〇四九。

釋文：

《停雲軒詩詞雜録》，乙亥孟冬瓠廬試作蜨裝。

藍格，明鈔本。匡中心有篆文“石亭”二字。卷首有“惡閒居士”朱文方印、“桐軒主人藏書印”朱文長方印。書根經淺人誤書“文衡山停雲雜録”七字，不知作者自述“余自號稼村，讀復庵先生詞有《詠稼村》一首”云云。考元、明人號稼村者，有元王義山，著有《稼軒類稿》三十卷；而號復庵者，有明吕淵字希顔，以雲南布政使休致，居家罕接人事，有《復庵集》。兩人又不同時。卷中引石田詩句，然號石田者，不必沈啟南一人也，況餘外均録宋元人詩詞，而不涉明人一語乎？終疑爲元季人著。

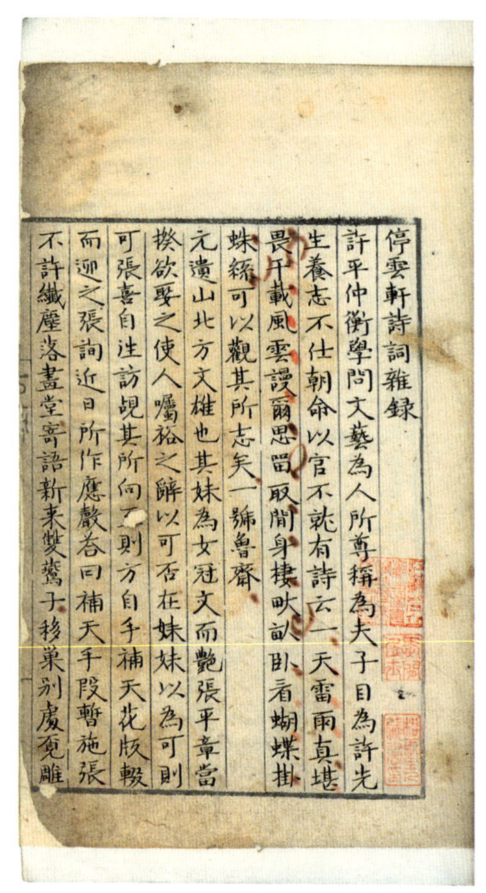
停雲軒詩詞雜録

許平仲衡學問文藝為人所尊稱為夫子目為許先生養志不仕朝命以官不就有詩云一天雷雨真堪畏千載風雲謾爾思留取閒身棲畎畝卧看蝴蝶掛蛛絲可以觀其所志矣一號魯齋

元遺山北方文雄也其妹為女冠文而艷張平章當揆欲娶之使人囑裕之辭以可否在妹妹以為可則可張喜自往訪覘其所向[illegible]則方自手補天花版輟而迎之張詢近日所作應聲吟曰補天手段暫施張不許纖塵落畫堂寄語新來雙鸞子移巢別處覓雕

《停雲軒詩詞雜録》卷首

按：

王謇，見前《吉林録存》條。

停雲軒詩詞雜錄 乙亥孟冬瓠廬試作建裝

藍格明鈔本，匡中心有篆文石亭二字，卷首有忞闇居士朱文方印、桐軒主人藏書印朱文長方印。書根經淺人誤書文衡山停雲雜録七字，不知作者自述余自號稼村，讀復庵先生詞有詠稼村一首云云。考元明人號稼村者有元王義山，著有稼軒類藁三十卷；而號復庵者有明吕淵，字希顏，以雲南布政使休致居家，罕接人事，有復庵集。兩人又不同時。卷中引石田詩句，然號石田者不必沈啟南一人，又況餘外均録宋元人詩詞而不涉明人一語乎，終疑為元季人著。

《停雲軒詩詞雜録》題跋

追維往事録二卷

明陸文衡撰。稿本。清陸泰增、陸同壽跋。索書號：〇三九四—〇四八。

釋文：

此方伯公親筆，各房家訓多從此本録出，寶之。嘉慶九年七月廿四日，裔孫泰增敬書。

同治甲戌，九世孫同壽重裝，光緒壬午，謹誌於羲經堂。

此方伯公親筆，子孫寶諸。嘉慶十三年四月十四日，書于歙縣學舍。

同治甲戌，九世孫同壽重裝，光緒壬午，謹誌於羲經堂。

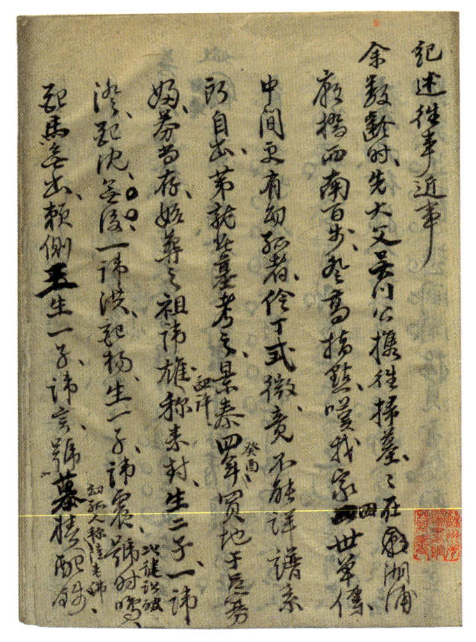

《追維往事録》卷首

按：

陸泰增（一七五四—一八二九），字巨瞻，號淡安。清江蘇吴江人。乾隆四十二年（一七七七）舉人，官安徽廣德州學正。著有《苜蓿偶談》《客窗偶吟》《淡安遺文》等。陸同壽（一八三七—一九〇一），字敏貽，號介眉。清江蘇吴江人。以監生從征河南、安徽、秦隴，叙功薦保浙江道員。

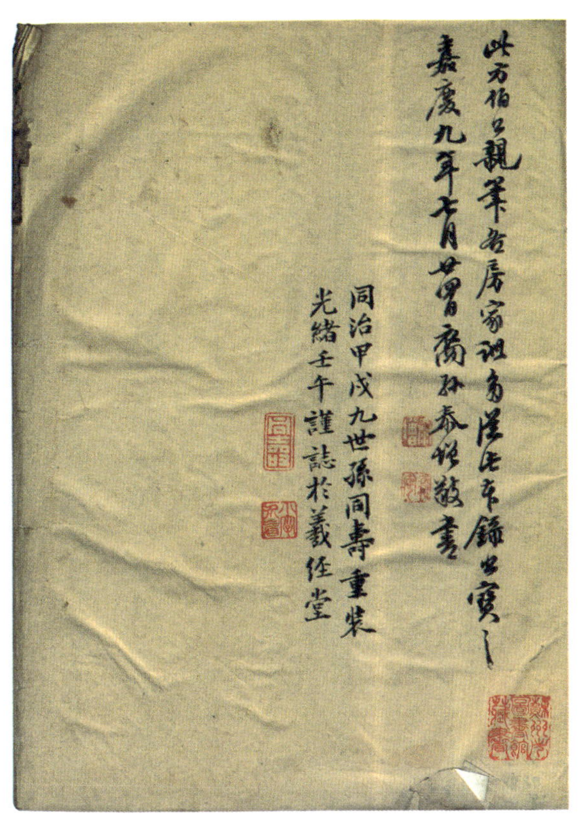

此方伯公親筆各房家譜，當從先生處錄出，寶之。
嘉慶九年七月[illegible]孫泰[illegible]敬書
同治甲戌九世孫同壽重裝
光緒壬午謹誌於義经堂

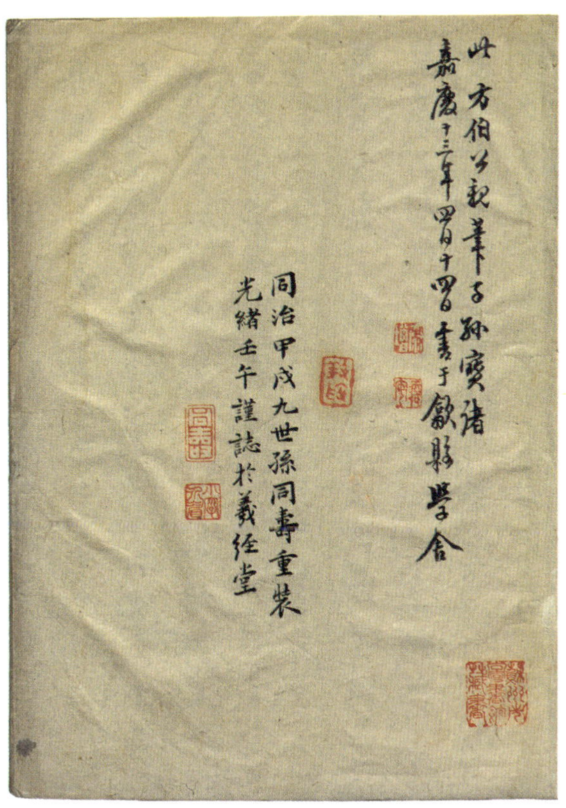

此方伯公親筆，子孫寶諸。
嘉慶十三年四月十四書于歙縣學舍
同治甲戌九世孫同壽重裝
光緒壬午謹誌於義经堂

《追維往事録》題跋

古紅梅閣筆記不分卷

民國張一麐撰。稿本。一九四九年盧文炳跋。索書號：一一五一——一二五。

釋文：

《古紅梅閣筆記》一卷，爲先師仲仁夫子遺著。鈔稿於抗戰之初曾命校一過，今已由顧起潛先生編印入《心太平室集》。其原稿爲卓觀齋主徐澐秋先生所藏，以其關於鄉邦文獻，意欲送入蘇州省圖書館保存。嗣爲友人轉輾借閱，久失所在，經吟秋館長多方訪問，適遇借閱者，竟得璧返，即以入藏。先師文章風義於此可見一斑。遺墨如新，哲人往矣。開編循誦，爲之泫然。己丑孟夏，親炙弟子盧文炳謹識於可園。

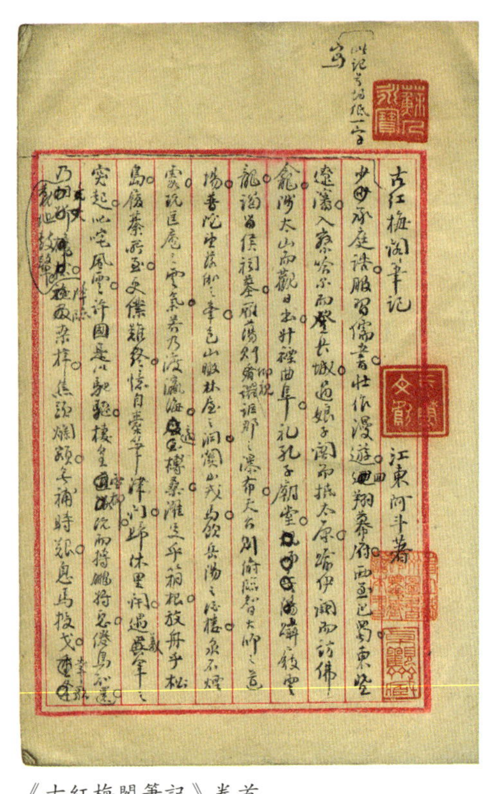
《古紅梅閣筆記》卷首

按：

盧文炳（一八七六—一九七〇），字彬士，號儔盧。江蘇吴縣（今蘇州）人。江蘇兩級師範學堂畢業，曾任江蘇第二工業學堂圖書館職員。著有《吴縣鄉土小志》。

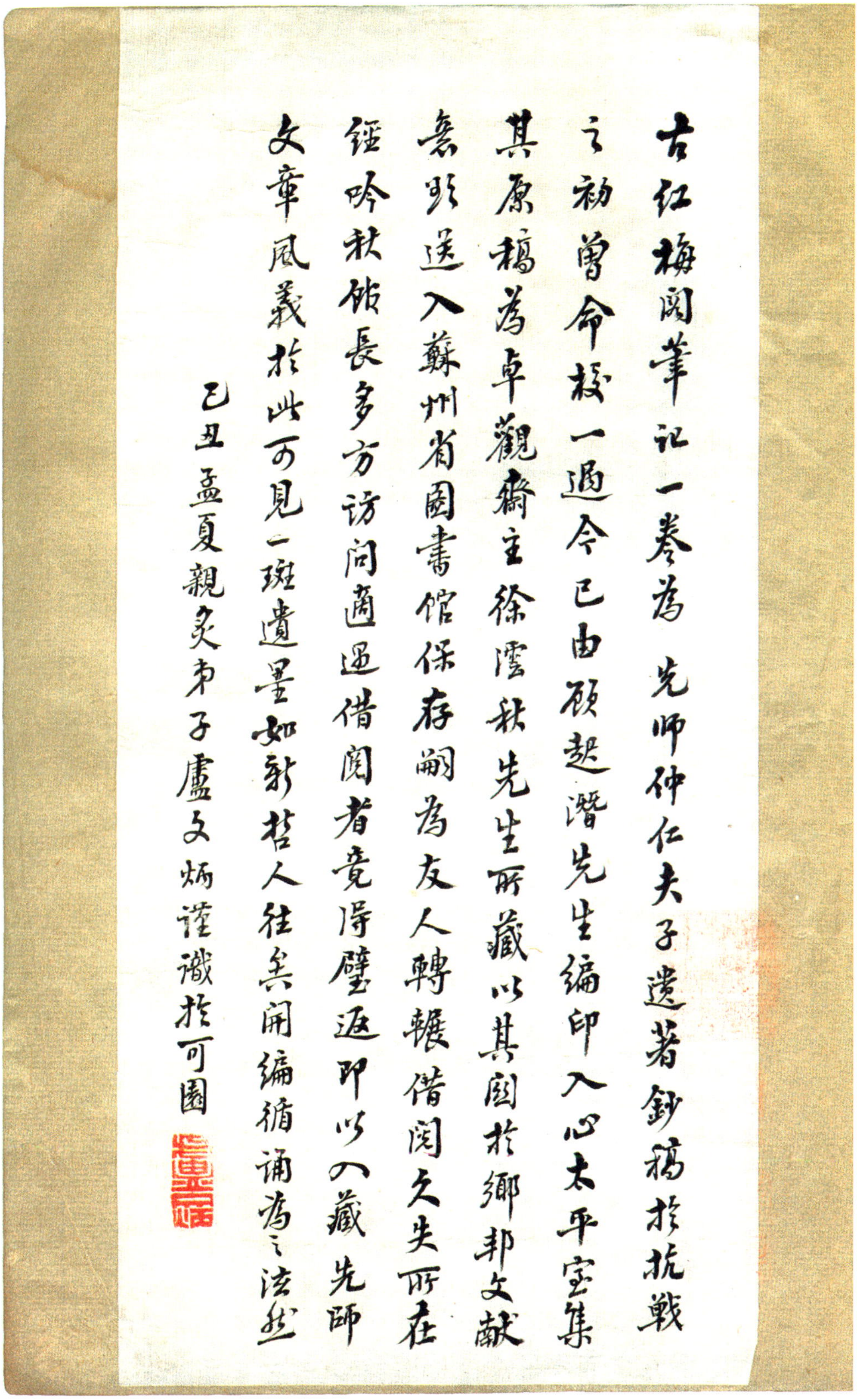
古紅梅閣筆記一卷為　先師仲仁夫子遺著鈔稿於抗戰之初曾命校一過今已由顧起潛先生編印入心太平室集其原稿為卓觀齋主徐雲秋先生所藏以其關於鄉邦文獻意欲送入蘇州省圖書館保存嗣為友人轉輾借閱久失所在經吟秋館長多方訪問適逢借閱者竟得璧返即以入藏　先師文章風義於此可見一斑遺墨如新哲人往矣開編循誦為之泫然

己丑孟夏親炙弟子盧文炳謹識於可園

《古紅梅閣筆記》題跋

文逸五種五卷

清戴熙輯。稿本。清戴熙跋。索書號：一二〇一——一二七。

釋文：

孟冬之朔，鹿床居士觀於載月舫。

按：

戴熙（一八〇一——一八六〇），字醇士，號鹿床、榆庵、井東居士、冬熙室主等。清浙江錢塘（今杭州）人。道光十一年（一八三一）進士，官至兵部右侍郎，後引疾歸，任崇文書院主講。太平天國兵亂時投池死，謚號文節。工書畫，尤擅山水花卉。著有《習苦齋畫絮》。

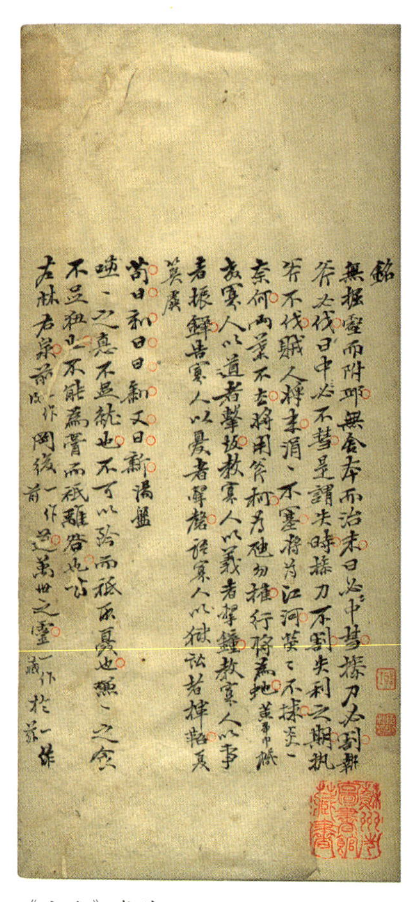

《文逸》卷首

孟冬之朔鹿休居士觀於載月舫

《文逸》題跋

[類書類]

藝文類聚一百卷

唐歐陽洵撰。明萬曆十五年（一五八七）王元貞刻本。佚名跋。索書號：一二二二—一二九。

釋文：

《藝文類聚》四函三十二册，明王元貞重刻大字本，極精朗，湯聘尹序。元貞字孟起，江寧人，自題後序。是書嘉靖丁亥吴郡陸子元始刻於蘇州，胡纘［宗］序之。至是甲子一周，而重刻告成，胡序并載。纘宗字孝思，一字世甫，鞏昌人，正德戊辰進士，官巡撫山東，改理河道，有《鳥鼠山人集》。聘尹，長洲人，隆慶戊辰進士，官福建左參政見《天禄琳瑯書目續編》卷十七子部。是書缺湯序及孟起自題後序二篇，且元宗文堂本、明刊小字本均有歐陽氏自序一篇，此本何以獨無？

叔問指爲弇州校刊本，失於檢點。廿本。

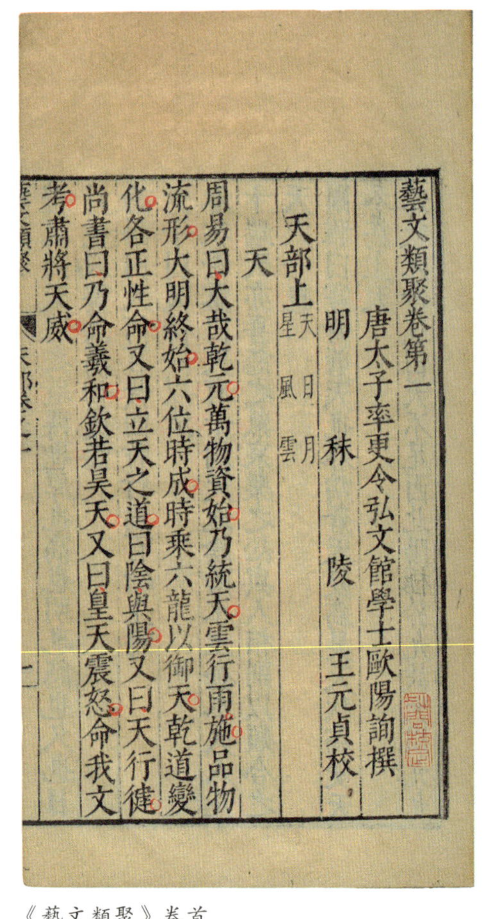
藝文類聚卷第一
唐太子率更令弘文館學士歐陽詢撰
明　秣　陵　　王元貞校
天部上天日月星風雲
天
周易曰大哉乾元萬物資始乃統天雲行雨施品物流形大明終始六位時成時乘六龍以御天乾道變化各正性命又曰立天之道曰陰與陽又曰天行健尚書曰乃命羲和欽若昊天又曰皇天震怒命我文考肅將天威

《藝文類聚》卷首

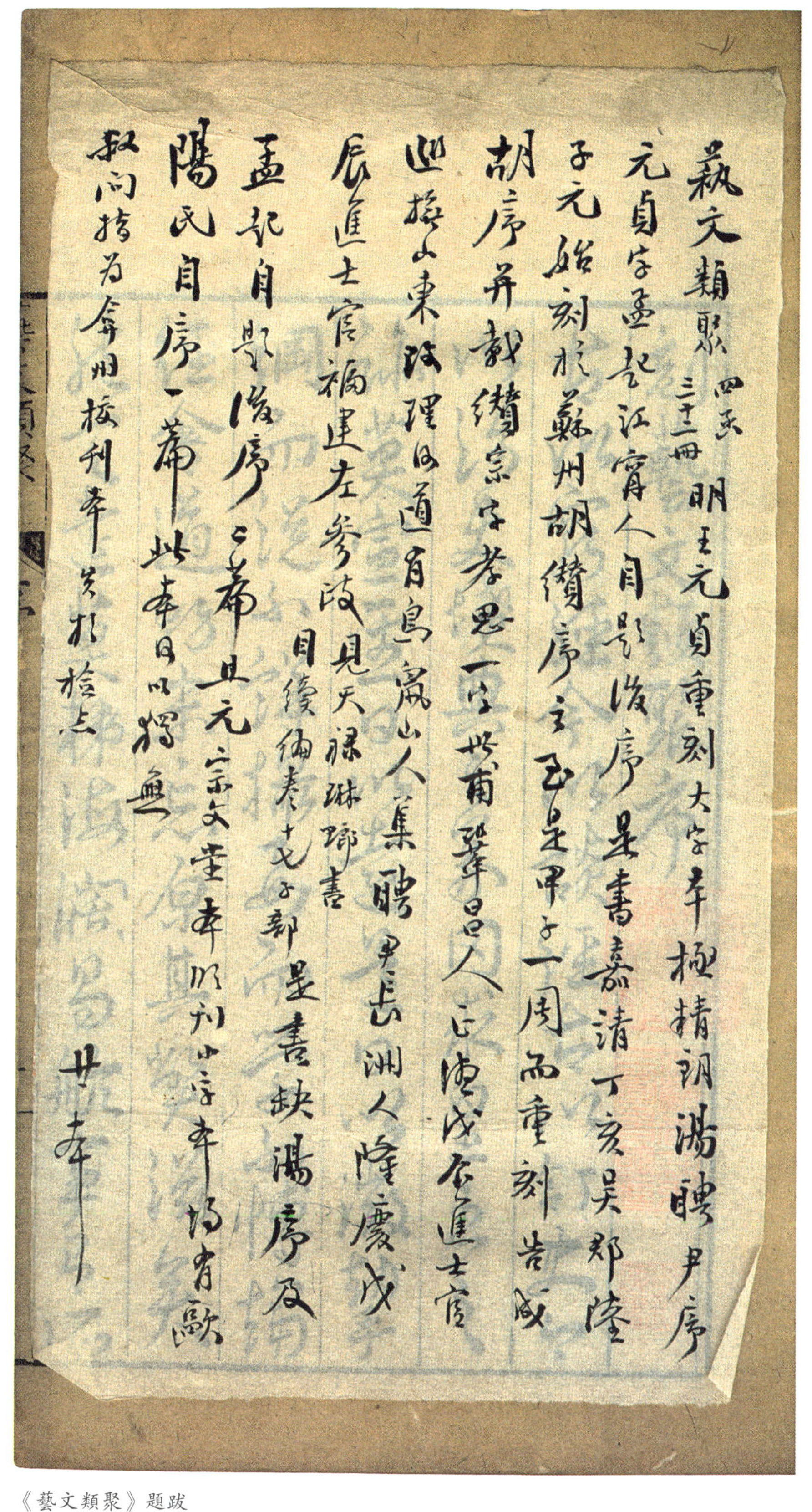
藝文類聚 四函三十二冊 明王元貞重刻大字本，極精。前湯聘尹序、元貞字孟起，江寧人。自題後序，是書嘉靖丁亥吳郡陸子元始刻於蘇州，胡纘序之。至是甲子一周而重刻告成。胡序並載。纘宗字孝思，一字世甫，鞏昌人。正德戊辰進士，官巡撫山東，改理河道。有鳥鼠山人集。聘尹，長洲人。隆慶戊辰進士，官福建左參政。見天祿琳瑯書目續編卷十七子部。是書缺湯序及孟起自題後序二篇，且元宗文堂本所刊小字本均有歐陽氏自序一篇，此本目次獨無。叔問指為龕州校刊本，失於檢之。

廿本

《藝文類聚》題跋

[釋家類]

成唯識論十卷

明釋明善隨注，清釋慧善繼述。清嘉慶十五年吴同璐葵巷刻本。清江沅、管禮昌批校并跋。索書號：一二一九—一二九。

釋文：

光緒二十二年丙申四月二十二日，學人管禮昌敬讀。

此鐵君先生讀過本，青黄二筆皆江筆也。經論本梵文，梵方文義與此不同，所用虚字於彼通，於此則不通，繹師照繹，故每多用然而等字，僧家習此而著疏鈔遂與相同，非不通也。江已略删，今更汰之，俾讀者易曉。御生見精學富，乃釋二各二句，爲江氏所駁，按之實非論義。此如片雲蔽日，無傷其明也。角虎燈下記，時年五十五。

道光丙戌六月六日，淨業學人江沅敬讀竟記。

按：

管禮昌（一八四二—一九〇二），字叔壬，號角虎。清江蘇元和（今蘇州）人。縣附生。精佛學，有注疏多種，均散失。江沅（一七六七—一八三七），字子蘭，一字鐵君。清江蘇元和（今蘇州）人。江聲孫。師從段玉裁，精音韻訓詁，著有《説文解字音均表》。

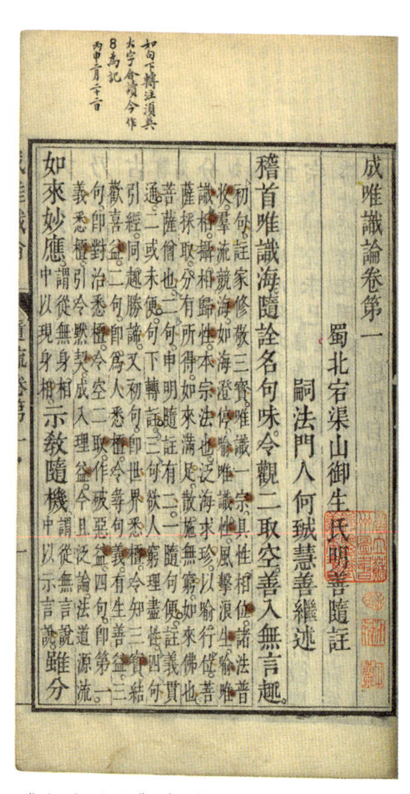

成唯識論卷第一

蜀北宕渠山御生氏明善隨註

嗣法門人何珹慧善繼述

稽首唯識海隨詮名句味。令觀二取空。善入無言趣。

初句註家修敬三寶唯識一宗具性相位諸法普收羣流競海如海澄停喻唯識性風擊浪生喻唯識相攝相歸性本宗法也泛海求珍以喻行位善薩採取分有所得如來滿足散施無窮如來佛也菩薩僧也二句申明隨註有二一隨句便註義貫通二或未便句下轉註三句欲人窮理盡皆四句引經同趣勝諦又初句即世界悉檀令知三寶結歎喜益二句即爲人悉檀令尋句義有生善益三句即對治悉檀令空二取作破惡益四句即第一義悉檀引令默契成入理益今且泛論法道源流

如來妙應中謂從無身相以現身相示教隨機中謂從無言說以示言說雖分

《成唯識論》卷首

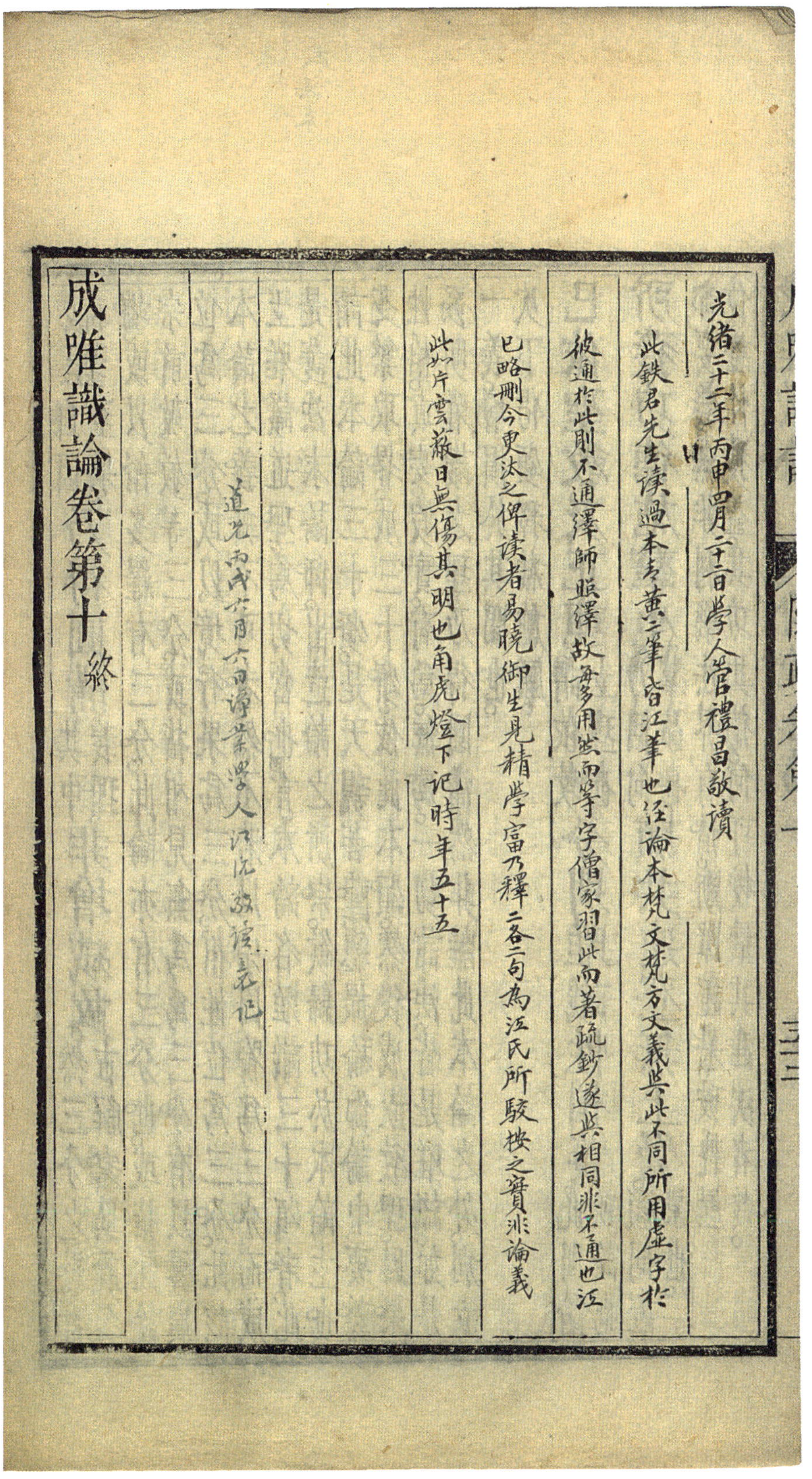
光緒二十二年丙申四月二十二日學人管禮昌敬讀

此鈇君先生讀過本黄筆皆江筆也經論本梵文梵方文義與此不同所用虛字於

彼通於此則不通譯師照譯故每多用然而等字僧家習此而著疏鈔遂與相同非不通也江

已略删今更汰之俾讀者易曉御生見精學富乃釋二各二句為江氏所駁按之實非論義

此如片雲蔽日無傷其明也角虎燈下記時年五十五

道光丙戌六月六日淨業學人江沅敬讀並記

成唯識論卷第十　終

《成唯識論》題跋

一切經音義二十五卷

唐釋玄應撰，清莊炘、錢坫、孫星衍校正。清道光古稀堂刻本。清馬釗跋。索書號：〇四一一—〇四九。

釋文：

辛亥五月與朱君象三同寓揚州，遊天寧寺，寺僧以藏經目録出示，知爲前明正統五年本，遂商之馮林一先生，得展轉借校。自弟一卷至弟五卷予所手校，弟六卷迄末皆象山所校。校既訖，象三又覆校一過，蓋漏落頗少矣。象三名台符，吾郡崑山人也。七月十四日，長洲馬釗書於南柳寓齋。

又從寺僧借尋六行本《衆經音義》，以墨筆校對。自弟一卷至弟十二卷，象三校弟一次，燕郊校弟二次。弟十三卷至弟二十五卷，燕郊校弟一次，管吉云校弟二次。吉云名慶祺，元和學博，精於讐校者也。壬子九月，時寓青蓮巷。

按：

馬釗（？—一八六〇），字遠林，號燕郊。清江蘇長洲（今蘇州）人。道光甲辰舉人。治經學有名。以文士從軍，頗有戰功，授内閣中書銜。

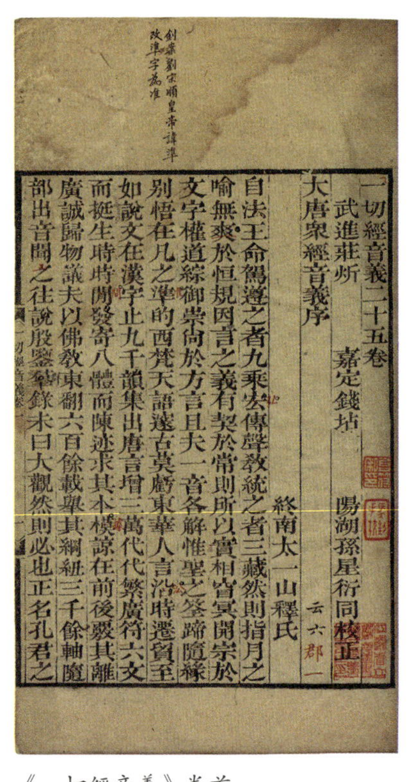

《一切經音義》卷首

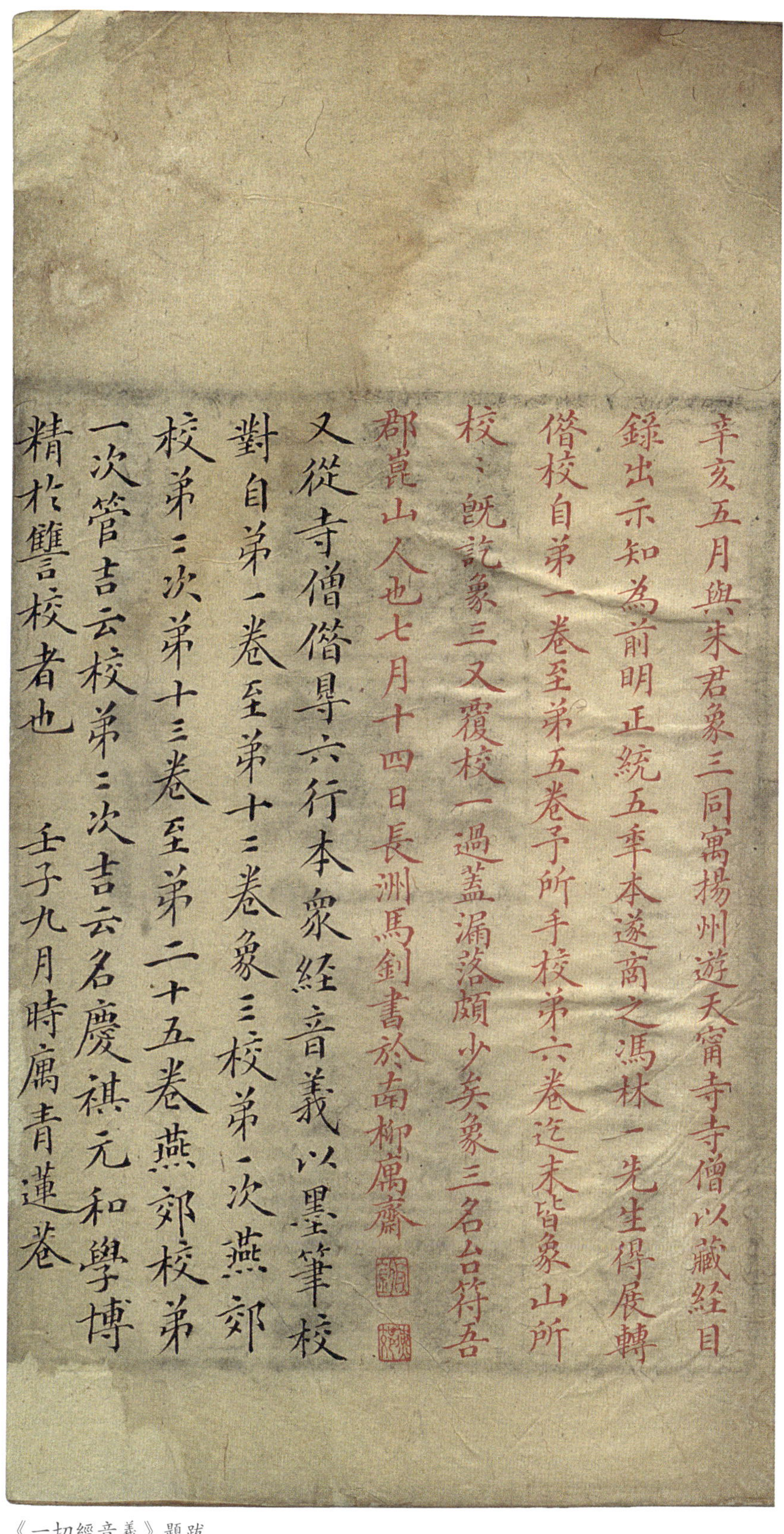

辛亥五月與朱君象三同寓揚州遊天甯寺寺僧以藏經目錄出示知為前明正統五年本遂商之馮林一先生得展轉借校自第一卷至第五卷予所手校弟六卷迄末皆象山所校〻既訖象三又覆校一過蓋漏落頗少矣象三名台符吾郡崑山人也七月十四日長洲馬釗書於南柳寓齋

又從寺僧借得六行本衆經音義以墨筆校對自弟一卷至弟十二卷象三校弟一次燕郊校弟二次弟十三卷至弟二十五卷燕郊校弟一次管吉云校弟二次吉云名慶祺元和學博精於讐校者也

壬子九月時寓青蓮菴

《一切經音義》題跋

切經音義二十五卷

武進莊炘　嘉定錢坫　陽湖孫星衍同校正

唐衆經音義序

終南太一山釋氏

法王命駕遵之者九乘宏傳聲教統之者三藏然則指月之無爽於恒規因言之義有契於常則所以實相旨冥開宗於字權道綜御崇尚於方言且夫一音各解惟聖之筌蹄隨緣借在凡之準的西梵天語邃古莫虧東華八言沿時遷貿至說文在漢字止九千韻集出唐言增三萬代代繁廣符六文之生時時間發奇八體而陳迹求其本模諒任前後覈其離

新譯大方廣佛華嚴經音義二卷

唐釋慧苑撰。清道光八年(一八二八)至十八年(一八三八)陳宗彝獨抱盧刻本。清莫棠跋。索書號:〇四一〇—〇四九。

釋文:

《華嚴經音義》二卷,道光戊子至戊戌江寧陳雪峰先生宗彜據孫淵翁寫藏本仿宋體字刊本。余有陳潮校刻,雪峰謂多脱誤,信然。近代日本出慧琳《大藏音義》一百卷,中亦有慧苑書,雖其本多訛字,尚足以相參校也。雪峰此刻去今九十年,極罕見,先世父《見知書目》、張文襄《答問》竝未及。其刻木也不過百餘版,歷十一載而始成,寒素傳古之難,持久不墜之志乃若此。同時以陽城之介於所親而卒無助,儀墨農、李雲農、楊蓼汀,雪峰跋尾著其人,而所資亦但能數版,若非李太守之好事,則幾於功簣矣。然猶幾經集腋,今逐葉題捐寫捐刊人名氏,有士人,有女子,有僧,有或商賈,而汪梅邨先生士鐸亦與助一葉。先生没於光緒己丑,年八十餘,計其時未壯也。管小異,其異之先生子姓耶?此頗類古人碑陰及造象題名,爲士林刻書所創見,不啻聚沙成塔,當日殆更以布施善果之説動流俗人歟?淵翁之記、古餘之書,皆模手迹上梓,尊師尚友,古義昭然,可想雪峰生平矣。淵翁不以經稱,此書固儒者尊崇六經之旨,然《春秋公羊》

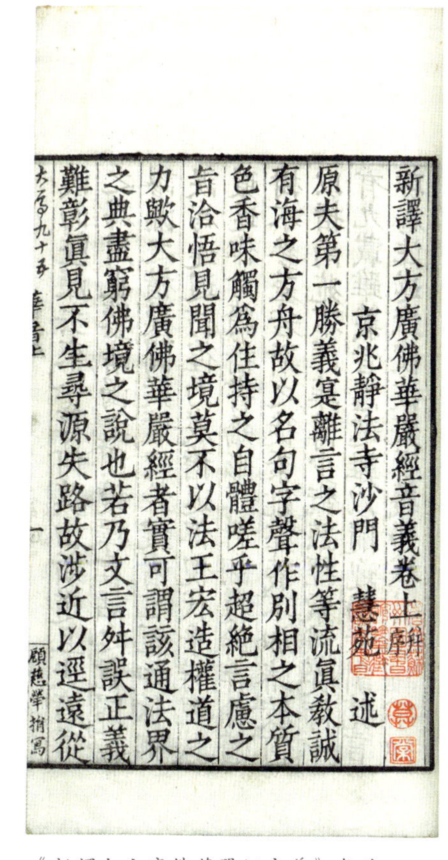
新譯大方廣佛華嚴經音義卷上并序
京兆靜法寺沙門　慧苑　述
原夫第一勝義寔離言之法性等流眞敎誠
有海之方舟故以名句字聲作別相之本質
色香味觸爲住持之自體嗟乎超絶言慮之
旨洽悟見聞之境莫不以法王宏造權道之
力歟大方廣佛華嚴經者實可謂該通法界
之典盡窮佛境之詮也若乃文言舛誤正義
難彰眞見不生尋源失路故涉近以逕遠從
顧慈學捐寫

《新譯大方廣佛華嚴經音義》卷首

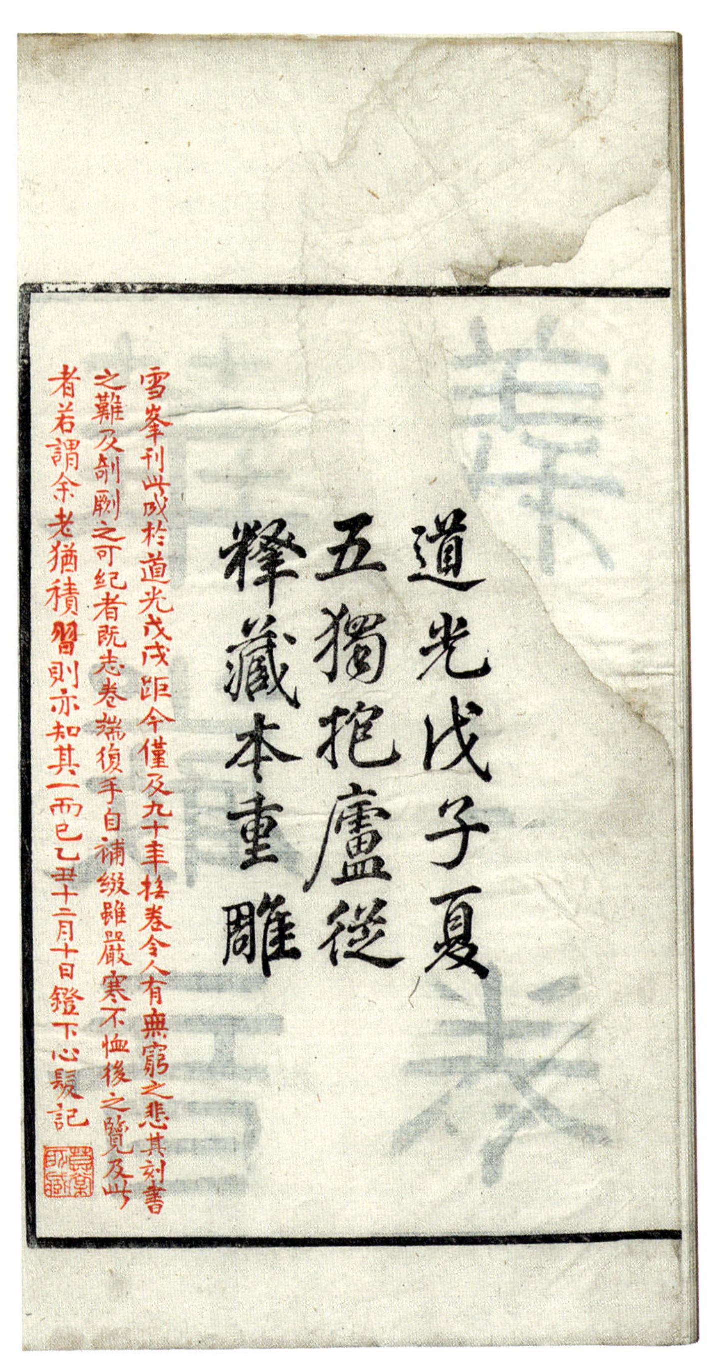
道光戊子夏
五獨抱廬從
釋藏本重雕

雪峯刊此成於道光戊戌距今僅及九十年撫卷令人有無窮之悲其刻書
之難及剞劂之可紀者既志卷端復手自補綴雖嚴寒不恤後之覽及此
者若謂余老猶積習則亦知其一而已乙丑十二月十日鐙下心髮記

《新譯大方廣佛華嚴經音義》題跋

曰：“夫人之，我可不夫人之乎？”似未可從而廢也。乙丑臘八日大寒節，獨山莫棠識，在通州西濠小閣。

雪峰刊此，成於道光戊戌，距今僅及九十年，撫卷令人有無窮之悲。其刻書之難，及剞劂之可紀者，既志卷端，復手自補綴，雖嚴寒不恤。後之覽華嚴經音義二卷道光戊子至戊戌江寧陳雪峯先生宗彝據孫淵翁寫藏本仿宋體字刊本余有陳潮校刻雪峯謂多脫誤信然近代日本出慧琳大藏音義一百卷中亦有慧苑書雖其本多譌字尚足以相參校也雪峯此刻去今九十年極罕見先世父見知書目張文襄答問竝未及其刻本也不過百餘版歷十一載而始成寒素傳古之難持久不墜之志乃若此同時以陽城之介於所親而卒無助儀墨農李雲農楊蓼汀雪峯跋尾著其人而所資亦但能數版若非李太守之好事則幾於功虧矣然猶幾經集腋今逖葉顥捐寫捐刊人名氏有士人有女子有僧有或商賈而汪梅邨先生士鐸亦與助一葉先生沒於光緒己丑年八十餘計其時未壯也管小異其興之先生子姓耶此頗類古人碑陰及造象題名為士林刻書所創見不啻聚沙成塔當日殆更以布施善果之說動流俗人歟淵翁之記古餘之書皆模手跡上梓尊師尚友古義昭然可想雪峯生平矣淵翁不以經稱此書固儒者尊崇六經之旨然春秋公羊曰夫人之我可不夫人之乎似未可從而廢也乙丑臘八日大寒節獨山莫棠識在通州

及此者，若謂余老猶積習，則亦知其一而已。乙丑十二月十日鐙下心髮記。

按：

莫棠，見前《詩韻輯略》條。

［道家類］

莊子因六卷

清林雲銘評述。清嘉慶二年（一七九七）敦化堂刻本。清潘霨跋。索書號：〇三一一一—〇三四。

釋文：

《逍遙游》《齊物論》《養生主》《人間世》《德充符》《大宗師》《應帝王》，韓園評選讀過。

讀《南華》，當先熟《内篇》，《内篇》熟，則《外篇》《雜篇》如破竹，數節之後，可以迎刃而解矣。《南華經》分明是《道德》注疏，欲讀《南華》，先須讀《道德經》，大要識其立言宗旨。

按：

潘霨，見前《歷代史論》條。

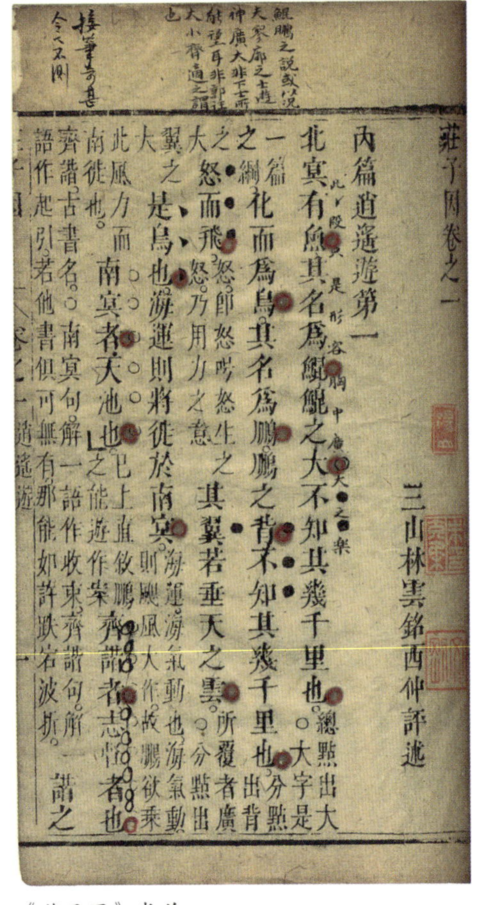

鯤鵬之說或說大鵬廊之士，遊神廣大，非下士所能望耳，非郭注大小齊適之謂也

接筆奇甚

今人不同

莊子因卷之一

三山林雲銘西仲評述

內篇逍遙遊第一

北冥有魚，其名為鯤。鯤之大，不知其幾千里也。化而為鳥，其名為鵬。鵬之背，不知其幾千里也。怒而飛，其翼若垂天之雲。是鳥也，海運則將徙於南冥。南冥者，天池也。齊諧者，志怪者也。

《莊子因》卷首

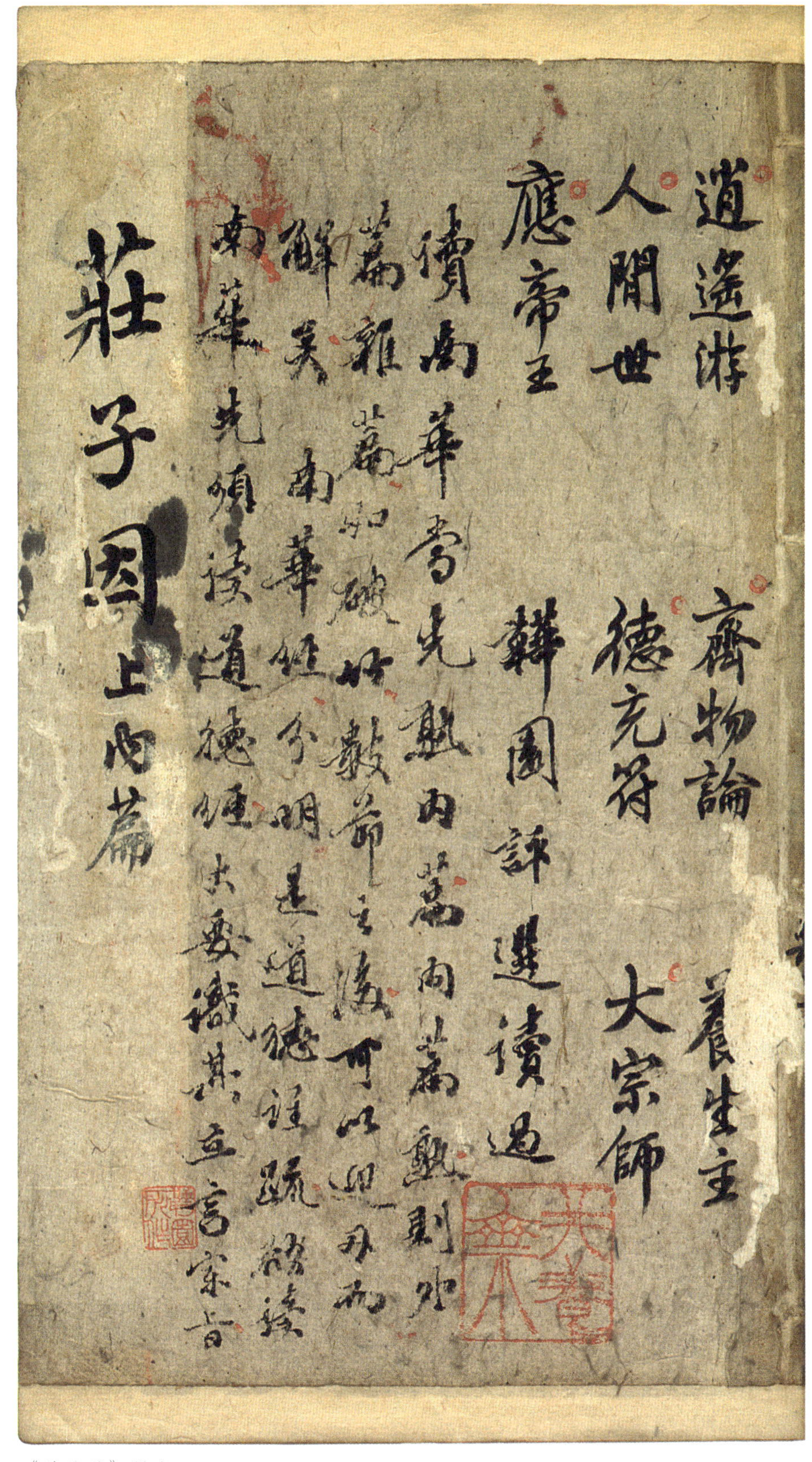

逍遙游　齊物論　養生主
人間世　德充符　大宗師
應帝王　韓園評選讀過
讀南華當先熟内篇内篇熟則外
篇雜篇如破竹數節之後可以迎刃而
解矣南華經分明是道德經註疏發
南華先須讀道德經大要識其立言宗旨

莊子因　上内篇

《莊子因》題跋

苦寒行男女女字當是子字之誤　有嘉樹軒劉字韵[illegible]草以抽以字當是巴字　劉字韵七律第二首滕字誤作藤字　寄胡鶴書姻丈淵如昨詔寶作字　登獅子[illegible]須臾林外雲人[illegible]雲字訛或是靈字

納涼詞第二首流鶯[illegible]是流螢　第[illegible]首徙字誤作徒

自予從夔堂師遊獲交曼士兄弟曼士性瀟灑好遊頗跌宕詩酒間而竟不永年惜哉前年之四日走僕持一卷一束至發之則其詩稿而屬余為點定字意縷縷拳拳於是者遂吁嗟可悲已余故且以定曼士君詩爰就全稿稍校勘誤字亟付諸梓庶以慰曼士之意云時在

道光　年　月　世弟○○跋

集　部

楚辭類／漢魏六朝别集類／唐别集類／宋别集類

元别集類／明别集類／清别集類／總集類

詩文評類／小説類／詞類／曲類

[楚辭類]

楚辭八卷辯證二卷後語八卷

宋朱熹集註，明蔣之翹評校。明天啓六年（一六二六）蔣之翹刻本。佚名跋。索書號：〇五一八—〇七〇。

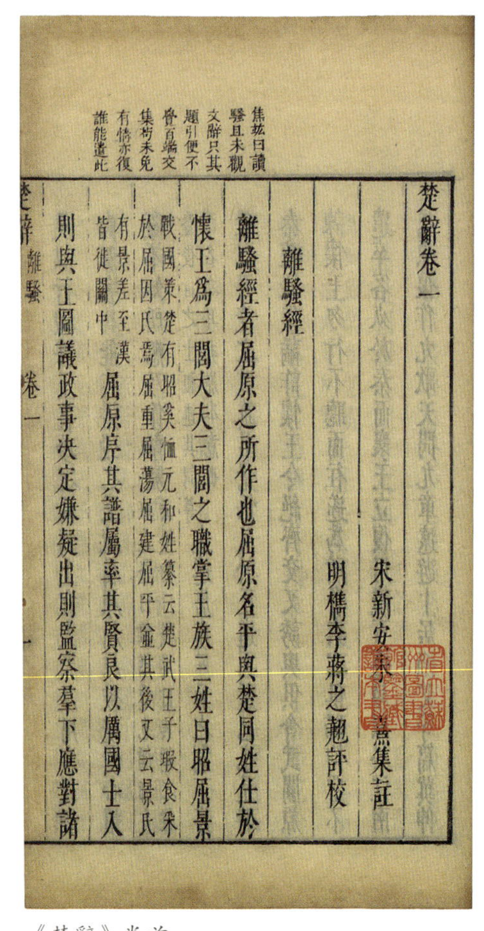

集玆曰讀騷且未觀文辭只其題引便不覺百端交集苟未免有情亦復誰能遣此

楚辭卷一

宋新安朱熹集註

明檇李蔣之翹評校

離騷經

離騷經者屈原之所作也屈原名平與楚同姓仕於懷王爲三閭大夫三閭之職掌王族三姓曰昭屈景戰國策楚有昭奚恤元和姓纂云楚武王子瑕食采於屈因氏焉屈重屈蕩屈建屈平並其後又云景氏有景差至漢皆徙關中屈原序其譜屬率其賢良以厲國士入則與王圖議政事決定嫌疑出則監察羣下應對諸

楚辭 離騷 卷一

《楚辭》卷首

釋文：

《四庫全書目録》集部楚辭類有《楚辭集註》八卷《辨證》二卷《後語》六卷內府藏本，宋朱子撰。《提要》：“是書大旨在以靈均放逐寓宗臣之貶，以宋玉《招魂》抒故舊之悲耳，不必於箋釋音叶之間，規規爭其得失。”今蔣之翹《楚辭》，《四庫》所未收，并查楚辭類存目亦并無是書。其自序，書成於天啓六年丙寅，比朱子原刻發明不少，孰得孰失，可借覽焉，是亦爲當世希有之書矣。

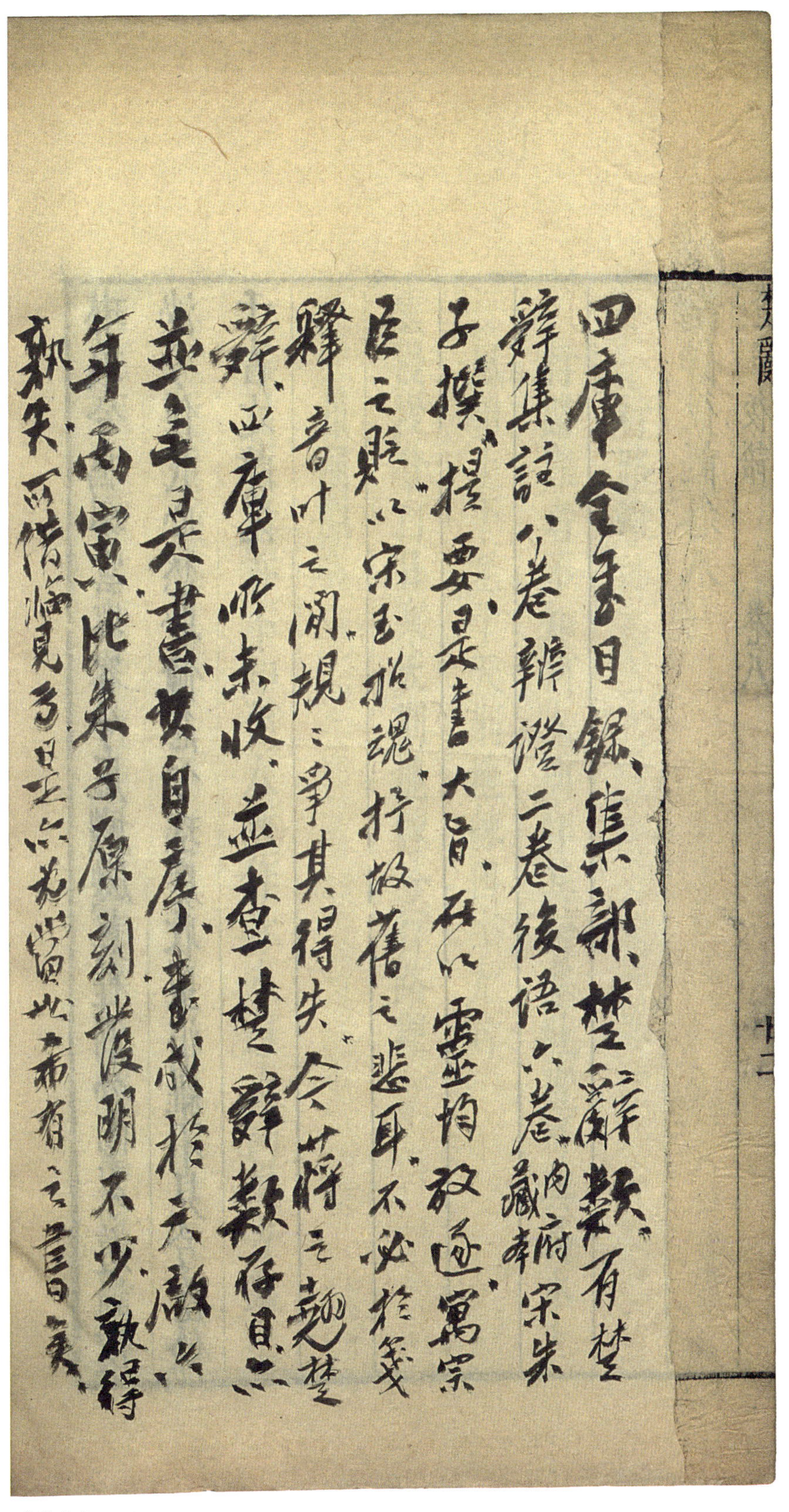

四庫全書目録集部楚辭類有楚辭集註八卷辯證二卷後語六卷內府藏本宋朱子撰提要是書大旨在以靈均放逐寓宗臣之貶以宋玉招魂抒故舊之悲耳不必於箋釋音叶之間規規爭其得失今蔣之翹楚辭四庫所未收並查楚辭類存目亦並無是書其自序書成於天啟六年丙寅比朱子原刻發明不少孰得孰失可惜[illegible]見多是亦為當世希有之書矣

《楚辭》題跋

[漢魏六朝別集類]

陶淵明全集四卷

晉陶潛撰。明白鹿齋刻《陶李合刻》本。清惟寅校并跋。

索書號：〇五二一一〇七〇。

釋文：

道光戊子，以張溥所刊《百三名家集》、焦鋐（竑）所訂宋本點校一過。惟寅識。

按：

惟寅，生平不詳。

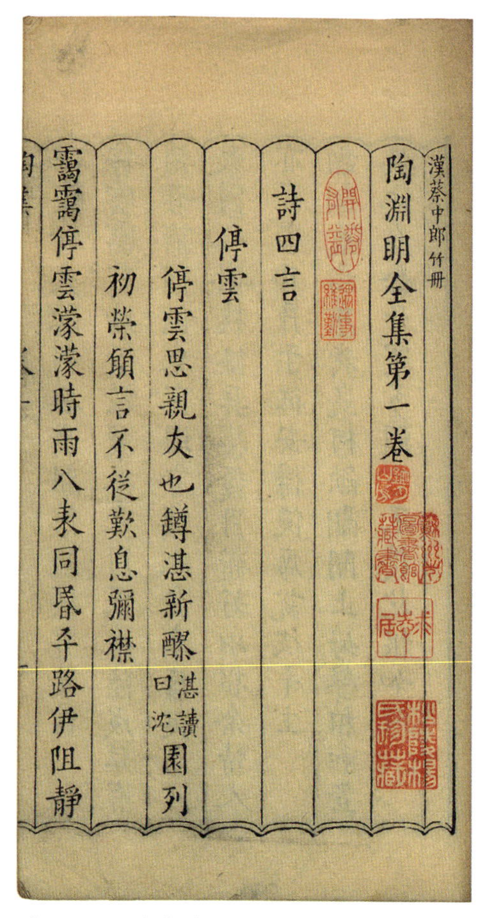

漢蔡中郎竹册

陶淵明全集第一卷

詩四言

停雲

停雲思親友也罇湛新醪湛讀曰沈園列

初榮願言不從歎息彌襟

靄靄停雲濛濛時雨八表同昏平路伊阻靜

《陶淵明全集》卷首

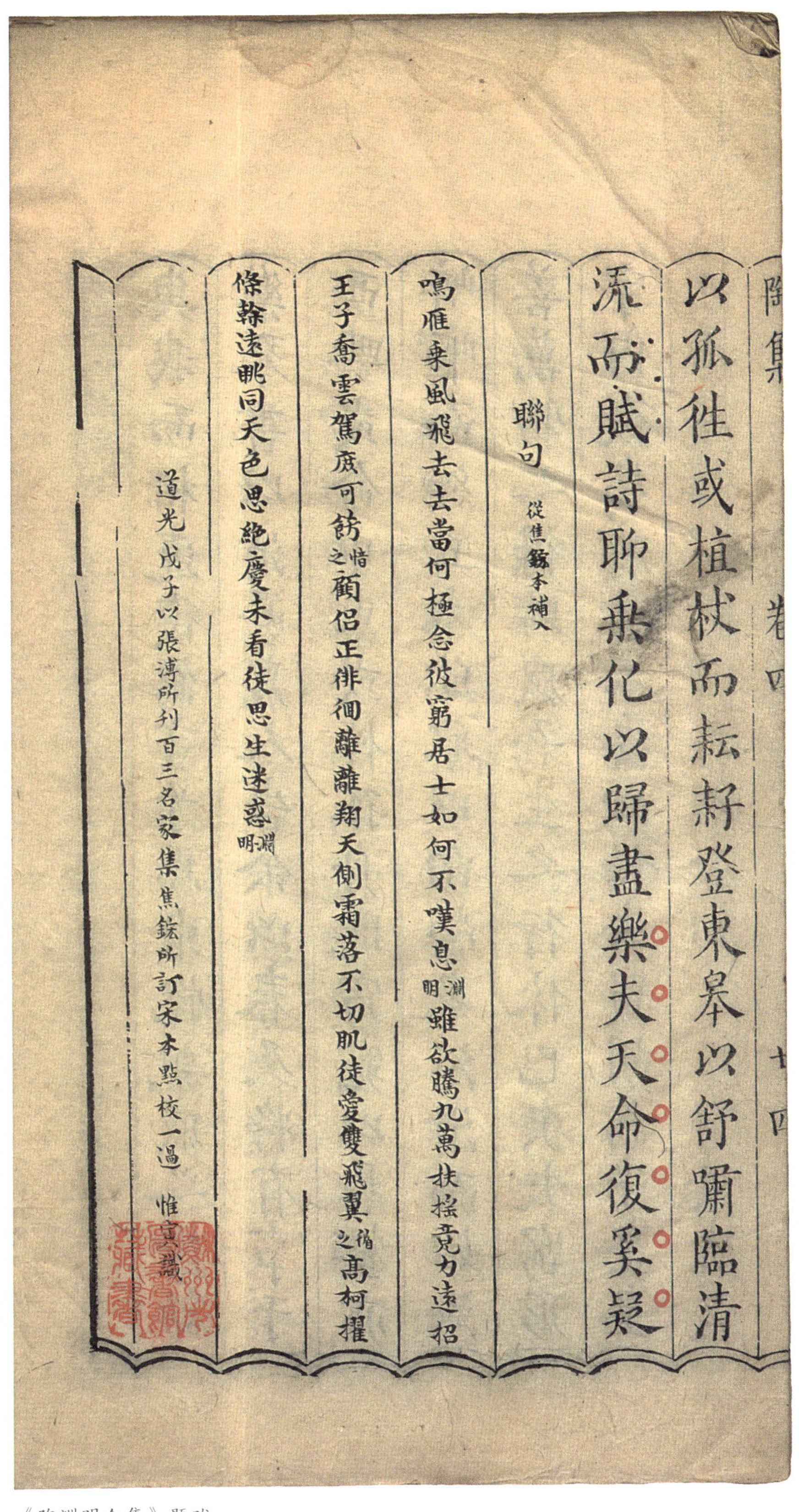

陶集　卷四　十四

以孤往或植杖而耘耔登東皋以舒嘯臨清

流而賦詩聊乘化以歸盡樂夫天命復奚疑

聯句　從焦鈜本補入

鳴雁乘風飛去去當何極念彼窮居士如何不嘆息淵明雖欲騰九萬扶搖竟力遠招

王子喬雲駕庶可飭愔之顧侶正徘徊離離翔天側霜落不切肌徒愛雙飛翼循之高柯擢

條幹遠眺同天色思絕慶未看徒思生迷惑淵明

道光戊子以張溥所刊百三名家集焦鋐所訂宋本點校一過　惟寅識

《陶淵明全集》題跋

陶靖節集十卷總論一卷

晉陶潛撰。明萬曆十五年（一五八七）休陽程氏刻本。清金文榜跋。索書號：一〇五二—〇七〇。

釋文：

光緒五年秋九月靜知購得，費青蚨五百個。

按：

金文榜，字靜知，一作靜如，號步瀛。清江蘇吴縣（今蘇州）人。金寶樹長子。光緒元年（一八七五）舉孝廉方正，以教職用。著有《憂患寓文集》。

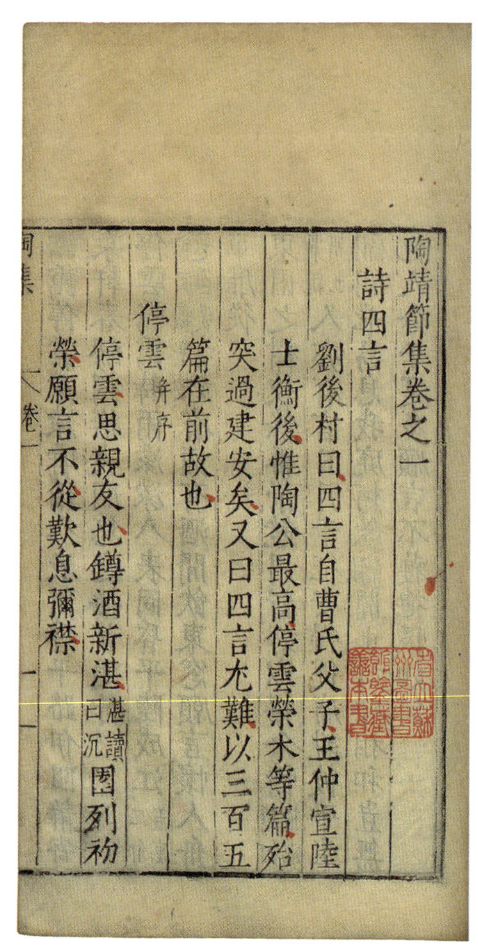
陶靖節集卷之一
詩四言
劉後村曰四言自曹氏父子王仲宣陸士衡後惟陶公最高停雲榮木等篇殆突過建安矣又曰四言尤難以三百五篇在前故也
停雲 并序
停雲思親友也罇酒新湛 湛讀曰沉 園列初榮願言不從歎息彌襟

《陶靖節集》卷首

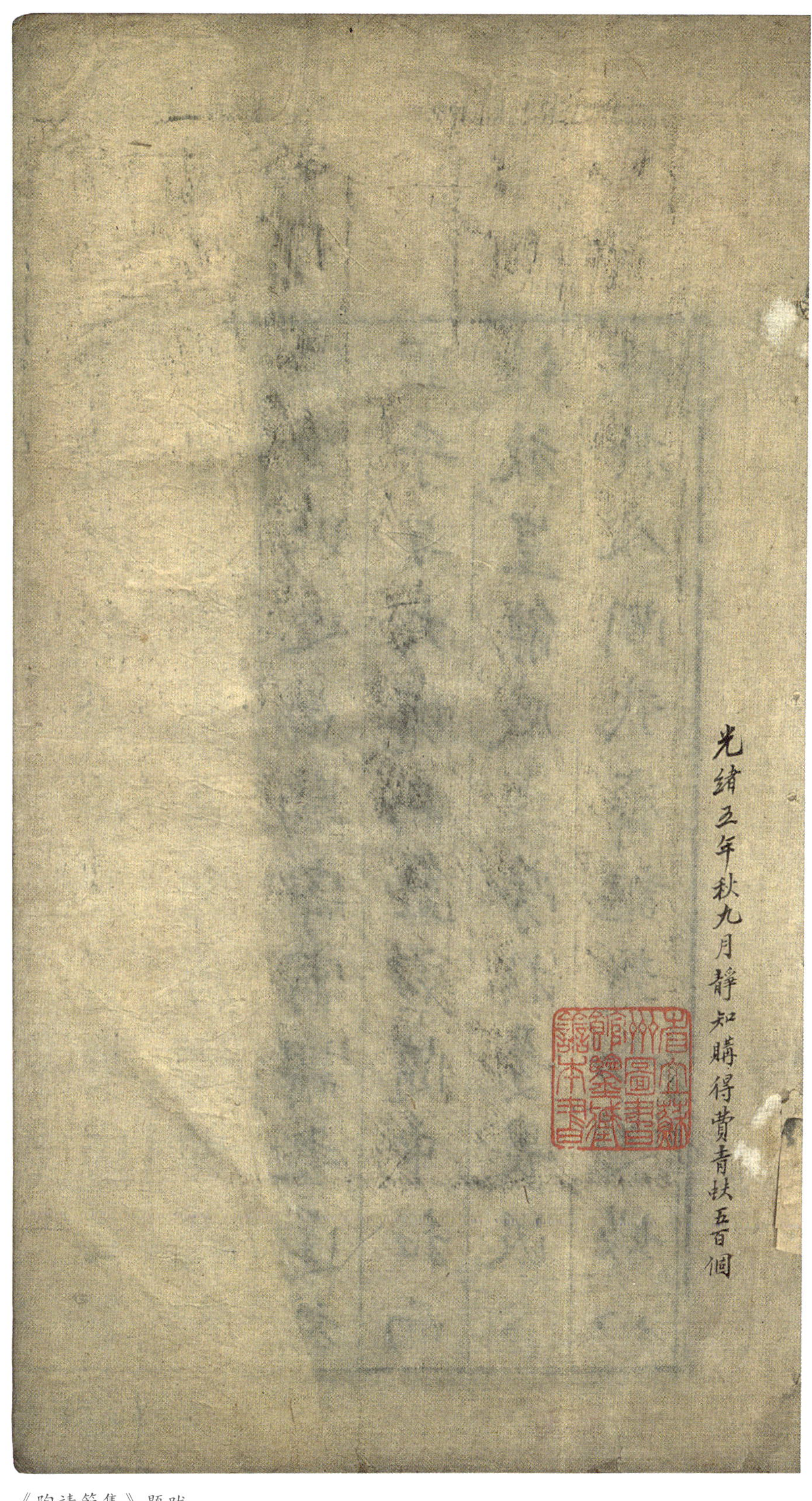

《陶靖節集》題跋

陶靖節集卷之一

詩四言

劉後村曰四言自曹氏父子王仲宣陸士衡後惟陶公最高停雲榮木等篇殆突過建安矣又曰四言尤難以三百五篇在前故也

停雲 并序

停雲思親友也罇酒新湛湛讀曰沉園列初榮願言不從歎息彌襟

梁昭明太子集一卷

南朝梁蕭統撰。明婁東張氏刻《漢魏百三家集》本。清楊浚跋。索書號：二一七一—二〇三。

釋文：

明汪氏士賢校刊漢魏六朝，始董仲舒，終庾開府，凡二十家。《彙刻書目》載其總目，世罕有傳本。予前後購得兩部，均不全。此本《仲舒集》《長卿集》《子雲集》《中郎集》《嗣宗集》《中散集》《士龍集》《士衡集》《惠連集》《延年集》《宣城集》《文通集》《貞白集》，凡十三家，爲汪氏校；《東方集》《黄門集》《彦升集》三家爲吕氏兆禧校；《康樂集》爲焦氏竑校，行款與汪校同，當爲分任其事者。惟《子建集》標爲“曹集”二字，行字僅十八，冠以李氏夢陽序，不著校刊姓氏，未知即汪氏原本否。其《明遠集》，予以張氏溥所刊《漢魏百三家》中《鮑參軍集》二卷補之，《開府集》予以屠氏隆所刊《庾子山集》十六卷補之。當時附有《昭明集》一卷，行款與汪刊不同，亦不在二十家數，予仍其舊存之。近又得《陶靖節》十卷，標爲《陶集》，與《曹集》行款同，亦不著校刊姓氏，檢總目汪刊復未收，因與《曹集》同附存於末，計共二十二家，尚有零星各本，别裝之。丙寅元夕，雪滄識。

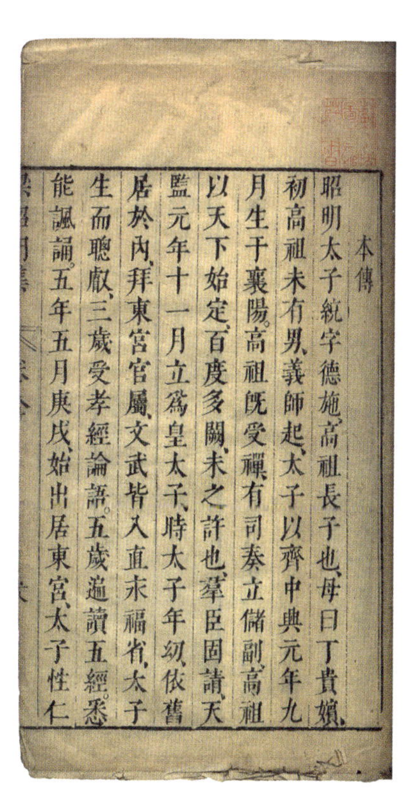

本傳

昭明太子統字德施，高祖長子也，母曰丁貴嬪。初高祖未有男，義師起，太子以齊中興元年九月生于襄陽。高祖既受禪，有司奏立儲副，高祖以天下始定，百度多闕，未之許也，羣臣固請，天監元年十一月立爲皇太子，時太子年幼，依舊居於内，拜東宫官屬，文武皆入直永福省，太子生而聰叡，三歲受孝經論語。五歲遍讀五經。悉能諷誦。五年五月庚戌，始出居東宫，太子性仁

按《四庫提要》云：“《漢魏名家》無卷數，通行本，明汪士賢編。士賢，徽州人。是編所録自漢董仲舒迄周庾信，凡

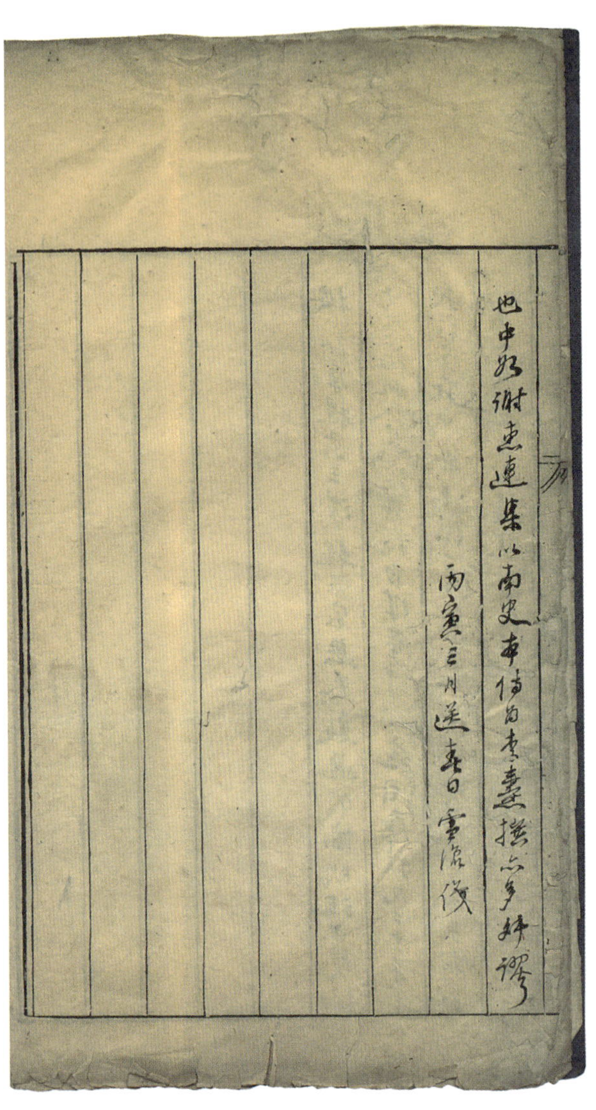

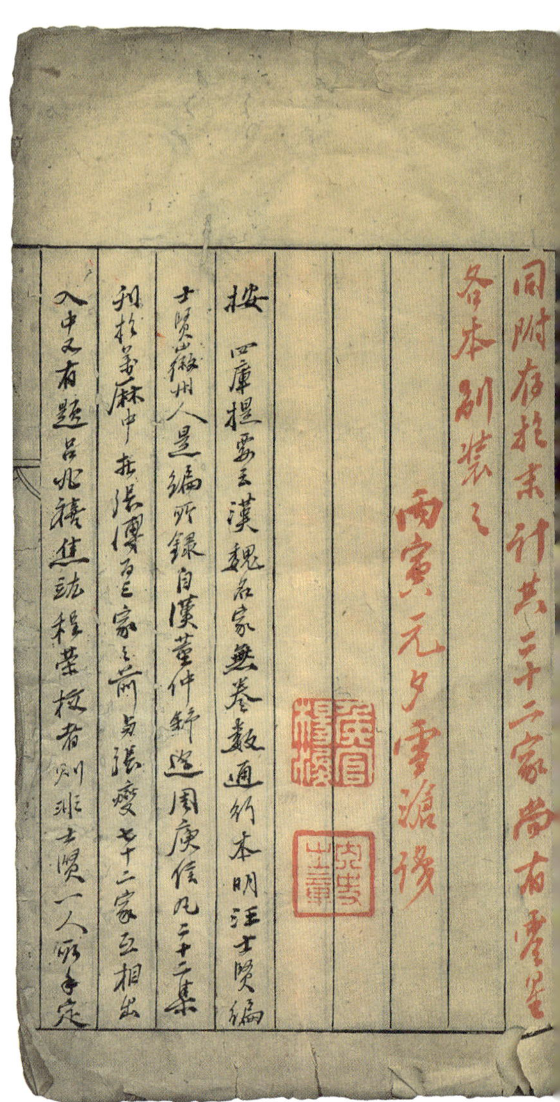

二十二集，刊於萬曆中，在張溥《百三家》之前，與張燮《七十二家》互相出入。中又有題吕兆禧、焦竑、程榮校者，則非士賢一人所手定也。中如《謝惠連集》，以《南史》本傳爲李燾撰，亦多舛謬。”丙寅三月送春日，雪滄識。

按：

楊浚（一八三〇—一八九〇），字雪滄，一字健公，號冠悔道人。清福

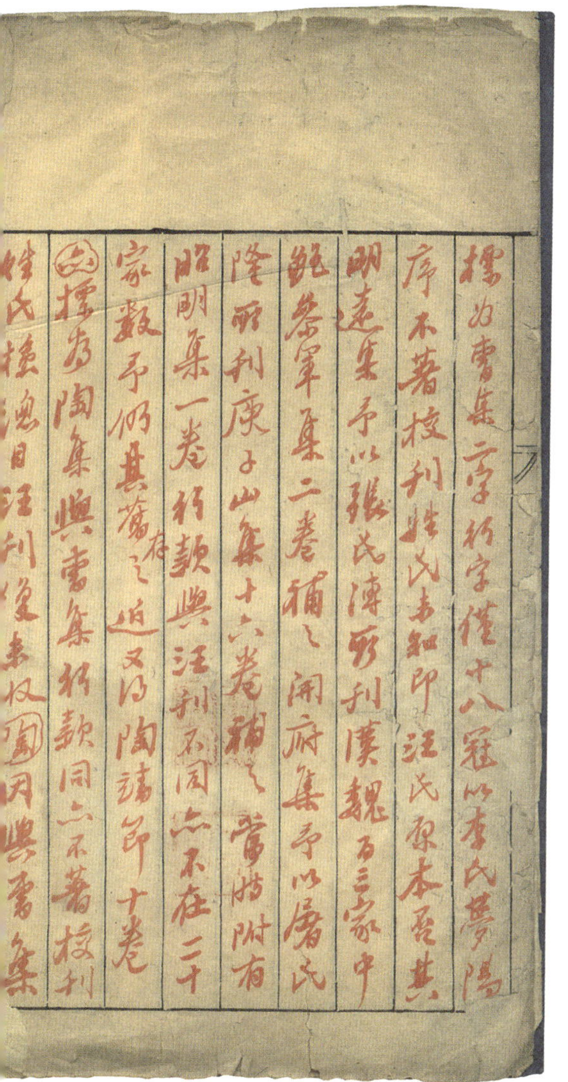

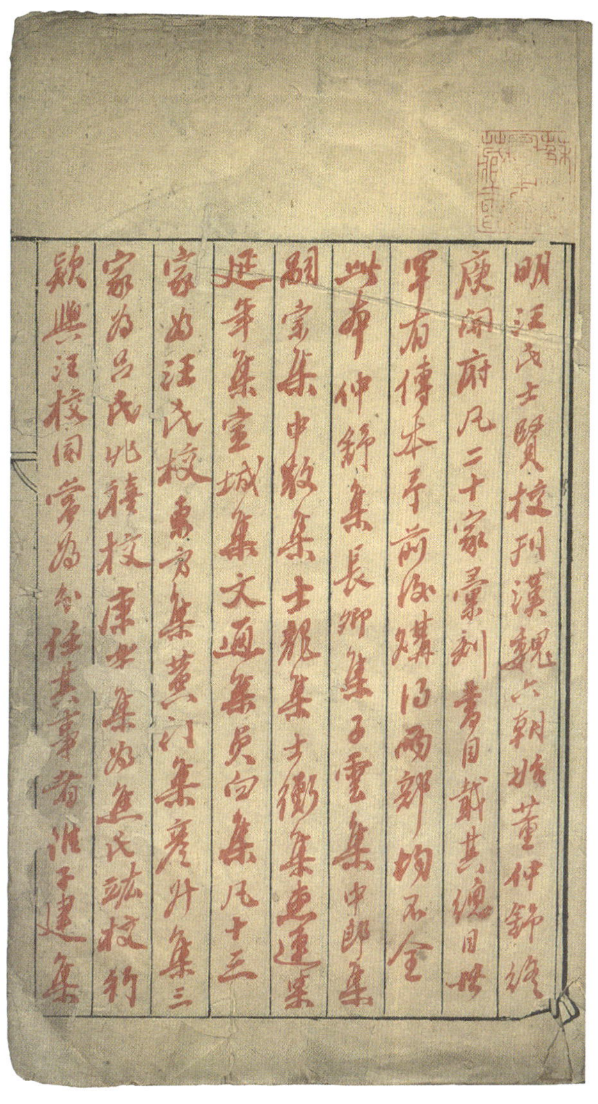

建侯官（今福州）人。咸豐二年（一八五二）舉人，官內閣中書、翰林院侍讀。主漳州丹霞、紫陽、浯江等書院。藏書處爲冠悔堂，聚書七萬餘卷。著有《冠悔堂集》《島居四録》《淡水廳志》等。

[唐別集類]

青蓮詩鈔三卷附一卷

唐李白撰。清乾隆葉南抄本。民國鍾禮謙跋。索書號：一二六九一一三八。

釋文：

青蓮詩鈔出之乾隆葉南手筆。南，香山才子也。民國三十七年戊子黄鐘大雪，平石識。

本詩鈔余得於民國十八年孟夏，由西塘郈葉雲如轉來，鈔雖舊集，而其筆法挺秀可愛，惜爲蠹魚之創，美中不足矣。民國己巳重裝，香山鍾平石誌。

按：

鍾禮謙（一九〇八—一九八二），字平石。江蘇吴縣（今蘇州）香山人。十六歲從柳耕傳、柳雍康學醫，後師從名醫程文卿。於蘇州行醫多年，重醫德，對時令病、兒科、婦科均有較深造詣。遺著有《鍾平石臨床經驗》等。

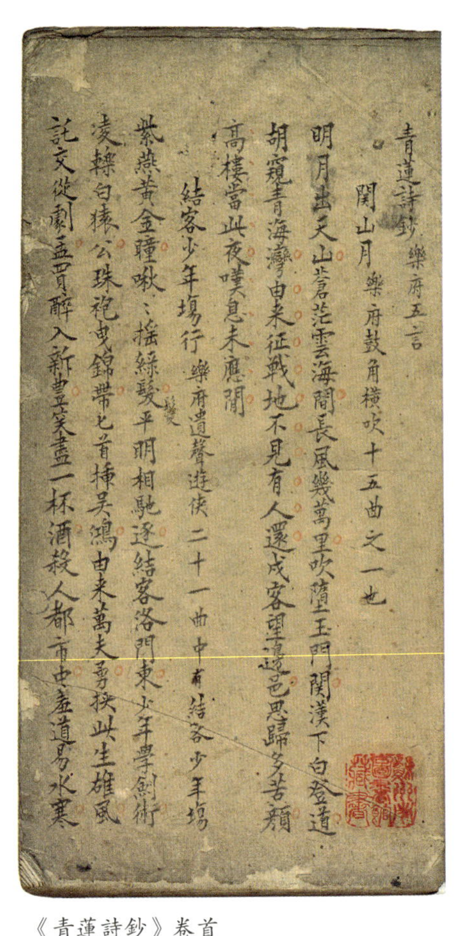

青蓮詩鈔 樂府五言
關山月 樂府鼓角橫吹十五曲之一也
明月出天山蒼茫雲海間長風幾萬里吹度玉門關漢下白登道
胡窺青海灣由來征戰地不見有人還戍客望邊邑思歸多苦顏
高樓當此夜嘆息未應閒
結客少年場行 樂府遺聲遊俠二十一曲中有結客少年場
紫燕黃金瞳啾啾搖綠鬉平明相馳逐結客洛門東少年學劍術
凌轢白猿公珠袍曳錦帶匕首插吳鴻由來萬夫勇挾此生雄風
託交從劇孟買醉入新豐笑盡一杯酒殺人都市中羞道易水寒

《青蓮詩鈔》卷首

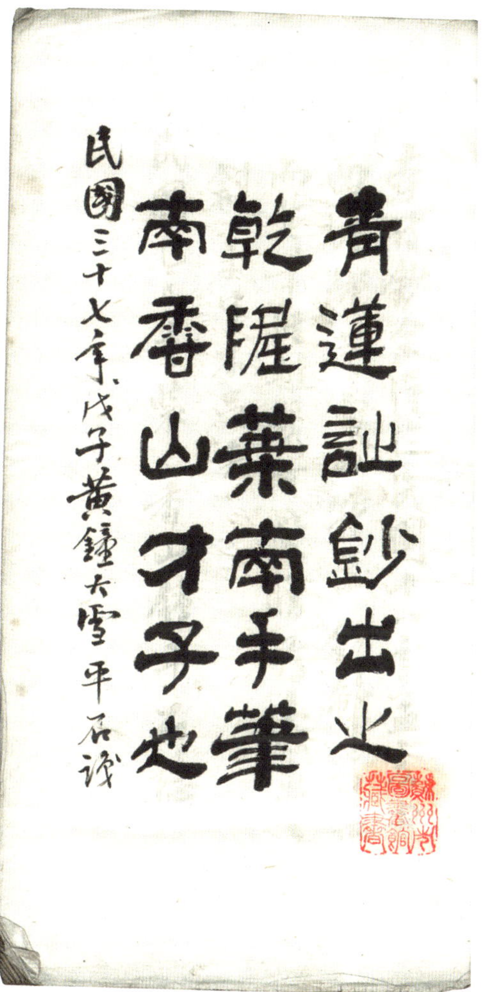

青蓮詩鈔出乾隆葉南手筆南香山才子也

民國三十七年戊子黃鐘大雪平石識

本詩鈔余得於民國十八年孟夏由西塘郁葉雲如持來鈔雖舊集而其筆法挺秀可愛惜為蠹魚之剝美中不足矣

民國己巳重裝　香山鍾平石誌

《青蓮詩鈔》題跋

知本堂讀杜詩二十四卷

唐杜甫撰，清汪灝讀。清康熙四十三年（一七〇四）汪氏知本堂刻本。民国大林山人跋。索書號：一三八二—一五〇。

釋文：

《知本堂讀杜》爲康熙間汪紫滄先生進呈本，著《讀杜凡例》十則於首，計十六册，續藏于吾老友魯公指南家。先生逝世，其嗣攜此以贈者。每翻遺卷，如親桀範焉，能無黯然。眉批圈點屬原藏人，以先生精行楷，不喜隨筆漫書。毘陵大林山人敬識。

按：

大林山人，生平不詳。

知本堂讀杜詩卷一
休寧汪　灝紫滄讀
着意
遊龍門奉先寺（黃鶴註）當是開元二十四年之後遊東都時
暗遊龍門招提宿題是遊詩全是宿捨遊言宿
題遊龍門招提宿何也遊晝宿夜一也遊動宿
靜二也遊衆宿獨三也公遊寺詩多矣此特於
幽僻處想出奇景別是一格○龍門山連跨數
郡密邇洛都雙峯矗起伊水中流若天闕然元
人龍門記謂舊有八寺即公詩所謂金銀佛寺
開而奉先其一也奉先非賜額大剎故詩曰招
提○公祖派襄陽族人居長安之杜陵一名少
陵公自標每稱杜陵翁而實數世家於鞏田廬
在偃師公鞏產也時時以事赴洛陽偶宿招提
既不必大篇記遊
亦不肯虛度一宿

《知本堂讀杜詩》卷首

知本堂讀杜為康熙間汪紫滄先生進呈本著讀杜凡例十則於首計十六冊原續藏于吾老友魯公指南家　先生逝世其嗣攜此以贈者每翻遺卷如親　槼範焉能無黯然眉批圈點屬原藏人以　先生精行楷不喜隨筆漫書

毘陵大林山人敬識

《知本堂讀杜詩》題跋

昌黎先生集四十卷外集十卷遺文一卷朱子校昌黎先生集傳一卷

唐韓愈撰，唐李漢編，宋廖瑩中校正。明嘉靖徐氏東雅堂刻本。明盛時泰跋。索書號：〇五四一—〇七二。

釋文：

余久蓄是書未覽，昨府公李衡陽因余送《祭王襄敏公文》至衙，命余校《古文會編》中《進學解》差字，歸家以此爲改正數字，然後知一二處是避諱者，今人往往略之，孰謂書不在精讀耶？嘉靖甲寅夏日記，時泰。

按：

盛時泰（一五二九—一五七八），字仲交，號云浦，晚號大城山樵。明江蘇上元（今南京）人。嘉靖貢生。博學多才，以書、畫、文章擅名一時。喜藏書，所藏皆題跋。著有《盛時泰借書録》《金陵人物志》《棲霞小志》《閲古編》《遊吴雜記》等。

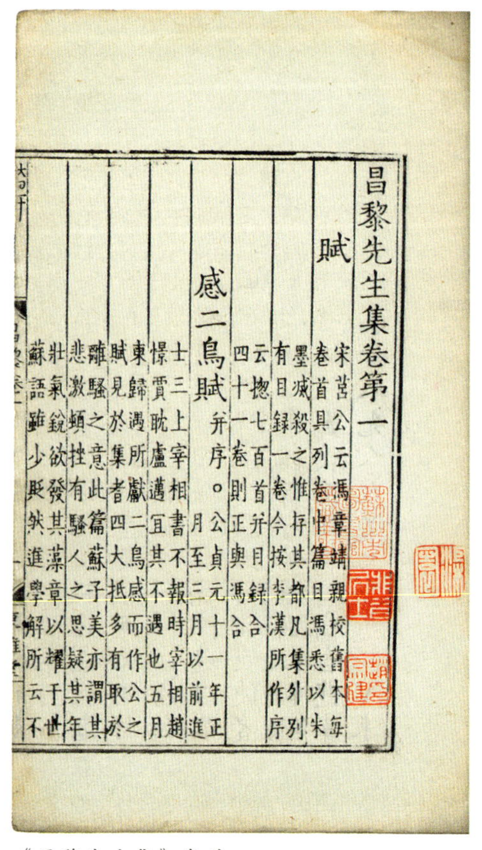

昌黎先生集卷第一
賦
宋莒公云馮章靖親校舊本每卷首具列卷中篇目馮悉以朱墨減殺之惟存其都凡集外別有目録一卷今按李漢所作序云摠七百首并目録合四十一卷則正與馮合
感二鳥賦并序
。公貞元十一年正月至三月以前進士三上宰相書不報時宰相趙憬賈耽盧邁宜其不遇也五月東歸遇所獻二鳥感而作公之賦見於集者四大抵多有取於離騷之意此篇蘇子美亦謂其悲激頓挫有騷人之思疑其年壯氣鋭欲發其藻章以耀于世蘇語雖少貶然進學解所云不

《昌黎先生集》卷首

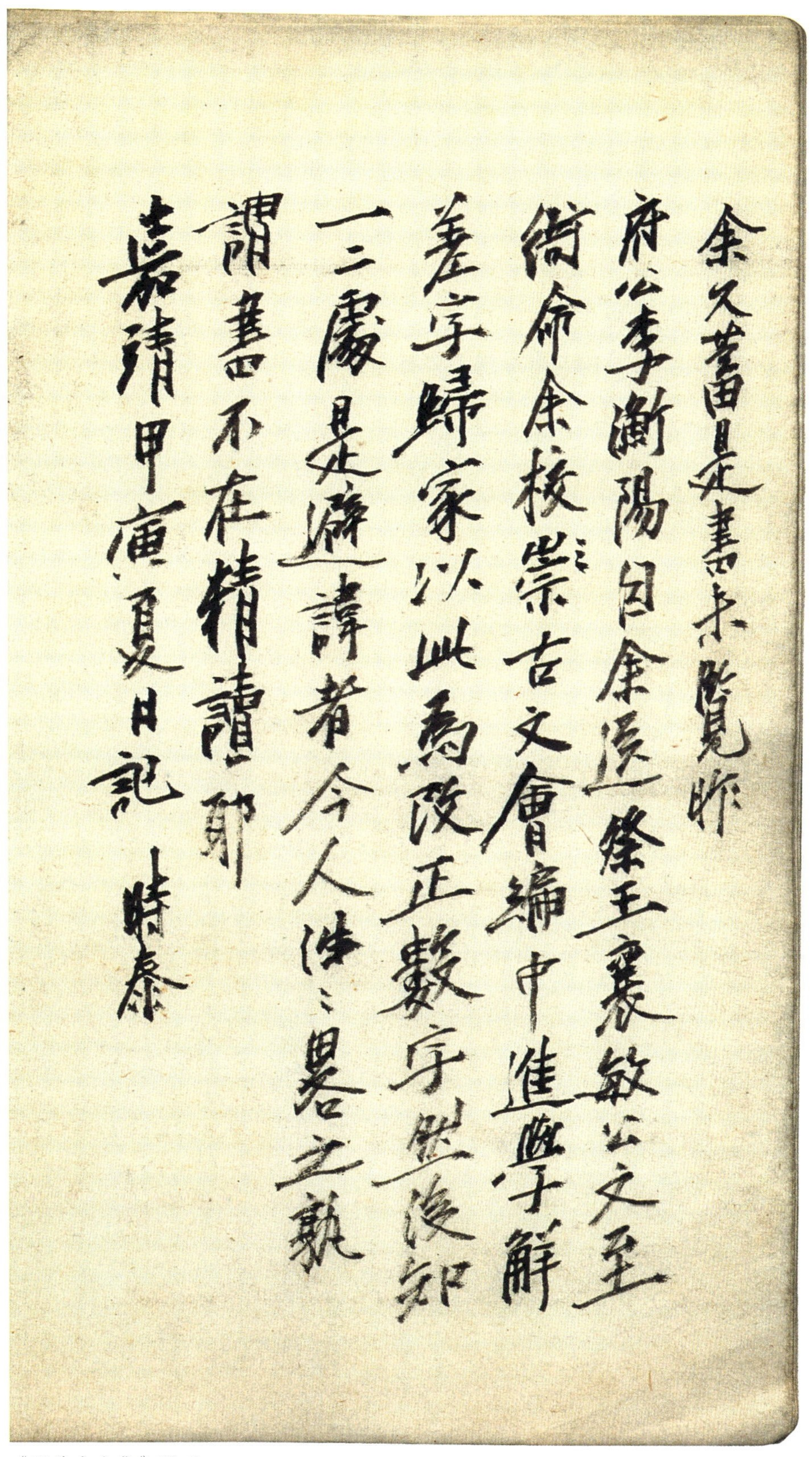
余久蓄是書未覽昨
府公李衡陽曰余從遊參王襄敏公文至
衙命余校崇古文會編中進學解
差字歸家以此爲改正數字然後知
一二處是避諱者今人往往畧之孰
謂書不在精讀耶
嘉靖甲寅夏日記　時泰

《昌黎先生集》題跋

李文公集十八卷

唐李翱撰。明毛氏汲古閣刻《三唐人文集》本。清佚名批校并過録宋歐陽修跋。索書號：〇五四七—〇七二。

釋文：

甲辰六月二十日校完。

予爲西京留守推官，得此書於魏君，書五十篇。予嘗讀韓文，所作《哀歐陽詹文》云：“詹之事，既有翱作傳。”而此書亡之，惜其遺闕者多矣。景祐三年十月十七日，歐陽修跋。

咸豐辛酉三月上巳，借胡心芸新得舊校本校於申江官廨。

按：

歐陽修跋見《歐陽文忠公集》。歐陽修（一〇〇七—一〇七二），字永叔，號醉翁、六一居士。宋吉州永豐（今江西吉安）人。唐宋八大家之一。官至翰林學士、樞密副使、參知政事等職，以太子少師致仕，居潁州。卒於家，追贈太子太師，謚文忠。

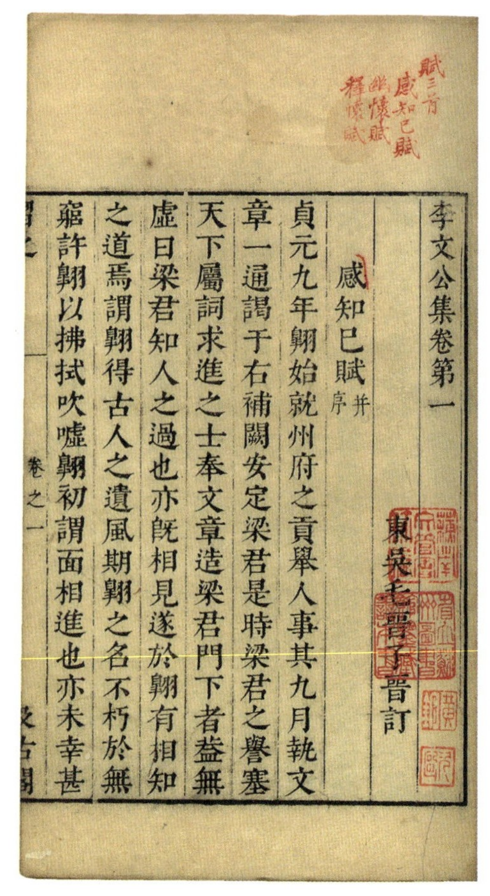

李文公集卷第一

東吳毛晉子晉訂

感知己賦并序

貞元九年翱始就州府之貢舉人事其九月執文章一通謁于右補闕安定梁君是時梁君之譽塞天下屬詞求進之士奉文章造梁君門下者蓋無虛日梁君知人之過也亦既相見遂於翱有相知之道焉謂翱得古人之遺風期翱之名不朽於無窮許翱以拂拭吹噓翱初謂面相進也亦未幸甚

卷之一　汲古閣

《李文公集》卷首

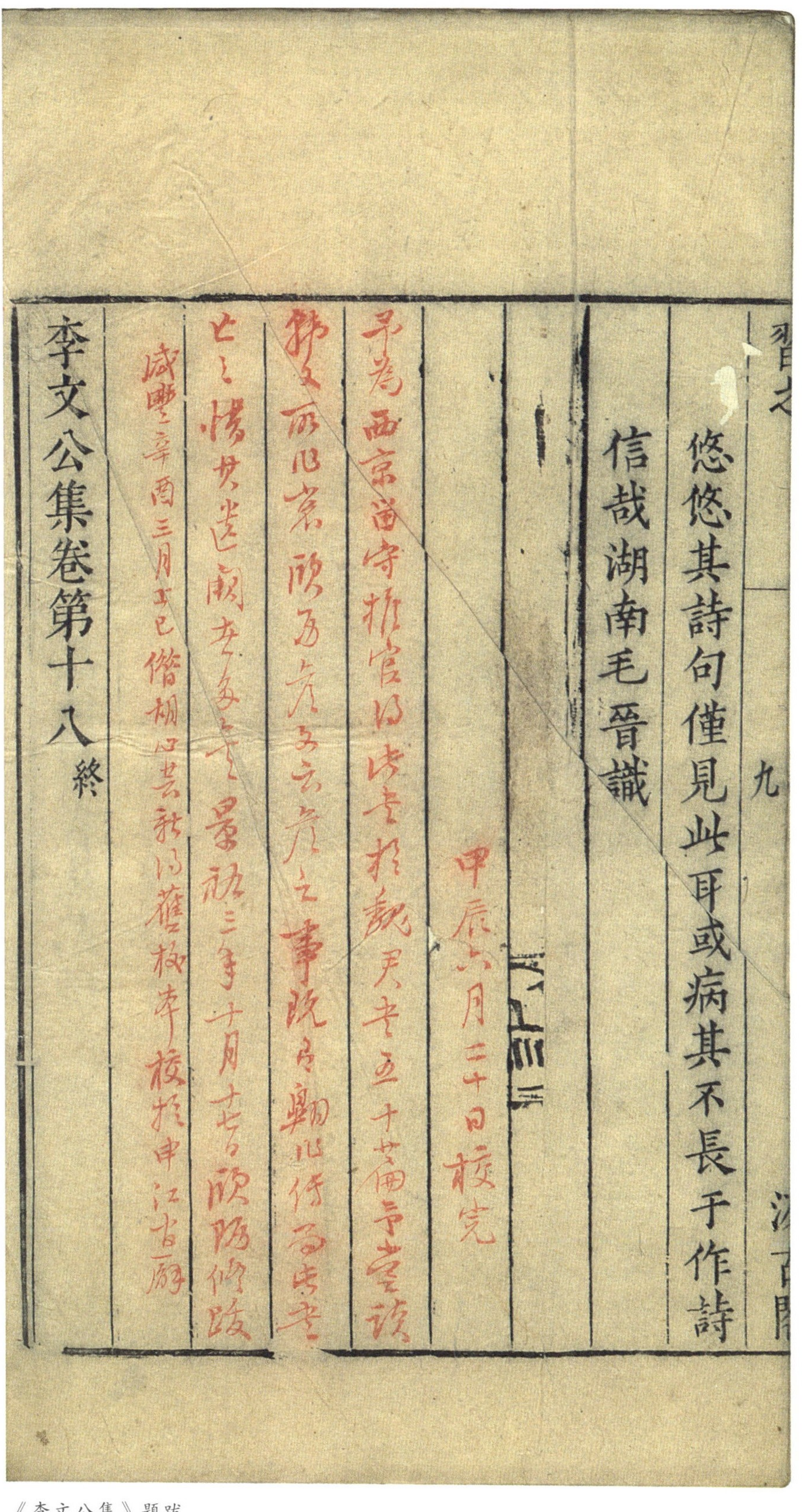
習之

悠悠其詩句僅見此耳或病其不長于作詩信哉湖南毛晉識

甲辰六月二十日校完

予為西京留守推官時得是於魏[illegible]五十四篇予嘗讀

[illegible]

[illegible]景祐三年十月十七日歐陽修跋

咸豐辛酉三月上巳偕胡心芸新得舊校本校於申江旅廨

李文公集卷第十八 終

《李文公集》題跋

元氏長慶集六十卷補遺六卷附録一卷

唐元稹撰。明萬曆三十二年（一五九五）馬元調魚樂軒刻《元白長慶集》本。清董兆熊批并跋。索書號：〇五四八—〇七二。

釋文：

右《元氏長慶集》，錢牧齋得宋殘本于故明南城廢殿，遂取馬調元本手校其上。後歸吴西齋，轉入吾里陳狷亭黄門所。狷亭殁，帆川顧氏得之，寶之近百年，子孫不能，有出之求售。余從常賣家假歸，購别本訂正，并録錢氏跋語于左，帆川間有評語，亦録于上方。錢氏稱微之集晦幾千年，一旦復完，以爲寶玉大弓歸魯之徵。而絳雲樓毁，竟得逃劫火之外，諒微之之靈不可磨滅。故使神呵鬼護，以永其傳也。後世好古君子，其慎寶之。董兆熊跋。

集中朱圈遵顧帆川先生《唐音匯鈔》選本，賀識。

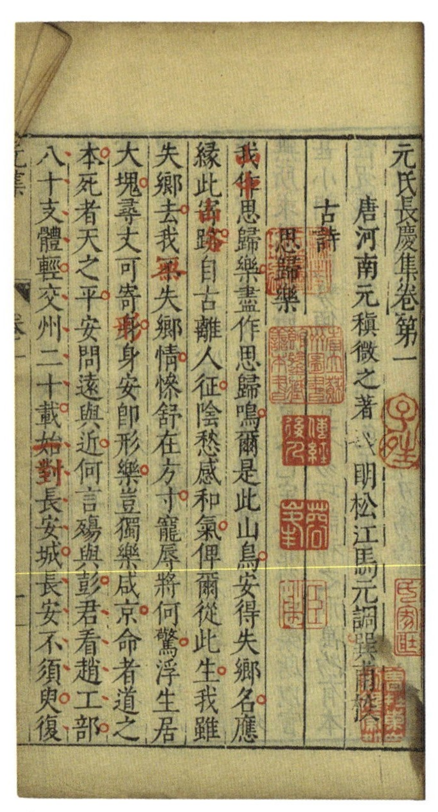

《元氏長慶集》卷首

按：

董兆熊（一八〇六—一八五八），字敦臨，一字夢蘭。清江蘇吴江人。諸生。咸豐元年（一八五一）舉孝廉方正。工駢體文，詩以樸實爲主。時江震績學推陳壽熊、沈曰富二人，博學則推董兆熊。又嘗助輯《金山縣志》三十卷。著《味無味齋集》，輯《南宋文録》。

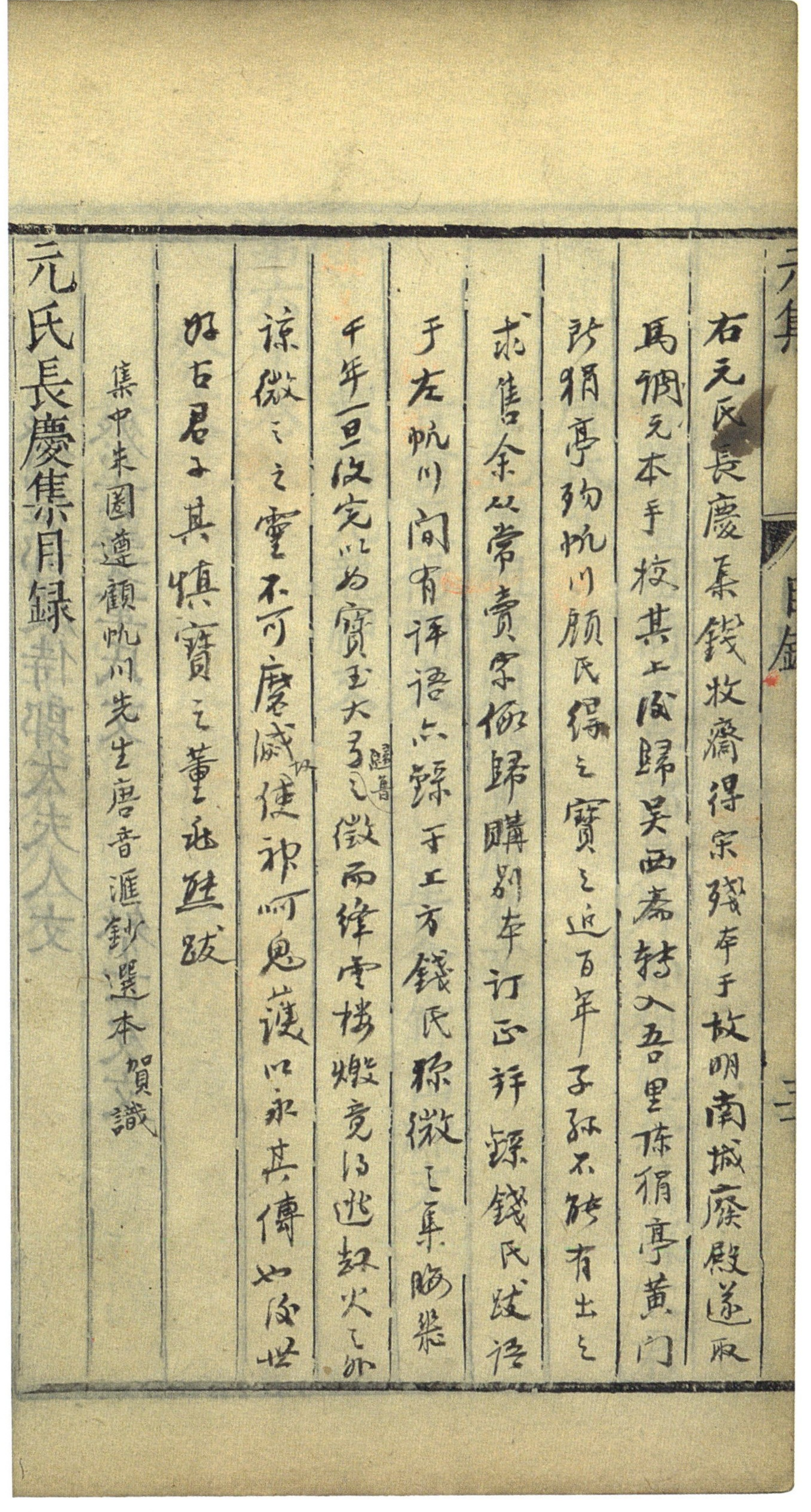

右元氏長慶集錢牧齋得宋殘本于故明南城廢殿遂取馬調元本手校其上後歸吳西齋轉入吾里陳循亭黃門訪循亭歿帆川顧氏得之寶之近百年子孫不能有出之求售余以常賣字做歸購別本訂正并録錢氏跋語于左帆川間有評語亦録于上方錢氏稱微之集晦縣千年一旦復完以為寶玉大弓之徵而絳雲樓燬竟得逃劫火之外諒微之之靈不可磨滅故使神呵鬼護以永其傳也後世好古君子其慎寶之董兆熊跋

集中朱圈遵顧帆川先生唐音滙鈔選本 賀識

元氏長慶集目録

《元氏長慶集》題跋

歌詩編四卷

唐李賀撰。明崇禎毛氏汲古閣刻《唐人四集》本。清杨引傳跋。索書號：一三九五—一五〇。

釋文：

此書本潘恂如茂才所藏本，余于道光季年假之，久未歸趙。余已另購得他本，及同治改元之後，始以此書歸之，而恂如亦已另有他本矣，仍舉此見贈，余因以此册置行笈焉。同治十年新秋，天氣頗涼，晚牕無事，細讀數過，味溢齒頰間，因誌數語。補道人。

按：

杨引傳（一八二四—？），字醒逋，號補道人、獨悟庵居士。清江蘇吴縣（今蘇州）人。王韜妻兄。著有《獨悟庵集》。

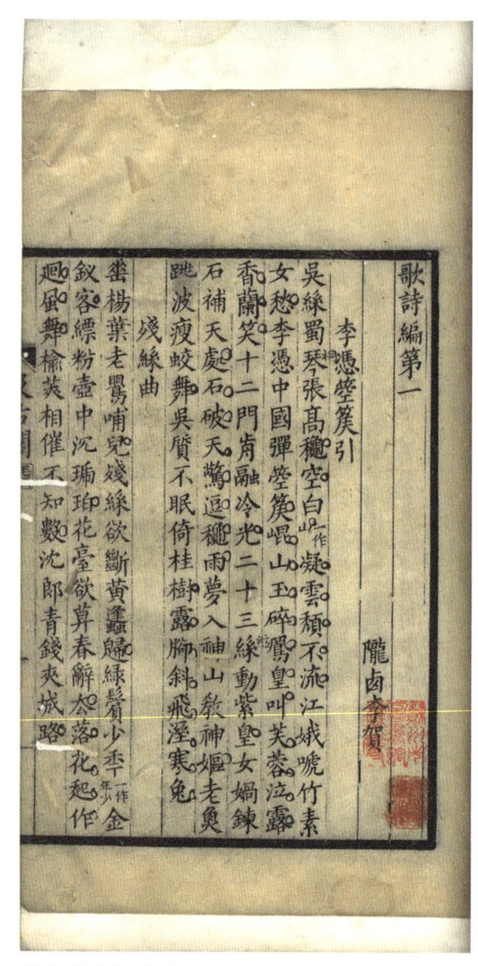

《歌詩編》卷首

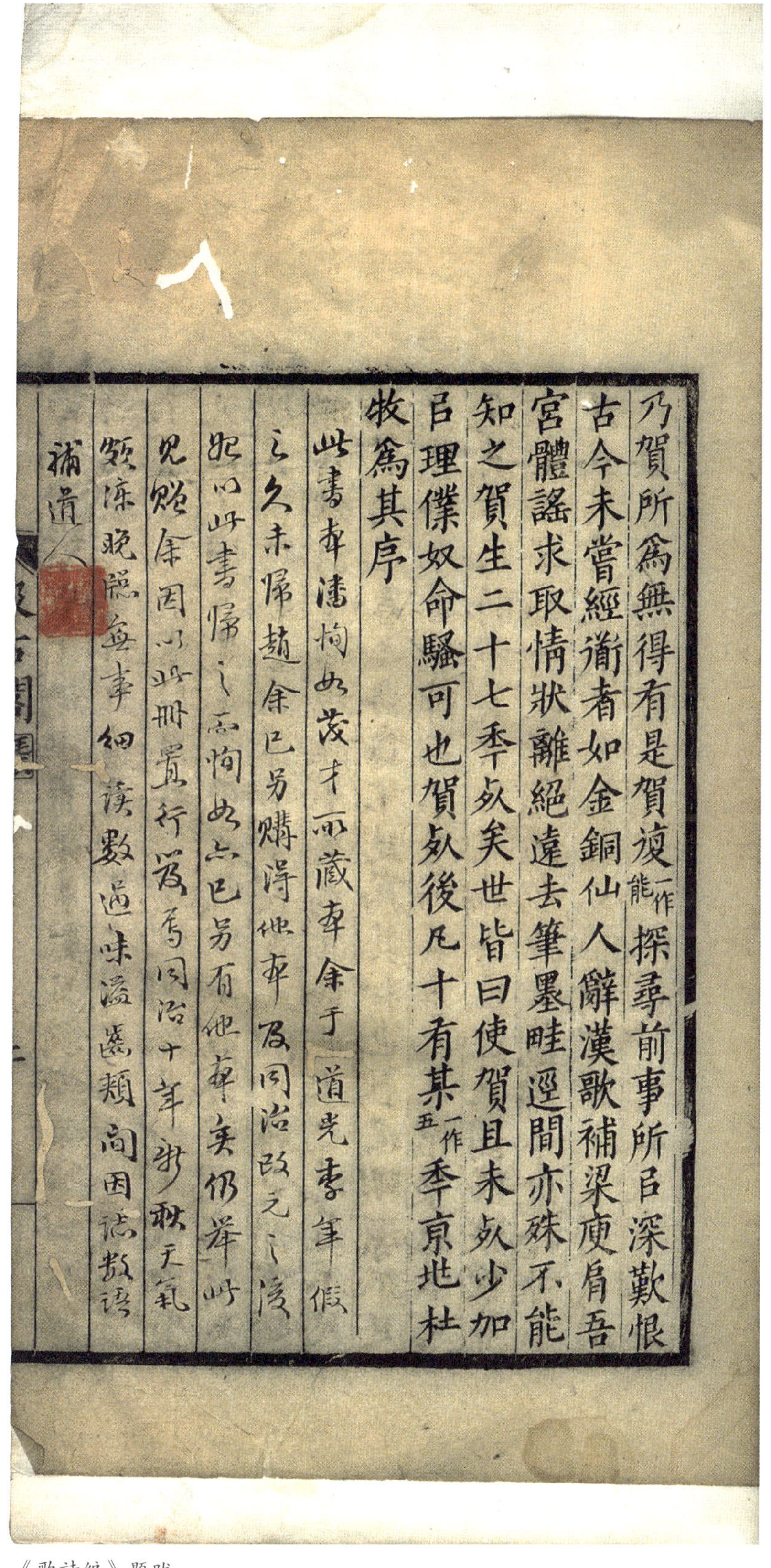
乃賀所爲無得有是賀複一作能探尋前事所以深歎恨
古今未嘗經道者如金銅仙人辭漢歌補梁庾肩吾
宮體謠求取情狀離絕遠去筆墨畦逕間亦殊不能
知之賀生二十七年死矣世皆曰使賀且未死少加
以理僕奴命騷可也賀死後凡十有某一作五年京兆杜
牧爲其序

此書本濤拘如茂才所藏本余于道光季年假
之久未歸趙余已另購得他本及同治改元之後
既以此書歸之而拘如亦已另有他本矣仍舉此
見贈余因以此冊置行篋爲同治十年新秋天氣
頗凉晚間無事細讀數過味溢齒頰尚因識數語

補遺

《歌詩編》題跋

唐劉蛻集六卷

唐劉蛻撰。清康熙抄本。清隨安老人跋。索書號：〇五四九一〇七二。

釋文：

余少年客南郡，姑丈希山先生授以劉復愚、孫可之文集二册，曰："熟此，得文章精鍊訣。"謹受而録之，今四十年矣。性既懶鈍，又奔走於衣食，雖楮生毛君輩時亦相從於風雨晦明之間，然不能以文爲事，兹編久庋高閣。今年秋，歸自武昌，檢敗簏得之，如逢故人於數千里外，喜不自勝，亟携爲枕中秘，以遊虎林。寓吴山之麓，嵐翠欲浮，檐雲時度，鳥聲晨夕，木葉丹黄，耳目清曠，世累都遣。三復玩誦，若有所得，輒以己意圈點其間。尚有訛字，未敢妄更，以竢考訂。雖然老年讀書領略似易於少年，掩卷即不能記一字，秘此復何爲哉！乾隆四年十月立冬日，隨安老人跋。

按：

隨安老人，生平不詳。

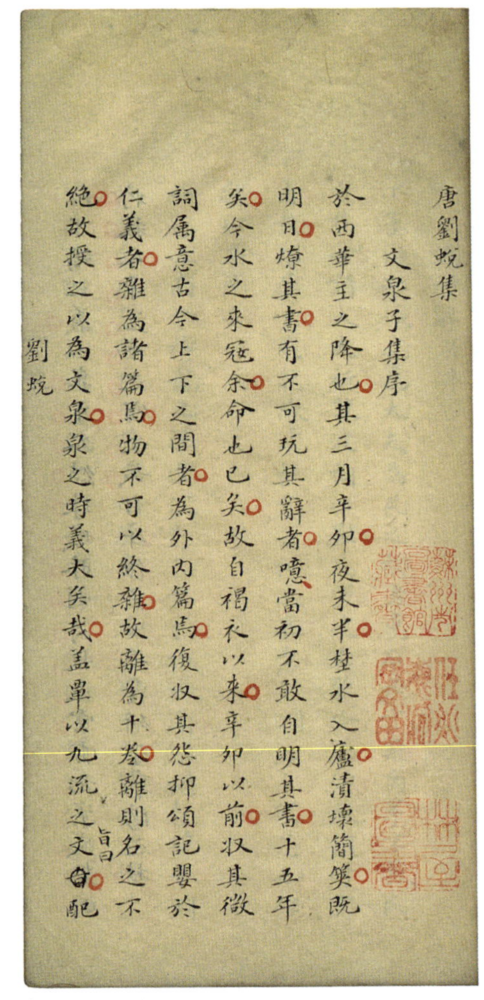

《唐劉蛻集》卷首

余少年客南郡，姑丈希山先生授以劉復愚、孫可之文集二册，曰：熟此得文章精鍊訣。謹受而録之，今四十年矣。性既嫩鈍，又奔走於衣食，雖楮生毛君輩時亦相從於風雨晦明之間，然不能以文爲事，兹編久庋高閣。今年秋歸自武昌，檢敗簏得之，如逢故人於數千里外，喜不自勝，亟攜爲枕中秘。以遊虎林，寓吴山之麓，嵐翠欲浮，檐雲時度，鳥聲晨夕，木葉丹黄，耳目清曠，世累都遣，三復玩誦，若有所得，輒以己意圏點。其閒尚有訛字，未敢妄更，以俟攷訂。雖然，老年讀書領略似易於少年，掩卷即不能記一字，秘此復何爲哉！

乾隆四年十月立冬日隨安老人跋

《唐劉蛻集》題跋

唐皮日休文藪十卷

唐皮日休撰。明萬曆許自昌刻本。清楊復吉跋。索書號：〇五五〇—〇七二。

釋文：

跋

汲古閣皮、陸《松陵集》風行久矣。至《文藪》成於咸通丙戌，《笠澤叢書》成於乾符己亥，皆手自彙輯，各有自序以紀其事。同心之言，無耦不雙，良有以也。昔都元敬曾開《叢書》于吴門，二十年前維揚碧筠草堂重翻宋本，亦復佳絶，而《文藪》則流傳絶少。辛丑歲，余得鋤經樓藏本於書肆，爲明人許元祐校梓者，秘諸巾箱二載。癸卯九秋，書賈持雲間胡諧宇手評《甫里集》求售，亦係許氏所刊，卷帙大小，累黍不爽，展玩之下，如獲拱璧。因彙爲一函，雖延津劍合之喜，不是過矣。按卷首陸鼎儀原序稱，係成化間崑山嚴景和所薈萃，凡《叢書》内詩文，皆散見其中。惟逸《小名録》序一首，而《孔子廟碑》爲襲美生平傑作，《文藪》亦未及載，此其故良不可解。乙巳清和，雨牕無聊，偶檢篋衍，漫書數語于後，松陵楊復吉識。

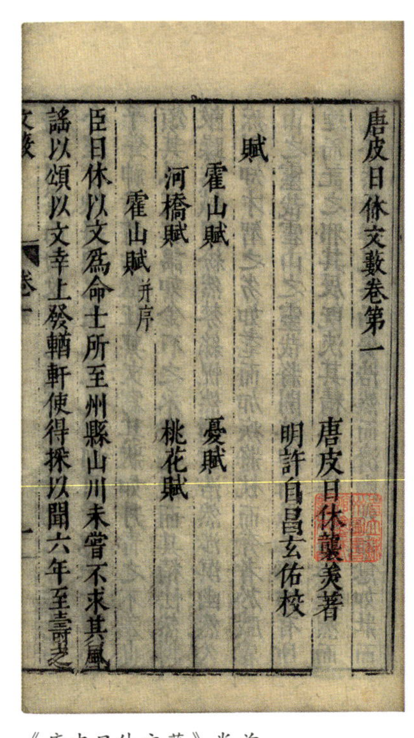

《唐皮日休文藪》卷首

按：

楊復吉（一七四七—一八二〇），字列歐，號笠鷗，别號慧樓。清江蘇吴江人。乾隆三十七年（一七七二）進士。嘉慶元年（一七九六），知縣唐仲冕舉孝廉方正，固辭，一心著述。家富藏書，古文説部，

跋

汲古閣皮陸松陵集風行久矣至文藪成於咸通丙戌笠澤叢書成於乾符己亥皆手自彙輯各有自序以紀其事同心之言無耦不雙良有以也昔都元敬曾開叢書于吳門二十年前維揚碧筠草堂重翻宋本亦復佳絕而文藪則流傳絕少辛丑歲余得鋤經樓藏本於書肆為明人許元祐校梓者秘諸巾箱二載癸卯九秋書賈持雲間胡諧宇手評甫里集求售亦係許氏所刊卷帙大小纍黍不爽展玩之下如獲拱璧因彙為一函雖延津劍合之喜不是過矣按卷首陸鼎儀原序稱係成化間崑山嚴景和所薈萃凡叢書內詩文皆散見其中惟逸小名錄序一首而孔子廟碑為襲美生平傑作文藪亦未及載此其故良不可解乙巳清和雨窗無聊偶檢篋衍漫書數語于後松陵楊復吉識

《唐皮日休文藪》題跋

寓目殆遍。王鳴盛來主笠澤講席，引爲弟子。有“獨角麟一時罕見其爪”之譽。大江南北賢士大夫咸器重之，必過訪以資考證，均樂與訂金石交。著有《遼史拾遺補》《夢闌瑣筆》《慧樓詩文集》等。

[宋别集類]

逍遥集一卷

宋潘閬著。清影宋抄本。清曹溶批校并跋。索書號：〇五五二—〇七二。

釋文：

余按閬集宋人衹有抄本載諸書目，罕見于世。今有書賈以此本求售，閲之乃前人影宋抄本，卷中宋諱闕筆行款于書目大略相同，或以此本爲原本也。據弇州云，北宋尚有刊本，無從一見，今幸得之，出以十金購之，携歸書桉，詳細批校既畢，并述其梗概云云。

戊辰仲秋，槜李秋岳曹溶書記。

按：

曹溶（一六一三—一六八五），字潔躬，一字秋岳，號倦圃，别號鉏菜翁。清浙江秀水（今浙江嘉興）人。明崇禎十年（一六三七）進士，官御史。入清後歷順天府學政、國子監祭酒、廣東布政使。家富藏書，工詩詞，築静惕堂，聚文史其中，以誦讀著述爲事。著有《静惕堂集》《金石表》，編有《静惕堂書目》等。

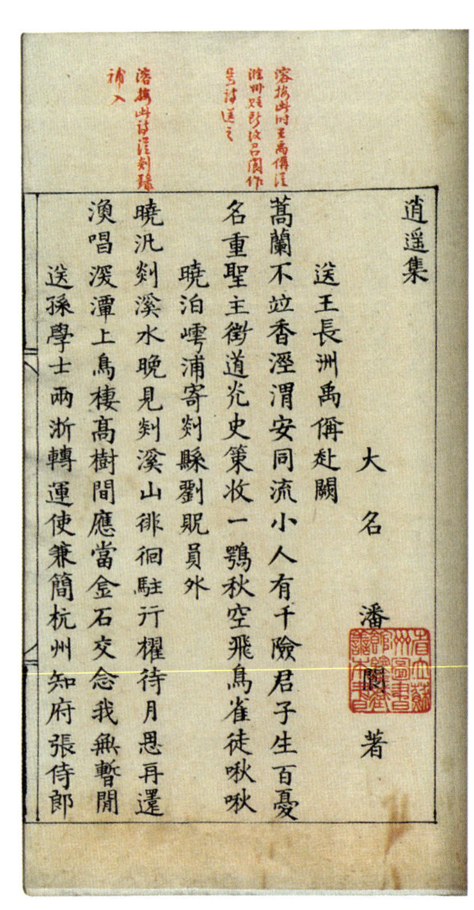
逍遥集　　大名　潘閬　著

送王長洲禹偁赴闕

蕙蘭不竝香涇渭安同流小人有千險君子生百憂名重聖主御道光史策收一鶚秋空飛鳥雀徒啾啾

曉泊嶀浦寄剡縣劉貺員外

曉汎剡溪水晚見剡溪山徘徊駐行櫂待月思再還漁唱溪潭上鳥棲高樹間應當金石交念我無暫閒

送孫學士兩浙轉運使兼簡杭州知府張侍郎

《逍遥集》卷首

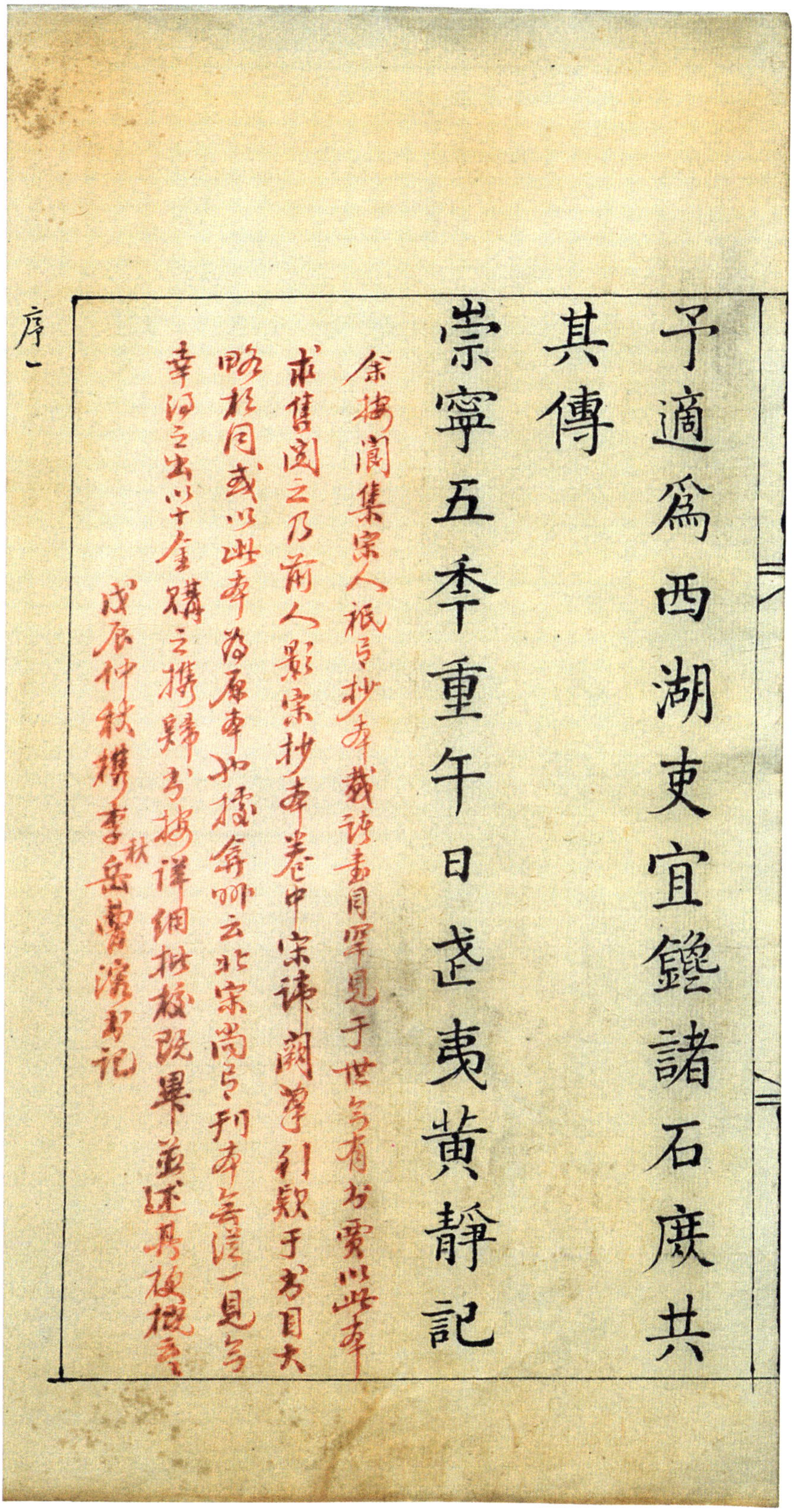
予適爲西湖吏宜鐫諸石庶共
其傳
崇寧五季重午日丞夷黄靜記

余按閬集宋人祇有抄本載諸書目罕見于世今有書賈以此本
求售閱之乃前人影宋抄本卷中宋諱闕筆引款于書目大
略相同或以此本為原本如樓鑰所云北宋尚有刊本無從一見今
幸得之出以十金購之携歸書按詳細批校既畢並述其校概云
戊辰仲秋檇李秋岳曹溶書記

序一

《逍遥集》題跋

林和靖先生詩集四卷詩話一卷

宋林逋撰。清康熙四十七年（一七〇八）吴調元刻本。知止叟跋。索書號：四二四·二—二一一。

釋文：

此書以據盧抱經校正刊爲巾箱本者最佳，知止叟讀畢記。

按：

知止叟，生平不詳。

知止叟校讀

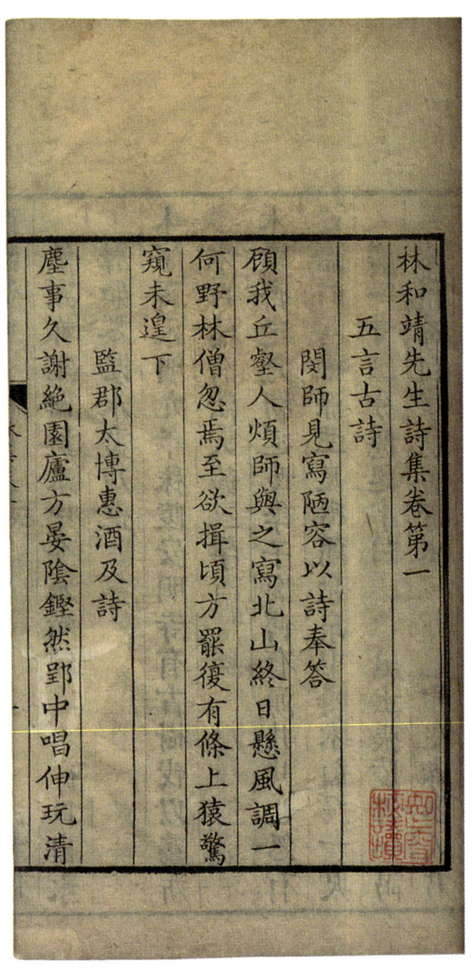

林和靖先生詩集卷第一
五言古詩
閔師見寫陋容以詩奉答
頎我丘壑人煩師與之寫北山終日懸風調一
何野林僧忽焉至欲揖頃方罷復有條上猿驚
窺未遑下
監郡太博惠酒及詩
塵事久謝絶園廬方晏陰鏗然郢中唱伸玩清

《林和靖先生詩集》卷首

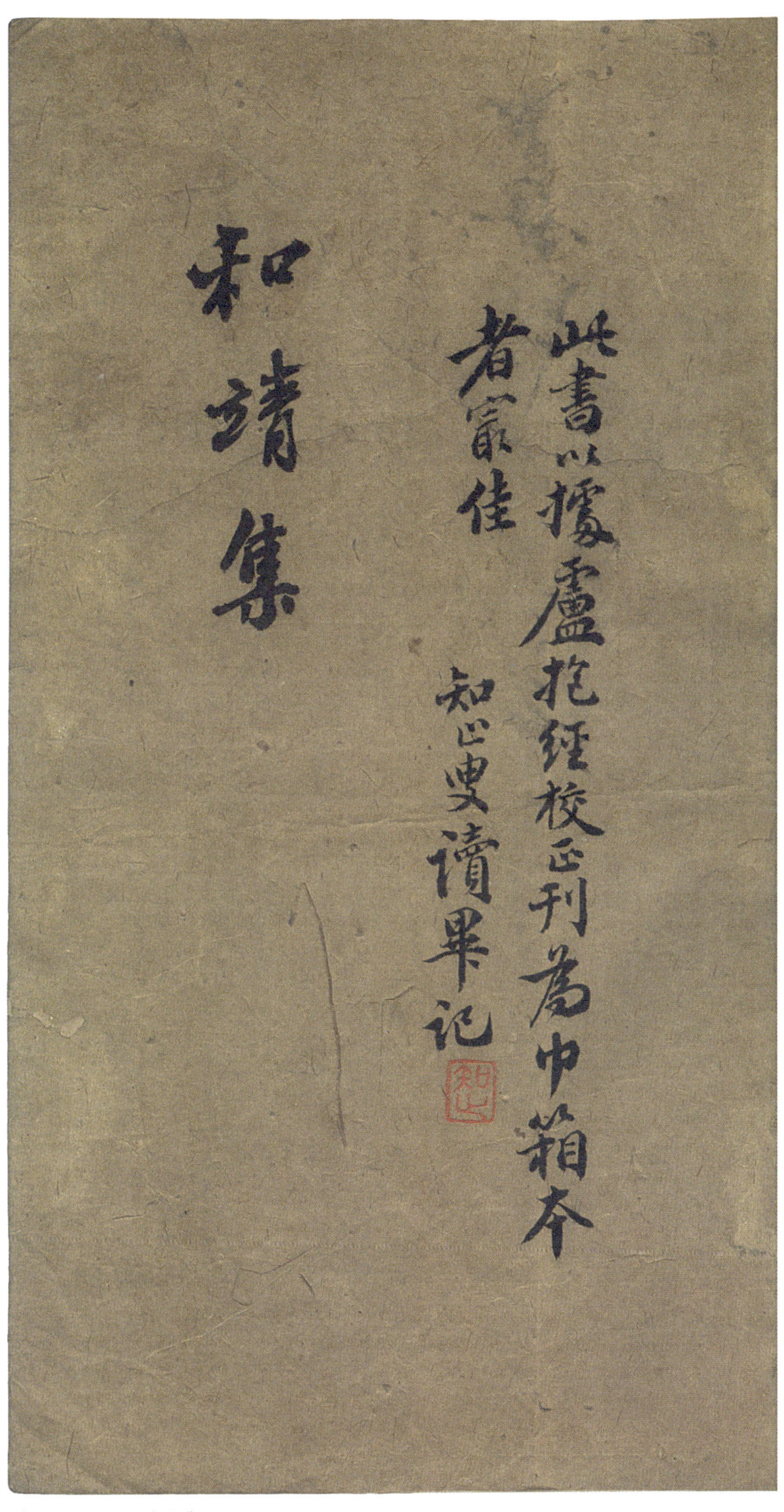
此書以據盧抱經校正刊為巾箱本者㝡佳

知止叟讀畢記

知止

和靖集

《林和靖先生詩集》題跋

石湖居士詩集三十四卷

宋范成大撰。清康熙二十七年（一六八八）顧氏依園刻本。清陸觀潜跋并過録清惠周惕、范安柱批校及跋。索書號：〇五六八—〇七三。

釋文：

石湖居士所著有《吴郡志》《桂海虞衡志》《吴船録》《攬轡録》《入蜀志》《西征集》《驂鸞録》《帥府奏議》，詩三十四卷，共文一百三十卷，淳熙三年放翁序而刻之，兵火之後旋復亡失，後世罕見全本。虞山毛氏刻其《田家樂府》二卷，石門吴氏又有《詩選》一卷，去取未當，讀者恨之。余從堯峰先生處借得居士抄本，詩三十四卷，又後附《攬轡録》一卷、《驂鸞録》一卷、《拾遺》一卷，共三十七卷。卷帙浩繁，無暇抄録，因選其佳者録如右方，毛氏所刻不復載云。紅豆郵研谿氏識。

硃筆乃惠研谿先生手閲本，戊戌冬間于望山程先生齋頭見之，借歸録出。時冰雪滿庭，早梅欲放，援筆誌此。

先文穆公詩文百三十卷，遍無可覓，聞麓城王氏藏書甚富，托友人鄭士敬懇其同年王與友，僅得詩集三十四卷，多所殘缺，許借十日，深加珍重，因命兩弟兩甥刻期録出。倘邀文穆公之靈，得再睹全帙，力稍能逮，付諸剞劂，實爲萬幸云。崇禎八年五月世孫安柱識。

己亥冬杪，書友持至《石湖詩集》三十四卷，乃公世孫安柱照宋刻所抄也。因同二弟將此本讎校，則此本之魯魚亥豕

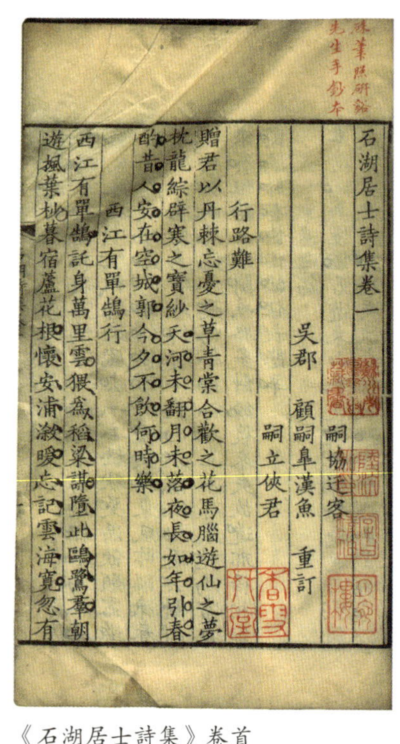
硃筆照研谿先生手鈔本

石湖居士詩集卷一

嗣協迂客

吴郡　顧嗣皐漢魚　重訂

嗣立俠君

行路難

贈君以丹棘忘憂之草青棠合歡之花馬腦遊仙之夢枕龍綜辟寒之寶紗天河未翻月未落夜長如年引春酌昔人安在空城郭今夕不飲何時樂

西江有單鵠行

西江有單鵠託身萬里雲猥爲稻粱謀墮此鷗鷺羣朝遊楓葉秋暮宿蘆花根懷安浦溆暖忘記雲海寬忽有

《石湖居士詩集》卷首

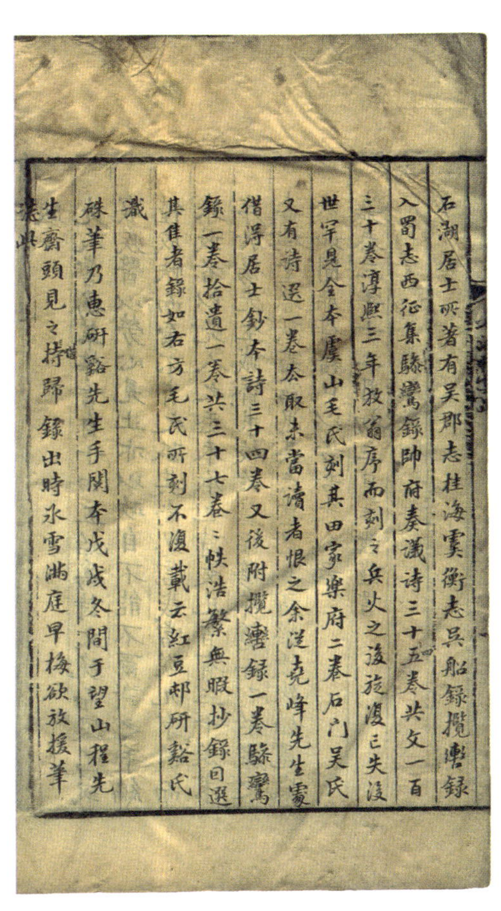

石湖居士所著有吳郡志桂海虞衡志吳船錄攬轡錄入蜀志西征集驂鸞錄帥府奏議詩三十五卷共文一百三十卷淳熙三年放翁序而刻之兵火之後旋復已失洎世罕見全本虞山毛氏刻其田家樂府二卷石門吳氏又有詩選一卷去取未當讀者恨之余從堯峰先生處借得居士鈔本詩三十四卷又後附攬轡錄一卷驂鸞錄一卷拾遺一卷共三十七卷卷帙浩繁無暇抄錄因選其佳者錄如右方毛氏所刻不復載云紅豆邨研谿氏識

硃筆乃惠研谿先生手閱本戊戌冬間于望山程先生齋頭見之携歸錄出時冰雪滿庭早梅欲放援筆

先文穆公詩文百三十卷通無可覓聞虞城王氏藏書甚富託友人鄭士敬懇其同年王与友假得詩集三十四卷多所殘缺許借十日滌加珍重因命兩弟兩甥剋期錄出倘邀 文穆公之靈得再覩全秩力稍能還付諸剞劂實為萬幸云 崇禎八年五月世孫安柱識

己亥冬抄書友持至石湖詩集三十四卷乃公世孫安柱照宋刻所抄也因同二弟將此本讎校則此本之魯魚亥豕固多而抄本之殘缺錯誤亦復不少于是擇其此非彼是者及可兩用者俱注云某抄本作某十一月廿七日對起廿九日畢雁宕村陸觀潛識

《石湖居士詩集》題跋

固多，而抄本殘缺错誤亦復不少。於是擇其此非彼是者及可兩用者，俱注云某抄本作某。十一月廿七日對起，廿九日畢。雁宕村陸觀潛識。

按：

陸觀潛，字端門，清江蘇吴縣（今蘇州）人。康熙歲貢。惠周惕，原名恕，字元龍，號研溪、紅豆主人。清江蘇吴縣（今蘇州）人。傳家學，從汪琬、徐枋游，究心經學，尤精考據。惠氏三世傳經，自其始。康熙十七年（一六七八）舉博學弘詞，不赴。三十年（一六九一）進士，選庶吉士，改密雲知縣，卒於官。范安柱（一六〇〇—一六四八），字石甫，更名公柱，明江蘇長洲（今蘇州）人。崇禎十五年（一六四二）舉人。國變後不樂仕進，前後爲范氏義莊主奉統族十餘年。卒葬虎丘。

范石湖詩集注三卷

清沈欽韓注。清光緒潘祖蔭編刻《功順堂叢書》本。清鄭文焯跋。索書號：一四二九—一五三。

釋文：

余既得依園放宋槧鈔本《石湖詩集》，復得文起注本，足稱美備。暇日當斠定，索有力者詩注竝棨以行世，亦承學之劇益也，惜依園未校刻其詞，爲闕然爾。尗問記。

丙戌歲首夏，潘尚書鄭盦以是書見餉，爲勘定數事，録以别帋。

按：

鄭文焯，見前《説文統釋自序》條。

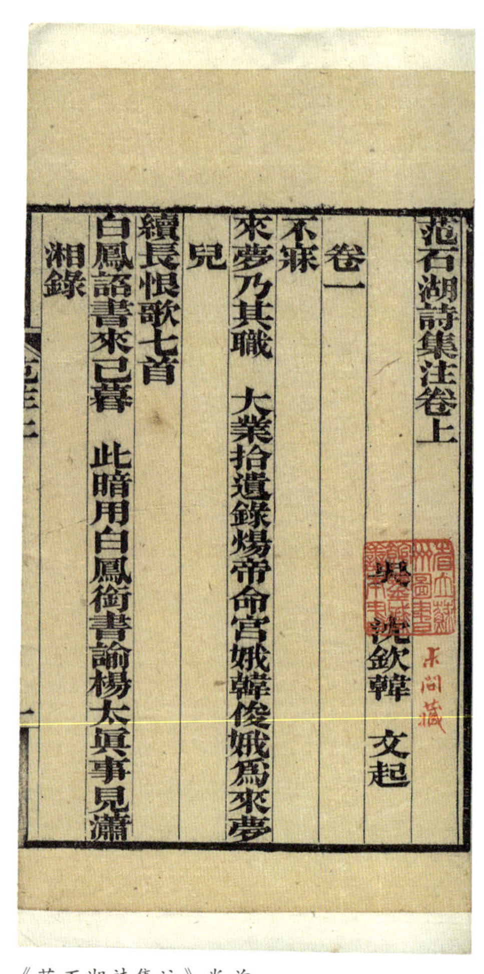
范石湖詩集注卷上
吳 沈欽韓 文起
卷一
不寐
來夢乃其職 大業拾遺錄煬帝命宮娥韓俊娥爲來夢
兒
續長恨歌七首
白鳳詔書來已暮 此暗用白鳳銜書諭楊太眞事見瀟
湘錄

《范石湖詩集注》卷首

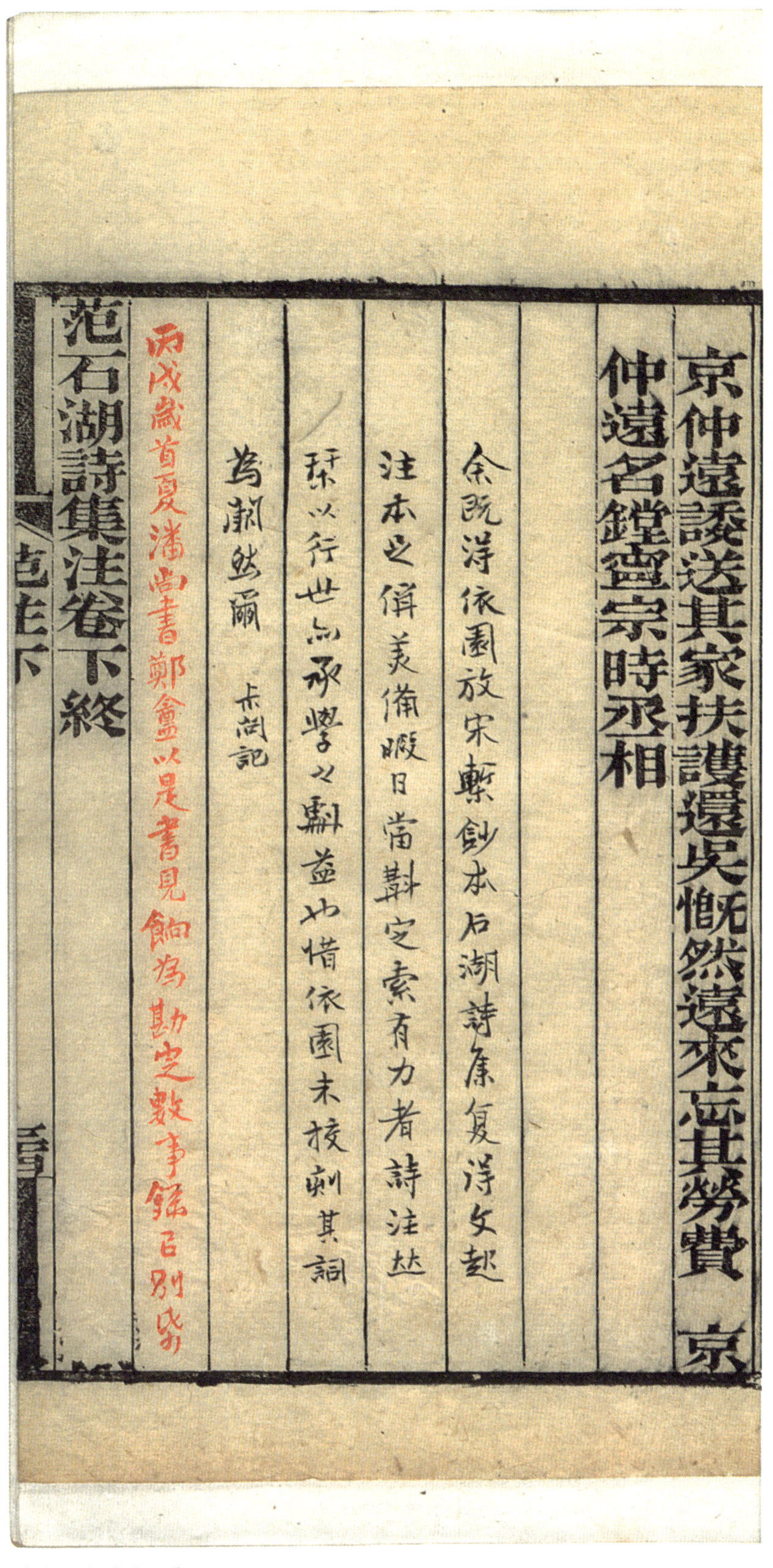
京仲遠誘送其家扶護還吳慨然遠來亦甚勞費　京

仲遠名鏜甯宗時丞相

余既得依園放宋槧鈔本石湖詩集復得文起注本之併美備暇日當斟定索有力者詩注並梓以行世亦承學之斠益也惜依園未挍刻其詞為闕然爾　未問記

丙戌歲首夏潘尚書鄭盦以是書見餉為勘定數事錄呂別紙

范石湖詩集注卷下終

《范石湖詩集注》題跋

余既得依園放宋槧鈔本石湖詩集復得文起注本足稱美備暇日當斟定索有力者詩注並梓以行世為承學之助益也惜依園未校刻其詞為慨然爾

未閒記

丙戌歲首夏潘尚書鄭盦以是書見餉為勘定數事錄吕別成

石湖詩集注卷下終

晦庵先生朱文公文集一百卷續集五卷别集七卷目録二卷

宋朱熹撰。清康熙二十七年（一六八八）蔡方炳、臧眉錫刻本。清紀昀跋。索書號：一四一〇一一五一。

釋文：

重閲鈔三十一首。

乾隆癸未正月二十六日，於福州學署筆捧樓燈下閲第一卷。觀弈道人昀記。

是日戌正二刻閲案牘畢，閲第五卷于鏡烟堂。

重閲鈔十三首。

二月朔日申正三刻，閲詩集十卷畢。

按：

紀昀（一七二四—一八〇五），字曉嵐，又字春帆，號觀弈道人、孤石老人、河間才子等，謚號文達。清直隸滄縣（今河北滄州）人。乾隆十九年（一七五四）進士，官至禮部尚書、協辦大學士，任《四庫全書》總纂官。有《閲微草堂筆記》《紀文達公遺集》。

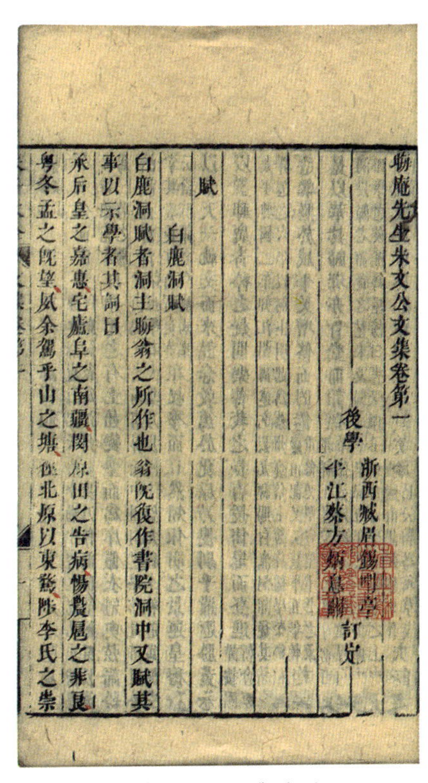

《晦庵先生朱文公文集》卷首

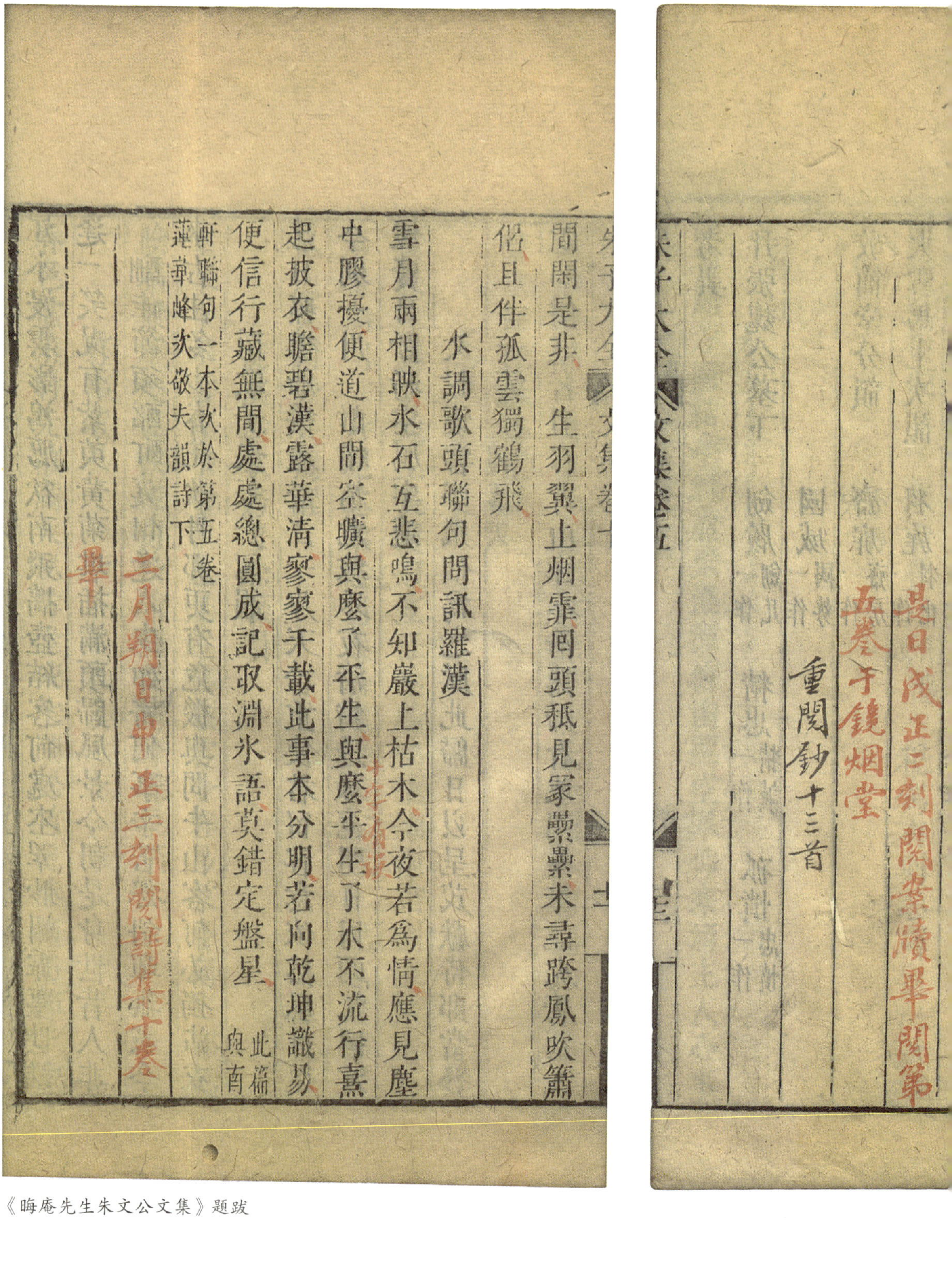

間關是非　生羽翼上烟霏囘頭𥌒見冢纍纍未尋跨鳳吹簫

侶且伴孤雲獨鶴飛

水調歌頭聯句問訊羅漢

雪月兩相映水石互悲鳴不知巖上枯木今夜若爲情應見塵中膠擾便道山間空曠與麼了平生與麼平生了水不流行熹起披衣瞻碧漢露華清寥寥千載此事本分明若向乾坤識易便信行藏無間處處總圓成記取淵氷語莫錯定盤星　此篇與南軒聯句一本次於第五卷

蓮華峰次敬夫韻詩下

二月朔日中正三刻閱詩集十卷畢

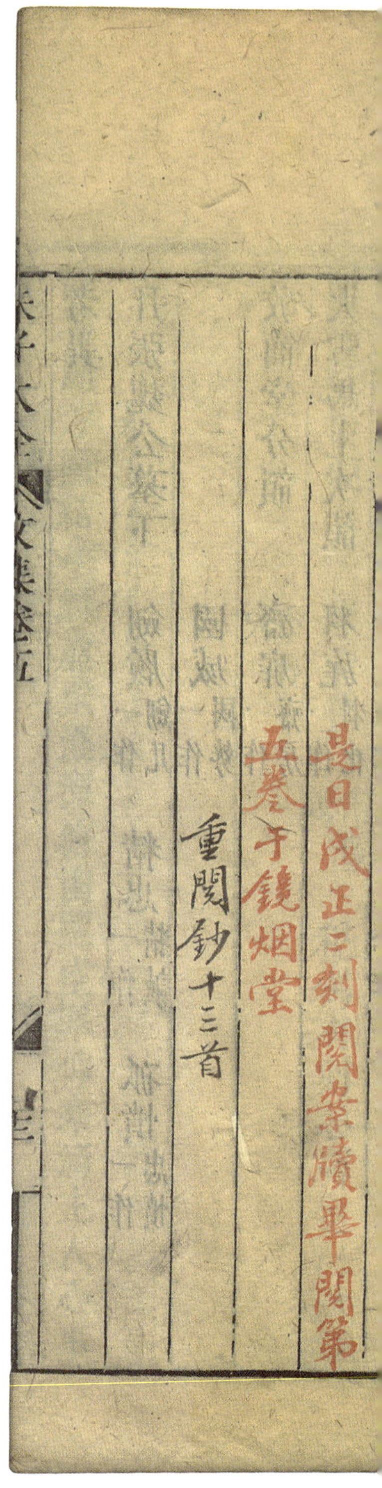

是日戌正二刻閱棠牘畢閱第五卷于鏡烟堂

重閱鈔十三首

《晦庵先生朱文公文集》題跋

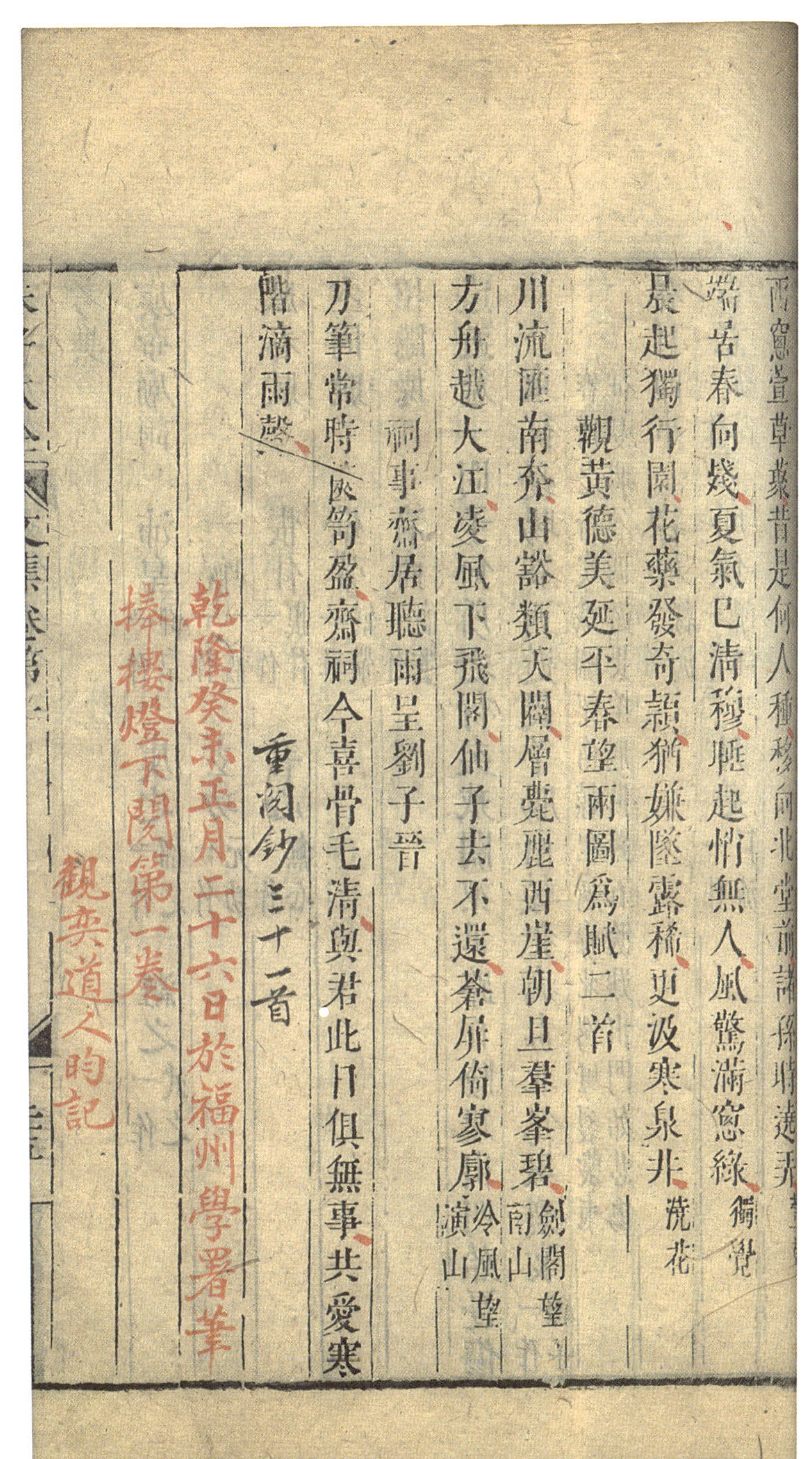

朱文公詩賦全集二卷

宋朱熹撰。清王炳燮抄本。民國吴慰祖跋。索書號：〇五六七—〇七三。

釋文：

予所得鄉先達元和王璞臣手迹殊夥，其楊光先《不得已》一書尤爲個中翹楚，昔年中社假付景印，固已化身億千矣。曩嘗以先生手書文若干篇贈庋盋山，而吾鄉無預焉。可園諸執事稍稍留意鄉賢遺迹，則此一編尤宜付之珍藏，彌此缺憾也。二十五年二月，鄉後學吴慰祖識。

按：

吴慰祖，字重暉，號養碧，江蘇吴縣（今蘇州）人。家富藏書，精於版本目録之學，曾校訂《四庫采進書目》。

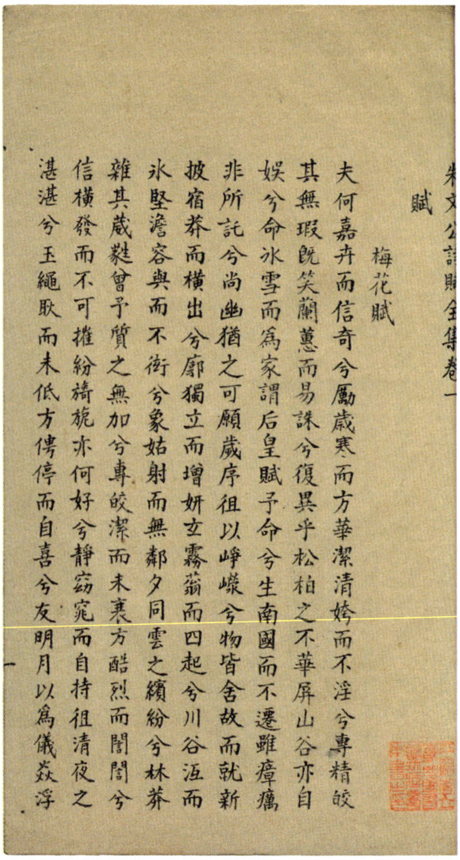
朱文公詩賦全集卷一
賦
梅花賦
夫何嘉卉而信奇兮厲歲寒而方華潔清姱而不淫兮專精皎其無瑕既笑蘭蕙而易誅兮復異乎松柏之不華屏山谷亦自娛兮命冰雪而爲家謂后皇賦予命兮生南國而不遷雖瘴癘非所託兮尚幽猶之可願歲序徂以崢嶸兮物皆舍故而就新披宿莽而橫出兮廓獨立而增妍玄霧蓊而四起兮川谷沍而冰堅澹容與而不衒兮象姑射而無鄰夕同雲之繽紛兮林莽雜其葳蕤曾予質之無加兮專皎潔而未衰方酷烈而闇闇兮信橫發而不可摧紛旖旎亦何好兮靜窈窕而自持徂清夜之湛湛兮玉繩耿而未低方俜停而自喜兮友明月以爲儀焱浮

《朱文公詩賦全集》卷首

予所得鄉先達元和王璞臣手蹟殊夥，其物光先不得已一書，尤為個中翹楚。昔年中社例付京印，因已化身億千矣。曩嘗以先生手書文數千篇贈虞山，而吾鄉無預焉。可園諸執事稍稍留意鄉賢遺跡，則此一編允宜付之珍藏，彌此缺憾也。二十五年二月鄉後學吳慰祖識

《朱文公詩賦全集》題跋

白石道人詩一卷集外詩一卷諸賢酬贈詩一卷

宋姜夔撰。清同治三年（一八六四）劉履芬家抄本。清劉履芬跋。索書號：〇五七四—〇七四。

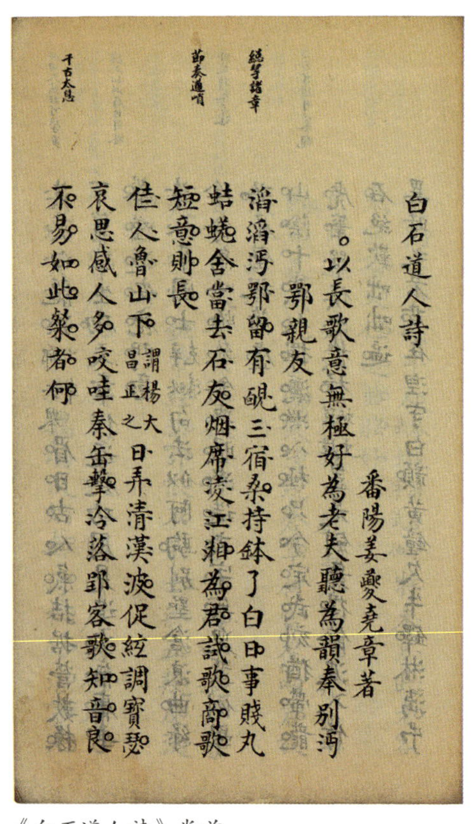

白石道人詩

番陽姜夔堯章著

。以長歌意無極好為老夫聽為韻奉別沔鄂親友

滔滔沔鄂留有硯三宿桑持鉢了白日事賤丸

蛣蜣舍當去石灰烟席變江鄉為君試歌商歌

短意則長

佳人魯山下謂楊大昌正之日弄清漢淚促絃調寶瑟

哀思感人多咬哇秦缶擊冷落郢客歌知音良

不易如此累者何

千古太息

《白石道人詩》卷首

釋文：

咸豐間，余客京師，於琉璃廠書肆購得批本《白石詩集》。審是鄉先達戴簡恪公手迹，因珍藏篋笥。庚申南旋，携以航海。同治初元，從軍袁浦，草檄餘閑，復事諷詠。逾年甲子，復倩香蓀妹婿過録此册，款格一依原本。惜《詞集》批本不可得，延平之合，仍有望於將來。七月初五日，江山劉履芬并記。

按：

劉履芬（一八二七—一八七九），字彦清，號漚夢。清浙江江山人。道光二十六年（一八四六）入國子監爲太學生。光緒時任嘉定知縣，於任上剪喉自盡。工詩詞，著有《古紅梅閣遺集》《鷗夢詞》。嗜藏書，編有《古紅梅閣書目》。

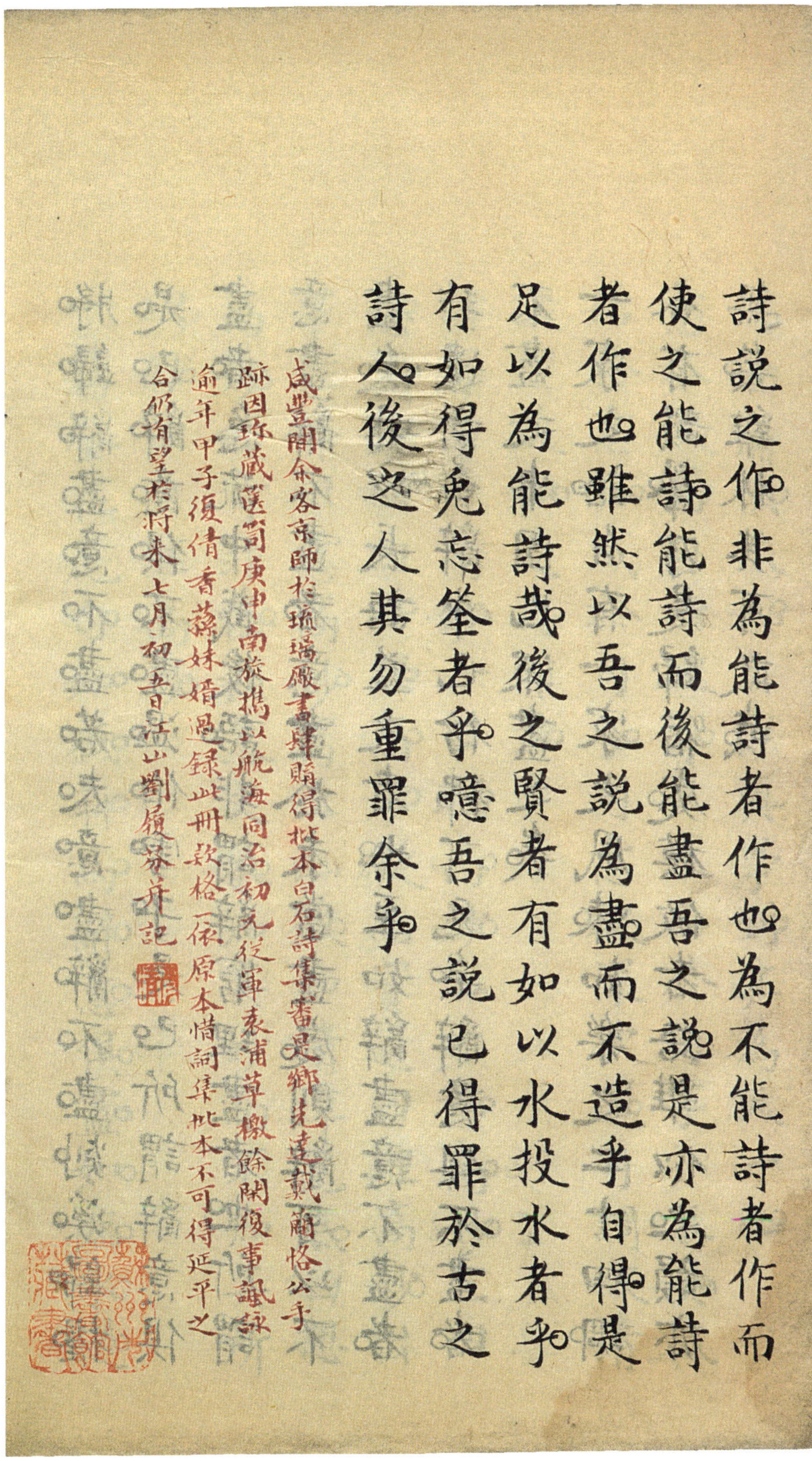

詩説之作非為能詩者作也為不能詩者作而
使之能詩能詩而後能盡吾之説是亦為能詩
者作也雖然以吾之説為盡而不造乎自得是
足以為能詩哉後之賢者有如以水投水者乎
有如得兔忘筌者乎噫吾之説已得罪於古之
詩人後之人其勿重罪余乎

咸豐間余客京師於琉璃廠書肆購得批本白石詩集當是鄉先達戴簡恪公手
跡因珍藏篋笥庚申南旋攜以航海同治初元從軍袁浦草檄餘閑復事諷詠
逾年甲子復倩香蘇妹婿過録此冊款格一依原本惜詞集批本不可得延平之
合仍有望於將來 七月初五日江山劉履芬并記

《白石道人詩》題跋

剪綃集二卷

宋李龏撰。明毛氏汲古閣刻《詩詞雜俎》本。清江標跋。索書號：一四二〇——一五三。

釋文：

宋李和父《翦綃集》一卷，舊刻入《江湖小集》中，并和父《梅花衲》一種，皆集唐句也。明汲古閣毛子晉取《翦綃集》刻入《詩詞雜俎》中，《梅花衲》已無從得見矣。而《雜俎》之板亦旋毁。己卯閏上巳，于舊家雜書中無意忽見此册，亟售歸。雖破爛已甚，首尾殘闕，而猶可披讀，爰重爲手裝。計其所闕者，止上卷目録、下卷《古觀題》一首而已。雖詞章小道，無足供巨觀。而除汲古本之外，亦無從披覽矣。余故非重其文，直重其書之少見云爾。光緒五年閏三月初五日，建霞手裝于濠洲，并識數語于後，可見藏書之要在留心細檢耳。

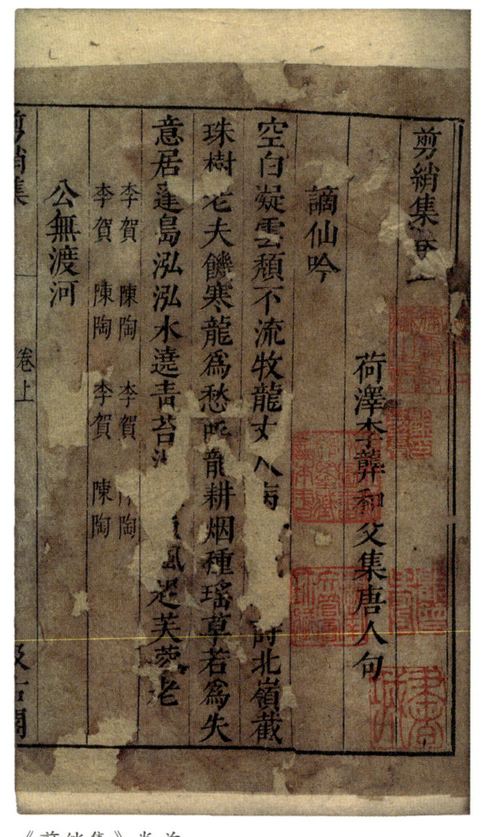
剪綃集卷上
荷澤李龏和父集唐人句
謫仙吟
公無渡河

《剪綃集》卷首

按：

江標，見前《説文解字》條。

宋李和父翦綃集一卷舊刻入江湖小集中并和父梅花衲一種皆集唐句也明汲古閣毛子晉取翦綃集刻入詩詞雜俎中梅花衲已無从得見矣而雜俎之板亦旋燬己卯閏上巳于舊家雜書中無意忽見此冊亟售歸雖破爛已甚首尾殘闕而猶可披讀爰重爲手裝計其所闕者止上卷目録下卷古觀題一首而已雖詞章小道無足供巨觀而除汲古本之外亦無從披覽矣余故兼重其文直重其書之少見云尔光緒五年閏三月初五日建霞手裝于滂洲并識數語于後可見藏書之要在留心細檢耳

《翦綃集》題跋

翠微南征録十一卷

宋華岳撰。清抄本。清吴錫麒批校、補遺并跋。索書號：一四一八——一五二。

释文：

宋華子西先生《翠微南征録》凡十一卷，元、明以來世尠傳本，國朝康熙間，溫陵黄俞邰始於史館抄得之。池州郎遂字趙客，重以鄉里文獻久失其傳，重加編次，刻以行世。此則其原本也。第一卷爲上皇帝書；第二卷以下爲古今體詩。古詩先七古，後五古，律詩亦然，終之以絶句。趙刻析上書爲首卷，而於皇帝上加寧宗二字，則似後人追述之辭矣。原本於當時宵小姓氏頗有空缺，宋時刊行，尚有避忌，因而諱之。而郎以明嘉靖間王崇志本改攛填補，又大加删削，竟失其本真。編詩爲十卷，古、律俱以五言冠七言，此似可也。然原本七古中《傷春》一首、《柴氏》一首，通體五字，末結以七字，前人多有此體，郎以入之五古，遂删去末句四字以合其格，重失作者本意，是則不免截鶴之譏焉。且於題下注往往删繁就簡，時又攙入他書以亂之，愛古者似不應爾也。索居無事，偶出舊本就郎本讐比以消歲月，乃得其謬誤，肆加塗抹。後有得吾書者，勿以有刊本而廢棄之，則此書之大幸也夫！

嘉慶丙子十有一月既望，錢塘吴錫麒書於有正味齋。

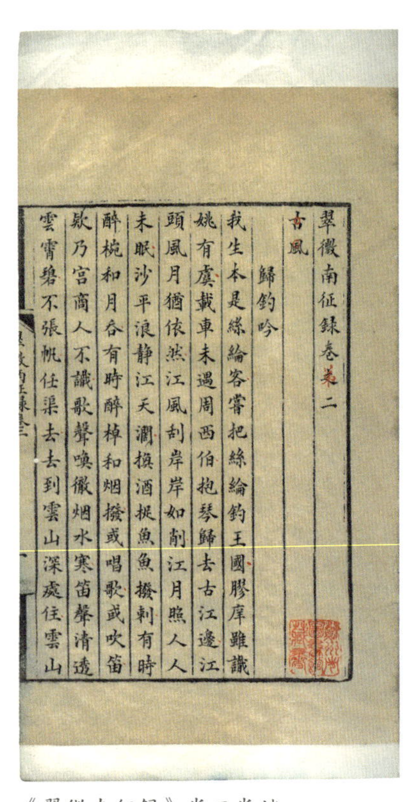

翠微南征録卷二
古風
歸釣吟
我生本是絲綸客，嘗把絲綸釣王國。膠庠雖識姚有虞，載車未遇周西伯。抱琴歸去古江邊，江頭風月猶依然。江風刮岸岸如削，江月照人人未眠。沙平浪静江天濶，摸酒挻魚魚撥剌。有時醉椀和月吞，有時醉棹和烟撥。或唱歌，或吹笛，歌欸乃，宫商人不識。歌聲喚徹烟水寒，笛聲清透雲霄碧。不張帆，任渠去，去到雲山深處住。雲山

《翠微南征録》卷二卷端

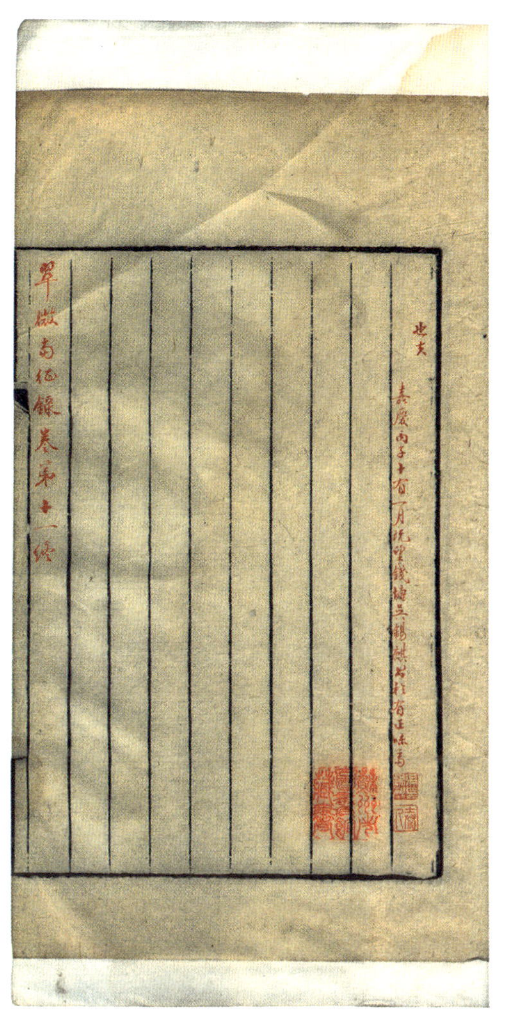
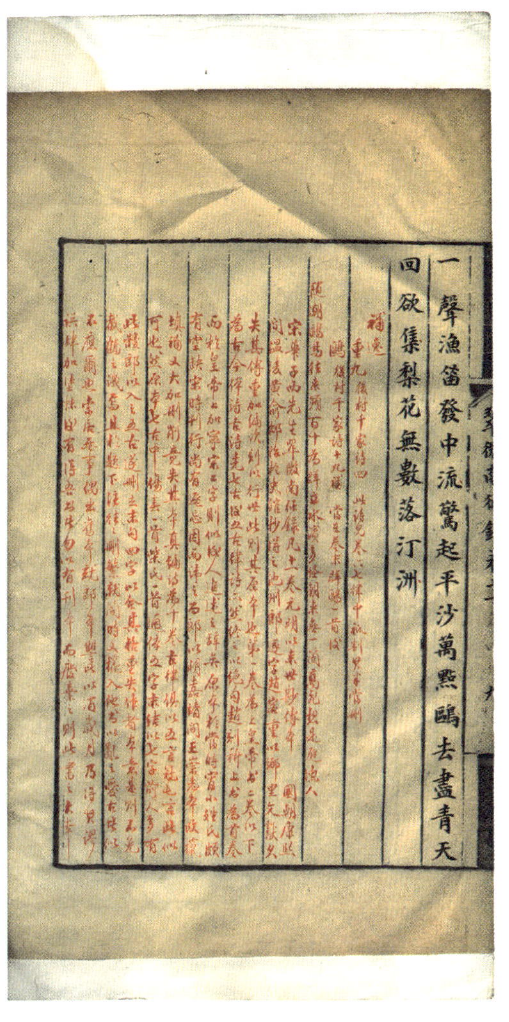

《翠微南征録》題跋

按：

吴錫麒（一七四六—一八一八），字聖徵，號穀人。清浙江錢塘（今杭州）人。乾隆四十年（一七七五）進士，選庶吉士，授編修。後兩度充會試同考官，擢右贊善，入直上書房，轉侍講侍讀，升國子監祭酒。晚年乞歸，主講揚州等地。能詩，尤工駢文，負盛名，著有《有正味齋集》等。

[元别集類]

楚國文憲公雪樓程先生文集三十卷年譜一卷附録一卷

元程鉅夫撰。清嘉慶抄本。清錢天樹過録清錢大昕跋。索書號：〇五八一—〇七四。

釋文：

《程文憲公集》，予訪之二十年未獲，歸田後，始得之西吴書估舟中，乃明洪武乙亥與畊書堂刊行本，亟購而藏之。歐陽原功、李好文序俱云四十五卷，而此本乃卅卷，蓋刊刻時併省其元第，非有殘闕也。文憲于至大皇慶間再掌制誥，高文大册多出其手，集中碑志諸文可裨益正史者甚夥。如孟速思，史稱其子九人，多至大官。據公所撰碑，實十一子。而阿失帖木兒嘗以畏吾書授成宗、武宗、仁宗，卒贈武都王，謚忠簡，尤宜補書于本傳也。丞相忽魯不花、丞相别不花、平章烏伯都剌，史皆無傳。據公所撰制，知忽魯不花嘗追封歸德王，謚忠獻，而别不花、烏伯都剌之三代俱有封謚。予嘗病《元史》于宰輔多不立傳，欲傳（博）考它書，次第補之，而衰疾健忘，聊記一二以便檢尋。

嘉慶乙亥九秋，味夢軒重爲裝訂，并補録竹汀先生跋尾。

按：

錢天樹（一七七八—一八四一），字承培，一字子嘉、仲嘉，號夢廬。清浙江平湖人。國子監生。喜藏書抄書，精字畫

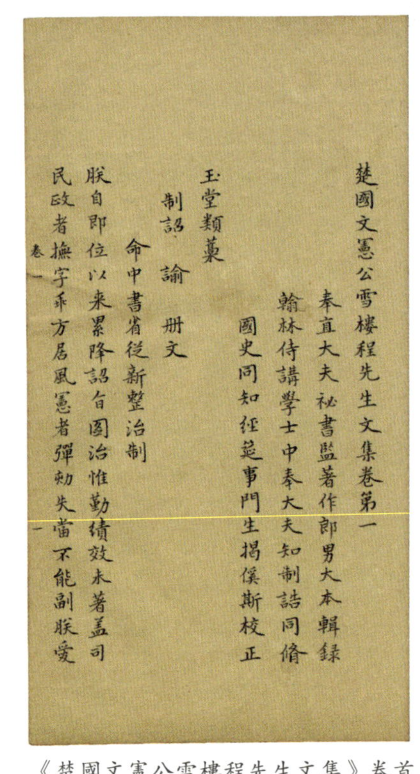

楚國文憲公雪樓程先生文集卷第一
奉直大夫秘書監著作郎男大本輯録
翰林侍講學士中奉大夫知制誥同脩
國史同知經筵事門生揭傒斯校正
玉堂類藁
制詔　諭　册文
命中書省從新整治制
朕自即位以來累降詔旨圖治惟勤績效未著蓋司
民政者撫字乖方居風憲者彈劾失當不能副朕愛
卷一　一

《楚國文憲公雪樓程先生文集》卷首

程文憲公集予訪之二十年未獲歸田後始得之西吳書估舟中乃明洪武乙亥輿畊書堂刊行本亟購而藏之歐陽原功李好文序俱云四十五卷而此本乃卅卷蓋刊刻時併省其元第非有殘闕也文憲于至大皇慶間再掌制誥高文大册多出其手集中碑志諸文可裨益正史者甚夥如孟速思史稱其子九人多至大官據公所撰碑實十一子而阿失帖木兒嘗以畏吾書授成宗武宗仁宗辛贈武都王謚忠簡尤宜補書于本傳也丞相忽魯不花丞相別不花平章烏伯都剌史皆無傳據公所撰制知忽魯不花嘗追封歸德王謚忠獻而別不花烏伯都剌之三代俱有封謚予嘗病元史于宰輔多不立傳欲傳改定書次弟補之而衰疾健忘聊記一二以便檢尋

嘉慶乙亥九秋味夢軒重為裝訂并補録竹汀先生跋尾

《楚國文憲公雪樓程先生文集》題跋

鑒别。藏書樓名"味夢軒""是耶樓"等。有《是耶樓詩稿》傳世。錢大昕（一七二八—一八〇四），字小徵，號辛楣、竹汀，晚號潛研老人。清江蘇嘉定（今上海嘉定）人。乾隆十九年（一七五四）進士。授編修，歷官侍講、詹事府少詹事、廣東提學使。後主鍾山、婁東、紫陽三書院，造士甚衆。精於考據，著述極豐，有《廿二史考異》《十駕齋養新録》《潛研堂文集》等。

筠溪牧潛集七卷

元釋圓至撰。明釋明河訂。民國蘇州圖書館張穀貽抄本。民國沈載華校并跋。索書號：一四四三——一五四。

釋文：

右《牧潛集》一册係轉録汲古閣原刻本而昔爲獨山莫友芝所藏者，今轉屬蘇市集寶齋備沽，本館因向借鈔。原書每頁十行一面，每行十九格，此鈔本則行增其二，格仍其舊，行既較密，頁遂較減，而内容無殊也。

民國己巳春，東江張穀貽鈔，沈載華校并識。

按：

沈載華江蘇吴縣（今蘇州）人，江蘇省立蘇州圖書館館員。一九三〇年館長陶惟坻去職，曾委任其處理館務。

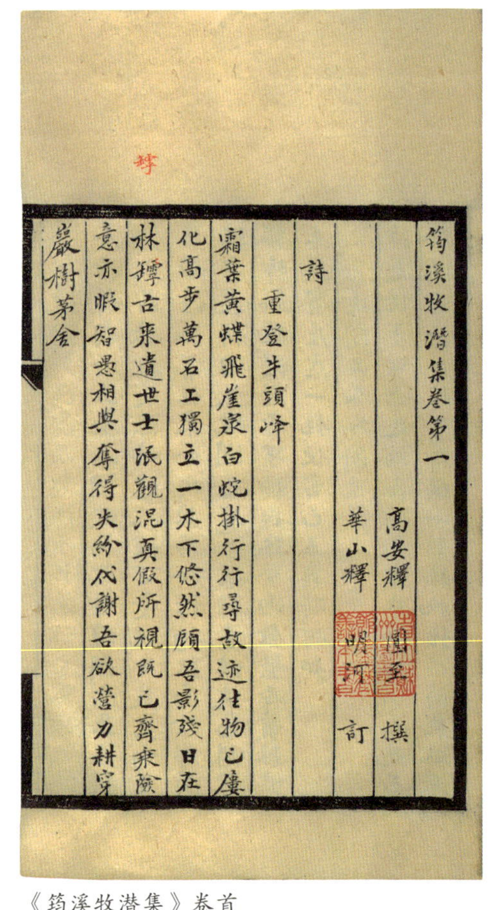
筠溪牧潛集卷第一
高安釋圓至撰
華山釋明河訂
詩
重登牛頭峰
霜葉黄蝶飛崖泉白蛇掛行行尋故迹往物已屢化高步萬石工獨立一木下倏然顧吾影殘日在林鐘古來遺世士詆觀混真假所視既已齊來險意亦眠智愚相與奪得失紛代謝吾欲營力耕穿巖樹茅舍

《筠溪牧潛集》卷首

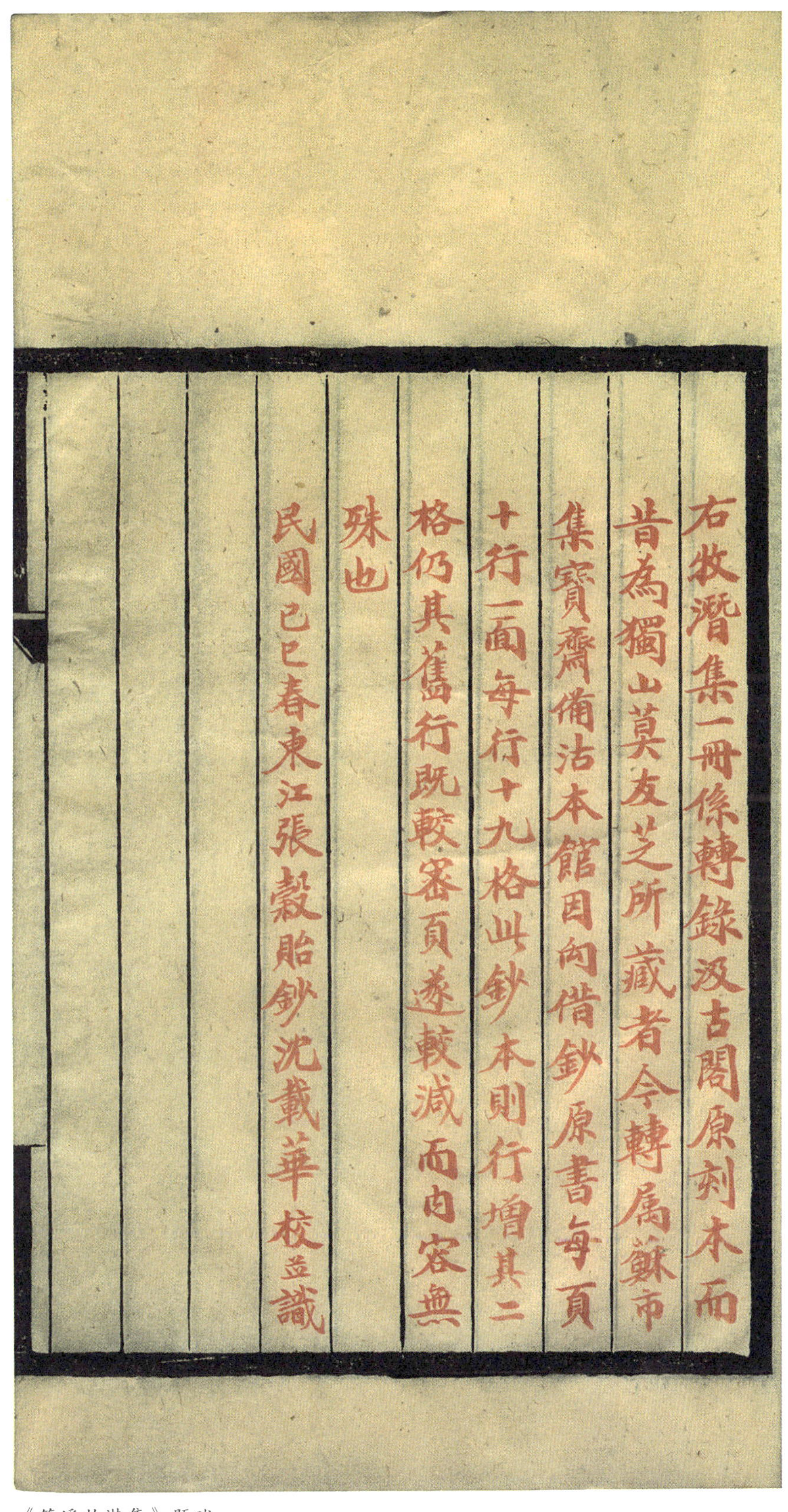
右牧潛集一册係轉錄汲古閣原刻本而昔為獨山莫友芝所藏者今轉屬蘇市集寶齋備沽本館因向借鈔原書每頁十行一面每行十九格此鈔本則行增其二格仍其舊行既較密頁遂較減而內容無殊也

民國己巳春東江張穀貽鈔沈載華校並識

《筠溪牧潛集》題跋

梅花字字香前集一卷後集一卷

元郭豫亨撰。清抄本。民國陳子清批校并跋。索書號：一四三三—一五四。

釋文：

據文瀾閣傳鈔本刻入《琳琅秘室叢書》，此即依从（叢）書本鈔録。原刻本刊於至大辛亥，一入故内，一藏楊氏海源閣，惜無從寓目，不獲勘其異同耳。廿六年一月，即以庫藏从（叢）書本複校一過。

按：

陳子清，見前《庚申外史》條。

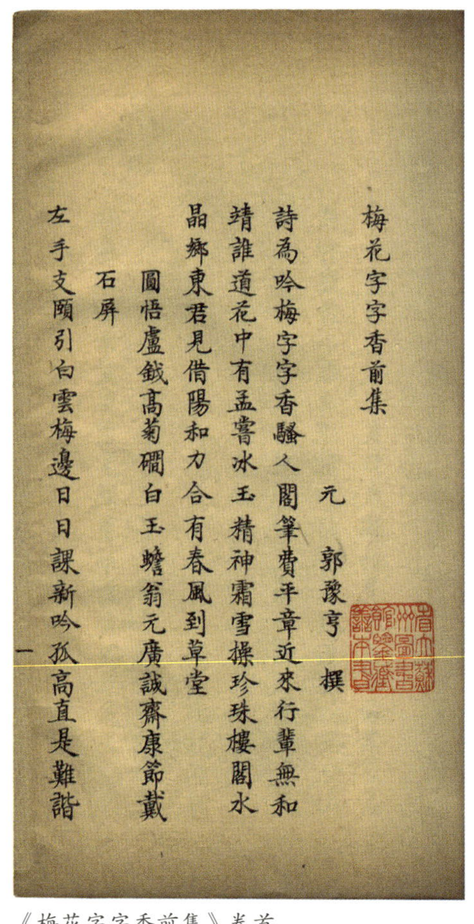
梅花字字香前集
元　郭豫亨　撰
詩爲吟梅字字香騷人閣筆費平章近來行輩無和
靖誰道花中有孟嘗冰玉精神霜雪操珍珠樓閣水
晶鄉東君見借陽和力合有春風到草堂
圖悟盧鉞高菊礀白玉蟾翁元廣誠齋康節戴
石屏
左手支頤引白雲梅邊日日課新吟孤高直是難諧

《梅花字字香前集》卷首

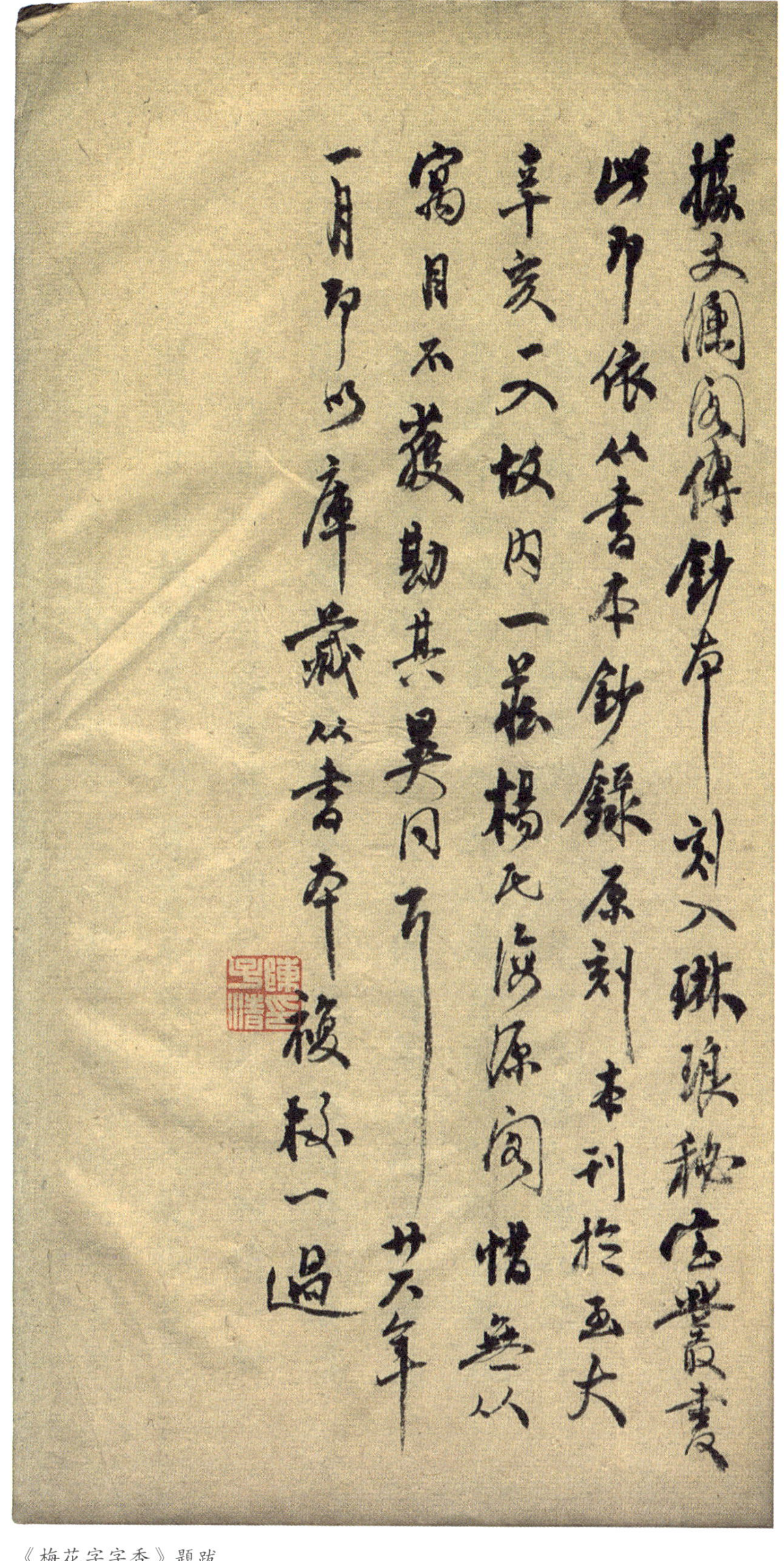

據文淵閣傳鈔本刻入琳琅秘室叢書
此即依从書本鈔錄原刻本刊於至大
辛亥一入故内一在楊氏海源閣惜無从
寫目不獲勘其異同耳
廿六年
一月即以庫藏从書本覆校一過

《梅花字字香》題跋

[明别集類]

高季迪先生大全集十八卷

明高啓撰。清康熙三十四年（一六九五）許延鏼竹素園刻本。清葉廷琯跋。索書號：〇五八八一〇七五。

釋文：

青邱先生集，余家舊有桐鄉金氏刻者，劇精潔，世所稱文瑞樓本也。庚申遭亂失去，避居滬上，思之不置，欲覓其本不可得，偶於道旁見此帙，雖不及金本之美，先生詩亦略備于此。解囊購歸，案頭翻讀，暇輒加墨，於集中名篇傑構殆已無遺，娱老眼而遣旅懷，所得亦良匪淺矣。十如居士識，時年七十有六，同治丁卯初夏中澣。

按：

葉廷琯，見前《岩下放言》條。

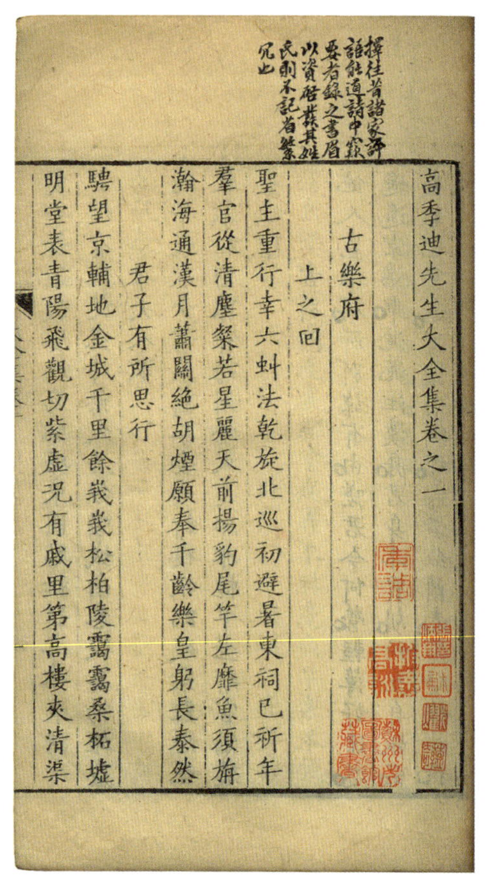

擇往昔諸家評語能道詩中竅要者錄之書眉以資啓蔟其姓氏則不記省繁冗也

高季迪先生大全集卷之一

古樂府

上之回

聖主重行幸六蚪法乾旋北巡初避暑東祠已祈年羣官從清塵驂若星麗天前揚豹尾竿左靡魚須旃瀚海通漢月蕭關絶胡煙願奉千齡樂皇躬長泰然

君子有所思行

騁望京輔地金城千里餘峩峩松柏陵靄靄桑柘墟明堂表青陽飛觀切紫虛況有戚里第高樓夾清渠

《高季迪先生大全集》卷首

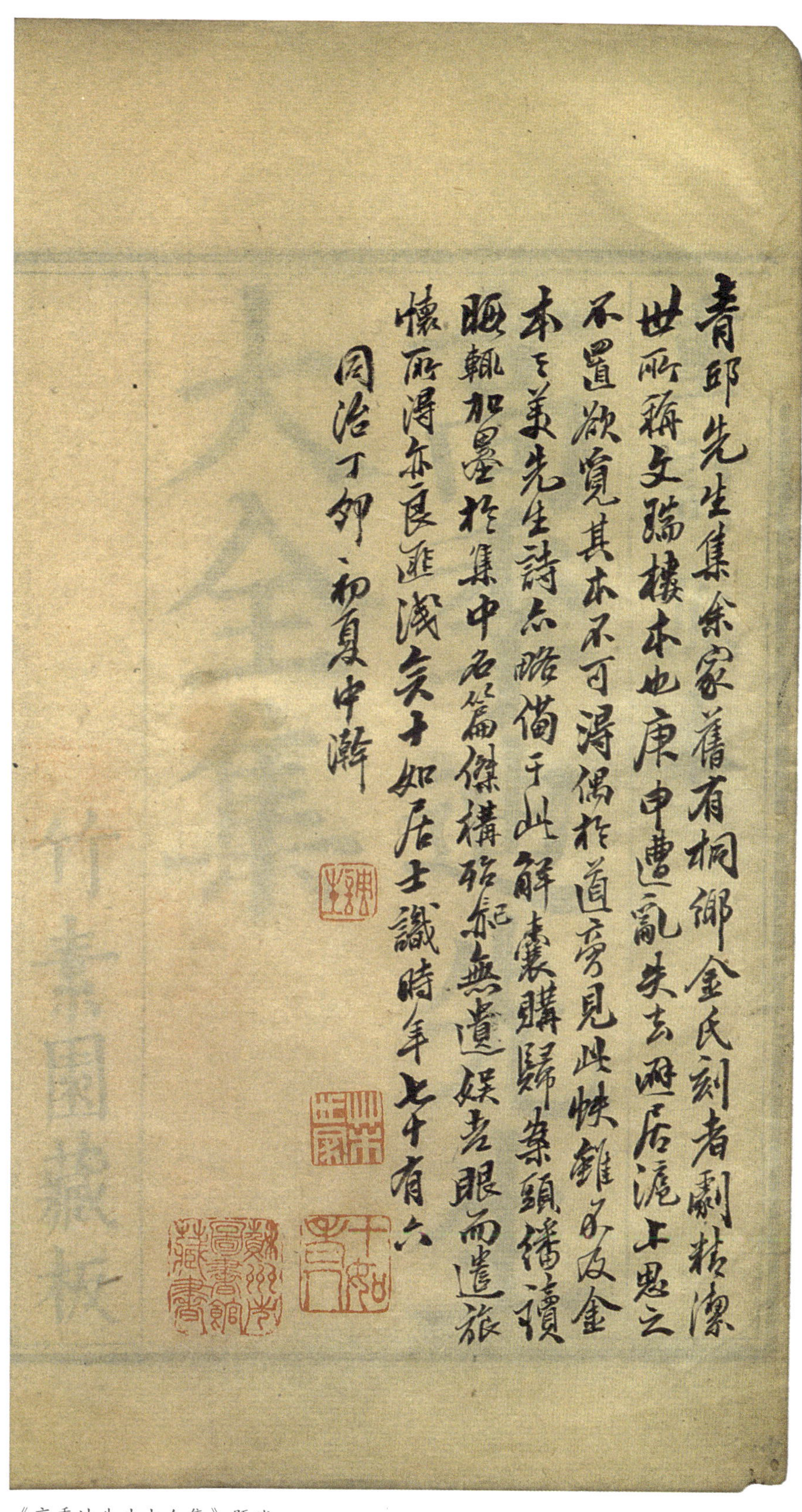
青邱先生集余家舊有桐鄉金氏刻者劂精潔世所稱文瑞樓本也庚申遭亂失去避居滬上思之不置欲覓其本不可得偶於道旁見此帙雖不及金本之美先生詩亦略備于此解囊購歸案頭循讀晒輒加墨於集中名篇傑構殆紀無遺娛老眼而遣旅懷所得亦良匪淺矣十如居士識時年七十有六

同治丁卯初夏中澣

《高季迪先生大全集》題跋

高季迪先生大全集十八卷

明高啓撰。清康熙三十四年（一六九五）許廷鑅竹素園刻本。民國章鈺跋。索書號：〇五八七—〇七五。

釋文：

此書考證、校勘、評點三者并用，是義門讀書家法。義門書法出虞永興，此本寫人秀勁亦復近之，初疑義門弟子傳録之本，及檢卷六九葉眉評，大爲駁難，殊非學者對於本師語氣。自署“玉文”，遍檢不詳姓名。卷九十一頁有“此首墨筆出玉文”，又似此朱墨筆係從玉文本出，不從義門原本出。要其爲吾吴乾嘉以前舊學手迹，則固較然可信耳。鈺於茶仙遺籍無緣弆藏，邇來僑寄津門，以校書遣日，即傳録義門評校之書，已有《國志》《昌谷》《飛卿》《三唐人集》《中州集》諸種。此本爲仲仁所藏，因亦借録一過，冀使賫硯齋指導後學之法多所餉遺，并書所見於仲仁藏本之後。癸丑長至，長洲章鈺寓天津宇緯路宇泰里。

《青丘大全集》竹素園本識語云“青丘詩得此彙刻，無遺珠之嘆”，鈺見洪武本《姑蘇雜詠》，實有爲《大全》所遺者，爲附録後幅。

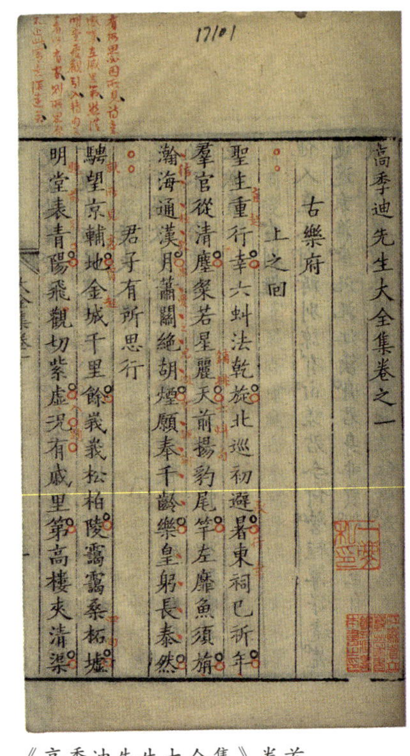
高季迪先生大全集卷之一
古樂府
上之回
聖主重行幸六蚪法乾旋北巡初避暑東祠巳祈年
羣官從清塵衆若星麗天前揚豹尾竿左麾魚須旃
瀚海通漢月蕭關絶胡煙願奉千齡樂皇躬長泰然
君子有所思行
騁望京輔地金城千里餘巖巖松柏陵靄靄桑柘墟
明堂表青陽飛觀切紫虛況有戚里第高樓夾清渠

《高季迪先生大全集》卷首

按：

章鈺（一八六四——一九三七），字式之，號茗簃。江蘇長洲（今蘇州）人。清光緒二十九年（一九〇三）進士。官至外務部主事，曾任江蘇師範學堂校長。爲清末民初藏書家，精于校勘。著有《四當齋集》《錢遵王讀書敏求記校正》《胡刻通鑑正文校字記》等。

此書考證校勘評點三者並用，是義門讀書家法。義門書法出虞永興，此本寫人秀勁亦復近之。初疑義門弟子傳錄之本，及檢卷六九葉眉評大為駁雜，殊非學者對於本師語氣，自署玉文，編檢不詳姓名。卷九十一頁有此首墨筆出玉文，又似此朱墨筆係從玉文本出，不從義門原本出。要其為吾吳乾嘉以前舊學手蹟，則固較然可信耳。鈺於茶仙遺籍無緣專藏，近來僑寓津門，以校書遣日，即傳錄義門評校之書，已有國忠、昌谷、飛卿三唐人集、中州集諸種。此本為仲仁所藏，因亦借錄一過，冀使青硯齋指導後學之法多所餉遺，並書所見於仲仁藏本之後。

癸丑長至長洲章鈺寓天津宇緯路宇泰里

青丘大全集竹素園本識語云：青丘詩得此彙刻，無遺珠之嘆。鈺見洪武本姑蘇雜詠，實有為大全所遺者，為附錄後幅。

袁中郎先生批評唐伯虎彙集四卷外集一卷紀事一卷

明唐寅著，明袁宏道評。明刻本。清子翁跋。索書號：〇六〇三—〇七八。

釋文：

嘗見唐子畏題畫詩，清詞麗句，愛不忍釋。汪允莊選有明詩集，竟以俚俗斥之，鄙意甚不爲然。及見此集，其庸惡陋劣，雖三家村冬烘先生，或尚不致如此之甚。噫！解元風雅之名，從此掃地矣！以之覆瓿，尚覺可憎！同治癸酉仲春，子翁記。

按：

子翁，生平不詳。

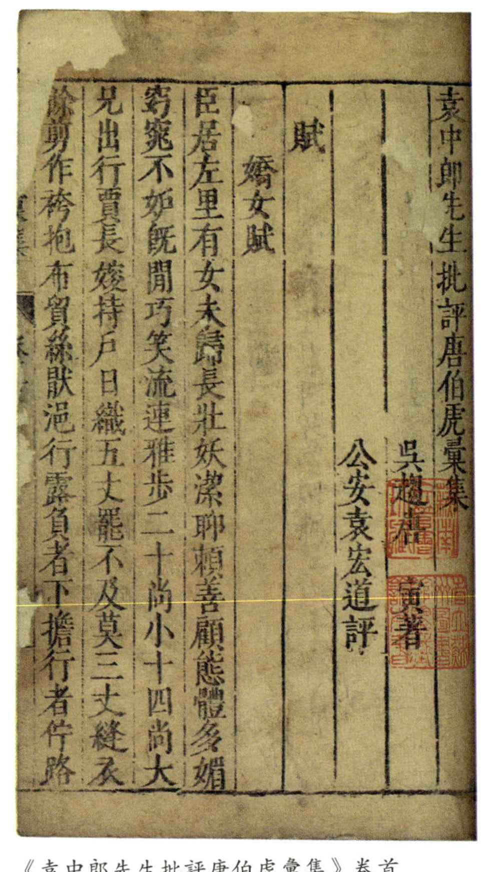

袁中郎先生批評唐伯虎彙集
吳趨唐寅著
公安袁宏道評
賦
嬌女賦
臣居左里有女未歸長壯妖潔聊賴善顧態體多媚
窈窕不妒既閒巧笑流連雅步二十尚小十四尚大
見出行賈長嫂持戶日織五丈罷不及莫三丈縫衣
餘剪作袴袍布貿絲猒浥行露負者下擔行者佇路

《袁中郎先生批評唐伯虎彙集》卷首

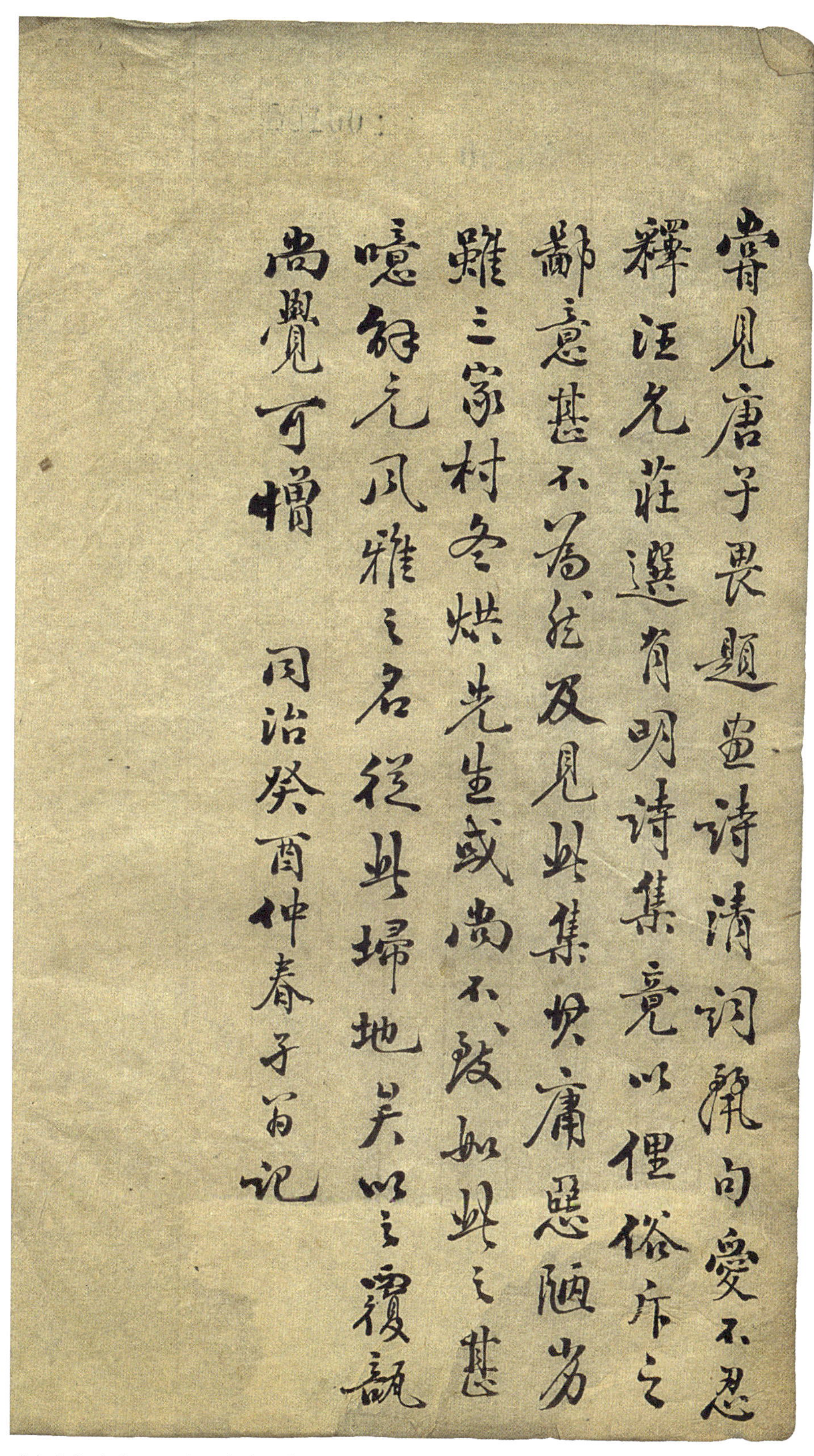

嘗見唐子畏題畫詩清詞麗句愛不忍
釋汪先莊選有明詩集竟以俚俗斥之
鄙意甚不為然及見此集與庸惡陋劣
雖三家村冬烘先生或尚不致如此之甚
噫解元風雅之名從此掃地矣以之覆瓿
尚覺可惜
同治癸酉仲春子留記

《袁中郎先生批評唐伯虎彙集》題跋

楊氏南宫集一卷楊夢羽南宫小集一卷七檜山人詞一卷

明楊儀撰。清康熙孫潛抄本。清孫潛跋并過録清葉樹廉跋。索書號：〇六〇八一〇七七。

釋文：

己酉春抄，原本馮巳蒼印記，今爲黄六蒼所藏。黄與馮中表也。巳蒼被禍時，六蒼爲之殮葬，有古人之義。巳蒼著《虞山妖亂志》三卷，外間不傳，亦在其家。洞庭葉鶴汀。

右虞山五川楊先生詩，共貳百首，于康熙壬戌夏四月用敗笔録出，予于順治初年曾見此詩詞鈔本在黄六蒼案頭，爲黄表侄馮又陳藏本，因借歸欲録之，尋爲事阻，未及也。葉石君轉借去寫出，遂將原本歸之六蒼。康熙甲寅借姚君陛雜書看之，見有五川古文詞三十一首在其書中，乃亟爲寫一本藏弆，遂從石君借詩詞集録爲此本。先生或别有遺集在外，但寸錦片玉，晚學亦當爲收拾耳。十二日鈔完記此，句曲山樵孫潛。

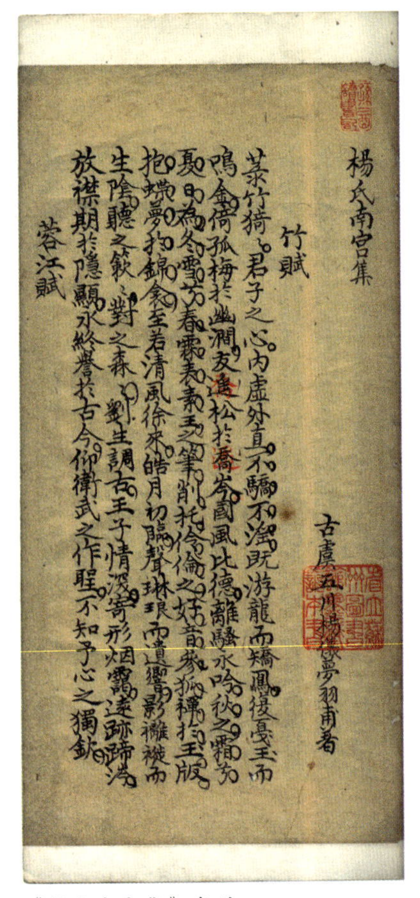

《楊氏南宫集》卷首

按：

孫潛（一六一八—？），字潛夫，一字節庵、節生，號菽園，别號知節君、蔚庵道人、龍溪病夫等。清江蘇常熟人。喜藏書校書，所抄所校之本，世多流傳。其

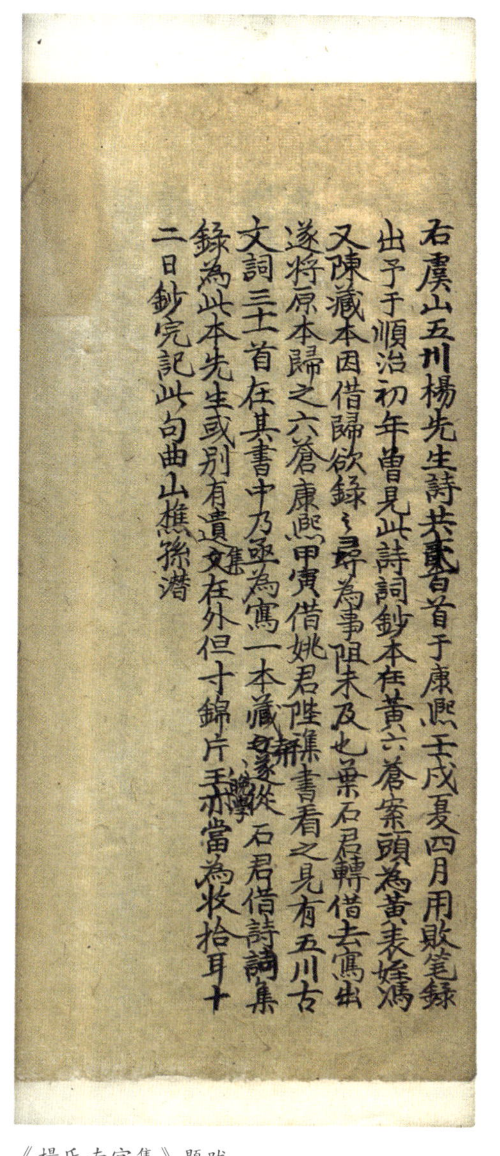

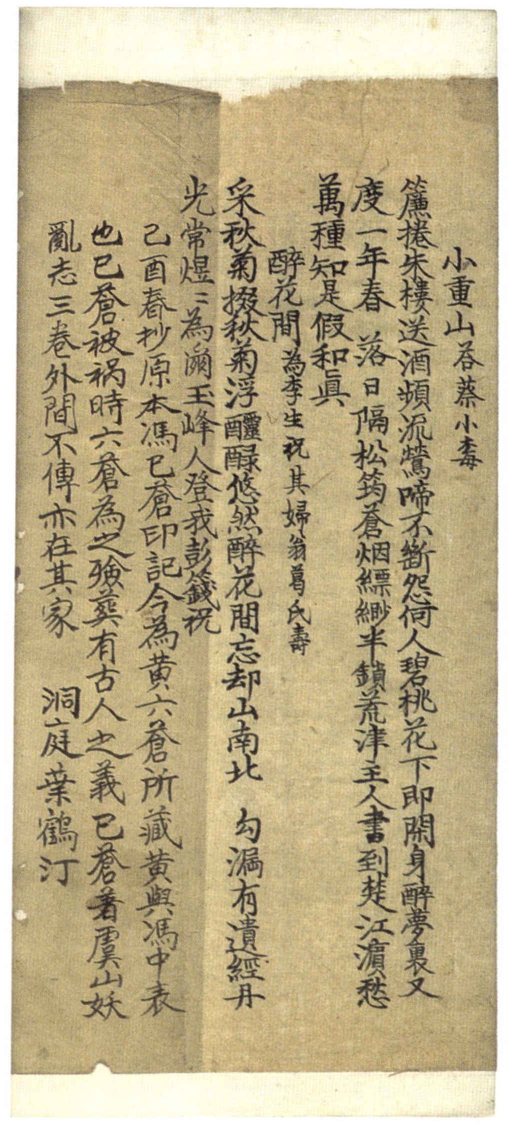

《楊氏南宫集》題跋

抄本有《張司業詩集》《五國故事》《五代會要》《昆陵集》等十數種。所校《水經注》，世稱善本。葉樹廉（一六一九—一六八五），一名萬，又名樹蓮，字石君，别號鶴汀、南陽轂道人。清江蘇吴縣（今蘇州）東山人，曾僑居常熟。庠生。博學嗜古，藏書至數千卷，遇宋元抄本及名家收藏古帙，雖零落必重價購之。其所藏書條别部居，精辨真贋，手識其由來，識者皆以爲當。著有《朴學齋集》《論史石鏡》等。

陸師道詩不分卷

明陸師道撰。稿本。清佚名過録乾隆《長洲縣志》本傳。

索書號：一四六九—一五六。

釋文：

陸師道，字子傳，江蘇長洲縣人。嘉靖十七年進士。廷對射策，故相夏言甚奇之，以第一人進，上移之二甲第五。授工部都水司主事，言奏改儀制司，時言方柄國，師道不樂爲所用，累稱疾不往見。因母病，請急歸侍。久之，母病寢劇，師道謝客隱湯藥間，早暮無間。母病目，師道三舐之。會予告過期，政府促之再三，謝不肯出。益肆力於學，工詩文及小楷、古隸，傍曉繪事，罔不精絶。時待詔文徵明里居，師道造門，用師禮禮之。

今得詩賦墨迹四十七頁。

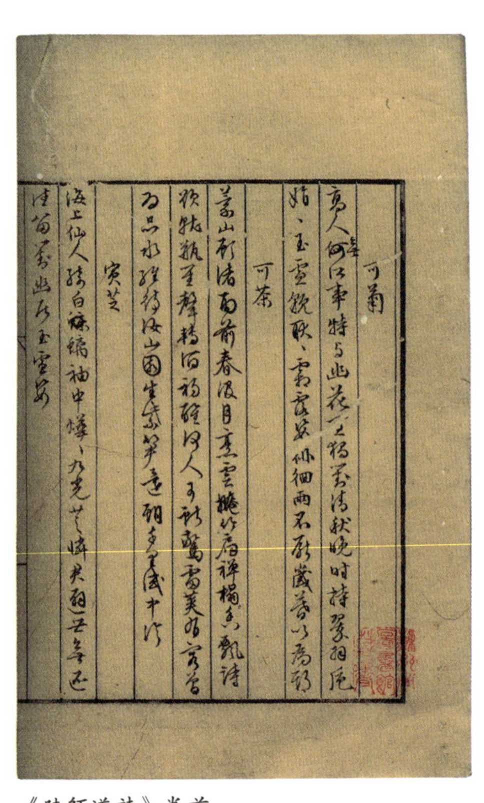

《陸師道詩》卷首

陸師道字子傳江蘇長洲縣人嘉靖十七年進士廷
對射策故相夏言甚奇之以第一人進上移之二甲
第五授工部都水司主事言奏改儀制司時言方
柄國師道不樂為所用累稱疾不往見因母病請
急歸侍久之母病瘥則師道謝客隱湯萊間
早暮寄問母病自師道三疏之會予告逾期改府
促之再三謝不肯出益殫力於學工詩文及小楷古
隸傍曉繪事罔不精絕時待詔文徵明里居師
道造門用師禮禮之

李澤詩稿墨跡四十七頁

《陸師道詩》題跋

讀書後八卷

明王世貞撰。清乾隆二十七年（一七六二）天隨堂刻本。清吴騫跋。索書號：一四五七—一五五。

釋文：

面葉西洋圖章乃張芑堂所鈐，他日重裝，慎勿損壞。兔床子。

按：

吴騫（一七三三—一八一三），字槎客，一字葵里，號愚谷，别號兔床、墨陽小隱等。清浙江海寧人。貢生。好讀書，藏書甚富，築拜經樓。工訓詁之學，詩文亦盛，兼好金石，亦善畫。著有《拜經樓詩集》《愚谷文存》等。

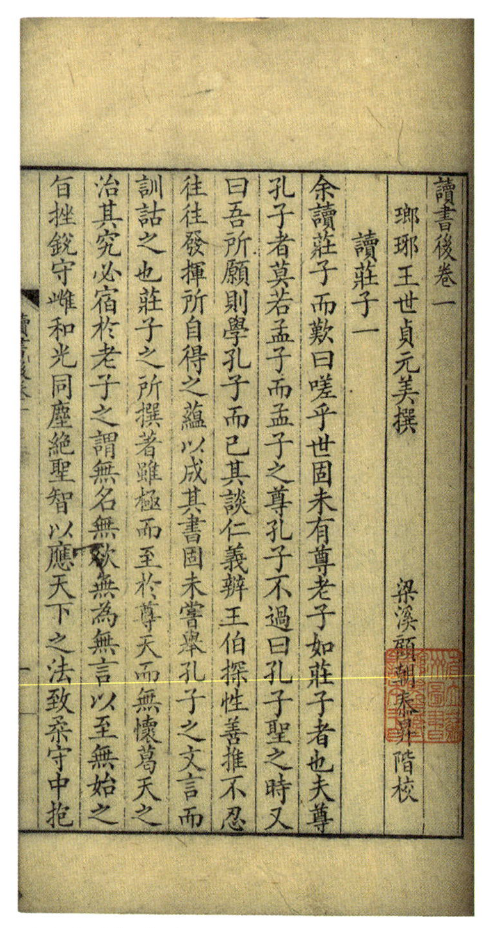
讀書後卷一
瑯琊王世貞元美撰　梁溪顧朝泰[illegible]階校
讀莊子一
余讀莊子而歎曰嗟乎世固未有尊老子如莊子者也夫尊孔子者莫若孟子而孟子之尊孔子不過曰孔子聖之時又曰吾所願則學孔子而已其談仁義辨王伯探性善推不忍往往發揮所自得之藴以成其書固未嘗舉孔子之文言而訓詁之也莊子之所撰著雖極而至於尊天而無懷葛天之治其究必宿於老子之謂無名無欲無為無言以至無始之旨挫鋭守雌和光同塵絶聖智以應天下之法致柔守中抱

《讀書後》卷首

新刻弇州讀書後序 面葉西洋圖章乃張芑堂所刻他日重裝慎勿損壞 兔床子

讀書後者王元美先生晚年所譔四部稿續稿所未載也初刻續稿時其間多所放失偶有賣錫者束殘書置擔頭取視之則先生詩文數卷及讀書後在焉王冏伯得之驚喜刻曰附集藏于家海內學士大夫不能數數見也許仲謙曰此弇州生平極得意之作但恨繕寫多訛甚則有數行後先顛倒舛錯者一日得王閑仲校正善本仲謙喜躍請呂孤行之人間而因拈前四部中讀書後附焉陳子曰先生批駁釋道兩藏尤奇瑋宏博此獨非書後類乎仲謙乃與予重加參訂共得若干卷而先生之碎璧殘璣收拾無遺矣初先生遭家諱

讀書後序 一

《讀書後》題跋

天全堂集四卷附録一卷

明安希范撰；《附録》清安經傳輯。清乾隆安吉刻本。清鄒鳳標跋。索書號：四二六一八三。

釋文：

後宅族伯鄒敬齋應直家藏書本，頗有可觀。余有事旋鄉，每下榻焉，晨夕博覽其書，伯亦應以贈余數種，余誌之不忘其惠云。

按：

鄒鳳標，字子鈞，清江蘇吴縣（今蘇州）人。光緒二十年（一八九四）舉人。官嘉定教諭。曾輯《江蘇校士館變法課藝續集》二卷。

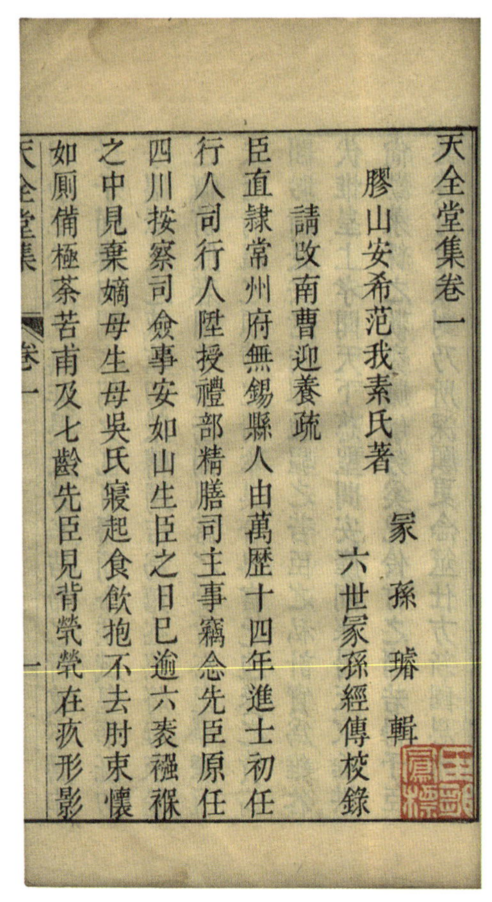
天全堂集卷一
膠山安希范我素氏著　冢孫璿輯
六世冢孫經傳校錄
請改南曹迎養疏
臣直隸常州府無錫縣人由萬歷十四年進士初任
行人司行人陞授禮部精膳司主事竊念先臣原任
四川按察司僉事安如山生臣之日已逾六袠襁褓
之中見棄嫡母生母吳氏寢起食飲抱不去肘束懷
如厠備極荼苦甫及七齡先臣見背煢煢在疚形影
天全堂集　卷一　一

《天全堂集》卷首

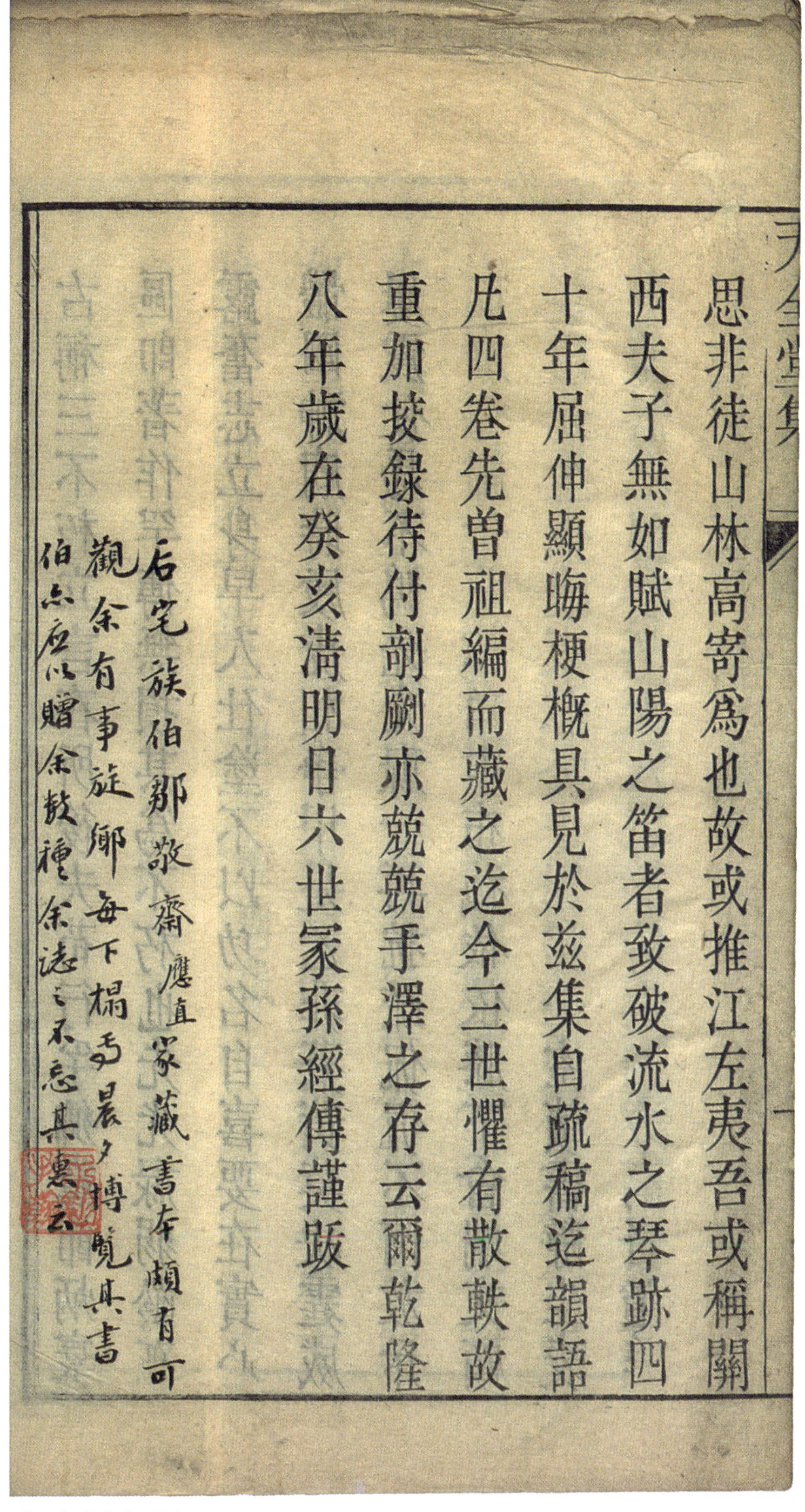

天全堂集

恩非徒山林高寄爲也故或推江左夷吾或稱闕西夫子無如賦山陽之笛者致破流水之琴跡四十年屈伸顯晦梗概具見於茲集自疏稿迄韻語凡四卷先曾祖編而藏之迄今三世懼有散軼故重加拔録待付剞劂亦兢兢手澤之存云爾乾隆八年歲在癸亥清明日六世冢孫經傳謹跋

后宅族伯鄒敬齋（應直）家藏書本頗有可觀余有事旋鄉每下榻焉晨夕博覽其書伯亦應以贈余數種余志之不忘其惠云

《天全堂集》題跋

[清别集類]

投筆集一卷

清錢謙益撰。清宗舜年刻本。清鄭文焯批校并跋。索書號：〇六八一—〇六五。

釋文：

《投筆集》一卷。

當康熙朝禁毁虞山著作，此集故佚而不傳。今從抄本録出，宗氏因栞于家集中，略可考見勝朝故實，及牧翁晚節亦足多焉。

絳雲樓佚稿。

錢牧齋絳雲廔佚稿。

宗子戴家刻本。

按：

鄭文焯，見前《説文統釋自序》條。題跋中“康熙朝”應爲“乾隆朝”。

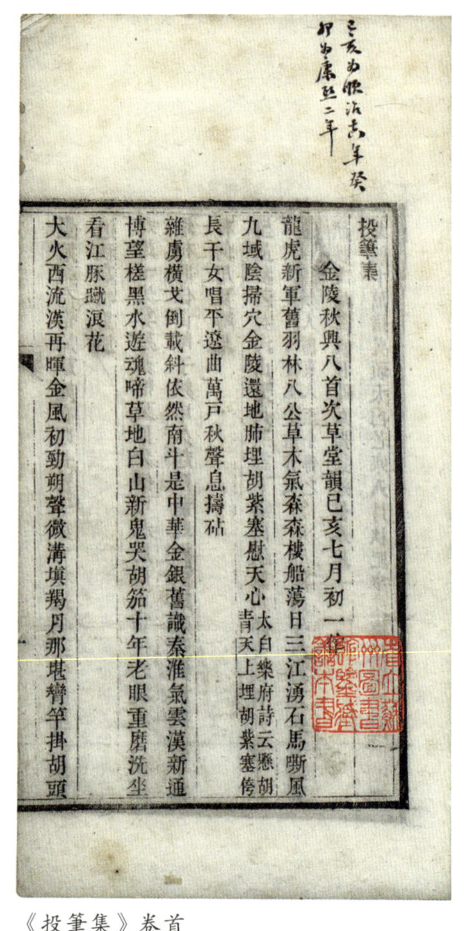
投筆集

金陵秋興八首次草堂韻己亥七月初一作

龍虎新軍舊羽林八公草木氣森森樓船蕩日三江湧石馬嘶風

九域陰掃穴金陵還地肺埋胡紫塞慰天心太白樂府詩云懸胡青天上埋胡紫塞傍

長干女唱平遼曲萬戶秋聲息擣砧

雜虜橫戈倒載斜依然南斗是中華金銀舊識秦淮氣雲漢新通

博望槎黑水遊魂啼草地白山新鬼哭胡笳十年老眼重磨洗坐

看江豚蹴浪花

大火西流漢再暉金風初勁朔聲微溝填羯月那堪臠竿掛胡頭

《投筆集》卷首

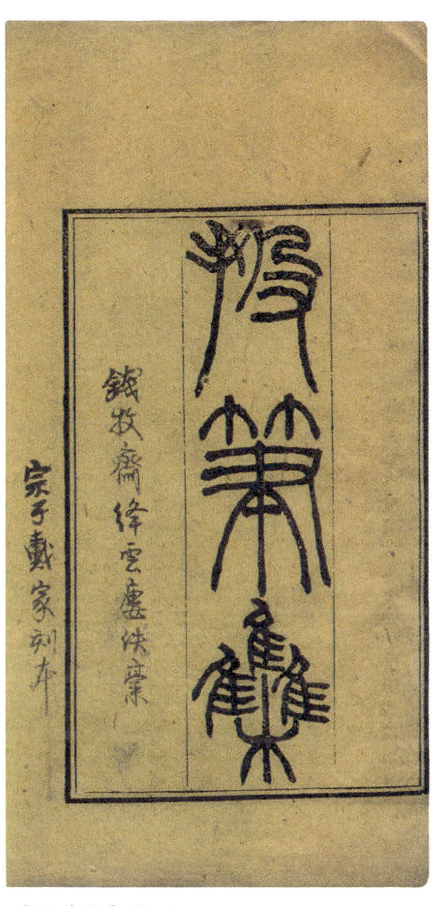

投筆集

錢牧齋絳雲樓佚稾

宗子戴家刻本

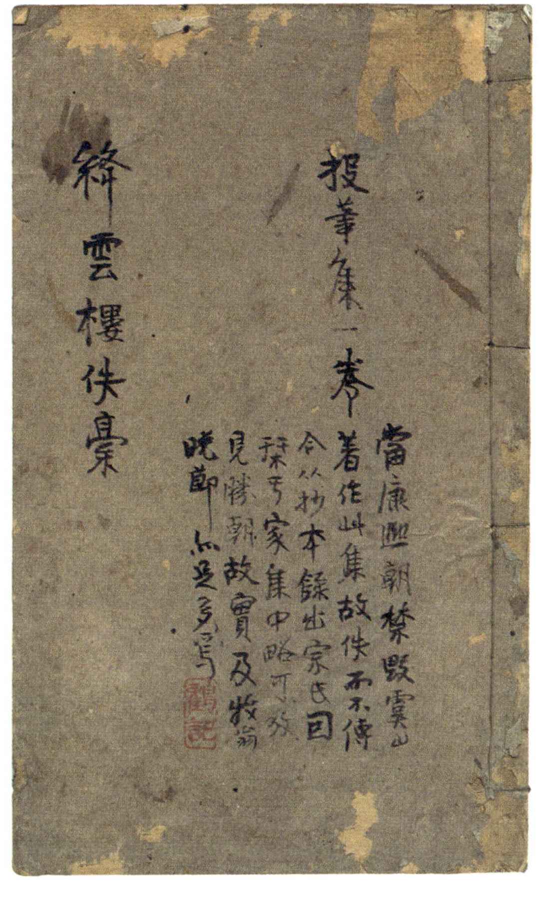

投筆集一卷

絳雲樓佚稾

當康熙朝禁燬虞山著作此集故佚而不傳今從抄本錄出宗氏曰採于家集中略可考見勝朝故實及牧翁晚節亦足多焉

《投筆集》題跋

壯悔堂文集十卷遺稿一卷四憶堂詩集六卷遺稿一卷

清侯方域撰。清光緒五年（一八七九）至六年（一八八〇）洽義抄本。清洽義跋。索書號：一四八五——一五七。

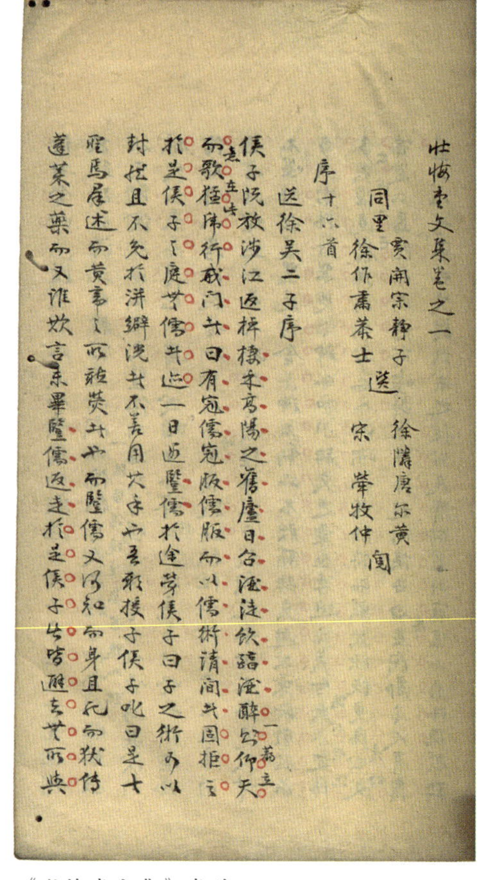

壯悔堂文集卷之一
同里 賈開宗靜子 徐作肅恭士 選
徐鄰唐爾黃 宋犖牧仲 閱
序十八首
送徐吳二子序

《壯悔堂文集》卷首

釋文：

去歲客吴門，見《壯悔集》原刊本録之，而《四憶堂詩集》則未之見也。今游楚，下榻臯署，則《四憶堂詩》《壯悔堂文》新刊全集璨列架上，因補録其詩，以成完璧。孰知魯魚亥豕，觸處皆是，度上板時全未校正，遠不若舊刻之善矣。因就知者正之，其疑者闕之。時光緒庚辰夏六月中澣，録畢自識。團熊生。

按：

洽義，生平不詳。

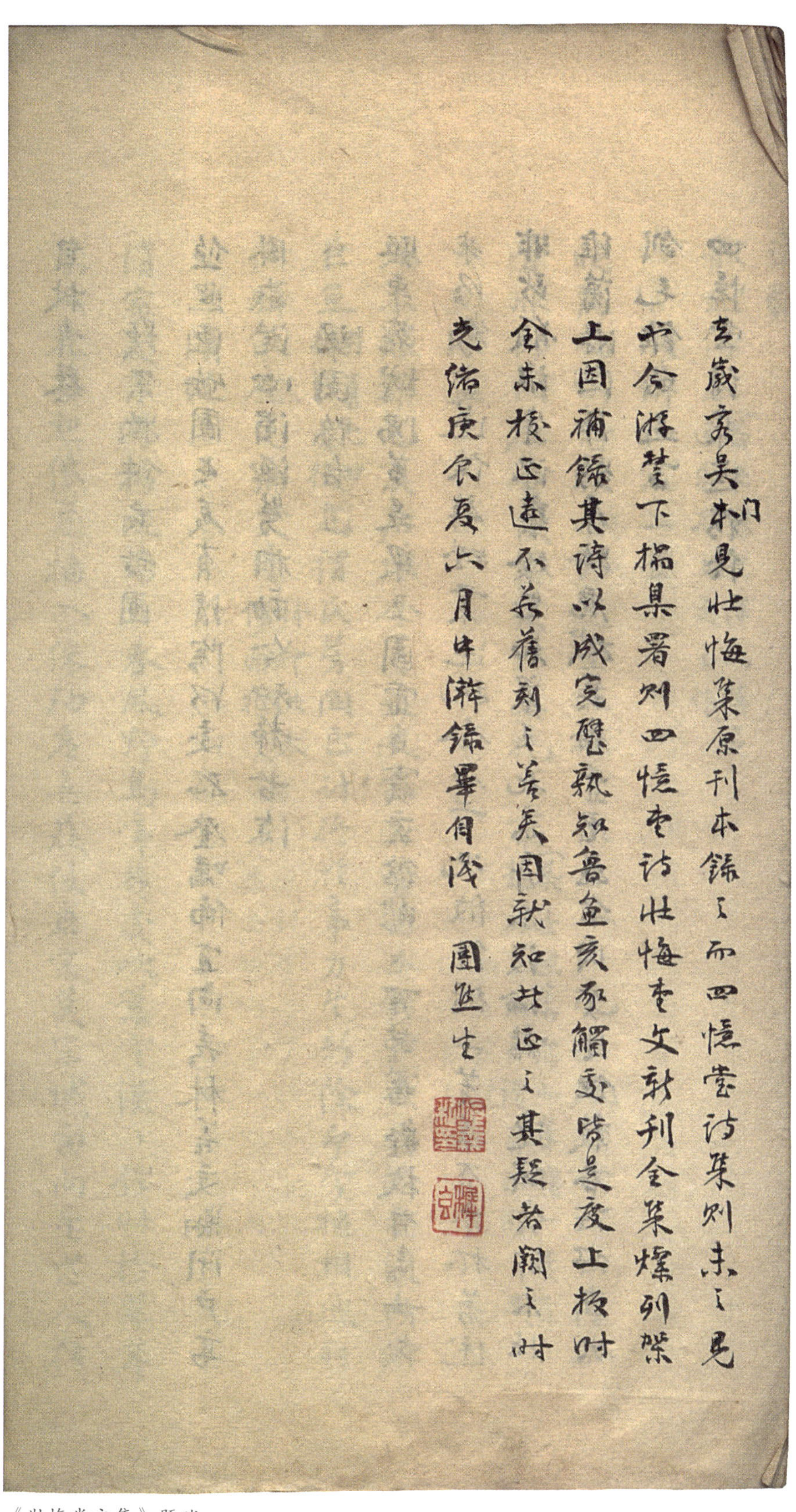

去歲客吳門見壯悔集原刊本錄之而四憶堂詩集則未之見
也今游楚下榻臬署則四憶堂詩壯悔堂文新刊全集燦列架
上因補錄其詩以成完璧孰知魯魚亥豕觸處皆是度上板時
全未校正遠不若舊刻之善矣因就知者正之其疑者闕之時
光緒庚辰夏六月中澣錄畢自識　圖筵生

《壯悔堂文集》題跋

宿花龕詩草一卷映閣詩草一卷

清熊湄撰。清道光七年（一八二七）徐鼎抄本。清徐鼎跋。索書號：〇七一九—〇八七。

釋文：

閨秀熊湄，字滁庵，又號碧滄道人。國初時人。其詩雖未必盡佳，然中間警醒之句亦頗不少。原本朽污不堪，余又閒居無聊，因而重録以備案頭觀玩。時道光七年丁亥中秋時也，南園古稀老人雪樵氏識。

按：

徐鼎，字峙東，號雪樵。清江蘇吴縣（今蘇州）人。乾隆四十四年（一七七九）副貢，官河南通判。詩、古文、制藝、書畫皆工，名噪一時。

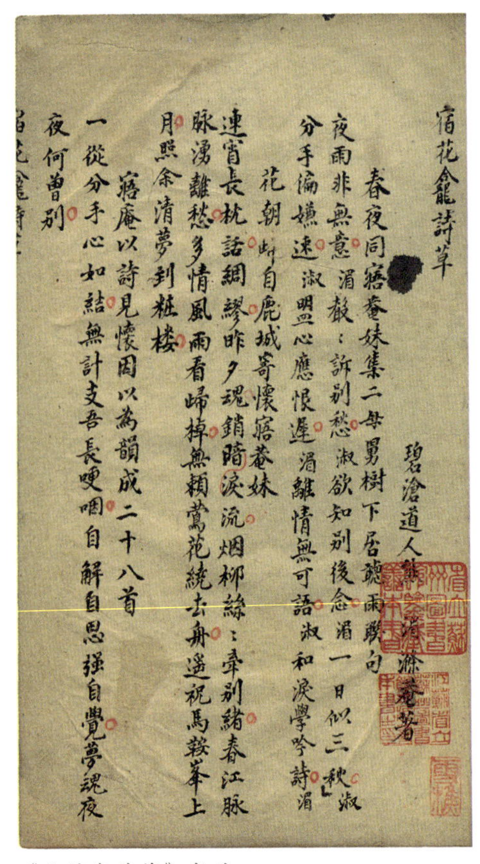

《宿花龕詩草》卷首

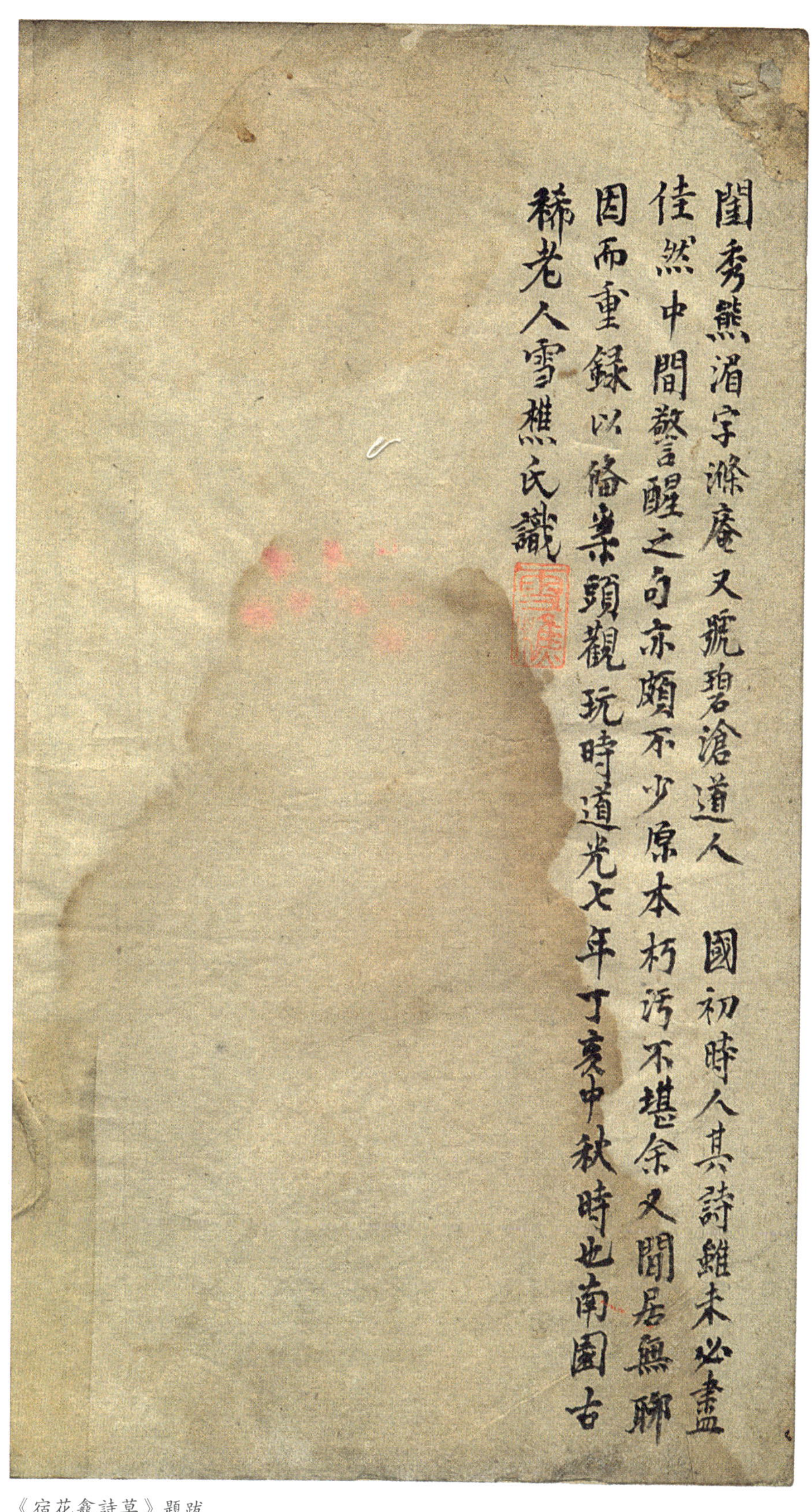

閨秀熊湄字滌庵又號碧滄道人　國初時人其詩雖未必盡佳然中間警醒之句亦頗不少原本朽污不堪余又閒居無聊因而重録以備案頭觀玩時道光七年丁亥中秋時也南園古稀老人雪樵氏識

《宿花龕詩草》題跋

阮亭詩選十七卷

清王士禎撰。清康熙刻本。民國璧田跋。索書號：〇六九七—〇八六。

釋文：

序文新穎而能古雅，是經生之文、才人之筆。中華民國元年壬子十一月二十夜，燈下璧田志。

按：

璧田待考。

題跋中“序文”指汪琬序。

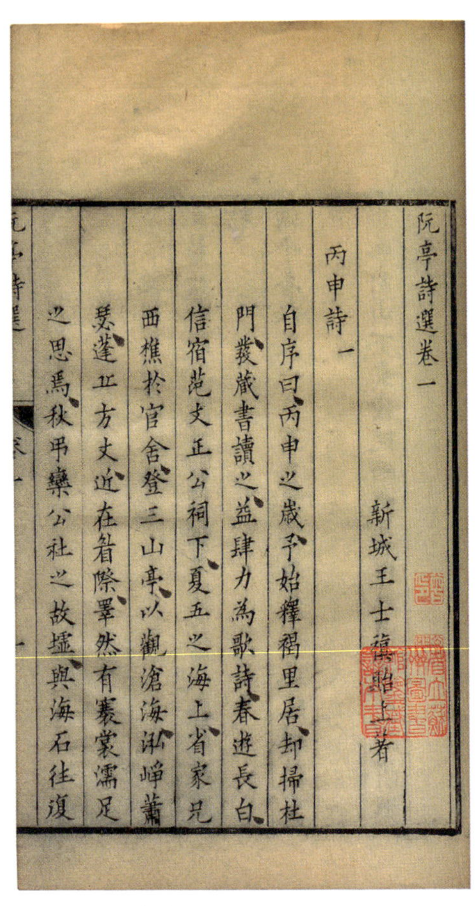
阮亭詩選卷一
新城王士禛貽上著
丙申詩一
自序曰丙申之歲予始釋褐里居却掃杜
門發藏書讀之益肆力為歌詩春遊長白
信宿范文正公祠下夏五之海上省家兄
西樵於官舍登三山亭以觀滄海泓崢蕭
瑟蓬壺方丈近在眉際睪然有褰裳濡足
之思焉秋弔欒公社之故墟與海石往復

《阮亭詩選》卷首

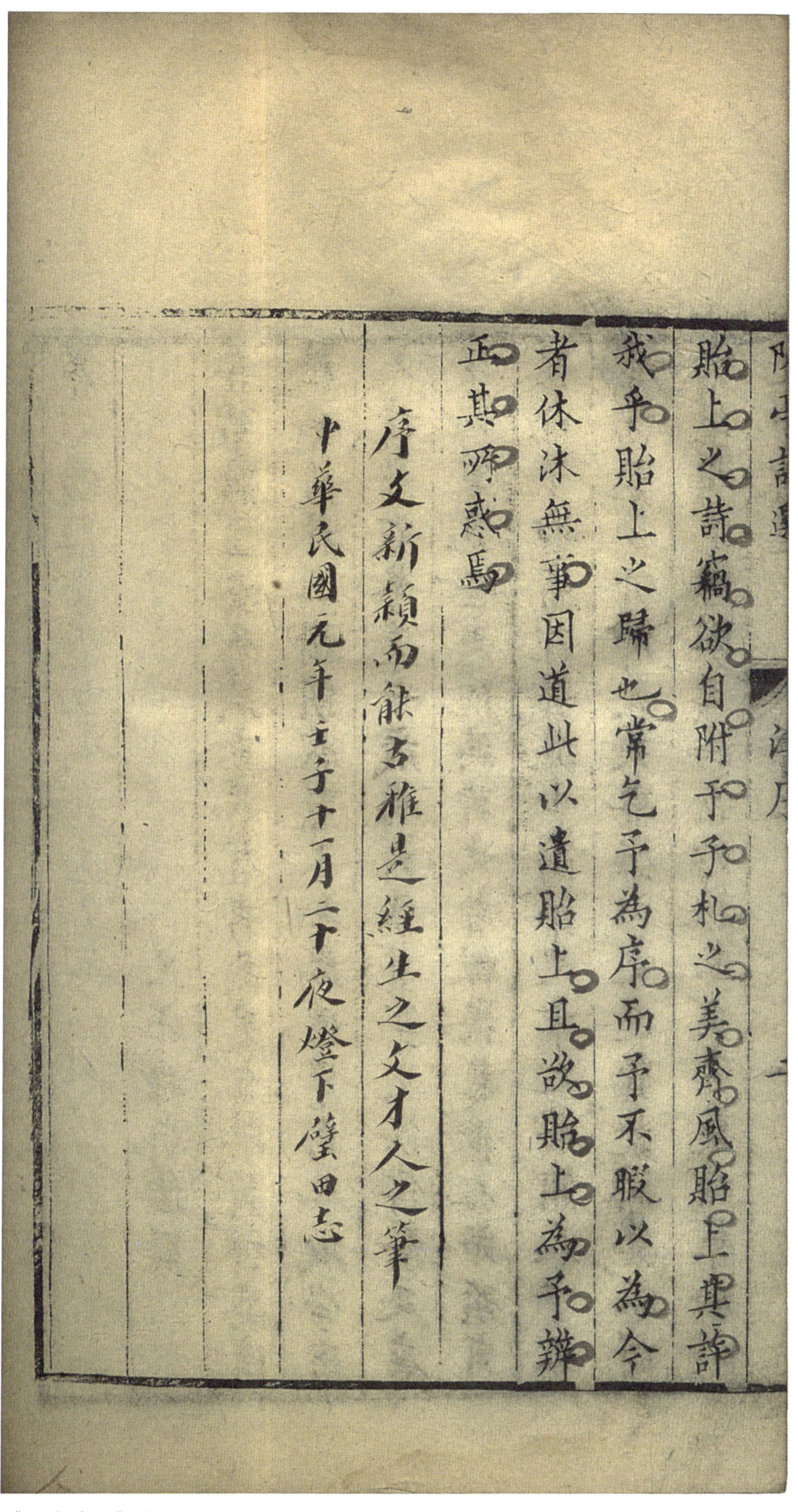
貽上之詩竊欲自附于季札之美齊風貽上其許我乎貽上之歸也嘗乞予為序而予不暇以為今者休沐無事因道此以遺貽上且欲貽上為予辨正其所惑焉

序文新穎而饒古雅是經生之文才人之筆

中華民國元年壬子十一月二十夜燈下瑩田志

《阮亭詩選》題跋

敬業堂詩集五十卷

清查慎行撰。清康熙五十八年（一七一九）刻雍正元年（一七二三）增補本。佚名過録清鄭方坤跋并陸嘉淑、查嗣瑮、徐方虎、唐孫華、汪灝、朱彝尊等評注圈點。索書號：一五九九—一六三。

釋文：

查慎行，字夏重，别字悔餘，晚又自號初白庵主人，而初白之名特著。海寧人。爲逸遠先生之賢嗣。少執經於梨洲黄徵君之門，紹聞衣德，胚胎前光，而又天縱異才，深沉好古。於書無所不窺，而其生平所癖好者，唯於詩、於山水、於朋友，其於進取榮利之途，泊如也。少日爲諸生，即杖策從軍，出入牂牁、夜郎之境，以及齊魯燕趙梁宋之區，驛壁郵亭，揮灑殆遍。又嘗渡彭蠡，過洞庭，登匡廬五老之峰，探武夷九曲之勝，尋無諸之故墟，訪尉佗之遺迹，江山神助，詩益富而且奇。癸未成進士，簡翰林，即受特達之知，召入内廷供奉。比歲西巡，賡歌載筆，凡幽岨之區，甌脱之境，爲從古詩人所未歷者，盪胸駭目，悉於五七言發之。每奏一篇，上未嘗不動色，咨嗟稱善者再也。顧常懷引退志，年未及懸車，已决計賦《遂初》。家食一十餘年，嘯歌自適。忽遭門户之難，全家赴詔獄，而先生坐家長失教，罪且不測。世宗皇帝稔識其端謹無他腸，放歸田里。蓋歸田未兩月而卒。先生總長水、新城後而稱詩伯，一時壇坫，於斯爲盛。嘗教人作詩，謂詩之厚，在意

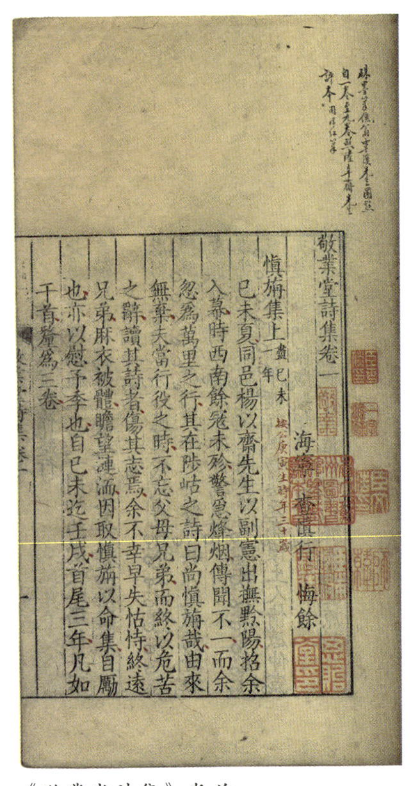
敬業堂詩集卷一　海寧查慎行悔餘

慎旃集上 盡己未一年

己未夏同邑楊以齋先生以副憲出撫黔陽招余入幕時西南餘寇未殄警急烽烟傳聞不一而余忽爲萬里之行其在陟岵之詩曰尚慎旃哉由來無棄夫當行役之時不忘父母兄弟而終以危苦之辭讀其詩者傷其志焉余不幸早失怙恃終遠兄弟麻衣被體瞻望漣洏因取慎旃以命集自勵也亦以懲予季也自己未迄壬戌首尾三年凡如干首釐爲三卷

《敬業堂詩集》卷首

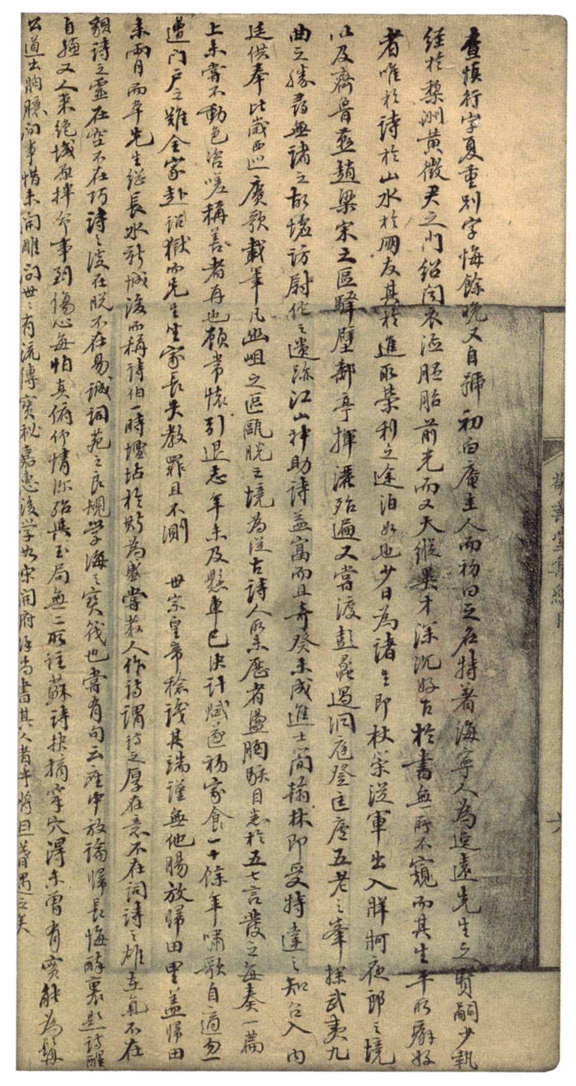

《敬業堂詩集》題跋

不在詞，詩之雄，在氣不在貌，詩之靈，在空不在巧，詩之淡，在脱不在易，誠詞苑之良規，學海之寶筏也。嘗有句云：“座中放論歸長悔，醉裏題詩醒自嫌。”又：“人來絶域原拌命，事到傷心每怕真。”俯仰情深，殆與玉局無二。所注蘇詩，抉摘穿穴，得未曾有，實能爲髯公道出胸臆間事，惜未開雕問世。世有流傳寶秘，嘉惠後學，如宋開府、徐尚書其人者乎？將旦暮遇之矣。

按：

此跋亦見《國朝詩人小傳》。鄭方坤（一六九三—？），字則厚，號荔鄉。清福建晉安（今福州）人。雍正元年（一七二三）進士。知直隸邯鄲縣，擢兗州、登州、武定知府。博涉經史，詩才凌厲，與兄方城齊名，著有《經稗》《全閩詩話》《蔗尾詩集》等。

黃山紀遊草一卷附西山紀遊草一卷

清宋定業撰。清康熙刻本。潘聖一跋。索書號：二〇五二—一九四。

釋文：

此得之于護龍街書肆廢紙簏中者，據云原係書中所拼出之襯紙，理而訂之。原缺《紀略》第三葉，一翻藏之篋衍已二十餘年矣。屢擬向藏書家借鈔，但傳本罕遇，無從補全。曾查府縣志藝文均未箸録，想係當時印書無多，流傳未廣耳。既爲名勝撰述，又係鄉邦文獻。先哲遺著，彌足珍重，幸勿以殘闕而棄之如敝屣也。因誌數語，以記所自。

按：

潘聖一（一八九二—一九七二），字利達，以字行。江蘇吴縣（今蘇州）人。宣統三年（一九一一）入滬江大學文科。民國十五年（一九二六）任商務印書館附設東方圖書館外文部主任。後擔任東吴大學圖書館主任、蘇州市文物保管委員會委員等職。精目録版本，致力鄉邦文獻的收集，藏品甚豐，頗多罕見之本。

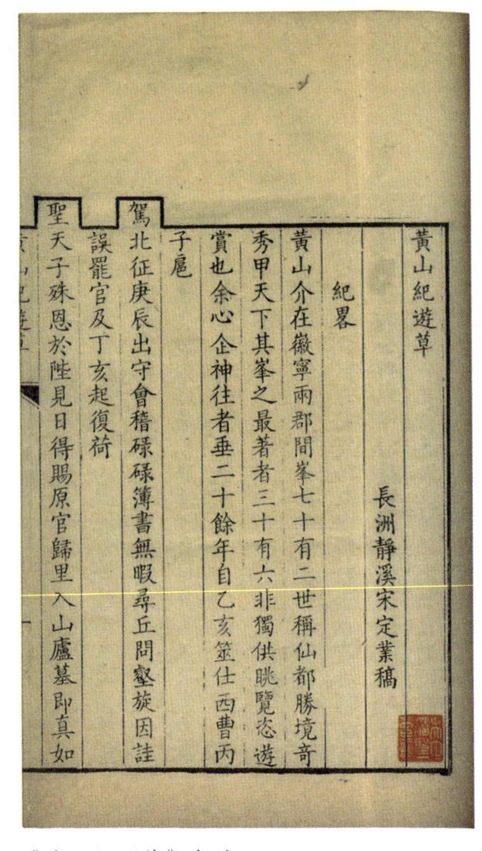
黃山紀遊草
長洲靜溪宋定業稿
紀畧
黃山介在徽寧兩郡間峯七十有二世稱仙都勝境奇
秀甲天下其峯之最著者三十有六非獨供眺覽恣遊
賞也余心企神往者垂二十餘年自乙亥筮仕西曹丙
子扈
駕北征庚辰出守會稽碌碌簿書無暇尋丘問壑旋因註
誤罷官及丁亥起復荷
聖天子殊恩於陛見日得賜原官歸里入山廬墓即真如

《黃山紀遊草》卷首

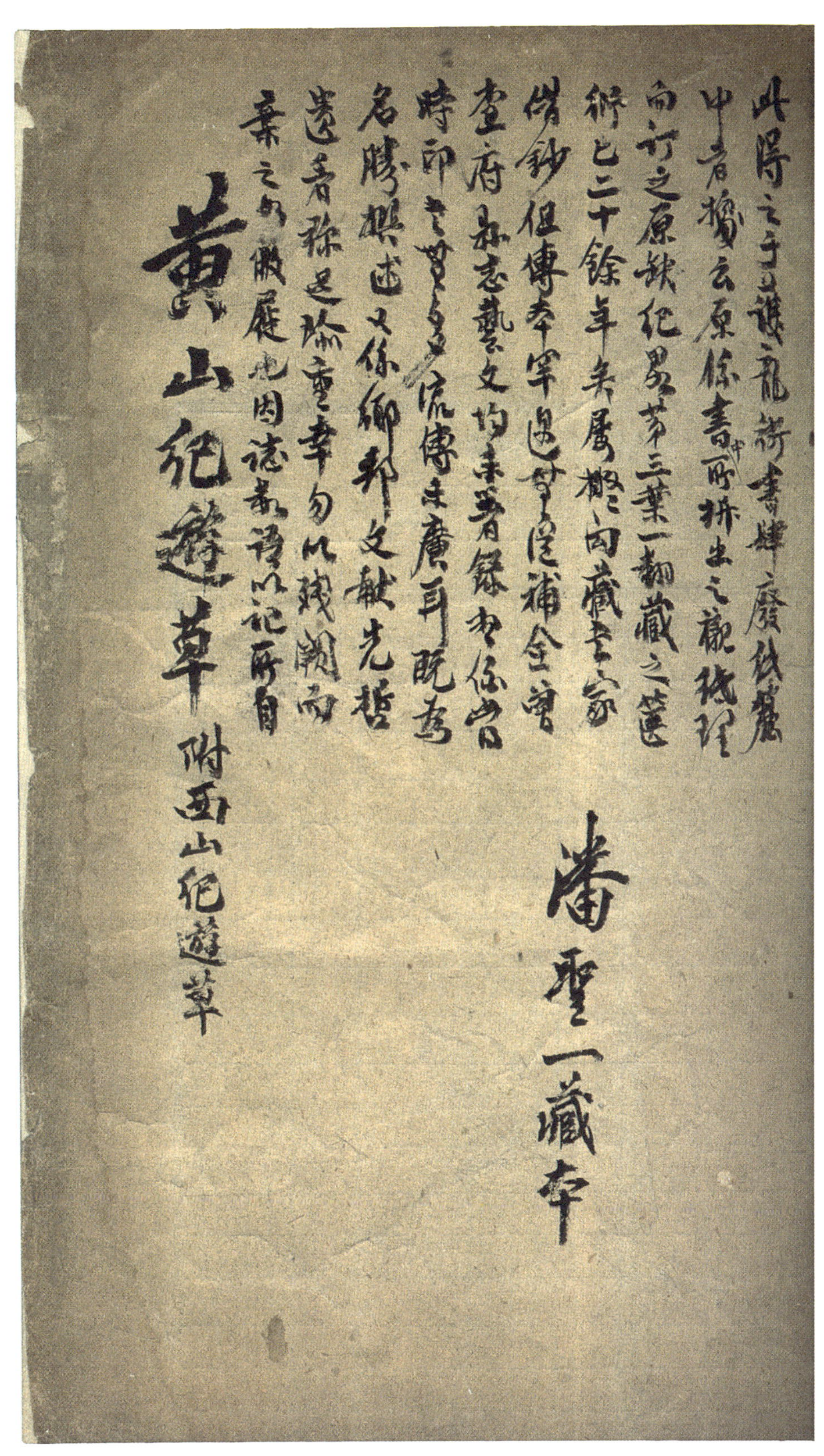

此冊得之于護龍街書肆廢紙簏中，書賈云原係書中所拆出之襯紙，理而訂之。原缺紀畧第三葉一翻。藏之篋笥已二十餘年矣，屢擬向藏書家借鈔，但傳本罕見，無從補全。曾查府縣志藝文均未著錄，想係當時印之無多，故流傳未廣耳。既為名勝撰述，又係鄉邦文獻，先哲遺著，殊足珍重，幸勿以殘闕而棄之，致便湮沒。因誌數語以記所自。

潘聖一藏本

黃山紀遊草 附西山紀遊草

《黃山紀遊草》題跋

石里文稿不分卷

清張尚瑗撰。清抄本。佚名跋。索書號：〇六九五—〇八六。

釋文：

石里太史諱尚瑗，字宏蘧，號損持。康熙戊辰進士，翰林院庶吉士，改興國知縣。有《印浦》《眉黄》《桐腴》《勞薪》《澤家》《南轅》《覆笥》《遊蹭》《客星》《片石》十集。其十集止鎸《澤家》一種，且流傳未廣，見者甚少。故世莫窺其全豹。按《松陵詩徵》云：太史博覽群書，尤精研《左傳》《公》《穀》，以三傳互有異同，作《三傳折諸》三十二卷，能發前人所未發，寔與杜元凱同功。此雖殘本，其篇目尚多，細爲選録，猶可另訂乙集以存太史之著作云。

《石里文稿》卷首

石里太史諱尚瑗字宏蘧號損持康熙戊辰進士
翰林院庶吉士改興國知縣有印浦眉黄桐腴勞
薪澤家南轅霽復笥遊旋家星片石十集其
十集止鐫澤家一種且流傳未廣見者甚少
故世莫窺其全豹按松陵詩徵云太史博覽群
書尤精研左傳公穀以三傳互有異同作三傳折
諸三十二卷能發前人所未發實與杜元凱同功
此雜附本其篇目尚多細為選錄猶可另
訂乙集以存太史之著作云

《石里文稿》題跋

望溪集一卷

清方苞撰，清王兆符、程崟輯。清同治十三年（一八七四）張鳴珂抄本。清張鳴珂跋。索書號：〇七〇三—〇八六。

《望溪集》余先有華亭王時祥先生手批殘本，丹黄粲然，惜眉尾較窄。癸酉冬日，在吴門復得四册，尚缺進呈文及讀經兩種，因向平湖顧蟾客處借藏本鈔之，細校目次，尚少《書韓文後》一首，顧本亦缺《刑部侍郎王公墓表》。顧本所有附録於後，其中有《書祭裴太常文後》疑即目次所編《書韓文後》《教忠祠規序》《潮州知府張君墓表》三首目所未載，蓋此書分類編輯，隨時補入，故有增損也。甲戌冬至後二日録畢，記於茸城寓舍之惜道味齋。鳴珂。

按：

張鳴珂（一八二九—一九〇八），原名國檢，字公束，號玉珊，晚號寒松老人。清浙江嘉興人。咸豐十一年（一八六一）拔貢。官至義寧州知州。擅書畫，嗜藏書。著有《寒松閣詩集》《寒松閣詞》《寒松閣談藝瑣録》等。

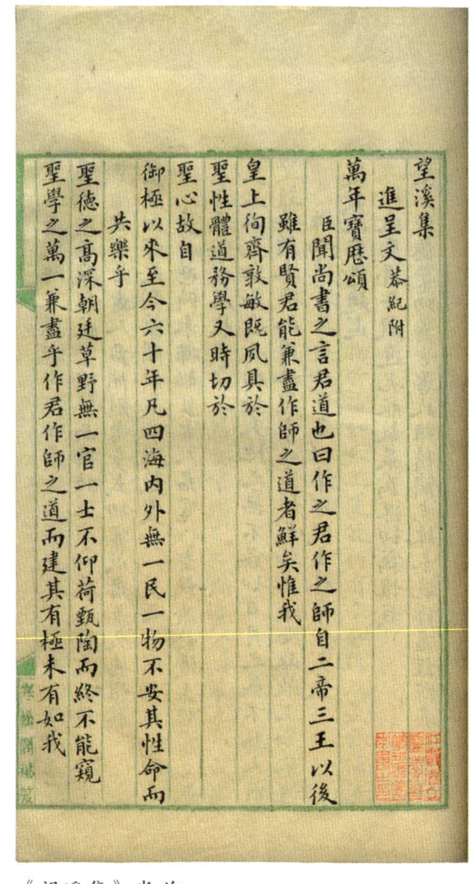
望溪集
進呈文恭紀附
萬年寳歷頌
臣聞尚書之言君道也曰作之君作之師自二帝三王以後雖有賢君能兼盡作師之道者鮮矣惟我
皇上徇齊敦敏既夙具於
聖性體道務學又時切於
聖心故自
御極以來至今六十年凡四海内外無一民一物不安其性命而
共樂乎
聖德之高深朝廷草野無一官一士不仰荷甄陶而終不能窺
聖學之萬一兼盡乎作君作師之道而建其有極未有如我

《望溪集》卷首

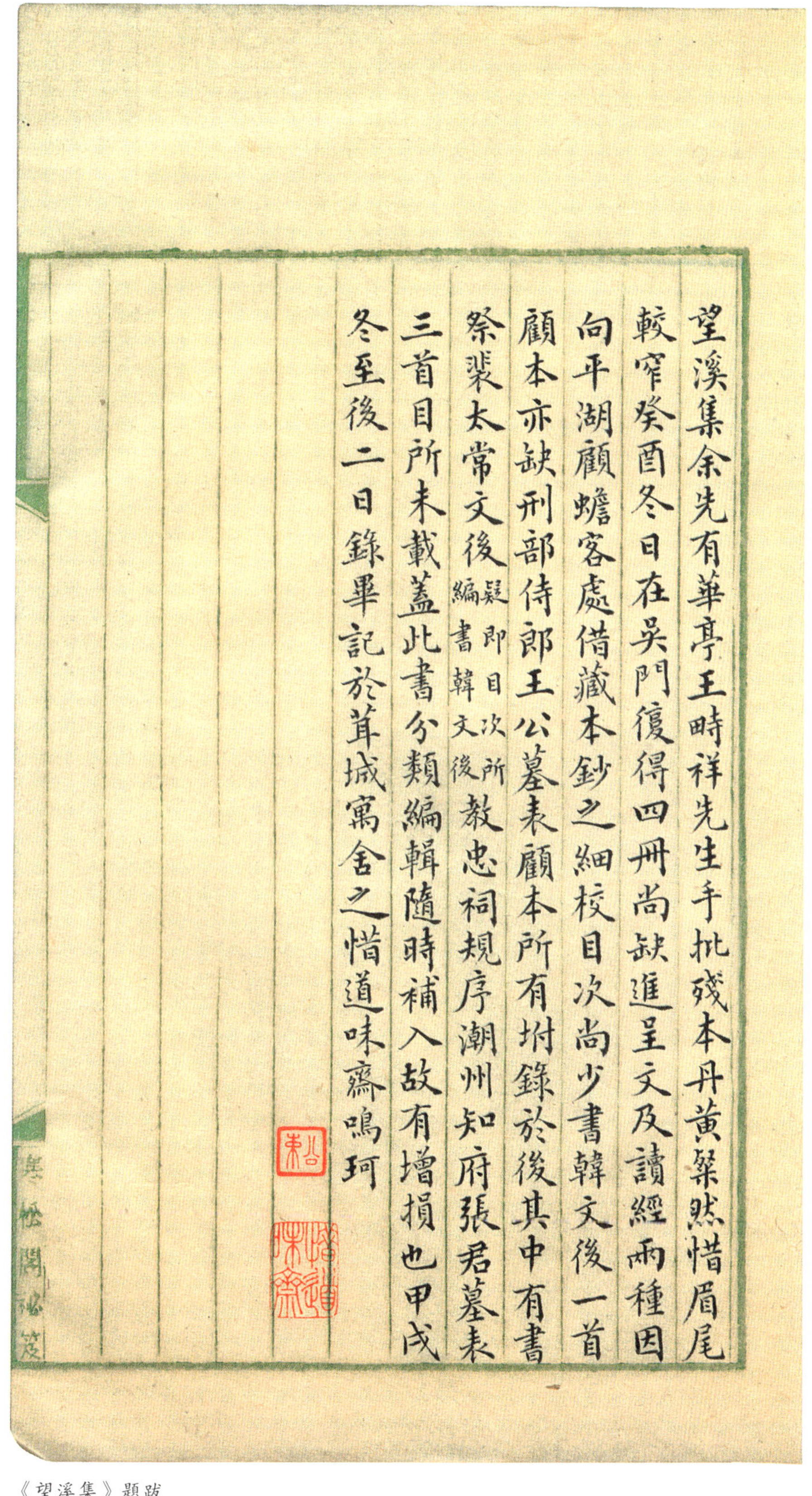

望溪集余先有華亭王時祥先生手批殘本丹黃粲然惜眉尾較窄癸酉冬日在吳門復得四冊尚缺進呈文及讀經兩種因向平湖顧蟾客處借藏本鈔之細校目次尚少書韓文後一首顧本亦缺刑部侍郎王公墓表顧本所有坿錄於後其中有書祭裴太常文後（疑即目次所編書韓文後）敎忠祠規序潮州知府張君墓表三首目所未載蓋此書分類編輯隨時補入故有增損也甲戌冬至後二日錄畢記於葺城寓舍之惜道味齋鳴珂

《望溪集》題跋

歸愚詩鈔二十卷詩鈔餘集十卷詩餘一卷文鈔二十卷文鈔餘集八卷矢音集四卷説詩晬語二卷浙江通省志圖説一卷自訂年譜一卷

清沈德潛撰。清乾隆教忠堂刻本。清吴履剛跋。索書號：一六〇三一一六三。

釋文：

此書於己丑秋購得，共二十册，計番銀二元五角，又鈔補四册，約鈔費二元。庚寅冬留存學古堂藏書樓。監院金山吴履剛記。

己丑八月朔，後學金山吴履剛敬讀一過。

按府志先生年九十七，是是年辭世也，月日俟考。

按：

吴履剛，字子桑。清江蘇金山（今上海金山）人。同治九年（一八七〇）優貢。參修光緒《金山縣志》，編輯《衛鄉要略》《奇烈編》等。

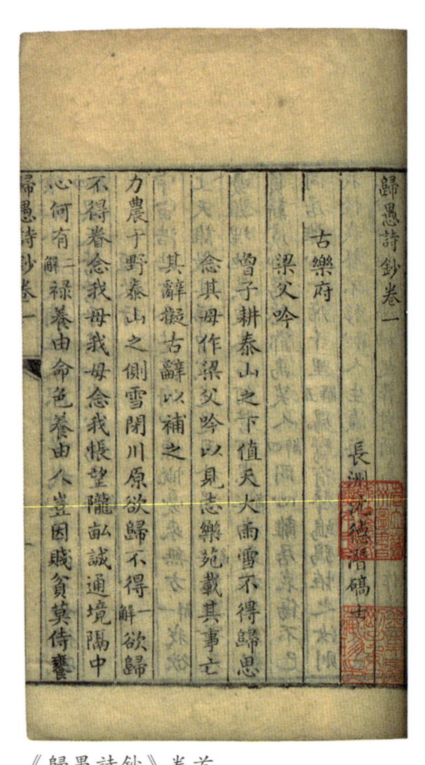
歸愚詩鈔卷一
長洲沈德潛確士
古樂府
梁父吟
曾子耕泰山之下值天大雨雪不得歸思
念其母作梁父吟以見志樂苑載其事亡
其辭擬古辭以補之
力農于野泰山之側雪閉川原欲歸不得一解欲歸
不得眷念我母我母念我悵望隴畝誠通境隔中
心何有二解禄養由命色養由人豈因賤貧莫侍養
歸愚詩鈔卷一

《歸愚詩鈔》卷首

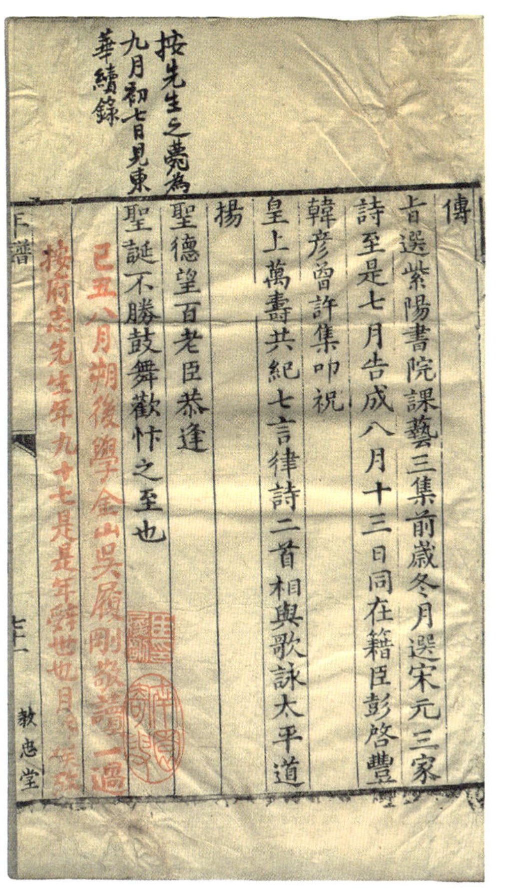

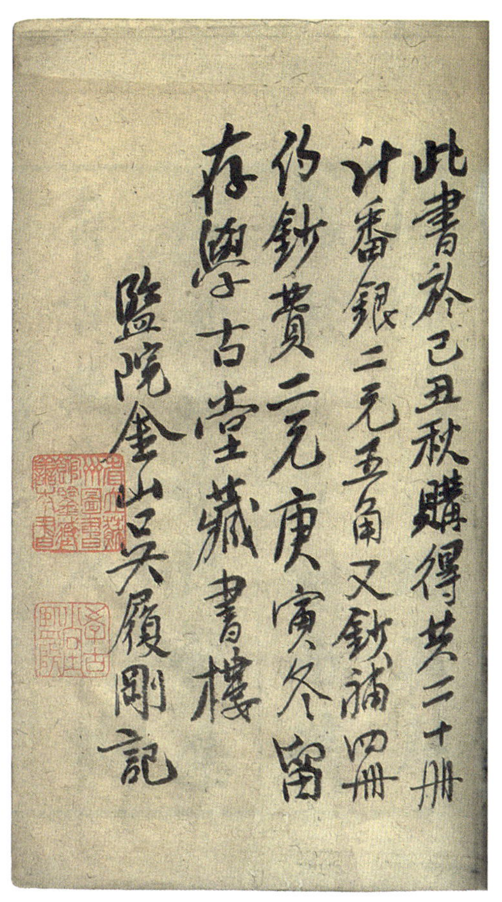

《歸愚詩鈔》題跋

南園寄叟

學古堂監院

方貞觀詩集六卷

清方貞觀撰。清乾隆刻本。樹人跋。索書號：〇七〇二—〇八六。

釋文：

此《方南堂詩集》，計二卷，得於泰州學院街。其詩幽潔古淡，不染塵俗。旁有評語，不知何人手筆。憶幼時曾見人家所藏《隨園手札》，其字迹彷彿相似，其子才先生之批本耶？書估不知其由，以貳佰文脱贈，苟識者指點焉，當寶如拱璧也。同時有《法時帆集》，其價甚昂。然以方較法，方詩格比法高倍蓰矣。世人耳食，可笑亦可歎。甲午冬，樹人識。

按：

樹人，生平不詳。

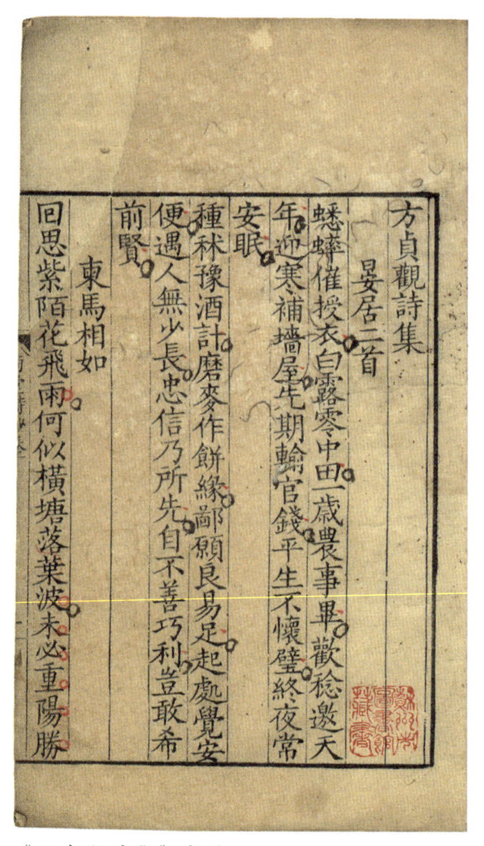
方貞觀詩集

晏居二首

蟋蟀催授衣白露零中田一歲農事畢歡悰邀天年迎寒補墻屋先期輸官錢平生不懷璧終夜常安眠

種秫豫酒計磨麥作餅緣鄙頑良易足起處覺安便遇人無少長忠信乃所先自不善巧利豈敢希前賢

東馬相如

回思紫陌花飛雨何似橫塘落葉波未必重陽勝

《方貞觀詩集》卷首

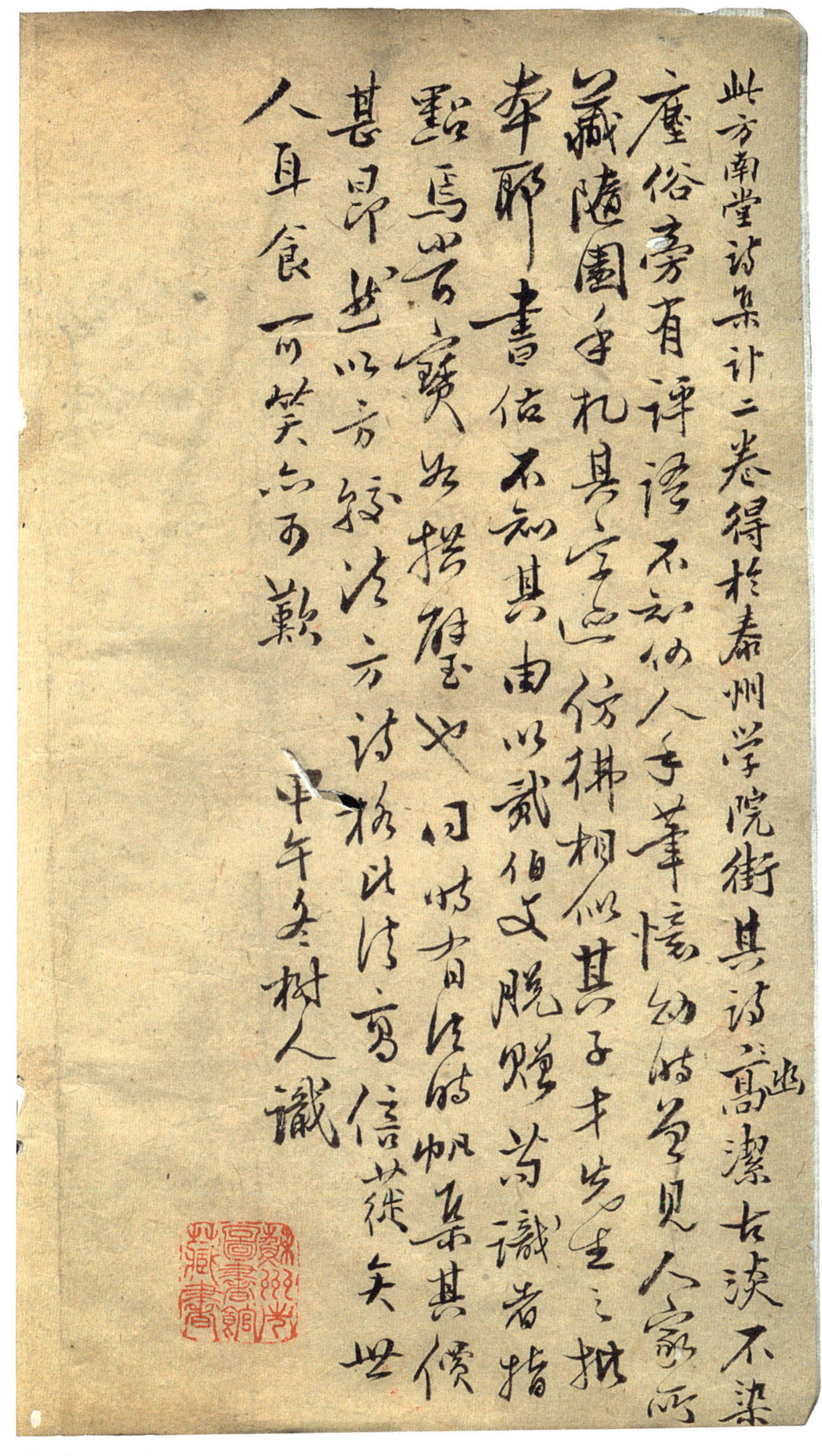

此方南堂詩集計二卷得於泰州學院街其詩幽高潔古淡不染塵俗旁有評語不知何人手筆噫幼時曾見人家所藏隨園手札其字迹彷彿相似其子才先生之批本耶書估不知其由以貳伯文脫賤於識者指點焉此亦寶如拱璧也同時有汪時帆集其價甚昂然以方綬洽方詩殊比清高信從矣世人耳食可笑亦可歎

甲午冬樹人識

蘇州圖書館藏書

《方貞觀詩集》題跋

大貝觀詩集

晏居二首

蟋蟀催授衣。白露零中田。一歲農事畢。歡稔邀天年。迎寒補墻屋。先期輸官錢。平生不懷璧。終夜常安眠。

種秫豫酒計。磨麥作餅緣。鄙願良易足。起處覺安
使遇人無少長。忠信乃所先。自不善巧利。豈敢希前賢。

東馬相如

鷗亭詩草四卷海上篇一卷

清周溱撰；《海上篇》清周情撰。清周儀暐抄本。民國周述祖跋并過録清李鴻裔跋。索書號：〇七一四—〇八七。

釋文：

此序爲李申耆先生書。蘇隣題曰："申耆先生叙亟須裝治，庶免毀軼"，可不敬謹珍藏？拟異日用珂羅版印行，以資流傳而垂久遠。乙丑夏四月二十一日，來孫述祖謹識於山左泰山之麓。

稿尚完整，唯申耆先生一叙，業已損裂，亟須裝治，庶免毀軼。蘇隣題。

右爲中江李眉生先生所題，至足寶貴。述祖謹識。

右《鷗亭詩草》及曾祖記言皆曾祖手録，先人手澤，允宜石印以完真相。乙丑四月二十五日，來孫述祖謹識於山左泰麓。

春山先生襟韻之高，逌於《養一齋文集》得其大概，兹萌出眂此篇，慰我積年嚮逌之懷，循誦既竟，廼爲題而歸之。光緒己卯歲除，蘇隣識。謹按：蘇隣爲中江李鴻裔別號。

右爲中江李眉生先生手筆，至堪珍藏。乙丑夏四月二十五日，述祖謹識。

按：

李鴻裔（一八三一——一八八五），字眉生，號香嚴，晚號蘇隣。清四川中江人。咸豐元年（一八五一）中舉，同治時官至江蘇按察使。工詩擅書，家藏典籍金石書畫頗豐。著有《蘇隣詩集》《蘇詩便讀》等。

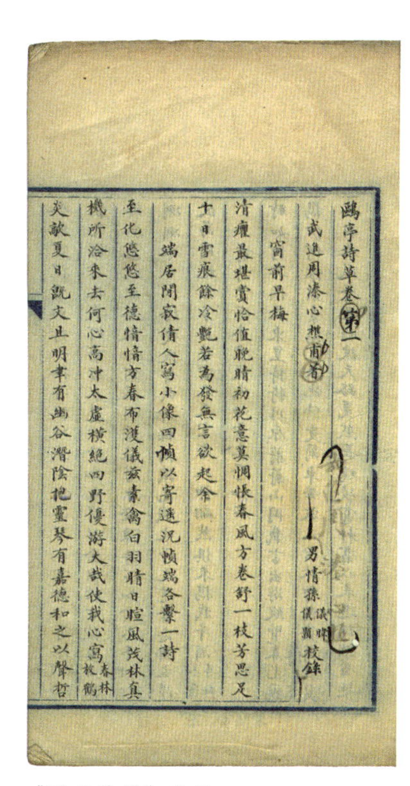

《鷗亭詩草》卷首

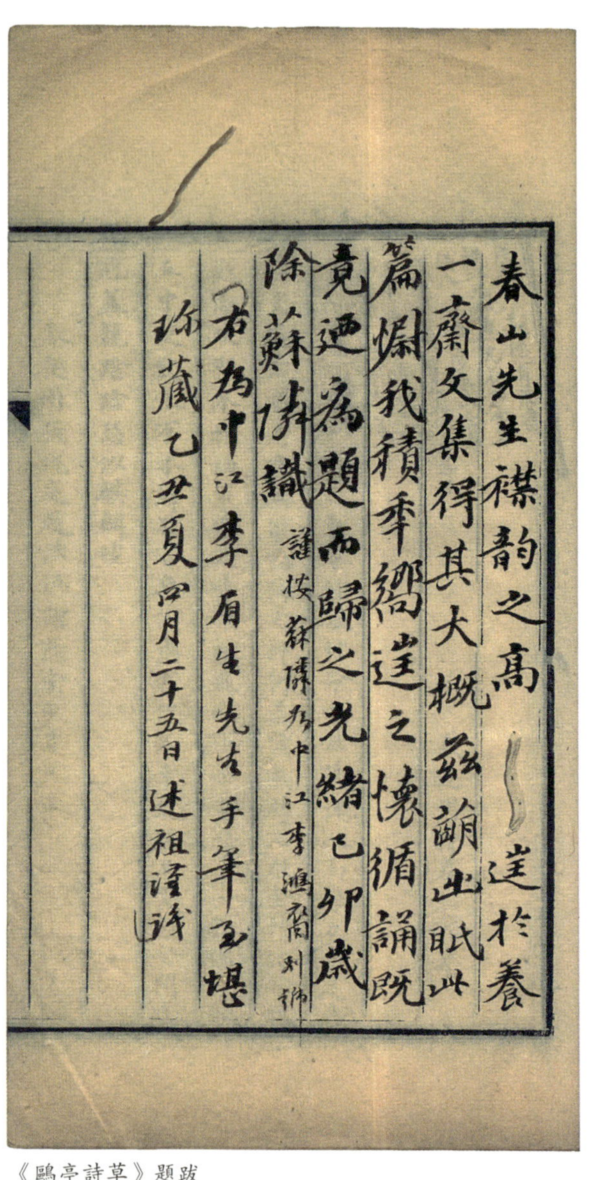

春山先生襟韻之高　逹於養
一齋文集得其大概茲讀此
篇慰我積年嚮往之懷循誦既
竟遂爲題而歸之光緒己卯歲
除蘇鄰識　謹按蘇鄰為中江李鴻裔別號
右為中江李眉生先生手筆至堪
珍藏乙丑夏四月二十五日述祖謹識

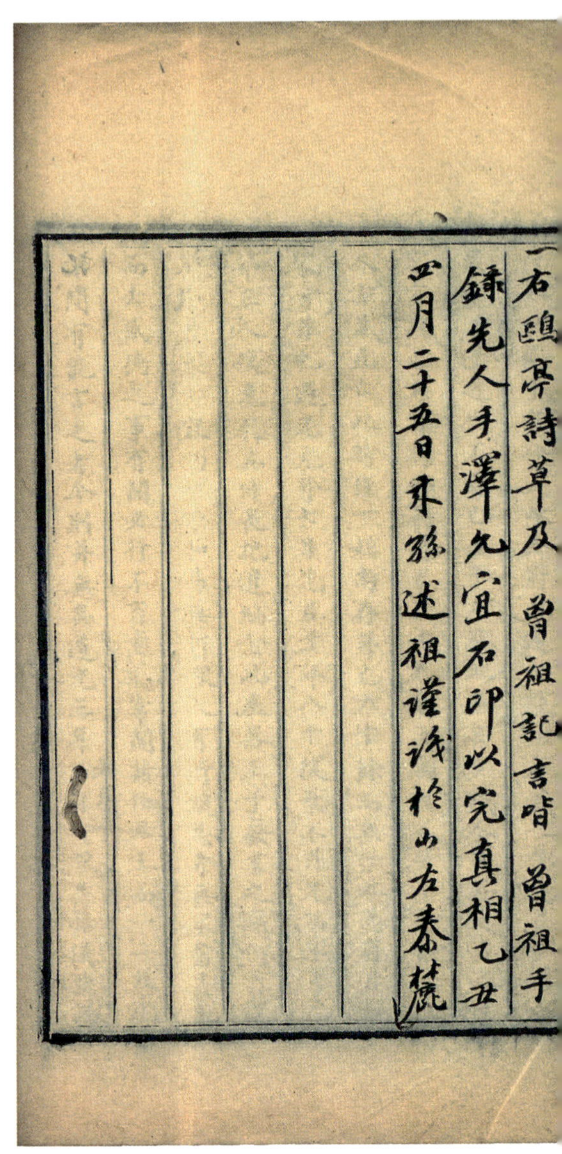

右鷗亭詩草及　曾祖記書皆　曾祖手
錄先人手澤允宜石印以完真相乙丑
四月二十五日來孫述祖謹識於山左泰麓

《鷗亭詩草》題跋

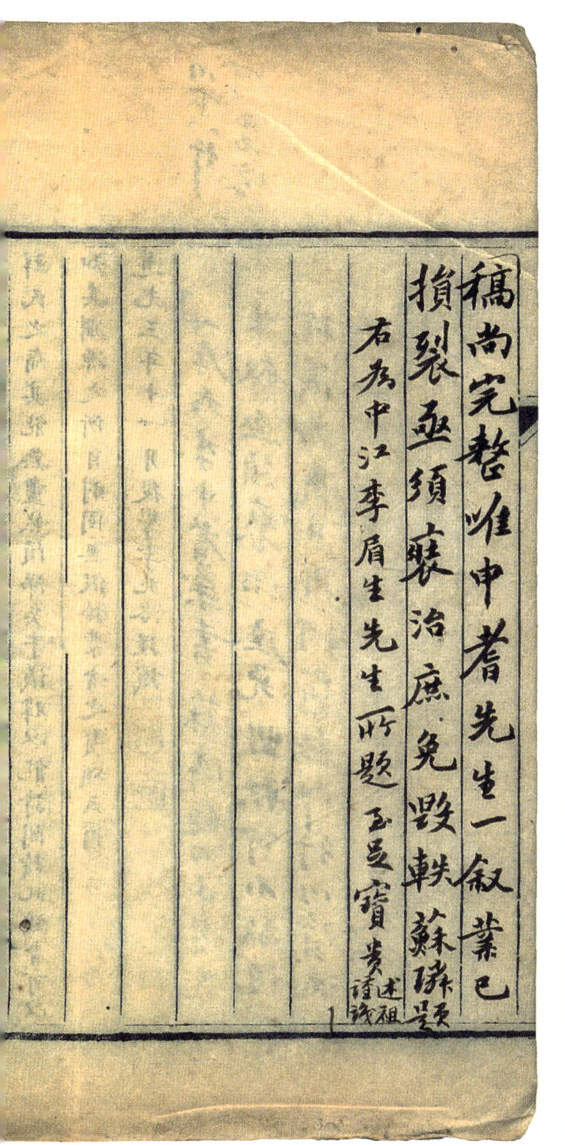

稿尚完整唯申耆先生一叙業已損裂亟須裝治庶免毀軼 蘇璘題

右為中江李眉生先生所題 玉受寶 述祖謹識

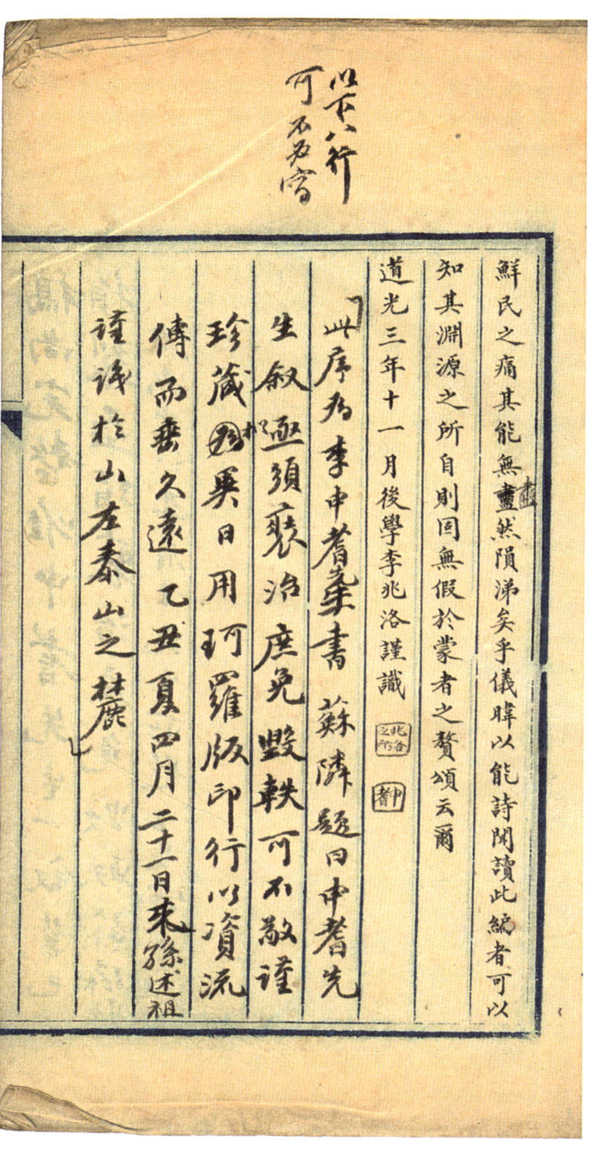

以下八行可不必寫

鮮民之痛其能無盡然隕涕矣乎儀韡以能詩聞讀此編者可以知其淵源之所自則固無假於蒙者之贊頌云爾

道光三年十一月後學李兆洛謹識

此序為李申耆手書 蘇璘題曰申耆先生叙亟須裝治庶免毀軼可不敬謹珍藏異日用珂羅版印行以資流傳而垂久遠 乙丑夏四月二十一日來孫述祖謹識於山左泰山之麓

一謙四益閣文鈔一卷

清史善長撰。民國柳亞子抄本。柳亞子跋。索書號：一六九一——一六七。

釋文：

史赤霞先生《一謙四益閣文鈔》向未刊布，余家舊藏一册，寫本孤行，流傳已尠，因命傭書者複録一過，備同好之士觀覽焉。目下舊署“卷一”，疑此尚非完璧，延津之合，期之他年已。民國八年五月，邑後學柳棄疾謹志。

按：

柳亞子（一八八七—一九五八），原名慰高，號安如，號亞廬，又改名棄疾，字稼軒，號亞子。江蘇吴江人。南社創始人之一。民國時曾任中國國民黨革命委員會中央常務委員兼監察委員會主席等職，中華人民共和國成立後任中央人民政府委員、全國人大常委會委員。著有《磨劍室詩詞集》《磨劍室文録》等。

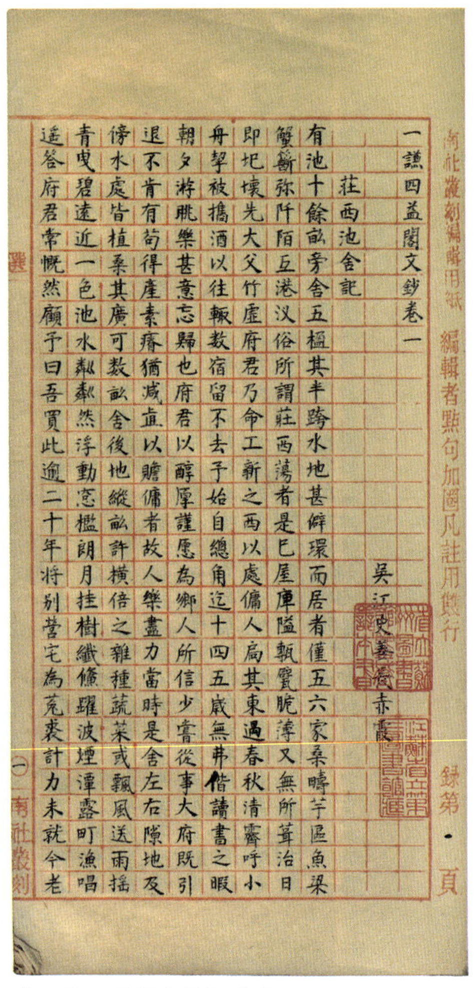
南社叢刻編輯用紙　編輯者點句加圈凡註用雙行

一謙四益閣文鈔卷一

吳江史善長赤霞

莊西池舍記

有池十餘畝旁舍五楹其半跨水地甚僻環而居者僅五六家桑疇芋區魚梁蟹簖弥阡陌互港汊俗所謂莊西蕩者是已屋庳隘瓴甓脆薄又無所葺治日即圮壞先大父竹虛府君乃命工新之西以處傭人扃其東過春秋清霽呼小舟挈被攜酒以往輒數宿留不去予始自總角迄十四五歲無弗偕讀書之暇朝夕游眺樂甚意忘歸也府君以醇厚謹愿為鄉人所信少嘗從事大府既引退不肯有苟得產素瘠猶減直以贍傭者故人樂盡力當時是舍左右隙地及傍水處皆植桑其廣可數畝舍後地縱畝許橫倍之雜種蔬菜或飄風送雨搖青曳碧遠近一色池水粼粼然浮動窓檻朗月挂樹纖條躍波煙潭露町漁唱遥答府君常慨然顧予曰吾買此逾二十年将别營宅為菟裘計力未就今老

錄第　·　頁

一　南社叢刻

《一謙四益閣文鈔》卷首

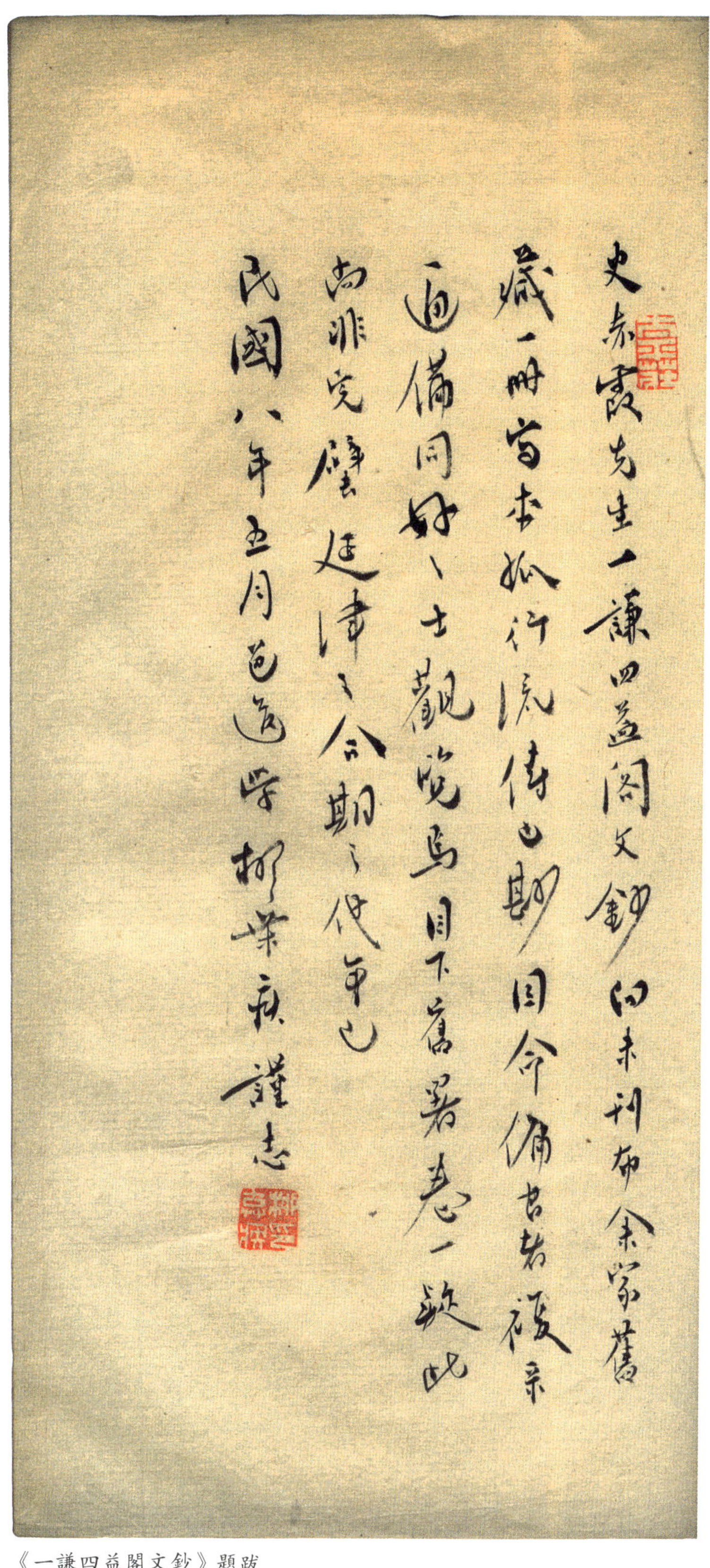

史赤霞先生一謙四益閣文鈔，向未刊布。余家舊藏一冊，當亦孤行流傳也。頃因令傭書者復錄一通，備同好之士觀覽焉。目下舊署卷一，疑此尚非完璧。延津之合，期之他年也。

民國八年五月邑後學柳棄疾謹志

《一謙四益閣文鈔》題跋

秋農詩草一卷

清姚文田撰。稿本。清劉嗣綰、陳壽祺、葉紹楏跋。索書號：〇七一五—〇八七。

釋文：

氣格不在大曆以後，近體酷似文房，其渾成處則過之。五七古妙，得古樂府遺意，而出之以性靈，故無橅仿之迹。至其和平溫厚，寄托遙深，則風人之旨也。非有真性情者，未足與語此。甲寅夏日，愚弟劉嗣綰拜讀。

大集五言古體近張曲江，辛酉以來乃時得坡公氣脉；近體從王、孟、韋、柳入手，間似晚唐名作。最爲擅塲七律，亦于蘇爲近。餘作大抵志和音雅、緒密思清，當以天池皓露，滌筆于冰甌雪盌中也。年愚弟陳壽祺讀。

有清迥之氣，有深湛之思，有研鍊之功，有蒼秀之色，是真肆力于漢魏三唐而得其謹嚴者，乃能一空時下𥳑疏佻巧、纖艷生澁諸弊。風雅正聲，于斯未墜。愚弟葉紹楏拜誌。求是齋。

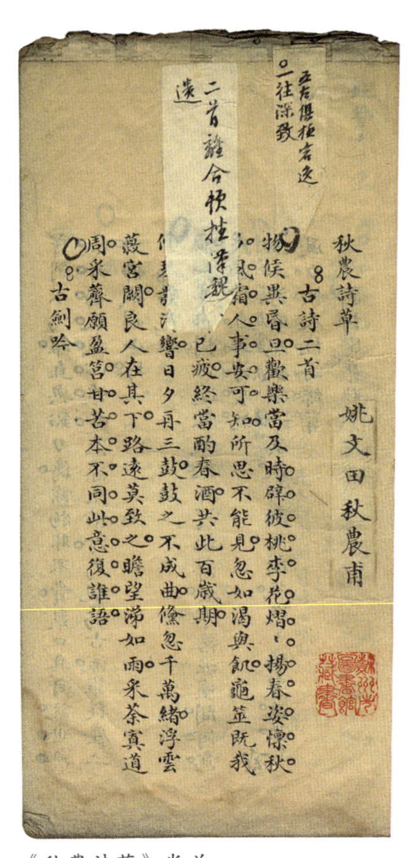

秋農詩草

姚文田秋農甫

古詩二首

撫候異晷旦歡樂當及時碎彼桃李花熠熠揚春姿懷秋

蔽宮闕良人在其下路遠莫致之瞻望涕如雨釆茶寘道

周釆蘼顧盈筥甘苦本不同此意復誰語

古劍吟

《秋農詩草》卷首

按：

劉嗣綰（一七六二—一八二一），字簡之，又字芙初，號醇甫。清江蘇陽湖縣（今常州）人。嘉慶十三（一八〇八）年會試第一，廷試改翰林院庶吉士，散館，授編修。工詩詞駢文，著有《尚絅堂集》。

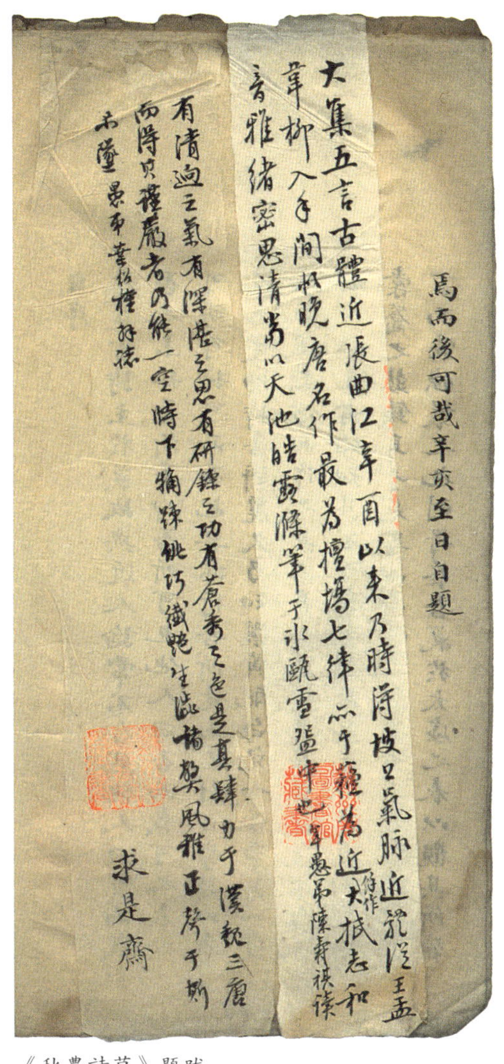

馬而後可哉　辛亥至日自題

愚弟陳壽祺謹讀

求是齋

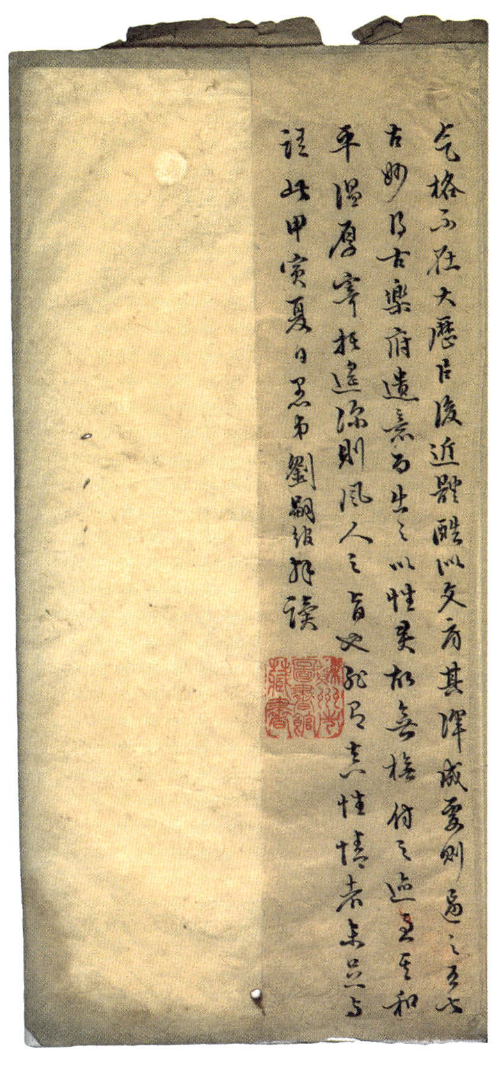

《秋農詩草》題跋

陳壽祺（一七七一—一八三四），字恭甫、介祥，號左海、梅修，晚號隱屏山人。清福建侯官（今福州）人。嘉慶四年（一七九九）進士，十四年（一八〇九）充會試考官。父母歿後不出仕，主講鰲峰、清源書院多年。著有《左海全集》。葉紹楏（？—一八二一），字琴柯，號振湘。清浙江歸安縣（今吴興）人。乾隆五十八（一七九三）年進士，授編修，改任河南道監察御史，累官至廣西巡撫。詩學唐人，兼工填詞，著有《謹墨齋詩鈔》。

大滌山房詩録八卷
試帖一卷

清張吉安撰。清道光十四年（一八三四）繡佛龕刻本。清葉廷琯跋。索書號：〇七〇九—〇八七。

釋文：

蒔塘丈歸田後，余始得接侍。時以年輩相懸，未敢請讀其詩也。迨身後此集出，始得展誦，和平高澹，洵爲德人之言。其嗣澹餘、其孫硯孫并能承家學，且工詩，余皆與訂交，惜皆已下世多年。頃從海昌查椒垞公子處復得讀此集，俯仰三世，不禁感慨係之矣。同治戊辰仲冬，葉廷琯識，旹年七十又七。

按：

葉廷琯，見前《岩下放言》條。

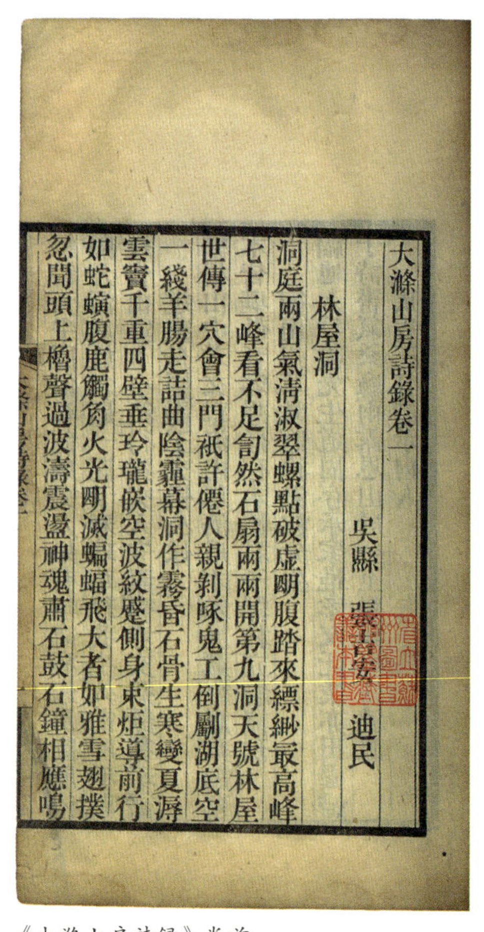

大滌山房詩録卷一　吳縣　張吉安　迪民

林屋洞

洞庭兩山氣清淑翠螺點破虛明腹踏來縹緲冣高峰
七十二峰看不足訇然石扇兩兩開第九洞天號林屋
世傳一穴會三門祇許傴人親剝啄鬼工倒劚湖底空
一綫羊腸走詰曲陰霾幕洞作霧昏石骨生寒變夏溽
雲竇千重四壁垂玲瓏欹空波紋蹙側身束炬導前行
如蛇蟠腹鹿觸角火光明滅蝙蝠飛大者如雅雪翅撲
忽聞頭上櫓聲過波濤震盪神魂肅石鼓石鐘相應鳴

《大滌山房詩録》卷首

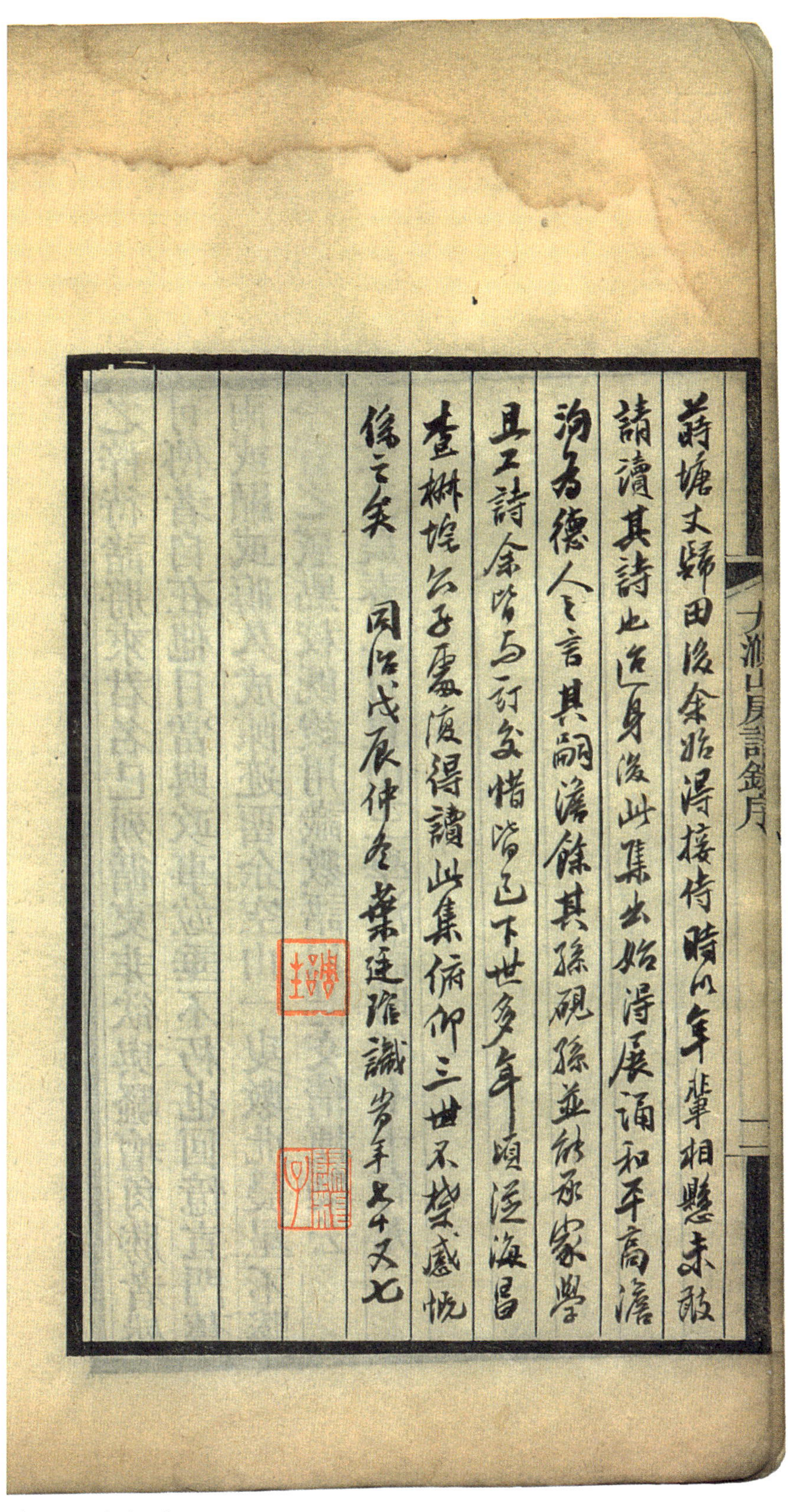

蒋塘丈歸田後余始得接侍時以年輩相懸未敢請讀其詩也迨丈身後此集出始得展誦和平高澹洵為德人之言其嗣澹餘其孫硯孫並能承家學且工詩余皆與之訂交惜皆已下世多年頃從海昌查椒堂公子處復得讀此集俯仰三世不禁感慨係之矣　同治戊辰仲冬葉廷琯識時年七十又七

《大滌山房詩録》題跋

賞雨茆屋詩草二卷

清周夢嘉撰。稿本。清劉逢禄批校并跋。索書號：一六八二——一六六。

釋文：

莫秋獨坐，花香醉人。幽鳥倦飛，新月初吐。詩致仿佛似之。逢禄讀跋。

珊珊仙骨，落落出塵。

按：

劉逢禄（一七七六——一八二九），字申受，號申甫，又號思誤居士。清江蘇武進（今常州）人。嘉慶十九年（一八一四）進士，改翰林院庶吉士，授禮部主事。道光四年（一八二四），補儀制司主事，卒於官。少從外祖父莊存與、舅父莊述祖學，倡今文經學，精治《春秋公羊傳》。著有《尚書今古文集解》《左氏春秋考證》《公羊春秋何氏解詁箋》。

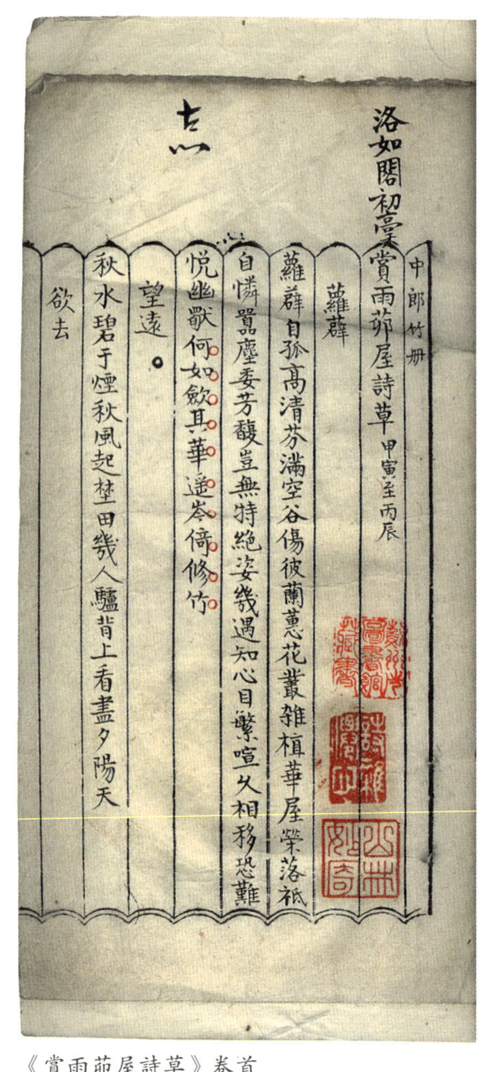

《賞雨茆屋詩草》卷首

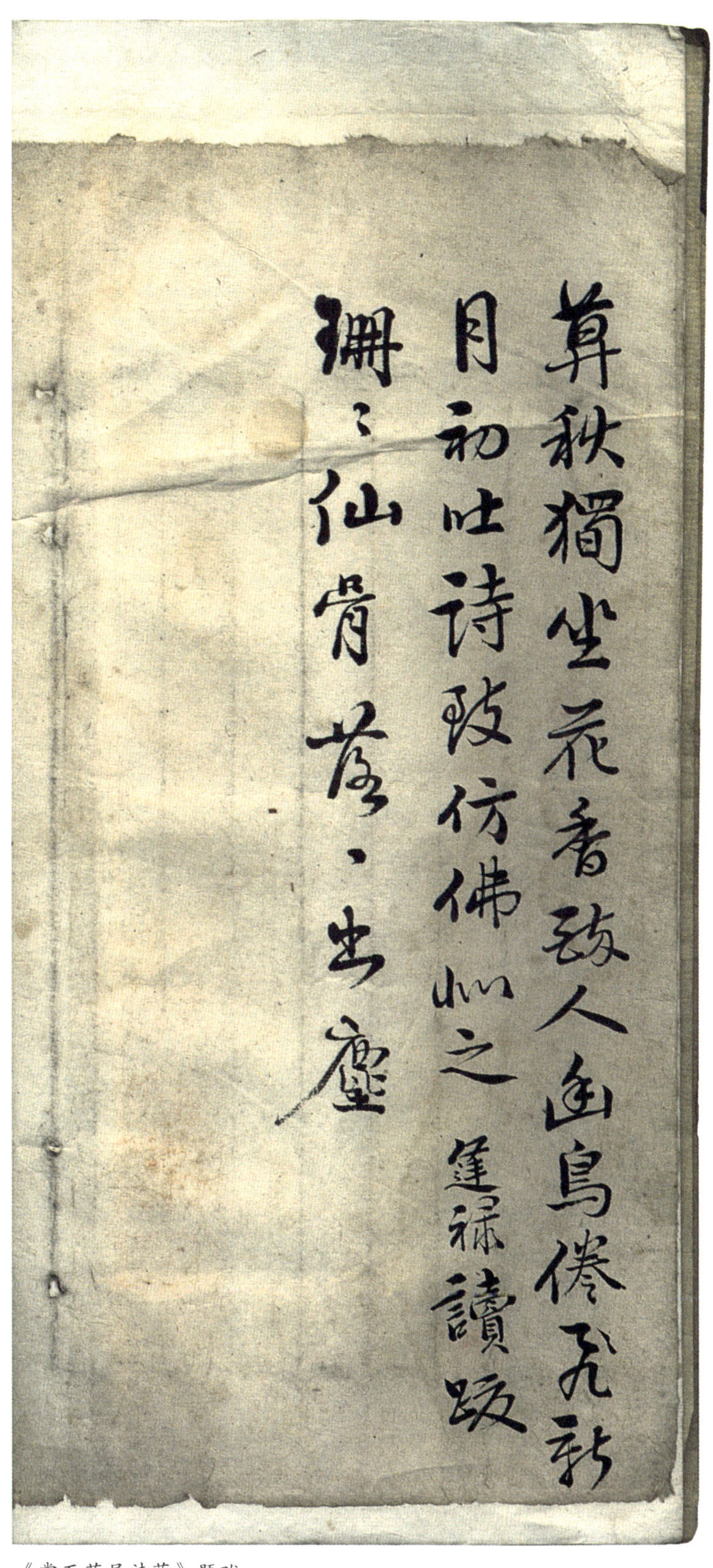

尊秋獨坐花香致人魚鳥倦飛新
月初吐詩致彷佛似之 逢禄讀跋
姍〻仙骨落〻出塵

《賞雨茆屋詩草》題跋

芬若山館詩五卷

清董士錫撰。稿本。清馬瑞辰、嚴保庸等跋。索書號：一六一三—一六三。

釋文：

稜稜仙骨軼塵寰，如此清才詎等閒？一帙光明同白地，廿年寥落尚青山。酒闌燈灺情偏篤，錦簇花妍句半删。象外神遊弦外賞，驚人多在淡濃間。奉題晉卿先生大集，即祈斧正。元伯愚弟馬瑞辰拜稿。

吾鄗能詩者，兔起鶻振，作手如林，而僕所心折者二人，一爲濟寧史明經棋裳，一爲長州（洲）林孝廉子安。今讀晉卿先生大著，時而春溫，時而秋厲，時而輕刀快馬，時而艷服新妝，其天事之高，學力之厚，可與二子抗手行矣。并吾世而生者，此事已有三人，而乃欲奄有衆美，獨出冠時，亦難矣哉！時道光乙酉仲夏，丹徒嚴保庸拜識於袁江旅舍。

按：

馬瑞辰（一七八二—一八五三），字元伯，一字獻生。清安徽桐城人。嘉慶十年（一八〇五）進士，選庶吉士。官至工部員外郎。治《詩》名家，著有《毛詩傳箋通釋》。嚴保庸，字伯屏，號問樵。清江蘇丹徒人。道光九年（一八二九）進士。入翰林，改官山東棲霞知縣。負才瑰異，書畫詩詞管弦無不工細。久客京師，好作狹邪遊，所作院本，風行都下。改官後，以官場爲詞場歌榭，以是罷黜。

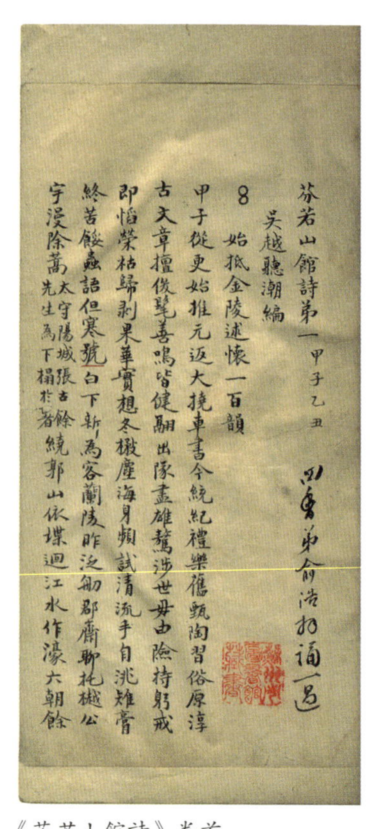
芬若山館詩第一 甲子乙丑
吳越聽潮編
8 始抵金陵述懷一百韻
甲子從吏始推元返大撓車書今統紀禮樂舊甄陶習俗原淳
古文章擅俊髦善鳴皆健翮出隊盡雄鷙涉世毋由險持躬戒
即慆榮枯歸剝果華實想冬襪塵海身頻試清流手自洮雄膏
終苦餒蟲語但寒號白下新爲客蘭陵昨汎舠郡齋聊托樾公
宇漫除蒿太守陽城張古餘先生爲下榻於署繞郭山依堞迴江水作濠六朝餘

《芬若山館詩》卷首

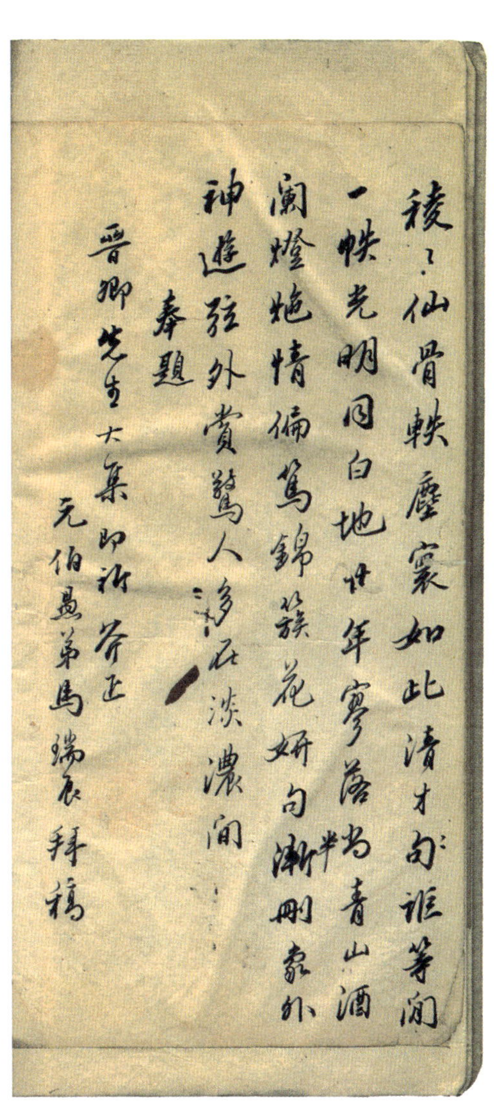

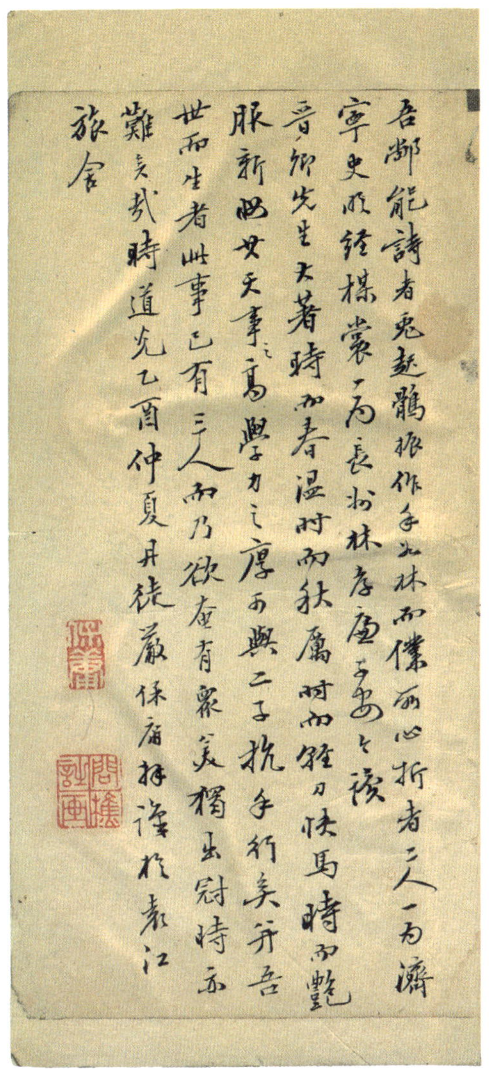

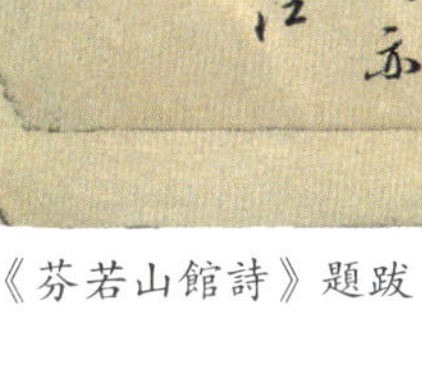

《芬若山館詩》題跋

歸真返璞齋詩草一卷

清吴鍾慶撰。稿本。清友竹跋。索書號：〇七二〇—〇八七。

釋文：

自予從燮堂師遊，獲交曼士兄弟。曼士性瀟灑好遊，頗跌宕詩酒間，而竟不永年，惜哉！前卒之四日，走僕持一卷一柬至，發之，則其詩稿，而屬余爲點定，意若有惓惓於是者。吁，可悲已！余何足以定曼士詩，爰就全稿稍校勘誤字付諸梓，庶以慰曼士之意云。時在道光□年□月，世弟□□□跋。

按：

此書附吴鍾慶柬，台頭署"友竹大兄"。友竹，生平不詳。

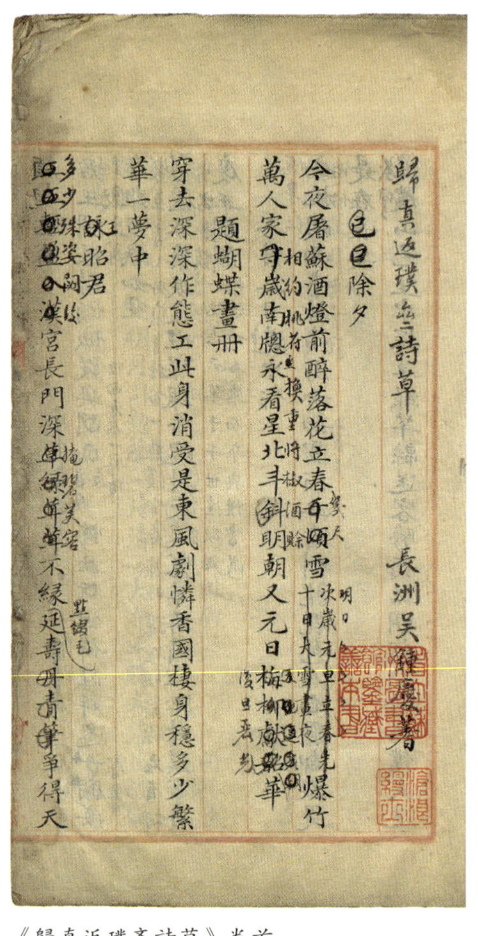
歸真返璞齋詩草　長洲吴鍾慶著
乙巳除夕
今夜屠蘇酒燈前醉落花立春千頃雪爆竹
萬人家守歲南牕永看星北斗斜明朝又元日梅柳獻
題蝴蝶畫冊
穿去深深作態工與身消受是東風劇憐香國棲身穩多少繁
華一夢中

《歸真返璞齋詩草》卷首

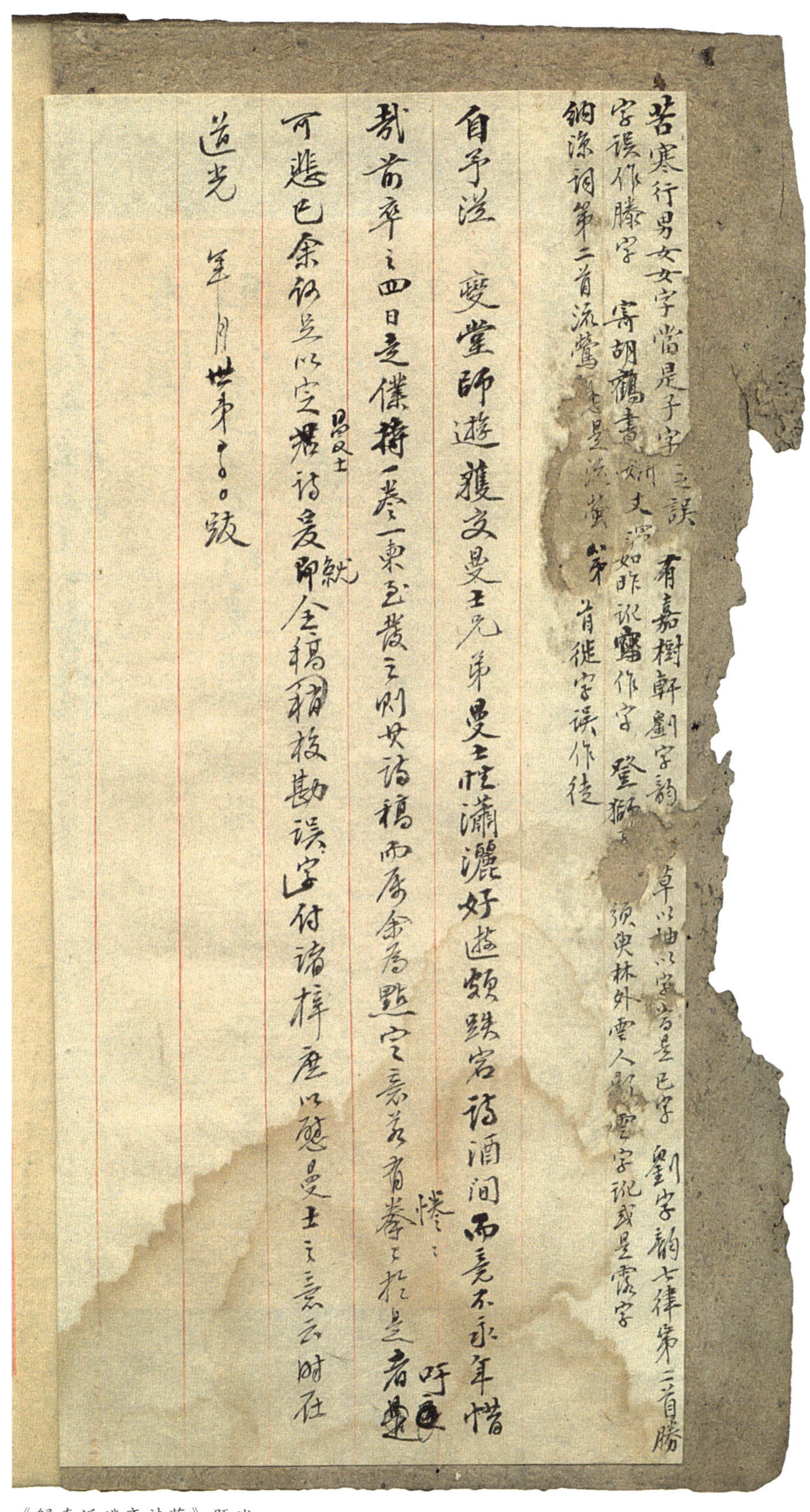

苦寒行男女女字當是子字之誤 有嘉樹軒劉字韵草以抽次字當是臣字 劉字韵七律第二首勝
字誤作滕字 寄胡鶴書[illegible]丈[illegible]如昨訊審作字 登獅子[illegible] 須臾林外雲人[illegible]雲字訛或是霞字
納涼詞第二首流鶯[illegible]是流螢 第[illegible]首徙字誤作徒
自予從 夔堂師遊獲交旻士兄弟旻士性瀟灑好遊頗跌宕詩酒間而竟不永年惜
哉前年之四日走僕持一卷一束至發之則其詩稿而屬余為點定之意蓋有拳拳於是者 慘慘 吁嗟
可悲已余故是以定旻士詩爰就即全稿精校勘誤字付諸梓庶以慰旻士之意云時在
道光 年 月廿[illegible]日 跋

《歸真返璞齋詩草》題跋

七十二峰散人詩草四卷

清金銳著。清抄本。民國金璞跋。索書號：一六七五—一六六。

釋文：

此册衹分四卷而不分集，試以《務滋堂集》所刊四集第一集曰《鶯語》、第二集曰《櫓唱》、第三集曰《蓮溪》、第四集曰《愁城》略爲校對，其已刊諸首，此册中題目上有黑小点。惟編次错综，往往此册第一卷中之詩而刻入第二或第三、四集者，且有彼四集所有而此册反無者，推求其故不可得。意者付刻之前經幾次選抄，此册先經抄定，又經第二次抄選，因而有所删汰增補歟？然細觀此册，選擇不可謂不精矣。什襲珍藏，與刻本時時對照參觀，益以見先人選擇之苦心云。乙卯夏四月，曾孫祖煇謹識。

按：

金璞，字叔美，號悔庵，一號樸道人。民國江蘇同里人。陸恢弟子，工花鳥。

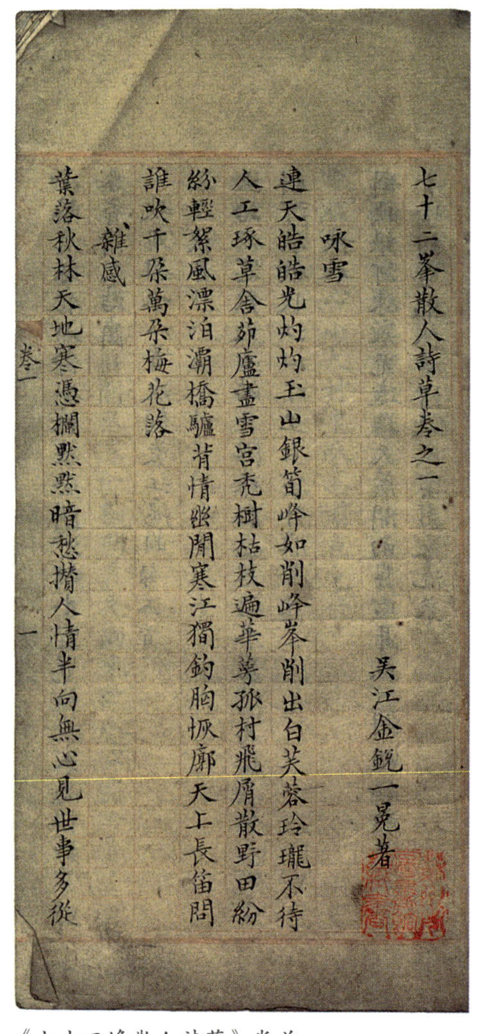
七十二峯散人詩草卷之一

吴江金鋭一晃著

咏雪

連天皓皓光灼灼玉山銀筍峰如削峰峰削出白芙蓉玲瓏不待人工琢草舍茆廬盡雪宮秃樹枯枝遍華萼孤村飛屑散野田紛紛輕絮風漂泊灞橋驢背情幽閒寒江獨釣胸懷廓天上長笛問誰吹千朵萬朵梅花落

雜感

葉落秋林天地寒憑欄默默暗愁攢人情半向無心見世事多從

卷一　一

《七十二峰散人詩草》卷首

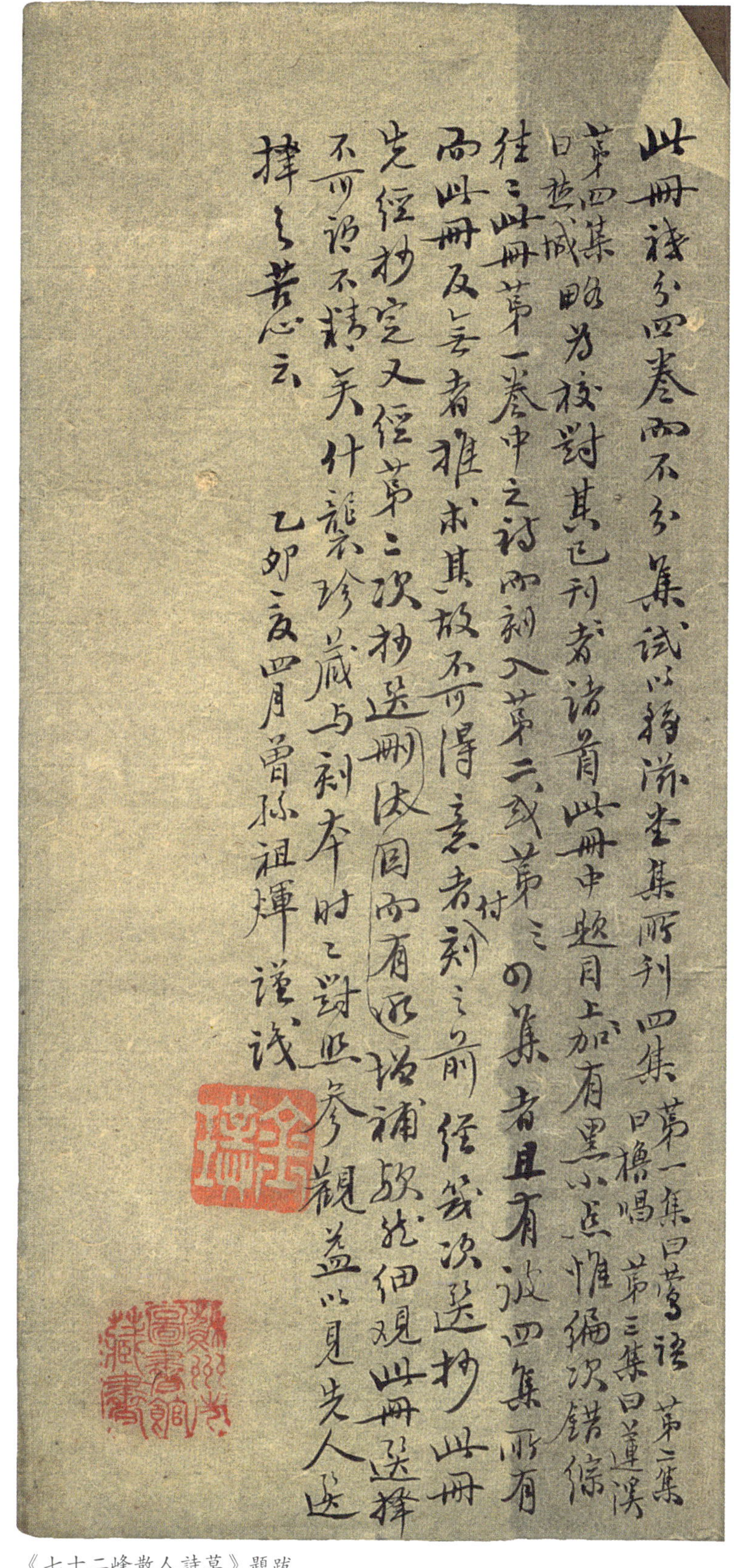

此冊祗分四卷而不分集試以稽滸堂集所刊四集第一集曰鶯語第二集
曰樵唱第三集曰蓮溪
第四集曰燕城略為校對其已刊者諸首此冊中題目上加有黑小點惟編次錯綜
往往此冊第一卷中之詩而刻入第二或第三四集者且有彼四集所有
而此冊反無者雖求其故不可得矣意者付刻之前經箋次選抄此冊
先經抄定又經第二次抄選刪汰因而有遺珠補敘就細觀此冊選擇
不可謂不精矣什襲珍藏與刻本時時對照參觀益以見先人選
擇之苦心云
乙卯之夏四月曾孫祖煇謹識

《七十二峰散人詩草》題跋

夫椒山館詩□□卷惟洛齋詩四卷

清周儀暐撰。稿本。清金鼎壽、陳方海、陳方瀾、劉仲釗等跋。索書號：〇七一七—〇八七。

釋文：

道光乙酉菊月之任桐川，時伯恬以修邑志在桐，一見如舊相識，蓋性情之合，本有異於流俗者。嗣即以漕事駐樅，與伯恬不常見，見亦憾不能悉傾肺腑。丙戌人日返桐署，而伯恬已北上有日矣。於松佺世叔案頭獲觀《夫椒山館詩稿》廿二卷，匆匆不能卒讀。伯恬云："心之有聲，不能自默，聊以發其衾歔。"此語一似爲壽道者，然伯恬蘊蓄淵深，豈俗吏之所可同日語？過此以往，一編共證，將在何時，殆不禁中心棖觸矣。元宵前一日，隺皋金鼎壽識。

方海因陸子祁孫而知伯恬先生，蓄願見之忱六年於兹矣。今伯恬以修志來皖，而方海適有都門之行，牽舟待發，晤語才兩日耳。詩集二十二卷，匆匆不能卒業，聊存數語，以志別意，書竟悵然。道光甲申十二月，陳方海記。

伯恬先生詩才浩汗，不可矩度，沈誦數日，不忍輟口。五古力追陶、謝，而齊梁纖靡之習不著一字；七言允與長吉、青蓮相伯仲。美哉！泱泱乎足以饜平生企慕之願矣。陳方瀾讀竟書此。

藉山劉仲釗讀於言山縣署之西齋，時東坡生日之後一日也。

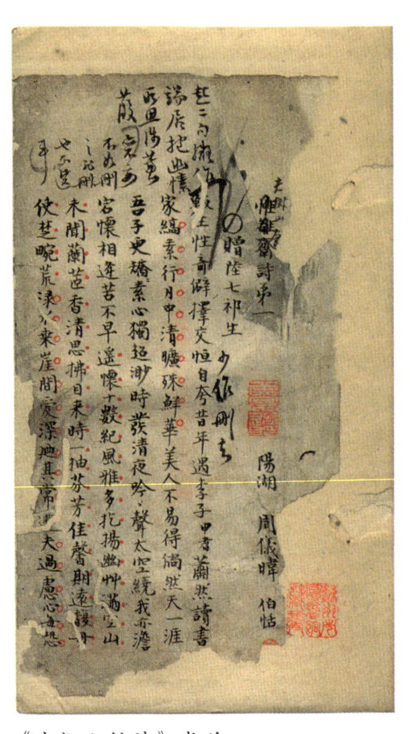

《夫椒山館詩》卷首

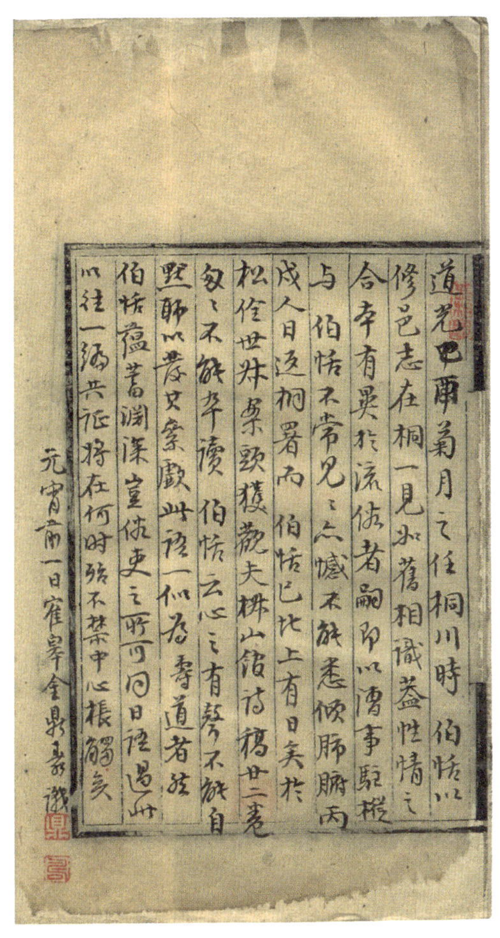

道光甲申菊月之任桐川時伯恬以修邑志在桐一見如舊相識蓋性情之合本有異於流俗者嗣即以漕事駐樅與伯恬不常見之亦憾不能悉傾肺腑丙戌人日返桐署而伯恬已北上有日矣於松佺世兄案頭獲觀夫椒山館詩稿卅二卷匆匆不能卒讀伯恬云心之有苦不能自默聊以發其豪歎此語一似爲壽道者然伯恬蘊蓄淵深豈依吏之所可同日語過此以往一編共證將在何時殊不禁中心悵觸矣

元宵前一日寉皋金鼎壽識

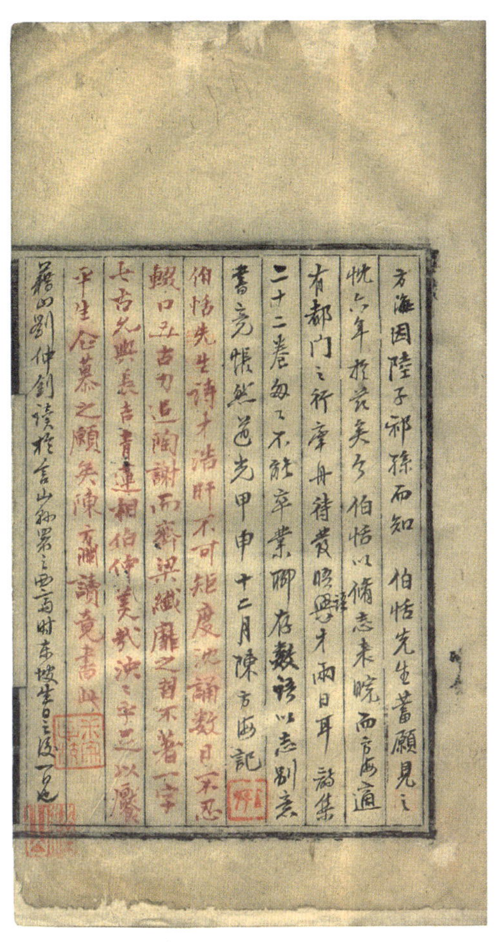

方海因陸子祁孫而知伯恬先生蓄願見之忱六年於茲矣今伯恬以脩志來皖而方海適有都門之行庠舟待發晤語才兩日耳詩集二十二卷匆匆不能卒業聊存數語以志別意書竟悵然 道光甲申十二月陳方海記

伯恬先生詩才浩汗不可矩度沈誦數日不忍釋口五古力追陶謝而齊梁纖靡之習不著一字七古允與長吉青蓮相伯仲美哉泱泱乎足以饜平生企慕之願矣陳方瀾讀竟書此

蓉山劉仲釗讀於吾山秋畢之西窗時東坡生日之後一日也

《夫椒山館詩》題跋

按：

金鼎壽，又名永源，字子岑，號鶴皋。清貴州廣順（今長順）人。嘉慶十三年（一八〇八）進士。歷官富川、北流、蒙城、桐城、六安知縣，廣德知府。著有《性存軒詩草》四卷。陳方海，字伯游，清江西鄱陽人。爲文私淑桐城，著有《計有餘齋文稿》。陳方瀾，字叔安，方海弟。劉仲釗（一七七〇—一八三三），字元之，號藉山。清江蘇陽湖（今常州）人。監生。著有《雙桂詩集》。

桂留山房詩集十二卷詞集一卷

清沈學淵撰。清道光二十四年（一八四四）刻本。清葉廷琯、雷浚跋。索書號：一六五五—一六六。

釋文：

余客滬上，時寶山沈穉聰茂才顧訪寓舍，屬校定其師周秋史明經遺詩，爲言秋史受詩法於其世父沈夢塘孝廉。夢塘素以工詩著婁滬間，余夙耳其名而未見所作。穉聰旋携此集見貽。卷首陳恭甫太史序，謂其生平推服王元美、吴駿公二家。余讀集中詩，魄力風調固似之，亦近代詩家中不可多得者矣。乃齒未逾五十而殁，恐尚未竟其才。吁，可惜哉！同治丁卯長夏，吴門葉廷琯識于海天一角樓。

調翁尊丈先生出示《桂留山房集》，擁爐細讀，於所選外尚有可喜之篇，謹加紫筆。戊辰仲冬，雷浚記。

按：

葉廷琯，見前《岩下放言》條。雷浚（一八一四—一八九三），字深之，號甘溪。清江蘇吴縣（今蘇州）人。諸生。佐馮桂芬修《蘇州府志》，嗣後閉門著書，主講經義於蘇城學古堂。以刊書爲業，精校讎，通小學。著有《道福堂詩草》《説文外編》《乃有廬雜著》等。

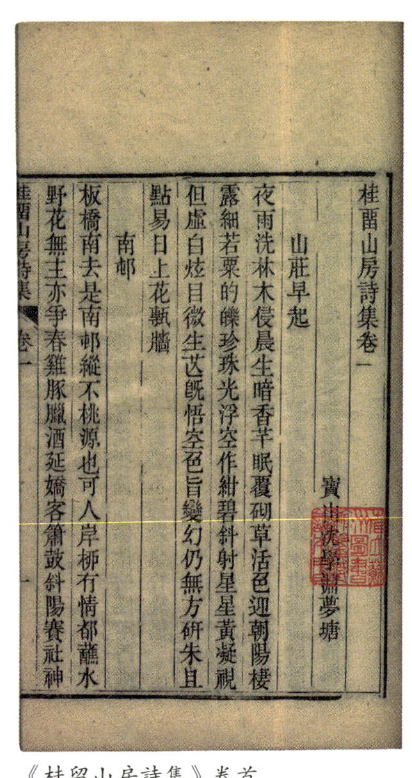

《桂留山房詩集》卷首

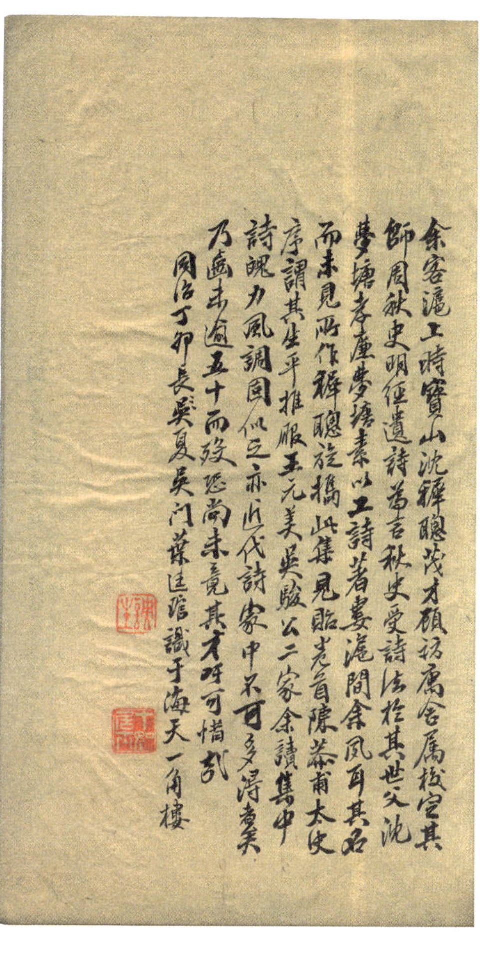

《桂留山房詩集》題跋

紫石山房詩稿一卷紫石山房初記甲集一卷松吟草堂剩稿一卷紫石山房詞稿一卷雜作略存一卷

清顧震撰。清光緒二十七年（一九〇一）顧肇熙抄本。清顧肇熙跋。索書號：二〇四六—一九四。

釋文：

大伯祖詩詞雜著稿四卷，藏橫涇孔氏姑家。靜如大表兄出示假讀，既録副藏弆，仍以原稿還之。今年靜翁七十有五，賤齒亦六十一矣。光緒辛丑元日，肇熙謹識於瀆寓。

按：

顧肇熙（一八四一——一九一〇），字皞民，號緝庭。清江蘇吴縣（今蘇州）人。同治三年（一八六四）舉人。官工部主事，擢道臺。後奉特簡赴吉林。逾年，調任吉林分巡道。注重文教，課崇文書院。晚年居木瀆。詩宗北宋，書法蘇軾。著有《思無邪日記》等。

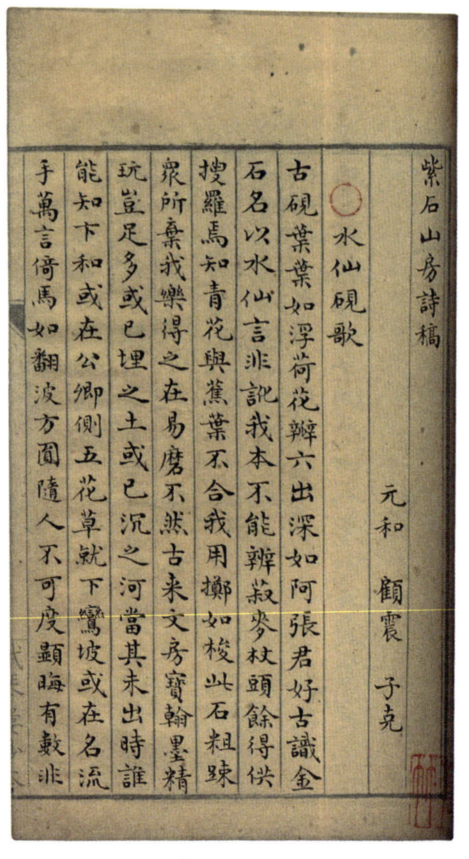
紫石山房詩稿
元和 顧震 子克
○水仙硯歌
古硯葉葉如浮荷花瓣六出深如阿張君好古識金
石名以水仙言非誑我本不能辨茲麥杖頭餘得供
搜羅馬知青花與蕉葉不合我用擲如梭此石粗踈
衆所棄我樂得之在易磨不然古來文房寶翰墨精
玩豈足多或已埋之土或已沉之河當其未出時誰
能知下和或在公卿側五花草就下鸞坡或在名流
手萬言倚馬如翻波方圓隨人不可度顯晦有數非

《紫石山房詩稿》卷首

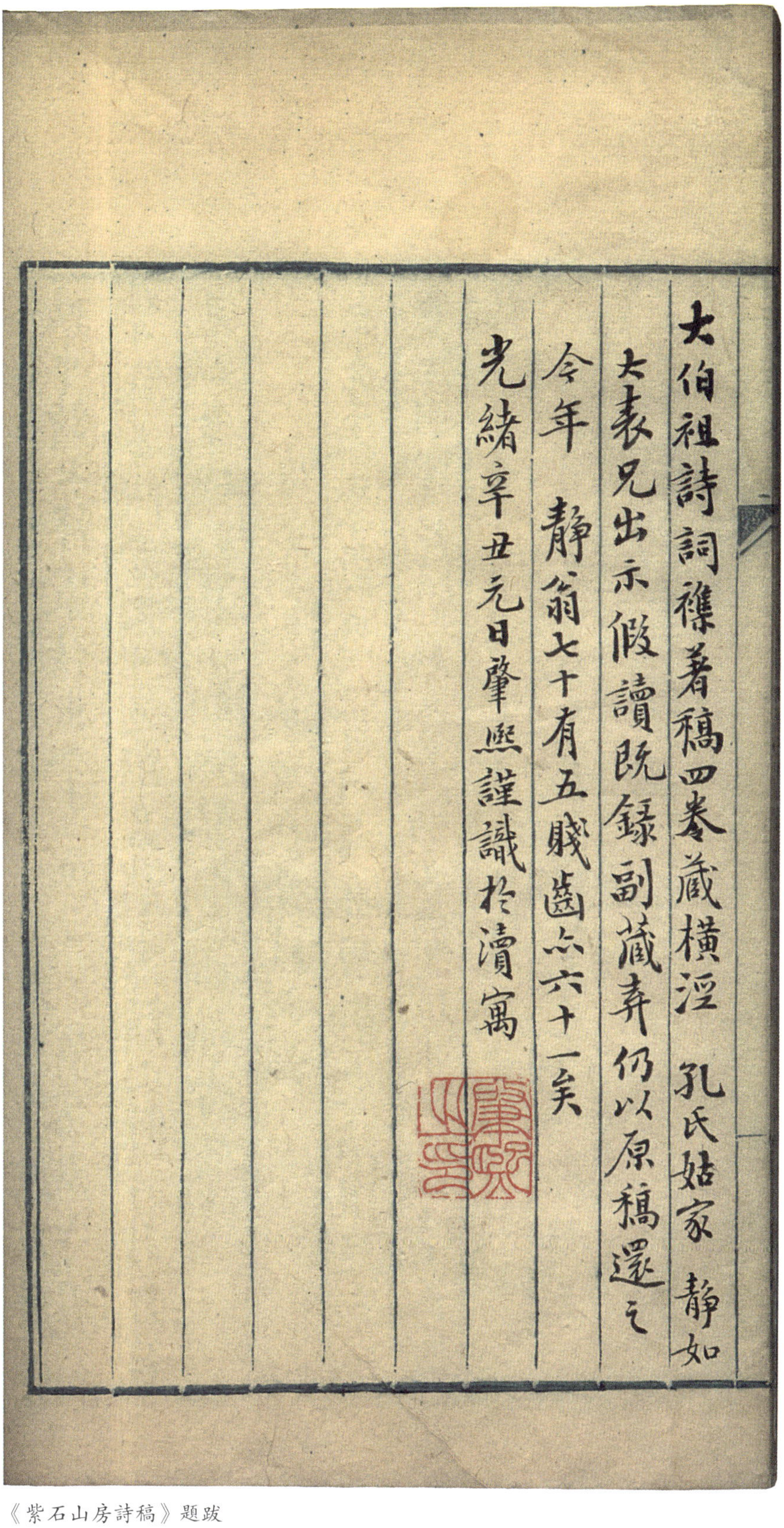
大伯祖詩詞襍著稿四卷藏横涇 孔氏姑家 靜如
大表兄出示假讀既録副藏弆仍以原稿還之
今年 靜翁七十有五賤齒亦六十一矣
光緒辛丑元日肇熙謹識於瀆寓

《紫石山房詩稿》題跋

徐邨老農文近稿不分卷

清潘道根撰。稿本。清潘基泰、葉裕仁跋。索書號：〇七二六—〇八七。

釋文：

國史館中有事，無史才筆墨以紀之；荒邨間有史才筆墨，無事以發之。天之倒置，真不可解者也。咸豐五年乙卯三月初八日，宗後學基泰拜讀。

此先生手鈔本也，别有其甥范來琛所鈔二本。丙寅秋，喆嗣勤補寄示，爲讀一過，據鄙意選六十五首，囑其重寫清本一通，校畢歸之。時在吴門寓樓，鎮洋葉裕仁記。

按：

潘基泰，字敦仁，號韻樵。清江蘇崑山楊村人。工詩。卒年五十。著有《楊村文集》《楊村草堂日記》等。葉裕仁（一八〇九—一八七九），字復三，號歸庵、涵溪。清江蘇鎮洋（今太倉）人。咸豐七年（一八五七）恩貢生。曾任江蘇書局總校，主講婁東、安道、尊道三書院。著有《歸庵文稿》《歸庵詩稿》《喪禮易從》等。

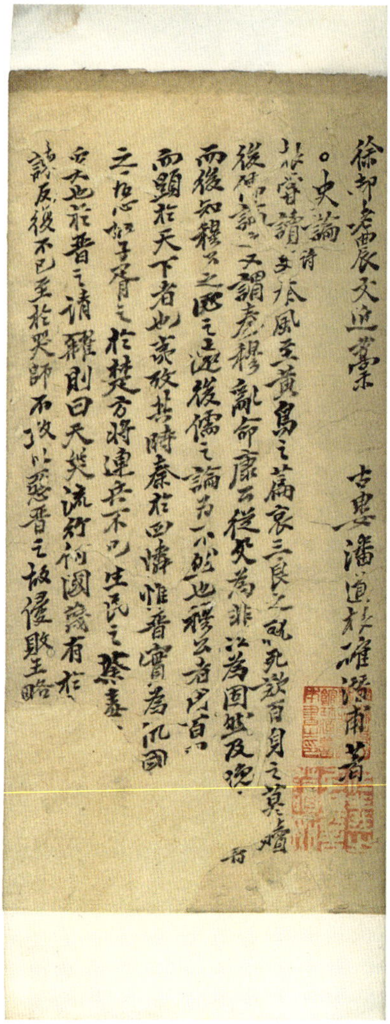
徐邨老農文近稿
古婁潘道根確潛甫著

《徐邨老農文近稿》卷首

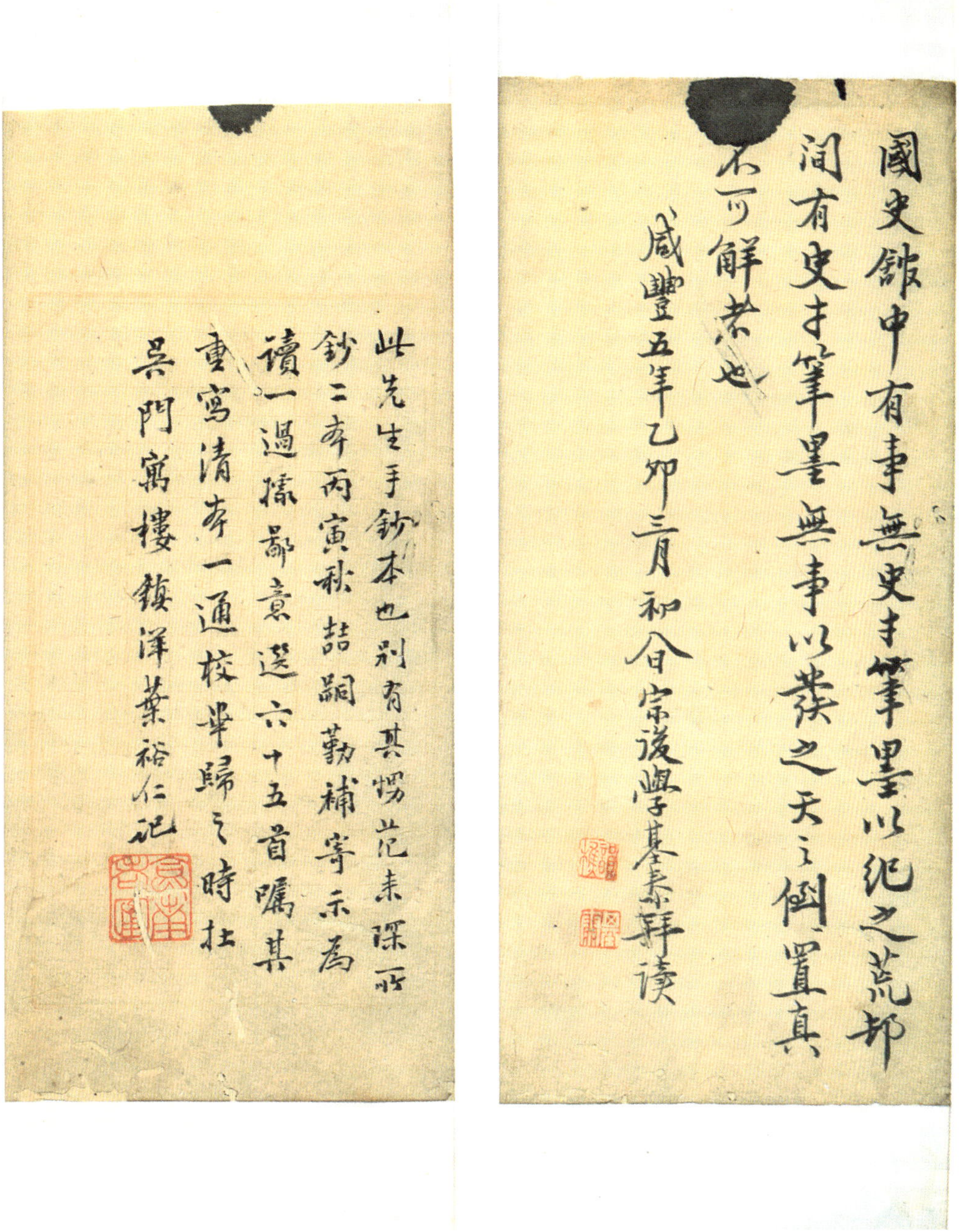

此先生手鈔本也，別有其甥芘未深所鈔二本，丙寅秋喆嗣勤補寄示，爲讀一過，據鄙意選六十五首，囑其重寫清本一通，校畢歸之。時在吳門寓樓，鏤洋葉裕仁記。

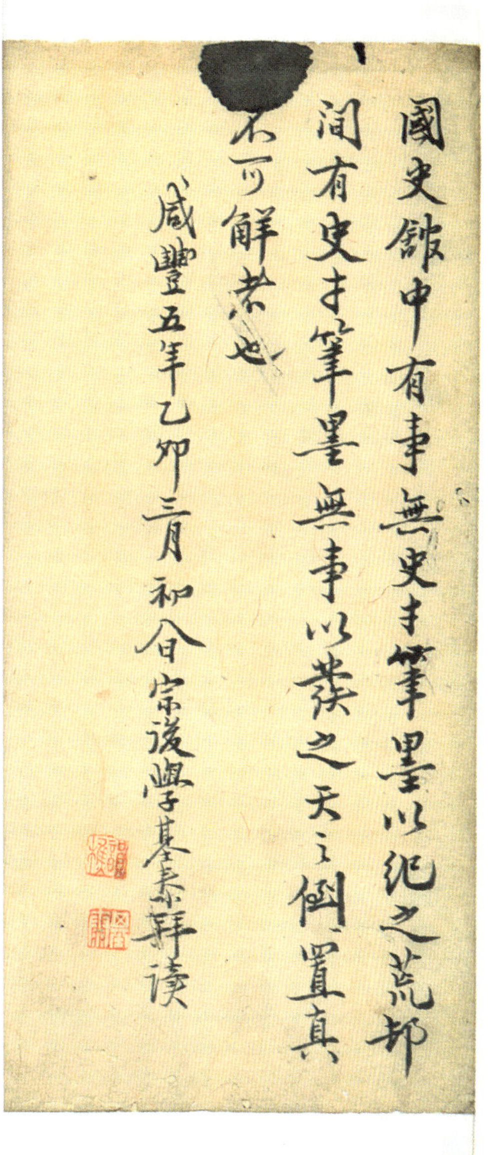

國史館中有事無史才筆墨以紀之，荒邨間有史才筆墨無事以發之，天之倒置，真不可解者也。
咸豐五年乙卯三月初八日宗後學基泰拜讀

《徐邨老農文近稿》題跋

都梁香室吟稿八卷

清孫蒙撰。稿本。清謝綸、李澤春跋。索書號：一六四八—一六六。

釋文：

同治甲□春，孫閬青刺史郵寄尊甫觀察公遺詩屬爲選擇。忠臣遺筆，謹焚香盥誦，其精妙處，方思細繹而差次，缺餉難籌，唾盤無術，軍書旁午，心火煎愁。適承傳語，集無副本，催取甚急，不得已略加圈點而歸之。匆促之間，未能領略十分之一也。

觀察公號茶耘，爲人頗似吾鄉瞿忠宣公。內堅鐵石，外露風華，雪裏寒梅，花敷老幹，比蒼松之與翠竹，勁直而有圓通。翦棘除荆，捨生取義，張許大節，忠烈大名，鄉黨有評，國史有傳。茲□□□□八日，江陰謝綸拜讀。

讀大翁詩稿，忠肝義膽宛露行間，至詠物悱惻纏綿，詠事激昂慷慨，乃其緒餘。惜未能學步騷壇，三生憾事。然既次第成帙，亟宜付諸梓人，傳流千古，何幸如之！甲子小春月，善化李澤春拜讀。

按：

謝綸，字蓮士，一字蓮絜，號謝亭。清江蘇江陰人。初官廣西隆安縣尉，咸豐中以軍功累擢鎮安府知府，竭力防禦時亂，頗有善績。著有《蓮絜詩存》《南征日記》等。李澤春，號笠帆。湖南善化（今湖南長沙）人。

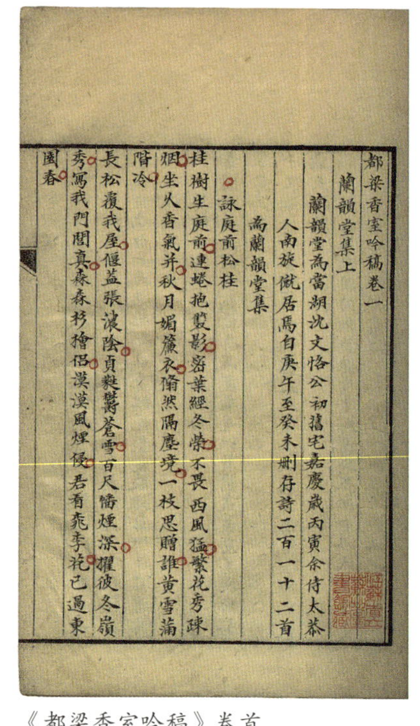

《都梁香室吟稿》卷首

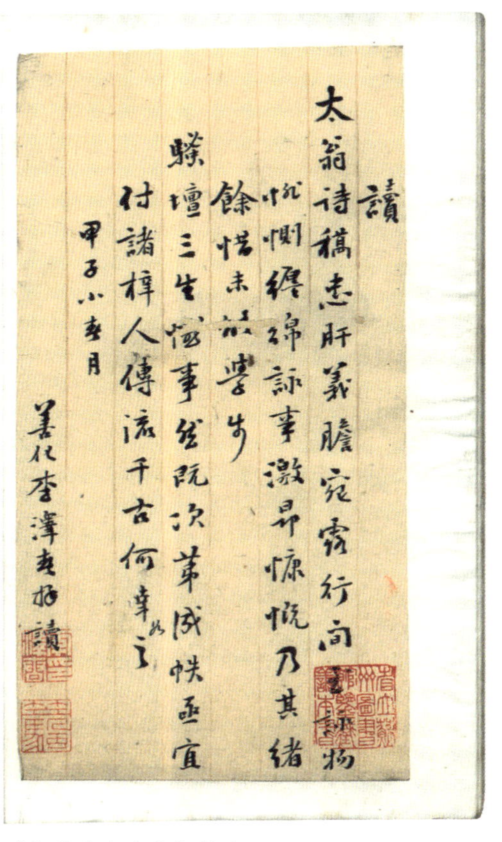

同治甲[illegible]春 孫閬青刺史郵寄
尊甫觀察公遺詩屬為選擇忠臣遺筆
謹焚香盥誦其精妙處方思細繹而差次缺
餉難籌唾盤無術軍書旁午心火煎愁適
承傳語集無副本催取甚急不得已略加圈點
而歸之悤促之間未能領畧十分之一也
觀察公號茶耘為人頗似吾鄉瞿忠宣公内堅鐵
石外露風華雪裏寒梅花敷老幹比蒼松之与
翠竹勁直而有圖通翦棘除荊舍生取義張許
大節忠烈大名鄉黨有評
國史有傳茲[illegible]月八日江陰謝綸拜讀

讀
太翁詩稿忠肝義膽突露行間[illegible]物
怳惘惻纏綿詠事激昂慷慨乃其緒
餘惜未敢學步
騷壇三生幽事既次第成帙亟宜
付諸梓人傳流千古何幸如之
甲子小春月
善化李澤春拜讀

《都梁香室吟稿》題跋

李澤春印

笠颿

曼陀羅館詩八卷

清金寶樹撰。稿本。清葉廷琯、蔣德馨批注并跋，清尤崧鎮、金文榜跋，民國王謇跋。索書號：〇七一二—〇八七。

釋文：

大集各體皆工，五古《四十述懷》、七古《琵琶行》，卓然大家。五律如《題劉乙閣詩稿》尤爲高格。至天倫之肫篤、襟懷之清介、撫字之愷悌慈祥，時流露於豪端，具徵品詣之合乎古賢，非可以詩人例視者也。丁未長至後三日，愚弟尤崧鎮讀并識。

合觀諸體，清而腴，雄而秀，妙在雅思遒麗之中，一種婉篤真摯之意溢於行間，非襟抱冲和、蘊蓄深厚，殆未易幾也。詩本性情，諒哉！道光戊申冬日，愚弟蔣德馨拜識。

先君自咸豐三年被旨揀發安徽，到後即任知州事，前後四年，備嘗辛苦。此卷多初到和時作，以後軍務迫蹙，亦不復有詩矣。今讀卷中如“生還原不易，後會恐無期”，又“從來戰地儒冠賤，拔劍高歌氣未平”句，已成日後殉節讖語，痛哉！文榜記於水東碧螺山館。

唫香刺史詩以才華風調見長，有筆有書，不深不淺，所懷畢達，無體不工，求之吴中往哲，五七律絶氣息最近高青邱，古風則追踪汪鈍翁無愧色。家有園林之樂，

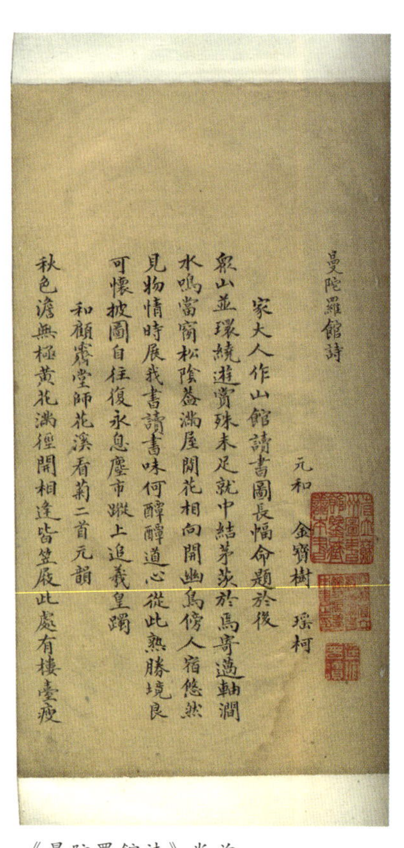
曼陀羅館詩

元和　金寶樹　瑶柯

家大人作山館讀書圖長幅命題於後

衆山並環繞，遊賞殊未足。就中結茅茨，於焉寄邁軸。澗水鳴當窗，松陰蔭滿屋。閒花相向開，幽鳥傍人宿。悠然見物情，時展我書讀。書味何醰醰，道心從此熟。勝境良可懷，披圖自往復。永息塵市蹤，上追羲皇躅。

和顧騫堂師花溪看菊二首元韻

秋色澹無極，黄花滿徑開。相逢皆笠屐，此處有樓臺。瘦

《曼陀羅館詩》卷首

儘可朝吟夕歗，高隱終身，廼復出山，遂致蹈險。吁，可慨已！然國殤古少詩人，良由氣節、詞章難于兼擅，我郡近年得刺史與梁叔中翰先後授命行間，克成大節，非特鄉閭生色，亦藝苑之光也。梁叔遺集已刊傳，惜缺軍中諸作。刺史此集，亦亟宜付諸梓人，以慰士林之望。而《飛鳧集》亦有殘缺，兩家正復相同，亦奇矣！同治五年孟陬，同里葉廷琯讀於滬上寓樓，謹跋。旹年七十有五。選百二十六首入《刼餘所見詩録》，以選字硃印爲記，紫筆加圈。

金唫香先生寶樹稿本，一名《花谿草堂詩集》。

唫香一字瑤珂，任皖中刺史，殉難六安。是書係哲嗣文榜從刼灰中携出，有葉苕生、尤榕疇兩先生墨迹跋語。且《飛鳧集》失而復尋，即苕生先生選《蛻翁所見詩録》《感逝集》時亦未及見，至可寶貴。《蛻翁所見詩録》原稿真迹亦在可園特藏，與石敦夫先生同福《瘦竹幽花館詩》存令子叔美先生巖英如不及齋，詩詞駢文手寫本竝儲爲《吴中先哲遺著》中，希見品而能具并，洵詞客有靈，隱爲呵護也。建國乙亥，邑後學王謇跋，邑後學蔣鏡寰書。

按：

尤崧鎮，字榕疇，清江蘇吴縣（今蘇州）人。貢生。候選訓導。著有《香葉山莊吟稿》。蔣德馨，字心薌，清江蘇長洲（今蘇州）人。道光十五年（一八三五）進士，授工部主事。晚歲主正誼書院。金文榜，見前《陶靖節集》條。葉廷琯，見前《岩下放言》條。王謇，見前《吉林録存》條。

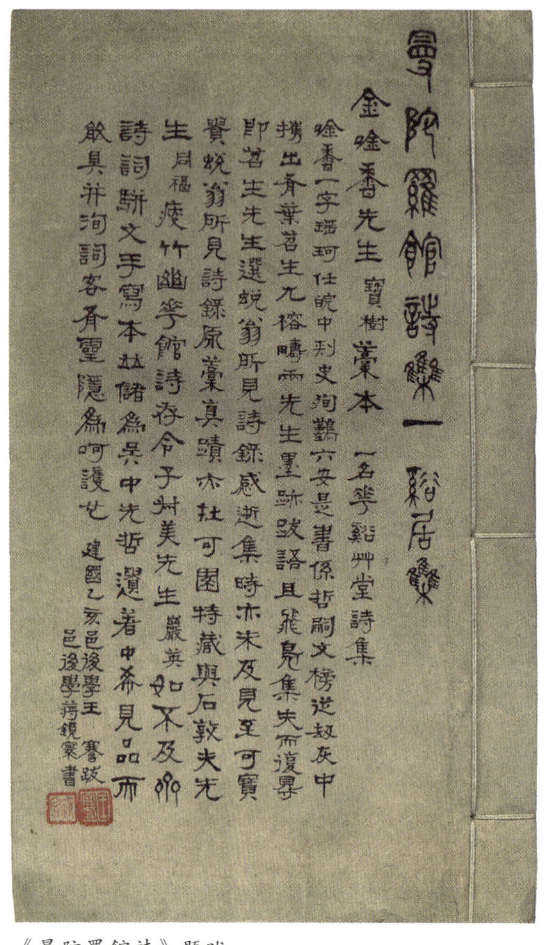

《曼陀羅館詩》題跋

十如居士

德馨讀過

榕疇讀過

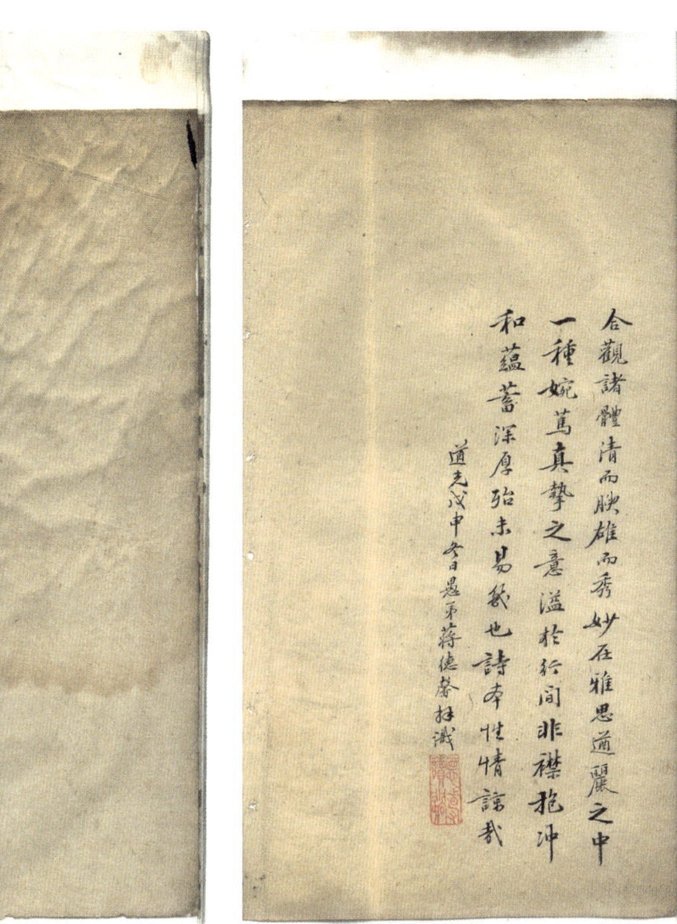

合觀諸體清而腴雄而秀妙在雅思遒麗之中一種婉篤真摯之意溢於行間非襟抱沖和蘊蓄深厚殆未易臻也詩本性情詎哉
道光戊申冬日愚弟蔣德馨拜識

此下各首乃道光丁未之[illegible]

未由問塗轍。

高淳道中立春

襟湖橋畔一長亭。獨客殘年此繫舲。積雪未消冰未解。春來何處柳條青。

大集各體皆工五古四十述懷七古琵琶行卓然大家五律如邑劉乙閣諸稾尤爲高格至天倫之肫篤襟懷之清介撫字之愷悌慈祥時流露於毫端具徵品誼之合乎古賢非可以詩人例視者也丁未長至後三日愚弟尤興鎮讀並識

芳草園文甲集不分卷乙集不分卷

清金寶樹撰。稿本。清金文榜跋，民國王謇跋。索書號：〇七一一一〇八七。

釋文：

《花溪草堂文甲彙》，一名《芳草園文集一》。

金瑤柯先生寶樹譔，據自題“甲乙集共八册，弟二册係家傳謚説，已收入謚内，弟八本另存”云云。故是本缺甲彙二，而複出甲集弟四册。倘得金氏家謚，鈔録家傳謚説一册補入，更爲完善。瑤柯事略見馮林一先生《顯志堂彙》。建國乙亥，邑後學王謇㯶岀。蔣鏡寰隸書。

元和人，戊戌進士，安徽殉難，六安知州，金吟香先生著，名寶樹。

現處亂時，此種易于散失，如有大雅收存，務乞藏好，俟我後人領取，銘感大德，没齒不忘。

齊門花溪金文榜記。

按：

王謇，見前《吉林録存》條。金文榜，見前《陶靖節集》條。

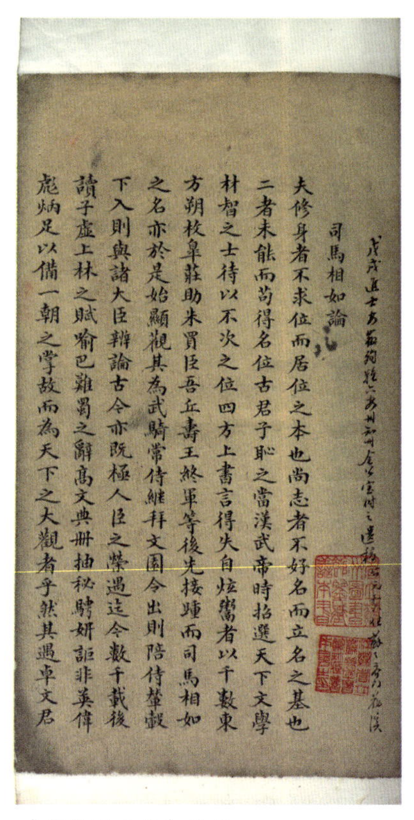

司馬相如論

夫修身者不求位而居位之本也尚志者不好名而立名之基也二者未能而茍得名位古君子恥之當漢武帝時招選天下文學材智之士待以不次之位四方上書言得失自炫鬻者以千數東方朔枚皋莊助朱買臣吾丘壽王終軍等後先接踵而司馬相如之名亦於是始顯覩其為武騎常侍繼拜文園令出則陪侍輦轂下入則與諸大臣辨論古今亦既極人臣之榮遇迄今數千載後讀子虛上林之賦喻巴難蜀之辭高文典冊抽秘騁妍詎非英偉彪炳足以備一朝之掌故而為天下之大觀者乎然其遇卓文君

《芳草園文集》卷首

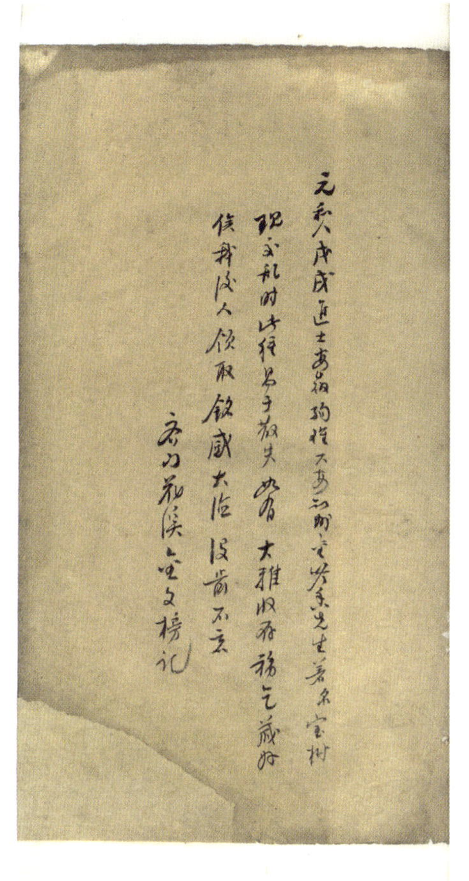

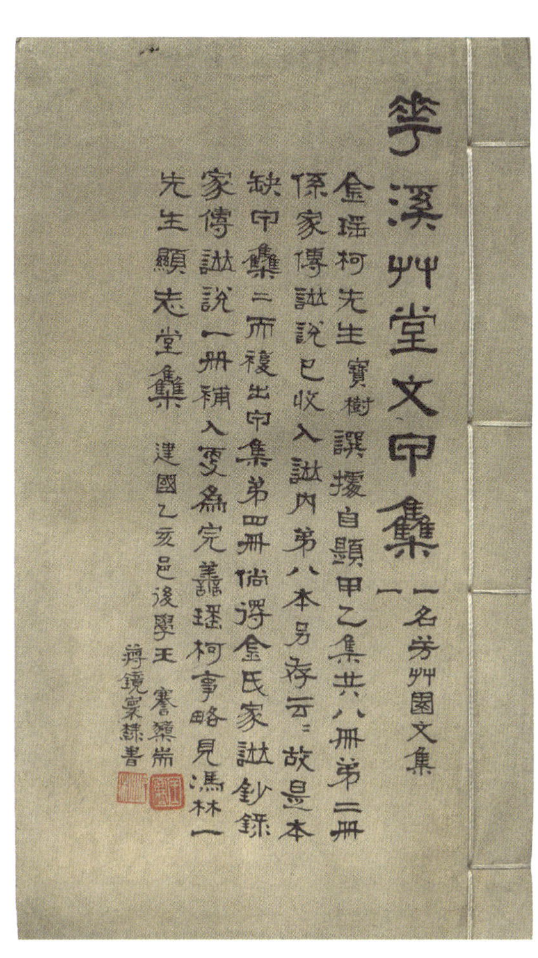

《芳草園文集》題跋

嫗解小草不分卷

清朱聲蜚撰。稿本。清盛福鍾跋。索書號：一六四九—一六六。

釋文：

歲癸卯梓童誕辰，姻侄盛福鍾讀并記一絶云："十五年前句偶題，一編入口脆于梨。近來老嫗頤無解，應笑香山學懶嵇。"

南樵姻伯大人一笑。

按：

盛福鍾，字迦生。清浙江秀水（今嘉興）人。貢生，授訓導。著有《侫佛齋稿》。

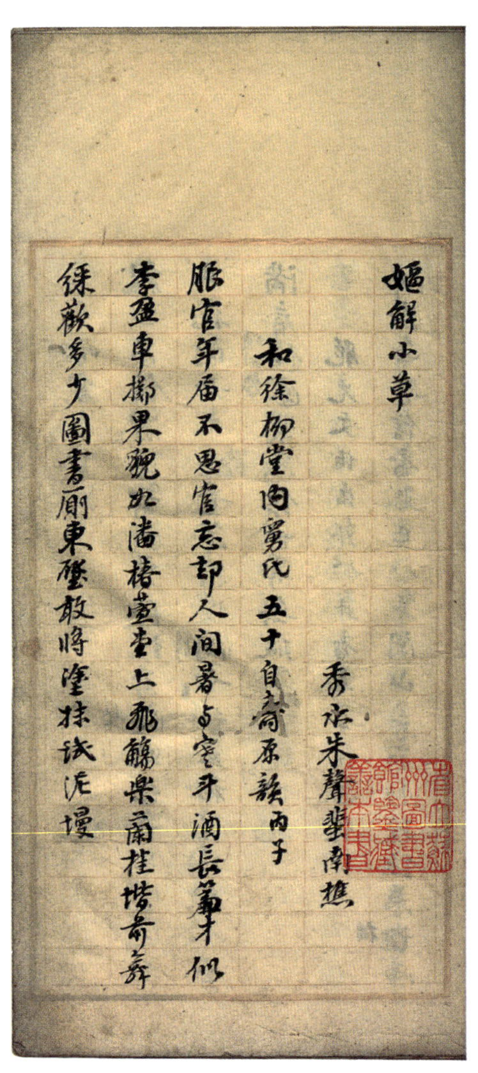
嫗解小草

秀水朱聲蜚南樵

和徐柳堂内舅氏五十自壽原韻 丙子

《嫗解小草》卷首

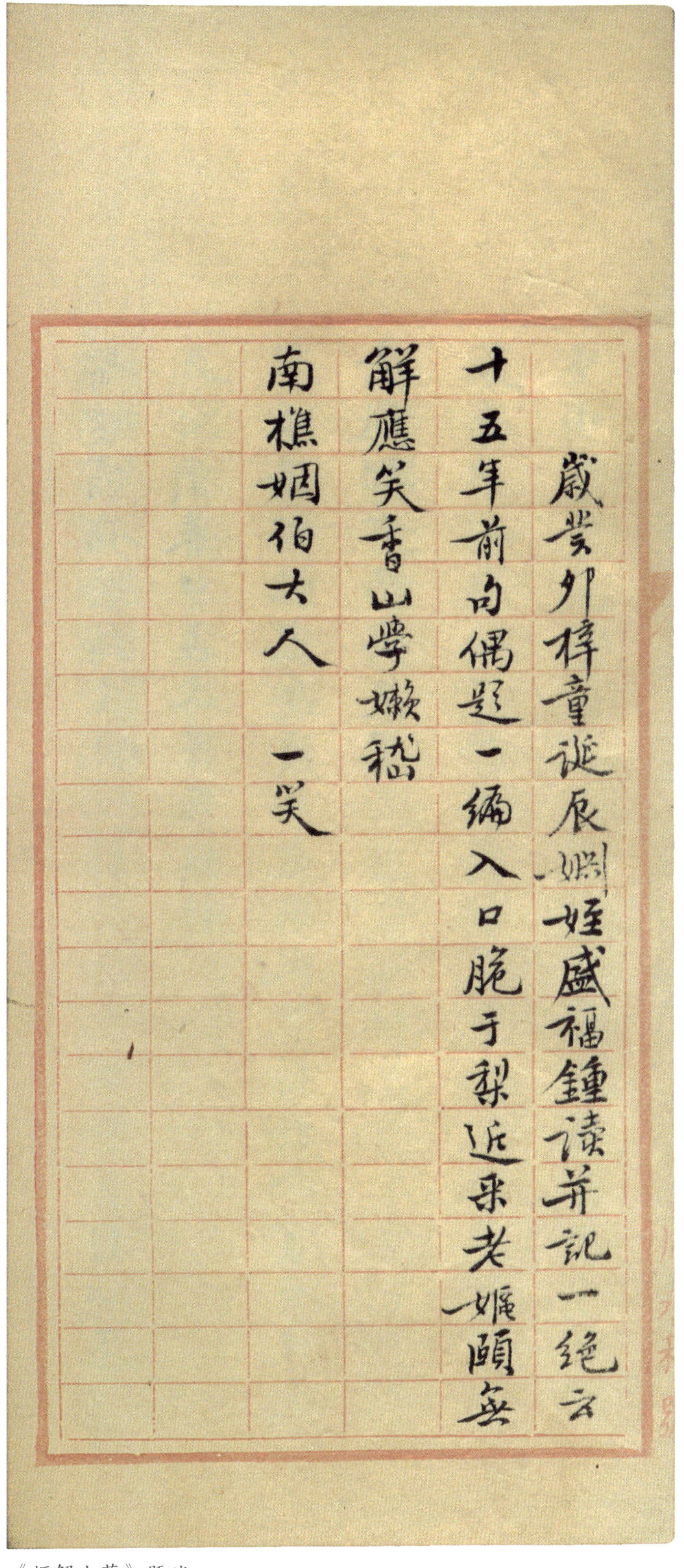

歲癸外梓童誕辰甥姪盛福鍾讀并記一絕云

十五年前向偶題一編入口脆于梨近來老嫗頤無解應笑香山學嬾嵇

南樵姻伯大人 一笑

《嫗解小草》題跋

解小草

秀水朱聲斐南樵

和徐柳堂甥舅氏五十自壽原韻丙子

官年屆不惑官忘卻人間暑與寒斗酒長篇才盈車擲果貌如潘椿萱堂上飛觴樂蘭桂階前歡多少圖書兩東壁敢將塗抹試泥墁

詩契齋十種三十八卷

清許玉瑑撰。稿本。清潘霨、王炳燮等跋。索書號：〇七六九—〇九〇。

釋文：

苦吟拈斷幾莖髭，小院苔陰中酒時。方朔金門成大隱，一編寫出草堂詩。　誰草雄文倚馬前，摩空峭壁俯蒼烟。廿年竿木逢場戲，須識平生煉骨堅。　朋交幾輩聚星難，銅井嵯峨天井寬。準擬連床酬宿約，喜先報到鵲聲乾。　擊檝先爭祖逖鞭，待歸同上五湖船。看山尚有還元閣，招隱文馳驛路煙。　鄧尉之麓，予家舊有別墅，自庚辰歲重加修葺，又於東偏新結十數椽，環以梅花三百株。花時觴詠其中，與君家池上草堂僅隔一水，介弟受之兄常邀親舊載酒往還，致足樂也。壬午新秋，重來京邸，得與鶴巢老兄樂數晨夕，并有結鄰之約。暇時出示大著，酒後燈前，循誦數過，不覺思鄉懷友，交集於中。爰拈集中妙語，作爲四首，即書于後，以爲他日歸田園居之左券云。韡園居士霨識。

昌黎古風，新城近體，句奇語重，肯健神腴。其漸近自然處，尤有華嚴樓閣彈指即現之妙，非枕葄功深，醞釀醇厚，烏能及此？披誦一過，不勝佩服。年小弟王炳燮拜識於春明寓舍，時在光緒二年丙子閏五月既望。

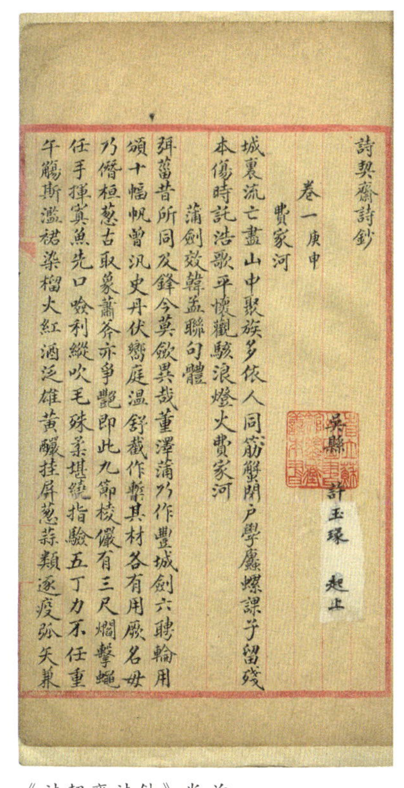
詩契齋詩鈔
卷一　庚申　吳縣許玉瑑起止
費家河
城裏流亡盡山中聚族多依人同筋蠏閉戶學蠃螺課予留殘本傷時託浩歌平懷觀駭浪燈火費家河
蒲劍效韓孟聯句體
弭菑昔所同及鋒今莫斂異哉董澤蒲乃作豐城劍六聘輪用頌十幅帆曾汎史丹伏蠻庭溫舒截作牒其材各有用厥名毋乃僭桓葱古取象蕭斧亦爭艷即此九節棱儼有三尺燭擊蠅任手揮寘魚先口噞利縱吹毛殊柔堪繞指驗五丁力不任重午觴斯濫裙染榴火紅酒泛雄黃釀挂屏葱蒜類逐疫弧矢兼

《詩契齋詩鈔》卷首

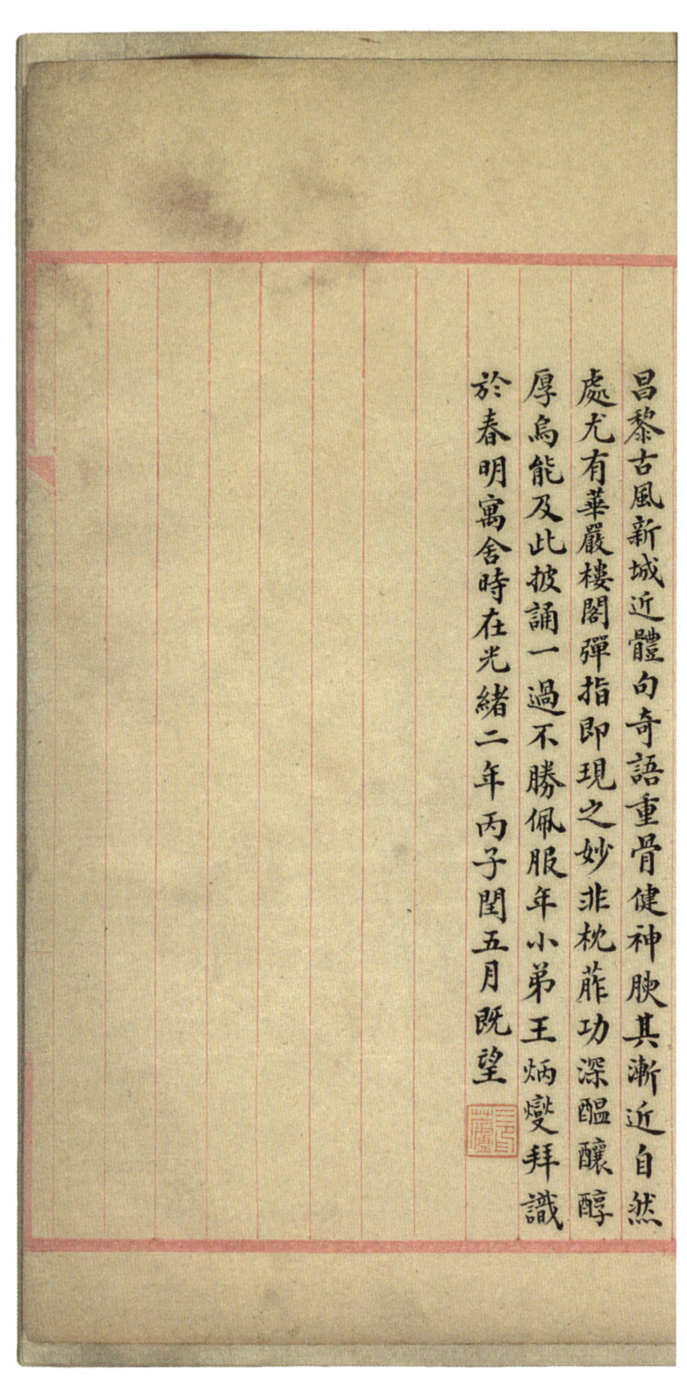

昌黎古風新城近體句奇語重骨健神腴其漸近自然
處尤有華嚴樓閣彈指即現之妙非枕葄功深醞釀醇
厚烏能及此披誦一過不勝佩服年小弟王炳燮拜識
於春明寓舍時在光緒二年丙子閏五月既望

《詩契齋十種》題跋

按：

潘霨，見前《歷代史論》條。王炳燮（一八二二—一八七九），字絅齋，號璞臣，清安徽婺源人，隨父客居吴門。光緒二年（一八七六）進士。歷任直隸、邯鄲知縣，署理天津縣，即補直隸州特用知府加三級，李鴻章深器重之。究心經世之學，著《毋自欺室文集》《國朝名臣言行録》《讀朱求是》等。

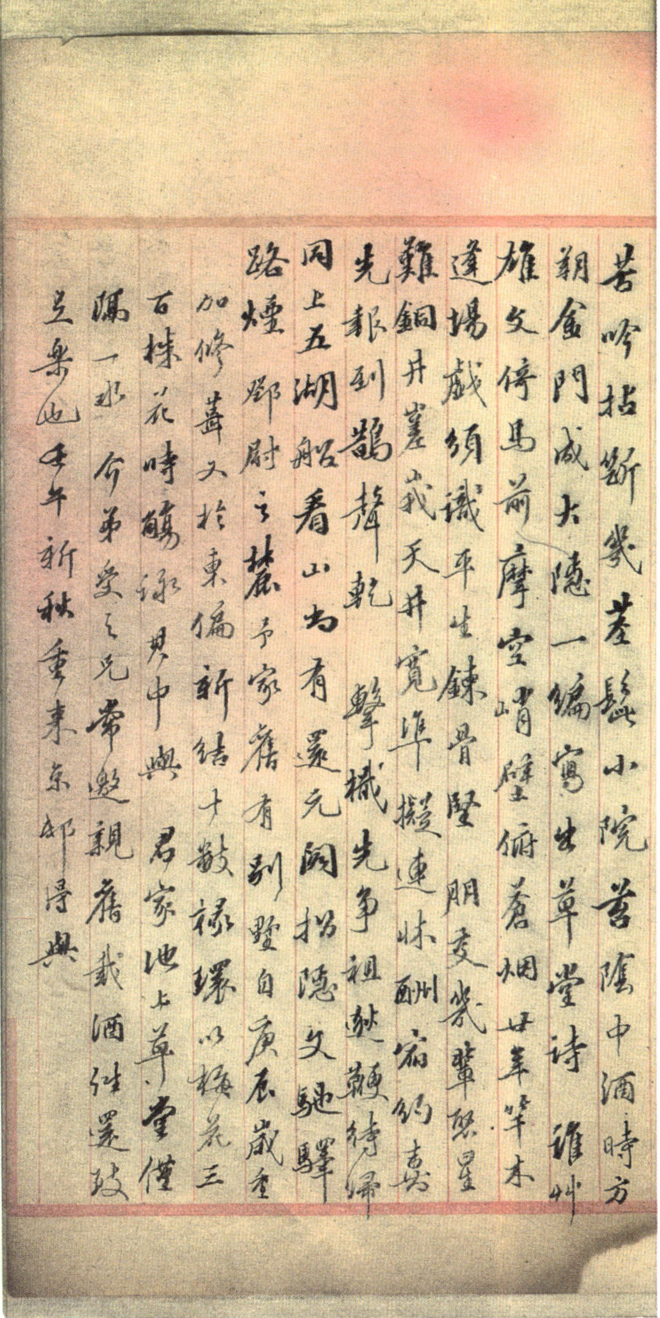
苦吟拈斷數莖鬚，小院菩陰中酒時。方翔金門成大隱，一編寫出草堂詩。維州雄文倚馬前，摩空嵴壁俯蒼烟。廿年笔木道場戲，須識平生鍊骨堅。朋交數輩照星難，銅井崖我天井寬。準擬連牀酬宿約，嘉先報到鷴聲乾。擊檝先爭祖逖鞭，待歸同上五湖船。看山為有還元閣，招隱文馳驛路煙。鄧尉之麓，予家舊有別墅，自庚辰歲重加修葺，又於東偏新結十數椽，環以梅花三百株，花時觴詠其中，與君家池上草堂僅隔一水，令弟受之兄常邀親舊載酒往還，故足樂也。壬午新秋重來京邸，得與

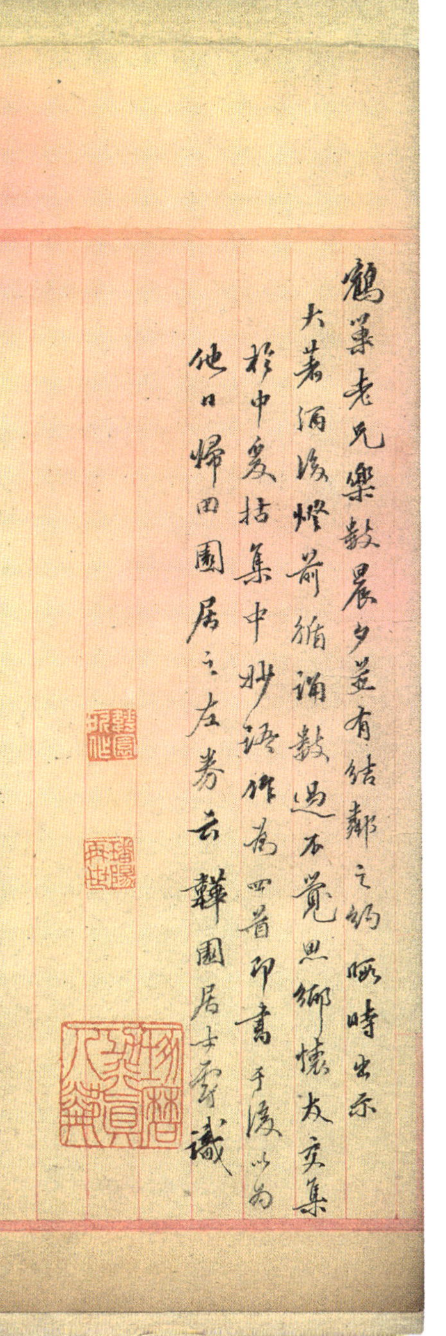
鶴巢老兄樂數晨夕，並有結鄰之約。晒時出示大著，酒後燈前循誦數過，不覺思鄉懷友交集於中，爰拈集中妙語作為四首，即書手瀆，以為他日歸田園居之左劵云。韓園居士蘅識。

靈岩山館詩稿二卷詞稿二卷

清陳灝著，陳文炳校。清陳星昭抄本。民國王季烈録詞稿并跋。索書號：一六六一—一六六。

釋文：

此六合陳讓泉先生遺詩，哲嗣星昭鹺尹所手録也。先生生于嘉慶己巳八月十一日，世居六合靈巖山左。道光丁酉拔貢，己亥恩科順天鄉試舉人。咸豐癸丑大挑，以教職用。同治癸亥署儀徵縣訓導，丁卯選授長洲縣教諭。其冬來蘇履任，至光緒丙戌乞休，後僑寓郡城燕家浜。辛卯十一月廿一日卒於蘇，次年冬葬堯峰山陽之蒼塢。鹺尹生于同治丙寅，卒于宣統辛亥後十三年。無子。其長女歸余次兒守則，出此詩稿丐余記其大略，因書之于後。又於破籍中見先生詞稿兩闋，爲鹺尹所未録，并附之於此。甲申嘉平後學王季烈謹識。

按：

王季烈，見前《緣督廬日記》條。

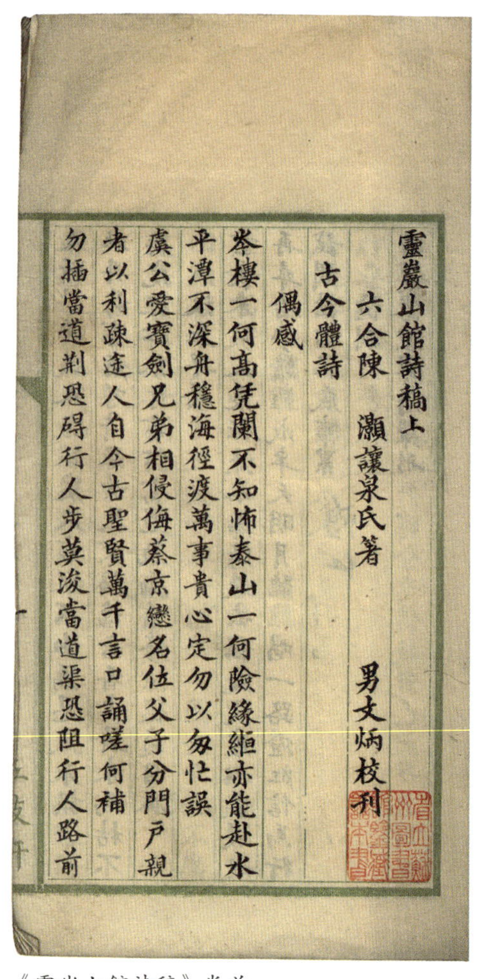
靈巖山館詩稿上
六合陳　灝讓泉氏著　　男文炳校刊
古今體詩
偶感
岑樓一何高凭闌不知怖泰山一何險緣絙亦能赴水
平潭不深舟穩海徑渡萬事貴心定勿以匆忙誤
虞公愛寶劍兄弟相侵侮蔡京戀名位父子分門戶親
者以利疎違人自今古聖賢萬千言口誦嗟何補
勿插當道荊恐碍行人步莫浚當道渠恐阻行人路前

《靈岩山館詩稿》卷首

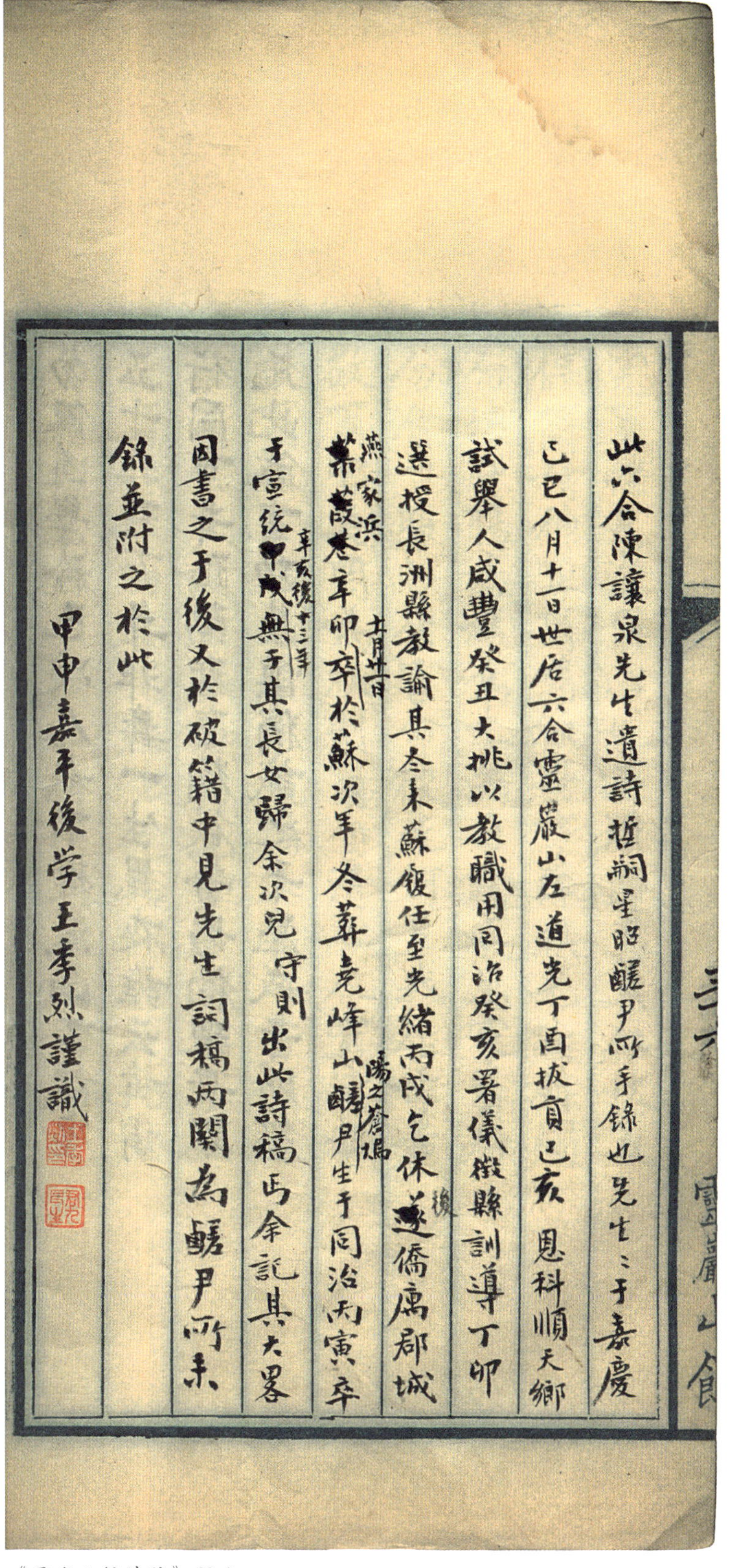

此六合陳讓泉先生遺詩，哲嗣星昭鱸尹所手錄也。先生生于嘉慶己巳八月十一日，世居六合靈巖山左。道光丁酉拔貢，己亥恩科順天鄉試舉人。咸豐癸丑大挑，以教職用。同治癸亥署儀徵縣訓導，丁卯選授長洲縣教諭，其冬來蘇。復任至光緒丙戌乞休，遂僑寓郡城燕家浜葉巷。辛卯十月廿日卒於蘇，次年冬葬堯峰山。鱸尹生于同治丙寅，卒于宣統甲子（辛亥後十三年），無子，其長女歸余次兒守則，出此詩稿，丐余託其大婿國書之。予後又於破籍中見先生詞稿兩闋，爲鱸尹所未錄，並附之於此。

甲申嘉平後学王季烈謹識

《靈岩山館詩稿》題跋

兩壘軒尺牘不分卷

清吴雲撰。稿本。民國王謇跋。索書號：〇七三三—〇八八。

釋文：

《兩壘軒赤牘》，吴愉庭老人雲手稿。老人富於藏弆，箸書等身。是稿藏本庫有年，而紙敝墨渝，不克卒讀。什襲珍藏，無以詒後來，乃啟當事，竝介書友欣賞齋主徐浩亭以素楮藉背，予復爲理而董之，雖頗叢殘，而存猶過半。再假鄉先輩顧西津先生過雲廔舊藏刊本是正闕失，別製跋語，刊入館中雜志，刻削而稿留者，亦數數見於是本。老人流寓我吴金太史場園，曰"聽楓"，疊見鄭大鶴、朱彊邨兩公詞刻中。所箸《鐘彝器款識》《二百蘭亭坌金石記》《印考漫存》《漢銅印譢》時見諸市上，而藏物則星散矣。建國丙子，吴中王謇。

丙子陬月，又檢得一册於特藏庫中，爲吴讓之、戴禮庭、莫子偲、沈韻初、蔡麟洲、金香圃、曹愷堂、李幼棸、魏稼孫、吴康甫、程安德、趙惠甫、吴子恭、吴冠英、陳季平、周陶齋、徐篆香諸家，廑缺卅四家矣。謇續識。

按：

王謇，見前《吉林録存》條。

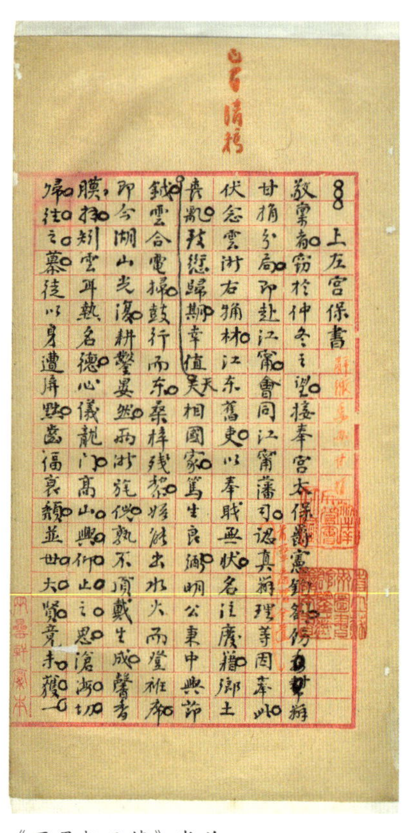

《兩壘軒尺牘》卷首

兩罍軒尺牘 吳愉庭老人雲手藁。老人富於臧弆，著書等身。是藁藏本庫有年，而紙敝墨渝，不克卒讀，什襲珍護，無以詒後。來乃啟當事，並介書友欣賞齋主徐浩亭，以素楮藉背，予復為理而董之。雖頗叢殘，而存猶過半，再假鄉先輩顧西津先生過雲樓舊藏刊本，是正闕失，别錄跋語，刊入館中雜志。刻削而藁留者，亦數數見於是本中。老人流寓我吳金太史場，園曰聽楓，疊見鄭大鶴、朱彊邨兩公詞刻中。兩罍著《鐘鼎彝器款識》《二百蘭亭齋金石記》《印考漫存》《漢銅印譜》，時見諸市上，而藏物則星散矣。建國丙子吳中王謇。

丙子臘月又檢得一册於特藏庫中，為吳讓之、戴禮庭、莫子偲、沈韻初、蔡鱗洲、金香圃、曹□堂、李幼棻、魏稼孫、吳康甫、程安德、趙惠甫、吳子苾、吳冠英、陳季年、周閑齋、徐篆香諸家[illegible]續識

《兩罍軒尺牘》題跋

哭三子承詩一卷

清顧文彬撰。稿本。清曹元忠校并跋。索書號：一一一九—一二三。

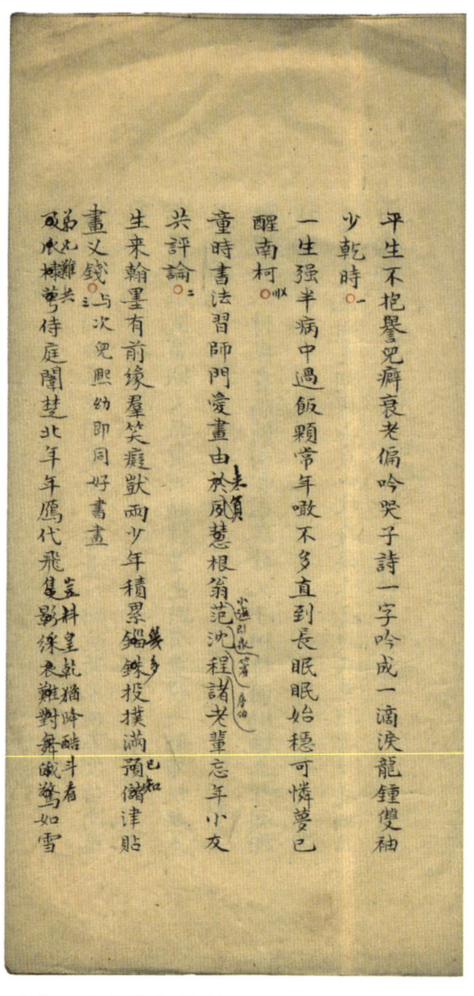
平生不抱譽兒癖衰老偏吟哭子詩一字吟成一滴淚龍鍾雙袖
少乾時。一
一生强半病中過飯顆常年啜不多直到長眠眠始穩可憐夢已
醒南柯。
童時書法習師門愛畫由於夙慧根翁范沈程諸老輩忘年小友
共評論。二
生來翰墨有前緣羣笑癡獃兩少年積累錙銖投撲滿預儲津貼
畫叉錢。三　與次兒熙幼即同好書畫
[illegible]侍庭闈楚北年年鴈代飛[illegible]

《哭三子承詩》卷首

釋文：

太歲甲辰七月廿日，同郡世再侄曹元忠校。

《哭子詩》擬存卌首，而以行略附注各詩之下，以詩與行略各見大概，可省許多筆墨矣。質諸筠鄰昆季，未識然否。七月廿有四日，凌波謹志。

按：

曹元忠（一八六五—一九二三），字夔一，一作揆一，號君直，晚號凌波居士，清江蘇吴縣（今蘇州）人。光緒二十年（一八九四）舉人，官翰林學士，充直内閣。精通三禮、醫學、目録學、校勘學。工詩詞，爲晚清西崑派代表。亦富藏書，撰有《箋經室書目》。

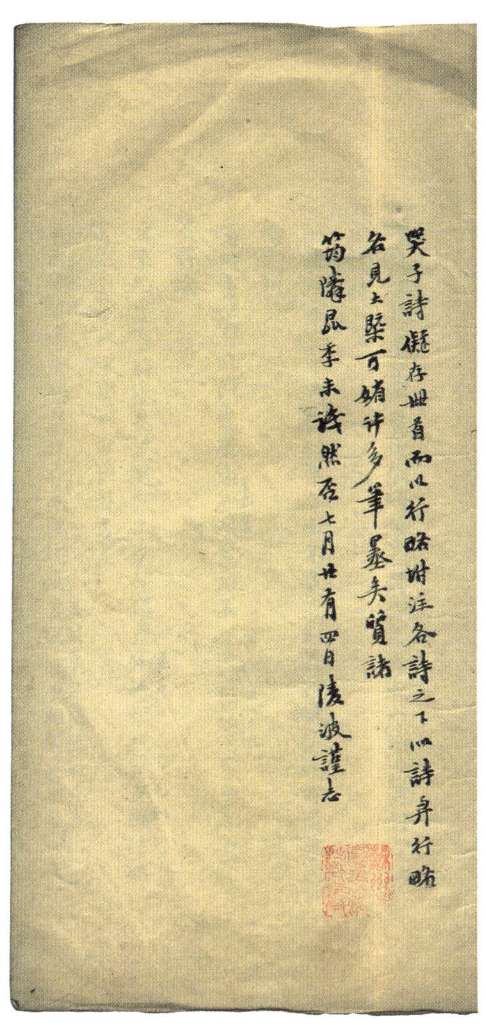

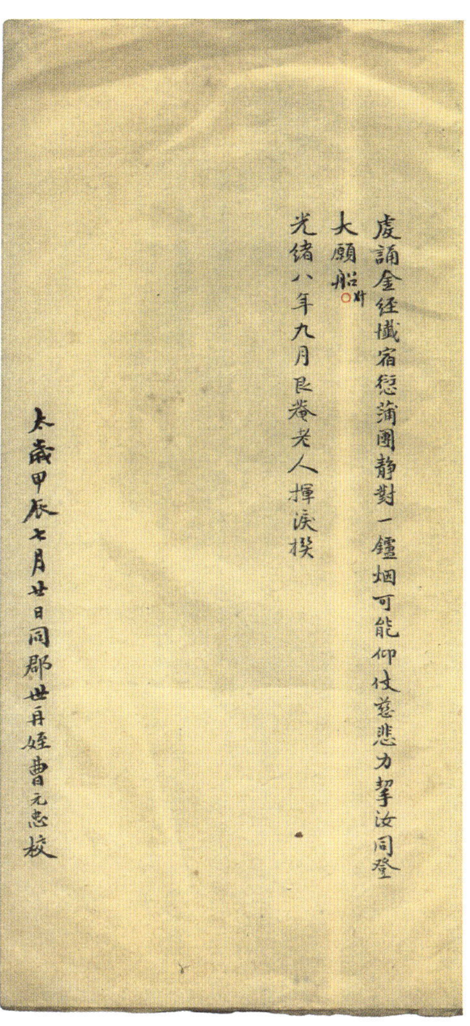

《哭三子承詩》題跋

雷浚稿本八種十五卷

清雷浚撰。稿本。清袁學瀾、潘鍾瑞、葉廷琯跋。索書號：H—〇八。

釋文：

同治五年丙寅六月望前，元和袁學瀾拜讀一過，録集中佳篇入《滬上題襟集》，於張爲《主客圖》中又增一座，并誌欣幸。

越後一旬，長洲教小弟潘鍾瑞拜讀兩過於平陽館齋之隱香館。

丙寅重陽節前一日，得吴門惠書，獲讀此編于滬上寓樓，舊時拙選居十之七八焉。同邑調生弟葉廷琯識。

卷中詩視原本頗有删改，删處簡潔，較舊爲長，惟改筆有勝于舊者，亦有轉遜于舊者，更須酌定爲妙。老苕再識。

按：

袁學瀾（一八〇四—一八七九），原名景瀾，字文綺，號巢春，清江蘇元和（今蘇州）人。工詩，組織"尹山吟社"，多吟詠吴地風俗民情。著有《南宋宫詞百首》《姑蘇竹枝辭百首》《蘇臺攬勝百詠》《吴都歲華紀麗》等。潘鍾瑞（一八二二—一八九〇），字麟生，號瘦羊，晚號香禪居士，清江蘇長洲（今江蘇蘇州）人。諸生，太常寺博士。工書法、詩文、金石。著述頗豐，有《香禪遊記》《蘇臺麋鹿記》《百不如人室詩文草》等。葉廷琯，見前《岩下放言》條。

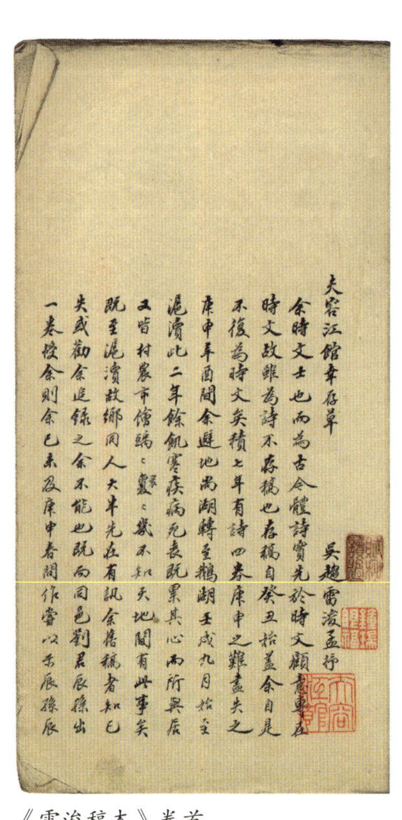
夫容江館幸存草
吳趨雷浚孟亭
余時文士也而爲古今體詩實先於時文顧意專在
時文故雖爲詩不存稿也存稿自癸丑始蓋余自是
不復爲時文矣積七年有詩四卷庚申之難盡失之
庚申年西閭余避地尚湖轉至鵝湖壬戌九月始至
滬瀆此二年餘飢寒疾病死喪既累其心而所與居
又皆村農市儈[illegible]囂囂不知天地間有此事矣
既至滬瀆故鄉同人大半先在有訊余舊稿者知已
失或勸余追録之余不能也既而同邑劉君辰孫出
一卷授余則余已未及庚申春間作當以示辰孫辰

《雷浚稿本》卷首

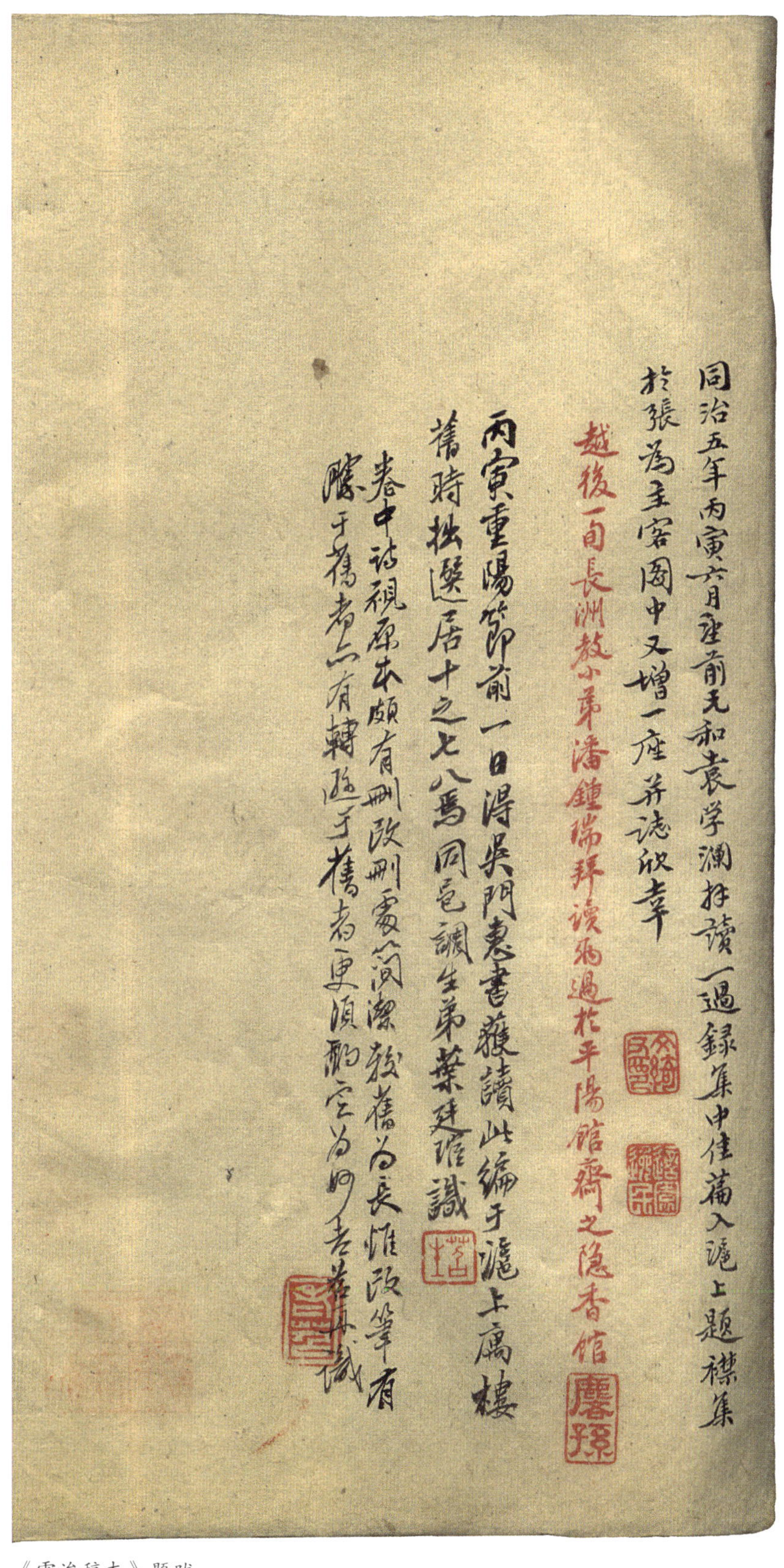

同治五年丙寅六月望前元和袁学瀾拜讀一過録集中佳篇入滬上題襟集於張爲主客圖中又增一座并誌欣幸

越後一旬長洲教小弟潘鍾瑞拜讀兩過於平陽館齋之隱香館

丙寅重陽節前一日得吳門惠書獲讀此編于滬上寓樓舊時拙選居十之七八焉同邑調生弟葉廷琯識

卷中詩視原本頗有删改删處亦潔較舊為長雖改筆有勝于舊者亦有轉遜于舊者更須酌定為妙[illegible]又識

《雷浚稿本》題跋

石室祕藏詩一卷神明鏡詩一卷

清徐康撰。清抄本。清潘鍾瑞跋。索書號：〇七二二—〇八七。

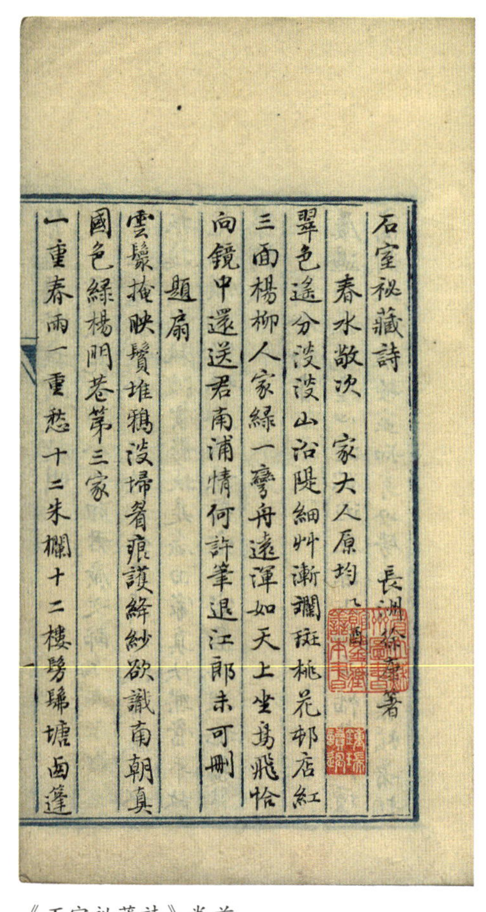
石室祕藏詩　長洲徐康著
春水敬次　家大人原均
翠色遙分淺淺山沿隄細艸漸斕斑桃花郁店紅
三面楊柳人家綠一彎舟遠渾如天上坐鳥飛恰
向鏡中還送君南浦情何許筆退江郎未可刪
題扇
雲鬟掩映鬢堆鴉淺埽脩痕䕶絳紗欲識南朝真
國色綠楊門巷第三家
一重春雨一重愁十二朱欄十二樓閒歸塘西逢

《石室祕藏詩》卷首

釋文：

己丑八月初旬，小弟潘鍾瑞拜讀。

重陽前二日坐雨，又讀一過，瘦叟記。

按：

潘鍾瑞，見前《雷浚稿本八種》條。

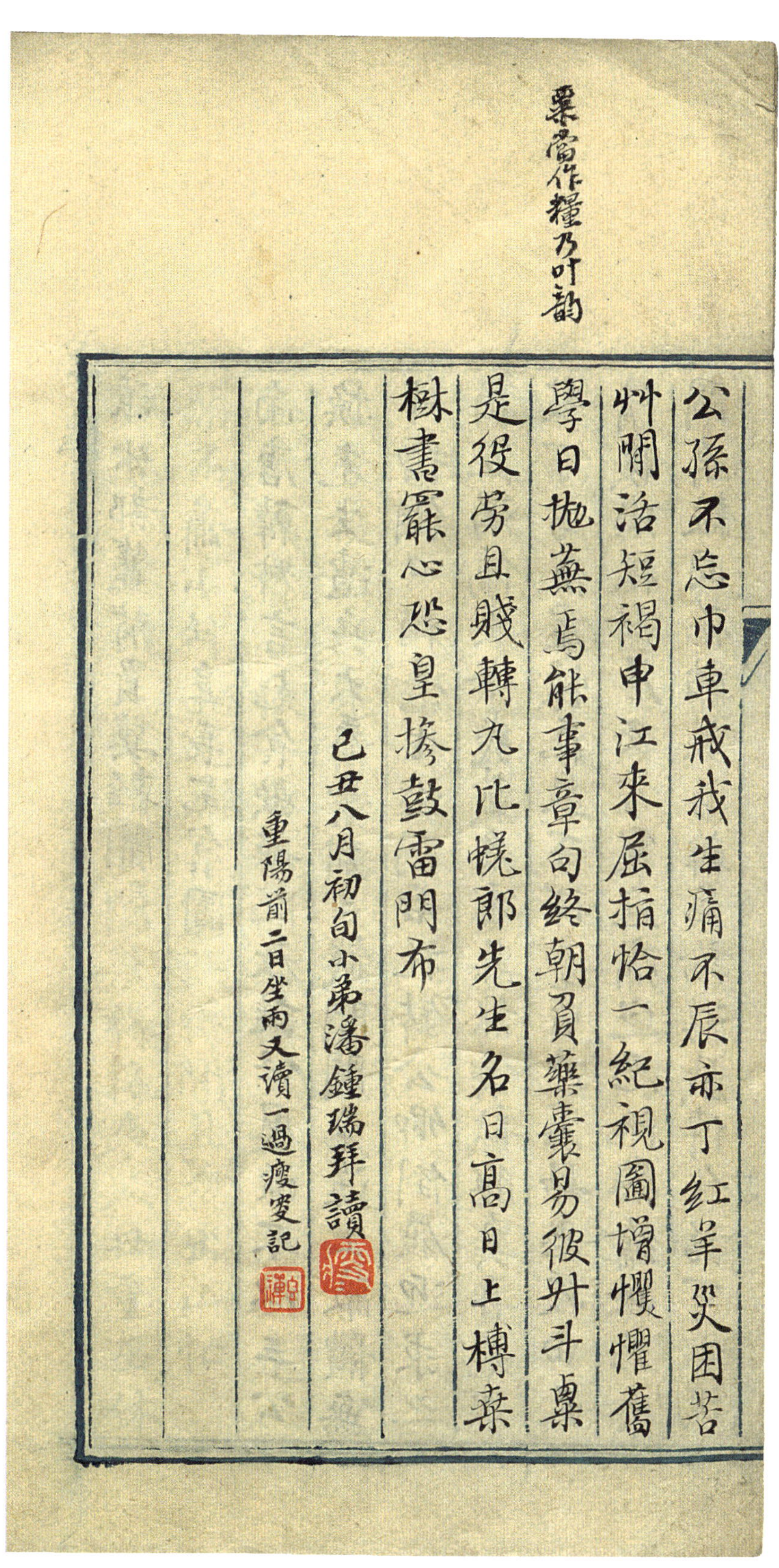

粟當作糧乃叶韵

公孫不忘巾車戒我生痛不辰亦丁紅羊哭困苦艸間活短褐申江來屈指恰一紀視圖增戄懼舊學日拋蕪焉能事章句終朝買藥囊易彼升斗粟是役勞且賤轉丸比蜣郎先生名日高日上榑桑樕書罷心恐皇搀鼓雷門布

己丑八月初旬小弟潘鍾瑞拜讀

重陽前二日坐雨又讀一過瘦叟記

《石室祕藏詩》題跋

餐芍花館詩十卷

清周騰虎撰。稿本。清趙烈文批注并跋，清戴望、畢長慶、王炳、葉昌熾等跋。索書號：〇七三〇—〇八八。

釋文：

同治戊辰正月，孟輿以其尊公弢甫先生遺詩見示，命爲論定。未及卒業，而孟輿以弟病歸常州，持之去。予惟此編雖爲先生餘事，然其所作類皆指陳利病，感切時務，若《江水》《哀中牟》諸篇，經世之志、澤物之仁，皆于言外得之。學焉哉！學焉哉！德清戴望謹記。

少作摹古摹唐有逼真者，中年後出入杜韓蘇陸，脱離形似，浩乎沛然，有真性情運乎其中，不同浮響，傳世無疑。眉上著墨圈處，去取甚當，似無須更議。戊辰正月十日讀竟謹識。

激昂慷慨，是陳同甫一流，而風流旖旎處，抑何魏徵嫵媚？文虎又識。

光緒乙酉，愚侄葉昌熾謹讀一過。

戊辰季冬，絅齋弟王炳抒讀一過。

同治丁卯立夏，弟趙烈文讀過。

同治戊辰冬，鼻山畢長慶讀過。

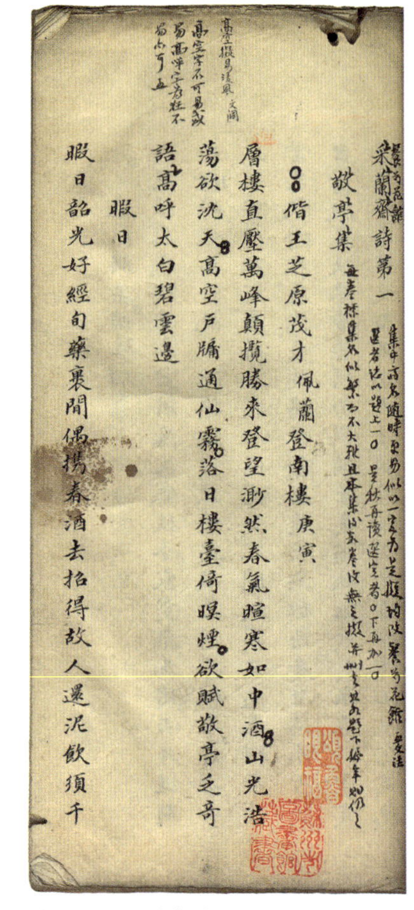
采蘭簃詩第一

敬亭集

倍王芝原茂才佩蘭登南樓 庚寅

層樓直壓萬峰顛，攬勝來登望渺然。春氣暄寒如中酒，山光浩蕩欲沈天。高空戶牖通仙霧，落日樓臺倚暝煙。欲賦敬亭乏奇語，高呼太白碧雲邊。

暇日

暇日韶光好，經旬藥裹閒。偶携春酒去，招得故人還。泥飲須千

《餐芍花館詩》卷首

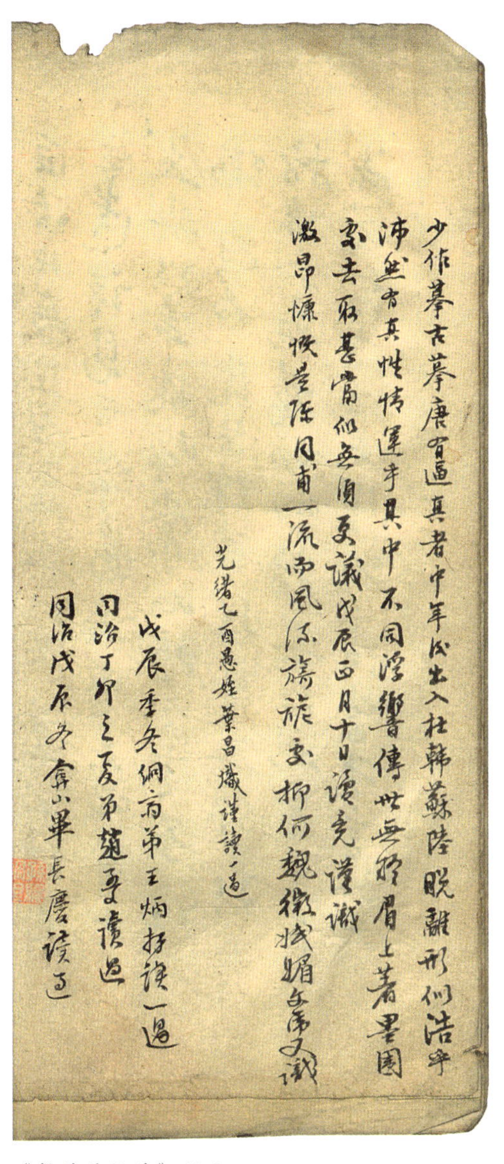

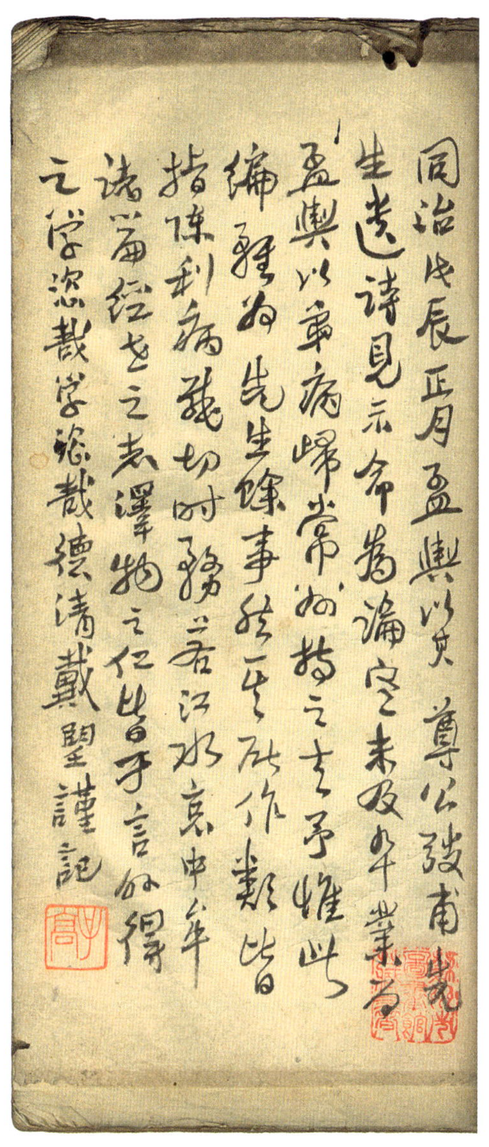

《餐芍花館詩》題跋

按：

戴望（一八三七—一八七三），字子高，清浙江德清人。補諸生。同治時任金陵書局編校。著有《顔氏學記》《謫麐堂遺集》等。葉昌熾（一八四九—一九一七），又名芳披，字蘭裳、鞠裳、鞠常，號頌魯，晚號緣督廬主人。江蘇長洲（今蘇州）人。清光緒十五年（一八八九）進士。曾任國史館總纂官、翰林院侍講、甘肅學政。精於金石版本之學，藏書極富。著有《藏書紀事詩》《語石》《緣督廬日記》等。王炳，又名王炳燮，見前《詩契齋十種》條。趙烈文，見前《餐芍花館日記》條。畢長慶，字孫帆，清江蘇鎮洋（今太倉）人。畢沅孫。咸豐三年（一八五三）恩貢生，候選内閣中書，以克復蘇城功，賞員外郎銜。著有《適園詩草》一卷。

戊辰正月孟與以貞尊公張甫先
生詩見示命為論定未及半業為
其以華病歸常如特之支亭雖此
雅為先生餘事然一生所作數皆
利病議切時務吾江水衰中公年
而經世之志澤物之仁皆于言外得
之懿哉學懿哉德清戴冀頤堅謹記

采蘭齋詩二卷

清周騰虎撰。稿本。清管樂、包世臣、管晏跋。索書號：〇七三一—〇八八。

释文：

樂不知詩，然讀吾兄作，便覺吐屬有異流輩（此説有故），令人想見讀書人。管樂記。

弢甫詩當不作唐以下想，五古則又歷魏晉而上之矣。

曩昔讀《宛鄰雜擬》，有“瀟湘春夜短，江南春晝長”，歎爲十字千古，今弢甫“日暮碧雲深，天遠愁風雨”，風度正爾不减，漁洋、秋谷復生，尚不解此，無論餘子。倦翁祕語。

仲遠五言不失家法，唯稍蕪耳。弢甫七言則雛鳳聲清矣，爲之快絶。世臣再筆。

聲哀則動，動則移人，作者殆於解此。三筆。

余生平不敢作七言，以其聲越而調苦也，知難而退。顧少小散布之章，時有人稱述，以爲杜、韓繼響，老杜夫何敢，昌黎正病其無當家本事耳。然老杜全璧，亦不多有。弢甫可與言詩，故復縷覼。四筆。

七古轉韻，極難調諧。前年在白門見山陽丁生壽昌，歎爲得未曾有，今又見此，才始知造物好奇，無獨有偶也。諸體亦稱適。安吴包世臣忺忭題記。

丙午歲杪，管晏讀于郡城東之護國寺。

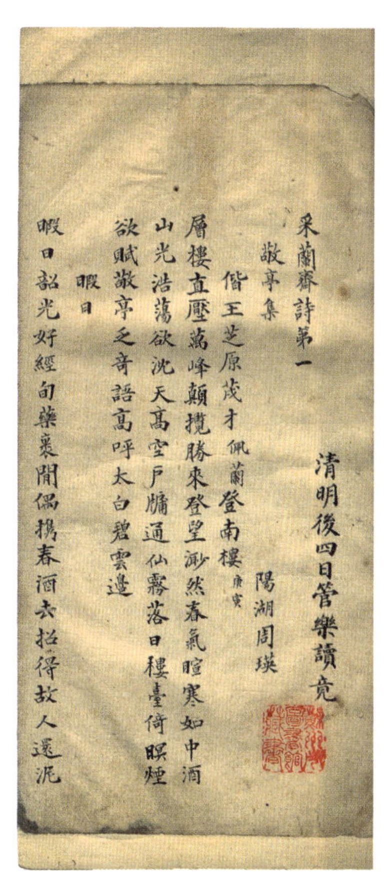
采蘭齋詩第一
清明後四日管樂讀竟
敬亭集　陽湖周瑛
偕王芝原茂才佩蘭登南樓庚寅
層樓直壓萬峰顛攬勝來登望渺然春氣暄寒如中酒
山光浩蕩欲沈天高空戶牖通仙霧落日樓臺倚暝煙
欲賦敬亭之奇語高呼太白碧雲邊
暇日
暇日韶光好經旬藥裹閒偶携春酒去招得故人還泥

《采蘭齋詩》卷首

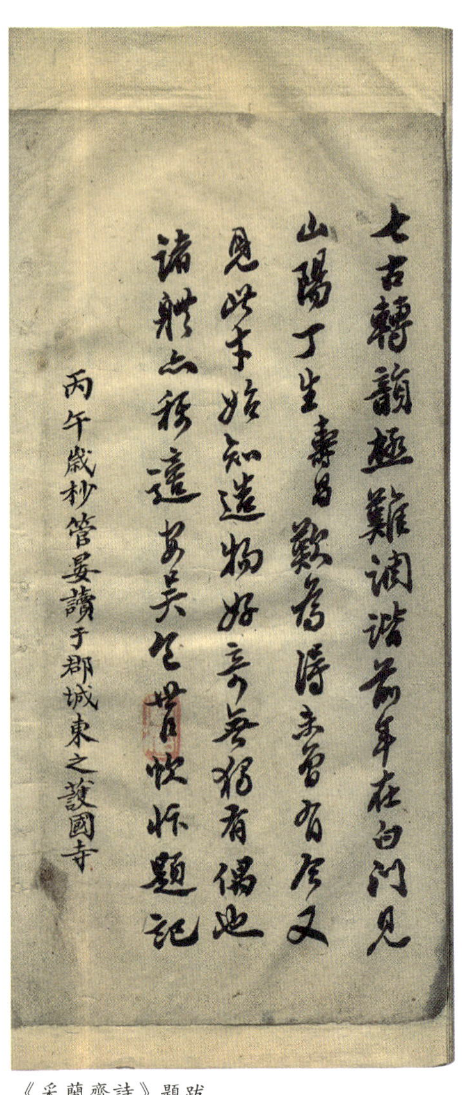
七古轉韻極難調諧前年在白門見
山陽丁生壽昌歎爲得未曾有今又
見此本始知造物好奇無獨有偶也
諸體亦稱遠安吳包世臣慎伯題記
丙午歲杪管晏讀于郡城東之護國寺

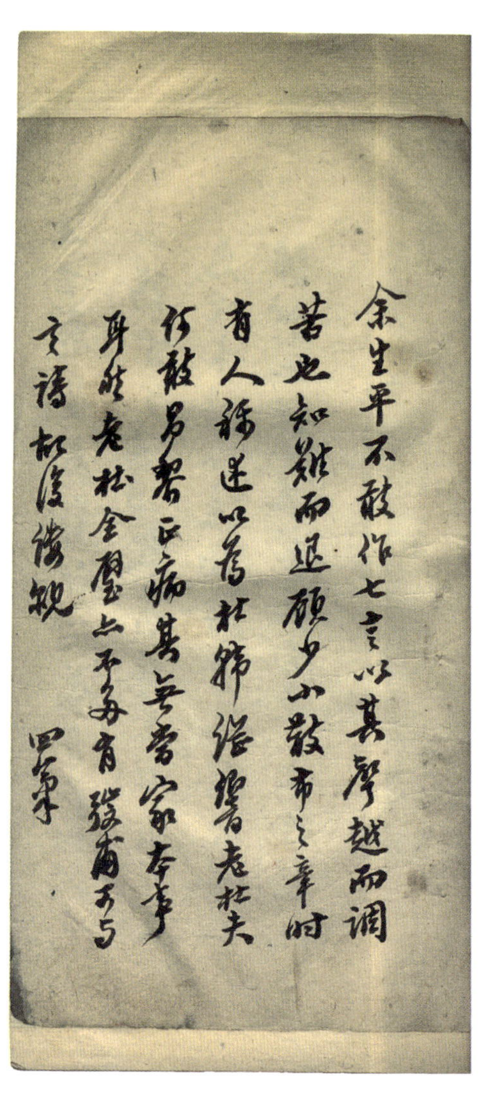
余生平不敢作七言以其聲越而調
苦也知難而退頗少小數市之章時
有人稱述以爲杜韓繼響老杜矣
何敢易習正病其無當家本事
耳非老杜全壘亦不每有殘篇于与
之詩亦復後觀
四弟

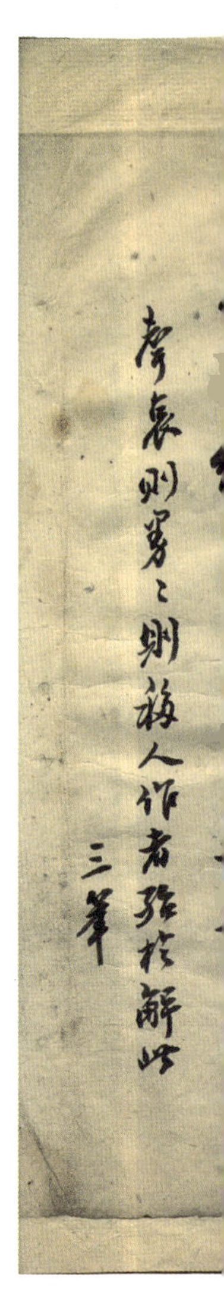
李長則另之則移人作者能於解此
三弟

《采蘭齋詩》題跋

按：

管樂，字才叔，清江蘇陽湖（今常州）人。諸生。博學能文，與兄晏齊名。以作幕終其身。包世臣（一七七五—一八五五），字慎伯，號倦翁，學者稱安吳先生，清安徽涇縣人。嘉慶十三年舉人。曾官新渝知縣，被劾去官。博學工書，著有《安吳四種》等。管晏，字平仲，一字敬伯，管樂兄。官河南知縣，署山東運河廳同知。承家學，詩文多散佚。

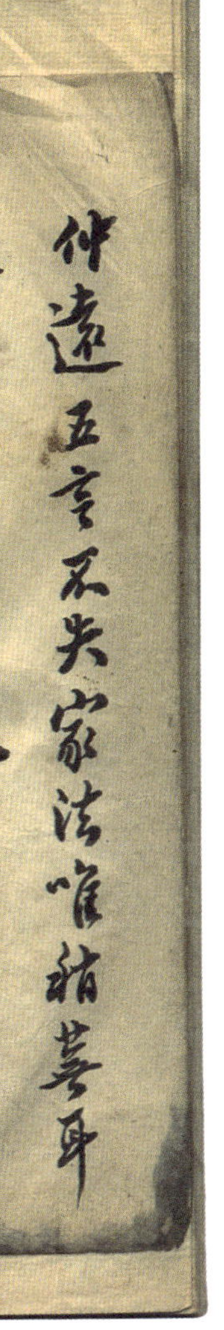

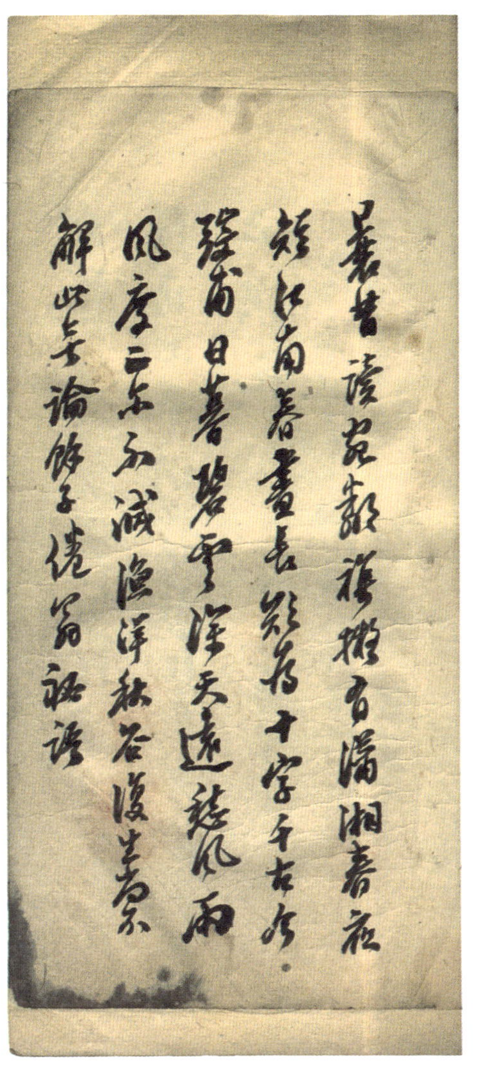

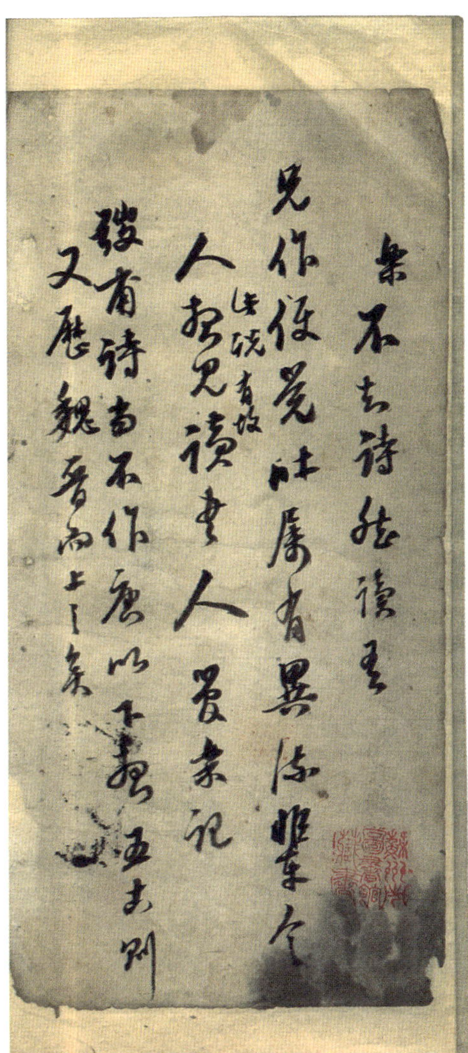

清明後四日管樂讀竟

采蘭齋詩第一

敬亭集

陽湖周瑛

偕王芝原茂才佩蘭登南樓 庚寅

層樓直壓萬峰顛，攬勝來登望渺然。春氣暄寒如中酒，山光浩蕩欲沈天。高空戶牖通仙霧，落日樓臺倚暝煙。欲賦敬亭之奇語，高呼太白碧雲邊。

暇日

暇日韶光好，經旬藥裹閒。偶攜春酒去，招得故人還。泥

思屺堂文存一卷

清方德驥撰。清抄本。清王先謙、陳重威跋。索書號：〇七二一—〇八七。

釋文：

光緒甲申十一月廿八夜，長沙王先謙讀竟。

方蘭坨先生古文二册，歲丙戌客滬上得假讀焉。叙事則簡潔明粹，議論則開敞洞達，是真有得於望溪、惜抱諸老爲文之旨，而進而求之以上，幾眉山、臨川。履其藩而探其奥，披其華而掇其實，亦由究切乎義理者深，故發之必以誠，而不爲苟且詭隨之論也。後生粗涉文義，執筆便效古人，務爲恢奇博奥以相誇勝，而其中實無所有足道，斷潢絶港而欲至於海也，豈可得哉？重威不能爲文，亦不敢言文，以爲文者，藝事也，而有所以爲文者，則道在焉。古之號爲能者，其於道必概有聞焉者也，使其無所聞，則其文亦必不工矣。讀竟贅數語質之，先生以爲何如？武進陳重威謹識。

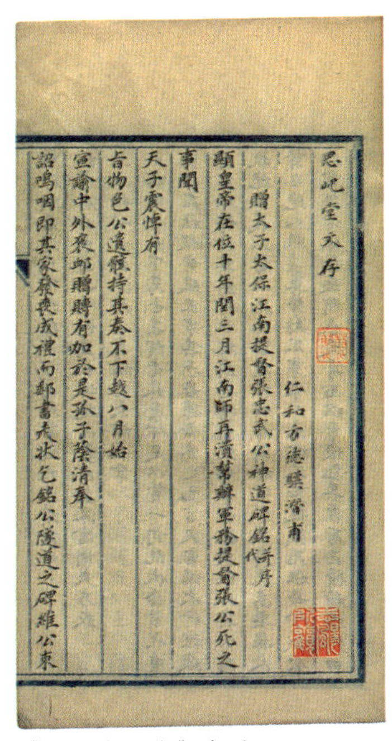
思屺堂文存
仁和方德驥潛甫
贈太子太保江南提督張忠武公神道碑銘代 并序
顯皇帝在位十年閏三月江南師再潰幫辦軍務提督張公死之
事聞
天子震悼有
旨物色公遺骸持其奏不下越八月始
宣諭中外褒卹贈賻有加於是孫子蔭清奉
詔嗚咽即其家發喪成禮而郵書來狀乞銘公隧道之碑維公東

《思屺堂文存》卷首

按：

王先謙（一八四二—一九一七），字益吾，號葵園，武昌起義後改名遯，湖南長沙人。清同治四年（一八六五）進士。曾任國子監祭酒、督江蘇學政，辭官後任嶽麓、城南書院山長。治學承乾嘉學風，重視考證，著有《尚書孔傳參正》《漢書補注》《水經注合箋》《荀子集解》《虚受堂詩文集》等。陳重威，字容民，號澹如居士，江蘇武進（今常州）人。清光緒二年（一八七六）舉人。官至浙江定海廳知事。

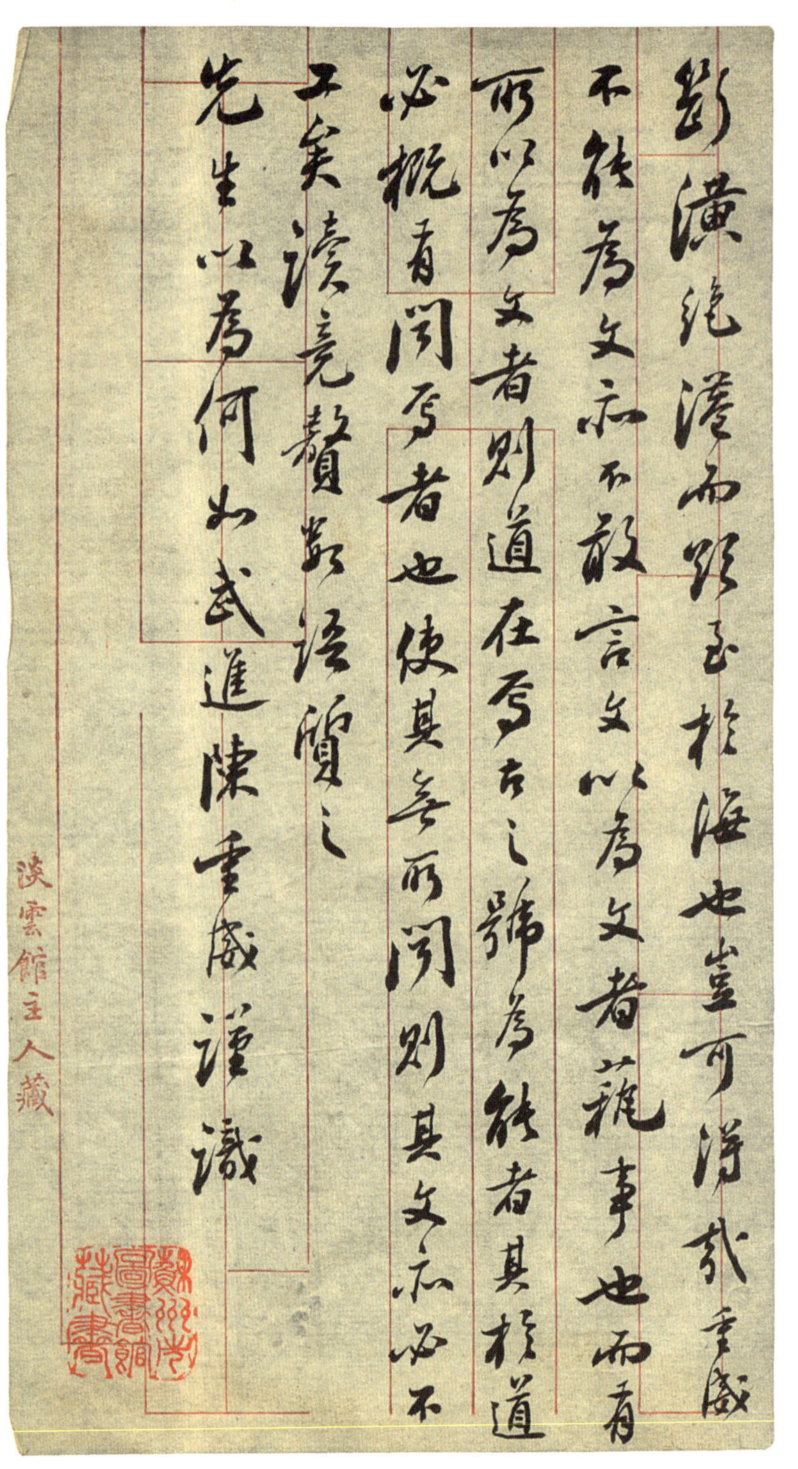

者深致發之必以識而不為苟且詭隨之論
也後生粗涉文義輒華使致古人務為恢
奇博奧以相誇勝而其中實無所有是道
斷潢絕港而望至於海也豈可得哉重威
不能為文亦不敢言文以為文者藉事也而有
所以為文者則道在焉古之歸為能者其於道
必概有聞焉者也使其無所聞則其文亦必不
工矣讀竟贅數語質之
先生以為何如武進陳重威謹識

《思屺堂文存》題跋

方蘭坨先生古文二冊歲丙戌客滬上得
假讀之敘事則簡潔明辨議論則闊
敞洞達是真有得於望溪惜抱諸老為文

光緒甲申十一月廿八夜長沙王先謙讀竟

仁和方德驥潛甫

贈太子太保江南提督張忠武公神道碑銘代 并序

皇帝在位十年閏三月江南師再潰幫辦軍務提督張公死之

聞

子震悼有

物色公遺骸持其奏不下越八月始

諭中外褒䘏贈賻有加於是孤子蔭清奉

擁書樓詩鈔五卷
長洲施君山先生稿一卷

清李文通、施澐撰。清光緒錢國祥抄本。清錢國祥題跋。索書號：一六七四——一六六。

釋文：

自幼聞君山先生之名，而未謀一面。咸豐庚申，避地南泉，柳門翰講時爲茂才，亦轉徙至此，晨夕過從，出其手録七律五十餘首，受而讀之，愛不忍釋。倉皇兵火中，筆硯已焚，惟舊鈔李聽雨先生詩集尚有餘紙，因即録之於後。忽忽二十年，間一翻閲，回想前塵，真如噩夢。柳門以懷舊之念，發闡幽之情，欲刊之以公同好，復於篋中檢出兩紙，有七絶五十餘首，亦係君山背録於當年者，囑爲校閲，則向未之見，而字跡尤多模糊，柳門云此君山垂死時手筆也。南北奔馳，未嘗出以示人，吉光片羽，不可多得之寶。噫，粤匪倡亂，逆氛四煽，積十有餘年而始平。海內名家著作如林，付諸劫灰者不知凡幾，而君山之詩以柳門索之而存，柳門自料其必能存君山之詩而索之，君山亦預料柳門之必能存其詩而録之，自今以後，君山之詩存而君山傳，君山爲不死矣，豈偶然哉！光緒六年夏六月丁酉朔，後學錢國祥跋。

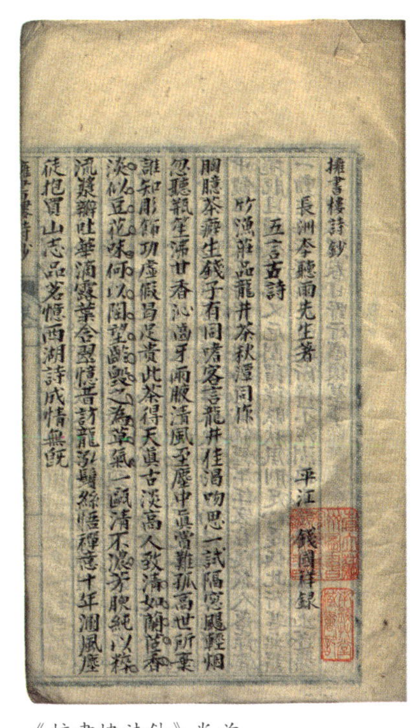
擁書樓詩鈔
長洲李聽雨先生著　平江錢國祥録
五言古詩
竹溪莊品龍井茶秋澄同作
胸臆茶癖生錢子有同嗜客言龍井佳渴吻思一試隔窗颺輕烟
忽聽瓶笙沸甘香沁齒牙兩腋清風至塵中眞賞難孤高世所棄
誰知形飾功虛假曷足貴此茶得天眞古淡高人致淸如蘭茝香
淡似豆花味何以陶望齡與之爲草氣一甌清不濾芳腴純以粹
流甚辯吐華滴露葉含翠憶昔訪龍泓幽絲悟禪意十年湖風塵
徒抱買山志品茗憶西湖詩成情無旣

《擁書樓詩鈔》卷首

按：

錢國祥，字乙生，江蘇吴縣（今蘇州）人。廩貢生，候選訓導。年十二應童子試，爲邑宰李蒙泉所賞。汪鳴鑾視學陝甘，延往襄校，以病足歸。清光緒間應劉坤一之請，以上海製造局兼翻譯館校勘，教習廣方言館、畫圖館，造就甚衆。著有《式詁堂文稿》《南泉集》《吴長元三邑諸生譜》等。

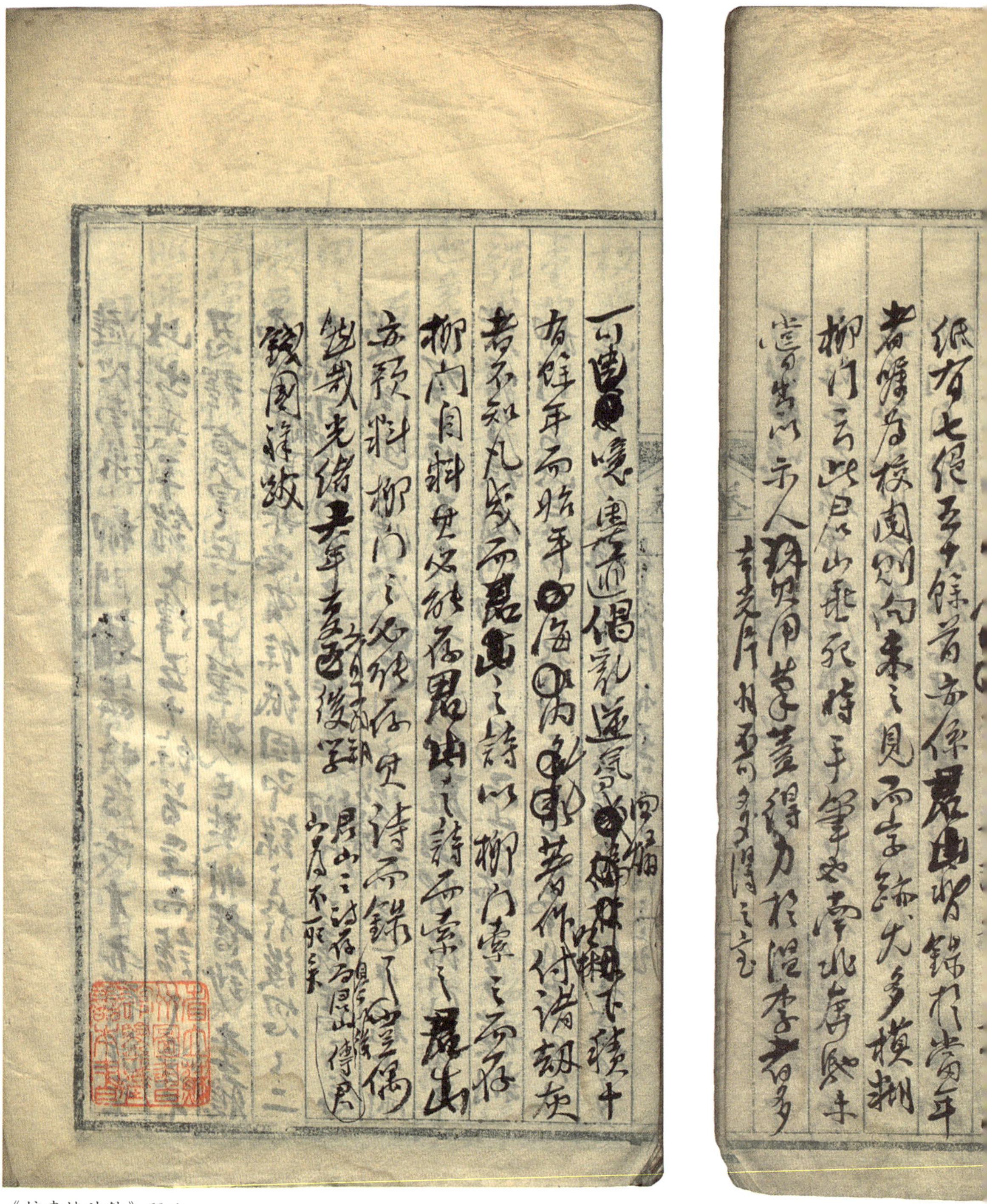

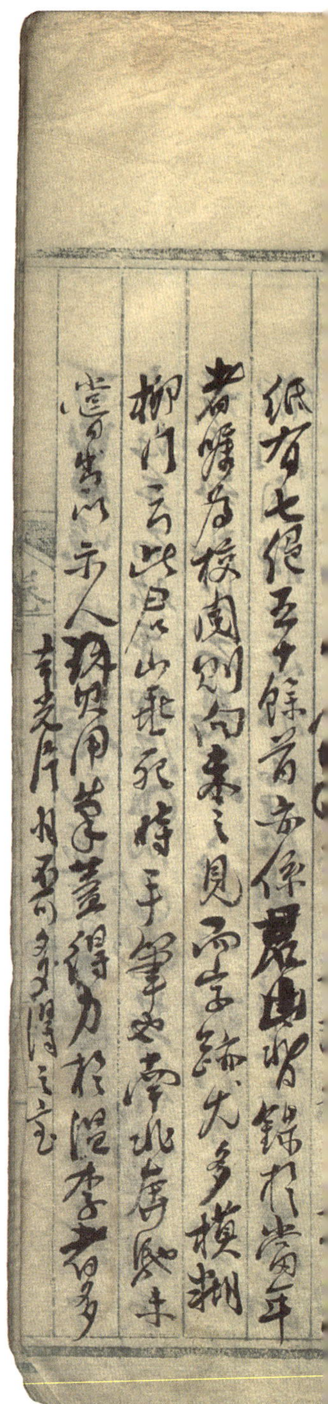

《擁書樓詩鈔》題跋

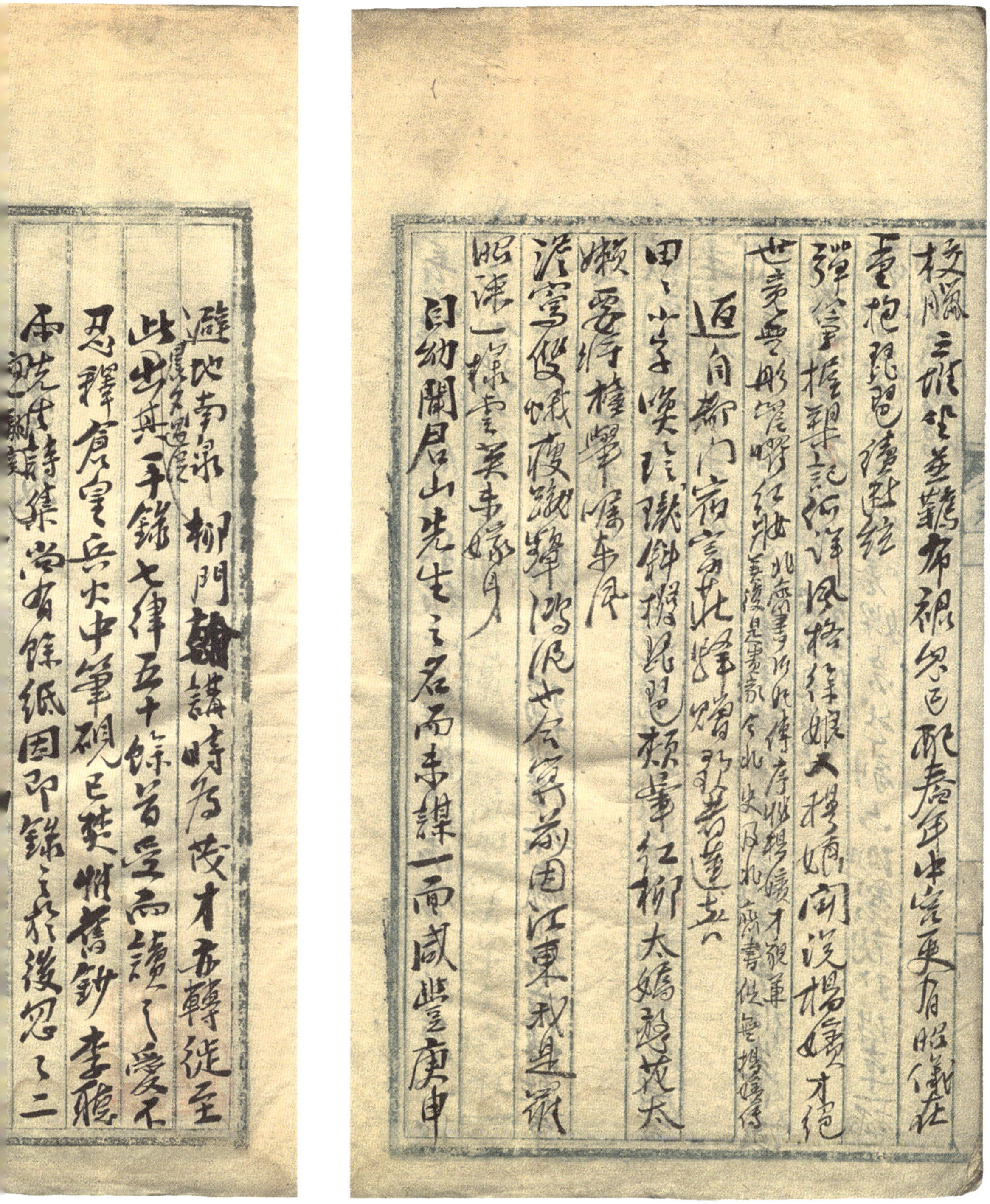

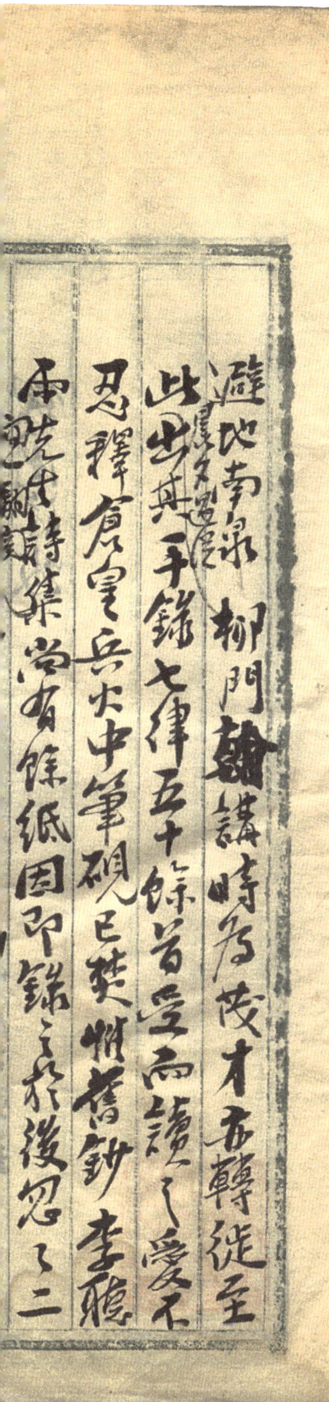

避地南泉柳門韓講時為茂才吾轉徙至
此出其手錄七律五十餘首受而讀之愛不
忍釋倉皇兵火中筆硯已焚惜舊鈔李聽
雨晚先生詩集尚有餘紙因即錄之於後忽忽二

重抱琵琶續斷絃

自幼聞君山先生之名而未謀一面咸豐庚申

焦東閣詩詞百一鈔二卷

清周伯義撰。稿本。清周仲民、高百齡跋。索書號：一六五七—一六六。

釋文：

八叔自甲午年，十二學爲詩，十七學爲詞，至今凡二十九年，得詩詞共數千首，汰而存者十一。民戊申從叔授書，私録副本，戊午辭之浙，受程印雀觀察之聘。去年從王慶三都轉幕府歸，又録叔所舊汰者十一，因署之曰《百一鈔》。同治元年壬戌春，侄仲民注於素行堂寓齋。

癸亥孟冬，仁和一颿弟高百齡拜讀。

按：

周仲民，清江蘇鎮江人。伯義侄，高百齡，號一颿，清浙江仁和（今杭州）人。

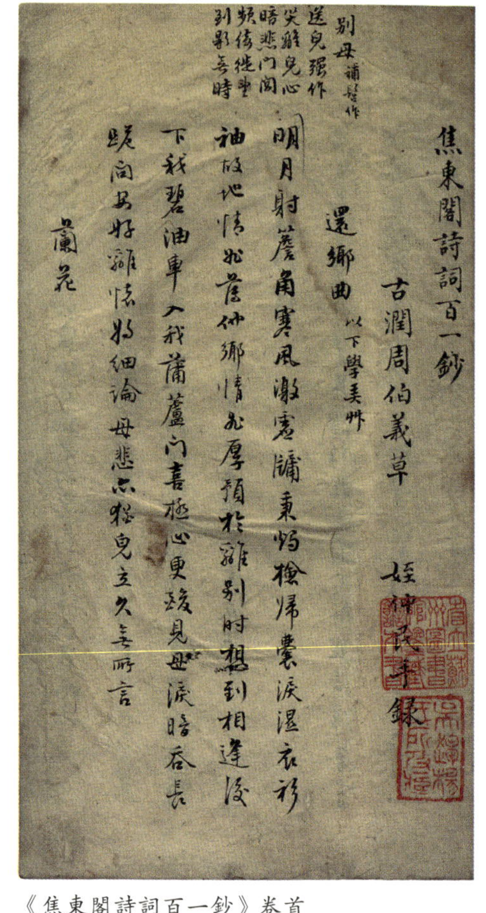

《焦東閣詩詞百一鈔》卷首

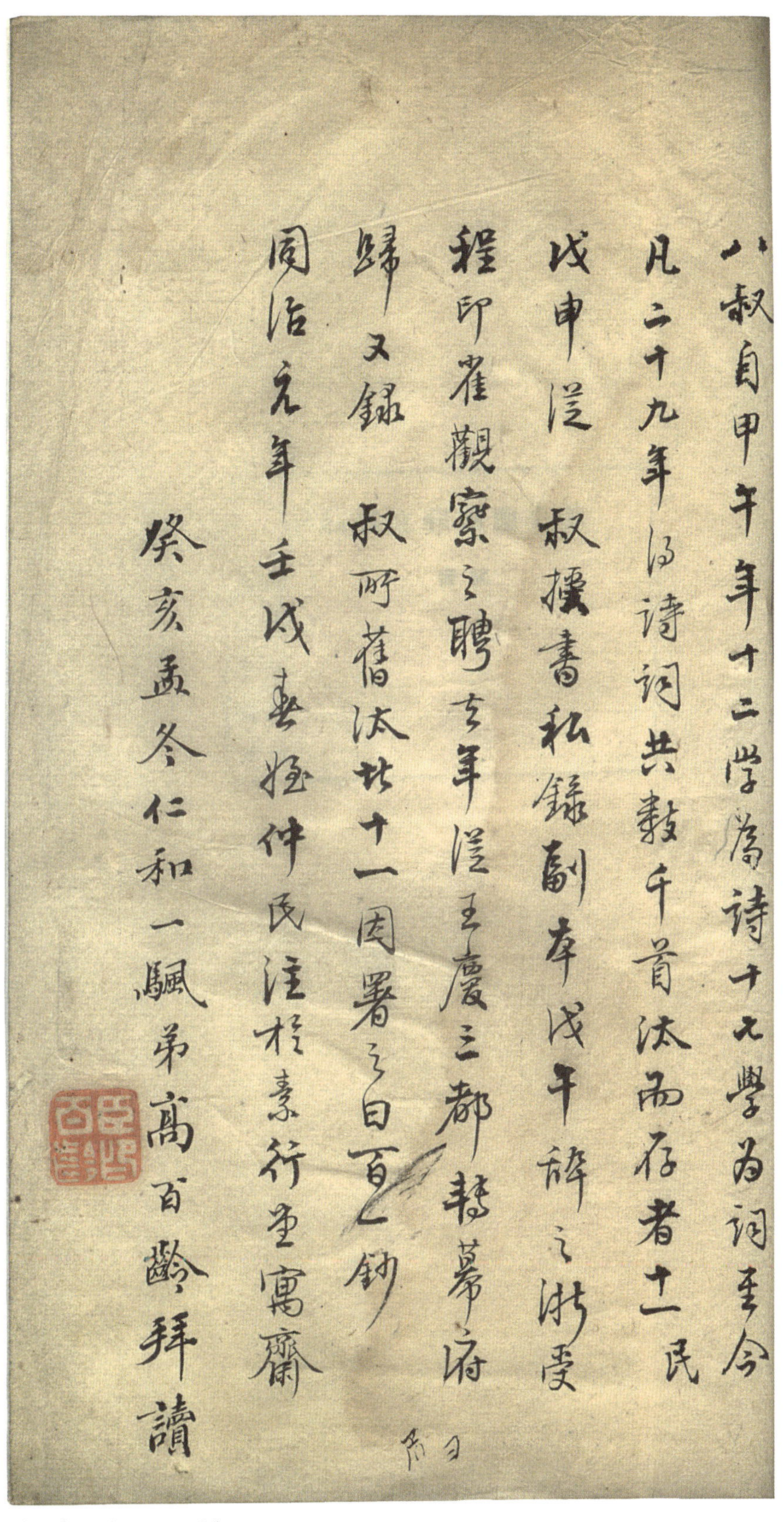
八叔自甲午年十二学爲詩十七學爲詞至今
凡二十九年得詩詞共數千首汰而存者十一民
戊申從 叔授書私録副本戊午辞之浙受
程印崔觀察之聘去年從王慶三都轉幕府
歸又録 叔所舊汰者十一因署之曰百一鈔
同治元年壬戌妻姪仲氏注校素行堂寓齋
癸亥孟冬仁和一飄弟高百齡拜讀

《焦東閣詩詞百一鈔》題跋

吟秋館詩存四卷

清江澄撰。清光緒刻本。民國王欣夫跋。索書號：一六八七—一六七。

釋文：

梅生詩雖不可與乃兄方駕，然清澹處自是一家法乳。晉之眷懷先德，欲廣傳布而未果，及病篤，以交心淵，心淵今又以衰邁鄭重付託，謬以予爲能傳前人文字也。然頻年物力艱難，無可措手，前賢遺著，其價值有十百倍於此書者尚閟篋衍，正不知何日得如所願耳。卷中有復堂晚歲手痕，亦可寶也。民國三十七年九月一日，王大隆。

按：

王欣夫（一九〇一—一九六六），名大隆，號補安，以字行，齋名“蛾術軒”，江蘇吴縣（今蘇州）人，祖籍浙江嘉興。受業於金松岑、曹元弼。曾任上海聖約翰大學、復旦大學教授。致力版本目録校勘之學，著有《文獻學講義》《蛾術軒篋存善本書目》等。

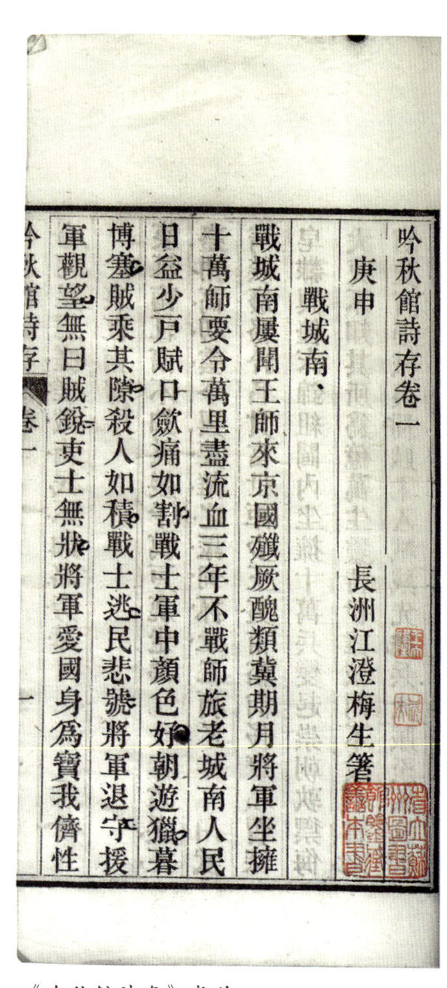
吟秋館詩存卷一
庚申　長洲江澄梅生著
戰城南、
戰城南屢聞王師來京國殲厥醜類萁期月將軍坐擁
十萬師要令萬里盡流血三年不戰師旅老城南人民
日益少戸賦口歛痛如割戰士軍中顏色好朝遊獵暮
博塞賊乘其隙殺人如積戰士逃民悲號將軍退守援
軍觀望無日賊鋭吏士無狀將軍愛國身爲寶我儕性
吟秋館詩存　卷一　一

《吟秋館詩存》卷首

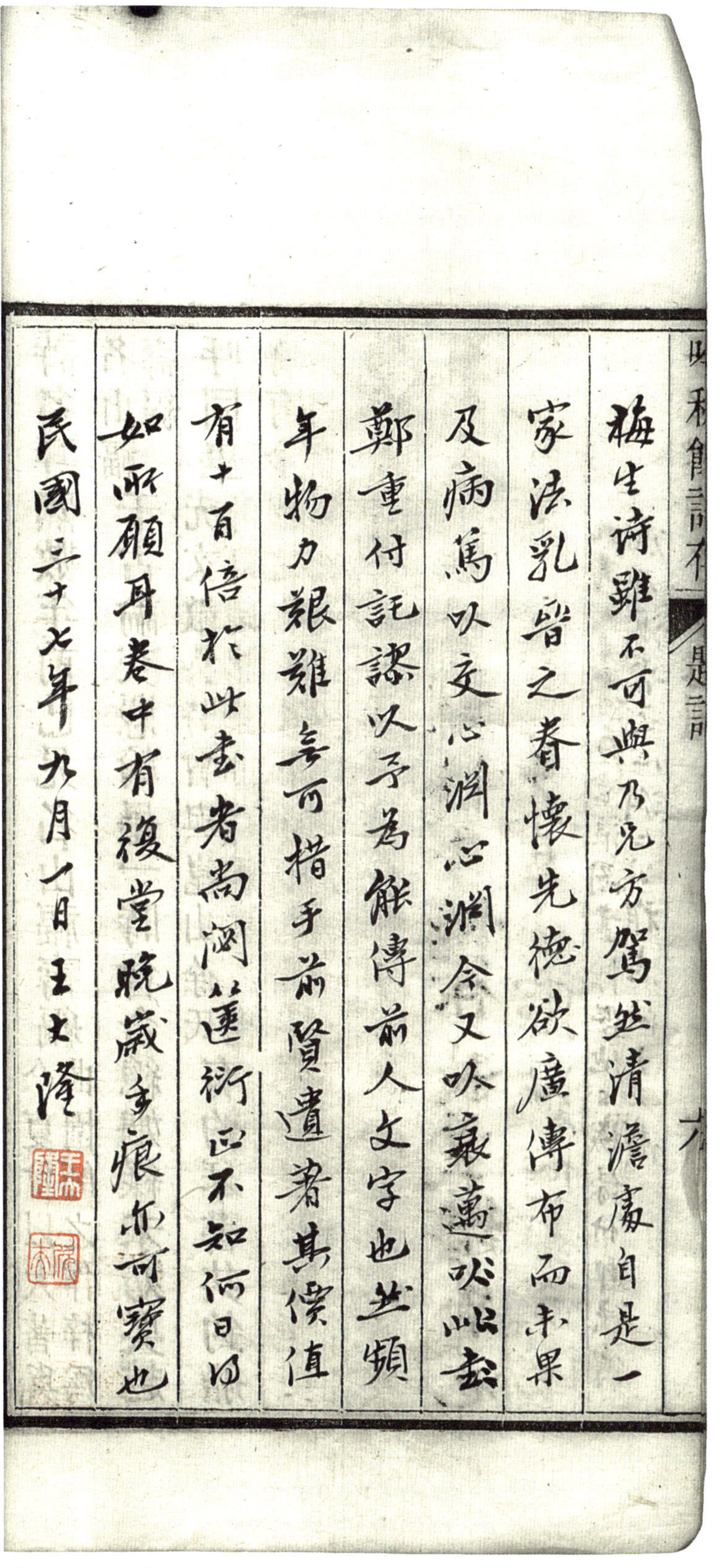
梅生詩雖不可與乃兄方駕，然清澹處自是一家法乳。習之眷懷先德，欲廣傳布而未果，及病篤，以交心淵，心淵念又以哀遺，以此書鄭重付託，謀以予爲能傳前人文字也。然頻年物力艱難，無可措手，前賢遺著其價值有十百倍於此書者，尚閣篋衍，正不知何日得如所願耳。卷中有復堂晚歲手痕，亦可寶也。民國三十七年九月一日王大隆

《吟秋館詩存》題跋

鶴廬畫贊二卷

民國顧麟士撰，顧則堅輯。稿本。民國顧則揚跋。索書號：一一一九一一二三。

釋文：

先君子題畫詩跋未嘗留稿，三弟公柔輯録存之，自丙申止戊辰。柔弟卒於己巳正月，而先君子亦於翌年庚午四月下世。此一年餘中，先君子既傷心又抱病，偶發畫興，皆未成幅，縱有一二爲戚友持去者，亦僅署歲月，無復題識淋漓矣。故揚與碩弟欲續録於戊辰以後，且以竟公柔之緒無從已，痛哉！丙子春日，則揚謹記。

此書柔弟所輯録，先君子於其歿後七日過其几席，始知之。即援筆題"畫贊"二字，又題其畫册，引昔人詩"未容誇技倆，惟恨枉聰明"云云。盡然而傷，瘮然而返。當時情事，歷歷不肖心目間也。丙子夏日，次男則揚泫淚謹記。

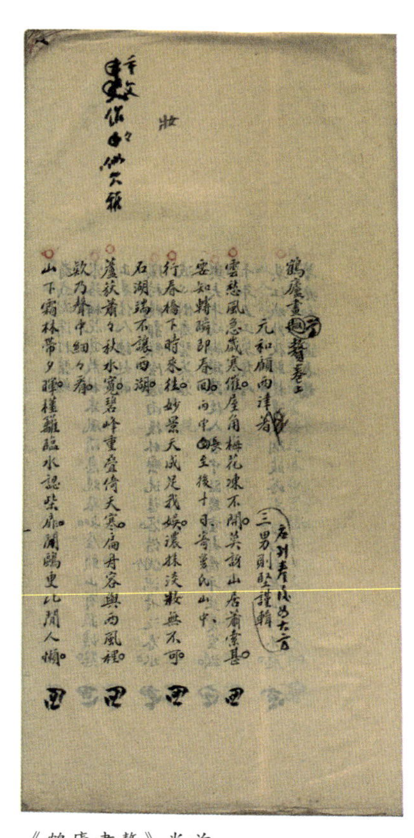

《鶴廬畫贊》卷首

按：

顧則揚（一八九七—一九五一），字公雄，江蘇吴縣（今蘇州）人。顧麟士子。與妻沈同樾遵循祖訓，戰亂時期，悉心守藏過雲樓四代相傳的古籍字畫。臨終叮囑家屬，將書畫文物盡數捐獻國家，今皆藏上海博物館。

先君子題画詩跋未嘗留稿三弟公柔輯錄而存之又訪輯於藏
先君子畫者得自丙申□止戊辰凡以歲月釐爲二卷止於戊辰者蓋弟以先
君子卒於己巳正月而
先君子亦於翌年庚午四月下世此一年餘中
先君子既傷心又抱病偶發畫興皆未成幅縱有一二爲戚友持去者亦僅
署歲月無復題識淋漓矣故揚尚碩弟欲續錄於戊辰以後且以竟公柔
之緒無從已痛哉丙子春日副揚謹記

此書柔弟所輯錄
先君子於其歿後七日過其几席始知之即援筆題画贊二字又題其画
冊引昔人詩未容誇技倆惟恨枉聰明云云蓋然而傷廢然而返當時情
事歷歷不肯心目間也丙子夏日次男副揚泣涙謹記

《鶴廬畫贊》題跋

秀竹山房吟稿不分卷

清周邦慶撰。稿本。清周邦慶跋，清周星譽批校并跋。索書號：〇七二八—〇八七。

釋文：

光緒九年六月，鈔録《秀竹山房詩稿》副本，託翼亭吕君轉求吴子實先生教政删定。吴公名寶恕，戊辰翰林，官至翰讀學。味根自記。

咸豐初，爽庵兄官大梁，不見者十餘年。同治癸亥入覲京師，時予官翰林，留之下榻邸齋，握手道故，間出所著《畊雲吟稿》見示。兄少受學於少伯從父，長居後邨，又與族兄梅生先生日論詩相唱酬。故於聲律之道講求備至，薈萃三唐兩宋之作，博觀而約取之，雄奇恬雅，不名一家，非世之尊韓抱杜者比也。兄行年五十，篤學不倦，精而詣之，吾且莫測所止，顧即此稿而論，已足傳矣。既爲點定，復跋而歸之。癸亥仲春花朝後一日宣南寓齋書，弟星譽頓首。

按：

周邦慶，生卒年不詳，字味根，號爽庵，清江蘇吴縣（今蘇州）人。咸豐間官祥符。周星譽（一八二六—一八八四），原名普潤，榜名譽芬，字畇叔，一字叔雲，號鷗公，又號芝薌，清河南祥符（今開封）人，寓居浙江紹興。道光三十年（一八五〇）進士，改庶吉士，授翰林院編修，後官至兩廣鹽運使，兼署廣東按察使。曾與李慈銘等結益社。著有《鷗堂賸稿》《鷗堂日記》《東鷗草堂詞》等。

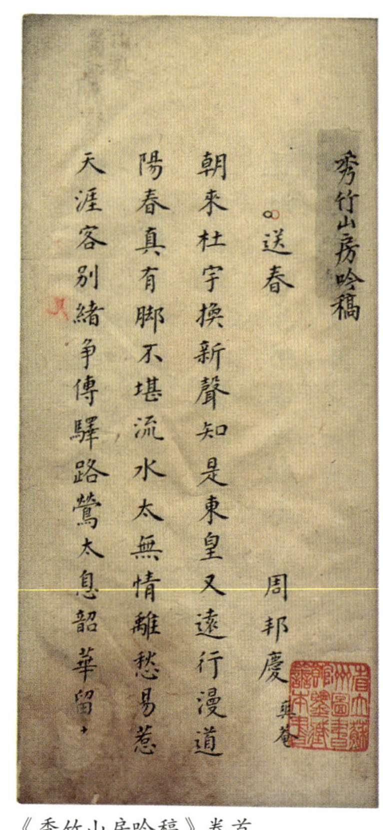
秀竹山房吟稿
送春
周邦慶 爽菴
朝来杜宇換新聲知是東皇又遠行漫道陽春真有脚不堪流水太無情離愁易惹天涯客别緒爭傳驛路鶯太息韶華留

《秀竹山房吟稿》卷首

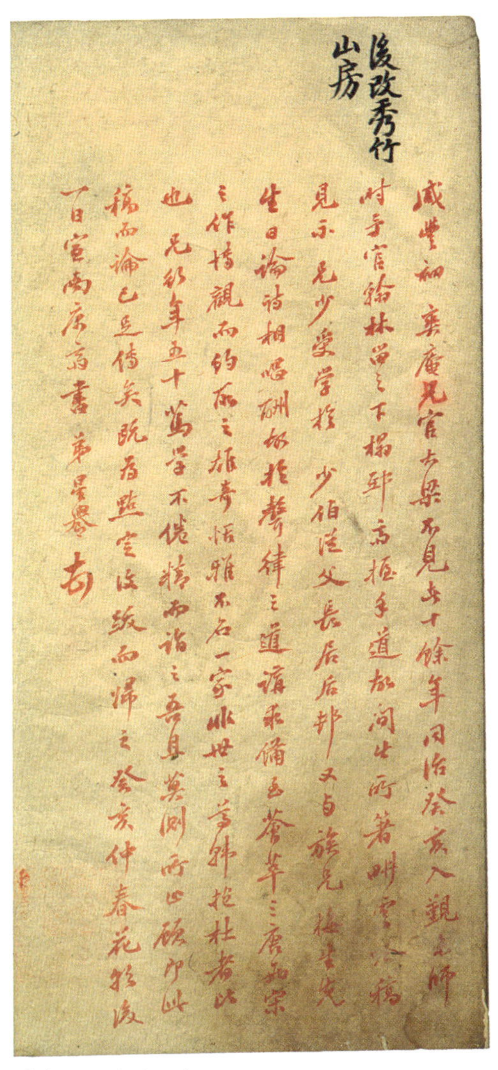

後改秀竹山房

咸豐初棄庚兄官大梁不見五十餘年同治癸亥入覲京師時予官翰林留之下榻邸寓握手道故閱此所著映雪吟稿見示兄少受學於少伯從父長居居邸又自旅見梅堂兄生日論詩相唱酬故於聲律之道講求備至薈萃唐宋之作持觀而約取之雄奇恬雅不名一家非世之爭韓抱杜者比也兄今年五十篤學不倦精而詣之吾見其所以成所以稿而論已足傳矣既為點定改竣而歸之癸亥仲春花朝後一日宣南寓齋書 弟星譽

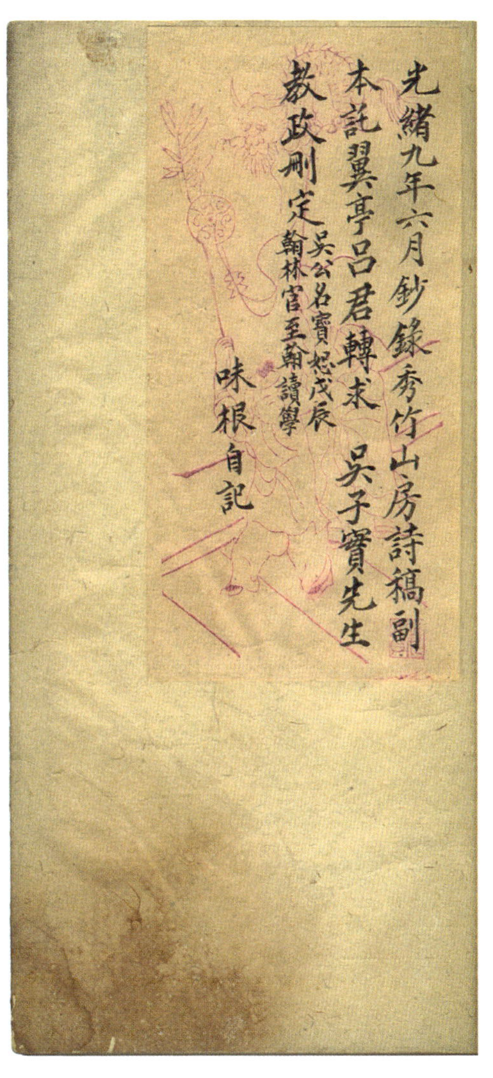

光緒九年六月鈔錄秀竹山房詩稿副本託翼亭呂君轉求吳子寶先生教政刪定吳公名寶恕戊辰翰林官至翰讀學 味根自記

《秀竹山房吟稿》題跋

祖考手澤一卷

清吴□□撰，民國吴仲培輯訂。稿本。民國吴梅跋。索書號：一六九四—一六七。

釋文：

此先伯父童年窗作，經先叔祖正卿公改潤者也。遜清自乾隆中鄉會試增加五言詩後，童試兩藝亦須作詩，惟鄉會試用八韻，童試止六韻耳。至光緒之季易制藝爲策論，遂不復賦詩。延至近日，青衿子弟能知平側者益鮮。此雖小藝，亦可覘文學升降之消息焉。仲培二弟珍護手澤，亟付潢治，不獨鄭重桮棬之意，而一時揅討考覈之勤，就一字一言觀之，皆有精意所在。以較近時擁皋比南面講習者，其勤惰又何如也，於此又可覘學風也。承命墨尾，感嘆系之矣。癸酉七夕，霜厓侄梅書於百嘉室。

按：

吴梅（一八八四—一九三九），字瞿安，一字靈鳷，晚號霜厓，室名奢摩他室，江蘇長洲（今蘇州）人。早年列名南社，任東吴大學堂教習，又主持存古學堂。先後任教於北京大學、東南大學、中央大學等，工詩、詞、曲。著有《霜厓詞録》《霜厓文録》《詞學通論》《曲學通論》等。

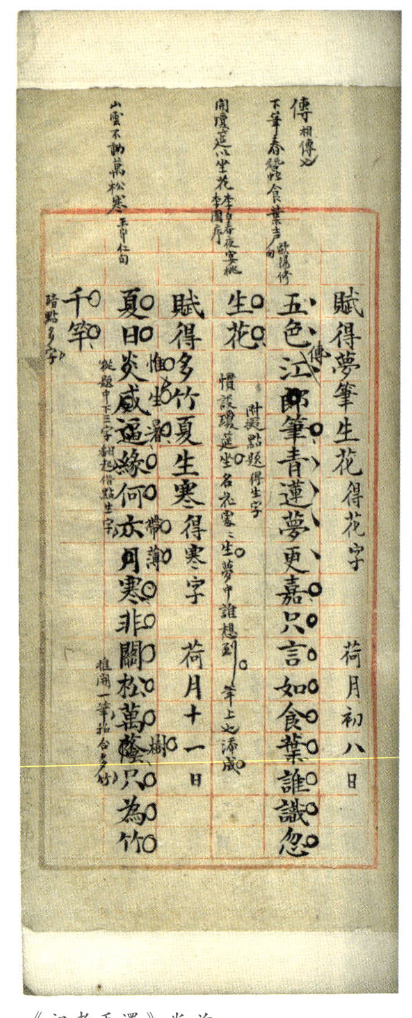
賦得夢筆生花得花字　荷月初八日
五色江郎筆青蓮夢更嘉只言如食葉誰識忽生花
賦得多竹夏生寒得寒字　荷月十一日
夏日炎威逼緣何六月寒非關松萬樹只為竹千竿

《祖考手澤》卷首

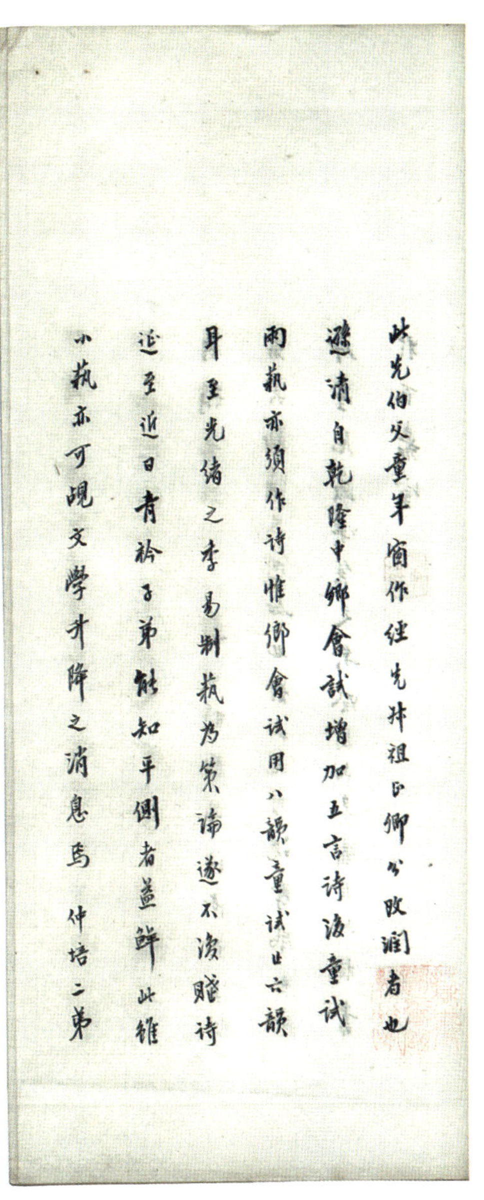
此先伯父童年窗作經先井祖卜卿公改削者也
遜清自乾隆中鄉會試增加五言詩後童試
兩藝亦須作詩惟鄉會試用八韻童試只六韻
耳至光緒之季易制藝為策論遂不復賦詩
迄至近日青衿子弟能知平側者蓋鮮此雖
小藝亦可覘文學升降之消息焉 仲培二弟

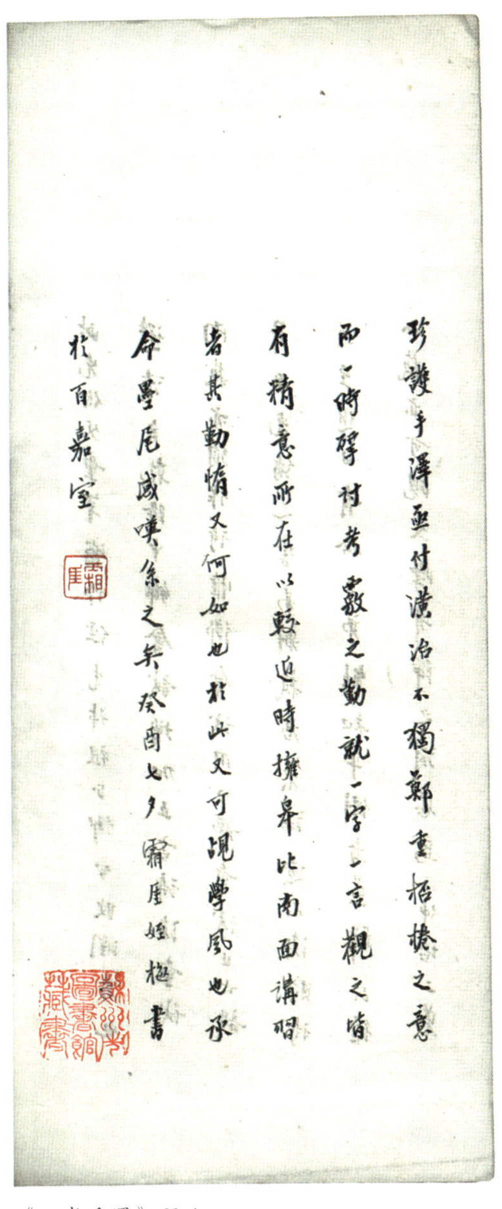
珍護手澤亟付潢治不獨鄭重桮棬之意
而一時碩材考覈之勤就一字一言觀之皆
有精意所在以較近時擁皋比南面講習
者其勤惰又何如也於此又可覘學風也承
命墨尾感嘆系之矣 癸酉七夕霜厓姪梅書
於百嘉室

《祖考手澤》題跋

[總集類]

崑山詩徵稿前集二卷後集二卷續集一卷附集一卷

清潘道根輯。稿本。俞景文題跋。索書號：〇五〇七—〇七〇。

釋文：

《崑山詩徵稿》六卷，新陽潘道根徵君著録。是書祇有稿本，并未刻過。潘君所著各種書籍，均屬小品，惟此書最爲豐富。同時有《崑山詩存》一書，與同邑張潛之先生互作，惜刻印竣工即遭兵燹，以致版毀書焚，後在灰燼之中僅獲壹貳部殘篇，故市上亦絶少僅有矣。今《崑山詩徵稿》計前集二卷，後集二卷，續集、附集各一卷，釐訂六本。此書潘君個人著作，惜未雕刻，殊爲可惜也。謹記。玉峰書賈俞景文識。

按：

俞景文，生平不詳。

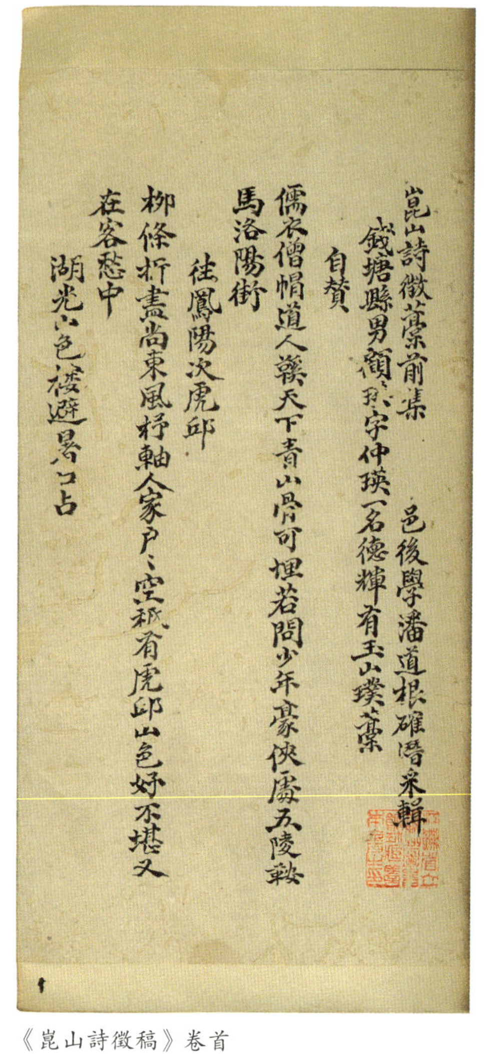
崑山詩徵稿前集　邑後學潘道根確潛采輯
錢塘縣男顧、珉、字仲瑛一名德輝有玉山璞藁
自贊
儒衣僧帽道人鞋天下青山骨可埋若問少年豪俠處五陵鞍馬洛陽街
往鳳陽次虎邱
柳條折盡尚東風杼軸人家户户空祇有虎邱山色好不堪又在客愁中
湖光山色樓避暑口占

《崑山詩徵稿》卷首

崑山詩徵稿六卷新陽潘道根徵君著録是書祇有稿本並未刻過潘君所著各種書籍均屬小品惟此書最為豐富同時有崑山詩存一書與同邑張潛之先生互作惜刻印後工即遭兵燹以致版燬書燬後在灰燼之中僅獲壹貳部殘篇故市上亦絶少僅有矣今崑山詩徵稿計前集二卷後集二卷續集附集各一卷釐訂六本此書潘君個人著作惜未雕刻殊為可惜也謹記 玉峯書賈俞景文識

《崑山詩徵稿》題跋

明延平二王遺集一卷

清鄭成功、鄭經撰。抄本。民國費樹蔚跋。索書號：一四八三—一五七。

釋文：

此是中興間氣身，可憐無命遇真人。成名焉用文爲貴，出語休繩律未純。延平名業在天地間，固不藉文字以傳。詩多疵累，不足爲病。擊楫渡江餘遺恨永，乘桴浮海霸圖新。猘兒亦有傳疑筆，慙媿虞山舊搢紳。延平王詩首次三奉於師門致慕，嗣王作《滿洲宮詞》乃兩詆之甚醜。己巳七月，韋齋費樹蔚。

按：

費樹蔚（一八八四—一九三五），字仲深，號韋齋，江蘇吴江人。清末以姻親嘗留袁世凱幕中。民國四年（一九一五）七月任北京政府肅政廳肅政史，十一月去職。後隱居蘇州桃花塢。此跋中頸聯多一字。

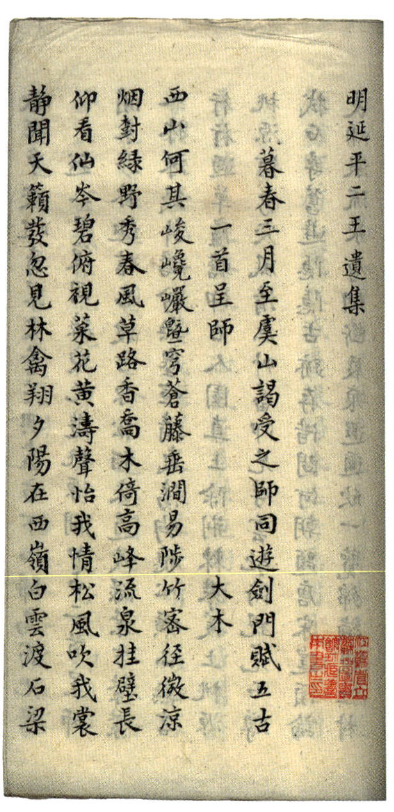
明延平二王遺集

暮春三月至虞山謁受之師同遊劍門賦五古

一首呈師　大木

西山何其峻巉巗盤穹蒼藤垂澗易陟竹密徑微涼

烟對綠野秀春風草路香喬木倚高峰流泉挂壁長

仰看仙岑碧俯視菜花黃濤聲怡我情松風吹我裳

靜聞天籟發忽見林禽翔夕陽在西嶺白雲渡石梁

《明延平二王遺集》卷首

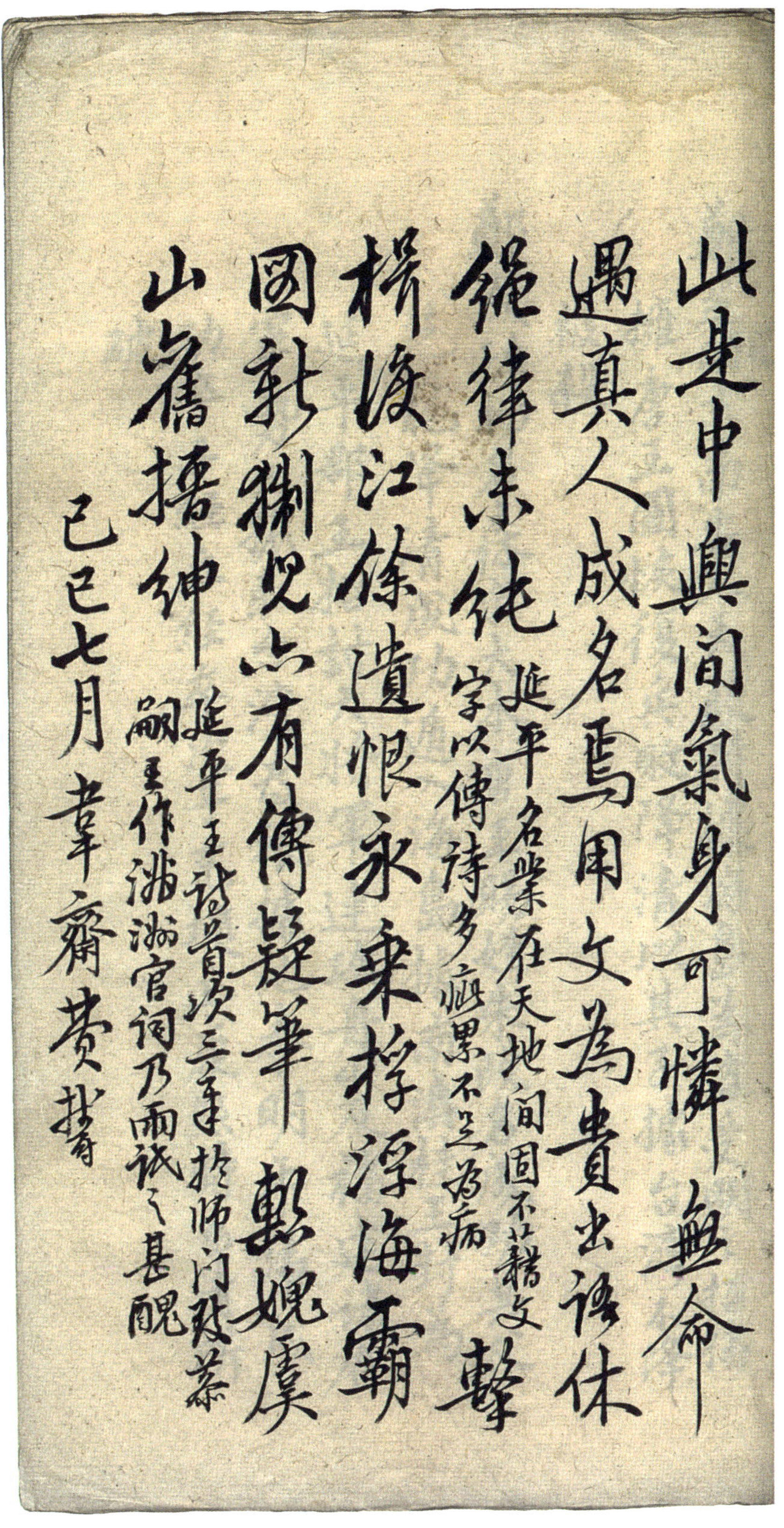

此是中興間氣身，可憐無命遇真人。成名焉用文為貴，出語休繩律未純。延平名業在天地間，固不以藉文字以傳，詩多疵累，不足為病。聲稱淺江餘遺恨，永乘桴浮海霸圖新。獨兒亦有傳疑筆，鄭媿虞山舊搢紳。延平王試首次三年於師門，對蔡嗣琨作沸淞官詞，乃兩試之甚醜。

己巳七月韋齋黃擣

《明延平二王遺集》題跋

吴江葉氏詩録十卷

民國葉振宗輯，葉鍾英補。稿本。民國葉恭綽跋。索書號：一三六〇——一四七。

釋文：

往歲以奂彬宗人之介，知汾湖派有愨齋先生，篤雅好學，喜揚先德。民十五後，余南遷，欲居吴門，屢與通書約晤，且作汾湖之遊，嗣竟未果，而愨齋遽卒。閲年，其令嗣山［民］來，乃以愨齋所輯《吴江葉氏詩録》見示，屬爲之序，且别録一部贈我，即此本也。余旋避兵離滬，藏物多散失，此書以置之佛教淨業社尚在。病中重檢，不勝棖觸，蓋奂彬、愨齋皆逝世久矣。余前諾爲此書作序，終當命筆以符挂劍之誼也。民國三十五年十月，葉恭綽。

近輯印彙稿，乃知前已作序，而余自忘之。未耄而荒，可歎也。今以此書送存滄浪亭圖書館，緣付印無期，恐致遺失，致辜山民之意耳。三十六年九月，遐翁再志。

按：

葉恭綽，見前《陳鵬年、沈德潛等七人墨迹》條。

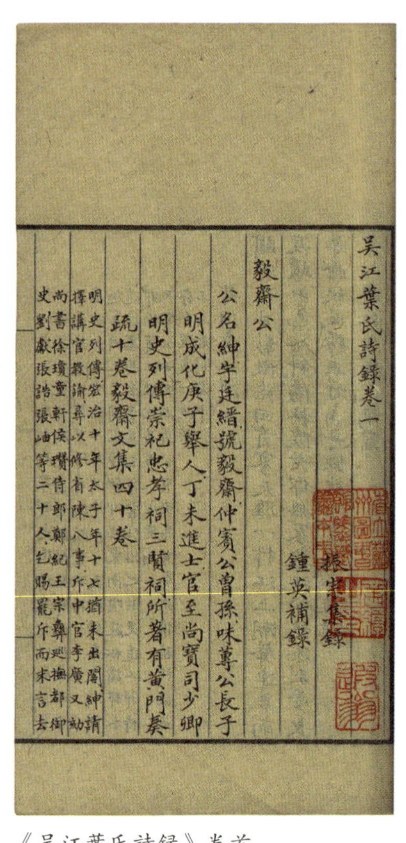

吳江葉氏詩録卷一

振宗集録

鍾英補録

毅齋公

公名紳字廷縉號毅齋仲賓公曾孫味尊公長子

明成化庚子舉人丁未進士官至尚寶司少卿

明史列傳崇祀忠孝祠三賢祠所著有黄門奏

疏十卷毅齋文集四十卷

明史列傳宏治十年太子年十七猶未出閣紳請擇講官教諭尋以修省陳八事斥中官李廣又劾尚書徐瓊童軒侯瓚侍郎鄭紀王宗彝巡撫都御史劉獻張誥張岫等二十人乞賜罷斥而未言去

《吴江葉氏詩録》卷首

往歲以吳彬宗人之介知汾湖派有懿齋先生篤雅好學善揚先德氏十五後余南遷欲居吳門屢与通書約晤且作汾湖之遊嗣竟未果而懿齋遽卒閱年其令嗣山來乃以懿齋所輯吳江葉氏詩錄見示屬為之序且別系一詠貽我即此本也余旋遭兵難流藏物多散失此書以置之佛教淨業社為在病中重檢不勝根觸蓋吳彬懿齋皆逝世久矣余前諾為此書作序終當命筆以符挂劍之誼也

民國三十五年十月葉恭綽

近檢印章稿乃知前已作序而余自忘之未免耄而荒可歎也今茲書送存滄浪亭圖書館緣付印無期恐致遺失致辜山民之意耳

三十六年九月遐翁再志

《吳江葉氏詩録》題跋

偶遂堂詩存六卷

清佚名輯。民國二十年（一九三一）蘇州圖書館抄本。民國沈惟埜跋。索書號：一六五九—一六六。

釋文：

《偶遂堂詩存》梵夾裝六册，皆清初人吟箋墨迹，爲步龔芝麓之原韻，而慶周櫟園之南還。首冠以賦，間入他詩，惟原唱獨付闕如。有若群龍之無首，而全豹猶未盡一斑，爲可憾耳。是爲吴江沈氏所藏，兹由陳渭士館長假諸沈伯名君，屬蔣伯鈞同仁照録全帙。而埜爲校對，按册加編目次及作者姓氏，以便檢查。但原書字有剥蝕，或草率難辨，爰從闕疑，藉用存真，以之備供衆覽，而昔人事行亦可略資考鏡也。時民國二十年八月，沈惟埜謹識。

按：

沈惟埜，生卒年不詳，江蘇吴江人。曾就職於江蘇省立蘇州圖書館。著有《蓬心和草》，編有《江蘇省立蘇州圖書館圖書目録》。

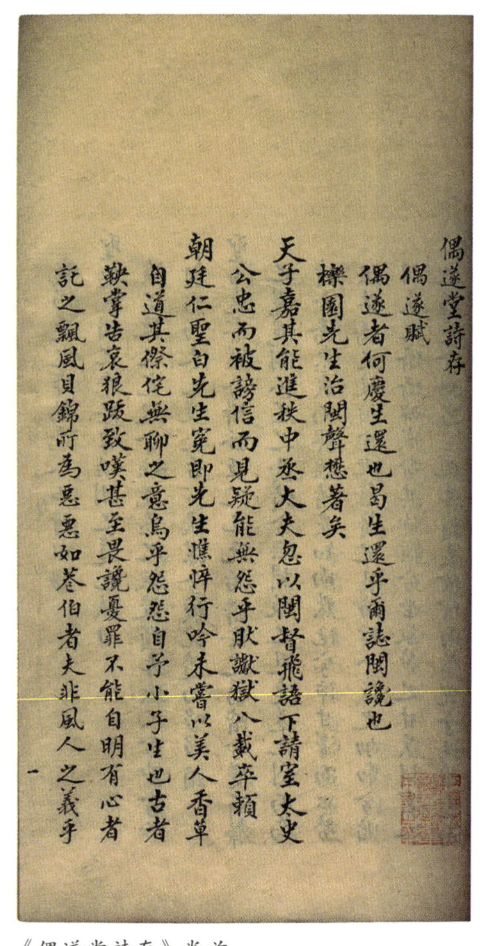
偶遂堂詩存
偶遂賦
偶遂者何慶生還也曷生還乎爾誌閩讒也
櫟園先生治閩聲懋著矣
天子嘉其能進秩中丞大夫忽以閩督飛語下請室太史
公忠而被謗信而見疑能無怨乎肰繫獄八載卒賴
朝廷仁聖白先生寃即先生憔悴行吟未嘗以美人香草
自道其傺侘無聊之意烏乎怨怨自予小子生也古者
歎掌告哀狼跋致嘆甚至畏讒憂罪不能自明有心者
託之飄風貝錦所為惡惡如荅伯者夫非風人之義乎
一

《偶遂堂詩存》卷首

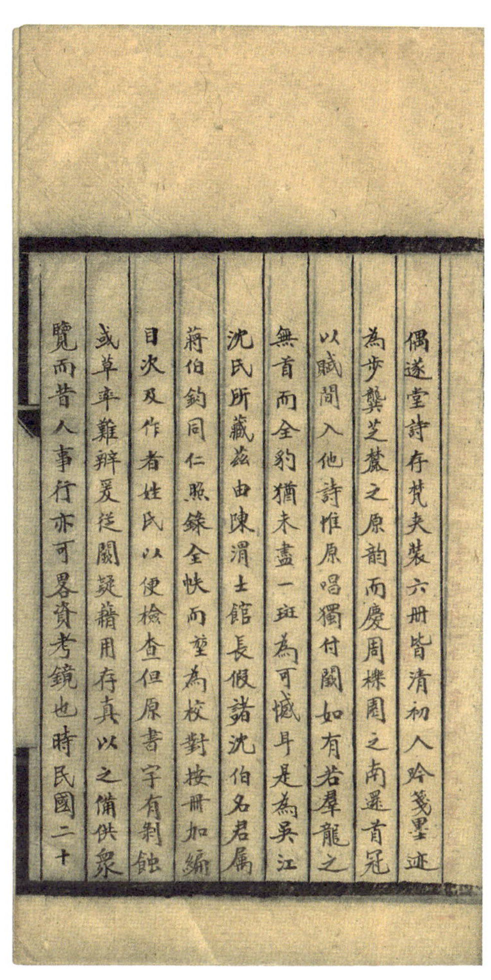

偶遂堂詩存梵夾裝六冊皆清初人吟箋墨迹
為步龔芝麓之原韻而慶周櫟園之南還首冠
以賦閒入他詩惟原唱獨付闕如有若羣龍之
無首而全豹猶未盡一斑爲可憾耳是爲吳江
沈氏所藏茲由陳渭士館長假諸沈伯名君屬
蔣伯鈞同仁照錄全帙而塋為校對按冊加編
目次及作者姓氏以便檢查但原書字有剝蝕
或草率難辨爰從闕疑藉用存真以之備供衆
覽而昔人事行亦可畧資考鏡也時民國二十

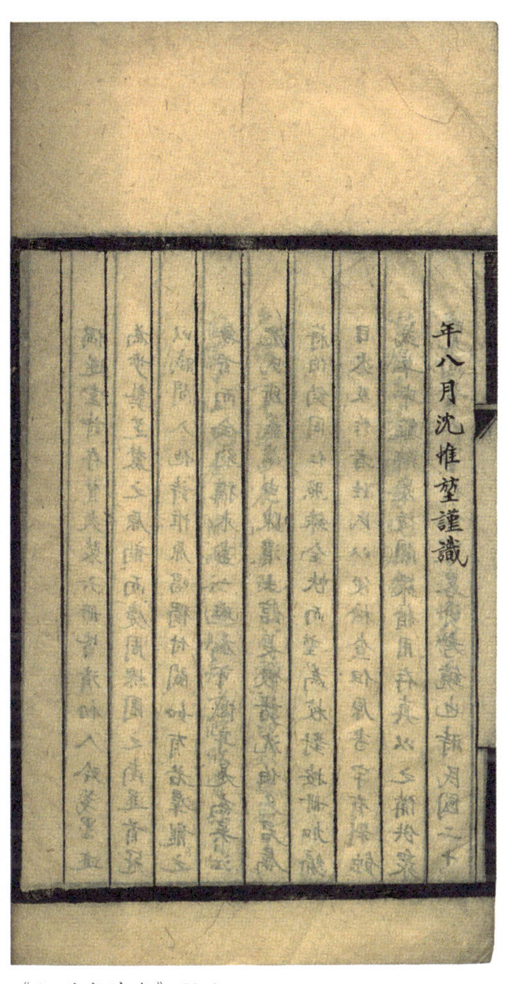

年八月沈惟塋謹識

《偶遂堂詩存》題跋

倦遂堂詩存
為步龔芝麓之原韻而慶周櫟園之南還首
以賊間入他詩惟原唱獨付闕如有若羣龍
無首而全豹猶未盡一斑為可憾耳是為吳
沈氏所藏茲由陳渭士館長假諸沈伯名君
蔣伯鈞同仁照錄全帙而塗為校對按冊加
目次及作者姓氏以便檢查但原書字有剝
或草率難辨處逕闕疑蓋用存真以之備共

文選六十卷

南朝梁蕭統輯，唐李善注。明毛氏汲古閣刻清康熙二十五年（一六八六）錢士謐重修本。清趙彪詔跋并過録清錢陸燦跋，清汪昉跋。索書號：一二四五—一三五。

釋文：

康熙十二年癸丑九月，喪四兒；十四年，喪黄氏女。乙卯九月，啣哀赴館常州，以筆墨塞痛。乙卯十月二十九日，始還易農《文選淪注》，而予閲本亦告竣，記於卷末。明年，鼂令清出一本换去。至甲子，天士又借鼂令本對臨，然中多缺落。天士之尊甫臣禾即以易余本，余因自校補一編藏於家，因追記第一部後所失之大略，并各本去留之故。時年七十有四，乙丑三月十二日，陸燦識。

向聞張恂叔有《文選》批本，借觀不可得，深用慨然。癸酉仲夏，乞許約埜對批何、錢兩先生本，即張氏家藏舊本，惜何批止十三卷，尚未得爲全璧也。對臨一過，始於端午後六日，畢於七夕前一日。豹三識，時年六十有七。

右《文選》六十卷，爲吾鄉趙豹三先生手批。先生生於康雍乾三朝之間，其時《義門讀書記》及今所行套板《文選》俱未出，故手爲校録，又參以錢圓沙、陶艾圃兩先生評本，小楷鱗比，無一筆潦率，前人執業之恭如此。子良仁兄性耽古籍，於無意中購得之，手爲補綴完好。是書可謂有厚幸矣。咸豐甲寅七月十六日，叔明手記於則古昔齋。

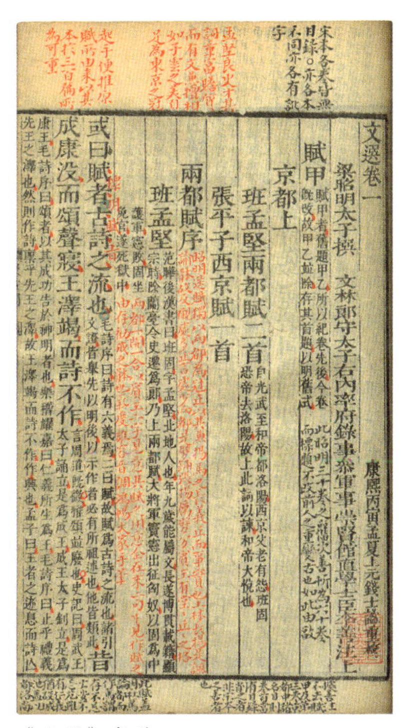

《文選》卷首

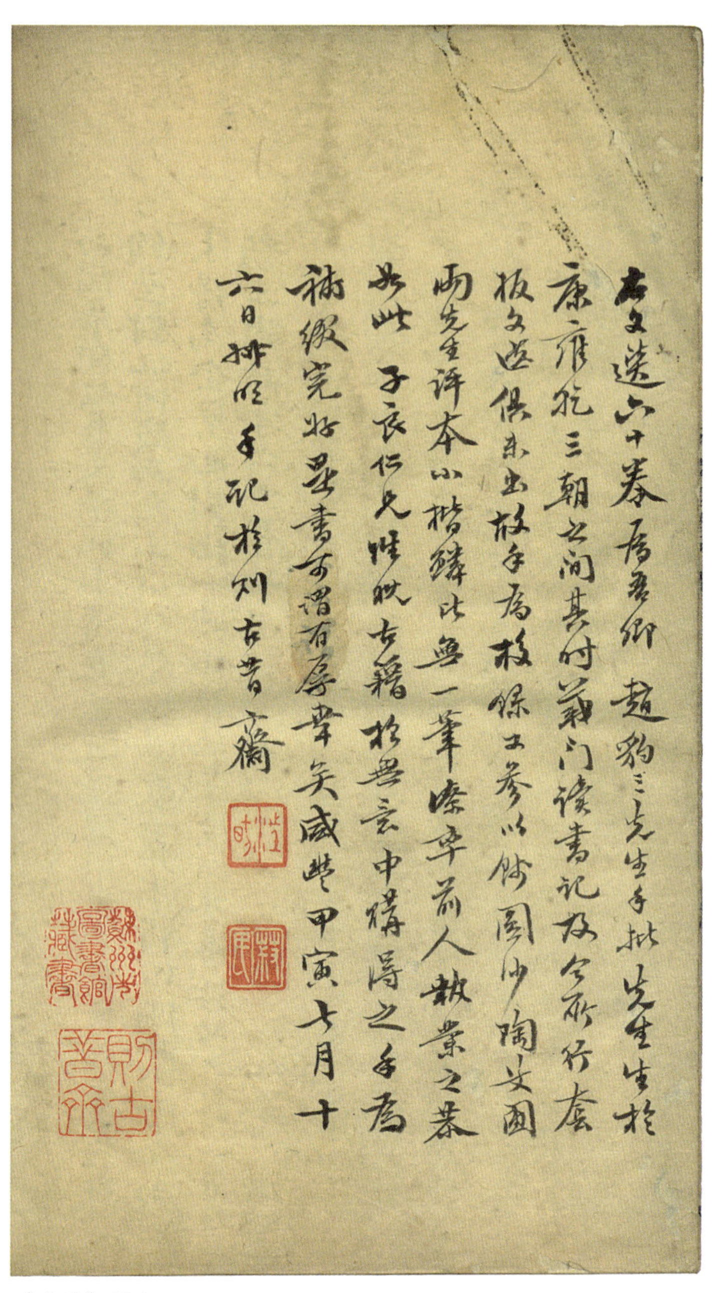
右文選六十卷，係吾鄉趙豹三先生手批。先生生於康雍乾三朝之間，其附義門讀書記及今所行套板文選俱未出，故手為校錄，又參以錢圓沙、陶文國兩先生評本，以楷錄此，無一筆潦草，前人敬業之恭如此。子衣仁兄性耽古籍，於無意中購得之，手為補綴完好，是書可謂有厚幸矣。咸豐甲寅七月十六日拂曙手記於則古昔齋

《文選》題跋

按：

錢陸燦（一六一二—一六九八），字爾韜，號湘靈，一號圓沙。清江蘇常熟人。順治十四年（一六五七）舉人。工詩文，教授常州、揚州間，從游甚衆。有《調運齋集》。趙彪詔（一六八七—一七六九），字豹三，號今獻。清江蘇武進（今常州）人。雍正九年（一七三一）入蜀，攝會理州事，十一年（一七三三）補遂寧縣丞。乾隆十五年（一七五〇）自山西稷山縣罷歸，擁書自娱，尤留意桑梓文獻，著述甚多。汪昉，見前《漢書評林》條。

我明懿毛詩曰彼蒼者天殲我良人以此忍哀敬陳奠饋蒼頡篇曰饋祭名也申酹長懷顧望歔欷嗚呼哀哉范曄後漢書曰劉陶上疏曰竊獨長懷中篇而歎

康熙十二年癸丑九月喪四兒十四年喪黃氏女乙卯九月對哀赴館常州以筆墨塞痛乙卯十月二十九日始還易儂文選瀹注而予閱本亦吾跋記於卷末明年昆令清出一本換去至甲子天士又借昆令本對臨然中多缺落天士之尊甫臣木即以易余本余因自校補一編藏於家因追記第一部後所失之大略并各本去留之故時年七十有四乙丑三月十二日陸燦識

有不全本對批自十八至三十八卷失

向聞張悔叔有文選批本借觀不可得深用慨然癸酉仲夏乞許約齋對批何義門先生本即張氏家藏舊本借何批止十三卷尚未得為全璧也對臨一過始於端午後六日畢於七夕前一日

劉三識時年六十有七

文選紀聞三十卷

清余蕭客撰。清抄本。佚名跋。索書號：一二四九一一三六。

釋文：

《文選紀聞》四册，計三十卷。東吴余仲林撰。仲林有《經解鈎沈》《文選音義》二書刊刻行世，此本從吴門録得，乃希有之册也。

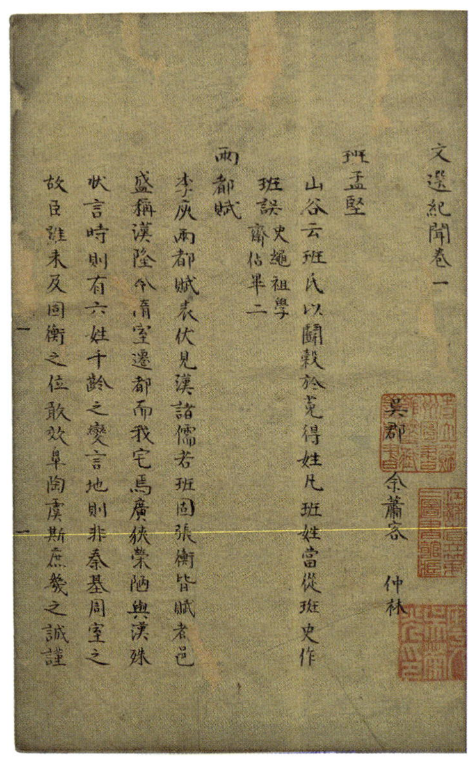
文選紀聞卷一
吳郡余蕭客仲林
班孟堅
山谷云班氏以鬭穀於菟得姓凡班姓當從班史作
班誤 史繩祖學齋佔畢二
兩都賦
李庾兩都賦表伏見漢諸儒若班固張衡皆賦者邑
盛稱漢隆今肅宗遷都而我宅焉廣狹崇陋與漢殊
狀言時則有六姓千齡之變言地則非秦基周室之
故臣雖未及固衡之位敢效皋陶奚斯庶幾之誠謹

《文選紀聞》卷首

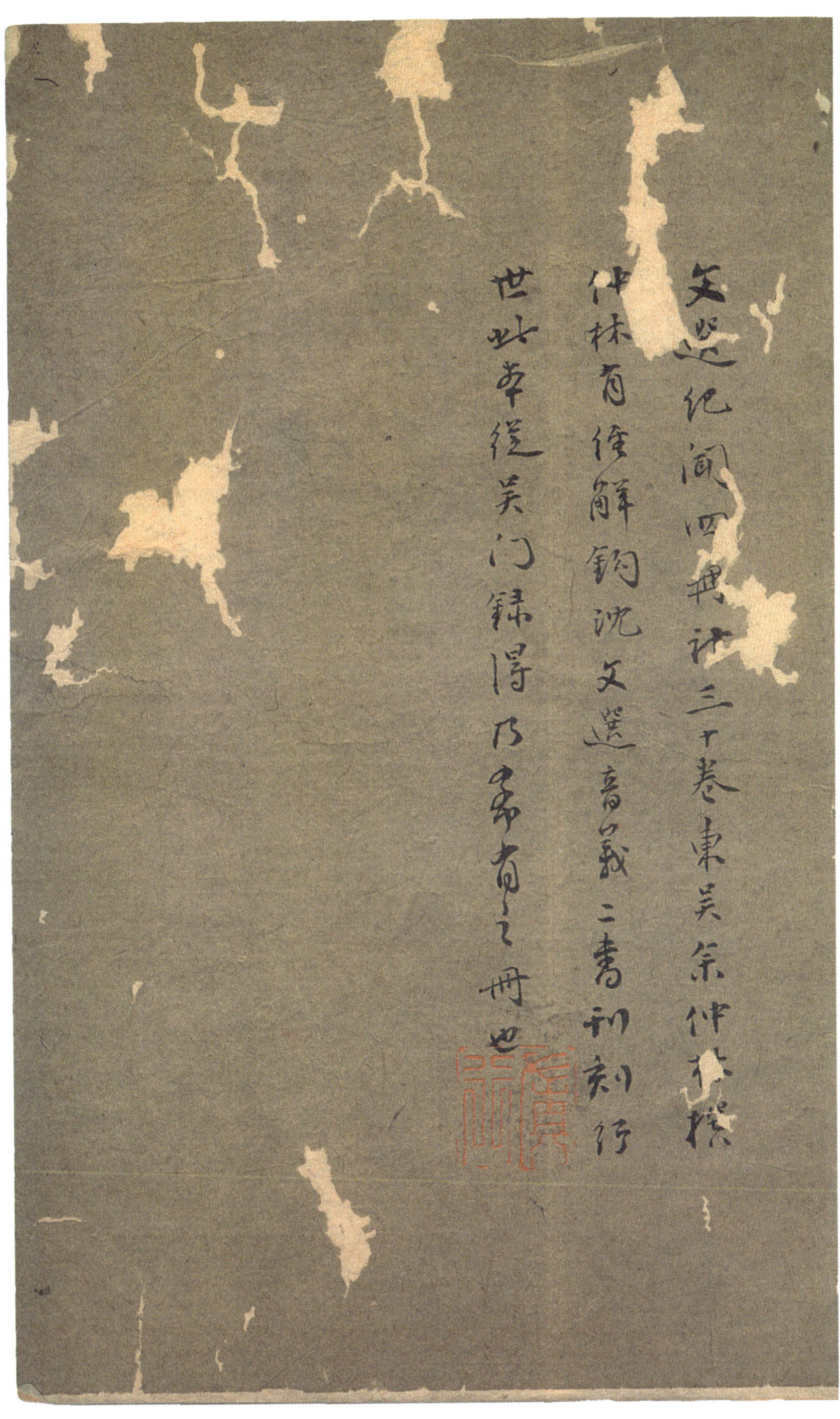

文選紀聞四冊計三十卷東吳余仲林撰

仲林有經解鈎沈文選音義二書刊刻行

世此本從吳门録得乃[illegible]肯之冊也

《文選紀聞》題跋

宛鄰書屋古詩録十二卷

清張琦輯。清嘉慶二十年（一八一五）張氏宛鄰書屋刻本。清蔣彬蔚跋。索書號：一三三七——一四四。

釋文：

墨筆吴仲倫先生手評，燕支筆則宛鄰先生原評本也，均照廉方臨本録出。辛丑莫春，子良校畢并記。

按：

蔣彬蔚，見前《三國志》條。

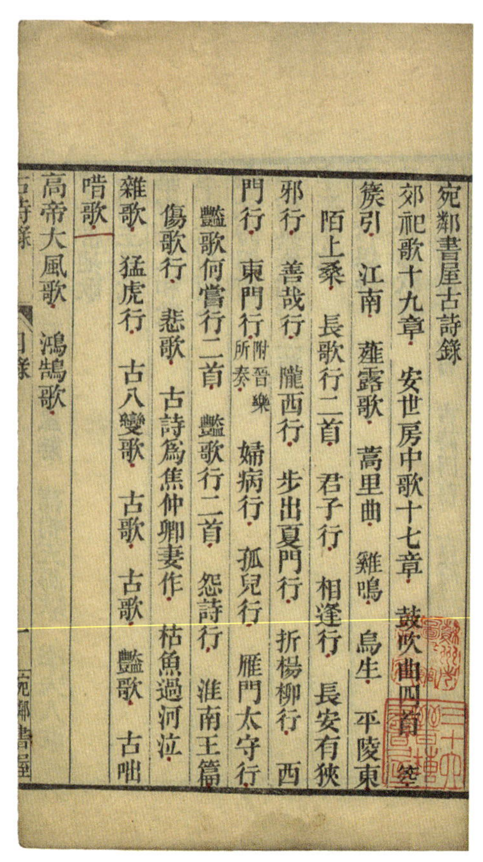
宛鄰書屋古詩錄
郊祀歌十九章 安世房中歌十七章 鼓吹曲四首 箜
篌引 江南 薤露歌 蒿里曲 雞鳴 烏生 平陵東
陌上桑 長歌行二首 君子行 相逢行 長安有狹
邪行 善哉行 隴西行 步出夏門行 折楊柳行 西
門行 東門行附晉樂所奏 婦病行 孤兒行 雁門太守行
豔歌何嘗行二首 豔歌行二首 怨詩行 淮南王篇
傷歌行 悲歌 古詩為焦仲卿妻作 枯魚過河泣
雜歌 猛虎行 古八變歌 古歌 古歌 豔歌 古咄
唶歌
高帝大風歌 鴻鵠歌

《宛鄰書屋古詩録》卷首

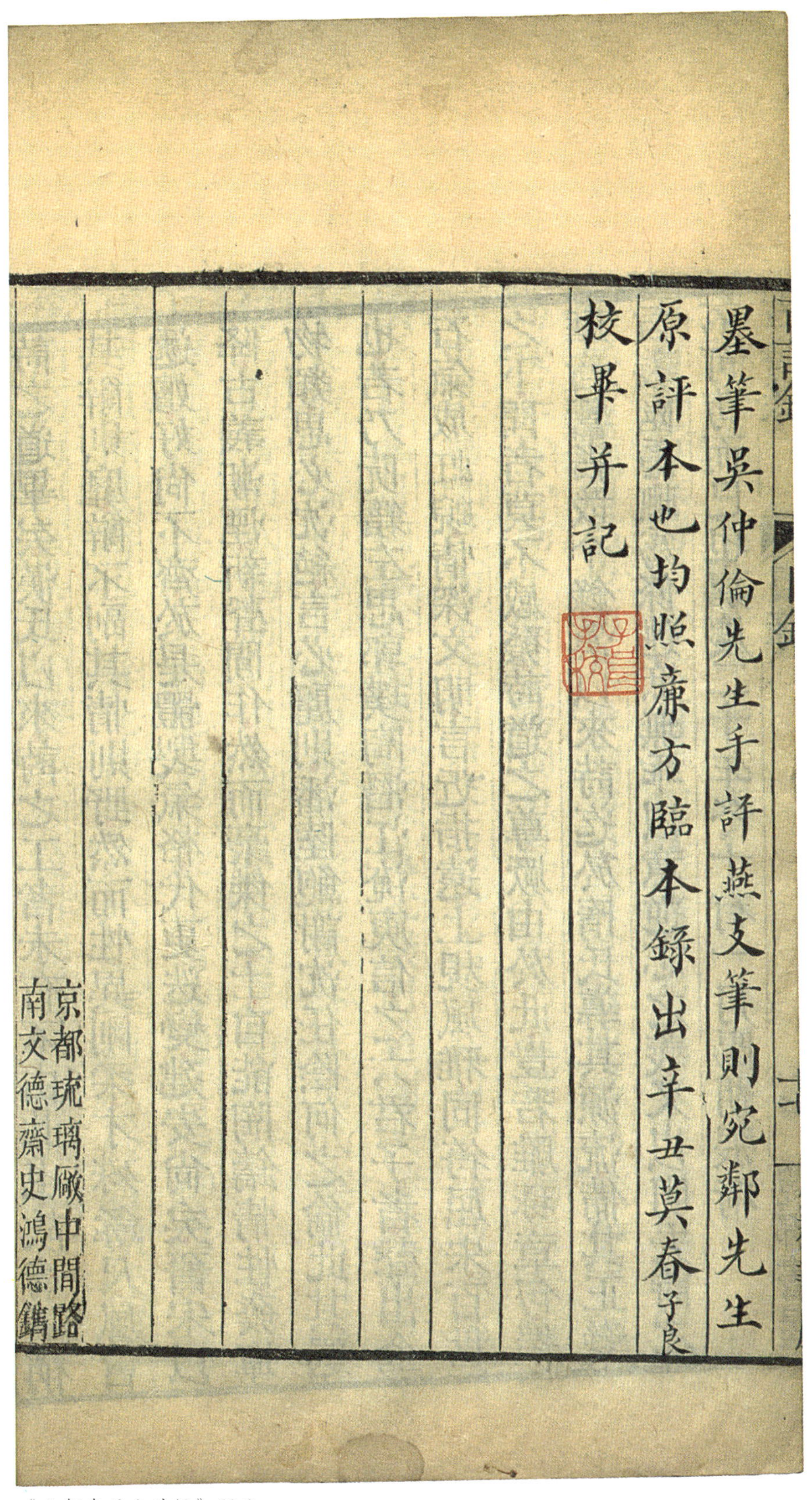
墨筆吳仲倫先生手評燕支筆則究鄭先生
原評本也均照康方臨本錄出辛丑莫春子良
校畢并記

京都琉璃廠中間路
南文德齋史鴻德鐫

《宛鄰書屋古詩録》題跋

赤牘清裁選不分卷

明楊愼輯，明吴勉學補遺。清道光抄本。民國趙世暹跋。

索書號：一八三五——一八〇。

釋文：

民卅一年立冬，希正兄因公來蘭，爰出近來所買舊書請評定優劣。此四册頗蒙夸賞，謹以奉贈，聊作此番晤會之紀念云耳。琴城趙式。

按：

趙世暹，字敦甫，號琴城趙式。江西南豐人。國立同濟大學土木工科畢業。著名水利工程專家，中華人民共和國成立後任水利史研究所副所長。早年集郵，後主藏書，曾將大量水利文獻及宋版《金石録》捐贈國家圖書館。著有《黄河年表》《再續行水金鑒》等。

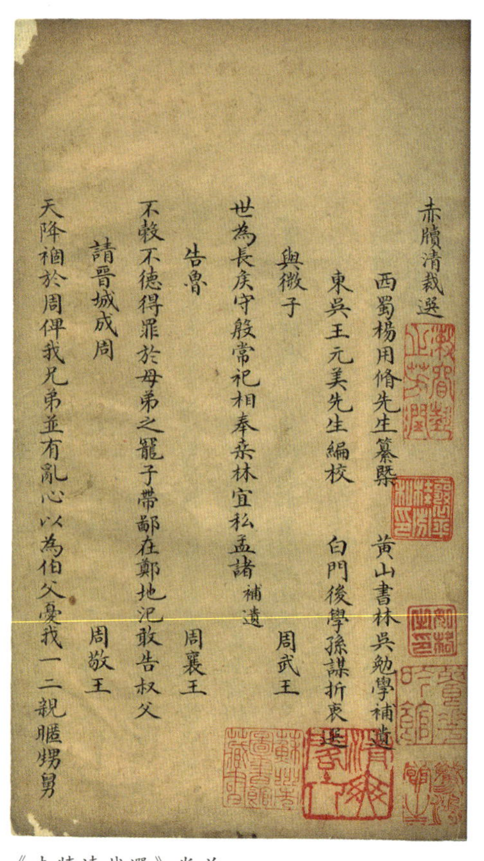
赤牘清裁選
西蜀楊用脩先生纂輯　黄山書林吴勉學補遺
東吴王元美先生編校　白門後學孫謀折衷選
與微子　周武王
世為長庚守殷常祀相奉桑林宜私孟諸　補遺
告魯　周襄王
不穀不德得罪於母弟之寵子帶鄙在鄭地汜敢告叔父
請晉城成周　周敬王
天降禍於周俾我兄弟並有亂心以為伯父憂我一二親暱甥舅

《赤牘清裁選》卷首

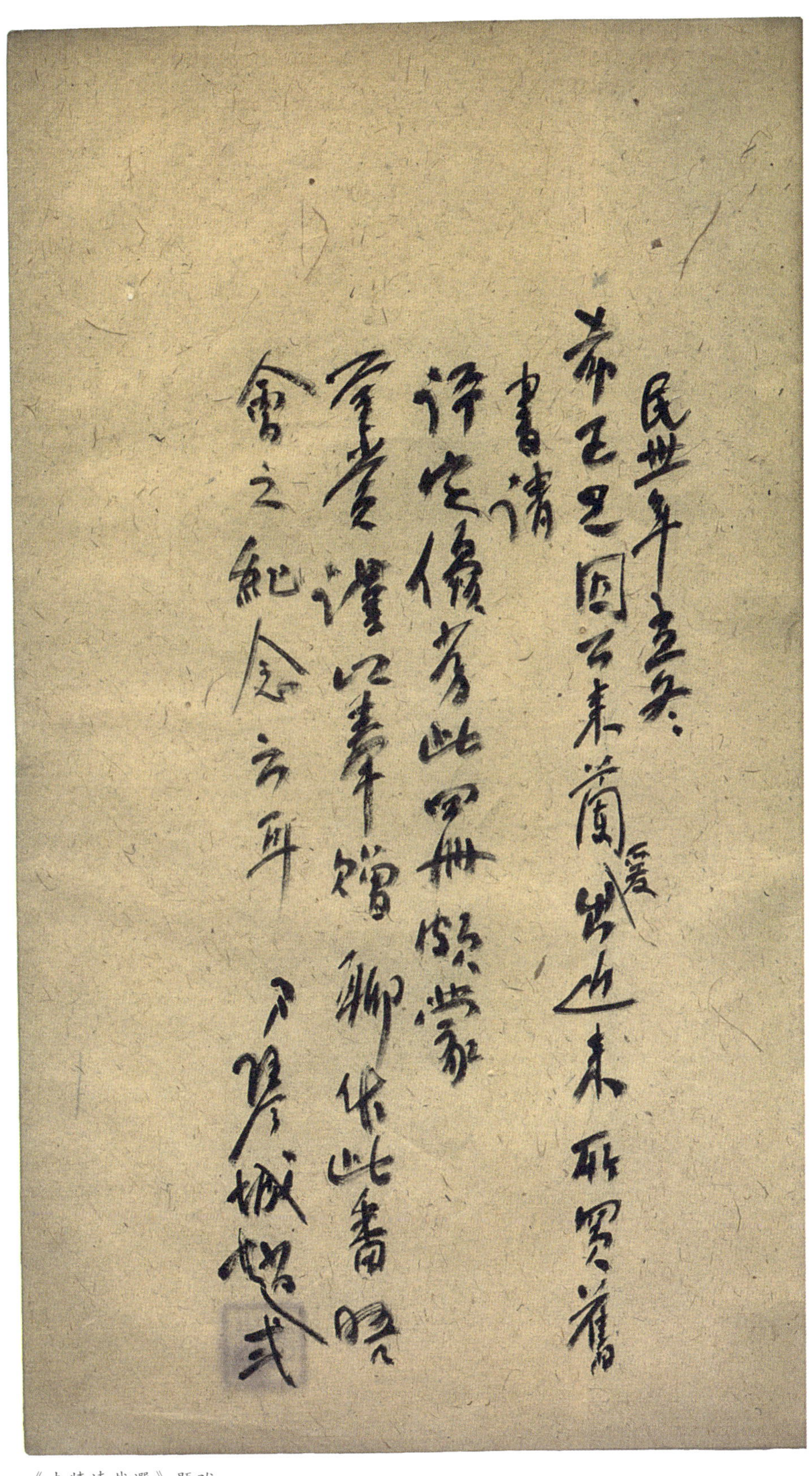

《赤牘清裁選》題跋

南北朝文鈔二卷

清彭兆蓀采輯。清光緒八年（一八八二）紫雲室刻本。清鄭文焯批校并跋。索書號：一二五八一一三七。

釋文：

六朝碑銘文皆駢麗有致，古藻深美，實高出唐之四六諸家，世士多取其書體而於文忽焉。予因博覽漢魏，訖隋爲斷，精約選得三百篇，名曰《八代碑駢》，粗爲區目，都成四卷，間爲考據，證之史事，以佐讀者知人論世之資云爾。鶴記。

按：

鄭文焯，見前《説文統釋自序》條。

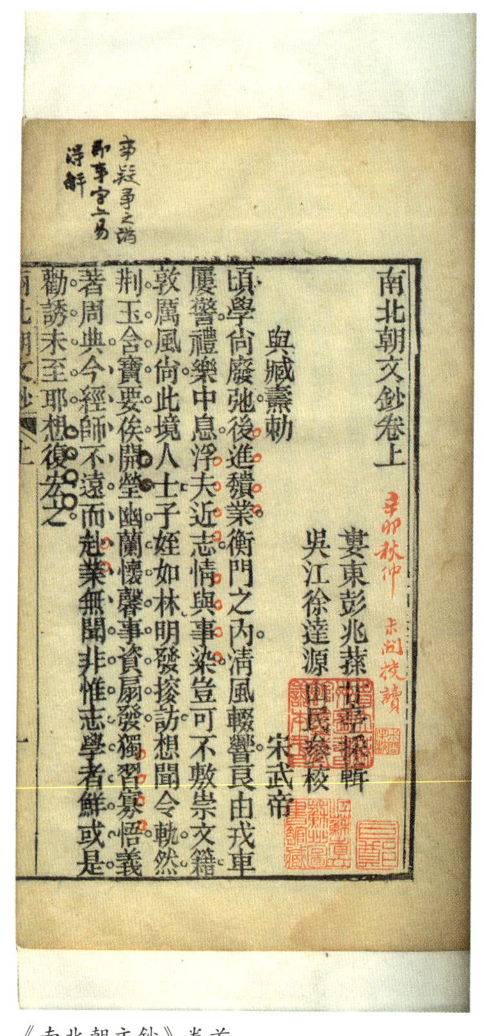
南北朝文鈔卷上
婁東彭兆蓀甘亭采輯
吳江徐達源山民參校
與臧燾勅　宋武帝
頃學尙廢弛後進頹業衡門之內清風輟響良由戎車屢警禮樂中息浮夫近志情與事染豈可不敷崇文籍敦厲風尙此境人士子姪如林明發搜訪想聞令軌然荆玉含寶要俟開瑩幽蘭懷馨事資扇發獨習寡悟義著周典今經師不遠而赴業無聞非惟志學者鮮或是勸誘未至耶想復宏之

《南北朝文鈔》卷首

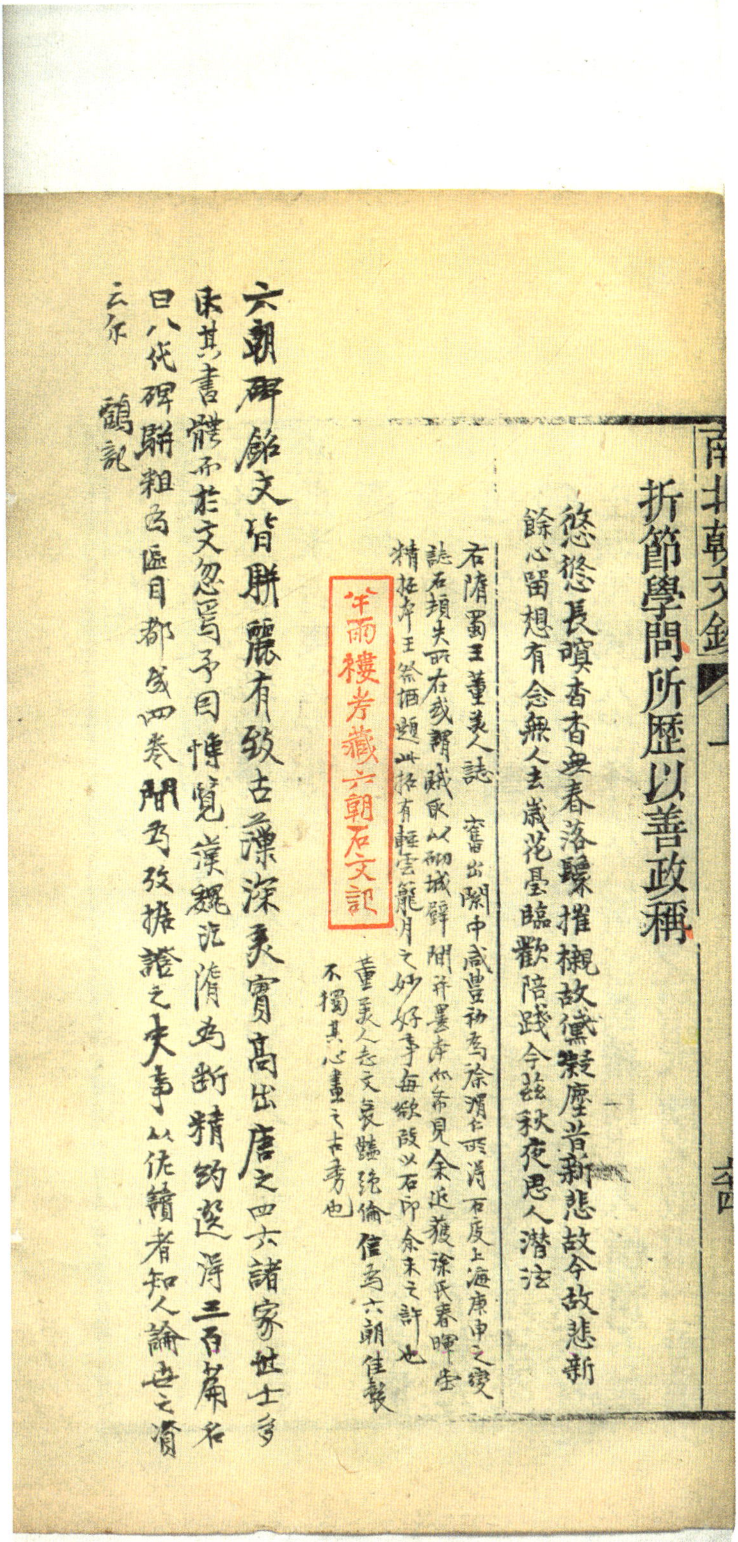
南北朝文鈔 上

折節學問所歷以善政稱

悠悠長暝杳杳無春落蹕摧櫬故黛凝塵昔新悲故今故悲新

餘心留想有念無人去歲花臺臨歡陪踐今茲秋夜思人潛泣

右隋蜀王董美人誌　舊出關中咸豐初為徐渭仁所得　石燬上海庚申之變

誌石殞失所存或謂賊取以砌城壁聞并墨本亦希見余近獲徐氏春暉堂

精拓本王祭酒題此拓有輕雲籠月之妙好事每欲設以石印余未之許也

董美人志文哀豔絕倫　信為六朝佳製

不獨其心畫之古秀也

竿雨樓考藏六朝石文記

六朝碑銘文皆駢麗有致古藻深美實高出唐之四六諸家世士多

昧其書體而於文忽焉予因博覽漢魏迄隋為斷精約選得三百篇名

曰八代碑駢粗為匯目都為四卷聊為攷據證之大事以俟讀者知人論世之資

云爾　鶴記

《南北朝文鈔》題跋

婁東彭兆蓀　輯
吳江徐達源　校

宋武帝

與臧燾勑

頃學尚廢弛後進頹業衡門之內清風輟響良由戎屢警禮樂中息浮夫近志情與事染豈可不敷崇文敦厲風尚此境人士子姪如林明發搜訪想聞令軌荊玉含寶要俟開瑩幽蘭懷馨事資扇發獨習寡悟古周典今經師不遠而枉業無聞非惟志學者鮮或勸誘未至耶想復宏之

十種唐詩選十七卷唐賢三昧集三卷

清王士禛輯。清康熙三十一年（一六九二）吴門書林刻本。清周金鼇批校，清張夢蛟跋。索書號：一三〇五—一四一。

釋文：

辛未夏五於縠園東舍，晚城臨。

夏六月十有四日臨於借枝山房，晚城。

右所批閱，俱集諸名家手筆供之案頭以便參誦，非出一人之手也。時乾隆十七年清和月，晚城張夢蛟臨於明懷書屋。

按：

張夢蛟，字晚城。清江蘇常熟人。能書，行草頗遒勁。著有《檢篋草》。

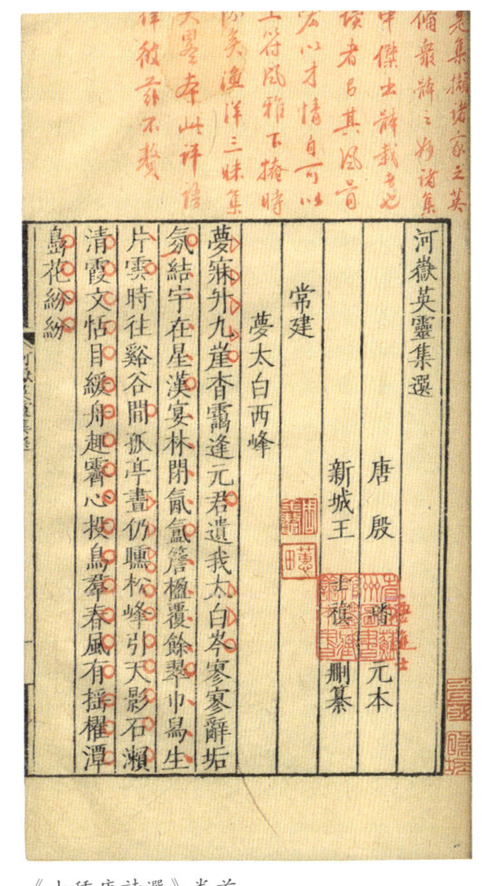

《十種唐詩選》卷首

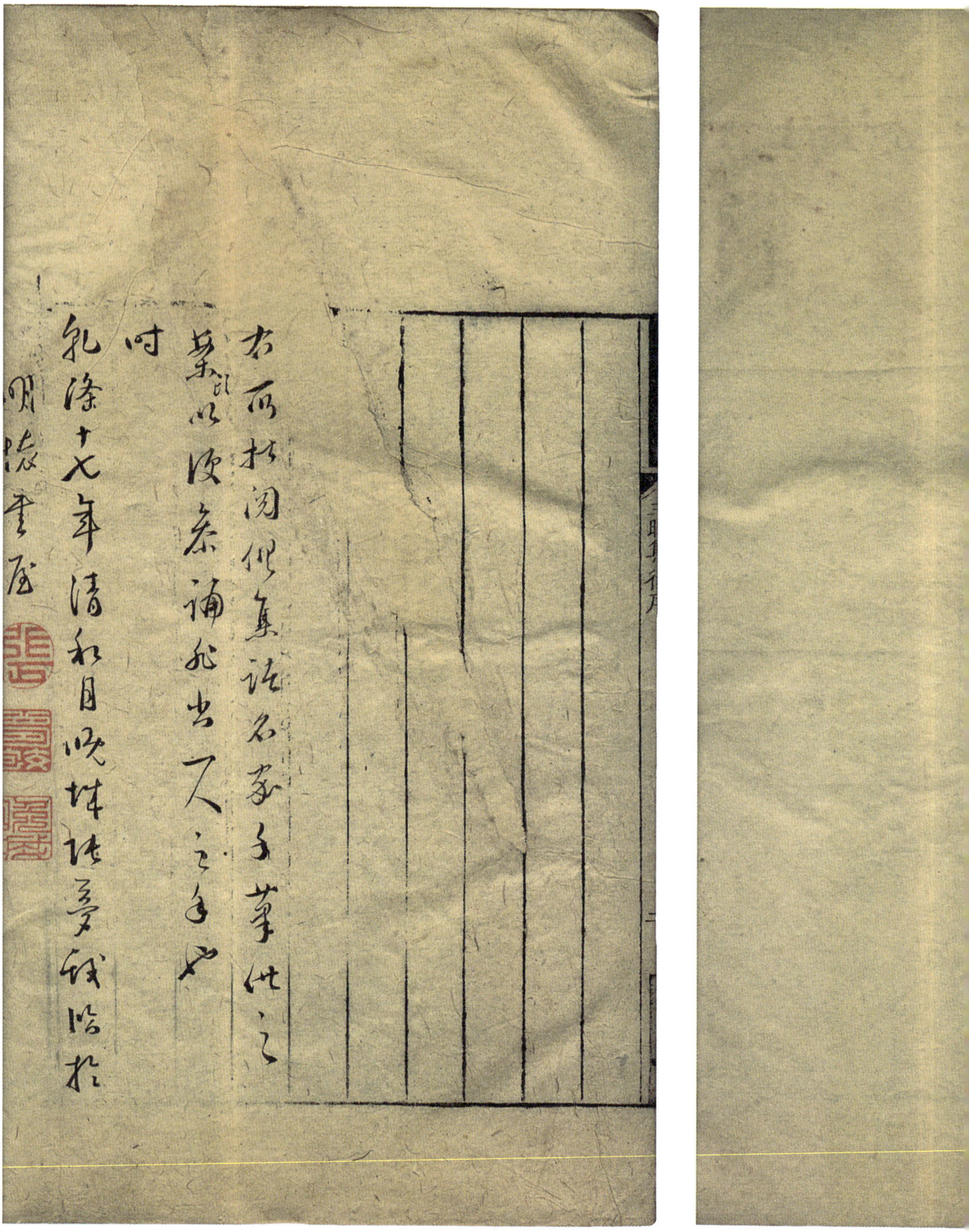

《十種唐詩選》題跋

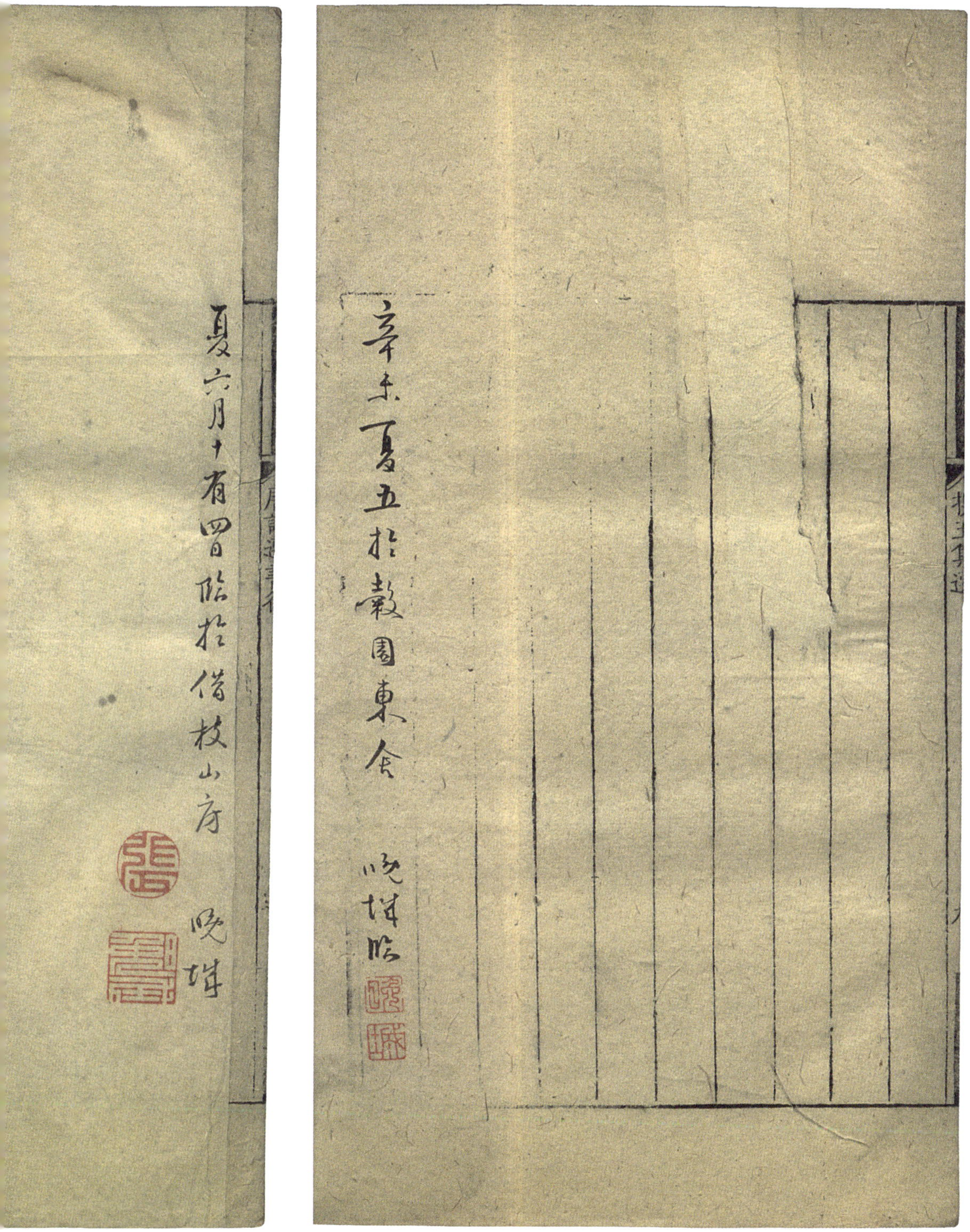

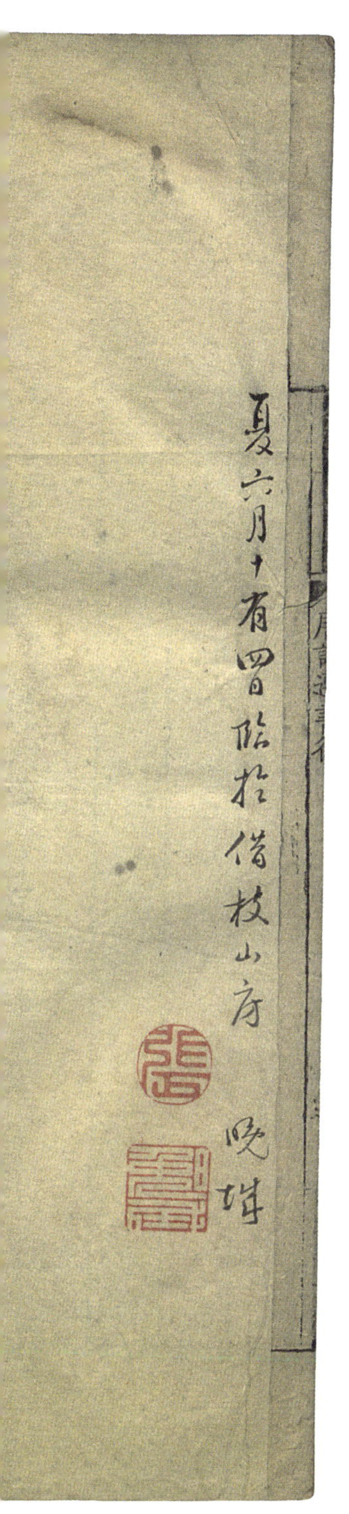
夏六月十有四日臨於借枚山房 晚堪

辛未夏五於穀園東舍

晚堪臨

唐詩别裁集十卷

清沈德潛、陳培脉輯。清康熙五十六年（一七一七）碧梧書屋刻本。清吴翌鳳過録沈德潛評注，清韓崇、吴鳳藻跋。索書號：二二〇四—二〇五。

釋文：

吴枚庵録沈尚書評本。道光丙申夏六月重裝。履卿手記。

考吴枚庵先生翌鳳，長洲諸生，博雅工詩。中歲游楚南，遍歷匡廬、嶽麓、洞庭諸勝，垂老始返，卜居城南，著書奉母，題其室曰歸雲舫，一時文士皆從之游。門人潘孝廉功甫嘗贈句云："七十詩翁九旬母，兩三吟客數間廬。"其晚境恬適，可想見焉。先生兼善楷法，工丹青，所寫花卉山水，靡不入古，與王蓬心太守爲筆墨交。太守嘗臨北苑《瀟湘圖》以贈，志相契也。先生有自畫《借書圖》，題詠盈卷，多名流妙墨。殁後卷忽失去，令嗣晉齋迹得之，以多金求贖，轉輾浼托，踰年始返。圖中寫枯樹四五株，矮屋一間，一童負書歸。寥寥數筆，絶似荆蠻民。款爲乾隆甲辰歲。爲人外和内介，潔清自守，而篤於友誼，人咸服之。刻有《與稽齋叢稿》十八卷，其餘雜著數十種，俱未付梓，藏於家。壬申夏六月，蓉圃識於宣武坊南桐花仙館。

考此册爲吴門韓履卿所藏。履卿爲桂林侍郎令弟，精賞鑒，富收藏。庚申蘇城之亂，履卿僅以身免，餘多毁於兵燹，良可惜也。

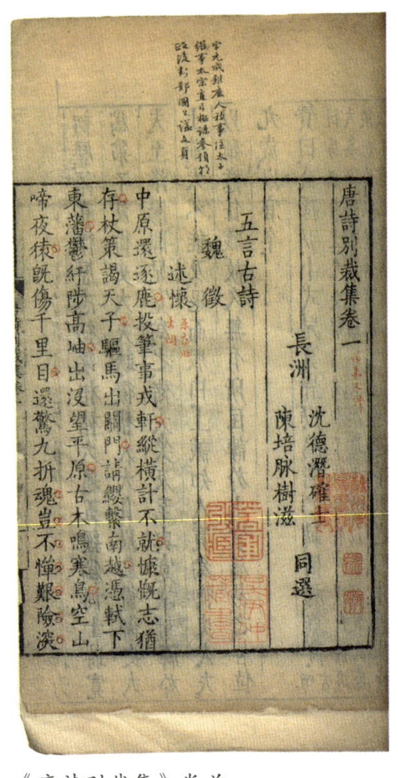
唐詩别裁集卷一
長洲　沈德潛確士　陳培脉樹滋　同選
五言古詩
魏徵
述懷
中原還逐鹿，投筆事戎軒。縱横計不就，慷慨志猶存。杖策謁天子，驅馬出關門。請纓繫南越，憑軾下東藩。鬱紆陟高岫，出没望平原。古木鳴寒鳥，空山啼夜猿。既傷千里目，還驚九折魂。豈不憚艱險，深

《唐詩别裁集》卷首

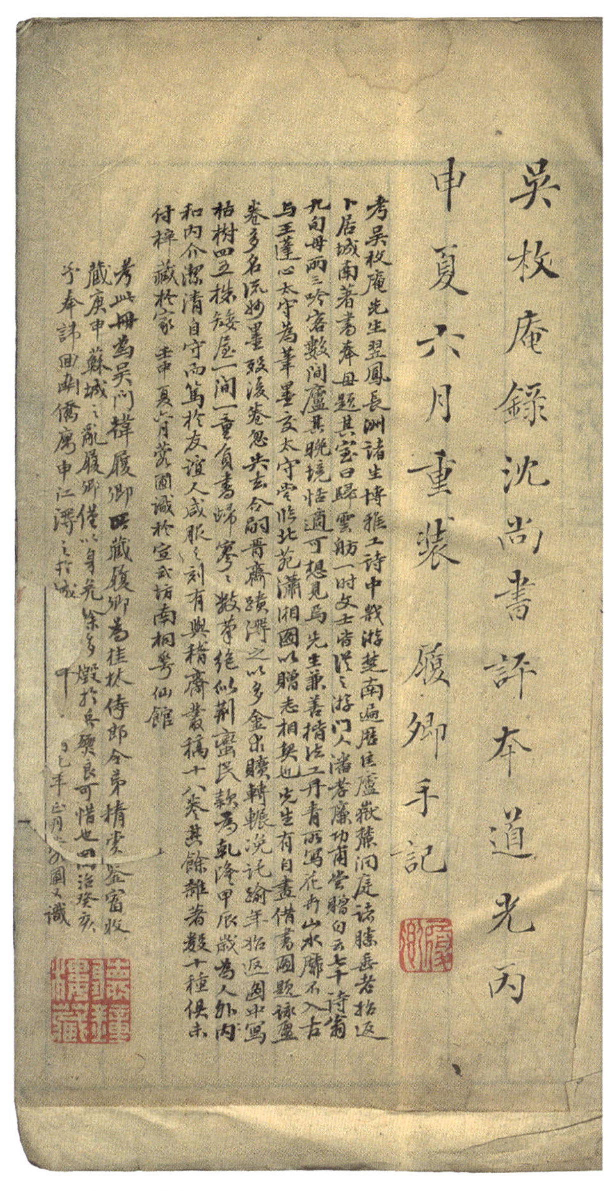
吳枚庵録沈尚書許本道光丙
申夏六月重裝 履卿手記
考吳枚庵先生翌鳳長洲諸生博雅工詩中歲游楚南遍歷匡廬嶽麓洞庭諸勝甚者拾返
卜居城南著書奉母題其室曰歸雲舫一時文士皆從之游門人潘若蘅功甫嘗贈句云七十詩翁
九旬母兩三吟窖數間廬其晚境恬適可想見焉先生兼善楷法工丹青所寫花卉山水胎不入古
與王蓬心太守爲筆墨交太守嘗作北苑瀟湘圖以贈志相契也先生有自畫借書圖題詠盈
卷多名流妙墨歿後卷忽失去今歸晉齋蹟瀞之以多金出贖輾轉流託踰年始返圖中寫
柏樹四五株矮屋一間一童負書歸寥寥數筆絶似荊蠻民款爲乾隆甲辰歲爲人外內
和內介潔清自守而篤於友誼人咸服之刻有與稽齋叢稿十八卷其餘雜著數十種俱未
付梓藏於家 壬申夏六月蓉圃識於宣武坊南桐仙館
考此冊爲吳門韓履卿所藏履卿爲桂林侍郎令弟精鑒賞富收
藏庚申蘇城之亂履卿僅以身免餘多燬於兵燹良可惜也同治癸亥
予奉諱回南僑寓申江之於城
肆中 己巳年正月蓉圃又識

《唐詩别裁集》題跋

同治癸亥予奉諱回南，僑寓申江，得之於城□□□。□□元年正月，蓉圃又識。

按：

韓崇，字履卿。清江蘇元和（今蘇州）人。韓崶弟。官山東洛口批驗所大使，乞終養歸，事母以孝聞。咸豐初，太平軍將至，協辦團練勸捐諸事宜，以勞屢被甄叙，加鹽運使銜。性嗜金石，耽吟詠。工書，入香光之室，又逼肖何屺瞻。著有《寶鐵齋詩録》等。吳鳳藻，字翔士，號蓉圃。清浙江錢塘（今杭州）人。咸豐三年（一八五三）榜眼，授翰林院編修，歷官禮科給事中、翰林院學士。書法挺秀，譽重京華。

唐詩選不分卷

清佚名輯。清抄本。清倪定邦跋。索書號：一二九七—一四〇。

釋文：

詩自三百篇後，如漢魏古體尚矣。然唐以詩取士，又得李、杜、韓之三大宗，如河源發自崑崙，至積石龍門，奔騰浩瀚，由經流以入海。孟子曰"觀於海者難爲水"，唐詩即此謂也。是本選擇甚精，書法亦稍近《黄庭》。圖記有"嘉猷"二字，未著其姓，蓋亦有心斯道者。聞愚安四兄得自廢書堆中。吁！物必聚於所好，四兄之沈酣韻句，性情嗜好稽古居今，得此奉爲揣摩，當船窗雨晦，旅館燈明，展閲之下，便於取携，未必非握款攄懷之一助。爲之誌所得之由，殆爲是集幸，又不專爲是集幸也。嘉慶十六年十月二十日，晝淇倪定邦謹記。

按：

倪定邦，生平不詳。

《唐詩選》卷首

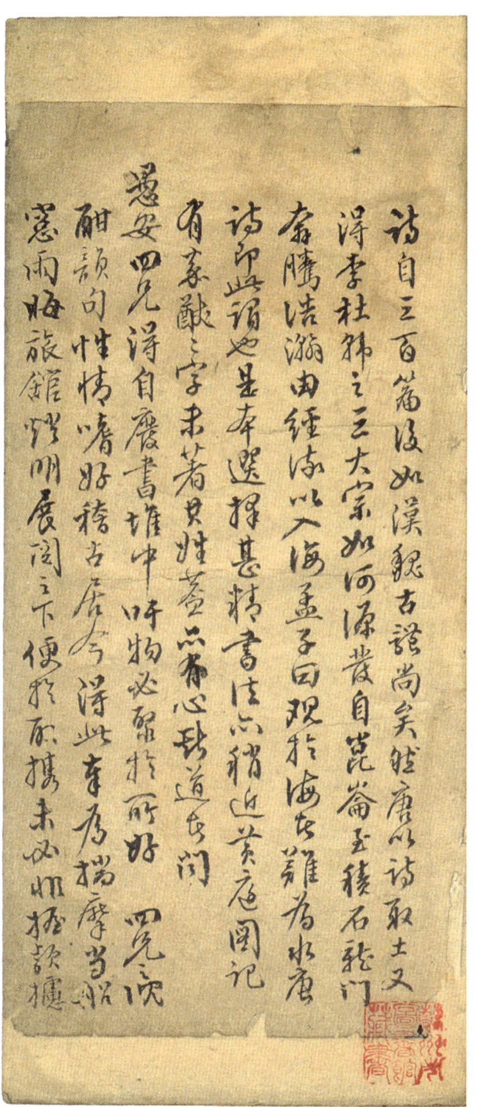

詩自三百篇後如漢魏古詩尚矣然唐以詩取士又
得李杜韓之三大宗如河源發自崑崙玉積石龍門
奔騰浩瀚由經流以入海孟子曰觀於海者難為水唐
詩即此類也是本選擇甚精書法亦稍近黃庭園記
有秦獻之字未著其姓名亦費心動道氏閒
遐安四兄得自廣書攤中時物必留於所好 罷伏
酣詠句性情嗜好稽古居今得此本爲揣摩當醉
窓雨梅旅館燈明展閱之下便存夙擕來必細極欵攄

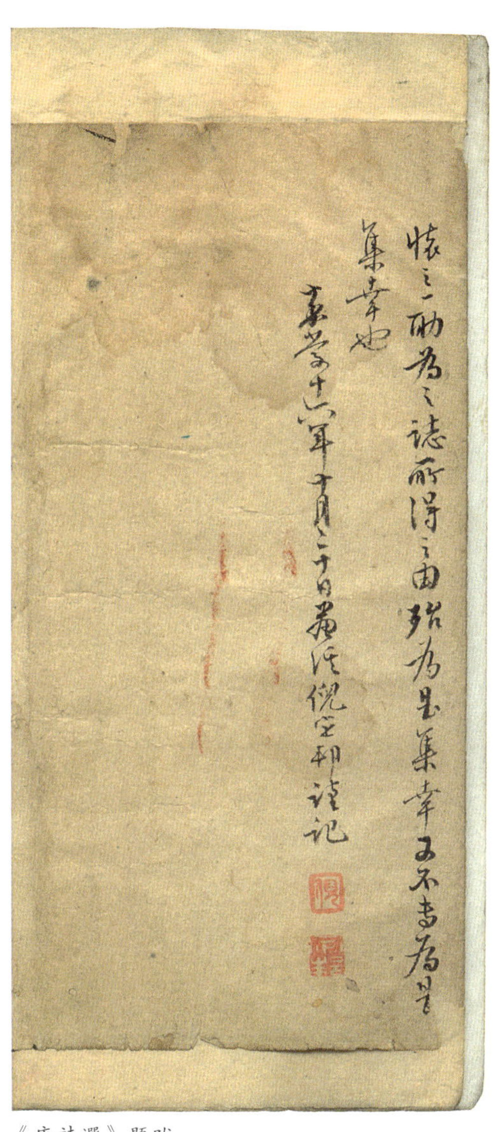

悵之一助爲之誌所得之由然爲是集幸且不幸為是
集幸也
嘉慶十六年十月二十日黃浜倪定邦謹記

《唐詩選》題跋

中州集十卷首一卷中州樂府二卷

金元好問集。明末毛氏汲古閣刻清吴門寒松堂重印本。清佚名過録吴祖修跋。索書號：一三一五一一四二。

釋文：

《中州》留三月，評點始竟。小傳中摘句及集中詩，用藍筆圈出，皆其琢句之極工者。學詩先學句法，句法工，講章法，全首始穩稱。今人先不學句法，詩那得佳也。其詩題上打墨圈者，覆看旹覺得尋味無窮，故復標出，與藍卷了無分別。小傳中有關係語，及奇人奇事，皆墨筆圈出，用長益人意思，亦可悟作古文從大處起議論之意。如足下輩有所見，可别以硃筆標其上，不必以吾一日之長，苟爲雷同也。祖修白。

按：

吴祖修（一六三八—一六九四），字慎思。清江蘇吴江人。諸生。幼承家學，才學高博。從胡悦之、陳伯璣及周伯衡問詩法，後受知汪琬，謂可與言詩。一時學者翕然歸附，其門下亦多名士。同郡何焯、吴士玉及同邑張尚瑗、周振業等皆重其品，以老友事之。著有《柳塘詩集》。

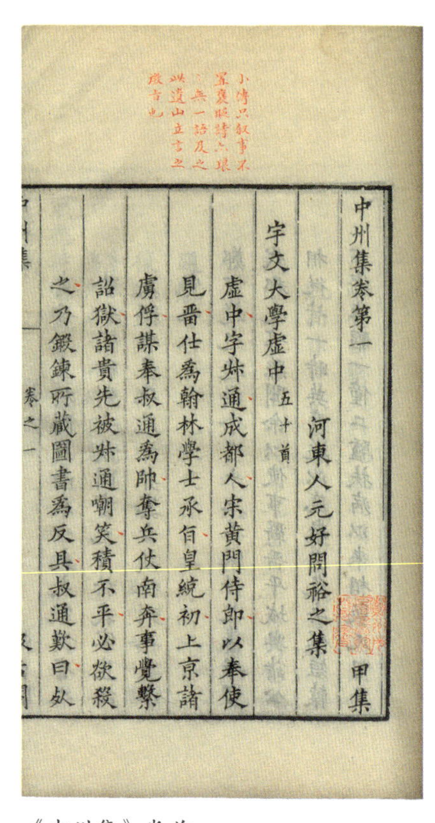
中州集卷第一　甲集
河東人元好問裕之集
宇文大學虛中 五十首
虛中字叔通成都人宋黃門侍郎以奉使
見留仕爲翰林學士承旨皇統初上京諸
虜俘謀奉叔通爲帥奪兵仗南奔事覺繫
詔獄諸貴先被叔通嘲笑積不平必欲殺
之乃鍛鍊所藏圖書爲反具叔通歎曰死
中州集　卷之一

《中州集》卷首

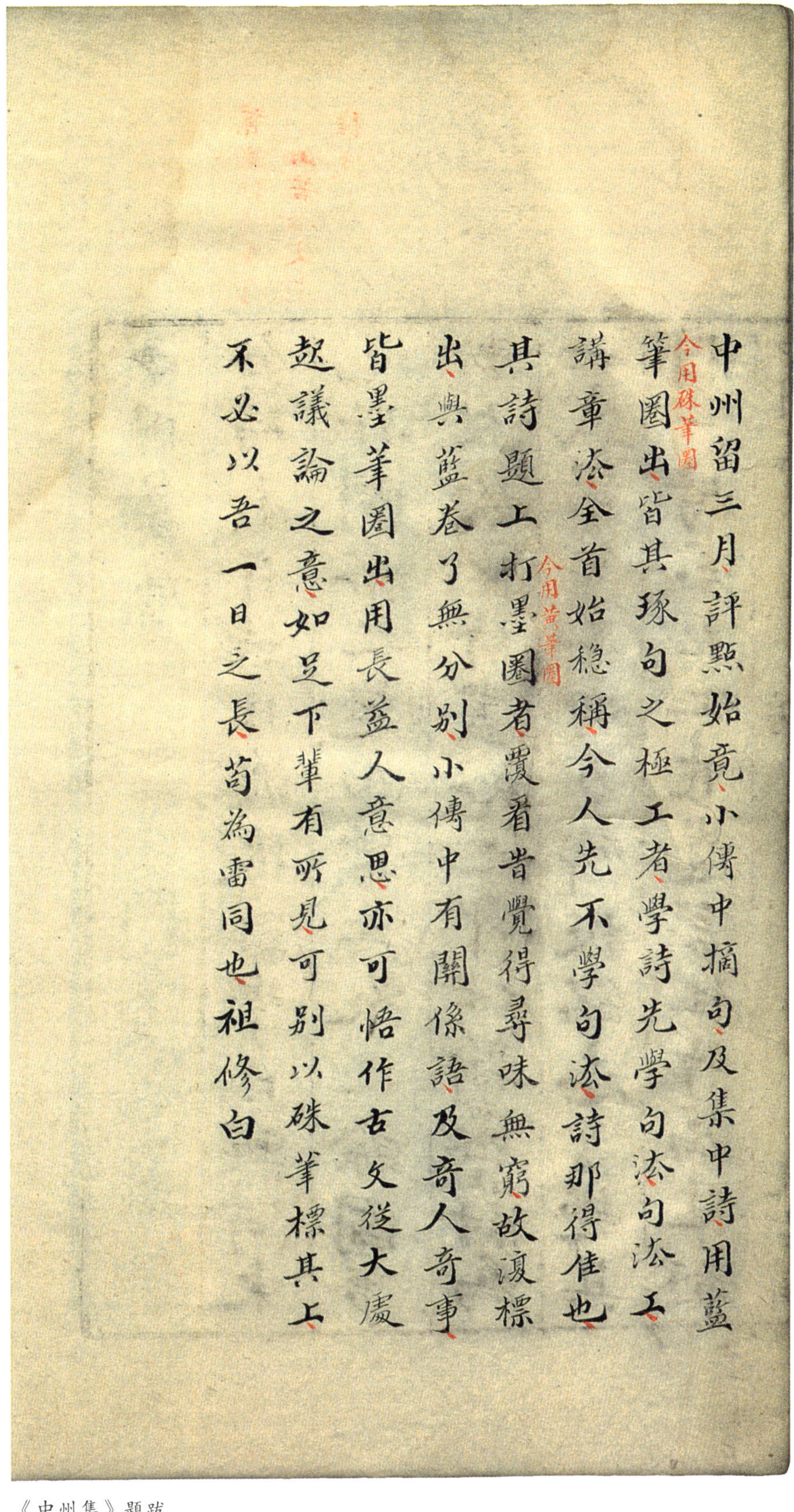

中州留三月評點始竟小傳中摘句及集中詩用藍筆圈出（今用硃筆圈）皆其琢句之極工者學詩先學句湊句湊工講章法全首始穩稱今人先不學句湊詩那得佳也其詩題上打墨圈（今用黄筆圈）者覆看尚覺得尋味無窮故復標出與藍卷了無分別小傳中有關係語及奇人奇事皆墨筆圈出用長益人意思亦可悟作古文從大處起議論之意如足下輩有所見可別以硃筆標其上不必以吾一日之長苟為雷同也祖修白

《中州集》題跋

所知集初編十二卷二編八卷三編十二卷

清陳毅選輯。清乾隆三十二年（一七六七）眠雲閣刻本。清張金圻跋。索書號：一三三五——一四四。

釋文：

是集於上月購於市間異鄉人手。集中多傑作，卷一首列名人，次半名下士，可翫焉。後見圖章，知爲子修姻世臺藏本，弁數語歸之。光緒十五年十月上浣，張金圻識。

按：

張金圻，字蘭修。清浙江平湖人。歲貢生。監當湖書院。撰有《宣恩縣志》。

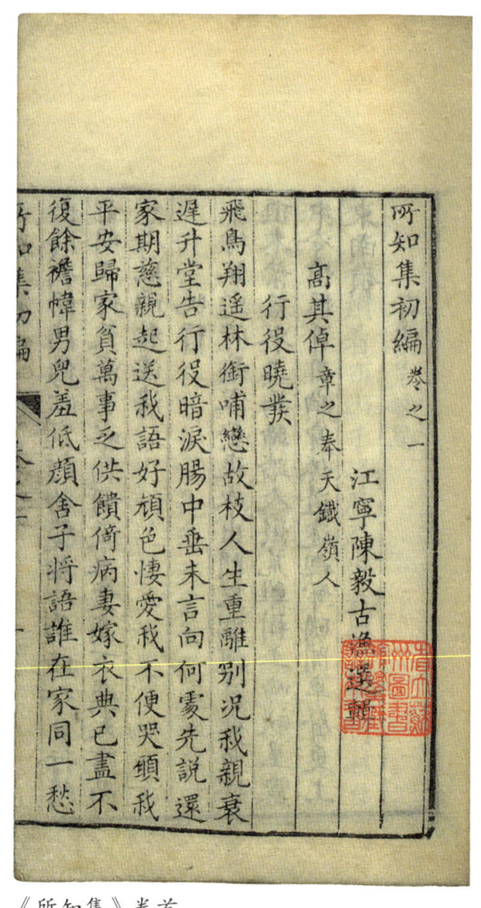
所知集初編　卷之一
江寧陳毅古漁選輯
高其倬　章之　奉天鐵嶺人
行役曉發
飛鳥翔遥林銜哺戀故枝人生重離別况我親衰
遲升堂告行役暗淚腸中埀未言向何處先說還
家期慈親起送我語好顏色悽愛我不便哭頻我
平安歸家貧萬事乏供饋倚病妻嫁衣典已盡不
復餘襦幃男兒羞低顏舍子將語誰在家同一愁

《所知集》卷首

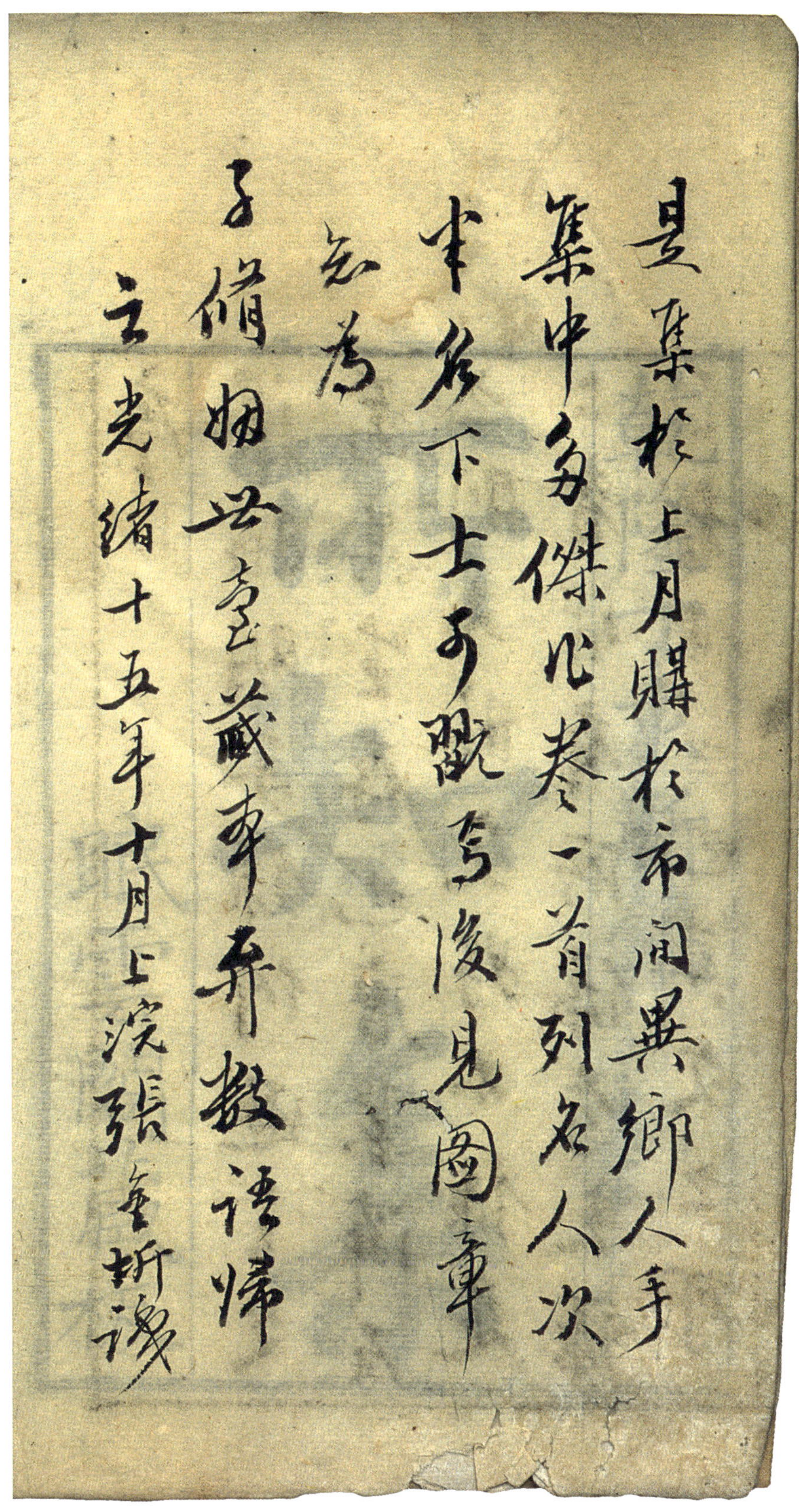

是集於上月購於市閶異鄉人手
集中多傑作卷一首列名人次
半爲下士可歎焉後見圖章
知爲
子備姻世臺藏本并數語歸
之 光緒十五年十月上浣張金圻識

《所知集》題跋

劫餘所見詩録前編九卷後編一卷

清葉廷琯輯。稿本。清賈敦艮跋。索書號：〇五〇〇—〇六九。

釋文：

不隨灰劫共銷沈，留得千秋萬古心。老輩風期崇友誼，幾人地下感知音。遺詩憑仗搜求力，大雅同登著作林。湖海名流存傑構，一編珍重等南金。奉讀調生兄丈先生所選《岑苔詩録》，謹題一律，呈大詞壇教正。當湖芝房賈敦艮。

按：

賈敦艮（一八〇八—？），原名溥，字博如，號芝房。清浙江平湖人。諸生。一生鄉試不第，先後在新溪、揚州、乍浦、上海開館授徒，以詩會友。著有《餐霞仙館文集》《知恥齋詩集》《花南小志》等。

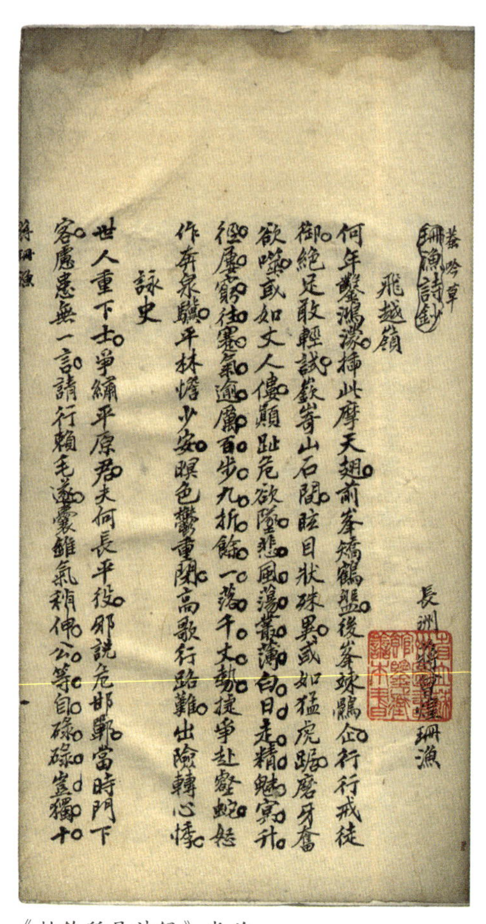
珊漁詩鈔 蕃吟草

長洲 珊漁

飛越嶺

何年鑿鴻濛插此摩天翅前峯矯鶴頸後峯竦鵰企行行戒徒御絕足敢輕試嶔崟山石間眩目狀殊異或如猛虎蹲磨牙奮欲噬或如文人傴顛趾危欲墜悲風蕩叢薄白日走精魅窮升徑屢窮徊還氣逾厲百步九折餘一落千丈勢捷爭赴壑蛇蜒作奔泉驟平林蹲少安瞑色鬱重隊高歌行路難出險轉心悸

詠史

世人重下士爭編平原君夫何長平役邪說危邯鄲當時門下客處患無一言請行賴毛遂囊錐氣稍伸公等自碌碌豈獨十

《劫餘所見詩録》卷首

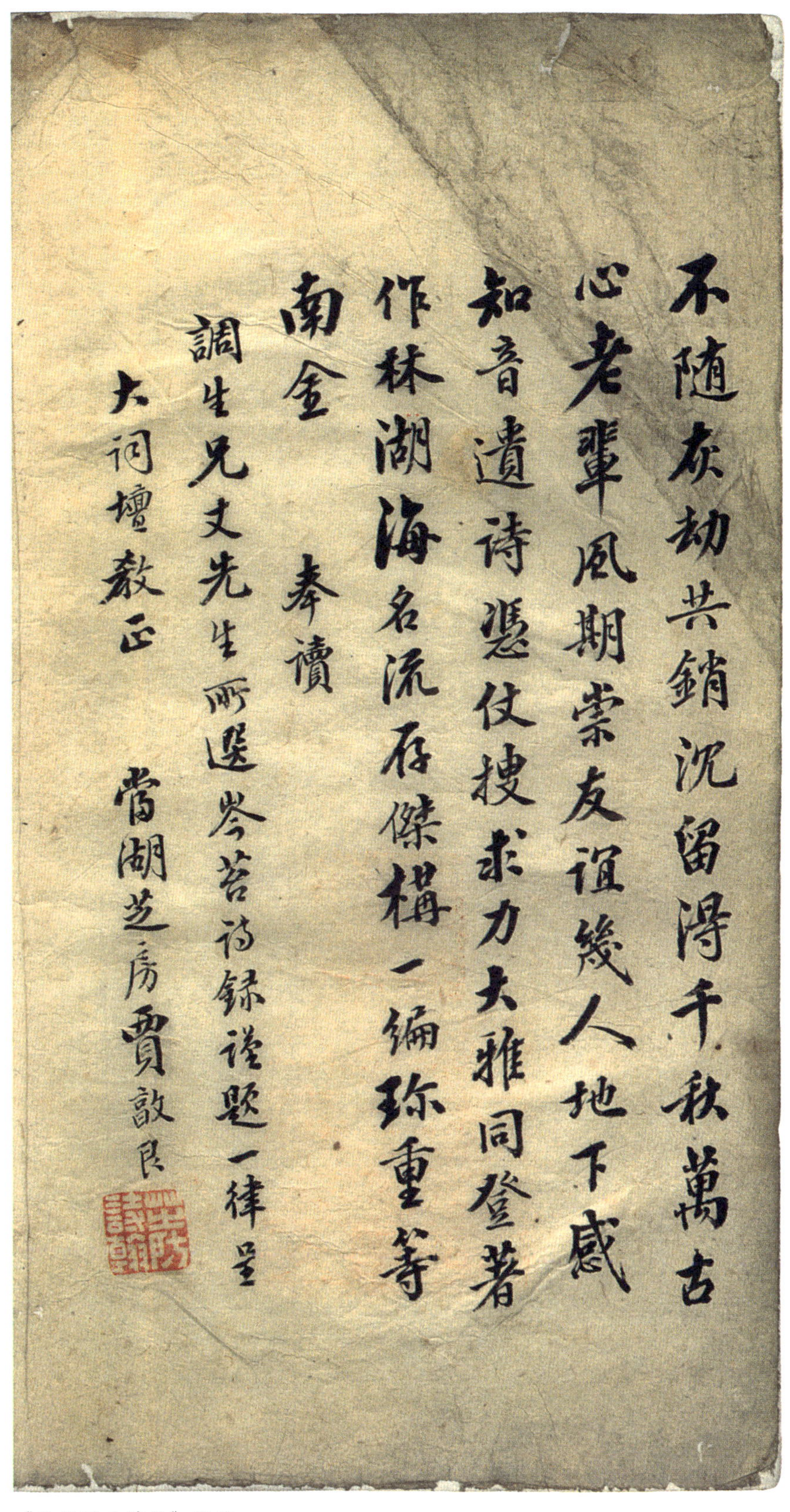

不隨灰劫共銷沉，留得千秋萬古心。老輩風期崇友誼，幾人地下感知音。遺詩憑仗搜求力，大雅同登著作林。湖海名流存傑構，一編珍重等南金。

奉讀

調生兄丈先生所選岑苔詩録，謹題一律，呈

大詞壇教正

當湖芝房賈敦艮

《劫餘所見詩録》題跋

[詩文評類]

精選古今名賢叢話詩林廣記後集十卷

宋蔡正孫輯。明刻本。清莫棠跋。索書號：〇七五九一〇八九。

釋文：

市上得此殘帙二册，愛其雕印古雅，雖所闕正多，亦裝併而存之，不問其卷第之不相屬也。後集凡北宋二十八人，是册只存二蘇、秦少游、郭功甫、陳簡齋、韓子蒼六人而已。八卷首有吳門王獻臣家藏書印。獻臣字敬止，明弘治六年進士，官御史，降驛丞，終通判。致仕歸里，因大弘寺地營别業，即今之拙政園，仍舊名者也。其子以樗蒲失之，轉屬里中徐氏，梅村賦《山茶》詩，嘗及其事。楚生。

按：

莫棠，見前《詩韻輯略》條。

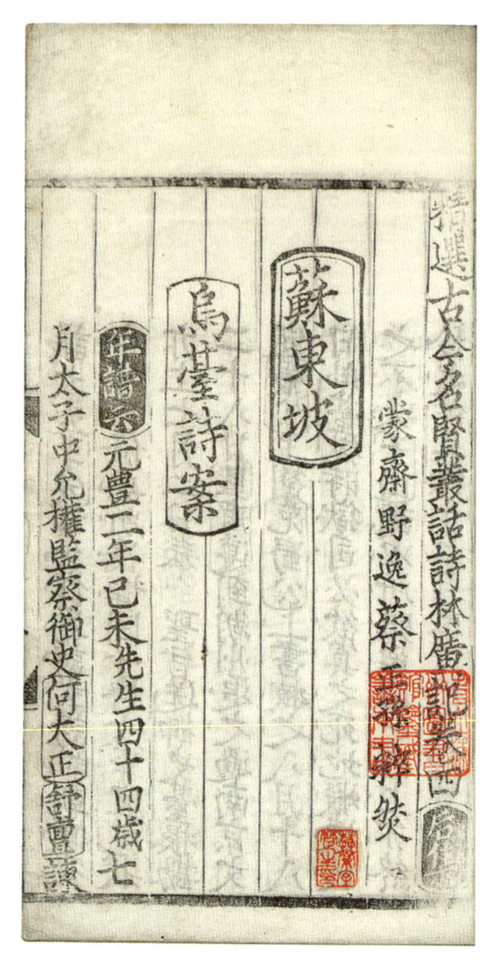

《精選古今名賢叢話詩林廣記後集》卷四卷端

市上得此殘帙二册愛其彫印古雅雖所闕正多亦裝併而存之不問其卷第之不相屬也后集凡北宋二十八人是册只存二蘇秦少游郭功甫陳簡齋韓子蒼六人而已八卷首有吳門王獻臣家藏書印獻臣字敬止明弘治六年進士官御史降驛丞終通判致仕歸里因大弘寺地營別業即今之拙政園仍舊名著也其子以樗蒲失之轉屬里中徐氏梅村賦山茶詩嘗及其事　楚生

《精選古今名賢叢話詩林廣記後集》題跋

[小説類]

新鐫全像武穆精忠傳八卷

明熊大木撰。清初刻本。民國周貽白跋。索書號：一七三一——一六九。

釋文：

此即明刊熊大木《大宋中興通俗演義》之清代重刊本。其李春芳序，則係由正德本《精忠録》弁首移置於此者。予舊藏鄒元標《岳武穆王精忠傳》一本，以此校之，大體皆同，乃知鄒書實出偽託。《中國通俗小説書目》載北平馬隅卿藏有一本，其圖像及行款與此全同，當出一版。民國三十一年冬，旅北平購此，閱畢記之如上。貽白。

按：

周貽白（一九〇〇——一九七七），原名炳垣，筆名六郎、雲谷等。湖南長沙人。戲劇史家、戲劇理論家。曾任中央戲劇學院教授、戲曲改進委員會委員。著有《中國戲劇史略》《中國劇場史》等。

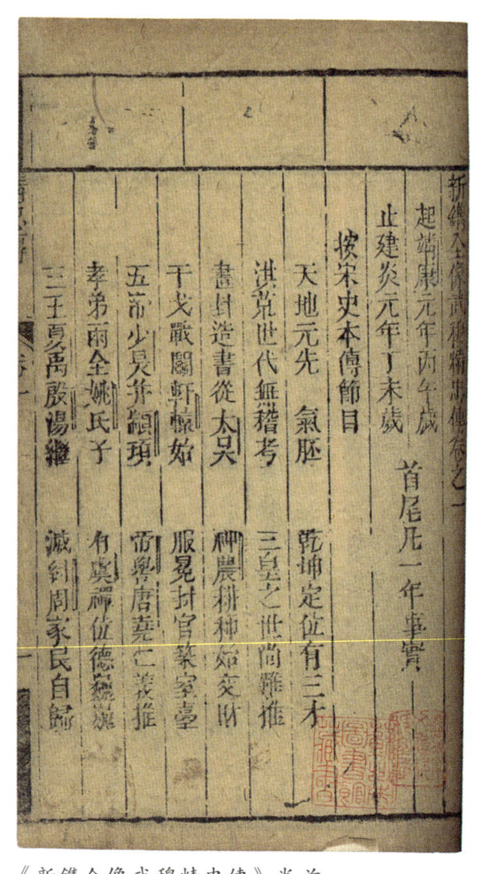
新鐫全像武穆精忠傳卷之一

起靖康元年丙午歲　首尾凡一年事實

止建炎元年丁未歲

按宋史本傳節目

天地元先 氣胚　乾坤定位有三才

洪荒世代無稽考　三皇之世尚難推

書契造書從太昊　神農耕種始交財

干戈嚴闘軒轅始　服冕封官築室臺

五帝少昊并顓頊　帝嚳唐堯亡義推

孝弟兩全姚氏子　有虞禪位德巍巍

三王首禹殷湯繼　滅紂周家民自歸

《新鐫全像武穆精忠傳》卷首

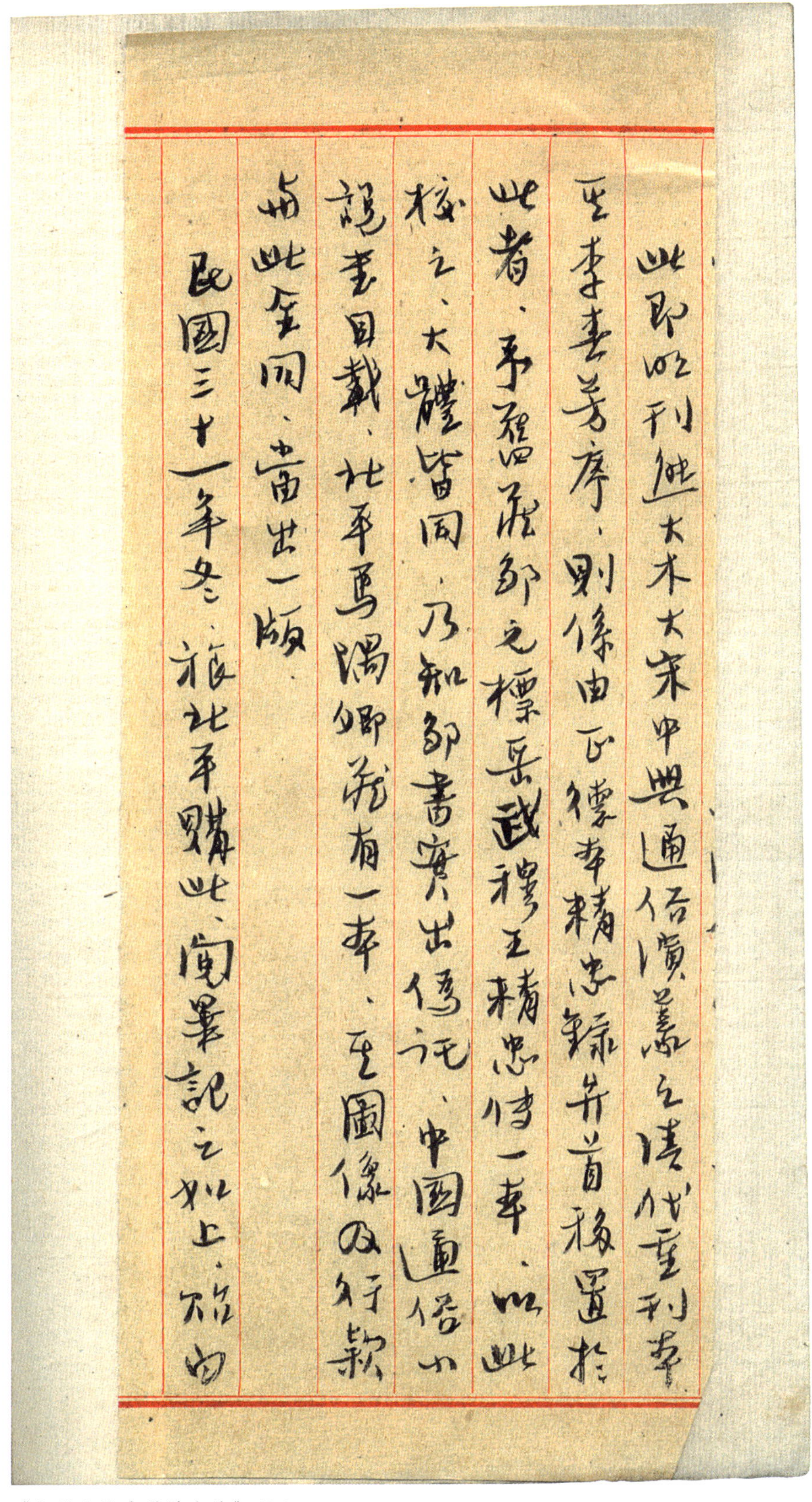
此即明刊熊大木大宋中興通俗演義之清代重刊本，至李春芳序，則係由正德本精忠錄弁首移置於此者。予嘗假鄒元標岳武穆王精忠傳一本，以此校之，大體皆同，乃知鄒書實出僞託。中國通俗小說書目載，北平馬隅卿藏有一本，至圖像及行款與此全同，當出一版。
民國三十一年冬，旅北平購此，閱畢記之如上。焰由

《新鐫全像武穆精忠傳》題跋

剪燈叢話十二卷

題明自好子編。明末刻本。民國周貽白跋。索書號：一七二六——一六八。

釋文：

此爲明刊《剪燈叢話》，蓋繼《新話》《餘話》而作者。民國三十年冬，在北平隆福寺購得。初不知何名，嗣始查出。聞日本藏有完本，而中國各家書目未見著録，則雖殘帙，亦可珍已。貽白識。

按：

周貽白，見前《新鐫全像武穆精忠傳》條。

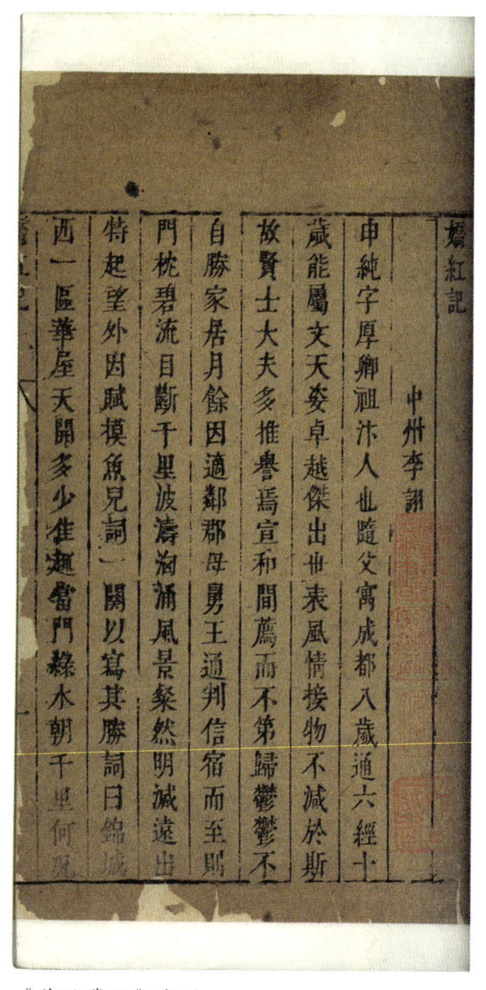

嬌紅記

中州李詡

申純字厚卿祖汴人也隨父寓成都八歲通六經十歲能屬文天姿卓越傑出世表風情接物不減於斯故賢士大夫多推譽焉宣和間薦而不第歸鬱鬱不自勝家居月餘因適鄰郡母舅王通判信宿而至則門桃碧流目斷千里波濤洶湧風景粲然明滅遠出特起望外因賦摸魚兒詞一闋以寫其勝詞曰錦城西一區華屋天開多少佳麗當門綠水朝千里何況

《剪燈叢話》卷首

此爲明刊剪燈叢話，蓋繼新話、餘話而作者。民國三十年冬，在北平隆福寺購得，初不知何書，翻檢查出，係日本殘存之本，而中國各家書目，未見著錄，則雖殘缺，亦可珍也。

路工識

唐宋八家詞九卷

民國二年（一九一三）沈韻齋睹秘籍抄本。民國沈韻齋跋并過録清鮑廷博、魏之琇、江立等跋，民國孫德謙跋。索書號：一六九六—一六七。

釋文：

右《金奩集》一卷，計詞一百四十七闋，明正統辛酉海虞吴訥所編《四朝名賢詞》之一。編纂各分宫調，此他詞集及詞譜所未有。間取《全唐詩》校勘，中雜韋莊四十七首、張泌一首、歐陽炯十六首，溫詞衹八十三首，疑是前人彙集四人之作，非飛卿專集也。按：飛卿詞有《握蘭》《金荃》二集，《金奩》豈即《金荃》之訛邪？元本爲梅禹金先生評點，余從錢唐汪氏鈔得之。此跋係鮑录飲題。

此集傳本甚稀，瞿、楊、丁、陸四家未見著録，誠罕睹秘笈也。一日謁同郡朱孝臧先生，見案頭有此書，遂借歸親自景寫。時適患目疾，十日而畢。韻齋誌于睹秘篠，時寓吴下。

原書爲知不足齋鈔正本，眉批旁注皆鮑渌飲先生手筆，仍依樣寫出，庶存廬山面目。更請孫益弇先生閲過，誠無悮，善本也。又誌。

原書裝訂一厚册，封面題《唐宋詞》，凡溫飛卿《金奩集》、潘閬《逍遥詞》、范成大《石湖詞》、陳三聘《和石湖詞》、陳經國《龜峰詞》、向鎬《樂齋詞》、王之道《相山居士詞》、倪偁《綺川詞》，計九種，除相山插架已有景寫嘉惠堂本，

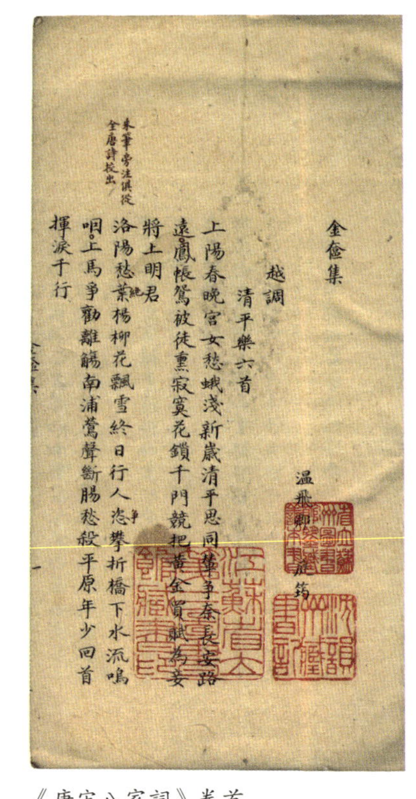
金奩集

温飛卿庭筠

越調

清平樂六首

上陽春晚宮女愁蛾淺新歲清平思同輦爭奈長安路遠鳳帳鴛被徒熏寂寞花鎖千門競把黃金買賦為妾將上明君

洛陽愁葉楊柳花飄雪終日行人恣攀折橋下水流嗚咽上馬爭勸離觴南浦鶯聲斷腸愁殺平原年少回首揮淚千行

朱筆旁注俱從全唐詩校出

《唐宋八家詞》卷首

餘概景録。癸丑三月廿五日，晨起又誌。

癸丑夏孟，借讀睹閎簃藏本。隘堪居士謙。

《石湖詞》跌宕風流，都歸于雅，所謂清空、綺麗兼而有之，姜、史、高、張而外，杳然寡匹。己丑重九日，小齊雲江立筆于杭寓。

乾隆丁亥十月借錢塘汪氏振綺堂本對寫，廿七日完。

竹垞先生《詞綜》云：陳經國，嘉熙淳祐間人，未嘗詳其爵里。予按：寶祐四年登科録第四甲第一百四十八人陳經國，字伯夫，小字定夫，年三十八，本貫潮州海陽縣人。未知即其人否，俟更考定。己丑正月十日，剪燭書于知不足齋。

癸丑四月，睹秘簃景録。

《樂齋詞》時有佳處，唯是兒女情癡，已覺言之亹亹，至没一章，尤足笑人。録畢，爲捧腹者再。乾隆丁亥十一月二十八日，柳州識。

癸丑三月，睹秘簃景録。

沈韻齋藏書記

乾隆己丑正月初九日，傳江玉屏小齊雲山館寫本于知不足齋。

宣統庚戌三月二十八日，瞎秘簃景録。

按：

鮑廷博，見前《猗覺寮雜記》條。沈韻齋，見前《西溪叢語》條。孫德謙（一八七三—一九三五），字受之，一字壽芝，號隘堪居士。江蘇元和（今蘇州）人。後移居上海，執教東吴大學、大夏大學、政治大學等處。江立（一七三二—一七八〇），字聖言，號玉屏、雲溪、白嶽。清安徽歙縣人。舊居杭州，移籍儀征。有《小齊雲山館詩鈔》。魏之琇（一七二二—一七七二），字玉璜，號柳州。清浙江錢塘（今杭州）人。工詩善畫，尤以醫名。有《續名醫類案》六十卷。

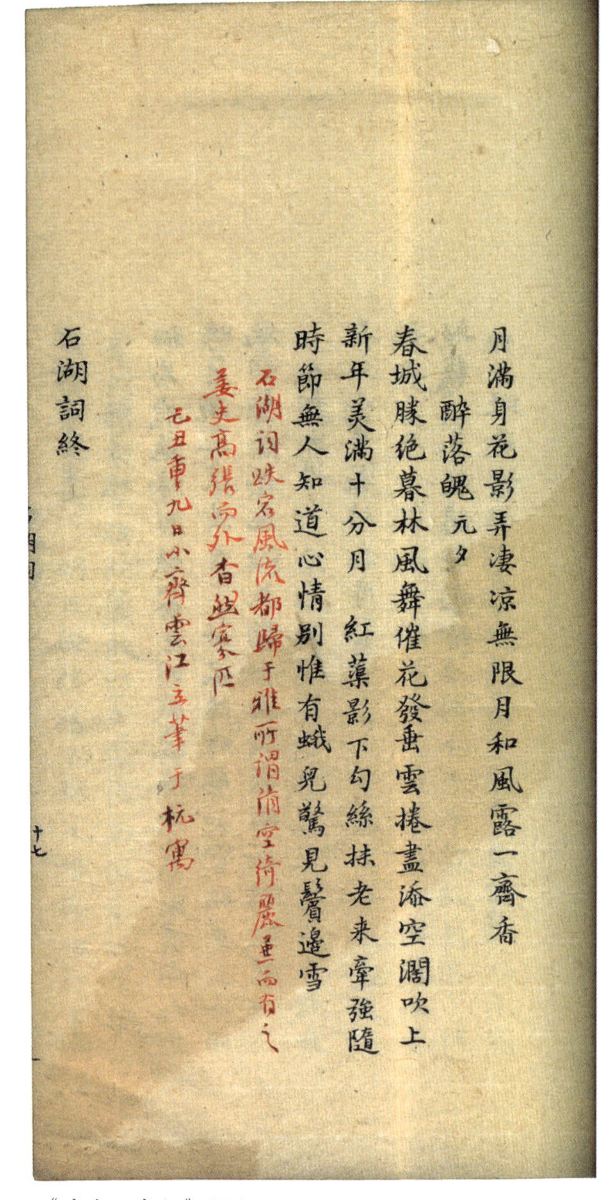
月滿身花影弄淒涼無限月和風露一齋香
醉落魄 元夕
春城勝絶暮林風舞催花發垂雲捲盡添空濶吹上
新年羨滿十分月 紅蕖影下勾絲抹老來牽強隨
時節無人知道心情別惟有蛾兒鬧見鬢邊雪
石湖詞跌宕風流都歸于雅所謂清空綺麗兼而有之
姜史高張而外杳然寡匹
己丑重九日小齋雲江玉筆于杭寓
石湖詞終
十七

《唐宋八家詞》題跋

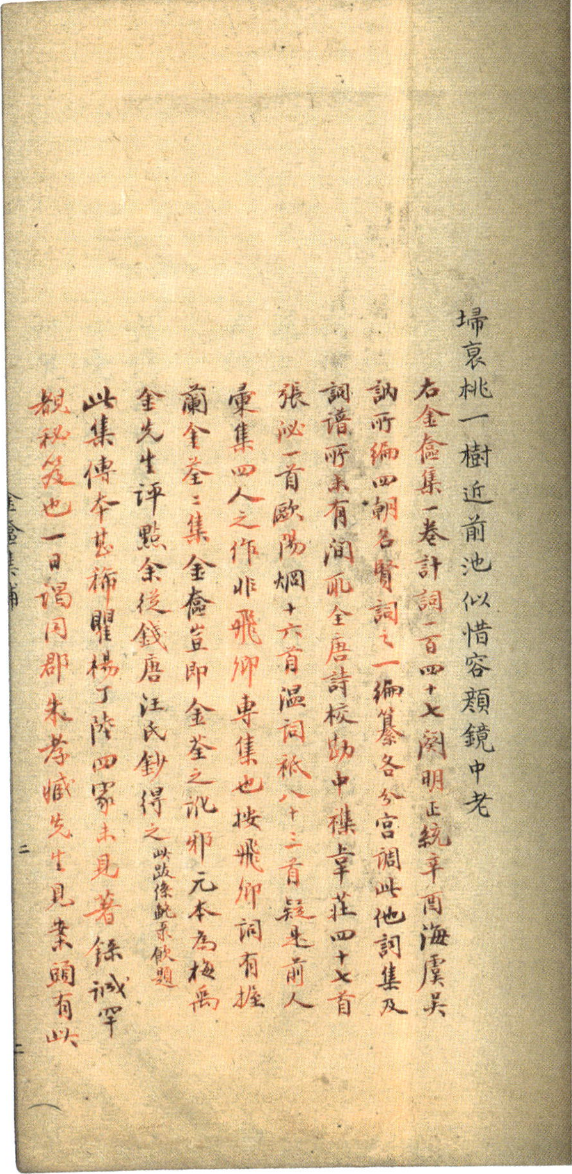
埽哀桃一樹近前池似惜容顏鏡中老
右金奩集一卷計詞一百四十七闋明正統辛酉海虞吳
訥所編四朝名賢詞之一編纂各分宮調此他詞集及
詞譜所未有間取全唐詩校勘中襍韋莊四十七首
張泌一首歐陽烱十六首温詞祇八十三首疑是前人
彙集四人之作非飛卿專集也按飛卿詞有握
蘭金荃二集金奩豈即金荃之訛邪元本為梅禹
金先生評點余從錢唐汪氏鈔得之 此跋係鮑淥飲題
此集傳本甚稀瞿楊丁陸四家未見著錄識罕
觀秘笈也一日謁同郡朱孝臧先生見案頭有此

書遂借歸親自景寫時適患目疾十日而畢
韻齋誌于觀秘笈時寓吳下
原書為知不足齋鈔正本眉批旁注皆鮑淥飲先
生手筆仍依樣寫出庶存廬山真面目更請
孫益菴先生瀏覽識無悞善本也 又誌
原書裝訂一厚冊封面題唐宋詞凡温飛卿金奩
集潘閬逍遥詞范成大石湖詞陳三聘和石湖詞
陳經國龜峰詞向鎬樂齋詞王之道相山居士
詞倪偁綺川詞計九種除相山插架已有景寫
者悉景本餘概景錄 癸丑三月廿五日晨起又誌
癸丑夏孟借讀觀閟笈藏本隘堪居士謙

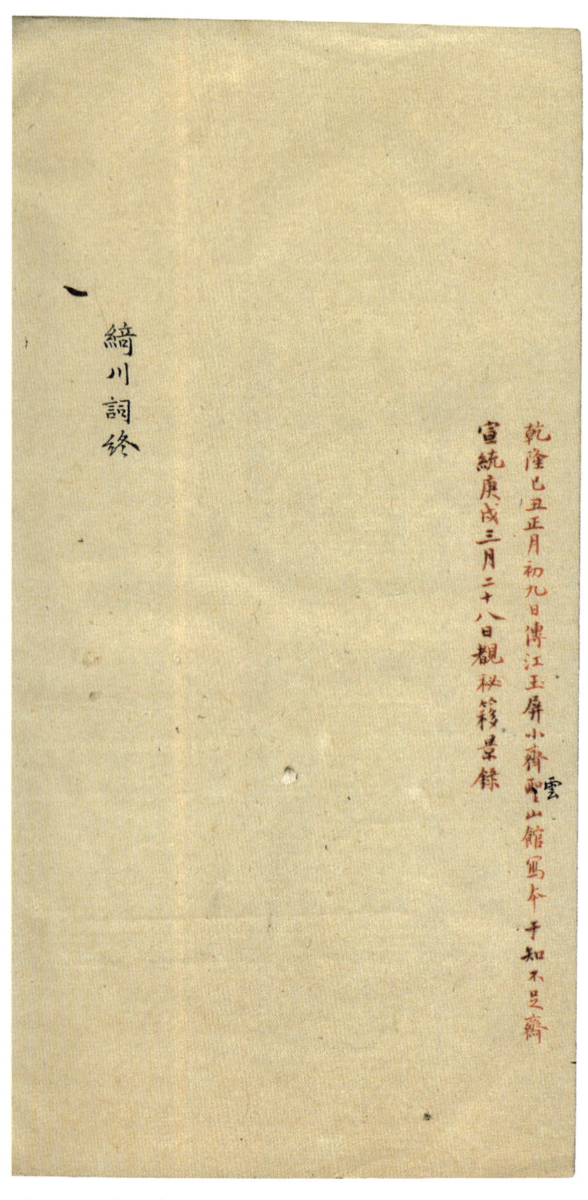

綺川詞終

乾隆乙丑正月初九日傳江玉屏小齋雲山館寫本于知不足齋

宣統庚戌三月二十八日覩秘簃景錄

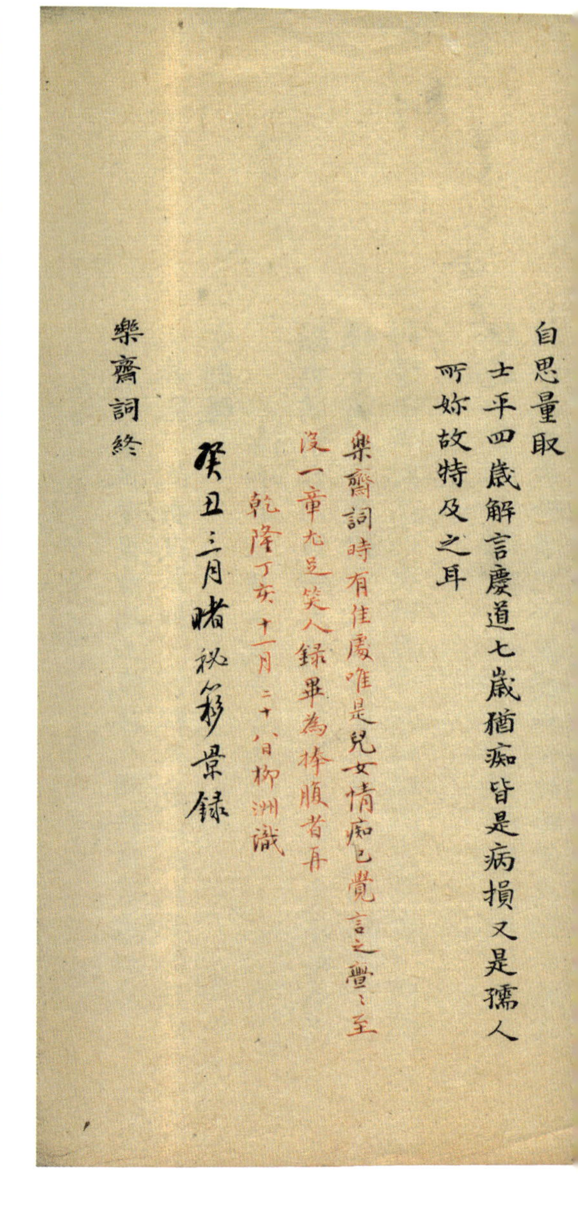

自思量取

士平四歲解言慶道七歲猶癡皆是病損又是孺人

所妳故特及之耳

樂齋詞時有佳處唯是兒女情痴已覺言之疊疊至

沒一章尤足笑人錄畢為捧腹者再

乾隆丁亥十一月二十八日柳洲識

樂齋詞終

癸丑三月睹秘簃景錄

《唐宋八家詞》題跋

龜峰詞有所齊諸兄為之跋安用復著贅語謾書癸
卯冬所作懷舊一絕繫于後陳合維善
西晋風流自一家憶君魂夢到梅花梅花深處無
人迹明月一枝霜外斜
詞多哀憤時作壯語略似辛稼軒南宋國事以付葱
嶺賈浪子而疏遠之臣有惓如此千載興慨甲午九
月望後四日燈下書禹金
乾隆丁亥十月僧錢唐汪氏振綺堂本對寫廿七日完
竹垞先生詞綜云陳經國嘉熙淳祐間人未嘗詳
其爵里予按寶祐四年登科錄第四甲第二百四

十四

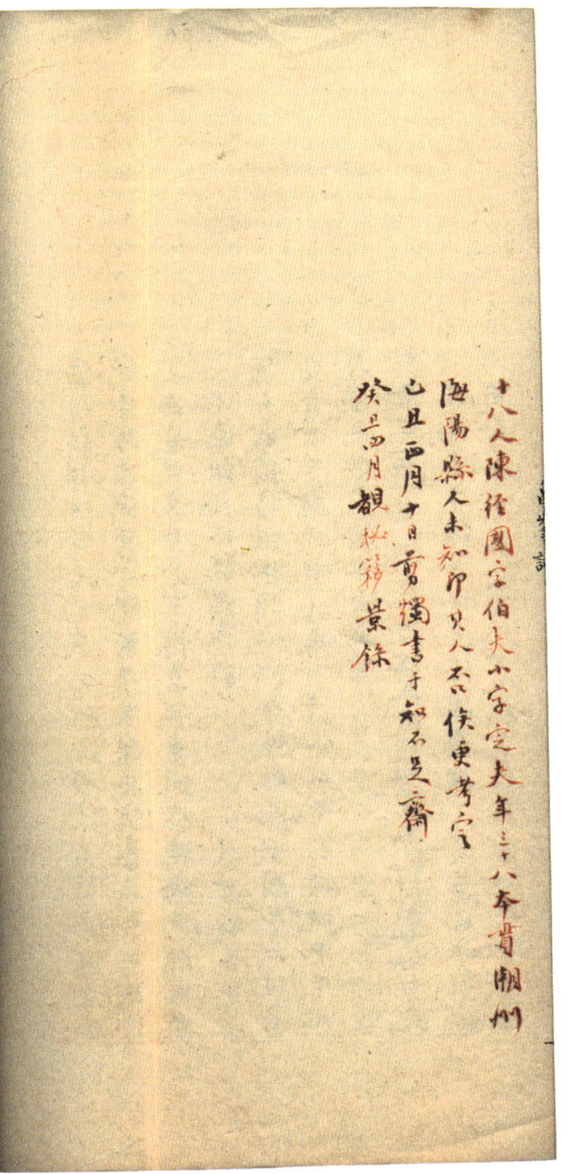
十八人陳經國字伯大小字定夫年三十八本貫潮州
海陽縣人未知即其人否俟更考定
乙丑四月十日剪燭書于知不足齋
癸丑四月觀秘籍景錄

詞綜三十六卷

清朱彝尊抄撮、汪森增定、柯崇樸編次、周篔辨僞。清康熙十七年（一六七八）汪森裘抒樓刻三十年（一六九一）增刻乾隆九年（一七四四）汪孟鋗重修本。清意園老人跋。索書號：H—〇一。

釋文：

余家舊藏王西莊先生評點《詞綜》三十卷，先君曾爲跋記之。今秋子青得舊印本三十六卷，視評點增補遺六卷。考孟鋗補刊後跋稱“板存余家，單行者六十年，庋置高閣”，足見補遺六卷未能廣傳。評點與孟鋗補刊年月同爲乾隆甲子，則補遺爲西莊所未見，故評點止於三十卷也。此書板式與評點本同，惟筆畫略肥，其校正之字，證以補遺後序中語，殆爲孟鋗補刊時所刊政。柯後序訂於補遺之後，誤，應改訂。子青借録評點既竣，囑余覆校，爰誌數語於右。庚辰冬日，意園老人。

按：

意園老人，生平不詳。

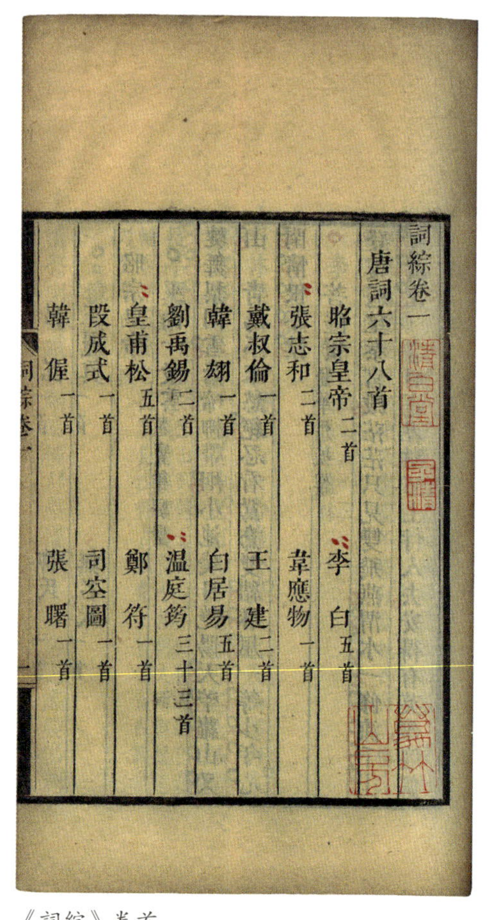
詞綜卷一
唐詞六十八首
昭宗皇帝二首 李白五首
張志和二首 韋應物一首
戴叔倫一首 王建二首
韓翃一首 白居易五首
劉禹錫二首 温庭筠三十三首
皇甫松五首 鄭符一首
段成式一首 司空圖一首
韓偓一首 張曙一首

《詞綜》卷首

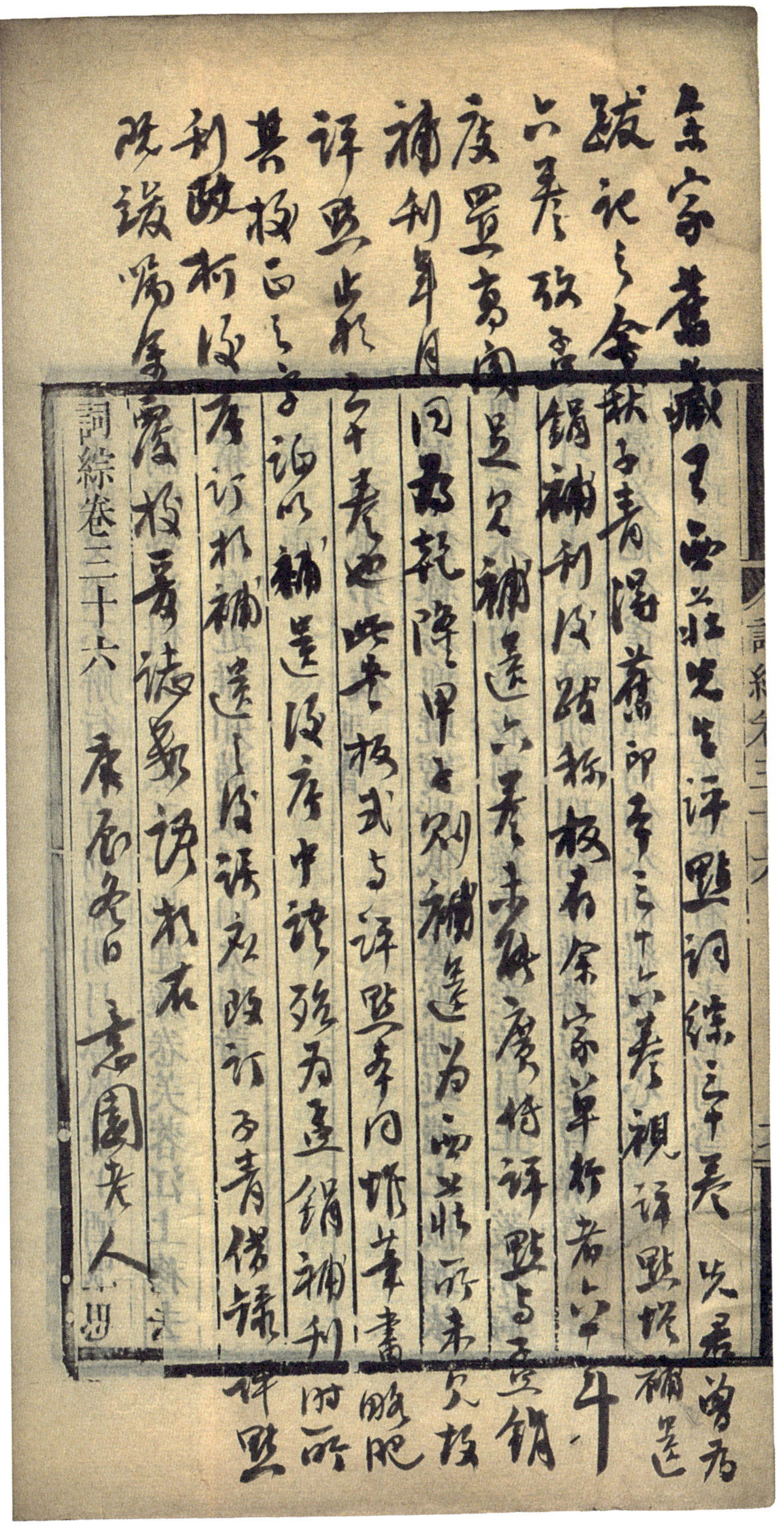

詞綜卷三十六

《詞綜》題跋

子青得舊印本三十四卷視詳點校
錯補刊後跋稱校者係家草稿者之
是書補遺六卷手錄廣待詳點與
兩龍隆甲午刻補遺為以其版所未
千卷也此卷校式與詳點本同排華本
頭以補遺後序中語殆為遷錯補刊
之可推補遺之後語及跋所子青傳錄
讀後書志題記殘語我表

菊莊詞不分卷

清徐釚撰。民國徐彦威抄本。民國徐彦威、蔡鐘鏞跋。索書號：一七〇九——一六八。

釋文：

癸亥六月，客居同川外家彭城氏消夏，時過嚴氏園環翠山莊，得與主人三和先生，暨金夕陽、錢祥春、龐仲經諸君遊于梅塢中，講論書畫碑版，甚快。祥春內兄出其所藏吾家虹亭公《漁父圖》尺方墨牋一幀，題係虹亭公時年六十一寄意之作，并不設色，洵屬逸品。并原刻《菊莊詞》一册，敬觀一過，心賞至不忍釋手。原屬吾家山民公所藏，右偏下方即有“山民”及“平生心賞”兩小章，且有梨湖諸前輩當時爲山民公囑題圖詠者五六幀，乃今輾轉遷流，今落錢君之手。見前精裱重裝，私慶物得其所矣。蓋錢君亦好古者，渠藏之，不啻予藏之矣。惟《菊莊詞》原刻海內絶少流傳，余家又無藏本，遂告借歸，亟行手鈔，常備案頭，庶于先德爲置不忘云爾。

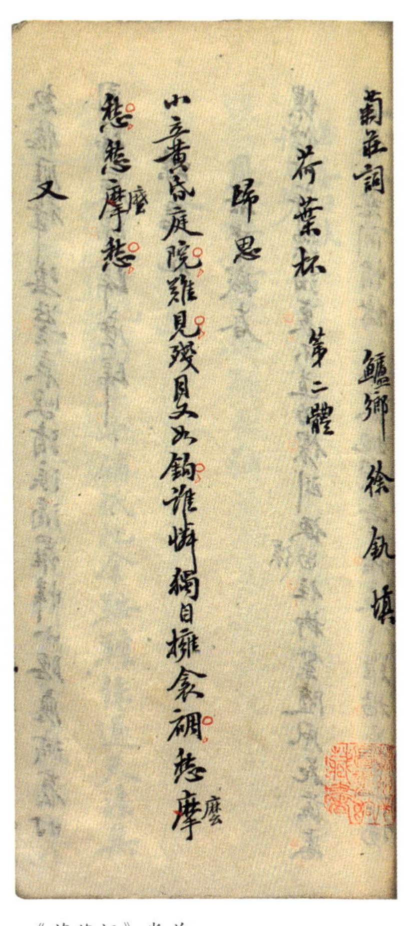

《菊莊詞》卷首

癸未初秋，彦威丈出示其手抄先德虹亭公《菊莊詞》一卷。按：虹亭先生以白袷丰姿，鶴徵入選，京華塵土，遽賦南歸，骯髒之氣，一寓行間，庶幾猶溉東林、復社之風，殊未堪簿書典謁、詞苑浮沉也。讀諸詞，芊綿似花間，豪宕似蘇、辛，從容婉約又於清真、屯田爲近，在有清一代

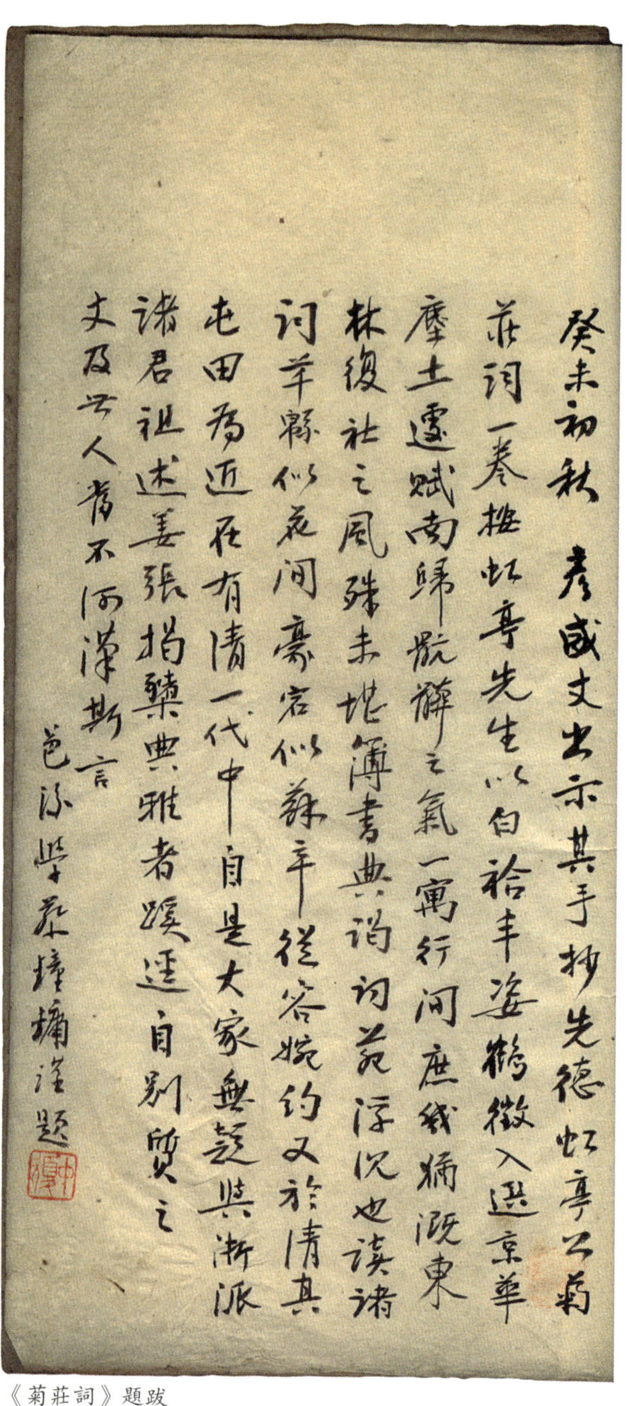
癸未初秋　彥威丈出示其手抄先德虹亭公菊
莊詞一卷梅虹亭先生以白袷丰姿鶴徵入選京華
塵土還賦南歸骯髒之氣一寓行間庶幾猶瀕東
林復社之風殊未堪簿書典誥詞苑浮沉也讀諸
詞芊綿似花間豪宕似蘇辛從容婉約又於清真
屯田爲近在有清一代中自是大家無疑與浙派
諸君祖述姜張揭櫫典雅者蹊逕自別質之
丈及世人當不河漢斯言
邑後學蔡鐘鏞謹題

《菊莊詞》題跋

中，自是大家無疑。與浙派諸君祖述姜張、揭櫫典雅者，蹊逕自別，質之丈及世人，當不河漢斯言。邑後學蔡鐘鏞謹題。

按：

徐彥威，生平不詳。蔡鐘鏞，字中復，江蘇吴江人。

癸亥六月客居甬川外家彭城氏消夏時過嚴氏園環翠山莊得与主人三和先生暨金夕陽錢祥泰龐仲經諸君遊于梅塢中講論書畫碑版甚快祥泰因見出其所藏吾家虹亭公漁父圖尺方箋殘一幀題係虹亭公時年六十一壽嘉之作並不設色詢屬逸品并原刻菊莊詞一冊敬觀一過心賞之不忍釋手原屬吾家山民公所藏右偏下方印有山民及平生心賞兩小章且有梨湖諸前輩當時為山民公囑題圖詠者五六幀乃今輾轉遷流今歸錢君之手見其精裱重装私慶物得其所矣蓋錢君亦好古者寶藏之不啻予藏之矣

秋痕春影詞一卷

清劉思瀓撰。稿本。民國劉毓盤跋。索書號：一七一二—一六八。

釋文：

此儀徵劉禮部手寫詞稿也。禮部名恩瀓，光緒壬辰進士，授主事，值樞廷，擢員外，遽卒，無子，年甫四十也。其詞爲歸安朱漚尹少宗伯所稱。及没，仁和吴伯宛中翰爲刻《麟楦詞》一卷，宗伯作序，以蔣京少刻《伽陵詞》相況，蓋初不相識也。今歲春，吾友吴縣□□□得之於海郵書肆，較刻本多《江城子》《柳梢青金冬心畫某》《金縷曲詠子蟹》《氐州第一病中有感》《祝英台除夕》《踏莎行雁來江二首》，凡七首，詞筆專學覺翁。庚辛諸作，尤見委婉，而知者頗少，且有名字翳如之歎矣。中翰於甲子秋歸道山，故物零落與禮部同。《麐楦詞》印本亦不可見，海内詞友獨宗伯在，年六十六抱伯道憂，何詞人之多窮也。近人詞能學覺翁者，禮部及新會陳述叔茂才《海綃詞》，皆宗伯所心折焉。丙寅秋，江山劉毓盤識。

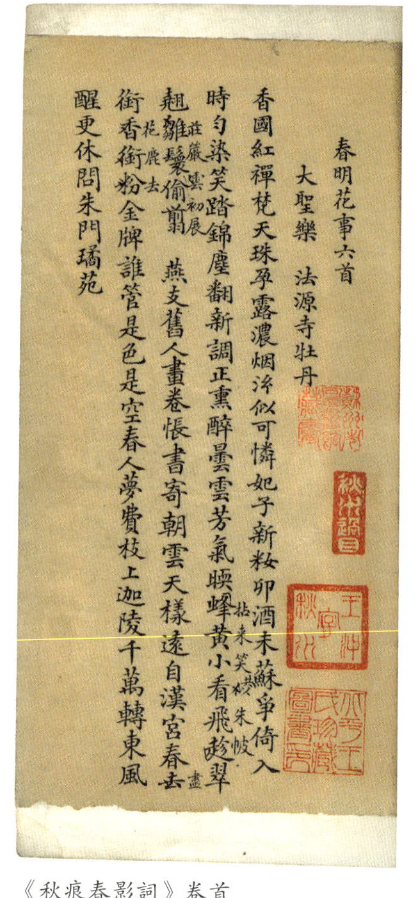
春明花事六首
大聖樂　法源寺牡丹
香國紅禪梵天珠孕露濃烟浖似可憐妃子新粧卯酒未蘇爭倚入（拈禾笑嫽朱帔）
時勻染笑踏錦塵翻新調正熏醉曇雲芳氣暎蜂黄小看飛趂翠（盡）
翹雛鬟（莊嚴雲初展）偷翦　燕支舊人畫卷悵書寄朝雲天樣遠自漢宮春去
銜香（花鹿去）銜粉金牌誰管是色是空春人夢費枝上迦陵千萬轉東風
醒更休問朱門瑤苑

《秋痕春影詞》卷首

按：

劉毓盤（一八六七—一九二七），字子庚，號椒禽，浙江江山人。劉履芬子。清光緒二十三年（一八九七）拔貢，官山西云陽縣知縣。民國九年（一九二〇）任北京大學教授。著有《詞史》《詞學斠注》《椒禽詞》等。

此儀徵劉禮部手寫詞稾也禮部名恩黻光緒壬辰進士授主事值樞廷擢員外遽卒無子年甫四十也其詞為歸安朱漚尹少宗伯所稱及没仁和吳伯宛中翰為刻麟楦詞一卷宗伯作序以蔣京少刻伽陵詞相況蓋初不相識也今歲春吾友吳縣得之於海虞書肆較刻本多江城子柳梢青金冬心畫集金縷曲詠蟹氐州第一病中有感祝英台除夕踏莎行雁來紅二首凡七首詞筆專学覺翁庚辛諸作尤見要婉而知者頗少且有名字翳如之歎矣中翰於甲子秋歸道山故物盡落與禮部同麐楦詞印本亦不可見海虞詞友獨宗伯在年六十六抱伯道憂何詞人之多窮也近人詞能学覺翁者禮部及新會陳述叔茂才海綃詞皆宗伯所心折焉丙寅秋江山劉毓盤識

國立北京大學用箋

《秋痕春影詞》題跋

明花事六首

大聖樂　法源寺牡丹

禪梵天珠孕露濃烟洚似可憐妃子新粧卯酒未蘇爭休

笑踏錦塵翻新調正熏醉曇雲芳氣暝蜂黃小看飛（拈来笑烘朱）

（雲初展）衣偷翦（去）　燕支舊人畫卷悵書寄朝雲天樣遠自漢宮

粉金牌誰管是色是空春人夢費枝上迦陵千萬轉

[曲類]

紅樓夢套曲十四卷

清王慶瀾撰。稿本。民國顧夢香跋。索書號：一七二二—一六八。

釋文：

此曲係舊書堆中翻出，破駁不堪，爲之一一裱褙，裝成二集。

此曲不按次序，想係作者以平素讀《紅樓夢》之最得意者，故置順序於勿論也。

共曲十四套，或作者不止十四套，今已殘缺，亦未可知。但第一齣、第二齣按次寫，而中間事實不序，則非作全部可知矣。曲中改動處，想係自改。第四齣首頁鈐有石章，想即作者姓名無疑矣。所鈐石章係祥符人，則此曲之來吾家，必係吾先曾祖隨先曾伯祖之河南任所得。洪楊之亂，吾家藏書盡行遺去，想此曲又爲吾先嗣祖所得（吾先嗣祖聞説喜偷得愛之書），因而存者。然自吾先嗣父去世後二十年中，此曲雜入破書，破書大半爲蟲所傷去，此曲能以殘喘存，亦幸甚矣。

戊午端午前四日，顧夢香識。

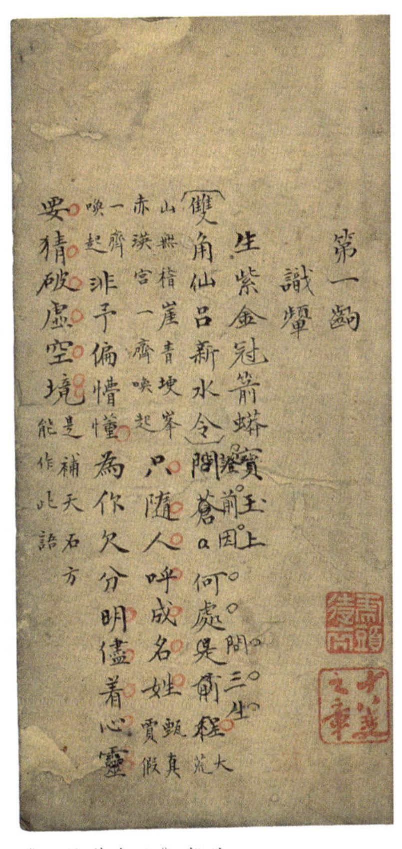

《紅樓夢套曲》卷首

按：

顧夢香，生平不詳。

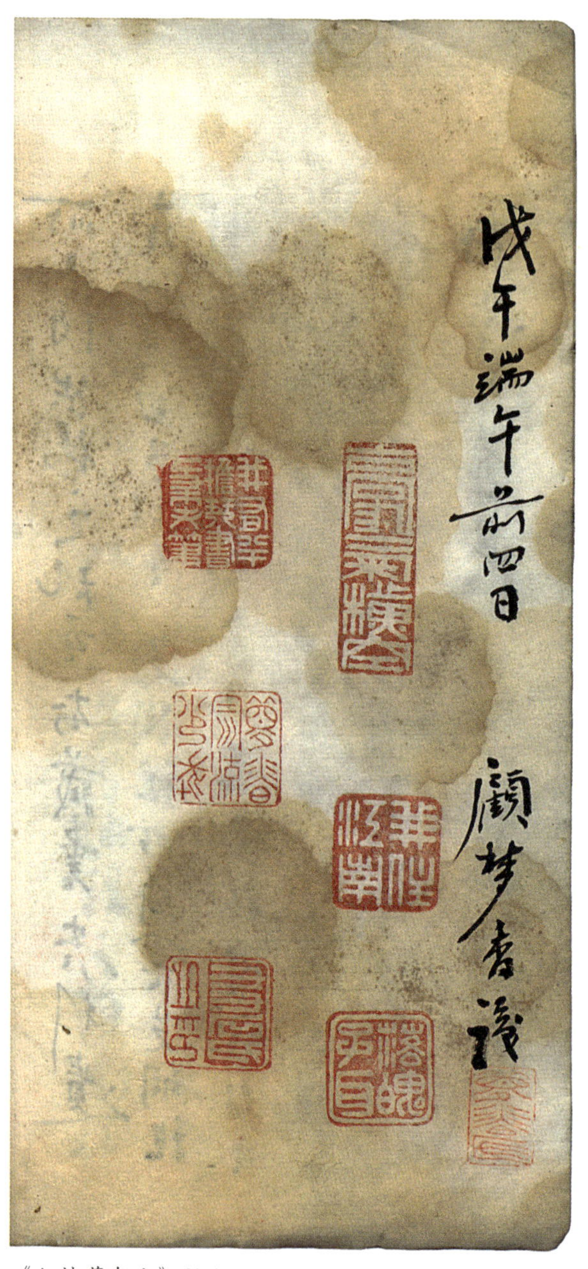
戊午端午前四日 顧夢香識

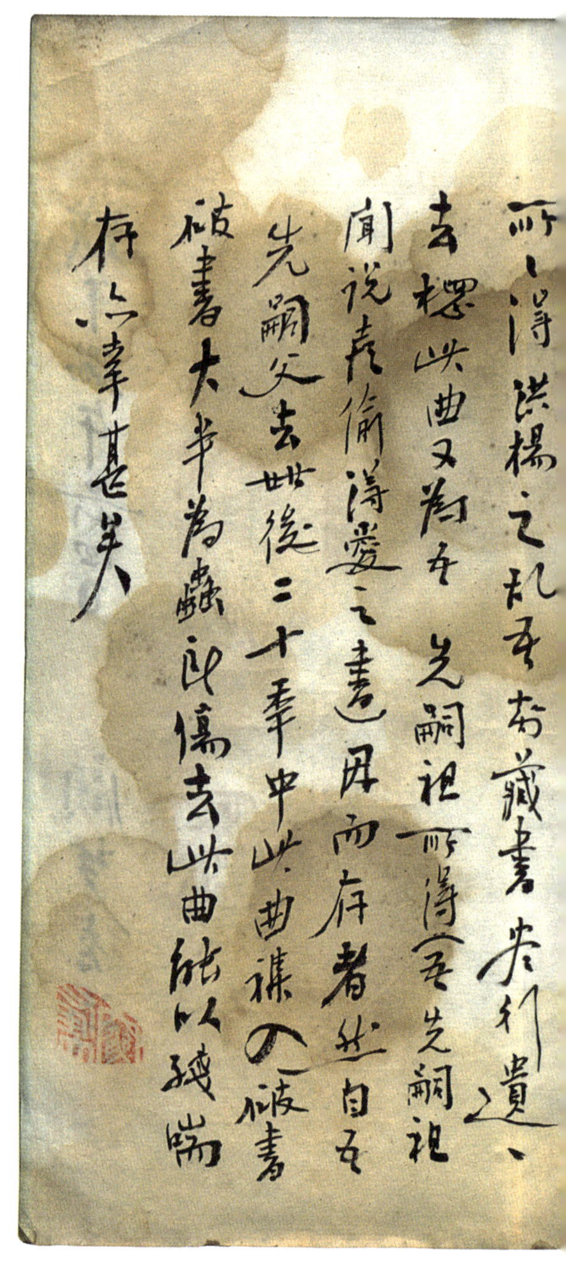
所〻得洪楊之亂吾家藏書失行遺、去樓套曲又為吾 先嗣祖所得（吾先嗣祖聞說甚備得愛之書還丹而存者然自吾先嗣父去世後二十年中套曲祿之破書破書大半為蟲蝕既傷去套曲紙以殘端存亦幸甚矣

《紅樓夢套曲》題跋

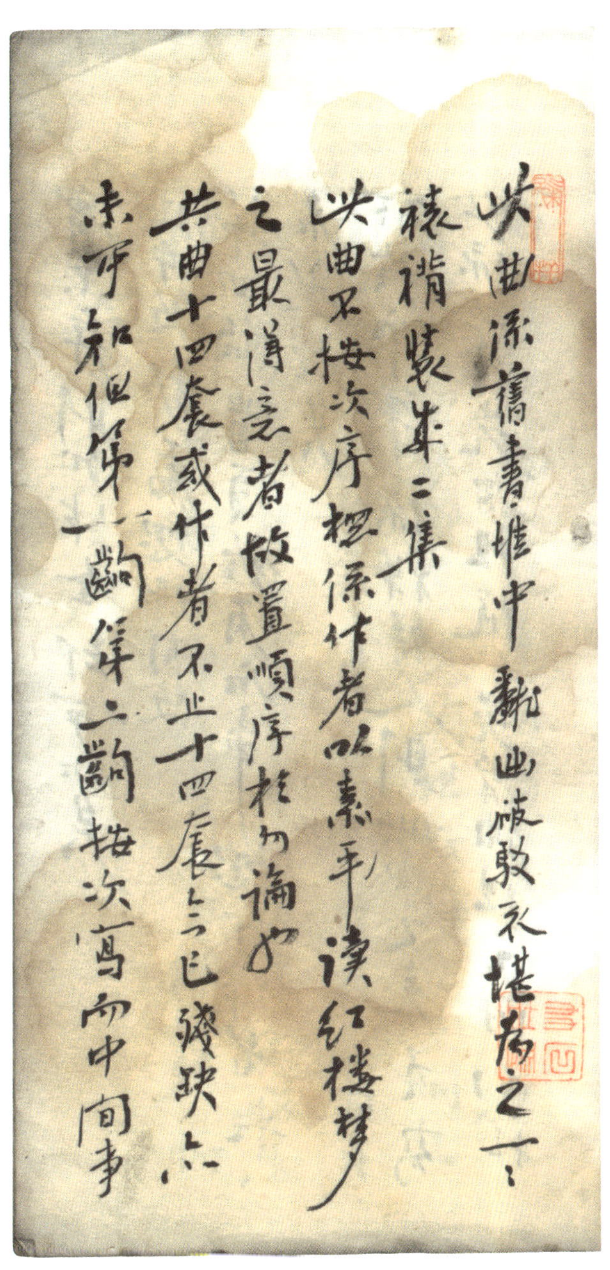
此曲係舊書堆中翻出，破敗不堪，為之一一
裱背，裝成二集。
此曲不按次序，標係作者以素平讀紅樓夢
之最得意者，故置順序於所論也。
共曲十四套，或作者不止十四套，亡已殘缺亦
未可知，但第一齣、第二齣按次寫，而中間事

實不序，則然作全部可知矣。
曲中改動處，標係自改。
第四齣眉頁鈐有印章，標即作者姓
名無疑矣。
所鈐印章係祥符人，則此曲之來歷
必係吾 先曾祖隨 先曾伯祖之河南任

圖書在版編目（CIP）數據

蘇州圖書館藏善本題跋 / 蘇州圖書館編著. -- 北京: 國家圖書館出版社, 2018.5

ISBN 978-7-5013-6192-2

Ⅰ. ①蘇… Ⅱ. ①蘇… Ⅲ. ①古籍—善本—題跋—彙編—蘇州 Ⅳ. ①G256.4

中國版本圖書館CIP數據核字（2017）第195616號

書　　名　蘇州圖書館藏善本題跋

著　　者　蘇州圖書館　編著

責任編輯　王燕來

裝幀設計　一瓢工作室

内文製作　愛圖工作室

出　　版　國家圖書館出版社（100034 北京市西城區文津街7號）

（原書目文獻出版社　北京圖書館出版社）

發　　行　010-66114536　66126153　66151313　66175620

66121706（傳真）　66126156（門市部）

E-mail　nlcpress@nlc.cn（郵購）

Website　www.nlcpress.com（投稿中心）

經　　銷　新華書店

印　　裝　北京盛天行健印刷有限公司

開　　本　880 × 1230 毫米　1/16

印　　張　30

版　　次　2018年5月第1版　2018年5月第1次印刷

書　　號　ISBN 978-7-5013-6192-2

定　　價　380.00圓